JOSEPH CAMPBELL

AS MÁSCARAS DE DEUS

MITOLOGIA PRIMITIVA

Joseph Campbell

AS MÁSCARAS DE DEUS

MITOLOGIA PRIMITIVA

Tradução
Carmen Fischer

Palas Athena

Título original: *The Masks of God: Primitive Mythology*

Publicado originalmente por The Viking Press, Nova York, 1959

JCF Joseph Campbell Foundation – Collected Works of Joseph Campbell
Robert Walter, Editor Executivo / David Kudler, Gerente Editorial.

Grafia segundo o Acordo Ortográfico da Língua Portuguesa de 1990,
em vigor no Brasil desde 2009.

Coordenação editorial: *Lia Diskin*

Nova edição ampliada e atualizada: *Joseph Campbell Foundation*

Nova edição em português: *Tônia Van Acker*

Projeto Gráfico: *Tony Rodrigues*

Capa: *Stella Ferreira Lamy*

Dados de Catalogação na Publicação (CIP) Internacional
(Câmara Brasileira do Livro, SP, Brasil)

Campbell, Joseph, 1904-1987.
As máscaras de Deus / Joseph Campbell; tradução Carmen Fischer. – São Paulo: Palas Athena, 1992.
448 págs. : 16x23cm

Obra em 4 volumes.
Conteúdo v. 1. Mitologia primitiva.
ISBN 978-85-7242-051-8

1. Mitologia I. Título.

92-2547 CDD-291.13

Índices para catálogo sistemático:
1. Mitologia 291.13

13ª edição, outubro de 2025

Direitos adquiridos para a língua portuguesa por
PALAS ATHENA EDITORA
Tel. (11) 3050.6188 WhatsApp: (11) 3050.6186
@associacaopalasathena
www.palasathena.org.br editora@palasathena.org.br

SUMÁRIO

PARTE IV

A ARQUEOLOGIA DO MITO

CONCLUSÃO

SOBRE AS OBRAS COMPLETAS DE JOSEPH CAMPBELL

Ao falacer em 1987, Joseph Campbell deixou uma obra significativa, versando sobre sua paixão da vida inteira: o complexo de mitos e símbolos universais que ele chamava de "a única grande história" da humanidade. Mas deixou também um grande volume de trabalhos inéditos: artigos esparsos, notas, cartas e diários, bem como palestras em áudio e vídeo.

A Joseph Campbell Foundation (JCF) – fundada em 1990 para preservar, proteger e perpetuar a obra de Cambell – pôs mãos à obra para criar um arquivo digital de seus escritos e gravações e publicar *As obras completas de Joseph Campbell.*

As Obras Completas de Joseph Campbell
ROBERT WALTER, Editor Executivo
DAVID KUDLER, Gerente Editorial

PREFÁCIO DO EDITOR

DA COLEÇÃO DAS OBRAS COMPLETAS DE JOSEPH CAMPBELL

É um imenso prazer oferecer a você, depois de mais de 50 anos da primeira publicação, esta primeira edição revisada do primeiro volume da Série As Máscaras de Deus que, junto com *O herói de mil faces* e o inacabado *Atlas Histórico da Mitologia Mundial,* são as obras mais importantes e perenes de Joseph Campbell.

As Máscaras de Deus é uma coleção que brotou das experiências de Campbell durante seu ano sabático na Índia e no Leste Asiático (narrado em sua obra *Asian Journals*). Ao percorrer as terras sobre as quais vinha ensinando, ele ficou surpreso. Não apenas porque lhe pareceu muito diferente vivenciar as esferas míticas ao vivo, mas também pelo reduzido número de visitantes ocidentais – mesmo profissionais educados e diplomatas – que compreendiam a cultura dos países pelos quais estavam viajando.

Durante sua estada no Japão, refletindo sobre a própria carreira, Campbell percebeu que, embora sua obra abordasse o modo como os diversos mitos humanos surgem de fontes universais, era essencial contemplar as variadas formas em que mitologias e culturas se manifestam ao longo do tempo e nos diferentes continentes. Ele começou a planejar um livro de um volume cujo título provisório era *As Mitologias Básicas da Humanidade*. Eis o plano esboçado por Camplbell para tal obra:

1. Começando pelo começo, devo seguir os temas objetiva e historicamente. Do mesmo modo, devo registrar interpretações objetiva e historicamente, com base em textos atuais.
2. Como ocidental contemporâneo diante de problemas psicológicos ocidentais da atualidade, devo admitir e mesmo celebrar (como o faz Spengler) a

relatividade de minha visão histórica em relação à minha própria neurose (fórmula de Rorscharch).

3. O marco histórico representado é o do reconhecimento da real unidade da cultura humana (difusão e paralelismo dos mitos) junto com a relatividade dos costumes de qualquer região dada, segundo suas circunstâncias históricas e geográficas (Bastian, Sumner, Childe). Chegou a hora para que uma história das imagens do pensamento seja global ao invés de regional.
4. O objetivo ético deste livro é encontrar para o Homem Ocidental (especificamente o ocidental pós-cristão) sugestões para apoiar seu opus psicológico através da transformação de símbolos inconscientes em conscientes, uma confrontação destes com os termos da atualidade, aceitos conscientemente; e um diálogo de crítica mútua. Isto, contudo, é o objetivo menor, subordinado ao item 3.
5. Não fazer grandes saltos transculturais, e mesmo dentro de uma dada cultura, não tentar harmonizar o que os filósofos daquela cultura não harmonizaram. Ater-se à perspectiva histórica e tudo emergirá por si.

– *Asian Journals*: India and Japan, p. 471

Esta obra, que ocuparia o tempo de Campbell desde o seu retorno em 1955 até 1969, assumiu o título "As Máscaras de Deus" e se expandiu para quatro volumes: *Mitologia Primitiva, Mitologia Oriental, Mitologia Ocidental* e *Mitologia Criativa.*

Mais do que qualquer outro livro escrito por Joseph Campbell, *Mitologia Primitiva* sofreu com a passagem do tempo. Ao longo das décadas desde sua publicação original em 1959, os dados científicos nos quais se baseou foram ultrapassados por novas descobertas e hipóteses. O livro em si continua extraordinário e vibrante, mas tornou-se menos útil como referência.

A missão primordial da Joseph Campbell Foundation (JFC.org) é preservar, proteger e perpetuar a obra de Joseph Campbell e, portanto, começamos, alguns anos atrás, a procurar um modo de colocar este primeiro livro da série Máscaras de Deus em consonância com as teorias científicas atuais.

Dois antropólogos, Sydney Yeager e Andrew Gutevich, identificaram os trechos em que o livro precisava ser atualizado, e passaram a fornecer à equipe editorial uma ideia dos consensos científicos atuais em cada caso, bem como apontar na direção de fontes para chegar a esse consenso.

Em seguida à sua excelente contribuição, procuramos inserir a ciência de 2018 num livro de 1959 causando um mínimo de turbulência.

Nos lugares onde adicionamos notas para documentar uma mudança ou discutir questões ainda polêmicas, você encontrará essas observações entre duas linhas, com a indicação *Editores**

---

*Este é um exemplo de nota explicativa, um comentário sobre mudanças ou controvérsias com relação aos dados científicos que Campbell discute no texto principal. – *Editores*

Também transformamos algumas das notas de rodapé mais extensas de Campbell em notas explicativas, e estas levam a indicação *Joseph Campbell**. Nos lugares onde atualizamos datas, nomenclatura de espécies, ou outras questões factuais simples que mudaram desde 1959 (ou 1969, quando Campbell lançou a segunda edição desta obra), você encontrará o texto em **negrito**.

Esperamos que estas mudanças e acréscimos sejam úteis e informativos, sem grande intrusão no argumento de Campbell, que permanece autêntico e impactante.

DAVID KUDLER

Mill Valley, Califórnia
15 de abril de 2018

PREFÁCIO

I. SOBRE A CONCLUSÃO DE *AS MÁSCARAS DE DEUS*

Olhando outra vez para os doze anos que passei trabalhando com prazer neste rico e gratificante projeto, concluo que, para mim, seu maior resultado foi a confirmação de uma ideia com a qual me ocupei longa e dedicadamente: a da unidade da raça humana, não apenas em termos biológicos, mas também na sua história espiritual que, em toda parte, se manifestou à maneira de uma única sinfonia, teve seus temas apresentados, desenvolvidos, amplificados e revolvidos, distorcidos e reafirmados, para hoje ressoar em uníssono num estrondoso *fortissimo*, avançando irresistivelmente para uma espécie de portentoso clímax, do qual emergirá o próximo grande movimento. E não consigo ver nenhuma razão para que se suponha que no futuro os mesmos motivos já ouvidos não continuem a ressoar – em novas relações, é claro, mas, mesmo assim, os mesmos motivos. Eles estão todos presentes aqui, nos volumes desta obra, com muitas pistas e sugestões de como podem ser usados por homens razoáveis para fins razoáveis – ou por poetas para fins poéticos, ou por dementes para fins absurdos ou catastróficos. Pois, conforme as palavras de James Joyce em *Finnegans Wake*: "Absolutamente impossíveis como são todos esses eventos, eles podem ser tão semelhantes aos ocorridos na realidade quanto os que jamais pessoa alguma poderia ter imaginado possíveis de ocorrer".

II. Nota sobre a edição de 1969 de *Mitologia Primitiva*

A menos de dois anos após a publicação, em 1959, deste primeiro volume de *As Máscaras de Deus*, uma série de revelações sensacionais provenientes do desfiladeiro Olduvai, na região de Tanganica, África Oriental, fez retroceder por mais de um milhão de anos a data das primeiras aparições da espécie humana sobre este planeta. Enquanto os espécimes anteriores, de uma meia dúzia de lugares da África do Sul (ver p. 291-293), tinham sido datados em cerca de 600.000 a.C., as descobertas de Tanganica, em 1961, foram identificadas pelo método argônio 40, recentemente desenvolvido, como tendo aproximadamente 1.750.000 anos de idade.[1]* Além do mais, foram descobertos pelo menos dois tipos caracterizadamente diferentes de hominídeo existentes naquela época. O primeiro, chamado de *Zinjanthropus* – o "antropoide etíope" (do árabe *Balad al-Zinj*, ou "Terra dos etíopes") –, tinha maxilares desenvolvidos e era um grande comedor de vegetais, enquanto o outro, menor, era carnívoro e parece que competente caçador, além de fazer uso de instrumentos de pedra lascada. O Dr. L.S.B. Leakey, o escavador de Olduvai, considera esse último o mais provável protótipo da nossa desenvolvida espécie humana e, por isso, denominou-o *Homo habilis*, "homem capaz ou competente".[2] Todos os outros, tanto os dos primórdios da Tanzânia quanto os mais recentes da África do Sul, hoje são em geral considerados excluídos da principal linha evolucionária em direção ao *Homo sapiens* e classificados sob a rubrica *Australopithecus*.

Um segundo campo de pesquisa altamente significativo – embora muito diferente –, no qual descobertas relevantes para o tema deste volume foram anunciadas quase imediatamente após sua publicação, foi o da arqueologia do Oriente Próximo, onde uma série de descobertas realizadas na Planície da Anatólia, no sul da Turquia, revelaram um período insuspeitado de começos, anterior às primeiras evidências das culturas neolíticas conhecidas. Como consequência: I. O Protoneolítico (ver p. 117-119 e 325) retrocedeu cerca de cinco mil anos, para aproximadamente **12.500** a.C.; e II. O Neolítico Basal (p. 120-121 e 325-326) parece agora ter surgido primeiramente, não no Iraque, Irã, Palestina ou Síria, mas na Ásia Menor, aproximadamente em 7.500 a.C., onde teria se desenvolvido em três estágios:*

---

* Durante a vida de Campbell a data dos primeiros assentamentos permanentes – e portanto as primeiras verdadeiras civilizações – retrocedeu consideravelmente. Veja Joseph Campbel, *Deusas, Mistérios do Divino Feminino*, São Paulo, Palas Athena Editora), obra baseada em suas últimas palestras. Hoje os cientistas e historiadores colocam o primeiro estágio da Era Neolítica entre 12.500 e 3500 A. C.– Editores

---

1. Um estágio anteriormente insuspeito, conhecido agora como Neolítico pré-cerâmico ou acerâmico, foi identificado na Palestina (em Jericó), bem

como em Hacilar, Çatal Hüyük e outros locais da Anatólia.[3] A aparente magnificência dos aglomerados, com suas pequenas casas de tijolos ordenadas e por toda parte o senso de um modo de vida bem estabelecido, sugere que já se dominavam as artes da agricultura e da pecuária, embora a caça ainda fosse suplementar. E de maior interesse, além do mais, tanto em Hacilar como em Jericó, é a evidência de uma espécie de culto doméstico ao crânio (compare p. 111).

2. Então em Çatal Hüyük, aproximadamente em 6500 a.C., surgem subitamente utensílios de cerâmica e, como observa o escavador Dr. James Mellaart, "hoje temos condições de estudar a transição de um Neolítico acerâmico, com seus cestos e vasilhas de madeira, para o Neolítico cerâmico com seus primeiros objetos de cerâmica".[4] Além do mais, ao lado dessa cerâmica, que é a mais antiga manifestação até hoje encontrada em qualquer parte, também surgiram as primeiras estatuetas neolíticas conhecidas, associadas a quarenta ou mais santuários simbolicamente ornamentados – revelando, em magnífica ostentação, praticamente todos os temas básicos das mitologias da grande deusa-mãe das eras posteriores. E essas estatuetas neolíticas mais antigas são de uma graça simples, natural como a vida, sem nada de "arcaico", primitivo ou rígido.
3. É apenas no próximo e último estágio do primeiro desenvolvimento anatólio, e gradualmente também nas regiões vizinhas – cerca de **7000-3500** a.C. –, que aparecem as famosas estatuetas de deusas nuas, sem vida e convencionais, e que em geral foram associadas com as primeiras artes aldeãs. Tudo indica que houve uma tendência do naturalismo para a abstração, do pensamento visual para o conceitual. E enquanto isso, na esfera anatólia, que continua sendo a mais avançada de todas, começaram a surgir sinais da alvorada da primeira idade dos metais, o antigo Calcolítico: contas e pequenos tubos de cobre e chumbo, bijuterias variadas e mesmo algumas ferramentas. Uma bela cerâmica pintada também está sendo manufaturada, apontando em direção aos grandes estilos da cerâmica do milênio seguinte (objetos de Halaf, de Samarra, de Obeid etc., conforme discutida neste texto, p. 121-124). A expansão, em direção ao sul e leste, das artes e estilos de vida assentados em aldeias, começa então a cobrir todo o Oriente Próximo; desenvolvem-se novos centros de transformação criativa e – conforme apresentado nas p. 124 e ss. – o palco foi montado para o surgimento na Mesopotâmia, cerca de **5000** a.C., das primeiras grandes civilizações históricas.

Uma terceira área de pesquisa arqueológica – e a última que mencionarei aqui –, onde uma surpreendente descoberta transformou a situação quase imediatamente após a publicação deste livro, foi a costa do Equador. Ali, em dezembro de 1960, uma peça de cerâmica japonesa foi encontrada numa praia. Escavações subsequentes deram à luz muitos outros fragmentos, todos do primitivo estilo Jomon ("frisado a corda") de cerca de 3000 a.C. – que é a mais antiga data registrada até hoje da existência de cerâmica no Novo Mundo. Nessas escavações também foi encontrado grande número de estatuetas femininas e essas são as mais antigas estatuetas – de fato, as mais antigas obras de arte – até hoje descobertas nas Américas.[5] Tomo nota desse dado com grande alegria, pois apoia radicalmente o argumento de meu capítulo sobre a possibilidade de uma antiga difusão, através do Pacífico, de traços culturais para o Novo Mundo (p. 170-181). Entretanto, no que diz respeito às pesquisas acerca do início do cultivo e das tradições agrícolas da América pré-colombiana, temos a dizer que um programa de escavações extremamente bem conduzido no México, nas cavernas outrora habitadas do sudoeste de Tamaulipas e do vale do Tehuacán, demonstrou recentemente que, por volta de 3500 a.C. (alguns séculos a mais ou a menos), alguma espécie de cultivo doméstico estava sendo praticado por caçadores e pescadores que habitavam as cavernas. O milho parece ter sido o primeiro a ser cultivado e durante os dois mil anos seguintes, há crescentes sinais de uma horticultura em desenvolvimento; até que, por volta de 1500 a.C., parece ter-se atingido o início de algo semelhante ao genuíno estágio neolítico da agricultura de aldeia.[6]

Os três campos de pesquisa sobre o passado do homem, que observei aqui, estão hoje em tão rápida e promissora transformação que, sem dúvida, haverá tantas descobertas surpreendentes durante os anos setenta e oitenta quanto as que houve na década de sessenta. Na maior parte (eu suspeito) elas apoiarão, como essas últimas, os argumentos contidos nas minhas páginas; mas se isso não ocorrer, o leitor (ouso esperar) saberá como acrescentar e subtrair.

JOSEPH CAMPBELL

Cidade de Nova York Natal de 1968

AS MÁSCARAS DE DEUS

MITOLOGIA PRIMITIVA

PRÓLOGO

POR UMA HISTÓRIA NATURAL DOS DEUSES E HERÓIS

I. OS CONTORNOS DE UMA NOVA CIÊNCIA

O estudo comparativo das mitologias do mundo nos compele a ver a história cultural da humanidade como uma unidade; pois achamos que temas como o roubo do fogo, o dilúvio, a terra dos mortos, o nascido de uma virgem e o herói ressuscitado estão presentes no mundo todo – aparecem em toda parte sob novas combinações e se repetem como os elementos de um caleidoscópio. Além do mais, enquanto nas histórias contadas para entretenimento tais temas míticos são tomados sem maior seriedade – num óbvio espírito lúdico –, quando aparecem em contextos religiosos, eles são aceitos não apenas como absolutamente verídicos, mas mesmo como revelações das verdades das quais toda cultura é uma testemunha viva e de onde derivam tanto sua autoridade espiritual quanto seu poder temporal. Não foi encontrada ainda nenhuma sociedade humana na qual tais motivos mitológicos não tenham sido repetidos em liturgias; interpretados por profetas, poetas, teólogos ou filósofos; representados na arte; exaltados em hinos e experimentados com êxtase em visões vivificadoras. De fato, a crônica da nossa espécie, desde sua primeira página, tem sido não apenas um relato do progresso do homem, o criador da ferramenta, mas – num sentido mais trágico – a história da série contínua de visões iluminadas nas mentes dos profetas e a história dos esforços das comunidades terrenas para encarnar promessas divinas. Cada povo recebeu seu próprio desígnio sobrenatural, comunicado a seus heróis e provado diariamente nas vidas e experiências de seus membros. E, embora muitos que se curvam de olhos fechados nos santuários de sua própria tradição esmiúcem racionalmente e desqualifiquem os sacramentos de outros, uma comparação honesta revela imediatamente que todos foram criados a partir um único fundo de temas mitológicos – selecionados, organizados, interpretados e ritualizados de modo diferente, de acordo com as necessidades locais, mas venerados por todos os povos da Terra.

Um problema fascinante, tanto psicológico como histórico, apresenta-se então. O homem, parece, não se sustenta no universo sem a crença em algum pacto com a herança geral do mito. Na verdade, a plenitude de sua vida pareceria estar na relação direta entre a profundidade e extensão, não do seu pensamento racional, mas de sua mitologia local. De onde provém a força desses temas impalpáveis, força que lhes dá o poder de galvanizar populações, fazendo delas civilizações, cada uma com sua beleza e destino próprios? E por que, sempre que o homem procurou algo sólido sobre o qual fundar sua vida, ele escolheu não os fatos, que são abundantes no mundo, mas os mitos de uma imaginação imemorial – preferindo mesmo transformar a vida num inferno para si e para seus vizinhos, em nome de algum deus violento, a aceitar agradecido a generosidade do mundo?

Será que as civilizações modernas estão destinadas a permanecer espiritualmente isoladas umas das outras, encerradas em suas interpretações locais acerca do sentido da tradição geral, ou poderemos ir além e alcançar alguma esfera mais profunda do entendimento humano? Pois é fato que os mitos de nossas várias culturas agem sobre nós, consciente ou inconscientemente, liberando energia, motivando a vida e orientando seus agentes; de maneira que, mesmo que nossas mentes racionais possam estar em conformidade, os mitos pelos quais estamos vivendo – ou pelos quais nossos antecessores viveram – podem estar nos levando, a qualquer momento, a ficar diametralmente separados.

Ninguém, que eu saiba, tentou até hoje compor numa única imagem as novas perspectivas abertas nos últimos anos nos campos do simbolismo comparativo, da religião, da mitologia e da filosofia. As pesquisas arqueológicas das últimas décadas ricamente recompensadas; as clarificações surpreendentes, simplificações e coordenações obtidas através de estudos intensivos nas esferas da filologia, etnologia, filosofia, história da arte, folclore e religião; os novos insights na pesquisa psicológica e as contribuições inestimáveis à nossa ciência propiciadas pelos sábios, monges e literatos da Ásia combinaram-se para inspirar uma nova imagem da unidade fundamental da história espiritual da humanidade. Sem tencionar ir além das fontes de evidência já disponíveis nesse leque de disciplinas distantes umas das outras, mas simplesmente recolhendo delas os *membra disjuncta* de uma ciência mitológica unitária, tentarei nas próximas páginas traçar o primeiro esboço de uma história natural dos deuses e dos heróis, para que na sua forma final ela possa abranger em sua jurisdição todos os seres divinos – como a zoologia abrange todos os animais e a botânica, todas as plantas –, não considerando nenhum como sacrossanto ou além de seu domínio científico. Porque, como no mundo visível dos reinos vegetal e animal, também no mundo visionário dos deuses houve uma história, uma evolução, uma série de mutações, todas elas governadas por leis e revelar essas leis é o objetivo próprio da ciência.

II. O ABISMO DO PASSADO

Thomas Mann, no início do seu quarteto mitologicamente concebido, *José e seus irmãos*, escreveu: "Muito fundo é o abismo do passado. Não poderíamos dizê-lo sem fundo?". E então ele observou: "Quanto mais fundo mergulhamos, quanto mais descemos ao mundo do passado inquirindo-o e assediando-o, mais descobrimos que as origens da humanidade, sua história e cultura, se revelam insondáveis".[1]

Nossa tarefa inicial tem de ser questionar a verdade disso. E para tal fim, deveremos explorar primeiramente o aspecto psicológico da questão, para saber se no sistema psicossomático humano foram encontradas estruturas ou tendências dinâmicas com as quais as origens do mito e do ritual possam estar vinculadas e apenas então voltarmo-nos para as evidências arqueológicas e etnológicas, para saber o que podem ter sido os primeiros padrões identificáveis da concepção mitológica.*

* Para uma discussão mais aprofundada dessa questão, veja T. M. Luhrmann, *When God Talks Back* (New York: Vintage, 2012) e Dean Hamer, *The God Gene* (New York: Anchor, 2005). – Editores

Entretanto, como Mann já alertou com relação às origens que estamos buscando "não importa a que arriscadas distâncias perseguimos nossa ascendência, ainda assim ela se afasta, sempre e mais para a profundidade". Pois sob a primeira camada, a das primeiras civilizações – que são apenas o primeiro plano da extensão da pré-história de nossa raça – permanecem os séculos, milênios, na verdade centenas de milênios do homem primitivo; o caçador poderoso, o mais primitivo coletor de raízes e insetos que viveu há mais de meio milhão de anos. E há uma terceira camada, ainda mais profunda e escura, abaixo dessa – abaixo do último horizonte da humanidade. Pois encontraremos a dança ritual entre os pássaros, os peixes, os macacos e as abelhas. E, por isso, é preciso perguntar-se se o homem, como esses outros membros da criação, não possui uma tendência inata para reagir, de maneiras raciais estritamente padronizadas, a certos sinais dados pelo seu meio ambiente e sua própria espécie.

Por isso, o conceito de uma ciência natural dos deuses, para corresponder à extensão do material já classificado nos arquivos científicos pertinentes, tem de abranger o primitivo e pré-histórico, bem como as recentes camadas da experiência humana, e não de modo sucinto e impreciso, como uma espécie de prótase ao tema principal. Pois as raízes da civilização são profundas. Nossas cidades não repousam, como as pedras, sobre a superfície. O primeiro rico, vasto e terrível capítulo do livro sobre este tema terá de ser desenvolvido não menos completamente do que o segundo, o terceiro e o quarto. E sua extensão será imensamente maior que a dos outros, pois se estenderá até "as trevas do passado e o abismo do tempo", que é o correspondente racial do inconsciente psicológico no interior do indivíduo, recentemente exposto de maneira magistral. Ao sondar as cavernas dos feiticeiros-artistas cromagnonianos da Grande Caça e, ainda mais profundamente, as covas dos canibais rastejantes das Eras Glaciais, que devoravam de dentro dos crânios rachados os cérebros crus de seus vizinhos esfolados e, ainda além, ao sondar os restos de esqueletos enigmáticos e gredosos do que hoje pareceriam ter sido pigmeus caçadores semelhantes aos chimpanzés das planícies abertas do Transvaal, encontraremos pistas para os mistérios mais recônditos, não apenas das grandes culturas do Oriente e do Ocidente, mas também das nossas expectativas mais íntimas, das nossas reações espontâneas e medos obsessivos.

O presente volume, portanto, investiga com que luz se pode ter acesso ao abismo do passado. E, como o propósito de Bacon com seu *Advancement of Learning* [Aprimoramento do Conhecimento], seu intento é "indicar que parte do conhecimento já foi trabalhada e aperfeiçoada e quais restam inacabadas ou totalmente negligenciadas". Além do mais, onde a visão é ampla e podem se discernir certos marcos distintivos e sugestivos, arriscam-se palpites eventuais para indicar suas implicações. Mas todo o retrospecto – apesar da riqueza e colorido do seu material –, juntamente com suas ousadas hipóteses, é necessariamente mais um guia do que uma conclusão; pois tal material jamais foi reunido em uma simples compilação que conduzisse a uma ciência das fontes da revelação.

Além disso, depois desse estudo dos recursos espirituais do homem pré-histórico, pretendo rever, em três volumes subsequentes, as formas da mitologia oriental, da mitologia ocidental e da que eu proponho chamar de mitologia criativa, representando as restantes divisões naturais deste tema. Pois sob a rubrica "oriental" podem-se abranger facilmente todas as tradições daquela ampla e variada esfera representada pelos mitos filosóficos e pelas filosofias mitológicas da Índia, do Sudeste da Ásia, da China e do Japão – e à qual podem ser incorporadas as cosmologias mitológicas da Mesopotâmia e Egito arcaicos, bem como os posteriores e mais distantes – ainda que essencialmente comparáveis – sistemas da Mesoamérica* e Peru pré-colombianos. E, sob a rubrica "ocidental", são

* No tempo da conquista do México pelos espanhóis, em 1521, os limites geográficos da Mesoamérica eram: ao norte, do rio Panuco a leste até o rio Sinaloa a oeste; ao sul, da foz do rio Montágua – onde hoje está Honduras – até o golfo de Nicoya. Essa região situa-se um pouco ao sul da atual fronteira entre os Estados Unidos e México e inclui não apenas o México, mas também Guatemala, El Salvador e partes de Honduras, Nicarágua e Costa Rica, entre o oceano Atlântico a leste e o Pacífico a oeste. É um conceito criado no contexto da arqueologia por Paul Kirchhoff em 1943. [N. da T.]

abordadas as mitologias progressiva e eticamente orientadas do zoroastrismo, judaísmo, cristianismo e islamismo, em relação e oposição aos panteões greco-romano e celto-germânico. E, finalmente, como "mitologia criativa" será considerada a mais importante tradição mitológica do mundo moderno, que, pode-se dizer, teve origem nos gregos, atingiu a maioridade na Renascença e floresce hoje saudável e incessantemente nas obras daqueles artistas, poetas e filósofos do Ocidente, para quem o milagre do próprio mundo – como ele está sendo agora visto pela ciência – é a revelação última.

Além do mais, uma vez que é verdadeira a afirmação de Mann de que enquanto na vida da raça humana o mítico é uma forma primária e primitiva de pensamento, ele é uma forma última e madura na vida do indivíduo,[2] um impressionante encontro harmônico ecoará através de todas as modulações do tema, desde a primitiva até a mais desenvolvida.

III. O DIÁLOGO DA CIÊNCIA E DA FICÇÃO

A busca de uma abordagem científica da mitologia foi dificultada até o fim do século passado pela magnitude de seu campo e pelo caráter disperso das evidências. O conflito entre autoridades, teorias e opiniões, que se acalorou, particularmente, durante o curso do século XIX, quando os limites do conhecimento se expandiam em todas as áreas de pesquisa (saber clássico e oriental, filologia comparativa, folclore, egiptologia, crítica da Bíblia, antropologia etc.), assemelhou-se ao tumulto enlouquecido da antiga parábola budista de "Os cegos e o elefante". Os cegos apalparam a cabeça do animal e declararam: "Um elefante é como uma vasilha d'água"; mas os que apalparam suas orelhas disseram: "Ele é como uma cesta; os que pegaram em suas presas discordaram: "Não, na verdade, ele é como uma relha de arado"; e os que apalparam sua tromba: "É igual à vara do arado". Havia alguns acariciando sua barriga que protestaram: "Não, é como um barril para armazenamento!". Os que tocaram suas pernas argumentaram que o animal era igual aos pilares; os que tocaram no seu reto, que era como um morteiro; quem tocou no seu membro reclamou que era como um pilão; enquanto os restantes, em sua cauda, gritaram: "Um elefante é como um abano!" E, furiosos, brigaram entre si, com punhos, gritos e berros: "É com isto que um elefante se parece"; "Não, não é assim que o elefante é"; "O elefante não tem nada a ver com isso; é assim que o elefante é".

"É exatamente assim", conclui a moral de Buda, "que a congregação dos heréticos, monges, brâmanes e ascetas peregrinos, passivos da heresia, deleitando-se na heresia, apoiando-se em concepções baseadas em heresias, são cegos, sem olhos: não conhecem o bem nem o mal, não sabem o que é certo nem o que é errado, discutem e brigam, combatem e atacam-se uns aos outros com os punhais de suas línguas, dizendo, 'isto é certo e isto é errado'; 'isto é errado e isto é certo'".[3]

Os dois ramos do conhecimento erudito, dos quais os contornos de uma sólida ciência comparativa podem ter emergido pela primeira vez, foram os clássicos e a Bíblia. Entretanto, um princípio fundamental da tradição cristã fez parecer que era um ato de blasfêmia comparar os dois no mesmo plano conceitual; pois, enquanto os mitos dos gregos eram reconhecidos como pertencentes a uma ordem natural, os da Bíblia eram tidos como sobrenaturais. Assim, enquanto os prodígios dos heróis clássicos (Héracles, Teseu, Perseu etc.) eram estudados como literatura, os dos hebreus (Noé, Moisés, Josué, Jesus, Pedro etc.) tinham de ser apresentados como história factual. Contudo, os elementos fabulosos comuns às duas tradições mediterrâneas orientais, exatamente contemporâneas, provêm da precedente civilização mesopotâmica da Idade do Bronze – algo que ninguém, antes do desenvolvimento da moderna ciência da arqueologia, poderia ter suposto.

Uma terceira e, em última instância, a mais perturbadora disciplina a contribuir para o tumulto da cena, foi a ciência da filologia ária, indo-germânica e indo-europeia, que se desenvolveu rapidamente. Já em 1767, um jesuíta francês na Índia, o padre Coeurdoux, observara que o sânscrito e o latim eram impressionantemente semelhantes.[4] Sir William Jones (1746-1794) – o primeiro sanscritista importante do Ocidente, juiz do supremo tribunal de Calcutá e fundador da Sociedade Asiática de Bengala – foi o próximo a observar a relação e a concluir, de um estudo comparativo das estruturas gramaticais do latim, grego e sânscrito, que as três haviam "emergido" – como ele expressou – "de alguma origem comum, que talvez não mais exista".[5] Franz Bopp (1791-1867) publicou em 1816 um estudo comparativo entre os sistemas de conjugação do sânscrito, do grego, do latim, do persa e do germânico.[6] E finalmente, por volta da metade do século XIX, estava totalmente claro que uma distribuição prodigiosa de línguas estreitamente relacionadas podia ser identificada na maior parte do mundo civilizado: uma única e amplamente difundida família de idiomas que deve ter-se originado de uma única fonte e inclui, além do sânscrito e do páli (a língua das escrituras budistas), a maioria dos idiomas do norte da Índia, bem como o cingalês (a língua de **Sri Lanka**), o persa, o armênio, o albanês e o búlgaro; o polonês, o russo e as outras línguas eslavas; o grego, o latim e todas as línguas da Europa, com exceção do estoniano, do finlandês, do lapão, do húngaro e do basco. Dessa maneira, revelou-se uma continuidade da Irlanda à Índia. E não apenas as línguas puderam ser facilmente comparadas, mas também as civilizações e religiões, mitologias, formas literárias e modos de pensamento dos povos em questão. Por exemplo, o panteão védico da antiga Índia, o dos Edas da Islândia medieval e o olímpico dos gregos. Não é de admirar, então, que essas descobertas causassem tamanho espanto entre os principais sábios e filósofos do século!

Tudo pareceu indicar que a mais produtiva e também a mais madura – filosoficamente falando – constelação de povos da história da civilização estava relacionada com essa prodigiosa difusão étnica; pois parecia que mesmo no Oriente, terra natal de muitas raças mais escuras, foram os indo-árias de pele mais clara que deram o impulso principal à suprema tendência cultural. Tendência que está representada na sua fase mais antiga nos registros sânscritos dos Vedas e no panteão védico (tão próximos em forma e espírito dos hinos homéricos e do panteão olímpico dos gregos, que os alexandrinos não tiveram nenhuma dificuldade em reconhecer as analogias) e em sua fase posterior, e mais altamente desenvolvida, no evangelho de Buda Gautama, cuja mente régia, inspirada pelo que muitos estudiosos europeus tomaram como um tipo caracteristicamente ária de espiritualidade, havia fascinado todo o Oriente, que erigiu templos e pagodes, não a qualquer Deus, mas ao Estado de Buda: à purificada, perfeita, plenamente florescida e plenamente iluminada consciência do próprio homem.

Foi uma descoberta profética, potencialmente perigosa, pois, mesmo anunciada em uma terminologia serena e científica, coincidia com certa tendência emocional da época. À luz das numerosas descobertas que então estavam se fazendo em todos os cantos das áreas amplamente abertas das ciências da física, da biologia e da geografia, a história mitológica da Criação, do Velho Testamento, não podia mais ser aceita como verdade literal. Já no início do século XVII, o universo heliocêntrico havia sido condenado por contrariar a Sagrada Escritura, tanto por Lutero quanto pela Inquisição Católica Romana; em contrapartida, no século XIX, a tendência do mundo erudito era rejeitar a Sagrada Escritura como contrária à verdade. E junto com a Escritura Hebraica foi-se o Deus hebraico e também a reivindicação cristã à autoridade divina. A Renascença havia contraposto o humanismo dos gregos ao ideal judaico-cristão de obediência a uma suposta revelação da lei de Deus. E com a descoberta, agora, dessa surpreendente continuidade étnica, unindo aquele humanismo, por um lado, à profunda religiosidade não teológica dos Upanixades indianos e sutras budistas, e, por outro, à vitalidade primitiva dos germânicos pagãos (que tinham despedaçado a Roma cristianizada apenas para serem, por sua vez, dominados e cristianizados), a causa dos pagãos contra a parte judaico-cristã da herança cultural europeia pareceu muito realçada. Além do mais, como as evidências pareciam apontar para a própria Europa como a pátria da qual se originou essa tradição espiritual, profundamente inspirada e vigorosamente criativa – e, em especial, para a região germânica –, uma onda de exaltação romântica europeia agitou o mundo científico. Os irmãos Grimm – Jacob (1785-1863) e Wilhelm (1786-1859) – compilaram os contos de fadas que constituem sua obra, acreditando que se poderia descobrir neles os remanescentes de uma mitologia nuclear indo-europeia.* Schopenhauer saudou os Upanixades sânscritos como "a leitura mais gratificante e enaltecedora do mundo"[7]. E Wagner encontrou nas antigas mitologias germânicas de Votam, Loki, Siegfried e das virgens do Reno o veículo apropriado para seu gênio.

* A ciência do século 21 coloca a origem dos indo-europeus na estepe ponti-cáspia entre o mar cáspio e o mar báltico – mais a leste do que a visão aceita quando Campbell escrevia esta passagem. Veja J. P. Mallory e Douglas Q. Adams, *The Encyclopedia of Indo-European Culture* (Chicago: Fitz Dearborn Publishers, 1997), p. 299. Campbell oferece aqui uma revisão das teorias correntes na época, que não mais são pertinentes. – Editores

Assim, quando alguns diletantes com imaginação criativa levaram esse resultado sensacional da pesquisa filológica para fora dos recintos de estudos acadêmicos – onde um pensamento conduz a outro pensamento –, chegando ao campo da vida política – onde um pensamento conduz à ação e, portanto, basta apenas um pensamento –, estava criada uma situação potencialmente muito perigosa. O primeiro passo nessa direção foi dado em 1839, quando um aristocrata francês, Courtet de L'Isle, propôs uma teoria política baseada no que ele concebia ser a nova ciência, numa obra intitulada *La Science politique fondée sur la science de l'homme ou Étude des races humaines* [A Ciência política com base na ciência do homem ou Estudo das raças humanas] (Paris, 1839). A tendência foi desenvolvida na obra em quatro volumes do conde Arthur de Gobineau, *Essai sur l'inégalité des races humaines* [Ensaio sobre a desigualdade das raças humanas] (18531855), e na do conde Vacher de Lapouge, *L'Aryen et son rôle social* [Os Árias e seu papel social] (1899), e foi preciso, finalmente, apenas o surgimento da célebre obra do genro inglês de Wagner, Houston Stewart Chamberlain, *The Foundations of the Nineteenth Century* [Os Fundamentos do Século XIX] (1890-1891), para fornecer a base para a de Alfred Rosenberg, *Der Mythus des 20. Jahrhunderts* [O Mito do Século XX] (1930) e fazer o planeta arder em chamas.

Obviamente, a mitologia não é brincadeira para crianças. Tampouco é assunto de interesse apenas arcaico e acadêmico, sem nenhuma importância para o moderno homem de ação. Seus símbolos (estejam eles na forma tangível das imagens ou na forma abstrata das ideias) tocam e liberam os mais profundos centros de motivação, comovendo tanto as pessoas cultas quanto as incultas, tocando ralés e civilizações. Por isso, há um perigo real na incongruência provocada pela ênfase dada às últimas descobertas da pesquisa tecnológica que as trouxe para o primeiro plano da vida moderna, unindo o mundo numa única comunidade e, ao mesmo tempo, relegando as descobertas antropológicas e psicológicas – a partir das quais um comensurável sistema moral poderia ter sido desenvolvido – às publicações eruditas em que apareceram pela primeira vez. Pois certamente é tolice pregar às crianças que conduzirão foguetes à Lua uma moralidade e cosmologia baseadas nos conceitos da Boa Sociedade e do lugar do homem na natureza forjados antes do arreamento do cavalo! E o mundo é hoje demasiado pequeno, e o interesse dos homens na sanidade demasiado grande para dar lugar a antigos truques de Povo Escolhido (seja de Jeová, Alá, Votam, Manu ou do Demônio), através dos quais se jogava um povo contra outro, numa época em que a serpente ainda sabia falar.

À medida que foi desabrochando uma maior conscientização das semelhanças humanas, devido principalmente à difusão de uma massa de informações não previsível pelos pioneiros da arqueologia e antropologia, os sons fantasmagóricos e anacrônicos dos gritos de batalha dos árias desvaneceram-se rapidamente dos palcos da erudição do século XIX. Por exemplo, logo se tornou claro, não apenas que as primeiras tribos indo-europeias já deviam ser uma mistura de raças, mas também que a maior parte daquilo que era tido como invenção delas era proveniente das antigas e muito mais desenvolvidas culturas do Egito, de Creta e da Mesopotâmia. Ademais, a difusão mundial dos grandes temas, tanto da mitologia clássica quanto da bíblica e das tradições religiosas – muito além de qualquer influência tanto ária quanto semita –, elevou de tal modo a estrutura da pré-história da civilização que os velhos problemas, orgulhos e preconceitos ficaram obsoletos.

Uma compreensão da importância dessas novas descobertas para a imagem do homem do século XIX pode ser obtida através de uma relação resumida de uma série de momentos representativos. Por exemplo:

1822 Jean François Champollion descobriu, a partir da Pedra de Roseta, a chave para os hieróglifos egípcios, desvendando com isso uma literatura religiosa civilizada anterior à grega e à hebraica em cerca de dois mil anos.

1833 William Ellis, com sua obra *Polynesian Researches* [Pesquisas Polinésias] (4 vols.), revelou os mitos e costumes das ilhas dos Mares do Sul.

1839 Henry Rowe Schoolcraft, com *Algic Researches* [Pesquisas Sobre o Álgico] (2 vols.), ofereceu a primeira coletânea relevante dos mitos indígenas da América do Norte.

1847-51 Sir Austen Henry Layard realizou escavações nas antigas Nínive e Babilônia, revelando os tesouros da civilização mesopotâmica.

1847-64 Jacques Boucher de Crèvecœur de Perthes, com *Antiquités celtiques et antédiluviennes* [Antiguidades Célticas e Antediluvianas] (3 vols.), demonstrou a existência do homem na Europa no período Plistoceno (o que quer dizer, mais de cem mil anos atrás) e, baseado em sua classificação das ferramentas de pederneira, identificou três períodos da Antiga Idade da Pedra, os quais denominou:

1) "Idade do Urso da Caverna";
2) "Idade do Mamute e dos Rinocerontes Lanosos";
3) "Idade da Rena".

1856 Johan Karl Fuhlrott descobriu, numa caverna no leste da Alemanha, os ossos do Homem de Neandertal (*Homo neanderthalensis*), poderoso caçador das Idades do Urso da Caverna e do Mamute.

1859 Charles Darwin lançou sua grande obra, *A Origem das Espécies.*

1860-65 Edouard Lartet, no sul da França, desenterrou os restos do Homem de Cro-Magnon, pelo qual o Homem de Neandertal foi substituído na Europa durante a Idade da Rena, no final do Plistoceno.

1861 O *Popol Vuh*, um antigo texto mitológico da América Central, foi introduzido no mundo erudito pelo abade Brasseur de Bourbourg.

Desta importante década de sessenta em diante, a universalidade dos temas emotivos básicos da mitologia foi geralmente aceita e se esperava que algum tipo de explicação psicológica fosse logo encontrada. E foi assim que de dois cantos remotos do mundo erudito surgiram simultaneamente os seguintes estudos comparativos: na Filadélfia, Daniel G. Brinton, com seu *The Myths of the New World* [Os Mitos do Novo Mundo], comparou as mitologias primitivas e de alto nível cultural do Velho e do Novo Mundo e, em Berlim, Adolf Bastian, em *Das Beständige in den Menschenrassen und die Spielweite ihrer Veränderlichkeit* [O Constante nas Raças Humanas e a Amplitude de suas Variações], aplicou o ponto de vista da psicologia e biologia comparativas aos problemas, primeiramente, das "constantes" e, depois, das "variáveis" nas mitologias da espécie humana.

1871 Edward B. Tylor, em sua obra *Primitive Culture: Researches into the Development of Mythology, Philosophy, Religion, Language, Art, and Custom* [Cultura Primitiva: Pesquisa acerca do Desenvolvimento da Mitologia, Filosofia, Religião, Língua, Arte e Costumes], aplicou uma explicação psicológica do conceito de "animismo" na interpretação sistemática de todo o âmbito do pensamento primitivo.

1872-85 Heinrich Schliemann, escavando em Troia (Hissarlik) e em Micenas, sondou os níveis pré-homéricos, pré-clássicos da civilização grega.

1879 Don Marcelino de Sautuola descobriu em sua propriedade, no norte da Espanha (Altamira), a magnífica arte rupestre das Idades do Mamute e da Rena.

1890 Sir James George Frazer publicou a obra culminante de todo esse período de pesquisa antropológica, *O Ramo Dourado*.

1891-92 Na Java Central, no rio Solo, perto de Trinil, Eugène Dubois desenterrou os ossos e dentes do "Elo Perdido", *Pithecanthropus erectus* ("o homem-macaco que anda ereto") com capacidade cerebral entre a do gorila com o maior cérebro (cerca de 600 cm^3) e a da média do homem moderno (cerca de 1400 cm^3).

1894 Sir Arthur Evans iniciou suas escavações em Creta.

1898 Leo Frobenius anunciou uma nova abordagem no estudo das culturas primitivas (a *Kulturkreislehre*, ou "teoria da área cultural"), onde identificou um *continuum* na cultura primitiva, estendendo-se da África Ocidental Equatorial em direção ao leste, através da Índia e da Indonésia, da

Melanésia e da Polinésia, atravessando o Pacífico para a América Equatorial e a Costa Noroeste.[8] Esse foi um desafio radical às velhas correntes de interpretação do "desenvolvimento paralelo" ou "psicológicas" – como as que Brinton, Bastian, Tylor e Frazer tinham representado – visto que levantava uma teoria ampla e ousada de uma primitiva "difusão" transoceânica para desembocar na questão da distribuição dos chamados temas "universais".

E foi assim que, durante aquele século memorável de transformações espirituais e tecnológicas quase inacreditáveis, os antigos horizontes se dissolveram e o centro de gravidade de todo o saber se deslocou das pequenas áreas de orgulho local para uma ampla ciência do próprio homem em seu novo e único mundo. As velhas disciplinas do século XVIII, que antes tinham parecido cobrir satisfatoriamente o campo do interesse humanístico, tornaram-se apenas ramos de um tema muito mais amplo. A questão primeira, anteriormente, parecia ser o sobrenatural do homem em contraposição ao seu dom meramente natural; porém, agora, com o reconhecimento da universalidade dos temas mitológicos, outrora tomados como evidência da origem divina das religiões superiores – "superando o conhecimento natural do homem", como argumentou Santo Tomás de Aquino, e, por isso, provando que "Deus está muito acima de tudo o que o homem consegue pensar sobre Ele"[9] – , e com a compreensão de que esses motivos sobrenaturais não eram peculiares a uma única tradição, mas comuns às tradições religiosas da espécie humana, as tensões entre "ortodoxo" e "gentio", "superior" e "primitivo", simplesmente se dissolveram. E as questões mais importantes, as preocupações mais elevadas do homem eram agora: primeiro, se tais temas mitológicos como a morte e a ressurreição, o nascido de uma virgem e a criação a partir do nada deveriam ser racionalmente rejeitados como meros vestígios da ignorância primitiva (superstições), ou, pelo contrário, interpretados como transmissão de valores que estão além da faculdade racional (símbolos transcendentes); e, segundo, se enquanto produto das operações espontâneas da psique esses temas surgiram independentemente nos vários cantos do mundo (teorias do desenvolvimento paralelo), ou então, como invenções de determinadas épocas e pessoas, difundiram-se através das primeiras migrações ou do comércio posterior (teorias da difusão).

Poucos, no século XIX, foram competentes para enfrentar qualquer dessas questões sem preconceito ou para manejar a evidência necessária de suas análises, pois a psicologia da época simplesmente não tinha se apossado nem das informações nem das hipóteses necessárias para uma investigação da psique em profundidade. O eminente fisiologista, psicólogo e filósofo Wilhelm Wundt (1832-1920), que em 1857 começou a lecionar em Heidelberg e em 1875 na Universidade de Leipzig, em suas numerosas obras sobre psicologia etnológica (*Völkerpsychologie*) analisa magistralmente todo o campo etnológico a partir de um ponto de vista psicológico. Mas ele percebeu e declarou abertamente que a amplitude e a profundidade deste tema rico e promissor ainda não tinham sido suficientemente mensuradas.[10] Uma investigação científica da psique em profundidade, entretanto, já havia se iniciado na clínica neurológica de Salpêtrière, em Paris, onde Jean Martin Charcot (1825-1893), professor de anatomia patológica da faculdade de medicina da universidade, abria novos horizontes com seus estudos sobre histeria, paralisia, distúrbios cerebrais, senilidade e hipnose.[11] Os jovens Sigmund Freud (1856-1939) e Carl G. Jung (1875-**1961**) estavam entre seus discípulos e algo da força e direção das pesquisas de Charcot pode ser comprovado em suas eminentes carreiras de exploração das profundezas obscuras e inacessíveis da psique. Entretanto, a aplicação das novas descobertas a respeito da fenomenologia do "inconsciente" do indivíduo neurótico a uma interpretação sistemática do material etnológico precisou de esperar pelo movimento do século XX, iniciado pela obra de Jung, *Wandlungen und Symbole der Libido* [Transformações e Símbolos da Libido] (1912),[12] e pela de Freud, *Totem e Tabu* (1913).[13] As orientações e pesquisas de Wundt e Charcot prepararam o caminho. Quanto à total aplicação das leis e hipóteses da ciência do inconsciente aos campos da religião, pré-história, mitologia e folclore, literatura e história da arte, que foi um dos fatores preponderantes no desenvolvimento do pensamento do século XX, a encontramos apenas sugerida como uma possibilidade rica e promissora na ciência de então.

E, no entanto, como observou Thomas Mann em seu importante discurso sobre "Freud e o Futuro", pronunciado em Viena por ocasião do aniversário de 80 anos do Dr. Sigmund Freud, a profunda e natural simpatia entre as duas esferas, a da literatura e a da ciência do inconsciente, tinha por muito tempo existido despercebidamente. As fantasias romântico-biológicas de Novalis (1772-1801), a psicologia dos sonhos e a filosofia do instinto de Schopenhauer (1788-1860), o fervor cristão de Kierkegaard (1813-1855), que o conduzira a profundos insights psicológicos, a visão da mentira como indispensável à vida, de Ibsen (1828-1906) e, acima de tudo, a tradução de Nietzsche (1844-1900) das pretensões metafísicas da teologia, mitologia e da filosofia moral para a linguagem de uma psicologia empírica – tudo isso não apenas antecipou mas, em alcance e riqueza, por vezes superou as fantásticas percepções que ora estavam sendo friamente sistematizadas nas formidáveis hipóteses e terminologias de precisão científica. Na verdade, como sugeriu Mann em seu elogio um tanto irônico ao eminente cientista cuja exatidão científica não lhe permitirá ter a filosofia em alta consideração, pode-se, com justiça, até mesmo argumentar que a moderna ciência do inconsciente nada mais faz do que escrever o *quod erat demonstrandum* para toda a grande tradição de insights metafísicos e psicológicos representada pelos poetas românticos, filósofos-poetas e artistas, que, durante todo o século XIX, caminharam passo a passo ao lado dos homens de experiência e conhecimento analíticos.[14]

Por exemplo, Goethe: em cada verso do seu *Fausto* está evidente uma compreensão profundamente madura da força do simbolismo tradicional da psique, não apenas com relação à biografia individual, mas também à dinâmica psicológica da civilização. Também Wagner, cujas obras-primas foram concebidas a partir da compreensão da importância das formas simbólicas – uma compreensão tão mais avançada do que as leituras alegóricas sugeridas pelos orientalistas e etnólogos do seu tempo, que mesmo comparando as datas a seguir (Wagner, 1813-1883; Max Müller, 1823-1900; Sir James George Frazer, 1854-1941), nos resulta difícil pensar na obra do artista como tendo *precedido* os esforços relativamente desajeitados dos homens de ciência para interpretar os símbolos. Ou pensemos em Melville (1819-1891), capturado por canibais da ilha de Nuku Hiva dos Mares do Sul que até planejaram torná-lo uma iguaria de seu menu, em cujas obras *Moby Dick* (1851) e *Pierre* (1852) a profundidade de seu insight psicológico é transmitida através do uso infalível da linguagem do símbolo.

"O mito", como vira Thomas Mann, e com quem muitos dos psicólogos profundos concordariam, "é o princípio da vida, a ordem eterna, a fórmula sagrada para a qual a vida flui quando esta projeta suas feições para fora do inconsciente".[15] Mas, por outro lado – como observaria qualquer etnólogo, arqueólogo ou historiador – os mitos das diferentes civilizações variaram sensivelmente através dos séculos e dos vastos âmbitos da morada da espécie humana no mundo; a tal ponto, de fato, que a "virtude" de uma mitologia com frequência tem sido o "vício" de outra e o paraíso de uma, o inferno de outra. Além disso, com o desaparecimento dos velhos horizontes que antes separavam e protegiam os vários mundos culturais e seus panteões, um verdadeiro *Götterdämmerung* ("crepúsculo dos deuses") lançou suas chamas através do universo. Comunidades que um dia viveram confortavelmente na consciência de sua própria divindade mitologicamente assegurada descobrem, de repente, que são diabólicas aos olhos das comunidades vizinhas. É evidente que agora se requer uma mitologia mais ampla e profunda do que todas as imaginadas em qualquer lugar no passado: algo *arcanum arcanorum* muito mais fluídico e mais sofisticado do que as visões isoladas das tradições locais. Algo onde essas próprias mitologias serão vistas apenas como as máscaras de uma mitologia maior – todos seus resplandecentes panteões vistos apenas como as formas bruxuleantes de uma "ordem eterna", que não é ordem.

Mas, esta é precisamente a grande representação do mistério, apenas à espera de ser percebida enquanto jaz diante de nós, por assim dizer, em fragmentos, nos salões e museus das várias ciências, porém já vivendo, também, nas obras dos nossos grandes artistas. Para que sirva ao presente momento, só temos de uni-la – ou reuni-la – em sua dimensão total, cientificamente, e então dar-lhe vida como algo que nos é próprio, à maneira da arte: à maneira do milagre – deleite complacente e instrutivo; não julgando moralmente, mas participando com nossa própria humanidade desperta do festival das formas transitórias.

PARTE I

A PSICOLOGIA DO MITO

INTRODUÇÃO

A LIÇÃO DA MÁSCARA

O olho do artista, como disse Thomas Mann,[1] tem um viés mítico sobre a vida; por isso, precisamos abordar a esfera mítica – o mundo dos deuses e demônios, o carnaval de suas máscaras e o curioso jogo do "como se", no qual o festival do mito vivo abole todas as leis do tempo, permitindo que os mortos voltem à vida e o "era uma vez" se torne o próprio presente – com o olho do artista. Porque, de fato, no mundo primitivo, onde temos de buscar a maioria dos indícios sobre a origem da mitologia, os deuses e demônios não são concebidos à maneira das realidades evidentes, rígidas e fixas. Um deus pode estar simultaneamente em dois ou mais lugares – como uma melodia, ou sob a forma de uma máscara tradicional. E onde quer que ele surja, o impacto de sua presença é o mesmo: ele não é reduzido pela multiplicação. Além disso, a máscara em um festival primitivo é venerada e vivenciada como uma verdadeira aparição do ser mítico que ela representa – apesar de todo mundo saber que foi um homem quem fez a máscara e que é um homem que a está usando. Mas, durante o tempo do ritual do qual a máscara faz parte, aquele que a estiver usando é também identificado com o deus. Ele não apenas representa o deus; ele é o deus. O fato literal de que a aparição seja composta por A, uma máscara; B, sua referência a um ser mítico; e C, um homem, é rejeitado pela mente e isso dá lugar a que a apresentação funcione independente dos valores, tanto do observador quanto do ator. Em outras palavras, houve uma mudança de perspectiva, da lógica da esfera secular normal, onde as coisas são vistas como diferentes umas das outras, para a esfera teatral ou representativa, onde as coisas são aceitas pelo que são enquanto vivenciadas, e a lógica é a do "faz de conta", do "como se".

Todos nós conhecemos muito bem a convenção! É um artifício primário, espontâneo e mágico das crianças, pelo qual o mundo pode ser, em um instante, transformado de banal em mágico. E sua inevitabilidade na infância é uma daquelas características universais do homem, que nos unem em uma família. Consequentemente, é um dado primário da ciência do mito, que se ocupa precisamente do fenômeno da crença autoinduzida.

"Um professor", escreveu Leo Frobenius em um famoso ensaio sobre a força do mundo demoníaco (*daimoniacós*) na infância, "está escrevendo em sua mesa de trabalho e sua filha de quatro anos está correndo pela sala. Ela não tem nada para fazer e o está perturbando. Então, ele dá a ela três palitos de fósforo queimados, dizendo: 'Olhe, brinque com isto', e ela senta-se no tapete e começa a representar, com os fósforos, Joãozinho, Mariazinha e a bruxa. Assim passa um bocado de tempo, durante o qual o professor se concentra em seu trabalho sem ser interrompido. Até que, de repente, a menina grita aterrorizada. O pai corre, perguntando: 'O que é? O que aconteceu?' A menina corre para ele, mostrando todos os sinais de pânico. 'Papai, papai', ela grita, 'tire a bruxa daqui! Não suporto mais a bruxa!'"

"Uma explosão emocional", observa Frobenius,

> é característica de uma mudança espontânea de uma ideia, do nível dos sentimentos (*Gemüt*) para o da consciência sensorial (*sinnliches Bewusstsein*). Além do mais, o surgimento de tal explosão obviamente significa que determinado processo espiritual se completou. O palito de fósforo não é uma bruxa; tampouco o era para a menina no início da brincadeira. O processo, portanto, está no fato de o fósforo ter-se *transformado* numa bruxa no nível dos sentimentos e a conclusão do processo coincide com a transferência dessa ideia para o plano da consciência. A observação do processo escapa à avaliação do pensamento consciente, pois ela entra na consciência apenas após ou no momento da conclusão. Entretanto, desde que a ideia é, ela deve ter-se *tornado*. O processo é criativo, no melhor sentido da palavra; pois, como vimos, para uma criança um palito de fósforo pode tornar-se uma bruxa. Concluindo: a fase do *tornar-se* ocorre no nível dos sentimentos, enquanto a do *ser* está no plano consciente.[2]

Este exemplo vívido e convincente, do arrebatamento de uma criança por uma bruxa durante o ato de brincar, pode ser tomado para representar um intenso nível da experiência demoníaca mitológica. Entretanto, a atitude mental representada pela própria brincadeira, antes de ocorrer o arrebatamento, também pertence à esfera do nosso assunto. Pois, como apontou J. Huizinga em seu brilhante estudo do elemento jogo na cultura, toda a questão, no início, é a *diversão* do jogo, não a euforia do arrebatamento. "Em todas as extravagantes fantasias da mitologia, um espírito jocoso atua", ele escreveu, "no limite entre a brincadeira e a seriedade".[3] "Que eu saiba, etnólogos e antropólogos coincidem na opinião de que a atitude mental em que são celebradas e testemunhadas as grandes festas religiosas dos selvagens não é a de uma total ilusão. Há uma consciência subjacente de que as coisas 'não são reais'."[4] E ele cita, entre outros, R.R. Marett, que, no capítulo sobre "Ingenuidade Primitiva", em *The Threshold of Religion* [O Limiar da Religião], desenvolve a ideia de que certo elemento do "faz de conta" opera em todas as religiões primitivas. "O selvagem", escreveu Marett, "é um bom ator que sabe envolver-se no seu papel como uma criança brincando e, também como uma criança, é um bom espectador que pode ficar morto de medo de um rugido que sabe muito bem não ser de um 'verdadeiro' leão".[5]

"Considerando-se toda a esfera da chamada cultura primitiva como uma esfera de jogo", Huizinga sugere então, como conclusão, que "nós abrimos caminho a uma compreensão mais direta e mais geral de suas peculiaridades do que permitiriam as análises psicológicas ou sociológicas meticulosas".[6] E eu concordaria sinceramente com essa opinião, acrescentando apenas que deveríamos estender a consideração a todo o campo de nosso presente tema.

Na missa católica romana, por exemplo, quando o padre, citando as palavras de Cristo na Última Ceia, pronuncia a fórmula da consagração – com máxima solenidade – primeiro sobre a hóstia (*Hoc est enim Corpus meum*: "pois isto é o Meu Corpo") e depois sobre o cálice de vinho (*Hic est enim Calix Sanguinis mei, novi et aeterni Testamenti*: *Mysterium fidei*: *qui pro vobis et pro multis effundetur in remissionen peccatorum*: "pois este é o Cálice do Meu Sangue, o sangue da nova e eterna aliança: o qual será derramado por vós e por todos para a remissão dos pecados"), é de se supor que o pão e o vinho se tornem o corpo e o sangue de Cristo, que cada fragmento da hóstia e cada gota do vinho sejam, de fato, o Salvador do mundo vivo. O sacramento, portanto, não é concebido para ser uma *referência*, um mero sinal ou símbolo para despertar em nós uma série de reflexões; ele é o próprio Deus, o Criador, o Juiz e Salvador do Universo, que aqui vem atuar diretamente sobre nós, para livrar nossas almas (criadas à Sua imagem) dos efeitos da Queda de Adão e Eva no Jardim do Éden (o qual, devemos supor, existiu como uma realidade geográfica).

De maneira semelhante, na Índia acredita-se que, em resposta às fórmulas de consagração, as divindades descerão graciosamente para infundir sua substância divina às imagens dos templos, que são então chamadas de seus tronos ou assentos (*pīṭha*). Também é possível – e, em algumas seitas da Índia, até esperado – que o próprio indivíduo se torne uma morada da divindade. No *Gandharva Tantra* está escrito, por exemplo: "Ninguém que não seja, ele próprio, divino pode, com êxito, adorar uma divindade"; e, ainda: "Tendo-se tornado a divindade, a pessoa deveria oferecer-lhe sacrifício".[7]

Além do mais, é ainda possível a um oficiante realmente dotado descobrir que tudo – absolutamente tudo – se tornou o corpo de um deus, ou revela a onipresença de Deus como o fundamento de todos os seres. Há uma passagem, por exemplo, entre as conversações do mestre espiritual bengali do século XIX, Ramakrishna, na qual ele descreve uma dessas experiências. "Um dia", diz-se que ele relatou, "foi-me revelado subitamente que tudo é Puro Espírito. Os objetos de adoração, o altar, o caixilho da porta – tudo Puro Espírito. Homens, animais e outros seres vivos – tudo Puro Espírito. Então, como um louco, eu comecei a jogar flores em todas as direções. O que quer que eu visse, eu adorava".[8]

A fé – ou, pelo menos, o jogo do "acreditar" – é o primeiro passo em direção a tal arrebatamento divino. Nas crônicas dos santos abundam relatos de longas provações autoimpostas, que precederam seus momentos de arrebatamento. E, ilustrando o princípio em questão, temos ainda os jogos e exercícios religiosos populares, mais espontâneos (dos leigos). O espírito do festival, do feriado, do dia santo do cerimonial religioso, requer que a atitude normal diante das preocupações da vida seja temporariamente posta de lado em favor de uma disposição especial para se engalanar. Enfeita-se o mundo. Assim, nos santuários religiosos consagrados – templos e catedrais, onde uma atmosfera de santidade paira permanentemente – deve-se impedir a intromissão da lógica da realidade fria e dura, para não acabar com o encantamento. O gentio, o "desmancha-prazeres", o positivista, que não pode ou não quer participar, tem de ser mantido à distância. Daí as figuras guardiãs que ladeiam as entradas dos lugares sagrados: leões, touros ou guerreiros temíveis com suas armas empunhadas. Elas estão ali para manter afastados os "desmancha-prazeres", os defensores da lógica aristotélica, para quem A jamais pode ser B; para quem o ator jamais deve confundir-se com o papel; para quem a máscara, a imagem, a hóstia consagrada, a árvore ou o animal não podem tornar-se Deus, mas apenas uma referência. Tais pensadores analíticos devem ser mantidos fora. Porque o único propósito de se entrar num santuário ou participar de uma festividade é deixar-se tomar pelo estado que na Índia é conhecido como "a outra mente" (em sânscrito, *anya-manas*: "disposição mental ausente, possuído por um espírito"), em que se está "fora de si", encantado, separado de sua própria lógica de autopossessão e subjugado pela força de uma lógica "não dissociativa" – na qual A é B e C também é B.

"Um dia", disse Ramakrishna, "enquanto adorava Śiva, eu estava a ponto de atirar em oferenda uma folha de *bilva** na cabeça da imagem, quando me foi revelado que este universo é, ele próprio, Śiva. Outro dia, quando estava colhendo flores, foi-me revelado que cada planta era um ramalhete adornando a forma universal de Deus. Aquilo foi o fim da minha coleta de flores. Eu olho para o homem exatamente da mesma maneira. Quando vejo um homem, vejo que é o Próprio Deus, andando na Terra, balançando-se para lá e para cá, como se fosse um coxim flutuando sobre as ondas".[9]

Desse ponto de vista, o universo é o assento (*pīṭha*) de uma divindade, que não nos é possível perceber com nosso estado comum de consciência. Mas, participando no jogo dos deuses, damos um passo em direção a essa realidade que é, em última instância, a realidade de nós mesmos. Daí o êxtase, as sensações de

* Marmeleiro de Bengala, árvore considerada sagrada na Índia. [N. da T.]

deleite e a sensação de renovação, harmonia e recriação! No caso do santo, a representação leva ao arrebatamento – como no caso da menininha, para quem o palito de fósforo se revelou uma bruxa. Então, pode-se perder o contato com a orientação do mundo e a mente pode permanecer capturada nesse outro estado. Dessa maneira é impossível retornar a este outro jogo, o jogo da vida no mundo. Os santos são possuídos por Deus; isso é tudo o que conhecem na terra e tudo o que precisam conhecer. E podem contagiar sociedades inteiras, de maneira que elas, inspiradas por seus arrebatamentos, podem igualmente romper o contato com o mundo e refutá-lo como ilusório ou daninho. A vida secular pode então ser interpretada como um pecado – a perda da Graça, Graça que é o êxtase do festival divino.

Mas há outra atitude, mais abrangente, que deu beleza e amor aos *dois* mundos: a chamada *līlā*, "o jogo", como foi denominado no Oriente. O mundo não é condenado e evitado como um pecado, mas voluntariamente assumido como um jogo ou dança, onde o espírito brinca.

Ramakrishna fechou os olhos. "É apenas isso?", perguntou. "Deus existe apenas quando os olhos estão fechados e desaparece quando estão abertos?" Ele abriu os olhos. "O Jogo pertence a Ele, a quem pertence a Eternidade, e a Eternidade pertence a Ele, a quem o Jogo pertence (...) Algumas pessoas sobem os sete andares de um prédio e não conseguem descer, mas outras sobem e então, à vontade, visitam os andares inferiores."[10]

A questão então resume-se a isto: quanto uma pessoa pode subir ou descer sem perder a noção do jogo? O Prof. Huizinga, em sua obra já mencionada, observa que em japonês o verbo *asobu*, que se refere a jogar em geral – recreação, relaxamento, diversão, passeio ou excursão, dissipação, jogos de azar, andar à toa ou estar desempregado –, também significa estudar na universidade ou com um mestre; igualmente, envolver-se em um combate simulado; e, por último, participar nas formalidades muito estritas da cerimônia do chá. Ele continua:

> A extraordinária severidade e profunda seriedade do ideal de vida japonês são encobertas pela alegoria elegante de que tudo é apenas um jogo. Como o cavalheirismo da Idade Média cristã, o *bushido* japonês formou-se quase inteiramente na esfera do jogo e era representado em formas lúdicas. A língua ainda preserva essa concepção no *asobase-kotoba* (literalmente "língua-jogo") ou linguagem cortês, o modo de dirigir-se, nas conversas, às pessoas de nível superior. A ideia convencional é que as classes mais altas estão apenas "brincando" ou "jogando" em tudo o que fazem. A forma polida de se dizer "você chega a Tóquio" é, literalmente, "você brinca de chegar a Tóquio" e em vez de "soube que seu pai morreu", "soube que seu pai brincou de morrer". Em outras palavras, imagina-se que a pessoa de nível superior viva em uma esfera elevada, onde só o prazer ou o capricho levariam à ação.[11]

Desse ponto de vista extremamente aristocrático, qualquer estado de arrebatamento, seja pela vida ou pelos deuses, tem de representar uma queda ou descida do nível espiritual, uma vulgarização do jogo. Nobreza de espírito é a graça – ou habilidade – de jogar, seja no céu ou na terra. E isso, eu suponho, esta *noblesse oblige*, que sempre foi condição da aristocracia, era exatamente a virtude (ἀρετή) dos poetas, artistas e filósofos gregos, para quem os deuses eram verdadeiros como a poesia é verdadeira. Podemos supor que esse também tenha sido o ponto de vista mitológico primitivo, em contraste com a visão positivista mais rígida representada mais tarde, por um lado, pelas experiências religiosas do tipo literal, em que o impacto de um *daímon*, elevado da sua origem no nível dos sentimentos para o plano da consciência, é assumido como objetivamente real; e, por outro lado, pela ciência e economia política, para as quais apenas os fatos mensuráveis são objetivamente reais. Pois, se for verdade, como disse o filósofo grego Antístenes (nascido aproximadamente em 444 a.C.), que "Deus não é igual a nada: de onde, ninguém pode entendê-lo por meio de uma imagem",[12] ou, como lemos no Upanixade indiano,

> De fato, é outro que não o conhecido
> E, além do mais, acima do desconhecido![13]

tem de se reconhecer, como um princípio básico de nossa história natural dos deuses e heróis, que, sempre que um mito foi tomado literalmente, seu sentido foi pervertido; mas também, reciprocamente, que, sempre que ele foi descartado como mera fraude clerical ou sinal de inteligência inferior, a verdade escapou pela outra porta.

E então, qual é o sentido que temos de buscar, se ele não está aqui nem ali? Kant, em seus *Prolegômenos a Toda a Metafísica Futura*, afirma muito cuidadosamente que todo o nosso pensamento sobre questões últimas pode se dar apenas por meio de *analogias*. "A expressão adequada para nosso modo falível de conceber", declara ele, "seria: que imaginemos o mundo *como se* seu ser e seu caráter interno fossem derivados de uma mente suprema" [grifos meus].[14]

Um jogo de "como se" de tão alto nível libera nossa mente e espírito, por um lado, da presunção da teologia, que pretende conhecer as leis de Deus e, por outro, da tirania da razão, cujas leis não se aplicam para além do horizonte da experiência humana.

Estou disposto a aceitar a palavra de Kant, como representante da visão de um metafísico notável. E aplicando-a à série de jogos festivos e atitudes que acabamos de citar – da máscara à hóstia consagrada e à imagem do templo: o adorador e o mundo transubstanciados – posso ver, ou acredito que posso, que um princípio de libertação opera por meio da alquimia de um "como se" e então, através dele, o impacto da assim chamada "realidade" sobre a psique é transubstanciado. O estado lúdico e os arrebatamentos extáticos que dele às vezes derivam representam, portanto, um passo a mais *na direção* da verdade inelutável; e a fé – aquiescência numa fé que não é bem fé – é o primeiro passo em direção a uma participação mais profunda (que o festival propicia) naquele impulso geral para a vida que, em seu aspecto metafísico, é anterior a, e criador de, todas as leis da vida.

O obscuro peso do mundo, tanto da vida na terra quanto da morte, céu e inferno, é dissolvido e o espírito é liberto, não *de* qualquer coisa – pois não havia nada de que ser libertado, a não ser do mito no qual se acreditou cegamente – mas *para* algo, algo fresco e novo, um ato espontâneo.

Da posição de homem secular (*Homo sapiens*), por assim dizer, temos de adentrar na esfera lúdica do festival, consentindo com um jogo de fé, onde a diversão, a alegria e o enlevo reinam numa série ascendente. As leis da vida no tempo e no espaço – economia, política e mesmo a moralidade – se dissolverão ali. Depois, recriados por aquela volta ao paraíso antes da Queda, antes do conhecimento do bem e do mal, do certo e do errado, do verdadeiro e do falso, da fé e da descrença, traremos o ponto de vista e o espírito do homem enquanto jogador (*Homo ludens*) de volta à vida; como na brincadeira das crianças, onde o impulso espontâneo do espírito para identificar-se com algo que não seja ele próprio, pelo simples prazer de brincar, não fica intimidado pelos fatos banais das magras possibilidades da vida, mas transubstancia o mundo – no qual, afinal, as coisas não são tão reais ou permanentes, terríveis, importantes ou lógicas como parecem.

CAPÍTULO I

O ENIGMA DA IMAGEM HEREDITÁRIA

I. O MECANISMO LIBERADOR INATO

Uma série de filmes populares tem mostrado o espantoso fenômeno do pôr e incubar ovos pelas tartarugas marinhas. A fêmea sai da água, arrasta-se até um ponto seguro na praia que a maré não alcança, cava um buraco, deposita centenas de ovos, cobre-os e volta para o mar. Passados dezoito dias, brota uma turba de minúsculas tartarugas que saem andando pela areia e, como corredores ao ser dado o tiro de largada, correm para a forte rebentação das ondas tão rapidamente quanto podem, enquanto as gaivotas descem ruidosas para apanhá-las.

Não se poderia desejar uma representação mais vívida da espontaneidade e da busca do ainda-não-visto. Não se trata aqui de um aprendizado por tentativa e erro; tampouco aquelas coisinhas minúsculas têm medo das grandes ondas. Elas sabem que precisam apressar-se, sabem como fazê-lo e sabem exatamente para onde estão indo. E finalmente, quando entram no mar, sabem de imediato como nadar e que precisam nadar.

Os estudiosos do comportamento animal cunharam o termo "mecanismo liberador inato" (IRM = *innate releasing mechanism*), para designar a estrutura herdada do sistema nervoso que permite ao animal reagir diante de uma situação jamais vivida anteriormente, e denominam "estímulo-sinal" ou "liberador" ao fator desencadeante da reação. É óbvio que a criatura viva que reage a tal sinal não pode ser o indivíduo, já que este não teve nenhum conhecimento prévio do objeto ao qual está reagindo. O sujeito que reconhece e reage é, antes, algum tipo de trans ou superindivíduo, habitando e movendo a criatura viva. Não vamos especular aqui sobre a metafísica deste mistério; pois, como Schopenhauer sabiamente observa em seu ensaio sobre *O Propósito da Natureza*, "estamos imersos em um mar de mistérios inescrutáveis, sem saber nem compreender o que nos rodeia e tampouco a nós mesmos". Os pintinhos, que mal saídos de suas cascas já correm em busca de proteção quando se avizinha um falcão, não fazem o mesmo ante uma gaivota, um pato, uma garça ou uma pomba. E mais ainda, se fizermos sobrevoar por cima de um galinheiro um falcão de madeira preso à ponta de um arame, os pintinhos reagirão como se ele fosse verdadeiro, ao passo que se movimentarmos esse simulacro como se voasse para trás, os pintinhos não reagirão.

Aqui temos uma imagem extremamente precisa – jamais vista, porém reconhecida com referência não apenas à sua forma, mas à sua forma em movimento e relacionada a um sistema imediato, não planejado, não aprendido e até mesmo não intencional de ação adequada, ou seja: a fuga para proteger-se. A imagem herdada do inimigo já existe latente no sistema nervoso e, junto com ela, a já bem-sucedida reação. Além disso, mesmo se todos os falcões do mundo desaparecessem, sua imagem continuaria adormecida na alma dos pintinhos – entretanto, jamais seria desperta, a não ser por artifício: por exemplo, uma repetição do experimento engenhoso do falcão de madeira preso a um arame. Com isso, pelo menos por um certo número de gerações, a reação obsoleta da fuga para proteger-se se repetiria e, a não ser que soubéssemos do antigo perigo que os falcões representavam para os pintinhos, acharíamos difícil explicar essa fuga inesperada. "Por que motivo", poderíamos perguntar, "essa reação repentina por causa de uma imagem sem correspondente no mundo das aves? Gaivotas e patos vivos, garças e pombas os deixam indiferentes; mas aquele recurso engenhoso os toca em alguma corda muito profunda!".

Teríamos aqui uma pista para o problema da imagem da bruxa no sistema nervoso da criança? Alguns psicólogos afirmariam que sim. C.G. Jung, por exemplo, identifica dois sistemas fundamentalmente diferentes de reações motivadas de forma inconsciente no ser humano. A um deles chama de inconsciente pessoal. Ele está baseado em um contexto de imagens esquecidas, negligenciadas ou suprimidas da memória, oriundas da experiência pessoal (impressões infantis, choques, frustrações, satisfações etc.), como as que Sigmund Freud reconheceu e analisou em sua prática terapêutica. Ao outro sistema ele chama de inconsciente coletivo. Seus conteúdos – os quais denomina arquétipos – são justamente aquelas imagens como a do falcão no sistema nervoso dos pintinhos. Ninguém até hoje foi capaz de nos dizer como foi parar lá, mas o fato é que ela está lá!

"Uma imagem pessoal", ele escreve, "não tem nem caráter arcaico nem significado coletivo, mas exprime conteúdos inconscientes de natureza pessoal e uma inclinação consciente pessoalmente condicionada".

"A imagem primária (*urtümliches Bild*) que denominei 'arquétipo' é sempre coletiva, isto é, comum a pelo menos povos inteiros ou a períodos da história. Os principais temas mitológicos de todos os tempos e raças são muito provavelmente dessa ordem; por exemplo, nos sonhos e fantasias dos neuróticos de raça negra, pude identificar uma série de temas da mitologia grega."

"A imagem primária", ele então sugere, "é um depósito da memória, um engrama, derivado de uma condensação de inumeráveis experiências similares [...] a expressão psíquica de uma tendência natural anatômica e fisiologicamente determinada".[1]

A ideia dos "arquétipos" de Jung é uma das principais teorias, hoje, no campo do nosso assunto. Ela é o desenvolvimento da teoria anterior de Adolf Bastian (1826-1905), que reconheceu, no curso de suas longas viagens, a uniformidade do que denominou "ideias elementares" (*Elementargedanke*) da humanidade. Observando também, entretanto, que nos vários campos da cultura tais ideias são diferentemente articuladas e elaboradas, ele cunhou o termo "ideias étnicas" (*Völkergedanke*) para as manifestações reais, locais, das formas universais. Em nenhum lugar, ele observou, as "ideias elementares" são encontradas em estado puro, abstraídas das "ideias étnicas" condicionadas localmente, através das quais as "ideias elementares" são substancializadas; antes, como a imagem do próprio homem, elas podem ser conhecidas apenas por meio da rica variedade de suas inflexões no panorama da vida humana, interessantes e com frequência surpreendentes, ainda que sempre, por fim, reconhecíveis.

Duas possibilidades de ênfase estão implícitas nesta observação de Bastian. Podemos denominar psicológica a primeira e etnológica a segunda e elas podem ser tomadas para representar amplamente os dois pontos de vista opostos, a partir dos quais os cientistas, estudiosos e filósofos, abordaram nosso presente tema de estudo.

"Primeiramente", escreveu Bastian, "a ideia precisa ser estudada enquanto tal [...] e como fator secundário, a influência das condições climatogeológicas".[2] Apenas depois disso, como um terceiro fator, de acordo com sua visão, poderia ser investigada proveitosamente a influência de uma sobre a outra das várias tradições étnicas através do curso da história. Bastian, pode-se dizer, enfatizou como essencial o aspecto psicológico espontâneo da cultura e essa tem sido a abordagem comum até hoje entre biólogos, cientistas da medicina e psicólogos. Resumidamente, tal visão supõe, na estrutura e funcionamento da psique, certo grau de espontaneidade e consequente uniformidade em toda a história e âmbito da espécie humana – uma ordem de leis psicológicas inerente à estrutura do corpo, que não se alterou significativamente depois do período das cavernas aurignacianas, e pode ser identificada com facilidade tanto nas selvas do Brasil quanto nos cafés de Paris, tanto nos iglus da região do Baffin quanto nos haréns de Marrakech.

Mas, por outro lado, se o clima, a geografia e as grandes forças sociais são consideradas de importância maior na formação de ideias, ideais, fantasias e emoções pelas quais os homens vivem, do que as estruturas e capacidades inatas da psique, então tem de ser assumida uma posição filosófica diametralmente oposta. A psicologia, neste caso, torna-se uma função da etnologia; ou, para citar uma autoridade representativa, A.R. Radcliffe-Brown, em sua obra *The Andaman Islanders* [Os Ilhéus Andamaneses]:

> Uma sociedade depende, para sua existência, da presença, nas mentes de seus membros, de determinado sistema de valores que regule a conduta do indivíduo de acordo com as necessidades dessa sociedade. Toda característica do próprio sistema social e todo evento ou objeto que de alguma maneira afete o bem-estar ou a coesão da sociedade, torna-se objeto desse sistema de valores. *Na sociedade humana os valores em questão não são inatos, mas desenvolvidos no indivíduo pela ação da sociedade sobre ele* [o grifo é meu]. Os hábitos cerimoniais de uma sociedade são meios pelos quais os valores em questão recebem uma expressão coletiva em ocasiões adequadas. A expressão cerimonial (isto é, coletiva) de qualquer valor serve tanto para mantê-lo no requerido grau de intensidade na mente do indivíduo, quanto para transmiti-lo de uma geração a outra. Sem tal expressão, os valores envolvidos não poderiam existir.[3]

Veremos prontamente que, em tal visão, os rituais e mitologias das diferen-es sociedades não são, em nenhum sentido, manifestações de "ideias elementares" psicologicamente fundadas e comuns à raça humana, mas de interesses localmente condicionados. E o contraste fundamental entre as duas abordagens ficará certamente claro.

A reação da menininha à ideia da bruxa que ela tinha invocado em sua mente seria comparável à reação do pintinho à imagem simulada do falcão? Ou deveríamos dizer, de preferência, que, por ela ter sido criada ouvindo os contos de fadas compilados pelos irmãos Grimm, havia aprendido a associar certos perigos imaginários com um personagem germânico de ficção e que apenas esses perigos imaginários eram a causa de seu medo?

Antes de ficarmos satisfeitos por saber a resposta, temos de considerar seriamente o fato, ora comprovado, de que o sistema nervoso humano era o que governava, orientava e controlava o caçador nômade que buscava alimento protegendo-se e protegendo sua família para não se tornarem, eles próprios, alimento em um mundo de animais muito perigosos, durante os primeiros 600 mil anos de seu desenvolvimento. Em contrapartida, esse sistema nervoso vem servindo a agricultores relativamente seguros e saudáveis, a mercadores, a professores e seus filhos, por apenas 8 mil anos (uma parcela de menos do que 1,5% do horizonte conhecido). Quem ousará dizer que sabe que tipo de estímulo-sinal tocou nossos mecanismos liberadores quando ainda éramos, não *Homo sapiens*, mas ***Homo erectus*** e ***Australopithecus***, ou talvez mesmo – milênios antes – Driopitecus? E quem, que tenha conhecimento dos numerosos vestígios estruturais de nossa anatomia, sobreviventes dos tempos em que éramos bestas (por exemplo, os músculos das vértebras caudais que um dia agitavam nossa cauda), duvidaria que no sistema nervoso central deve haver vestígios semelhantes: imagens adormecidas, cujos desencadeadores não mais existem na natureza – mas podem ocorrer na arte?

Como N. Tinbergen tão bem alertou em suas conferências introdutórias sobre *The Study of Instinct* [O Estudo do Instinto], já que a generalização baseada em um princípio muito estreito tende a causar controvérsias desnecessárias, antes de anunciar conclusões, dever-se-ia colocar uma ênfase especial na importância de um inventário completo dos padrões de comportamento de uma espécie.[4] Pois a questão da relação entre o comportamento inato e o condicionado está longe de ser resolvida, mesmo com referência a uma espécie animal muito menos complexa do que a nossa. Tampouco se podem formular leis gerais para o mundo animal que sejam, necessariamente, válidas para todas as espécies.

O filhote de cuco, chocado em um ovo colocado no ninho de outra espécie e sem experiência anterior de sua própria espécie, quando empena, anda apenas com cucos – todos eles, igualmente, criados em ninhos de outros pássaros e sem que jamais tenham sido *ensinados* a reconhecer a espécie a que pertencem. Mas, por outro lado, o patinho vai ligar-se, como se fosse sua mãe, à primeira criatura que surgir à sua frente quando ele sai da casca – por exemplo, uma galinha.

O caso do cuco, como o dos pintinhos reagindo ao falcão, ou o dos filhotes de tartaruga apressando-se para dentro do mar, ilustra o primeiro ponto a ser enfatizado em nossa breve abordagem do problema da fisiologia da imagem hereditária. A saber, o fato ora bem demonstrado e já notado de que no sistema nervoso central dos animais existem estruturas inatas que são, de alguma maneira, correlativas ao próprio meio ambiente em que vive a espécie. O psicólogo gestáltico Wolfgang Köhler denominou "isomorfas" essas estruturas no sistema nervoso central. O animal, levado pelo dom inato, entende-se com seu meio natural, não em consequência de qualquer longo e lento aprendizado pela experiência, pelo processo de tentativa e erro, mas imediatamente e com a certeza do reconhecimento. O caso do patinho, por outro lado, ilustra um segundo ponto que precisa ser notado, se quisermos ponderar a relevância desses estudos para nosso próprio problema dos arquétipos mitológicos: o fato de que, apesar de em muitas instâncias os estímulos-sinais que liberam as reações no animal serem inalteráveis e corresponderem à disposição interna da criatura tão precisamente como a chave com relação à fechadura (de fato, elas foram denominadas de estruturas "chave-fechadura"), há também sistemas de reação que foram estabelecidos pela experiência individual. Nestes, a estrutura do mecanismo liberador inato é descrita como "aberta". Ela é suscetível a *imprinting*, "estampagem" ou "marcas" (*Prägung*). Além disso – como no caso do patinho –, onde existem essas "estruturas abertas" a primeira marca é a definitiva, requer, por vezes, menos de um minuto para ficar impressa e é irreversível.

E mais: da acordo com o Prof. Tinbergen, que prestou particular atenção ao problema do aprendizado animal, não apenas as diferentes espécies têm diferentes disposições para aprender, mas tais disposições inatas chegam à maturidade apenas em certos períodos críticos do crescimento do animal. "Os cachorros esquimós do leste da Groenlândia", ele escreve:

> vivem em matilhas de cinco até dez elementos. Os membros de uma matilha defendem seu território de todos os outros cães. Todos os cães de um povoado de esquimós têm um conhecimento exato e detalhado da topografia dos territórios das outras matilhas; eles sabem onde os ataques de outras matilhas têm de ser esperados. Os cachorros "imaturos", entretanto, não só não defendem o território, como vagam frequentemente por todo o povoado, invadindo os limites de outros territórios, sendo então imediatamente enxotados. Apesar desses ataques frequentes, durante os quais podem ser maltratados, eles não aprendem a topografia dos territórios e, para o observador, sua estupidez a esse respeito é espantosa. Quando os cachorrinhos se tornam sexualmente maduros, entretanto, começam a tomar conhecimento dos outros territórios e em uma semana suas aventuras invasoras têm fim. Em dois cães machos observou-se que a primeira copulação, a primeira defesa de território e a primeira evitação de território alheio ocorreram todos em uma única semana.[5]

Depois do trabalho de Sigmund Freud e sua escola sobre os estágios do processo de maturação da criança e a força das estampagens adquiridas em tais estágios com relação às reações do indivíduo por toda a vida, dificilmente será necessário pôr em dúvida a relevância dos conceitos de "disposição interna" e "estampagem" na esfera do aprendizado humano. Muito do que a criança tem de aprender, além disso, assemelha-se notavelmente à condição dos cães esquimós, pois tem muito a ver com os vários aspectos da filiação grupal. Na esfera humana há, entretanto, um fator que torna extremamente difícil todo o estudo dos instintos e das estruturas inatas; pois, enquanto mesmo os animais mais desamparados ao nascer se desenvolvem muito rápido, na espécie humana a criança é completamente desamparada durante os primeiros doze anos de existência e durante o período de maturação do caráter está sujeita às pressões e estampagens de sua sociedade local. De fato, como Adolf Portmann, de Basileia, salientou de modo tão claro, precisamente as três habilidades, isto é, a postura ereta, a fala e o pensamento, que elevam o homem acima da esfera animal, desenvolvem-se apenas após o nascimento e, consequentemente representam, na estrutura de cada indivíduo, um amálgama indissolúvel de dois fatores: os biológicos inatos e os culturais adquiridos. Não podemos pensar em um sem o outro; portanto, não tentemos, em nome da ciência, fazer isso!

É possível, é claro, identificar mesmo no homem certo número de reações inatas "chave-fechadura": a do bebê diante do peito, por exemplo. É óbvio também que no homem, como nos animais inferiores, há certos "mecanismos excitatórios centrais" (CEMs = *central excitatory mechanisms*), que recebem estímulo, tanto de dentro quanto de fora, e levam o indivíduo ao "comportamento apetitivo" – por vezes mesmo contra seu discernimento. Um exemplo manifesto é a reação do apetite sexual ao estímulo de certos hormônios (por exemplo, propionato de testosterona e estrogênio) e a consequente reação ao estímulo-sinal tão bem conhecido de toda a espécie. Esses fenômenos, eu diria, não requerem testes laboratoriais para garantir o nosso ponto de vista. Mas não se deve esquecer que, no homem, toda a estrutura de instintos é muito mais aberta ao aprendizado e condicionamento do que a dos animais, de maneira que, ao avaliarmos o comportamento humano, sempre temos de levar em conta um fator muito mais forte de experiência individual do que quando mensuramos os mecanismos excitatórios centrais e os mecanismos liberadores inatos dos insetos, peixes, pássaros – ou mesmo dos macacos.

Esse dado importante pode ajudar a esclarecer as principais linhas do problema, enunciado por Bastian, a respeito do contraste entre "ideias elementares" e "ideias étnicas". Acredito que temos de interpretar as ideias elementares, ou inatas, como uma referência, em termos do século XIX, para o que hoje seria chamado de estruturas neurológicas inatas (mecanismos excitatórios centrais e mecanismos liberadores inatos) da espécie biológica *Homo sapiens*: aquelas estruturas hereditárias do sistema nervoso central que constituem os fundamentos elementares de toda experiência e reação humanas. As ideias étnicas, por outro lado, referem-se ao contexto historicamente condicionado dos estímulos-sinais, através dos quais, em qualquer sociedade, as atividades do homem são desencadeadas. Mas desde que não existe um homem *qua* (na qualidade de) "Homem", isento de todo condicionamento sociológico, há muito poucos exemplos de estímulos-sinais não estampados no nível da etologia humana – e é isso que tornou possível aos estudiosos da fenomenologia da nossa espécie tratar do tema, às vezes, como se não existisse na raça humana nenhum sistema estruturador hereditário. Entretanto, é hoje fato inteiramente comprovado que a mente humana não é, de maneira alguma, a mera *tabula rasa* da epistemologia do século XVII. Na verdade, é bem o contrário! Ela é um agregado de muitas estruturas atributivas, cada uma com sua própria aptidão de reação. O fato de elas serem, no homem, mais abertas à experiência individual do que nos animais não dá lugar a que percamos de vista o fato mais básico de sua existência: sua força em estabelecer e manter tais semelhanças fundamentais da cultura humana em todo o mundo, amplamente mais significativas do que as variações. Mas, por outro lado, não devemos nos apressar a supor que, porque uma distribuição extensiva ou mesmo universal foi estabelecida para qualquer estímulo-sinal, ele possa ser considerado inato e não estampado.

II. O ESTÍMULO-SINAL SUPRANORMAL

Já é ponto pacífico na biologia observar que o homem, em seu caráter animal, nasce pelo menos um ano antes da hora, completando na esfera da sociedade um desenvolvimento que outras espécies realizam dentro do útero. Foi observado que nossa falta de pelos é uma característica fetal, que nossas numerosas dificuldades psicológicas são resultantes da prematuridade de nosso nascimento e que – para usar a expressão pitoresca de Nietzsche – não podemos esperar nada além de continuarmos *das kranke Tier*, "o animal doente", por toda a vida e até o fim de nossos dias. Acredito que foi o grande naturalista francês Buffon (1707-1788) quem primeiro observou que "o homem não é senão um macaco decadente". E foi um anatomista holandês, Ludwig Bolk, que, em 1926, em uma obra intitulada *The Problem of Human Incarnation* [O Problema da Hominização], deu fundamento científico a essa ideia, demonstrando que as mutações, enquanto inibidoras da maturação, ocorrem de fato nos animais e sugeriu que a evolução do homem deve ter se efetuado através de uma série de tais mutações. De acordo com a visão de Bolk, o homem ficou detido em um estágio de crescimento representado por uma fase avançada do desenvolvimento do embrião de um chimpanzé.[6]

Entretanto, uma visão mais generosa reconhece na falta de pelos da nossa espécie a relevância da pele como órgão sensitivo e o realce de partes do corpo em focos de interesse óptico. Porque, no homem, os nervos sensoriais que percorrem a coluna são muito mais numerosos do que em qualquer das espécies peludas e a extensão e sutileza de estímulos-sinais proporcionados, não apenas pela nossa nudez, mas também pelas nossas várias maneiras de cobri-la e descobri-la, provocam reações de uma diversidade muito maior que as do mero apetite e consumação animais. O rosto desprovido de pelos tornou-se um órgão de extraordinária mobilidade, capaz de uma amplitude e refinamento de sinalização social infinitamente mais versátil que a do reino animal (o pipilar de passarinhos, o ostentar de chifres e o exibir de caudas). A mutação, pode-se dizer, não foi negativa, mas positiva e a longa gestação, indo além da capacidade do útero da mãe para suportá-la, foi a consequência de um progresso. Pois, como declara Schopenhauer: "Todas as grandes coisas amadurecem lentamente".

É possível esquecer o rápido crescimento, durante o primeiro ano de vida fora do útero, dessa cabeça e cérebro maravilhosos? É indiscutível que, por causa da prematuridade de nosso nascimento, não temos tantas reações estereotipadas do tipo "chave-fechadura" quanto os outros vertebrados e que, possuindo consequentemente uma estrutura de reflexos mais aberta do que eles, somos menos rigidamente padronizados em nossos instintos, menos conservadores, confiáveis e seguros do que os animais. Mas, por outro lado, temos este cérebro desenvolvido, três vezes maior em tamanho que o de seu rival mais próximo e que nos deu, não apenas novos conhecimentos (inclusive o da inevitabilidade da nossa própria morte), mas também capacidade para controlar e até mesmo inibir nossas reações.

O melhor de tudo, entretanto, é o dom da própria imaturidade, que nos permite guardar em nossos melhores e mais humanos momentos a capacidade de brincar. Quando filhotes, enquanto protegidos dos rigores da selva pelo zelo de seus pais, os animais mostram aptidão para brincar e praticamente todos fazem uma nova demonstração graciosa dessa capacidade quando cortejam. Entretanto, no homem – ou talvez devêssemos dizer apenas nos melhores dos homens, e na maioria das mulheres – a capacidade se mantém por toda a vida. Na verdade, são apenas aqueles que fracassaram, de uma maneira ou de outra, na sua masculinidade ou feminilidade, que se tornam nossos sisudos gorilas e babuínos. Em um parágrafo altamente sugestivo, o psicólogo Konrad Lorenz, especializado em psicologia animal, apresenta uma excelente declaração de nossa dívida para com essa nossa aptidão lúdica, lembrando-nos que:

> Todo estudo realizado pelo Homem é o resultado genuíno da curiosidade, uma espécie de brincadeira. Todos os dados da ciência natural, responsáveis pela dominação do mundo pelo Homem, originaram-se de atividades às quais ele se entregava exclusivamente para se divertir. Quando Benjamin Franklin extraiu faíscas da cauda de seu papagaio, não estava pensando nem um pouco no para-raios, da mesma forma que Hertz, quando investigou as ondas elétricas, não pensava em radiotransmissão. Quem quer que tenha vivenciado pessoalmente a facilidade com que a curiosidade de uma criança brincando se transforma no objeto de toda uma vida de pesquisa, nunca duvidará da semelhança fundamental entre as brincadeiras e o estudo. A criança curiosa desaparece por inteiro da natureza completamente animal do chimpanzé maduro. Mas a criança está longe de ficar sepultada no homem, como pensa Nietzsche. Pelo contrário, ela o governa absolutamente.[7]

Os animais não falam – e uma razão, seguramente, é a incapacidade para brincar com sons. Eles não são artistas – e a razão, novamente, é sua incapacidade para brincar com as formas. A capacidade de brincar do homem estimula seu impulso para criar imagens e organizar formas, de maneira a produzir novos estímulos para si mesmo: estímulos-sinais aos quais seu sistema nervoso pode então reagir de modo muito semelhante ao de um isomorfo ao seu desencadeador. Já observamos o caso da menininha arrebatada pela sua própria criação de uma bruxa. Vamos considerar agora o que pode ocorrer com um poeta. A seguinte afirmação, do poeta e crítico britânico A.E. Housman, dá a definição mais satisfatória que conheço de um certo princípio disparador, efetivo no impacto poético:

> A poesia parece-me mais física que intelectual. Há um ou dois anos, junto com outros, recebi dos Estados Unidos uma solicitação para que definisse a poesia. Respondi que era tão incapaz de definir a poesia quanto um *terrier* de definir um rato, mas que achava que ambos éramos capazes de reconhecer o objeto

> pelos sintomas que ele nos provoca. Um desses sintomas foi descrito em conexão com outro objeto por Elifas, o Temanita: "Um espírito passou diante do meu rosto: meus pelos eriçaram-se". A experiência ensinou-me, quando estou fazendo a barba pela manhã, a tomar cuidado com meus pensamentos, porque, se um verso aparece na minha memória, minha pele arrepia-se, de maneira que a navalha para de agir. Este sintoma particular é acompanhado de um arrepio na espinha; há outro, que consiste em um aperto na garganta e um aflorar de lágrimas nos olhos; e há um terceiro, que posso descrever apenas através de uma frase contida nas últimas cartas de Keats, onde ele diz, falando de Fanny Brawne, "tudo o que me faz lembrar dela atravessa-me como uma lança". O lugar dessa sensação é a boca do estômago.[8]

O leitor nem precisa ser lembrado de que as imagens, não apenas da poesia e do amor, mas também da religião e do patriotismo, quando efetivas, são apreendidas com verdadeiras reações físicas: lágrimas, suspiros, dores internas, gemidos espontâneos, gritos, explosões de gargalhadas, ira e atos impulsivos. A experiência e a habilidade humanas tiveram êxito ao criar para a espécie um ambiente de estímulos-sinais que liberam reações físicas e as dirigem para determinados fins, de modo não menos eficiente do que os sinais da natureza dirigem os instintos dos animais. A biologia, a psicologia, sociologia e história desses estímulos-sinais, pode-se dizer, constituem o campo de nosso estudo: a ciência da Mitologia Comparativa. E embora ninguém, até hoje, tenha criado um método efetivo para distinguir os aspectos inatos dos adquiridos, os naturais dos condicionados culturalmente, os "elementares" dos "étnicos" nesses catalisadores culturais e suas reações evocadas, a distinção radical feita aqui pelo poeta Housman entre as imagens que atuam sobre nossa estrutura nervosa enquanto liberadoras de energia e as que servem, antes, para a transmissão do pensamento, oferece um critério excelente para o teste de nossos temas.

"Não posso convencer-me", ele escreve, "de que haja qualquer coisa como ideias poéticas. Nenhuma verdade, parece-me, é preciosa demais, nenhuma observação demasiado profunda e nenhum sentimento demasiado elevado para ser expresso em prosa. O máximo que eu poderia admitir é que algumas ideias tendem naturalmente para a expressão poética enquanto outras não e que as primeiras recebem da poesia um realce que as glorifica e quase as transfigura, o que não é percebido como algo separado, exceto pela análise".[9]

Quando Housman escreve que "poesia não é a coisa dita, mas uma forma de dizê-la", e quando afirma novamente "que o intelecto não é a fonte da poesia, que ele pode inclusive dificultar sua produção e nem sequer é confiável para reconhecer poesia quando ela é produzida",[10] não está senão reafirmando e formulando lucidamente o primeiro axioma de toda arte criativa – seja ela poesia, música, dança, arquitetura, pintura ou escultura – ou seja, que a arte não é, como a ciência, uma lógica de referências, mas uma libertação da referência e uma expressão da experiência imediata: uma apresentação de formas, imagens ou ideias de maneira a trazer em primeiro lugar não uma ideia ou mesmo um sentimento, mas um impacto.

Aqui, vale a pena recordar o axioma, porque a mitologia foi historicamente a mãe das artes e, no entanto, como tantas mães mitológicas, igualmente a filha, nascida de si mesma. A mitologia não é inventada racionalmente; a mitologia não pode ser entendida racionalmente. As interpretações teológicas a tornam ridícula. A crítica literária a reduz à metáfora. Entretanto, uma abordagem nova e muito promissora se abre quando é vista à luz da psicologia biológica como uma função do sistema nervoso humano, exatamente homóloga aos estímulos-sinais inatos e aprendidos, que libertam e dirigem as energias da natureza – das quais nosso próprio cérebro é apenas a flor mais fascinante.

Mais uma lição pode ser tirada dos animais. Há um fenômeno conhecido pelos estudantes do comportamento animal como "estímulo-sinal supranormal", que jamais foi considerado, até onde eu sei, em relação com a arte e a poesia ou com o mito e, contudo, pode ser nosso guia mais seguro tanto para nos conduzir até o centro de força da arte, da poesia e do mito, quanto para avaliarmos a função destes na vivificação do sonho de vida dos homens.

"O mecanismo liberador inato", declara Tinbergen, "normalmente parece corresponder mais ou menos às características do objeto ambiental ou situação para os quais a reação se dirige. [...] Entretanto, um estudo rigoroso dos mecanismos liberadores inatos revela o fato notável de que, às vezes, é possível proporcionar situações de estímulo ainda mais efetivas que a situação natural. Em outras palavras, a situação natural nem sempre é a mais favorável".[11]

Descobriu-se, por exemplo, que o macho de certa família de mariposas (*Eumenis semeie*), que assume a iniciativa do acasalamento perseguindo a fêmea em voo, geralmente prefere fêmeas de coloração mais escura às mais claras – a tal ponto que, se uma mariposa artificial de coloração ainda mais escura que a de qualquer uma conhecida na natureza lhe for apresentada, o macho sexualmente motivado vai persegui-la, preferindo-a até mesmo à fêmea mais escura da espécie.

"Aqui descobrimos", escreve o Prof. Portmann, em comentário, "uma 'inclinação' que não é satisfeita na natureza, mas que talvez, um dia, se mutações hereditárias mais escuras aparecerem, influenciarão na seleção dos parceiros. Quem sabe se tais antecipações de estímulos-sinais específicos não possam exercer seu papel no apoio e desenvolvimento de novas variantes, visto que podem representar um dos fatores no processo de seleção que determina a direção da evolução?".[12]

Obviamente, a fêmea humana, com seu talento para brincar, reconheceu há muitos milênios o poder do estímulo-sinal supranormal: cosméticos para realçar os contornos de seus olhos foram encontrados entre os vestígios mais antigos do período Neolítico. E daí à compreensão da força da ritualização, à arte hierática, máscaras, vestimentas gladiatórias, mantos reais e todos os outros aperfeiçoamentos humanamente concebidos e realizados sobre a natureza, há apenas um passo – ou uma série natural de passos.

No curso de nossa história natural dos deuses irão aparecendo evidências de: 1º) os próprios deuses como sendo estímulos-sinais supranormais; 2º) as formas rituais derivadas da inspiração sobrenatural desses deuses agindo como catalisadores para converter homens em deuses e, 3º) a civilização – esta nova ambiência do homem, que se desenvolveu a partir de seu próprio interior e forçou os limites da natureza para tão longe quanto a Lua – como sendo um produto final do ritual e, consequentemente, dos mesmos deuses, isto é, como uma organização de estímulos-sinais supranormais influenciando uma série de mecanismos liberadores inatos jamais encontrada pela natureza e, no entanto, muito própria da natureza, visto que o homem é seu filho.

Mas, por ora, é suficiente notar que não se pode presumir de imediato que, simplesmente porque um certo estímulo-sinal culturalmente desenvolvido tenha surgido tarde no curso da história, a reação do homem a ele deva representar uma reação *aprendida*. A reação pode ser, de fato, espontânea, apesar de jamais manifestada anteriormente. Pois a imaginação criativa pode ter liberado precisamente aqui uma daquelas "inclinações" inatas do organismo humano, que em nenhum lugar havia sido produzida pela natureza. Consequentemente, não apenas as artes rituais e o desenvolvimento das civilizações arcaicas a partir delas, mas também – e ainda mais ricamente – a posterior destruição daquelas artes pelas flechas modernas do voo humano para além de seu mais elevado sonho, talvez fossem melhor interpretados psicologicamente como a história dos estímulos-sinais supranormais que libertaram (para nosso próprio medo, alegria e espanto) os segredos mais profundos de nosso ser. De fato, as profundezas do mistério de nosso tema – que são as profundezas não apenas do homem, mas do mundo vivente – não foram sondadas.

Em resumo, no campo de estudo do comportamento animal – que é a única área na qual experimentos controlados possibilitaram que se chegasse a conclusões confiáveis na observação do instinto – duas ordens de mecanismos liberadores inatos foram identificadas: a estereotipada e a aberta, esta última sujeita a estampagem. No caso da primeira, existe uma precisa relação chave-fechadura entre a aptidão interna do sistema nervoso e o estímulo-sinal externo desencadeador da reação; assim, se existem na herança humana muitos – ou mesmo um – mecanismos liberadores inatos desta ordem, podemos falar legitimamente de "imagens hereditárias" na psique. O simples fato de ninguém ainda poder explicar como tais relações chave-fechadura são estabelecidas não invalida a observação de sua existência: ninguém sabe como o falcão penetrou no sistema nervoso de nossas aves domésticas, mas numerosos testes demonstraram que ele, *de facto*, está ali presente. Entretanto, a psique humana ainda não foi, em maior proporção, testada satisfatoriamente quanto a tais estereótipos e assim, até novos estudos, temos simplesmente de admitir que não conhecemos o alcance do princípio da imagem hereditária na interpretação dos universais mitológicos. Não é menos prematuro negar sua possibilidade do que anunciá-la como algo mais do que uma opinião respeitada.

Tampouco estamos aptos, ainda, a afirmar se as diferenças físicas óbvias e por vezes surpreendentes das raças humanas representam variações significantes de seus mecanismos liberadores inatos. Entre os animais tais diferenças existem – de fato, mudanças nos mecanismos liberadores inatos dos instintos mais importantes parecem estar entre as primeiras coisas afetadas pela mutação.

Por exemplo, como observa Tinbergen:

> A gaivota-comedora-de-arenque (*Larus argentatus*) e a menor, a de costas negras (*Larus fuscus*), do noroeste da Europa, são consideradas raças muito diferentes de uma mesma espécie, que, tendo se desenvolvido separadamente pelo isolamento geográfico, entraram de novo em contato pela expansão de seus âmbitos. As duas formas mostram diferenças significativas de comportamento; a *Larus fuscus* é definitivamente migrante, viajando para o sudoeste da Europa no outono, enquanto a *Larus argentatus* tem hábitos mais sedentários. A *Larus fuscus* é muito mais um pássaro de mar aberto do que a *Larus argentatus*. As épocas de procriação não são as mesmas. Uma diferença comportamental é especialmente interessante: ambas têm dois mecanismos de alarme, um expressando alarme de pouca intensidade e outro indicando o alarme máximo. A *Larus argentatus* dá o sinal de alarme de alta intensidade muito mais raramente do que a *Larus fuscus*. O resultado é que a maioria das perturbações provoca reações diferentes nos dois tipos. Quando um intruso humano entra numa colônia mista, as *Larus argentatus* quase sempre dão o alarme de pouca intensidade, enquanto as *Larus fuscus* dão o de alta intensidade. Essa diferença, baseada em uma mudança de grau no limiar do grito de alarme, dá a impressão de uma diferença qualitativa nos gritos de alarme dos dois tipos, diferença que poderia muito bem levar ao total desaparecimento de um grito em um tipo, e de outro no segundo tipo e, dessa maneira, resultar em uma diferença qualitativa no aparelho motor. Afora essa diferença no limiar, há uma outra diferença na intensidade de cada um dos gritos de alarme.[13]

Entre as várias raças humanas observou-se que existem diferenças que sugerem variações psicológicas assim como simplesmente fisiológicas; diferenças, por exemplo, em seus padrões de maturação, como indicou Géza Róheim em sua vigorosa obra *Psychoanalysis and Anthropology* [Psicanálise e Antropologia].[14] Entretanto, ainda está longe de se legitimar, com fundamento nos meros fragmentos da observação controlada que foi registrada, a afirmação de quaisquer generalizações sobre a capacidade intelectual e o caráter moral, comuns em discussões sobre este assunto. Além do mais, dentro da espécie humana há uma variação tão ampla da capacidade inata de indivíduo para indivíduo, que as generalizações com base racial perdem muito de seu sentido.

Em outras palavras, toda a questão dos estereótipos inatos da espécie *Homo sapiens* continua amplamente aberta. Estudos objetivos e promissores foram iniciados, mas ainda não chegaram muito longe. Uma interessante série de experimentos realizada por E. Kaila[15] e R.A. Spitz e K.M. Wolf[16] demonstrou que entre a idade de três a seis meses o bebê reage com um sorriso ao surgimento de uma face humana e, confeccionando máscaras que omitem certos detalhes do semblante humano normal, os observadores foram capazes de estabelecer que, para evocar reação, o rosto tinha de ter dois olhos (máscaras assimétricas de um olho não funcionavam), uma testa lisa (testas enrugadas não provocavam sorriso) e um nariz. Curiosamente, a boca podia ser omitida; o sorriso, portanto, não era uma imitação. O rosto tinha de estar em movimento e ser visto de frente. Além disso, nada mais – nem mesmo um brinquedo – era capaz de provocar um sorriso no bebê de tenra idade. Passado o sexto mês, começou a distinção entre rostos familiares e estranhos, amigáveis e hostis. A riqueza da experiência da criança quanto ao seu ambiente social aumentou, o mecanismo liberador inato foi alterado por impressões do mundo exterior, consequentemente a situação havia mudado.

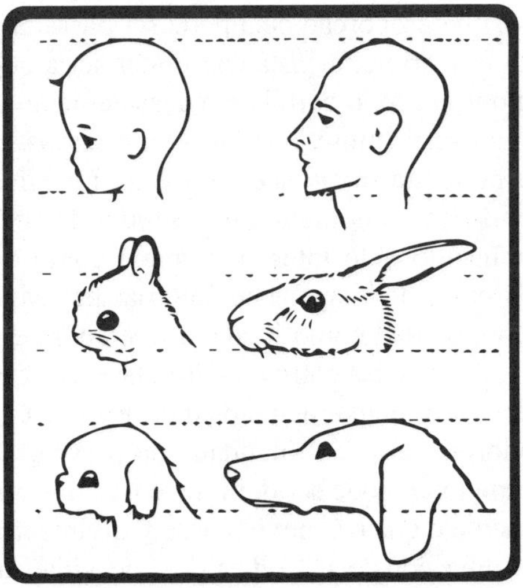

Figura 1. Estímulos-sinais que provocam reações parentais no homem (esquerda), comparados com seus correspondentes que nada provocam (direita). Segundo Lorenz.

Tem-se observado que, em certas pinturas rupestres australianas representando figuras ancestrais, as bocas eram omitidas e que um número significativo de estatuetas femininas muito antigas, paleolíticas, também carece de boca. Entretanto, não sabemos até que ponto tais sugestões podem levar-nos à conclusão de que há uma “imagem parental” na estrutura nervosa central do bebê. Como o

Prof. Portmann observou: "Como o efeito dessa forma sobre o bebê pode ser demonstrado com certeza apenas a partir do terceiro mês, fica aberta a questão quanto a saber se a estrutura nervosa central que torna possível o reconhecimento do semblante humano e a reação social do sorriso é do tipo aberto, isto é, estampado, ou pelo contrário, do tipo inteiramente inato. Todos os indícios de que dispomos tendem para uma configuração claramente hereditária e, ainda assim, a questão permanece em aberto".[17]

Muito mais aberta, então, é a questão abordada pelo Prof. Lorenz em seu ensaio *The Innate Forms of Human Experience*[18] [As Formas Inatas da Experiência Humana] – a questão da resposta parental evocada no adulto pelos estímulos-sinais produzidos pelo bebê! A ilustração conta a história – até onde ela chega.

E, finalmente, é preciso notar que não há consenso algum entre os estudiosos do assunto, nem mesmo quanto a que categorias de apetite devem ser consideradas como instintivas na espécie humana. O Prof. Tinbergen, falando a respeito do mundo animal, mencionou o sono e a busca de alimento; bem como, em muitas espécies, a fuga do perigo, o combate em autodefesa e uma série de atividades funcionalmente relacionadas com o impulso reprodutivo; por exemplo, luta e rivalidade sexuais, cortejo, acasalamento e comportamento parental (formação de ninho, proteção dos filhotes etc.). Entretanto, a lista varia significativamente, de es-pécie para espécie, e que proporção dela pode ser passada para a esfera humana, ainda não se sabe. Em primeira instância poder-se-ia supor que a busca de alimento, o sono, a autoproteção, o cortejo e o acasalamento e algumas das atividades parentais deveriam ser instintivas. Mas, como vimos, permanece sem resposta a questão a respeito de quais são os estímulos-sinais que geralmente desencadeiam tais atividades no homem, ou se algum desses estímulos pode ser tão imediatamente conhecido pelo interior humano como o falcão pelos pintinhos. Por isso, não falaremos de imagens hereditárias nas páginas seguintes.

O conceito de estímulo-sinal como imagem liberadora e norteadora de energia clarifica, entretanto, a diferença entre metáfora literária, que é dirigida ao intelecto, e mitologia, que visa principalmente os mecanismos excitatórios centrais e os mecanismos liberadores inatos da totalidade da pessoa. De acordo com essa visão, uma mitologia funcional pode ser definida como um corpo de estímulos-sinais mantido culturalmente e que promove o desenvolvimento e a ativação de um tipo específico, ou de uma constelação de tipos, de vida humana. Além disso, como já sabemos que nenhuma imagem foi estabelecida inquestionavelmente como inata e que nossos mecanismos liberadores inatos não são estereotipados mas abertos, quaisquer "universais" que pudermos encontrar em nosso estudo comparativo têm de ser atribuídos mais à experiência comum do que ao dom. Por outro lado, mesmo onde os estímulos-sinais possam diferir, não quer dizer necessariamente que os mecanismos liberadores inatos reagentes também sejam diferentes. Nossa ciência deve ser simultaneamente biológica e histórica, do começo ao fim, sem distinção entre comportamento "condicionado culturalmente" e "instintivo", visto que todo comportamento humano instintivo é culturalmente condicionado e o que é culturalmente condicionado em todos nós é inteiramente instinto: especificamente os mecanismos excitatórios centrais e os mecanismos liberadores inatos desta espécie singular.

Por isso, embora respeitando a possibilidade – talvez a probabilidade – do psicologicamente inspirado desenvolvimento paralelo da imagética mitológica, como sugerido pela teoria das ideias elementares de Adolf Bastian e do inconsciente coletivo de C.G. Jung, não podemos tentar interpretar nesses termos nenhuma das similaridades notáveis que nos confrontarão em toda parte. Por outro lado, entretanto, temos de ignorar como biologicamente insustentáveis as teorizações sociológicas como a apresentada, por exemplo, pelo antropólogo Ralph Linton, quando escreveu que "uma sociedade é um grupo de indivíduos biologicamente distintos e independentes",[19] visto que, de fato, *somos* uma espécie e *não* biologicamente distintos. Nossa abordagem deve ser, tanto quanto possível, cética, histórica e descritiva e onde a história é insuficiente e algo mais surge, como num espelho, difusamente, indicamos as suposições respeitáveis das principais autoridades no assunto e deixamos o resto em silêncio, reconhecendo que nesse silêncio pode estar adormecido, não apenas o grito selvagem do Driopiteco, mas também uma melodia supranormal que continuará sem ser ouvida por, talvez, outro milhão de anos.

CAPÍTULO 2

A ESTAMPAGEM OU MARCAS DA EXPERIÊNCIA

I. SOFRIMENTO E ÊXTASE

James Joyce, em *Retrato do Artista Quando Jovem*, fornece um excelente princípio estruturador para o estudo intercultural da mitologia quando define o conteúdo da tragédia como "tudo aquilo que é grave e constante no sofrimento humano";[1] pois é do "grave e constante" que as marcas comuns às mitologias do mundo devem ter se originado. E de tais marcas, o próprio sofrimento – matéria-prima da tragédia – é certamente o mais geral, já que ele é, pelo menos em um sentido preliminar, a soma e o efeito de tudo.

Além do mais, a tragédia – a tragédia grega – era uma inflexão poética da mitologia, a catarse trágica da emoção através da compaixão e do terror, sobre a qual Aristóteles escreveu que é, do ponto de vista psicológico, exatamente o correspondente à purificação do espírito (κάθαρσις) efetuada pelo rito. Como o rito, por alterar o foco da mente, a tragédia transmuta o sofrimento em êxtase. A arte trágica é um correlato da disciplina denominada, em linguagem religiosa, "purificação espiritual" ou "desnudamento do eu". Livre do vínculo com nossa parte mortal através da contemplação daquilo que é grave e constante no sofrimento humano – "corrigindo", para usar uma expressão feliz de Platão, "aqueles circuitos da cabeça que estavam desordenados no nascimento, aprendendo a conhecer as harmonias do Todo"[2] –, o ser humano une-se, simultaneamente, em compaixão trágica com o "sofredor humano" e em terror trágico com a "causa secreta", "símile daquilo que a inteligência discerne", segundo Platão. Em consequência disso, um dia, com um grito de júbilo, deixando para trás tanto a humanidade quanto a inteligência, o espírito pode saltar para aquilo que subitamente reconhece por trás da máscara. *Finis tragoediae*: *incipit comoedia*. A tragédia dissolve-se e começa o mito.

"Ó Senhor, quão maravilhosa é Vossa face", escreveu Nicolau de Cusa,

> Vossa face, a qual um jovem, se ele se esforçasse por imaginá-la, conceberia como a de um jovem; um adulto, como a de um homem; um velho, como a de um velho! Quem poderia imaginar este único padrão, o mais verdadeiro e o mais adequado de todos os rostos – de todos e de cada um –, este padrão que é tão perfeitamente de cada um como se não fosse de nenhum outro? Ele teria de ir além de todas as formas de rostos que podem ser formados, bem como de todas as figuras. E como poderia ele imaginar um rosto quando ele tem de ir além de todos os rostos, e de todas as semelhanças e figuras de todos os rostos e de todos os conceitos que podem ser formados acerca de um rosto, e de todas as cores, adornos e toda a beleza de todos os rostos? Por conseguinte, aquele que avança para observar Vosso rosto, enquanto ele formar qualquer conceito Dele, está longe de Vossa face. Porque todo conceito de face não alcança, Senhor, a Vossa face, e toda beleza que pode ser concebida é menor do que a beleza de Vosso rosto; todas as faces têm beleza, mas nenhuma é a própria beleza, mas Vossa face, Senhor, tem beleza, e por ter beleza é ser. Ela é, portanto, a própria Beleza Absoluta, que é a forma que dá existência a cada forma bela. Oh, rosto extraordinariamente gracioso, cuja beleza todas as coisas às quais é permitido admirá-lo não se cansam de admirar! Em todos os rostos é visto o Rosto dos rostos, por trás de um véu e de um enigma; não obstante desvelado, ele não é visto, até que acima de todas as faces um homem penetre em certo segredo e silêncio místico onde não há nenhum conhecimento ou conceito de rosto. Esta névoa, nuvem, escuridão ou ignorância em que penetra aquele que procura Vossa face quando ultrapassa todo conhecimento ou conceito, é o estado sob o qual Vossa face não pode ser encontrada a não ser velada; mas a própria escuridão revelará que Vossa face está ali, além de todos os véus.[3]

Eis aqui a causa secreta – conhecida não sob o estado de terror, mas de êxtase. E o seu único admirador é o espírito totalmente purificado, que ultrapassou as fronteiras normais da experiência humana, do pensamento e da fala. "Ali onde o olho não chega", lemos no *Kena Upaniṣad* da Índia, "a fala não chega e tampouco a mente".[4] E mesmo assim, o impacto foi vivenciado por muitos nesta Terra. Ele foi transmitido (embora raramente de maneira tão maravilhosa quanto nessa inspirada elocução de Nicolau de Cusa) em muitas mitologias e louvores místicos de muitos tempos e muitas terras. Sem dúvida, é uma experiência atingível e deveria ser considerada como suprema dentro do "grave e constante" da alegria e do sofrimento humanos. Além do mais, as imagens que a representam têm de ser classificadas em nossa ciência como de uma única ordem, não importa quão estranhas possam ser às nossas formas locais de simbolização religiosa.

A quinta expedição dinamarquesa a Tule (1921-1924) através da América do Norte Ártica, da Groenlândia ao cabo Príncipe de Gales, no Alasca, foi conduzida pelo sábio e experiente explorador Knud Rasmussen, que, durante sua extraordinária jornada, encontrou e conquistou a confiança de uma série de xamãs esquimós: primeiro, um velho robusto de coração generoso e calorosamente hospitaleiro, chamado Aua, na baía de Hudson; em seguida, na região acidentada do lago Baker, entre os esquimós da tribo Caribu (um dos povos mais primitivos da Terra), um selvagem cruel, inteligente ao extremo e muito confiante, de nome Igjugarjuk, que quando jovem desejara tomar por esposa uma jovem cuja família o recusou; então, preparou com seu irmão uma emboscada não longe da entrada da choupana da jovem e dali atirou no pai, na mãe, nos irmãos e nas irmãs dela – sete ou oito ao todo – até restar apenas a que desejava; e, finalmente, em Nome, um velho malandro chamado Najagneq que acabara de ser libertado depois de um ano na prisão por ter matado sete ou oito membros de sua comunidade. Em sua distante aldeia, Najagneq fizera de sua casa uma fortaleza e dali, sozinho, havia travado uma guerra com toda sua tribo – e contra os brancos também – até ser capturado pelo estratagema de um capitão de navio e levado para Nome. Ele fora mantido na prisão até que dez testemunhas de sua matança puderam ser trazidas de sua aldeia; mas quando foram confrontadas com ele retiraram suas acusações, por mais que tivessem gostado de vê-lo liquidado. Seus pequenos olhos penetrantes vagavam selvagemente e seu queixo pendia em uma atadura demasiado solta, pois um homem que tentara matá-lo havia ferido seu rosto. E quando os dez homens que o teriam acusado se defrontaram com seu olhar, do banco das testemunhas, baixaram os olhos de vergonha.

Vale a pena considerar por um momento o caráter desses rudes xamãs, a fim de que não suponhamos que as supremas realizações religiosas sejam concedidas apenas aos santos.

O Dr. H. Ostermann, em seu relatório da quinta expedição a Tule, escreveu:

> a capacidade imaginativa de Najagneq havia sido estimulada na cidade grande de Nome. Embora não conhecesse nada além de choupanas de barro, trenós e caiaques, ele não ficou de maneira alguma impressionado pelo tamanho das casas, pelos navios a vapor e pelos automóveis. Mas ficou fascinado ante um cavalo branco que puxava uma grande carreta. Assim, ele contou a seus perplexos companheiros de aldeia que os homens brancos de Nome o haviam matado dez vezes naquele inverno, mas que ele tinha tido dez cavalos brancos como espíritos auxiliares e que os sacrificara um por um e, dessa maneira, havia salvo sua vida.
>
> Este homem de "10 cavalos de potência" tinha autoridade em sua fala e arrebatava completamente aqueles a quem falava. Ele nutria um curioso sentimento de suave bondade para com o Dr. Rasmussen e, quando os dois estavam juntos a sós, não tinha medo de admitir que se havia divertido um bocado às custas de seus conterrâneos. Não era nenhum impostor, mas um homem solitário acostumado a firmar-se contra muitos e, por isso, tinha de ter seus pequenos truques. Mas, sempre que suas antigas visões e crenças ancestrais eram

mencio-nadas, suas respostas, que eram breves e relevantes, davam a impressão de uma seriedade imperturbável. Quando o Dr. Rasmussen lhe perguntou se acreditava em algum dos poderes de que falava, respondeu: "Sim, um poder que chamamos de Sila, que não pode ser explicado em palavras. Um espírito forte, mantenedor do universo, das condições atmosféricas, na verdade, de toda a vida na Terra – tão poderoso que sua fala ao homem não se dá através de palavras ordinárias, mas através de temporais, nevadas, aguaceiros, tempestades marítimas; através de todas as forças que o homem teme, ou através do brilho do Sol, do mar calmo ou das crianças inocentes que brincam sem nada entender. Em tempos de bonança, Sila não tem nada a dizer ao homem. Ele desaparece em seu infinito nada e permanece distante enquanto as pessoas não insultam a vida, mas respeitam seu alimento diário. Ninguém jamais viu Sila. Sua morada é tão misteriosa que ele está conosco e, ao mesmo tempo, infinitamente distante de nós".

E o Dr. Rasmussen acrescenta (o Dr. Ostermann faz a citação a partir das notas do Dr. Rasmussen, encontradas postumamente): "As palavras de Najagneq soam como um eco da sabedoria que admirávamos nos velhos xamãs que encontramos em toda parte em nossas viagens – na terra escarpada do Rei William ou na acolhedora moradia de Aua na baía de Hudson, ou ainda no primitivo esquimó Igjugarjuk, cujo princípio essencial era: 'A única sabedoria verdadeira vive longe do homem, fora, na vasta solidão e pode ser alcançada apenas através do sofrimento. Apenas a privação e o sofrimento podem abrir a mente do homem a tudo o que está escondido dos outros'".[5]

Em capítulo posterior retornaremos a Igjugarjuk e sua história dos sofrimentos, pelos quais ele descobriu a verdadeira sabedoria. A questão presente é que do grande Nicolau de Cusa ao grande Igjugarjuk temos uma considerável distância em termos de caráter humano e experiência, bem como de herança cultural; mas, a não ser que eu esteja enganado, a referência última das afirmações de ambos, independentes uma da outra, é a mesma. Tampouco é esta a última vez que teremos notícia da sabedoria oculta atingida pelo sofrimento, "na vasta solidão", que está "além de todas as formas de rostos que podem ser formados, bem como de todas as figuras", ou, como expressou Najagneq, "que não pode ser explicada em palavras".

O "grave e constante" no sofrimento humano, então, leva – ou *pode* levar – a uma experiência considerada por aqueles que a conheceram como o apogeu de suas vidas mas que, mesmo assim, é inefável. E essa experiência, ou pelo menos uma aproximação dela, é o propósito último de toda religião, a referência última de todo mito e rito. Além disso, aqueles através de quem as tradições mitológicas do mundo foram desenvolvidas e conservadas têm sido os xamãs, os sábios, profetas e sacerdotes, muitos dos quais tiveram uma verdadeira experiência desse mistério indizível, e todos eles a honraram. Uma das ironias de nosso tema é que grande parte da pesquisa e coleta de dados entre as tribos primitivas foi realizada ou por cientistas, cujas mentes estão esterilizadas para este tipo de experiência e para quem a palavra "místico" é um termo abusivo, ou então por missionários, para quem a única abordagem válida está dentro de sua própria tradição de metáfora espiritual. Entretanto, ocasionalmente, aparece um sábio da estatura de Rasmussen e a verdade é revelada.

O primeiro ponto a ser notado é que um mago primitivo é perfeitamente capaz, não apenas de expressar uma afirmação a respeito da relação do homem com o mistério de seu ser, tão profunda quanto qualquer uma que possa ser encontrada nos anais das religiões superiores, mas também de criar arbitrariamente as paródias de sua própria mitologia para intimidar e impressionar seus semelhantes mais ingênuos. O fato de motivos mitológicos válidos (por exemplo, a morte e a ressurreição) terem sido usados dessa maneira para enganar, não significa que em um contexto adequado eles continuem sendo, necessariamente, o "ópio do povo". Entretanto, eles podem certamente tornar-se *apenas* isso; pois como a referência última da religião é inefável, muitos daqueles que vivem o mais sinceramente através de sua mitologia são os mais iludidos – sendo a própria ilusão parte do sofrimento e escuridão pelos quais a mente tem de passar antes de a Face-que-não-é-nenhuma-face tornar-se conhecida.

Há uma palavra em sânscrito, *upādhi*, que significa "truque, engano, disfarce", mas também, "limitação, idiossincrasia ou atributo". A verdade última, sendo desprovida de atributos, não pode ser contemplada pela mente. Como diz Igjugarjuk, ela "vive longe do homem, fora, na vasta solidão". Por isso, nos rituais e meditações destinados a preparar a mente para uma experiência da beleza que é Beleza Absoluta, são-lhe conferidos "atributos" (*upādhis*); por exemplo, na meditação de Nicolau de Cusa, o atributo de ser um rosto – e de ele ser belo.

Gerhart Hauptmann disse em algum lugar que a poesia é a arte de fazer a Palavra ressoar atrás das palavras (*Dichten heisst, hinter Worten das Urwort erklingen lassen*).[6] No mesmo sentido, a mitologia é uma transmissão das formas pela qual a Forma-das-formas sem forma pode ser conhecida. Um objeto inferior é proposto como a representação, ou morada, de um superior. O amor ou apego sentido para com aquilo que é inferior é, na verdade, uma função da capacidade potencial de estabelecer-se no superior; mas ele tem de ser sacrificado (daí o sofrimento!) para que a mente alcance sua finalidade.

A ciência da mitologia comparada é, então, um estudo comparativo dos *upādhis*: os atributos enganosos do ser, através dos quais a mente humana, nas várias eras e áreas de seu domínio, se uniu com a causa secreta em terror trágico e com o sofredor humano (despindo-se do eu) em compaixão trágica. E esses *upādhis* são de duas ordens: os que derivam inevitavelmente das condições primárias de toda e qualquer experiência humana (*la condition humaine*) e os específicos das várias eras e áreas da civilização humana (*die Völkergedanken*). Dos primeiros, vamos tratar neste capítulo; dos outros, nos restantes da obra.

Mas nem tudo, certamente, será sofrimento, nem tudo será o *upādhi* trágico (ou engano) do sofrimento; pois o tema supremo da mitologia não é a agonia da busca, mas o êxtase da revelação, não a morte, mas a ressurreição: Aleluia!

"Eu sou ela", declarou a grande deusa do universo, a rainha Ísis, quando apareceu a Lúcio Apuleio, seu devoto, no final da provação descrita alegoricamente em seu romance, *O Asno de Ouro*:

> Sou aquela que é a mãe natural de todas as coisas, senhora e soberana de todos os elementos, a progênie original dos mundos, principal dos poderes divinos, rainha de todos os que estão no inferno, comandante daqueles que habitam o céu, manifestada unicamente sob a única forma de todos os deuses e deusas. À minha vontade disponho os planetas do céu, os saudáveis ventos marítimos e os silêncios deploráveis do inferno; meu nome, minha divindade é adorada por todo o mundo, de diversas maneiras, em costumes variados e por muitos nomes.
>
> Pois os frígios, que são os primeiros de todos os homens, chamam-me de Mãe dos deuses do Pessinus; os atenienses, autóctones, de Minerva Cecrópia; os cipriotas, cingidos pelo mar, de Vênus Pafiana; os cretenses sagitíferos, de Diana Dictina; os sicilianos, que falam três línguas, de Prosérpina Estígia; os nativos de Elêusis, de Ceres Acteana; para alguns Juno, para outros Belona e outros Hécate, para outros ainda Ramnúsia. Já ambos os tipos de etíopes que habitam o Oriente e são iluminados pelos raios do sol da manhã e os egípcios, excelentes em todas as espécies de doutrinas antigas e acostumados a adorar-me em suas próprias cerimônias, chamam-me pelo meu verdadeiro nome, Rainha Ísis.
>
> Eis que vim para compadecer-me da tua sorte e tribulações; eis-me presente para favorecer-te e ajudar-te. Seca, pois, tuas lágrimas, deixa de lamentos, abandona tua tristeza; vê o dia salutar que é comandado pela minha providência.[7]

O próprio sofrimento é um engano (*upādhi*); pois sua essência é o êxtase, que é o atributo (*upādhi*) da iluminação.

A estampagem do êxtase contida no sofrimento, é portanto o principal "grave e constante" da nossa ciência. Compreendido na sabedoria de vida de talvez apenas uma minoria da espécie humana, ele é, entretanto, a matriz e a condição final de todas as mitologias do mundo, concedendo seu brilho a todo o festival daqueles *upādhis* menores – ou estampagens – para os quais nos voltaremos agora.

II. A FORÇA ESTRUTURADORA DA VIDA NA TERRA

Certamente, uma força que jamais esteve ausente da experiência humana, como observou Adolf Portmann em um sugestivo artigo sobre "A Terra como o Lar da Vida",[8] é a da gravidade, que não apenas influencia continuamente todos os aspectos da vida humana, mas condicionou essencialmente a forma do corpo e todos seus órgãos. A alternância diária entre luz e escuridão é outro fator inevitá-vel de experiência, do qual advém um considerável valor dramático, resultante do fato de que à noite o mundo dorme, os perigos espreitam e a mente mergulha no mundo dos sonhos, diferindo em sua lógica do mundo da luz. Nos sonhos, os objetos brilham por si mesmos, sem iluminação externa e, além disso, são de uma substância sutil, capaz de transformação rápida e mágica, de efeitos assustadores e de locomoção não mecânica. Não pode haver dúvida alguma de que o mundo dos mitos tenha se saturado de sonhos ou de que os homens já sonhavam quando eram pouco mais que macacos. E, como observou Géza Róheim, "não pode haver diversas maneiras 'culturalmente determinadas' de sonhar, exatamente como não há duas maneiras de dormir".[9]

O alvorecer e o despertar deste mundo dos sonhos sempre devem ter sido associados com o Sol e o nascer do Sol. Os medos e fascínios noturnos são dissipados pela luz, que sempre foi sentida como vinda de cima, provendo direção e orientação. As trevas, por sua vez, e o peso, a força da gravidade e o interior escuro da terra, da selva ou do mar profundo, assim como certos medos e prazeres extremamente intensos, durante milênios devem ter constituído uma vigorosa síndrome da experiência humana, em contraste com o voo luminoso da esfera solar que desperta o mundo para e através de imensuráveis alturas. Daí ter de se considerar como inevitável, no sentido de um princípio estruturador do pensamento humano, a polaridade entre luz e trevas, acima e abaixo, orientação e perda de orientação, confiança e medos (polaridade que todos nós conhecemos na esfera do pensamento e sentimento e podemos encontrar, semelhante, em muitas partes do mundo). Esse princípio pode ou não estar estabelecido dentro de nós como um "isomorfo";* mas, de qualquer maneira, é uma experiência geral e profundamente conhecida.

A Lua, além do mais, e o espetáculo do céu à noite, as estrelas e a Via Láctea constituíram desde o princípio uma fonte de maravilhamento e de impacto profundo. Mas há, de fato, uma influência física da Lua sobre a Terra e suas criaturas, sobre as marés e nossos próprios ritmos interiores, influência há muito tempo reconhecida conscientemente e experimentada de modo subliminar. A coincidência do ciclo menstrual com o da Lua é uma realidade física estruturadora da vida humana e uma curiosidade que tem sido observada com admiração. É provável que a noção básica de uma relação estruturadora da vida entre o mundo celestial e o do homem tenha derivado da compreensão, tanto em termos de pensamento quanto de experiência, da força do ciclo lunar. Também o mistério da morte e ressurreição da Lua, bem como sua influência sobre os cães, lobos e raposas, chacais e coiotes, que tentam cantar para ela. Esse eterno e maravilhoso disco de prata navegando entre as belas estrelas e atravessando rapidamente as nuvens, transformando a própria vida desperta em uma espécie de sonho, tem sido, na formação dos mitos, uma força e uma presença ainda mais poderosa que a do Sol. Sol que

* Cf. *supra*, p. 46

diariamente apaga a luz da Lua, seu mundo estelar e sons noturnos, os ânimos eróticos e a mágica do sonho.

O contraste nas formas físicas e esferas de competência entre o masculino e o feminino certamente é outro universal da experiência humana; e também precisamos, neste contexto, contar com o "encontro instintivo" entre os dois, que torna possível – ou melhor, é inevitável e, por vezes, mesmo contra o discernimento – o despertar sincrônico dos dois corpos para o curioso entrosamento mútuo que os freudianos gostam de chamar de "reapresentação da cena original" e que para muitos é a consumação do apetite ao qual é mais difícil resistir. Em uma série de estudos meticulosos sobre o comportamento animal, foi demonstrado que uma sequência intrincada de estímulos-sinais, lançada do organismo masculino para o feminino e do feminino para o masculino, pode ser identificada como desencadeadora das façanhas por vezes excessivamente complicadas que precisam ser empreendidas em perfeita sincronicidade antes de a espécie poder reproduzir-se; e não conheço ninguém fora dos círculos científicos mais cuidadosamente treinados que, por um momento, fosse capaz de supor que um entrecruzamento comparável de isomorfos não possa ser admitido como existente no nível humano também. Mas como nada deve ser suposto precipitadamente apenas com base na experiência pessoal, e ninguém até hoje foi capaz de criar dois seres humanos absolutamente isolados do condicionamento social e apresentar um ao outro durante a lua cheia, não podemos nos atrever a afirmar quanto o que todo mundo sabe a respeito deste assunto se deve à estampagem e quanto à imagem hereditária. Vamos apenas observar que o perfume das flores, o embelezamento do corpo, a noite, os encontros furtivos, a música, a troca de prendas, a angústia, o remorso, a rivalidade, o ciúme, o assassinato e a ópera toda podem ser encontrados na história humana até onde nossos olhos conseguem enxergar.

E temos a volumosa literatura da escola freudiana para nos assegurar que tanto as analogias óbvias como as veladas, os trocadilhos e inflexões pelos quais o sexo, os órgãos sexuais e o ato sexual estão enredados em nossos pensamentos são conhecidos em todas as tradições do mundo, seja oral ou literariamente. Na mitologia, a imagem do nascimento de dentro do útero é um dado extremamente comum sobre a origem do universo, e a relação sexual que deve tê-lo precedido é representada em ato ritual assim como em história. Além do mais, o funcionamento misterioso (poder-se-ia dizer mágico) do corpo feminino em seu ciclo menstrual, na cessação do ciclo durante o período de gestação e nas dores do parto, e o surgimento, então, de um novo ser certamente causaram profundas estampagens na mente. O medo do sangue menstrual e o isolamento das mulheres durante as regras, os ritos do nascimento e toda a tradição de magia associada com a fecundidade humana tornam evidente que estamos no campo de um dos maiores centros de interesse da imaginação humana. Nas primeiras artes rituais, a forma feminina nua é extremamente proeminente, enquanto a masculina é normalmente paramentada, ou mascarada, como xamã ou caçador desempenhando alguma função. O medo da mulher e o mistério da maternidade foram para o homem forças de estampagem não menos significativas que os medos e mistérios do mundo da própria natureza. E, nas mitologias e tradições rituais de toda a nossa espécie, podem ser encontrados inúmeros exemplos dos esforços inexoráveis do homem para relacionar-se efetivamente – à maneira, por assim dizer, da cooperação antagônica – com essas duas forças estranhas e também intimamente constrangedoras: a mulher e o mundo.

Ainda outro importante sistema estruturador de experiências, que constitui um padrão de estampagens sobre nossa própria aptidão para a vida, é o dos estágios normais de crescimento humano e de suscetibilidade emocional, do momento do nascimento até o da morte e o fedor da putrefação. Uma grande quantidade de escritos excelentes sobre esse assunto foi produzida recentemente pelas várias autoridades nas áreas da psicologia infantil e da psicanálise, de maneira que abordar toda a questão em detalhes seria apenas repetir o que já se conhece muito bem. Entretanto, não sei de nenhuma obra que já tenha chamado a atenção para os motivos mitológicos desenvolvidos a partir das estampagens dessa biologia "sociologizada" do crescimento humano.

Como notamos, são necessários vinte anos para o organismo humano amadurecer e, durante a maior parte desse desenvolvimento, ele é dependente, ao extremo, dos cuidados dos pais. Segue-se um período de aproximadamente mais vinte anos de amadurecimento, depois do qual começam a surgir os sinais da idade. Mas o ser humano é o único animal capaz de saber que a morte é seu fim inevitável e o período de velhice desse organismo humano, enfrentando conscientemente a morte, é mais longo que todo o período de vida de qualquer outro primata. Assim, vemos que pelo menos três períodos distintos de crescimento e suscetibilidade à estampagem são inevitáveis na biografia humana: 1) infância e juventude, com seu encanto desajeitado; 2) maturidade, com sua competência e autoridade; e 3) a sábia velhice, alimentando sua própria morte e fitando o passado evanescente, com amor ou com rancor.

A principal função da tradição mitológica e da prática ritualística de nossa espécie tem sido conduzir a mente, os sentimentos e o poder de ação do indivíduo através dos limiares críticos das duas primeiras décadas para a idade adulta e da velhice para a morte. Isto com o propósito de fornecer os estímulos-sinais adequados para liberar as energias vitais naquele que, não sendo mais o que era, tem de assumir uma nova tarefa – sua nova fase – de maneira apropriada ao bem-estar do grupo. E assim encontramos, por um lado, como fator constante nesses "ritos de passagem", as inevitáveis e, consequentemente, universais exigências do indivíduo em momentos críticos particulares e, por outro lado, como uma variável cultural, as exigências e crenças do grupo local, historicamente condicionadas. Isso dá ao caleidoscópio da mitologia mundial a interessante característica de parecer sempre o mesmo, embora sempre em mutação; o que pode fascinar nossos poetas e artistas, mas é um pesadelo para a mente que procura catalogar. E ainda assim, com uma visão objetiva, mesmo as fantasmagorias de um pesadelo podem ser inventariadas – em certa medida.

Por isso, as partes restantes deste capítulo desenvolvem, em um esboço preliminar, as principais linhas e fases do que pareceriam ter sido – até o presente momento, pelo menos – as fontes principais de estampagem ao longo da biografia arquetípica do homem.

III. AS ESTAMPAGENS DA PRIMEIRA INFÂNCIA

Certas marcas estampadas no sistema nervoso no período de formação que vai do nascimento à maturidade constituem a fonte de muitas das imagens míticas mais amplamente conhecidas. Necessariamente as mesmas para toda a humanidade, elas têm sido organizadas de maneira diferente nas diferentes tradições, mas em todas funcionam como potentes liberadores e direcionadores de energia.

As primeiras estampagens indeléveis são as do momento do próprio nascimento. A congestão sanguínea e uma sensação de sufocação vivenciadas pelo bebê antes de seus pulmões começarem a funcionar provocam um breve acesso de pânico, cujos efeitos físicos (falta de ar, congestão circulatória, vertigem, ou mesmo desmaio) tendem a voltar, mais ou menos intensamente, sempre que haja um momento repentino de pânico. De maneira que o trauma do nascimento, enquanto arquétipo de transformação, aflui com considerável efeito emocional nos momentos breves de perda de segurança e ameaça de morte, que acompanham qualquer crise de mudança radical. No imaginário mitológico e religioso, este tema do nascimento (ou mais frequentemente do renascimento) é preeminente; na verdade, cada passagem de limiar – não apenas essa das trevas do útero à luz do Sol, mas também a da infância para a vida adulta e a da luz do mundo para qualquer que seja o mistério das trevas que possa haver além do portal da morte – é comparável a um nascimento e foi representada em forma de rito, praticamente em toda parte, através de imagens de reentrada no útero. Este é um daqueles universais mitológicos que certamente merecem interpretação antes psicológica do que etnológica.

Na mitologia, a imagem da água está intimamente associada com esse tema e as deusas, sereias e bruxas que frequentemente aparecem como guardiãs ou manifestações da água (poços, cursos d'água, caldeirões rejuvenescedores), Damas do Lago e outras ninfas aquáticas podem representar tanto o seu aspecto ameaçador quanto promotor de vida.

Por exemplo, a história de Actéon, do período clássico tardio, conforme apresentada nas *Metamorfoses*, de Ovídio,[10] fala de um caçador, um jovem vigoroso no apogeu de sua virilidade que, andando à espreita de veados com seus cães, deparou com uma corrente de água que acompanhou até a fonte, onde irrompeu diante da deusa Diana banhando-se, cercada por uma plêiade de ninfas nuas. E o jovem, que não estava preparado espiritualmente para tal imagem sobrenatural, olhou-a como homem; percebendo isso, a deusa lançou seus poderes e transformou-o num veado, que seus próprios cães imediatamente farejaram, perseguiram e estraçalharam.

No nível comum de uma típica leitura freudiana, este episódio mítico representa a ansiedade lasciva de um menino descobrindo a mãe; mas de acordo com uma tendência referencial mais sofisticada e "sublimada", mais apropriada à atmosfera pós-alexandrina da arte elegante de Ovídio, Diana era uma manifestação da deusa-mãe do mundo, que já encontramos como rainha Ísis e que, como ela própria nos disse, era conhecida nas culturas mediterrâneas por muitos nomes. O caso, certamente, é o de um *upādhi*: um objeto inferior (imagem materna) servindo como símbolo de um superior (o mistério da vida). Na meditação, podemos enfatizar o superior e, nesse caso, estamos realizando o que na Índia é denominado *sampad upāsanā*, "meditação consumada ou aperfeiçoada"; ou podemos enfatizar o inferior, *adhyāsa upāsanā*, "meditação 'superimposta' ou falsa". A primeira eleva ao sobrenatural; a segunda deixa a pessoa como Actéon: para, finalmente, ser esmigalhada pela psicanálise e devolvida ao útero.

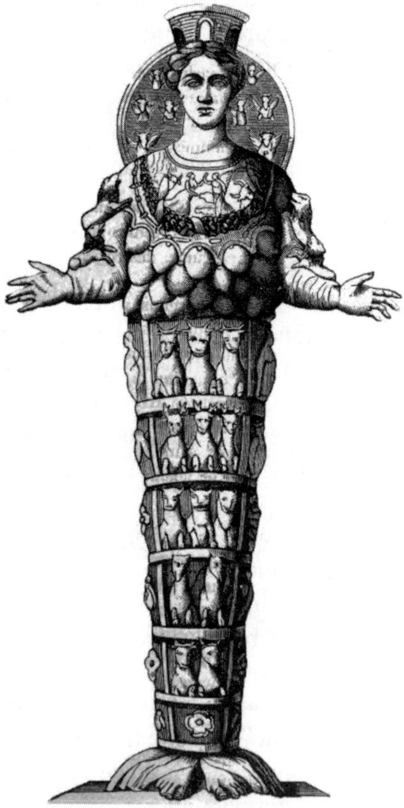

Figura 2 – ÁRTEMIS DE ÉFESO

Na sua maior cidade-templo da Ásia Menor, Éfeso (onde no ano 431 da nossa era foi declarado que a Virgem Maria seria verdadeiramente "o Berço de Deus"), a grande deusa, a mãe de todas as coisas, era representada por Ártemis (Diana) com inúmeros seios. Além do mais, muitíssimas estatuetas de deusas nuas (ou melhor, no espírito de seu próprio ensinamento consumado, deveríamos dizer, da Deusa Nua) foram encontradas em todas as ruínas escavadas do mundo antigo. Como Heinrich Zimmer observou em seu comentário sobre a versão hindu da lenda:

> Se tentarmos identificar suas origens, veremos que os mais antigos fragmentos de textos e imagens podem conduzir-nos apenas até onde é possível dizer: "Representavam-na assim em tempos arcaicos; talvez a chamassem desta ou daquela maneira; cultuavam-na possivelmente de tal ou qual forma". É esse o limite do que podemos afirmar; atingimos aqui o problema primordial de compreendê-la, e a seu ser. Pois exatamente por ser a Grande Mãe, ela ali estava, antes de qualquer outra coisa. Ela é o *primum mobile*, o primeiro princípio, a matriz material da qual tudo nasceu. Questionar seus antecedentes e origem significa não compreendê-la e, na verdade, interpretá-la equivocadamente e subestimá-la; é de fato insultá-la. Tombará, talvez, sobre quem o tentar, a calamidade que atingiu o pretensioso jovem adepto que decidiu descobrir a imagem velada da Deusa no antigo templo egípcio de Sais, cuja língua foi paralisada para sempre pelo assombro do que viu. De acordo com a tradição grega, a Deusa dissera: οὐδεὶς ἐμὸν πέπλον ἀνεῖλε, "Ninguém me ergueu o véu". Não é bem de véu que se trata, mas da vestimenta que cobre sua nudez feminina – o véu é uma equivocada reinterpretação posterior, ligada à decência. O significado é: "Eu sou a Mãe sem consorte, a Mãe Original; todos são meus filhos, por isso ninguém jamais ousou aproximar-se de mim". O impudente que o ousasse desonraria a Mãe – é essa a razão da maldição.[11]

Na história de Actéon temos esse mesmo tema religioso transmitido em imagem comparável. "E embora Diana desejasse ter sua flecha à mão", conta-nos Ovídio, "o que ela tinha ela pegou, a água, e lançou-a no rosto do jovem. E quando ela derramou suas gotas vingativas sobre os cabelos dele, disse estas palavras, pressagiando seu destino próximo: 'Agora estás livre para contar que me viste despida – se puderes contar'".[12]

A água é o veículo do poder da deusa; mas, igualmente, é ela que personifica o mistério das águas do nascimento e da dissolução – seja do indivíduo ou do universo. Pois no espírito do mito, o modo de representação através de um elemento pode alternar-se com o da personificação. Não seria bom lembrarmos, por exemplo, que no início do Livro do Gênesis está escrito: "O Espírito (ou sopro) de Deus movia-se sobre a superfície das águas"? Água e vento, matéria e espírito, vida e seu gerador: esses pares de opostos fundem-se na experiência da vida e seu momento de criação do mundo pode ser representado por elementos, como nessa abertura da Bíblia ou, então, como na arte do budismo tântrico, na imagem de um macho e uma fêmea divinos em abraço sexual. O mistério da origem do "grande universo" ou macrocosmos é interpretado nos termos da procriação do "pequeno universo", o microcosmos; e o fluido amniótico é então exatamente comparável à água que em muitas mitologias, bem como na filosofia pré-socrática do sábio grego Tales de Mileto (aprox. 640-546 a.C.), representa a substância elementar de todas as coisas.

Essa maneira de tornar homólogos o pessoal e o universal, que é um método básico do discurso mitológico, possibilitou aos psicanalistas freudianos, cujo treinamento na linguagem dos símbolos se originou primeiramente de um estudo dos neuróticos, trocar em miúdos toda a herança cultural da humanidade. Mas o problema do neurótico é, precisamente, que em vez de efetivar a passagem do difícil limiar da puberdade – morrendo enquanto criança para renascer enquanto adulto – ele permaneceu com uma significativa parcela de sua estrutura de personalidade fixada na condição de dependência. Rejeitando emocionalmente a reorganização de suas experiências de infância através dos mitos e ritos de uma comunidade madura, o neurótico consegue interpretar a linguagem pictórica de sua civilização apenas nos termos das fontes infantis das formas desenvolvidas e manipuladas dessa civilização; enquanto na mitologia e nos ritos essas formas foram aplicadas a um contexto cultural e, simultaneamente, metafísico de alusões. Freud desvalorizou teoricamente tais "reorganizações" derivadas da cultura e da filosofia, denominando-as meras "elaborações secundárias" – o que talvez seja apropriado quando o caso em questão é o pesadelo de uma "criança" de 40 anos chorando num divã. Mas na interpretação do mito, tal método redutivo nos submete à monotonia de identificar em cada sistema simbólico apenas as fontes infantis de seus elementos, negligenciando como meramente secundário o problema histórico de sua reorganização: muito à maneira de um arquiteto que, vendo as estruturas de Roma, Istambul, Mohenjo-Daro e Nova York, se satisfizesse com a observação de que todas são de tijolos. Neste capítulo estamos examinando os tijolos. Posteriormente, podemos tomar os tijolos como óbvios e ocupar-nos da sua função. Um amigo meu, junguiano, certa vez resumiu assim o problema: "Pode-se atribuir ao neurótico o fato de ele traduzir tudo em termos da sexualidade infantil; mas se o terapeuta faz o mesmo, onde vamos parar?".

O estado do bebê no útero é o da bem-aventurança – uma bem-aventurança passiva – e esse estado pode ser comparado ao da beatitude no paraíso. No útero, o bebê é inconsciente da alternância do dia e da noite ou de qualquer das imagens de temporalidade. Não deveria surpreender, portanto, se as metáforas usadas para representar a eternidade sugerem, àqueles treinados no simbolismo do inconsciente infantil, o retorno ao útero.

Tem-se dito que o medo da escuridão, tão intenso nas crianças, é uma função do seu medo de retornar ao útero: o medo de que sua recém-conquistada consciência da luz do dia e sua individualidade, ainda não firmada, sejam reabsorvidas. Na arte arcaica, o labirinto – morada do Minotauro devorador de crianças – era representado pela figura de uma espiral. A espiral também surge espontaneamente em certos estágios de meditação, bem como a pessoas que adormecem sob efeito do éter. É também um sinal notório nas entradas silenciosas e nos corredores escuros do antigo túmulo real irlandês de New Grange. Esses fatos sugerem que uma constelação de imagens que simbolizam a imersão e dissolução da consciência nas trevas do não ser deve ter sido empregada intencionalmente, desde os tempos remotos, a fim de representar a analogia dos ritos de passagem com o mistério da entrada da criança no útero para nascer. E essa sugestão é reforçada por mais um fato: as cavernas paleolíticas do sul da França e norte da Espanha – datadas pela maioria dos especialistas em **35.000-11.000** a.C.* – foram certamente santuários, não apenas da magia de caça, mas também dos ritos da puberdade masculina. Uma terrível sensação de claustrofobia e, simultaneamente, de libertação de qualquer contexto do mundo lá fora assalta a mente encerrada naqueles escuros abismos, onde a escuridão não é mais uma ausência de luz, mas uma força experimentada. E quando, naquelas cavernas, é lançada uma luz para revelar as belas pinturas de touros e mamutes, rebanhos de renas, cavalos em corrida, rinocerontes lanosos e xamãs dançando, as imagens assaltam a mente com marcas indeléveis. É óbvio que a ideia de morte-e-renascimento – renascimento através do ritual e com uma reorganização dos estímulos-sinais profundamente estampados – é antiquíssima na história da cultura. Mesmo no período das cavernas paleolíticas, tudo se fazia com o intuito de induzir nos jovens, que eram simbolicamente privados da vida, uma reativação de seu medo infantil do escuro. O valor psicológico de tal "tratamento de choque", visando à destruição de uma estrutura de personalidade não mais desejada, parece ter sido metodicamente utilizado na bem testada crise pedagógica de lavagem cerebral e simultâneo recondicionamento dos mecanismos liberadores inatos, para a conversão de meninos em homens, caçadores seguros e defensores corajosos da tribo.

---

*Embora haja ainda alguma discussão quanto à data exata destas pinturas rupestres, a datação por carbono -14 e outros métodos cintíficos estabeleceram sua criação em data um pouco anterior àquelas aceitas quando Campbell escreveu este texto: ele situou sua criação entre 30.000 – 10.000 A. C. Veja Jean Clottes What Is Paleolitic Art? Cave Paintings and the Dawn of Human Creativity (Chicago: University of Chicago Press, 2016.). – Editores

---

O conceito da terra como mãe, tanto gestadora quanto nutridora, foi fundamental nas mitologias das sociedades de caçadores e agricultores. De acordo com a imagética dos caçadores, é do útero da terra que os animais de caça provêm, e descobrimos seus arquétipos eternos no mundo subterrâneo (ou terreiro de dança) dos ritos de iniciação – arquétipos dos quais os rebanhos na terra não são mais que manifestações seculares, enviados para alimentar o homem. Da mesma forma, para os agricultores, é no corpo da mãe que o grão é semeado: a aração da terra é a gestação e o crescimento do grão um nascimento. Além do mais, a ideia da terra como mãe e a do sepultamento como retorno ao útero para renascer parecem ter sido sustentadas por algumas das comunidades da espécie humana em uma época extremamente remota. As primeiras evidências indiscutíveis de ritual e, portanto, do pensamento mitológico são as sepulturas do *Homo neanderthalensis*, um remoto predecessor da nossa própria espécie, cujo período talvez seja datado em **200.000-23.000** a.C.[13]* Os esqueletos de Neandertal foram encontrados sepultados com provisões (sugerindo a ideia de outra vida), acompanhados de animais sacrificados (boi selvagem, bisão e cabra selvagem), orientados no sentido leste-oeste (o caminho do Sol, o qual renasce da mesma terra em que são colocados os mortos), em posição fetal (como se estivessem no útero), ou numa posição de dormir – em um dos casos, com um travesseiro de lascas de sílex.[14] Sono e morte, despertar e ressuscitar, a sepultura como retorno à mãe para renascer; mas, se o Homem de Neandertal pensava que o próximo despertar seria aqui novamente ou em algum mundo por vir (ou mesmo em ambos juntos), não sabemos.

---

* Assim como no caso das pinturas rupestres, avanços científicos estabeleceram a data dos Neandertais antes do que era aceito na época em que Campbell escreveu, no entanto, e mais importante, mostraram que a espécie co-existiu com os humanos modernos muito mais tempo do que os cientistas da época de Campbel acreditavam. Veja Smithsonian Institution, "*Homo neanderthalensis*", 9/22/2016. Campbell colocara o período como sendo 200.000 – 35.000 a. C.

E com isto encerramos o assunto da imagética do nascimento.

A segunda constelação de estampagens a ser abordada é a que vem associada à extrema felicidade do bebê sendo amamentado – e aqui temos novamente um contexto de força duradoura. A relação do lactente com a mãe é de simbiose: embora dois, eles constituem uma unidade. De fato, no que diz respeito ao bebê – que ainda está longe de ter concebido a primeira noção de uma dissociação entre sujeito e objeto, dentro e fora – o aspecto afetivo de sua própria experiência e os estímulos externos aos quais suas sensações, necessidades e satisfações correspondem são apenas um. Seu mundo, como Jean Piaget demonstrou claramente em seu estudo sobre *A Representação do Mundo na Criança*, é um "*continuum* de consciência",[15] ao mesmo tempo físico e psíquico. O que quer que influencie seus sentidos não treinados é identificado de forma não crítica com os matizes disponíveis em seu próprio interior, de maneira que entre os polos externo e interno de seu mundo não há distinção. E essa experiência indefinida e indefinidora de continuidade é reforçada pela disposição da mãe a atender, ou mesmo a antecipar, suas necessidades.[16] Todo o pequeno universo desta criancinha autocentrada é "uma rede de movimentos intencionais, mais ou menos mutuamente dependentes",[17] e todos tendendo em direção ao seu próprio bem.

Mas a mãe não pode antecipar tudo. Há momentos, consequentemente, em que o universo não corresponde de maneira exata à necessidade sentida. Daí as marcas do primeiro choque aterrorizante de separação, o trauma do nascimento que atormentou todo o organismo na sua primeira experiência do assalto da vida, serem mais ou menos forçosamente reativados. A mãe está ausente; o universo, ausente; o êxtase do bebê abençoado absorvendo para sempre a ambrosia do corpo da madona acabou para sempre. Melanie Klein, que dedicou especial atenção a este primeiro capítulo de nossa biografia universal, sugeriu que em tais momentos um impulso de arrancar "o conteúdo bom do corpo" da mãe é imediata e simultaneamente identificado pela criança com o perigo da destruição de seu próprio corpo.[18] Em consequência, quando a imagem materna começa a assumir uma definição no alvorecer da consciência infantil, ela é associada não apenas com uma sensação de beatitude, mas também com fantasias de perigo, separação e terrível destruição.

Todos nós conhecemos o conto de fadas da bruxa que vive numa casa "confeitada" que seria uma delícia comer. Na verdade, já vimos que susto ela deu na menina que a invocou numa brincadeira. Ela é bondosa com as crianças e as convida a entrar em sua gostosa casa apenas porque quer comê-las. Ela é uma canibal. (E não podemos esquecer que durante 600 mil anos de experiência humana, os canibais – mesmo as mães canibais – eram realidades sempre presentes, cruéis

Figura 3. Kali Devoradora

e repulsivas.) Ogras canibais aparecem no folclore dos povos desenvolvidos e atrasados, em todo o mundo; e no nível mitológico o arquétipo ganha as dimensões de um símbolo universal naquelas deusas-mães canibais como a hindu Kālī, "A Negra", personificação do "tempo que tudo devora"; ou na figura europeia medieval da devoradora dos mortos perversos, a boca e a barriga femininas de Hel [deusa da morte na mitologia escandinava].

Em um mito da ilha melanésia de Malekula, nas Novas Hébridas, que descreve os perigos do caminho para a Terra dos Mortos, conta-se que, quando a alma é levada pelo vento através das águas da morte e está se aproximando da entrada do mundo subterrâneo, depara com uma guardiã sentada diante da porta, desenhando um labirinto que barra o caminho, do qual ela apaga a metade quando a alma se aproxima. O viajante tem de refazer perfeitamente o desenho se quiser entrar na Terra dos Mortos. Os que fracassam são devorados pela guardiã. Pode-se entender, então, quão importante deve ter sido descobrir o segredo do labirinto antes da morte e por que o ensinamento desse segredo da imortalidade é a principal preocupação das cerimônias religiosas de Malekula.

De acordo com uma série de especialistas citados por W.F. Jackson Knight em um artigo extremamente interessante e sugestivo – "Maze Symbolism and the Trojan Game" [Simbolismo do Labirinto e o Jogo Troiano] – o labirinto, o dédalo e a espiral eram associados nas antigas Creta e Babilônia com os órgãos internos da anatomia humana, bem como com o mundo subterrâneo, sendo um o microcosmos do outro. "O objetivo do construtor de túmulos teria sido fazer o túmulo tão semelhante ao corpo da mãe quanto fosse capaz", ele escreve, pois para entrar no outro mundo, "o espírito teria de renascer".[19] "A forma do labirinto – que é uma espiral elaborada – fornece um longo caminho indireto que vai de fora de uma área para dentro, para um ponto chamado núcleo, geralmente próximo do centro. Seu princípio parece ser prover um difícil mas possível acesso a algum ponto importante. Duas ideias estão ali envolvidas: a ideia de defesa e exclusão e a ideia de penetração na forma adequada, nessa defesa."[20] "O simbolismo do labirinto", ele continua, "parece um tanto associado com a virgindade. [...] A superação das dificuldades por um herói frequentemente precede a união com alguma princesa oculta".[21]

No famoso mito de Teseu, do labirinto e da princesa Ariadne, era difícil entrar no labirinto de Creta e igualmente difícil sair, mas o fio de Ariadne deu a pista. E quando o lendário fundador de Roma, o herói Eneias, voltando de Troia, chegou à entrada-caverna do mundo subterrâneo, encontrou gravado ali, na superfície rochosa, um desenho do labirinto de Creta. E depois que ele e seus acompanhantes sacrificaram vacas e cordeiros para as divindades máximas do abismo, segundo relata Virgílio: "Vê! com os primeiros raios do Sol, a terra gemeu sob os pés, os cumes das florestas começaram a agitar-se e os cães pareceram uivar através da escuridão quando a terrível guardiã, a Sibila, chegou. 'Fora! Parti, sacrílegos!', ela gritou. 'Retirai-vos do bosque! Mas tu, Eneias, vem, desembainha tua espada; agora, é preciso coragem, força de decisão!' Em seguida, mergulhada em êxtase, ela atravessou a entrada da caverna e ele, resoluto, acompanhou os passos de sua guia que avançava".[22]

Já observamos que no antigo túmulo real irlandês de New Grange (que deve ser datado de algum período durante o segundo milênio a.C.), espirais labirínticas se destacam não apenas nos corredores estreitos que levam ao "núcleo", mas também, e mais ostensivamente, nas grandes pedras da entrada, onde guardam os quatro portões, voltadas para cada uma das quatro direções. No Egito antigo, a estrutura conhecida como Labirinto (mencionada por Heródoto e Estrabão e escavada por Flinders Petrie em 1888) era um vasto complexo de construções ao lado de um lago artificial, com as tumbas dos reis e com crocodilos sagrados no porão. Tais estruturas megalíticas e os rituais para seu uso no Egito, Creta e Irlanda podem ser relacionados com os costumes mortuários da remota Melanésia – que também estão associados tanto com os megálitos quanto com o simbolismo da espiral e do labirinto, bem como com o sacrifício de animais (embora o animal lá sacrificado fosse o porco) –, fato que consideraremos quando abordarmos o problema das origens e da difusão dos temas mitológicos das esferas culturais neolíticas e equatoriais. Por ora, será suficiente notar que em Malekula, quando o viajante para a Terra dos Mortos demonstra estar apto para entrar na caverna ao completar o desenho do labirinto da perigosa guardiã, ele descobre lá dentro uma grande extensão de água, a Água da Vida, à margem da qual cresce uma árvore, onde ele sobe e dali mergulha nas águas do mar subterrâneo.[23]

A deusa-mãe hindu Kālī é representada com uma longa língua espichando-se para lamber as vidas e o sangue de seus filhos. Ela é o próprio modelo da porca que devora sua ninhada de leitões, a ogra canibal: a própria vida, o universo, que cria os seres apenas para devorá-los. Porém, ela é simultaneamente a deusa Annapurna (*anna* significa "alimento", e *pūrṇā*, "abundância"), correspondente indiana da egípcia Ísis com o filho-sol Hórus no peito, ou da babilônica Ístar, amamentando o deus-lua renascido, protótipos arcaicos, na arte e na mitologia mediterrâneas, da *Madonna* da Idade Média.

E assim, na mitologia e no rito, como na psicologia do recém-nascido, encontramos a imagética de mãe associada quase de maneira idêntica com a beatitude e o perigo, com o nascimento e a morte, com o inesgotável seio e as garras afiadas da ogra. O reino celestial, onde o alimento paradisíaco é eternamente servido, e o Olimpo, o monte dos deuses, onde jorra ambrosia, não são mais do que versões da bem-aventurança da criança bem nutrida, versões para santos e heróis adultos. É a primeira estampagem, que no adulto se traduz na fantasia da fúria e do terror da boca infernal que devora suas entranhas; na criança é, certamente, a fantasia que ela tem de seu próprio corpo (seu universo inteiro) irado, despedaçado.

Uma terceira constelação de estampagens no desenvolvimento da mentalidade da criança, que pode ser assumido como universal, é o derivado de seu fascínio pelos seus próprios excrementos, que se torna acentuado na idade dos 2 anos e meio aproximadamente. Em muitas sociedades a criança experimenta então o primeiro impacto da severa disciplina no que diz respeito a quando, onde e como ela pode permitir-se atender à natureza; o pior de tudo é que para a criança, nesse período de vida, a defecação é vivida como um ato criativo e seu próprio excremento é visto como algo de valor, adequado para ser oferecido como um presente. Nas sociedades em que esse padrão de interesse e ação é considerado inadequado, uma reorganização de resposta socialmente determinada é imposta de modo ríspido e absoluto, reprimindo severamente o interesse espontâneo e as avaliações desse primeiro período do pensamento da criança. Mas o interesse e as avaliações não podem ser apagados. Permanecem como estampagens subordinadas, soterradas: imagens proibidas que, às vezes, sob um ou outro disfarce, são capazes de reafirmar sua força.

Em todas as mitologias superiores há abundantes evidências de sistemas dualísticos de imagens derivados dessa circunstância. Eles são reconhecíveis na prevalência de uma associação de sujeira com pecado e de limpeza com virtude. No além-mundo, o inferno é uma fossa pútrida e o céu, um lugar de absoluta pureza, seja no budismo, zoroastrismo, hinduísmo, islamismo ou cristianismo. Além do mais, houve uma sugestão do Dr. Freud de que o impulso infantil de manipular a sujeira e atribuir-lhe valor sobrevive em nosso interesse adulto pelas artes – na pintura, na escultura e na arquitetura – bem como no desejo de colecionar pedras preciosas, ouro ou dinheiro e no prazer resultante de dar e receber presentes. O propósito dos alquimistas dos séculos XVI e XVII de sublimar "matéria abjeta" (sujeira e corrupção) transformando-a em ouro (que é puro, por isso incorruptível) representaria perfeitamente, de acordo com esta visão, uma necessidade de levar as energias encerradas no primeiro sistema de interesses para a esfera do segundo (imposto sobre o primeiro), de maneira que, em vez da supressão e consequente divisão, seria efetuada uma sublimação, ou fusão vital, dos dois sistemas socialmente opostos da psique, ou, para usar a frase do poeta Blake, um Casamento do Céu e do Inferno. E o fato de que precisamente na época do colapso (para muitos) da autoridade do dualismo medieval de Deus e diabo tenha ocorrido o maior apogeu, não apenas da alquimia, mas também das artes ocidentais, pode tender a confirmar essa interpretação psicanalítica da necessidade que lhes deu origem. Além disso, pode-se supor que o valor do ouro, do mármore e da argila do escultor, e também dos materiais do pintor, tenha se tornado muito maior, visto que todos eles se originam das entranhas da terra – que, de acordo com o sistema dos santos, tinham recebido uma interpretação enfaticamente negativa como a sede do inferno.

A esse respeito, pode-se observar também que: 1) em praticamente todas as sociedades primitivas até hoje estudadas, untar o corpo com tinta ou barro equivale a proporcionar proteção mágica, além de beleza; 2) que na Índia, onde o esterco de vaca é venerado como sagrado e a distinção ritual entre a mão esquerda (usada na higiene pessoal) e a direita (usada para colocar o alimento na boca) é uma questão de capital importância, a unção ritual da testa e do corpo com barros coloridos e cinza é uma prática religiosa notavelmente desenvolvida; e 3) que entre muitos povos, tanto primitivos quanto desenvolvidos, as figuras hílares – que nas cerimônias religiosas têm permissão de quebrar tabus e representar pantomimas obscenas – são iniciadas em suas ordens por meio de um ritual em que comem imundície.

Entre os apaches jicarillas do Novo México, os membros da sociedade de figuras hílares são chamados, na verdade, de "Excrementos Listrados".[24] Eles são "pintados" com um barro branco e exibem quatro listras negras horizontais que lhes atravessam as pernas, corpo e rosto.[25] Em nossos próprios circos o palhaço é berrantemente pintado, quebra quaisquer tabus que o regulamento permite e é o grande favorito das crianças, que talvez vejam refletido no seu encanto peculiar o paraíso da inocência que era delas antes de serem ensinadas sobre o bem e o mal, a pureza e a imundície.

Uma quarta constelação de estampagens gravadas na psique infantil em desenvolvimento aparece (pelo menos nas esferas de nossa civilização estudadas com esse propósito) por volta dos quatro anos de idade, quando a diferença física entre os sexos se torna uma questão de grande interesse. A *petite différence* leva a menina a crer (dizem-nos) que foi castrada e o menino, que pode vir a ser. Em consequência, na imaginação masculina todo o medo da punição é sobrecarregado por um medo da castração vagamente sentido, enquanto a mulher é obcecada por uma inveja que não se resolverá de todo enquanto não produzir em seu próprio corpo um filho homem. Daí o valor, do ponto de vista feminino, da imagem da madona e de todo o sistema de referências religiosas que atribuem significação cósmica a seu útero e seios. Mas, no homem, a sensação da inveja perigosa dela está sempre presente. Daí a avaliação negativa da mulher como uma castradora espiritual (quando não física) em potencial, fato que na mente da criança tende a associar-se com a imagem da ogra e da bruxa canibal, e que nas tradições religiosas em que prevalece um espírito monástico é uma característica preeminente em extremo.

Com relação a essa questão, deve-se notar que há um tema que ocorre em certas mitologias primitivas, bem como na pintura moderna surrealista e nos sonhos neuróticos, conhecido no folclore como "vagina dentada" – a vagina que castra. E o correspondente, no outro extremo, é a chamada "mãe fálica", um motivo perfeitamente ilustrado pelos longos dedos e nariz da bruxa. De acordo com Freud,[26] a capacidade que a visão de uma aranha tem de precipitar uma crise de ansiedade neurótica – seja nas cantigas infantis de Miss Muffet ou nos labirintos da vida moderna – resulta de uma associação inconsciente da aranha com a imagem da mãe fálica; a isso talvez se devesse acrescentar a observação de que a teia – a teia espiralada – contribui ao poder do aracnídeo como um sinal desencadeador de medo.

Há um mito andamanês, segundo o qual no princípio não havia mulheres no mundo, apenas homens. O Senhor Varano-Monitor [gênero de réptil sáurio], que encontraremos repetidas vezes neste livro, capturou um deles, cortou sua genitália e tomou-o como esposa. Seus descendentes tornaram-se os antepassados da única raça do mundo na qual os andamaneses e sua mitologia estão interessados – os próprios andamaneses.[27]

De acordo com outro mito – contado pelos índios apaches jicarillas do Novo México[28] – houve certa vez um monstro assassino chamado Monstro Chutador, cujas quatro filhas eram, naquela época, as únicas mulheres do mundo que possuíam vaginas. Elas eram "garotas-vaginas". E viviam numa casa cheia de vaginas. "Elas tinham a forma de mulheres", contam-nos, "mas eram, na realidade, vaginas. Outras vaginas ficavam penduradas nas paredes, mas aquelas quatro tinham a forma de moças com pernas e todas as partes do corpo, e andavam por ali". Como se pode imaginar, o rumor sobre as moças espalhou-se e atraiu muitos homens; mas eles eram recebidos pelo Monstro Chutador e chutados para dentro da casa, de onde jamais retornavam. E então, o Matador de Inimigos, um fantástico menino herói, encarregou-se de resolver a situação.

Enganando o Monstro Chutador, o Matador de Inimigos entrou na casa e as quatro moças aproximaram-se dele, suplicando por sexo. Mas ele perguntou: "Onde foram parar os homens que foram chutados para dentro?". "Nós os devoramos", elas responderam, "porque gostamos de fazer isso"; e tentaram agarrá-lo. Mas ele afastou-as, gritando: "Mantenham-se afastadas! Não é esta a maneira de usar a vagina". E então disse-lhes: "Primeiro, tenho de dar-lhes um remédio mágico que vocês jamais provaram, feito de bagas azedas; depois, farei o que vocês pedem". Em seguida, ele deu bagas de quatro espécies para elas comerem. "A vagina", ele disse, "é sempre doce quando vocês fazem assim". As bagas murcharam suas bocas, de maneira que finalmente elas não podiam mais mastigar, mas apenas engolir. "Elas, porém, gostaram muito", declarou o contador da história. "Sentiam como se o Matador de Inimigos estivesse fazendo sexo com elas. Estavam quase inconscientes no êxtase, embora o Matador de Inimigos não estivesse fazendo absolutamente nada com elas. Era o remédio que as fazia sentir-se assim."

"Quando o Matador de Inimigos foi procurá-las", concluiu então o contador da história, "elas tinham dentes fortes com os quais haviam devorado suas vítimas. Mas o remédio destruiu-os completamente".[29] E assim vemos como o grande herói menino, um dia, domesticou a vagina dentada, para seu devido uso.

Na série de estampagens que expusemos até aqui, deve ter ocorrido ao leitor que, embora um grande número das imagens abordadas seja, sem dúvida, estampada de fora para dentro em nossos mecanismos liberadores inatos "abertos", certas outras imagens podem ser produto apenas da própria estrutura nervosa. Pois onde no mundo estaria a ogra canibal? Onde a mãe fálica e a vagina dentada? A julgar pelo poder de tais imagens de desencadear disposições anímicas nas crianças, bem como em muitos adultos, deveríamos considerá-las como estímulos-sinais de força significativa. Porém, elas não existem na natureza; foram criadas pela mente. Mas de onde foram tiradas? De onde saíram as imagens dos pesadelos e dos sonhos?

Talvez uma analogia sugestiva esteja no caso do macho de uma certa família de mariposas (*Eumenis semele*) que prefere fêmeas mais escuras do que as existentes na sua espécie.* Pois se o artifício humano pode proporcionar a uma mariposa o estímulo-sinal supranormal ao qual a mariposa macho responde mais impulsivamente do que às ofertas normais da vida, certamente também pode proporcionar estímulos supranormais aos mecanismos liberadores inatos do homem – e não apenas de forma espontânea, nos sonhos e pesadelos, mas até mesmo de maneira mais brilhante nas invenções dos contos folclóricos, contos de fadas, paisagens mitológicas, mundos superiores e inferiores, templos e catedrais, pagodes e jardins, dragões, anjos, deuses e guardiães da arte popular e religiosa. É verdade que, em muitos casos, as formulações culturalmente desenvolvidas desses prodígios precisaram de séculos e mesmo milênios para se completarem. Mas é verdade também (e isso, creio, é o que esta exposição está mostrando) que há um ponto de apoio para a recepção de tais imagens no *déjà vu* da mente parcialmente automoldada e automoldante. Em outras palavras, enquanto no mundo animal os "isomorfos", ou estereótipos hereditários da estrutura nervosa central, que na maior parte corresponde ao meio natural, podem ocasionalmente conter possibilidades de respostas não encontradas na natureza, o mundo do homem, que é hoje em grande parte produto de nosso próprio artifício, representa – em escala considerável, pelo menos – uma ordem oposta de dinâmicas, isto é, uma estrutura nervosa viva e um sistema controlado de resposta modelando o seu habitat, e não vice-versa, embora nem sempre o habitat seja modelado com consciência. Na maior parte aliás ou, pelo menos, em parte considerável, modelando-o impetuosamente, a partir de suas próprias imagens autocriadas de fúria e medo.

Uma quinta e última constelação de estampagens desse tipo, um misto de impactos externos e internos, é a do fartamente discutido complexo de Édipo, que, segundo a escola freudiana ortodoxa, via de regra é firmado na criança por volta dos cinco ou seis anos e, a partir de então, constitui-se em um padrão primário constelador de todos os impulsos, pensamentos e sentimentos, arte criativa, filosofia, mitologia e religião, pesquisa científica, sanidade e insanidade. A afirmação da universalidade deste complexo tem sido vigorosamente contestada por grande número de antropólogos; por exemplo, Bronislaw Malinowski, que, em sua obra *Sex and Repression in Savage Society* [Sexo e Repressão na Sociedade Primitiva], declara: "O ponto crucial da dificuldade está no fato de que para

* Cf. *supra*, p. 52.

os psicanalistas o complexo de Édipo é algo absoluto, a fonte primordial [...] a *fons et origo* de tudo [...] Não posso conceber o complexo como a única fonte de cultura, de organização e crença, como a entidade metafísica, criativa, mas não criada, anterior a todas as coisas e não causada por nenhuma outra".[30] Géza Róheim, por outro lado, defendeu Freud em uma vigorosa réplica,[31] à qual, que eu saiba, não houve nenhuma resposta. Entretanto, como o nosso problema no momento não é o da força última ou da dimensão no tempo e no espaço dessa estampagem, mas simplesmente o da possibilidade de sua derivação da experiência infantil, podemos dizer que, seja ele tão universal quanto advogam os freudianos ortodoxos, ou significativamente modificado em sua força e caráter de acordo com a sociologia da tribo ou família em questão, o fato é que por volta dos cinco ou seis anos a criança se envolve imaginativamente (em nosso mundo cultural, pelo menos) numa ridícula tragicomédia que podemos denominar de "o romance familiar".

Em sua estruturação freudiana clássica, este romance edipiano consiste no desejo mais ou menos inconsciente do menino de eliminar o pai (o tema de Jack-o-Gigante-Matador) e ficar sozinho com a mãe; mas com um medo correlato, também mais ou menos inconsciente, de uma castração punitiva pelo pai. E assim, finalmente, a estampagem do pai entrou na cena psicológica da criança em crescimento – à maneira de um perigoso bicho-papão. Conforme Róheim expõe o caso em seu estudo da psicologia da guerra primitiva, o pai é o primeiro inimigo e todo inimigo simboliza o pai;[32] de fato, "o que quer que seja morto torna-se pai".[33] Daí certos aspectos dos rituais dos caçadores de cabeças, aos quais voltaremos em breve; daí, também, os ritos dos caçadores paleolíticos com relação a matar e comer seus animais totêmicos.

Para a menina, a fórmula freudiana correspondente é a do mito de Electra. Ela é a rival da mãe pelo amor do pai, vivendo com medo de que a "ogra" possa matá-lo e retornar para a teia do pesadelo do banquete canibal pré-sexual (antigo paraíso!) do *bambino* e da *madonna*. Pois os tempos mudaram e agora é a própria menina que deve representar a *madonna* – para uma prole de bonecas.

Como os próximos capítulos oferecem abundantes exemplos deste romance de um liliputiano com dois gigantes, não necessitamos interromper para documentá-lo aqui, mas apenas observar que o exemplo já foi dado no episódio do Matador de Inimigos (o menino herói), o Monstro Chutador (o pai bicho-papão) e as Quatro Meninas-Vaginas (que são perigosas quando a serviço do pai, mas suscetíveis de domesticação). Quatro é um número ritualístico na tradição dos índios americanos, referindo-se às quatro direções do universo, e aparece nesta lenda porque as figuras não têm nenhuma referência pessoal ou histórica, mas apenas mitológico-cósmica. As meninas são personificações de um aspecto do mistério da vida.

E assim, finalmente, para concluir este breve esboço sobre a teoria freudiana do romance familiar e suas variações, a reação do menino muito pequeno, que percebe vagamente que sua mãe é uma tentadora, seduzindo sua imaginação para o incesto e o parricídio, pode ser a de esconder seus sentimentos de seus próprios pensamentos assumindo uma atitude compensatória, negativa, de um Hamlet – uma postura mental de excessiva submissão à jurisdição do pai (tema da expiação), juntamente com uma rejeição feroz da mulher e todos os fascínios do mundo a ela associados (as luxúrias do Egito, a prostituta da Babilônia etc.):

> Sim, da gaveta da minha memória
> Extirparei todas as lembranças amorosas triviais,
> Todos os aforismos dos livros, todas as formas, todas as premências do passado,
> Que a juventude e a observação nela imprimiram;
> E apenas teu mandamento viverá No livro e na massa do meu cérebro,
> Separado da matéria abjeta: sim, por Deus!
> Oh mulher, a mais perniciosa de todos os seres!
> Oh vilã, vilã, sorridente, maldita vilã![34]

Aqui estamos a caminho da adoração somente do pai onipotente, do monarquismo, puritanismo, platonismo, cleros celibatários, homossexualidade e todo o resto. E há muito disso tudo, também, nos capítulos vindouros.

Porque, desde que a unidade nuclear da vida humana tem sido o homem, a mulher e o filho, a consciência em amadurecimento teve de alcançar o conhecimento do seu mundo por meio deste sobrecarregado e biologicamente fundado triângulo de amor e agressão, desejo e medo, dependência, autoridade e anseio de liberdade. É uma forma capaz de moldar a massa mais recalcitrante. Então, mesmo que ficasse demonstrado, de alguma maneira, que o sistema nervoso humano não tem uma configuração inata, não deveria nos surpreender o fato de haver em todas as mitologias uma ordem de estímulos-sinais resultante dos engramas desses marcos inevitáveis.

IV. O ANIMISMO ESPONTÂNEO DA INFÂNCIA

É entre os seis e os doze anos que as crianças em nossa cultura, e aparentemente na maioria das outras, desenvolvem suas habilidades e interesses pessoais, julgamentos morais e noções de status. Os fatores diferenciadores dos vários meios naturais e sociais começam então a preponderar, a tal ponto que continuar a falar de maneiras comuns de pensamento e ação parece fora de lugar. No entanto, todas as novas estampagens estruturadoras, derivadas das cenas locais grandemente diferenciadas, quer seu impacto seja acidental ou pedagogicamente sistematizado em rotinas impostas de treinamento, são recebidas nos termos da mentalidade, não do adulto, mas da criança em crescimento, a qual tem certas características comuns em todo o mundo.

Figura 4. Desenho de criança: sonho com demônio. Segundo Piaget

O enigma do sonho, por exemplo, no início não é interpretado de modo algum como mental: é externo ao sujeito que sonha, embora invisível para os outros. E a memória do sonho se confunde com as lembranças comuns, de maneira que os dois mundos estão misturados.[35] Perguntou-se a um menino de cinco anos e meio: "O sonho está na sua cabeça?", e ele respondeu: "Eu estou no sonho, ele não está na minha cabeça. Quando você sonha, você não sabe que está na cama. Você sabe que está andando – você está no sonho. Você está na cama, mas não sabe que está".[36] Mesmo aos sete ou oito anos de idade, quando os sonhos podem ser reconhecidos como procedentes da cabeça e não de fora dela – da Lua, da noite, das luzes do quarto ou da rua, ou do céu – ainda assim são considerados de certa maneira externos. "Sonhei que o diabo queria me cozinhar", declarou um menino de sete anos, explicando um desenho que tinha feito (figura acima). À esquerda (I) estava o próprio menino na cama. "Esse sou eu", ele disse. "Eram sobretudo meus olhos que ficaram ali – para ver." No centro estava o diabo. E à direita do desenho (II), aparecia novamente o menino, de pé, de pijama na frente do diabo, que estava a ponto de cozinhá-lo. "Eu estava ali duas vezes", ele explicou. "Quando eu estava na cama, estava realmente nela e depois, quando eu estava no meu sonho, estava com o diabo e estava realmente ali também."

O leitor não terá de ser advertido de que estamos aqui diante de um tipo de lógica que não é precisamente a de Aristóteles, mas a lógica suficientemente familiar dos contos de fadas e mitos, onde o milagre da dupla presença é possível e a mesma pessoa ou objeto pode estar em dois ou mais lugares ao mesmo tempo. Os xamãs, como veremos em breve, deixam seus corpos e viajam sobre seus tambores ou montarias para além dos limites do mundo visível, para envolver-se em aventuras com demônios e deuses, ou com outros xamãs, e todos eles podem estar igualmente em mais de um lugar ao mesmo tempo. Podemos também pensar no dogma católico romano da ubiquidade de Cristo no sacramento do altar. "Não há tantos corpos de Cristo quantos são os tabernáculos do mundo ou quantas são as missas rezadas ao mesmo tempo", declara o catecismo católico de doutrina cristã, "mas apenas um corpo de Cristo, que está presente em todos os lugares, inteiro e completo na Sagrada Eucaristia, como Deus está presente em todos os lugares, sendo apenas um só Deus".[37] Ou podemos ainda pensar na ubiquidade do salvador hindu, Kṛṣṇa, quando dançava com as muitas pastoras de Vrindavan; e a graciosa explicação da experiência religiosa da multipresença, dada pelas donzelas de Vrindavan a uma de suas colegas. "Vejo Kṛṣṇa em toda a parte", disse a bela Rādhā, e elas responderam: "Querida, você coloriu seus olhos com o colírio do amor, é por isso que vê Kṛṣṇa em toda parte".[38]

Observamos que no mundo da criança, a solicitude dos pais leva à crença de que o universo é orientado para o interesse da própria criança, pronto para reagir a qualquer de seus desejos ou pensamentos. Essa situação lisonjeira não apenas reforça a indistinção primária entre dentro e fora, mas chega mesmo a acrescentar-lhe o hábito do comando, vinculado a uma experiência de efeito imediato. Freud identificou como a base psicológica da mágica a marca resultante da onipotência do pensamento – o poder do pensamento, do desejo, um mero aceno ou grito, para o mundo se colocar a seus pés – e as pesquisas de Piaget e sua escola sustentam essa visão.

O mundo da criança é alerta e vivo, governado por leis de reação e comando, não por leis físicas: um vigoroso fluxo de consciência, dotado de propósito e significado, responsivo ou não à própria criança. E como sabemos, esta noção infantil (ou algo muito semelhante) de um mundo governado antes por uma moral do que por leis físicas, mantido sob controle por uma personalidade parental superior em lugar de forças físicas impessoais e orientado para o bem e para o mal do homem, é uma ilusão que domina o pensamento humano na maior parte do mundo – ou mesmo a maior parte do pensamento humano em todas as partes do mundo – até o presente momento. Estamos tratando aqui de um pressuposto espontâneo, anterior a qualquer ensinamento, que originou, e hoje sustenta, certas crenças religiosas e mágicas. Quando, por sua vez, esse pressuposto é reforçado por tais crenças, firma-se como uma convicção absolutamente inabalável que nenhum pensamento racional ou ciência empírica pode extinguir.

E agora, é preciso observar que essas experiências de indistinção são suscetíveis de interpretação infantil ou adulta, da mesma forma que as estampagens discutidas na Seção III deste capítulo. Pois, mesmo do ponto de vista da observação estritamente biológica, pode-se demonstrar que em certo sentido a indistinção da criança tem uma validade mais profunda que a experiência de individuação do adulto. Biologicamente, o organismo individual não é em nenhum sentido independente de seu meio. Pois a sociedade não é, como supôs Ralph Linton, "um grupo de indivíduos biologicamente distintos e autossuficientes". Tampouco a sociedade é algo separado da natureza. Entre o organismo e seu meio há o que Piaget denominou "fluxo de intercâmbios".[39] Um polo interno e outro externo têm de ser reconhecidos, "mas cada um está numa constante relação de equilíbrio e dependência natural do outro". E é apenas de maneira relativamente lenta que uma noção de liberdade individual e um senso de independência se desenvolvem – o que, entretanto, pode levar, não apenas a um senso de autossuficiência e a uma ordem de lógica na qual subjetivo e objetivo são racionalmente mantidos separados, mas também a uma deterioração da unidade da ordem social e a um senso de separação, que podem acabar numa atmosfera geral de ansiedade e neurose.

Por isso, um dos propósitos principais de toda doutrina e cerimonial religiosos tem sido suprimir, tanto quanto possível, o senso do ego e desenvolver o da participação. Tal participação, nos cultos primitivos, está fundamentalmente no organismo da comunidade, ela própria concebida como participante da ordem natural do meio local. Mas a essa noção, pode-se acrescentar outra, mais ampla, de uma comunidade que inclui os mortos também – por exemplo, na concepção cristã da Igreja Militante, Sofredora e Triunfante: tanto na terra, no purgatório, como no céu. E finalmente, em todo empenho místico, a grande meta é a dissolução da gota de orvalho do eu no oceano do Todo: o despojamento do eu e a contemplação da Face.

"E quando Tu te aproximaste de minha indignidade com Tua face ardentemente desejada, pois concedes toda a bem-aventurança", escreveu Santa Gertrude de Helfta (1256-1302), "senti que uma luz, inefavelmente vivificadora, se dirigiu dos Teus olhos divinos para os meus. Penetrando em todo o meu ser interior, ela produziu em cada membro um efeito maravilhoso, como se dissolvesse minha carne e meus ossos até suas raízes; de maneira que eu tive a sensação de que toda minha substância nada mais era do que esplendor divino que, atuando sobre si mesmo de modo indescritivelmente prazeroso, transmitia ao meu espírito uma serenidade e uma alegria incomparáveis".[40]

Um sentimento semelhante aparece no famoso verso do *Bṛhadāraṇyaka Upaniṣad* (cerca de 800 a.C.): "Exatamente como um homem, quando abraçado à mulher amada, não conhece nada de dentro nem de fora, assim este ser, quando abraçado pelo Supremo Eu, não conhece nada de dentro nem de fora".[41]

Entre os tesouros da mística budista do Japão, encontramos o seguinte no diário de Saichi (cerca de 1850-1933), o fazedor de sandálias:

> Meu coração e Teu coração –
> unidade de corações –
> "Homenagem a Amida Buda!"[42]

E, novamente, nas palavras de Omar Khayyám (**1048?-1126**):

> Meu ser é Teu, e Tu és minha,
> E eu sou Teu, pois estou Perdido em Ti![43]

Na infância, as primeiras perguntas a respeito das origens das coisas revelam o pressuposto espontâneo de que alguém as fez. "Quem fez o Sol?", pergunta a criança de 2 anos e meio. "Quem coloca as estrelas no céu à noite?", pergunta outra de 3 anos e meio.[44] Nessas primeiras reflexões, o primeiro ponto focalizado é o problema da origem da própria criança, o segundo, o da origem da humanidade e, finalmente, o da origem das coisas; mas o alcance da busca coloca mesmo os pais instruídos diante de algo que ultrapassa suas capacidades no nível de desafio científico e metafísico. Um menininho, por exemplo, expôs seu pai acadêmico às seguintes questões:

Aos 2 anos e três meses: "De onde vêm os ovos?". E diante da resposta: "Então, o que é que as mamães botam?".

Aos 2 anos e meio: "Papai, havia pessoas antes de nós?". Sim. "Como elas chegaram aqui?" Elas nasceram, como nós. "A Terra já existia antes de haver pessoas nela?" Sim. "Como ela veio parar aqui se não havia ninguém para fazê-la?"

Aos 3 anos e sete meses: "Quem fez a Terra?".

E aos 4 anos e cinco meses: "Houve uma mãe antes da primeira mãe?". Aos 4 anos e nove meses: "Como o primeiro homem chegou aqui sem ter uma mãe?".

E só então, mas logo depois: "Como foi feita a água?" "Do que são feitas as pedras?".[45]

A primeira ideia com que a maioria das crianças pequenas se entretém parece ser a de que os bebês não nascem nem são feitos, mas achados. "Mamãe, onde você me achou?", perguntou uma criaturinha de 3 anos e meio. "Mamãe, de onde eu vim?", perguntou outra de 3 anos e oito meses. "Onde está agora o bebê que uma mulher vai ter no próximo verão?", perguntou um geniozinho de 4 anos e dez meses e, diante da resposta: "Ela o comeu, então?". Outro: "As pessoas voltam a ser bebês quando ficam muito velhas?". Ou então, aos 5 anos e quatro meses: "Quando a gente morre, a gente volta a crescer?".[46]

Como observa o Prof. Piaget, no primeiro estágio de teorização as crianças supõem-se pré-existentes; entretanto, suspeitam que os pais devem ter algo a ver com o mistério. O leitor terá notado que as várias interpretações neste nível aproximam-se muito de certas ideias primitivas e arcaicas bem conhecidas; por exemplo, a da concepção através do ato de comer, encontrada em mitos e contos populares de todo o mundo; ou a ideia do renascimento, que talvez já tenha sido sugerida mesmo nos sepultamentos do Homem de Neandertal, há cerca de 100.000 anos a.C.*

* Cf. *supra*, p. 72.

O segundo tipo de questionamento infantil a respeito do nascimento envolve o problema não apenas do onde, mas também do como. Nesta altura, o interesse da criança pelos seus próprios atos de criação, líquidos e sólidos, tem sugerido pelo menos duas possibilidades, que ela nem sempre está disposta a formular, embora possa estar testando ocultamente através de perguntas. As perguntas mencionadas com relação à origem da água e das pedras são exemplos manifestos. Elas supõem algum tipo de "fabricação" misteriosa por parte dos pais, seja fora ou dentro de seus corpos, e tais processos vagamente concebidos são tomados como modelos possíveis também para a criação de outras coisas do mundo. A criança começa a supor que os adultos são os fazedores de todas as coisas; supõe que os pais sejam oniscientes e onipotentes, até que os fatos tornam evidente que não são nem uma coisa nem outra. Depois disso, a imagem tão querida da figura parental que tudo sabe, tudo pode e cria as coisas – seja de modo manual ou de outra forma – é simplesmente transferida para a difusa imagem de um Deus antropomórfico, embora invisível, imagem proveniente da instrução parental ou de outrem.

A figura de um ser criador é praticamente, senão absolutamente, universal nas mitologias do mundo e, assim como a imagem parental é associada na infância, não apenas com o poder de fazer todas as coisas, mas também com a autoridade para comandar, também na concepção religiosa o criador do universo é comumente o provedor e controlador de suas leis. As duas ordens – a infantil e a religiosa – são, no mínimo, análogas e a segunda pode muito bem ser uma simples tradução da primeira para uma esfera fora do âmbito da observação crítica. Piaget assinalou que, embora os pequenos mitos da gênese inventados pelas crianças para explicar sua própria origem e a das coisas possam diferir, a suposição básica subjacente é a mesma, ou seja, que as coisas precisam ser criadas por alguém e que elas são vivas e reagem às ordens de seus criadores. Os mitos da origem dos sistemas mitológicos do mundo diferem também; mas em todos, com exceção dos mais rarefeitos, mantém-se a convicção (como na infância), sem comprovação, de que o universo vivo seja obra ou emanação – psíquica ou física – de algum Deus pai-mãe ou mãe-pai.

Pode-se dizer, então, que a sensação deste mundo como um fluxo indiferenciado de experiência simultaneamente subjetiva e objetiva (participação), pleno de vida (animismo) e elaborado por algum ser superior (artificialismo), constitui a estrutura de referência – axiomática e pressuposta de modo espontâneo – de toda experiência infantil, não importando quais possam ser os detalhes locais dessa experiência. E esses três princípios são, exatamente, aqueles em geral mais representados nos sistemas mitológicos e religiosos de todo o mundo.

De fato, a noção de participação – ou indistinção entre os aspectos objetivos e subjetivos da experiência – vai tão longe no pensamento usual tanto das crianças quanto dos sistemas filosóficos arcaicos, que os nomes das coisas (que são com certeza subjetivos, simplesmente relativos à mente, e diferem de cultura para cultura) são tidos por todas as crianças e pela maioria dos pensadores arcaicos como intrínsecos às coisas: como seu aspecto audível. Na Cabala, por exemplo, os sons e as formas das letras do alfabeto hebraico são considerados como elementos da própria realidade, de maneira que, pronunciando-se corretamente os nomes das coisas, dos anjos e mesmo de Deus, o cabalista competente pode fazer uso do poder deles. A pronúncia do nome de Deus (YHVH), de fato, foi sempre preservada com grande cuidado. Nos tempos antigos, os sábios ensinavam a pronúncia do nome a seus discípulos apenas uma vez a cada sete anos.[47] Do escriba que compunha os textos bíblicos exigia-se que pusesse sua mente numa atitude devota quando escrevesse o nome de Deus e, se ele cometesse um erro no nome, em certos casos o erro era irremediável e toda a coluna na qual o erro havia ocorrido tinha de ser invalidada;[48] pois o nome sozinho não podia ser apagado. De maneira comparável, nas disciplinas místicas da tradição indiana tântrica, onde não se considera o hebraico a primeira língua do universo, mas o sânscrito, a pronúncia do nome de qualquer deus fará com que ele apareça e seu poder opere, já que o nome é a forma audível do próprio deus. A Palavra suprema, da qual todo o universo, visível e invisível, é a manifestação, é na tradição indiana a sílaba AUM. Também há a célebre abertura do Evangelho Segundo João: "No princípio era o Verbo, e o Verbo estava com Deus, e o Verbo era Deus. Ele esteve no princípio com Deus; todas as coisas foram criadas através dele, e sem ele não foi criado nada do que foi criado. Nele estava a vida e a vida era a luz dos homens".[49]

"E Deus disse, 'Faça-se a luz'; e a luz se fez."[50]

"Se não existissem palavras seria muito mau", disse um menino de 6 anos e meio. "Você não poderia fazer nada. Como as coisas poderiam ter sido feitas?"[51]

A criança de tenra idade não se lembra de quando ou como ouviu pela primeira vez os nomes das coisas que sabe. Ela acredita comumente que tomou conhecimento dos nomes apenas olhando, e que o nome adquire vida simultaneamente com o objeto. "Para que servem os nomes?", perguntou-se a uma criança de 5 anos e meio. "Eles são o que você vê quando olha para as coisas", ela respondeu.[52] O nome é uma qualidade do objeto, situado dentro dele e igualmente conhecido do objeto. "Onde está o nome do Sol?" "Dentro do Sol", uma criança de 7 anos respondeu.[53] "O peixe sabe o nome dele?", perguntou-se ao mesmo menino quando ele tinha 9 anos e ele respondeu: "Sim".

O que se tem denominado "criação a partir do nada" e tem sido celebrado pelos teólogos como uma noção extremamente elevada é, na verdade – pelo menos no texto em que a noção é supostamente documentada –, uma criação a partir da palavra, da formulação do nome, que é uma das noções primárias da criação alimentada pela criança. Além do mais, nas cosmologias do homem arcaico, como nas da infância, a principal preocupação do criador era a sorte do homem. A luz foi feita para que pudéssemos ver, a noite, para que pudéssemos dormir; as estrelas, para predizer o tempo; as nuvens, para anunciar a chuva. A visão de mundo da criança não é apenas geocêntrica, mas egocêntrica. E se acrescentarmos a esta simples estrutura a tendência reconhecida por Freud, de viver todas as coisas em associação com a fórmula subjetiva do romance familiar (o complexo de Édipo), teremos um vocabulário bastante restrito e pobre de ideias elementares, que poderemos ver moduladas e aplicadas de várias formas nas mitologias do mundo.

Os estudos realizados no Ocidente sobre crianças – as únicas observadas sistematicamente – já evidenciaram que a lógica racional e a visão científica, que acabam por substituir as teorias animistas e artificialistas espontâneas da infância, apenas conseguem suprimir ou dissolver de modo gradual as noções anteriores. Os nomes não são corretamente distinguidos dos seus referentes até aproximadamente a idade de dez ou onze anos. A vida fica restrita a animais e plantas, e a consciência a animais, pouco antes dos doze anos. Mesmo depois de ter aprendido as leis básicas da física e da química, tão dolorosamente extraídas da natureza pelo longo e árduo trabalho da ciência, quando se pergunta ao adulto sobre os mistérios da criação, raramente ele responde em outros termos que não os artificialistas ou animistas da infância: o mundo foi criado por algum deus onisciente para algum propósito e nós, para alguma finalidade que temos de aprender a conhecer e a servir, ou ainda – em respostas um pouco mais sofisticadas – que há, inerente às próprias coisas, alguma força que as cria, um poder imanente do qual elas surgem e para o qual retornam.

Nas mitologias do mundo, aparece grande número de mitos sobre a origem, mas poucos mais fantásticos que o seguinte, inventado por um menino de 9 anos, quando interrogado a respeito das origens de seu país.

"Como surgiu a Suíça?"

"Algumas pessoas vieram", ele respondeu. "De onde?"

"Não sei. Havia bolhas sobre a água e uma minhoca embaixo. Então ela ficou grande e saiu da água e alimentou-se e nela cresceram braços e dentes e pés e uma cabeça e então ela tornou-se um bebê."

"De onde veio a bolha?"

"Da água. A minhoca saiu da água e a bolha rebentou e ela saiu." "O que havia no fundo da água?"

"A bolha, que saiu do chão."

"E o que aconteceu com o bebê?"

"Ele cresceu e teve bebês. Quando ele morreu os bebês tinham filhos. Mais tarde, alguns deles tornaram-se franceses, outros alemães e outros saboianos..."[54]

A esta altura, parece seguro supor que este mito de origem dispense comentários. A maioria dos leitores, sem dúvida, pode recordar os primeiros mitos de sua própria invenção, que eram mais ou menos semelhantes. Com isso, deixamos o curso de nossa infância comum para trás – a infância de nossa espécie, talvez, dos velhos tempos de Neandertal – e passamos a ver o que os xamãs, clérigos e filósofos adultos foram capazes de alcançar além deste nível, na leitura e representação do enigma da vida.

V. O SISTEMA DE VALORES DO GRUPO LOCAL

A transformação da criança em adulto, alcançada nas sociedades desenvolvidas através de anos de educação, é efetivada no nível primitivo mais rápida e abruptamente por meio dos ritos da puberdade que, para muitas tribos, são as cerimônias mais importantes de seu calendário religioso.

Quando um jovem da tribo Aranda, da Austrália Central, está entre os dez e os doze anos, por exemplo, ele e os outros membros de sua faixa etária são tomados pelos homens da aldeia e levantados várias vezes no ar, enquanto as mulheres, dançando em volta, agitam os braços e gritam. Em cada menino são então pintados, no peito e nas costas, desenhos simples, por um homem relacionado com o grupo social ao qual pertence sua futura mulher e, enquanto os meninos são pintados, os homens cantam: "Que ele possa atingir a barriga do céu, que ele possa crescer até a barriga do céu, que ele possa ir diretamente para dentro da barriga do céu". O menino recebe a instrução de que agora ele tem sobre si a insígnia do ancestral mitológico particular do qual ele é a contraparte viva; pois considera-se que as crianças nascidas de mulheres são reaparições de seres que viveram na era mitológica, no chamado "tempo dos sonhos", ou *altjeringa*. Os meninos são advertidos de que, de agora em diante, não mais brincarão ou acamparão com as mulheres e meninas, mas com os homens; eles não irão com as mulheres à procura de raízes ou à caça de animais pequenos como ratos e lagartos, mas acompanharão os homens na caça aos cangurus.[55]

Neste simples rito é evidente que a imagem do nascimento foi transferida da mãe para o céu e que o conceito de ego foi expandido, simultaneamente, para além da biografia do indivíduo físico. Uma mulher deu à luz o corpo temporal do menino, mas os homens lhe proporcionarão agora o nascimento espiritual. Eles continuarão e consumarão sua gestação pós-uterina, o longo processo de crescimento até a maturidade completa, remodelando seu corpo e também sua mente, unindo-o à sua porção eterna, além do tempo. Outrossim, nos cerimoniais que ele passará a cumprir, as tarefas próprias de sua masculinidade estarão relacionadas em todos os detalhes com as fantasias mitológicas de uma ordem que transcende o tempo; de maneira que não apenas ele próprio, mas todo seu universo e todo seu estilo de vida inerente ficarão inseparavelmente unidos ao campo do espírito, através de mitos e ritos.

Daí em diante, toda a vida na terra deve ser reconhecida como uma projeção no plano da ocorrência temporal, das formas, objetos e personalidades para sempre presentes no permanente "lugar-nenhum", "tempo-nenhum", da era mitológica, o *altjeringa*, "tempo dos sonhos", quando tudo era mágico como nos sonhos: o reino revisto nos sonhos e reprisado nos rituais. O menino é, ele próprio, um ser mitológico, eterno, que se encarnou; seus companheiros também são as manifestações das formas eternas; igualmente os cangurus, que logo estará caçando e as célebres extensões desérticas onde o mistério mágico do jogo da caça será representado no sério jogo da vida – o jogo misterioso da morte e reaparição do canguru, que deve dar sua carne, como uma vítima voluntária, para ser alimento do homem. Nenhuma criança – nenhuma mulher – tem consciência do verdadeiro milagre desse mistério dual, em que o temporal e o atemporal são um só. Esta dimensão secreta do mundo é a revelação dos ritos dos homens, através dos quais a mente se abre para o conhecimento, cuja percepção está muito acima do plano do sistema mental da criança. É um milagre, uma fonte de mistério que recompensa a dor e o medo de um segundo nascimento. E, enquanto isso, durante toda a provação tanto física quanto psicológica da transformação, como compensação pela perda da mãe terrena, a mente maleável e a vontade do menino devem ser orientadas para a imagem de sua masculinidade com uma esposa terrena.

É evidente o que está ocorrendo. As estampagens irreversivelmente gravadas na infância como sinais liberadores de energia estão sendo reorganizadas e através de uma série vívida, progressivamente assustadora e inesquecível de experiências controladas, no final devem ser organizadas novamente de tal maneira que o rumo do menino seja direcionado para a masculinidade: não para qualquer masculinidade meramente aberta e descomprometida, mas especificamente para um certo estilo de pensamento e sentimento, impulso e ação, de acordo com as exigências do grupo local. Pois é nessa altura de seu desenvolvimento que os costumes, ideologia e motivações do sistema local de vida devem ser incorporados a sua psique, fundidos com sua substância espiritual; e, dessa maneira, fazem-se seus, como ele torna-se deles.

Como já foi observado, nas palavras de Radcliffe-Brown:* "Uma sociedade depende, para sua existência, da presença, nas mentes de seus membros, de determinado sistema de valores que regule a conduta do indivíduo de acordo com as necessidades da sociedade"; e mais, "os valores em questão não são inatos, mas desenvolvidos no indivíduo pela ação da sociedade sobre ele". É por meio dos ritos de iniciação que tais valores do sistema local são introduzidos através de uma fusão forçada com o sistema primário da mentalidade da infância que, como vimos, é universal – ou praticamente universal – comum a toda a espécie humana. O sistema de valores do grupo local, entretanto, não foi formado para gratificar os desejos incipientes de prazer sensual e potência masculina do adolescente em crescimento, mas antes no interesse geral do grupo com certos problemas e limitações locais específicos. As energias incipientes do jovem-animal-humano devem ser subjugadas, domesticadas e reorientadas para uma dimensão mais ampla e assim, de uma vez, domadas e expandidas. Por isso, embora os ritos certamente tenham uma função psicológica e devam ser interpretados nos termos da psicologia geral da espécie humana, cada sistema local tem atrás de si uma longa história, de um tipo específico de experiência social, e não pode ser explicado em termos psicológicos genéricos. Ele foi adaptado cuidadosamente a certas

* Cf. *supra*, p. 45.

condições de existência geograficamente determinadas e compreende, portanto, noções arcaicas de cosmologia que resultaram de milênios de meditação sobre a reconhecida ordem natural do mundo vivente. De cultura para cultura, os símbolos-sinais apresentados nos ritos de iniciação diferem consideravelmente e, em consequência, têm de ser estudados tanto de um ponto de vista histórico quanto psicológico. É preciso reconhecer que qualquer um destes isoladamente conduz a uma simplificação excessiva.

Nenhum sistema mitológico em funcionamento pode ser explicado em termos das imagens universais das quais ele é constituído. Essas imagens são desenvolvidas, em sua maioria, a partir de estampagens ocorridas na infância, tais como as que acabamos de analisar, e constituem a matéria-prima do mito. Tais imagens levam as energias da psique para o contexto mitológico e as unem à faina histórica da sociedade, onde os símbolos atuam, não à maneira de uma chamada regressiva do espírito para as alegrias e tristezas, desejos e terrores do pequeno Édipo, ou do *bambino*, mas como liberadoras e direcionadoras das energias para o campo da experiência e atuação adultas. A mitologia, portanto, é progressiva e não regressiva. E os próprios ritos, através dos quais os novos símbolos-sinais são impressos nas mentes dos pequenos seres em crescimento, de maneira a recondicionar todo o sistema de seus mecanismos liberadores inatos, constituem um dos focos mais interessantes e cruciais do nosso tema. Pois é precisamente neles que, no campo do mito, confrontamos diretamente o problema do encontro do geral com o particular, do elementar com o étnico. O rito de iniciação é o cadinho onde eles se fundem.

E será que não deveria ocorrer a fusão?

Se, num indivíduo qualquer, falhasse o efeito adequado da estampagem da reorganização socialmente imposta às imagens infantis, o sistema particular de referências, e consequentemente de valores daquele indivíduo, permaneceria essencialmente infantil e, portanto, aberrante, isolador, vergonhoso e assustador, de maneira que o tipo de desajuste tão bem conhecido dos divãs psicanalíticos dos nossos contemporâneos resultaria de modo inevitável em civilizações literariamente educadas, mas não mitológica e ritualmente orientadas. Na experiência traumática de seu segundo nascimento, o indivíduo teria sofrido um desastre comparável a um aborto ou acidente físico durante o primeiro nascimento. Em tal caso, é óbvio, o indicado seria uma interpretação regressiva de seu modo particular de vivenciar as imagens do mito local. Entretanto, o psicanalista que usasse as fantasias desse caso regressivo como chave para a compreensão científica da finalidade progressiva da mitologia e do cerimonial do grupo social em questão estaria tão acertado quanto tomar alhos por bugalhos.

É possível que o fracasso da mitologia e do ritual em funcionar efetivamente em nossa civilização possa explicar a alta incidência, entre nós, do mal-estar que acabou caracterizando nosso tempo como a "Era da Ansiedade". Ou pode ser que a estampagem de nosso sistema de valores socialmente concebido tenha falhado apenas entre nossos poetas e artistas, jornalistas e doutores em filosofia; de maneira que essa ideia de prevalência da ansiedade seja uma invenção peculiar deles, baseada antes em sua própria patologia sofisticada que num estado de saúde mais simples da maioria de seus contemporâneos. Mas em qualquer caso, certamente pareceria que, quando uma ênfase essencialmente cerebral preponderа na educação da criança, como acontece em nossa sociedade altamente letrada, uma alarmante incidência de fracasso grave deve ser esperada na difícil passagem do limiar crítico do sistema de valores próprio da infância para o das responsabilidades emergentes – e que, em consequência, qualquer tentativa de interpretar o simbolismo do homem arcaico com base no pensamento e sentimento contemporâneos seria perigosa ao extremo.

Portanto, ao observar o desenvolvimento dos ritos e provações da puberdade na tribo Aranda, da Austrália Central, seria conveniente deixar de lado os lugares-comuns da psicologia moderna e centrar-se, antes, no caráter e nas tarefas peculiares ao cenário desértico local, onde a temperatura ao meio-dia é com frequência de 60 °C; onde a unidade social é, em geral, um pequeno agrupamento de parentes e companheiros que se conhecem intimamente, permanecendo todos eles, tanto homens quanto mulheres, totalmente nus; onde não há tradição escrita pela qual possa ser transmitido o corpus de conhecimento tribal, o estilo de vida espiritual e, ainda, as técnicas de subsistência; e onde o principal objeto da caça é o saltitante canguru.

As verdadeiras provações do jovem em crescimento e a segunda fase de sua iniciação, tanto no que diz respeito às obrigações quanto ao conhecimento de sua situação inevitável, começam uma noite, de repente, no acampamento dos homens, quando ele é agarrado por três fortes jovens que o carregam gritando alto, enquanto ele se debate apavorado, até um terreiro cerimonial que foi preparado para sua circuncisão. Toda a comunidade está ali para saudá-lo, tanto as mulheres quanto os homens e, quando se vê entre eles, cessa de lutar.

Ele é colocado entre os homens, e imediatamente as mulheres começam a dançar, agitando seus escudos. Elas são agora as mulheres da era dos sonhos, a era *altjeringa*, que assim dançavam quando os jovens do tempo dos ancestrais estavam para ser iniciados; e os homens cantam enquanto elas dançam. Depois que o menino assistiu e ouviu por algum tempo – jamais tendo visto tais coisas antes – tiras de pele de animal são enroladas em volta de sua cabeça formando uma touca apertada, e na sua cintura é amarrada uma cinta de cabelos trançados, como as que ele viu os homens usarem. Três homens o levam então, por entre as mulheres dançando, até uma moita de arbustos, atrás da qual ele deverá permanecer por vários dias. Eles pintam um desenho em seu corpo e o informam de que agora foi introduzido em um estágio superior da jovem masculinidade. Advertem também que jamais poderá revelar às mulheres ou aos meninos nenhuma das coisas secretas que verá e aprenderá. Durante toda a cerimônia próxima, ele não deverá pronunciar palavra alguma, a não ser quando solicitado e, assim mesmo, respondendo o mais breve possível. E ainda, deverá permanecer agachado atrás da moita até ser chamado. Se tentar ver o que lhe é proibido, o grande espírito, cuja voz ele ouviu no som dos zunidores, o levará embora. E assim, ele fica sozinho e em silêncio por toda a noite, atrás da moita, enquanto os homens dançam no terreiro cerimonial.

No dia seguinte a mãe do rapaz chega, acompanhada das irmãs do pai dele e da mulher cuja filha foi designada para ser sua esposa. Durante toda a noite a mãe do rapaz manteve uma fogueira acesa em seu acampamento e agora traz nas mãos duas longas achas que foram acesas naquela fogueira. Os homens cantam uma canção do fogo enquanto a mãe passa uma acha para a mulher que deverá tornar-se sogra do rapaz e ela, aproximando-se do jovem, lhe envolve o pescoço com tiras de pele de animal, entrega-lhe a acha e diz-lhe para segurar firme seu próprio fogo; o que quer dizer jamais envolver-se com mulheres destinadas a outros homens. Concluído esse ritual, o rapaz retorna à sua moita com a acha e as mulheres voltam com a outra acha para seu acampamento.

O jovem é agora levado para a floresta, onde fica sentado em silêncio por três dias e recebe pouca comida. A grande solenidade dos ritos que está prestes a assistir fica estampada em sua mente e ele então está preparado para receber o impacto dessas imagens. No quarto dia, é levado de volta para a moita e nessa noite começam os ritos dos homens, que devem continuar por mais ou menos uma semana.

O primeiro rito da série observada por Baldwin Spencer e F.J. Gillen, descrito na importante obra *The Native Tribes of Central Australia*[56] [As Tribos Nativas da Austrália Central], iniciou-se depois do anoitecer, com o menino ainda agachado em seu retiro. Os velhos cantaram a lenda dos ancestrais do grupo totêmico Pequeno Falcão, que no "tempo dos sonhos", *altjeringa*, da era mitológica, introduziram a arte da circuncisão com uma faca de pedra em lugar de uma acha. Podemos encontrar nesse motivo uma referência vaga a algumas recentes ou antigas transformações da tradição ritual, talvez em consequência de uma fusão de dois povos, conforme começaram a indicar os recentes estudos das camadas culturais australianas e antigos petróglifos.[57] Mas temos de reconhecer também que a vara incandescente que o menino acabou de receber das duas mães é, no contexto do rito, uma referência explícita à liberação controlada de seu próprio fogo sexual, que deve ser socialmente autorizada através da provação ritualística de sua iminente circuncisão: a segunda vara, para a qual o seu próprio fogo deve ser dirigido, agora no acampamento da esposa escolhida.

A série de ritos impressionantes, grosseiros como podem parecer ao olhar civilizado, não deve ser reduzida a uma simples manifestação supersticiosa da ignorância primitiva. Pelo contrário, esses ritos são o instrumento prático de uma sabedoria primitiva, pelo menos em alguns aspectos mais sofisticados e eficientes que muitos dos nossos, sendo seu objetivo principal o fator pedagógico ou, como talvez pudéssemos dizer melhor, o hermético: a transformação mágica de uma psique. Na verdade, em um sentido muito real, eles são a expressão remota a partir da qual a posterior ideia europeia medieval de homúnculo evoluiu e com a qual Goethe lidou com sutil compreensão psicológica e histórica na segunda parte de seu *Fausto*: a arte misteriosa pela qual o homenzinho (homúnculo) é trazido à existência através da matéria bruta (matéria-prima), fornecida pela natureza.

À meia-noite, o menino em provação teve os olhos vendados, foi levado de sua moita e colocado com a cabeça baixa no canto do terreiro de dança, onde, depois de um tempo, recebeu a ordem de sentar-se e olhar, então, ele viu deitado à sua frente um homem paramentado, representando, como lhe foi dito, um cão selvagem. Um segundo homem paramentado estava de pé com as pernas abertas na outra ponta do terreiro, tendo nas mãos galhos de eucalipto e na cabeça um ornamento sagrado simbólico do canguru. O "canguru" movia a cabeça de um lado para outro, como se estivesse esperando algo e a todo instante emitia o berro do canguru. O "cão" olhou, viu o outro, começou a latir e, subitamente, correndo de quatro, passou entre as pernas do outro e deitou-se atrás dele, enquanto o canguru o observava por cima do ombro. O cão selvagem então passou correndo entre as pernas do canguru novamente, mas desta vez foi apanhado e chacoalhado. O canguru simulou bater a cabeça do cão contra o chão, quando então ele uivou como se sentisse dor até que, por último, foi supostamente morto. Ficou deitado imóvel por um tempo, mas logo, de quatro, correu até o jovem candidato e atirou-se sobre ele. O canguru saltou por cima e montou sobre os dois e o jovem teve de suportar o peso por cerca de dois minutos; quando eles se levantaram, o jovem foi informado de que a encenação representava um evento da era *altjeringa*, quando um homem-cão-selvagem atacou um homem-canguru e foi morto. O candidato foi mandado de volta para sua moita e os homens continuaram cantando por toda a noite.

Esse tipo de coisas prosseguiu como parte da iniciação por seis dias e seis noites. Homens-cangurus, homens-ratos, homens-cães, pequenos e grandes falcões noturnos representaram suas lendas, montaram no jovem e foram embora. Mas então, no sétimo dia, atrás de sua moita, o rapaz teve o corpo solenemente ungido e as costas cuidadosamente pintadas com argila branca por três homens, enquanto no terreiro de dança se realizava uma série de representações com a participação das mulheres. Subitamente, ouviu-se a aproximação dos zunidores e as mulheres saíram correndo. O jovem estava deitado de costas. Os homens empilharam varas sobre ele, batendo em seu corpo com elas, marcando compasso, enquanto cantavam, repetindo sempre os seguintes versos:

Noite, amanhecer, uma grande luz clara:
Um aglomerado de árvores, como o céu, erguendo-se vermelho como o Sol.

"Tudo", conforme contam nossos observadores, "era agora emocionante". O fogo irradiava uma luz brilhante e os dois homens que efetuariam a circuncisão tomaram posição na ponta oeste do terreiro de cerimônias.

> Com as barbas enfiadas nas bocas, as pernas amplamente abertas e os braços estendidos para a frente, os dois homens permaneceram de pé completamente imóveis; na frente, aquele que faria a operação e seu assistente encostado atrás dele, de maneira que seus corpos estavam em contato um com o outro. O homem da frente segurava na mão direita estendida a pequena faca de pedra com a qual a operação deveria ser realizada e, assim que tomaram posição, o futuro sogro do rapaz, que atuaria como portador do escudo, entrou em cena, carregando o escudo na cabeça e, ao mesmo tempo, estalando o polegar e o indicador de cada mão. Então, diante do fogo, ele firmou um dos joelhos na terra, um pouco adiante do operador, segurando o escudo acima da cabeça. Durante todo o tempo os zunidores ressoavam por todos os lados, tão fortes que podiam facilmente ser ouvidos no acampamento das mulheres e crianças, que supunham que esse rugido fosse a voz do grande espírito Twanyirika, que viera para levar o rapaz embora.[58]

A lenda contada às mulheres e crianças a respeito do Twanyirika não é o verdadeiro mito, mas uma "alegoria atenuada", forjada para ocultar do olhar exotérico os fatos de um rito esotérico, enquanto sugere simbolicamente o sentido espiritual do rito. Muitas de tais lendas "atenuadas" estão representadas na história da religião, na filosofia hermética, no misticismo e na pedagogia. Não devem ser confundidas com paródias e fraudes como as do xamã esquimó Najagneq, inventadas para intimidar seus companheiros de aldeia.* Elas exercem uma dupla função. A primeira é a de excluir aqueles que não são elegíveis para a iniciação do conhecimento do mistério crucial e, dessa maneira, proteger a força dos ritos quando devidamente aplicada; mas a segunda é preparar as mentes daqueles que serão iniciados para o impacto da revelação, que não contrariará a alegoria, mas revelará sua referência. A alegoria de Twanyirika fala de um espírito que mora em regiões selvagens, inacessíveis, que chega na hora da iniciação para penetrar no corpo do jovem, após a operação, e levá-lo para a selva até que ele fique bom. O espírito então deixa o rapaz, que retorna para o acampamento como um homem iniciado.[59]

Ainda acreditando em Twanyirika, o rapaz está deitado de costas embaixo das varas com as que o castigam. Os timbres profundos e altos do hino da circuncisão são ecoados por todos os homens, quando, subitamente, as varas são removidas e o candidato, erguido por dois homens fortes, é carregado com os pés para a frente até o escudo, sobre o qual é colocado. Rapidamente, o operador assistente pega o prepúcio, puxa-o tanto quanto possível e o operador o corta. Logo, todos os homens que exerceram alguma função oficial no rito desaparecem e o rapaz, em um estado mais ou menos entorpecido, é informado por aqueles que o carregaram: "Você comportou-se bem, não gritou". Ele é levado de volta para o lugar onde estava a moita, mas que agora foi retirada, e recebe as congratulações dos

* Cf. *supra*, p. 60-61.

homens. O sangue do seu corte corre dentro de um escudo e, enquanto o menino continua sangrando, alguns zunidores são trazidos e pressionados contra a ferida. Dizem-lhe, então, que foram eles, e não Twanyirika, que produziram os sons, e dessa maneira ele deixa para trás o último bicho-papão da infância. Dizem-lhe, ao mesmo tempo, que os zunidores são *tjurunga*, objetos sagrados provenientes da era e do reino mitológicos. Ele é apresentado a todos os oficiantes por seus nomes cerimoniais e o mais velho dá-lhe um amarrado de *tjurungas*.

"Aqui está Twanyirika, de quem você tanto ouviu falar", diz-lhe o velho. "Estes são *tjurunga*. Eles o ajudarão a sarar logo. Guarde-os bem e não os perca, senão você e suas mães e irmãs de sangue e de tribo serão mortos. Não os perca de vista. Não permita que suas mães e irmãs de sangue e de tribo os vejam. O homem responsável ficará com você. Não coma alimentos proibidos."

O rapaz, enquanto isso, está próximo a um fogo cuja fumaça supostamente curará sua ferida;[60] mas há outro significado para essa função da fumaça, pois na Austrália a criança é "defumada" ao nascer, para purificá-la: o menino acabou de passar pelo seu segundo nascimento.

Géza Róheim, em seus estudos psicanalíticos dos rituais e mitos australianos, ressaltou que a atitude simulada dos "circuncisadores" nesse rito "é a de um pai furioso atacando o pênis de seu filho"; os dois homens mastigam suas barbas para simular ira e seus nomes de cerimônia são "causadores de dor".[61] Além do mais, nos mitos da origem do rito, conta-se que originalmente os meninos morriam, mas que a substituição da acha pela faca de pedra mitigou o perigo da operação. "A fúria dramatizada, tanto do pai quanto do operador, e os mitos da iniciação original, na qual todos os meninos eram mortos", escreveu o Dr. Róheim, "certamente demonstram a agressão edípica da geração anterior como impulso básico por trás da iniciação. Nesse sentido, portanto, estamos perfeitamente justificados quando dizemos que a circuncisão é uma forma mitigada de castração".[62]

"O menino em desenvolvimento", observa Róheim mais adiante, "com sua força e desejo sexual aumentados, é uma ameaça perigosa à estabilidade da tribo. Na tribo Pitjentara (que vive a oeste da tribo Aranda), quando os meninos estão começando a mostrar-se desenvolvidos (em estatura, no surgimento dos pelos púbicos e no comportamento em geral) ao aproximar-se da puberdade, as fêmeas da tribo armam-se com paus de escavar e, ao anoitecer, formam um círculo em volta de um ou mais rapazes. Elas os cutucam e açoitam impiedosamente nas pernas e ombros até ficarem meio entorpecidos. Isso pode ocorrer imediatamente antes das cerimônias de iniciação, ou semanas ou mesmo meses antes. [...]

"De acordo com os ngatataras e os arandas do oeste, se os jovens rapazes não fossem submetidos à disciplina do ritual de iniciação, eles se tornariam demônios (*erintja*), voariam para o céu e matariam e comeriam os anciões."[63] Para mantê-los aqui embaixo, os anciões matam e comem os meninos simbolicamente – ou comem mesmo de fato se os meninos não obedecem, o que, se é possível julgar pelo que se tem descoberto sobre a fenomenologia da delinquência juvenil nos últimos anos, não seria afinal uma ameaça excessiva.

Mas há um outro lado na tarefa dos velhos, além desse de intimidar. Eles têm de persuadir seus filhos a se afastarem do vínculo infantil primário com as mães através de uma conjuração efetiva de sua atração por elas. Por isso, durante o desenrolar dos ritos dolorosos, os meninos, por vezes, não recebem nada para comer ou beber além do sangue dos homens. Eles o tomam das vasilhas, em forma líquida ou coagulada e fatiada como bolo. O sangue é despejado sobre eles, também, como um banho. E assim são literalmente encharcados, interna e externamente, pelo conteúdo benéfico dos corpos dos pais, o qual foi retirado em quantidades quase inacreditáveis dos braços e das subincisões dos homens. Os homens espetam as cicatrizes das subincisões de seus pênis ou cortam as partes internas de seus braços e o sangue jorra, e então é usado não apenas como alimento e bebida dos meninos, mas também como tintura para as cerimônias e como uma espécie de cola, para fazer aderir os adornos de penugem de pássaro em seus corpos, quando assumem as formas de seus ancestrais nos ritos sagrados. Assim, o sangue é alimento físico, como o leite materno, mas também alimento espiritual (que a mãe não pode prover): não um mero alimento infantil, que nutre apenas o corpo, mas alimento do verdadeiro homem, o fluido amniótico e a força energizadora da alquimia dessa assustadora mas fascinante crise do segundo nascimento.

Do ponto de vista psicológico, então, podemos dizer que o menino está sendo levado a atravessar o difícil limiar, da esfera da dependência da mãe para a da participação na natureza do pai, não apenas por meio de uma transformação física decisiva de seu próprio corpo (primeiro, no ritual da circuncisão que acabamos de descrever e depois, mais duramente, como veremos em breve, no ritual da subincisão), mas também por meio de uma série de experiências psicológicas intensas, redespertando mas, ao mesmo tempo, reorganizando todas as estampagens e fantasias primárias do inconsciente infantil. Ou, para usar o jargão freudiano, os mais velhos estimulam, absorvem e redirecionam os impulsos edípicos de seus filhos para a agressão (*destrudo*: *thanatos*) e, simultaneamente, sua vontade de viver e amar (*libido*: *eros*). Como acabamos de ver, o futuro sogro do rapaz é o oficiante que o oferece sobre um escudo para a operação. "O que é cortado do menino", escreve o Dr. Róheim, "é na verdade a mãe; como compensação, ele recebe naturalmente uma esposa. [...] A glande no prepúcio é a criança na mãe".[64]

Mas há outro aspecto nesse amplo mundo dos ritos masculinos, de cujo simbolismo nenhuma interpretação meramente psicológica pode dar conta adequadamente – ou seja, o campo mitológico específico no qual o intelecto do menino está sendo introduzido. Suas energias imaturas de amor e agressão estão sendo desligadas de suas esferas primárias de referência e reorganizadas para a masculinidade; mas o sistema específico de imagens, através do qual essa transformação psicológica está sendo efetuada, foi determinado, não exclusivamente por leis psicológicas gerais, mas também, e talvez igualmente, pelas solicitações sociais do grupo local.

E podemos admirar-nos diante da maneira simples, hábil e maravilhosamente direta pela qual a participação do interesse do menino é conseguida. Já vimos como os objetos sagrados de sua tribo foram, pela primeira vez, apresentados à sua imaginação. Durante toda sua infância, o menino tinha ouvido o som terrível dos zunidores nas épocas dos mistérios do acampamento dos homens, e havia sido informado de que esse curioso zunido era a voz de um espírito, que na ocasião de sua própria iniciação penetraria em seu corpo e o encorajaria a tornar-se homem. Uma sensação de agudo interesse e curiosidade então despertada foi consideravelmente abalada na hora da revelação, quando se tornou evidente que o espírito era uma tábua de cerca de 50 cm de comprimento, com um desenho gravado na sua superfície e preso à ponta de uma longa corda. Esse "fantasma" da infância desfez-se subitamente num pedaço de madeira tangível – que, entretanto, foi declarado originário do reino mitológico e da mais profunda importância tanto para o rapaz, representando seu próprio aspecto eterno, quanto para seu povo, como apenas um dos vários objetos sagrados, conhecido como *tjurunga*, reverenciado nos ritos tribais. Pressionado à ferida aberta da circuncisão do menino, seu *tjurunga* transformou um sentimento de perda em um de ganho e uniu-se a ele, tanto emocionalmente quanto em pensamento, no reino do mito.

Mas o leitor, enquanto isso, deve com certeza ter lembrado, talvez com uma ponta de surpresa, o célebre mito clássico da morte e segundo nascimento (através de seu pai Zeus) do menino Dioniso.

Quando a grande deusa Deméter – assim nos contam – chegou à Sicília vinda de Creta, com sua filha Perséfone, que ela tinha concebido de Zeus, descobriu uma caverna perto da fonte de Kyane, onde escondeu a donzela, colocando para protegê-la as duas serpentes que eram normalmente atreladas à carruagem da donzela. E Perséfone ali começou a urdir um tecido de lã, um grande manto no qual deveria haver um belo desenho do universo, enquanto sua mãe, Deméter, tramava para que o pai da menina, Zeus, descobrisse sua presença. O deus aproximou-se de sua filha na forma de uma serpente e ela concebeu um filho dele, Dioniso, que foi parido e alimentado na caverna. Os brinquedos do menino eram uma bola, um pião, dados, algumas maçãs de ouro, um pouco de lã e um zunidor. Mas também foi-lhe dado um espelho e, enquanto se fitava nele encantado, aproximaram-se furtivamente, pelas costas, dois titãs enviados pela deusa Hera – esposa ciumenta e rainha do seu pai – para matá-lo. E eles estavam pintados com argila branca ou greda. Lançando-se sobre o menino distraído, o partiram em sete pedaços, ferveram as porções em um caldeirão apoiado sobre um tripé e as assaram em sete espetos. Entretanto, quando tinham acabado de consumar seu divino sacrifício – tudo, menos o coração, que fora resgatado pela deusa Atena – Zeus, atraído pelo odor de carne assada, entrou na caverna e, ao ver a cena, matou com um raio os titãs canibais pintados de branco. A deusa Atena, então, entregou o coração resgatado ao pai, que efetuou a ressurreição – de acordo com uma versão do milagre – engolindo a relíquia preciosa e dando, ele próprio, à luz seu filho.[65]

Certamente não foi o mero acaso, e tampouco a consequência de um desenvolvimento paralelo, que trouxe os zunidores para o cenário tanto dos motivos gregos quanto dos australianos, bem como as figuras pintadas de branco (enquanto os australianos usavam penugem de pássaros, os titãs gregos pintavam-se como os palhaços, com uma argila branca). Pois os titãs eram seres divinos de uma geração anterior à dos deuses. Eles eram os filhos do céu e da terra e, de dois deles, Crono e Reia, nasceram os próprios deuses – os Olímpicos. Eles e sua mitologia são originários de um estrato de pensamento e religião anterior ao do panteão clássico dos Olímpicos e os episódios nos quais aparecem têm com frequência características de um estilo extremamente primitivo. Não faz muito tempo, um grupo de estudiosos apontou para os paralelos entre tais características e as dos ritos das tribos primitivas ainda em existência.[66] Dos gregos, entretanto, não ficamos sabendo através de que órgão materno o Pai Zeus poderia ter dado à luz seu filho. No ritual primitivo isso fica evidente.

A próxima série dramática de instruções e provações à qual o jovem australiano é submetido é a da subincisão, que sucede aos ritos da circuncisão após um intervalo de umas cinco ou seis semanas – dependendo do tempo necessário para o menino recuperar-se da primeira operação. Esses ritos, extremamente dolorosos, começam com uma rápida série de encenações instrutivas, que terminam com o fincamento de um poste sagrado no solo: um poste feito de uma longa lança revestida de capim, que amarram com um cordão de cabelos humanos, e ornamentada com argolas alternadas de penugem de pássaro vermelhas e brancas, com um tufo grande de penas de gavião-real afixado no topo. E uma vez fincado o poste, depois de uma encenação e uma dança finais, ordena-se ao jovem que o abrace, pois isso impedirá que a operação seja dolorosa: ele não precisa ter medo. Um dos homens deita-se de bruços, um segundo deita-se em cima dele. O menino é conduzido até essa "mesa viva", onde é estirado com o rosto virado para cima, enquanto o grupo solta um forte grito. Imediatamente, um terceiro homem monta sobre o corpo do menino, pega o pênis e posiciona-o diante da faca de pedra, enquanto o operador, surgindo de súbito, corta toda a extensão da uretra de baixo para cima.

Enquanto isso, no acampamento das mulheres, as parentas do menino, depois de ouvir o grito dos homens, são ritualisticamente golpeadas na barriga e ombros pela mãe do menino.

O menino é carregado e colocado de cócoras sobre um escudo no qual seu sangue escorre, enquanto um ou mais dos jovens presentes, já operados, levantam-se e submetem-se voluntariamente a uma segunda operação para aumentar a extensão de suas incisões. Eles põem-se de pé, com as mãos nas costas e pernas bem abertas, perto do poste sagrado, e gritam: "Venham e cortem o meu até a raiz!". Seus braços são amarrados por trás e o operador corta-os até a raiz. "A maioria dos homens em uma ou outra ocasião submete-se a uma segunda operação", escreve Spencer e Gillen, "e alguns chegam a fazê-la uma terceira vez, embora tenham frequentemente trinta ou trinta e cinco anos quando se submetem a uma segunda operação."[67]

O aspecto sexual do simbolismo deste rito fantástico é óbvio demais para precisar de comentário. A ferida da subincisão é com frequência mencionada como um "útero do pênis ou vagina";[68] de maneira que o macho foi intencionalmente convertido pela operação em um macho-fêmea. "O 'pai vaginal'", como observou o Dr. Róheim, "substitui a 'mãe fálica' da situação infantil",[69] e o sangue que é recolhido das feridas da subincisão, portanto, corresponde, na imaginação masculina, ao sangue menstrual das mulheres – o qual nas práticas mágicas das mulheres é extremamente forte. Um dos traços mais pronunciados da psicologia primitiva, em muitas partes do mundo, é o horror do macho selvagem pela menstruação, o que há muito é um lugar-comum na ciência antropológica.[70] "É fato bem conhecido", afirma o Dr. Róheim, "que a visão da vagina sangrando produz no macho medo da castração. [...] Os meninos sempre devem ter tido medo da vagina castradora; agora, os pais têm essa arma poderosa".[71] Mas agora, também, os rapazes a receberam. A traumática separação da mãe no rito de circuncisão foi dessa maneira recompensada pela obtenção da identificação, simultaneamente, com as mães e os pais. "Não temos medo da vagina sangrando", eles podem dizer agora, "nós próprios a temos. Ela não ameaça o pênis; ela é o pênis". E finalmente: "Não estamos separados da mãe; porque 'nós dois somos um'".[72]

Porém, há em tudo isto algo mais que o aspecto psicológico; pois há um motivo mitológico conscientemente associado com o rito, que também deve ser levado em consideração.

O mundo ocidental está bem familiarizado com uma versão do mito concomitante em sua tradição bíblica. No Livro do Gênesis está escrito que Deus fez com que um profundo sono recaísse sobre Adão, "e enquanto ele dormia retirou uma de suas costelas e preencheu o seu lugar com carne; e a costela que o Senhor Deus tirou do homem, transformou em uma mulher e entregou-a ao homem. Então o homem disse: 'Esta por fim é osso dos meus ossos e carne da minha carne; e ela deverá se chamar Mulher, porque foi tirada do Homem'. Por isso, o homem deixa seu pai e sua mãe e junta-se à sua esposa e eles tornam-se uma única carne".[73] Antes da separação de Eva (costela), Adão era tanto homem como mulher.

Ou podemos considerar a alegoria que figura no *Banquete*, de Platão, onde é dito por Aristófanes – jocosamente, mas na forma do mesmo mito – que os primeiros seres humanos eram "redondos e tinham quatro mãos e quatro pés, as costas e os lados formavam um círculo, uma cabeça com duas faces exatamente iguais viradas para lados opostos, colocadas sobre um pescoço redondo; também quatro orelhas, dois sexos e o restante em concordância". De acordo com essa visão platônica do grande tema, essas criaturas originais eram de três tipos:

macho-macho, macho-fêmea e fêmea-fêmea. Elas eram imensamente poderosas e como os deuses tinham medo de sua força, Zeus decidiu dividi-las ao meio, como as frutas são partidas ao meio para conserva,

> ou como você partiria um ovo com um fio de cabelo, e enquanto ele separava uma das outras, pediu a Apolo dar uma virada na face e na metade do pescoço. [...] Apolo torcia-lhes o rosto e repuxando a pele de todos os lados para o que agora, em nossa língua, é chamado de ventre, como as bolsas que se entrouxam, ele fez uma boca no meio, que fixou com um nó (este é chamado de umbi-go); ele também moldou o peito e retirou a maior parte das rugas, à maneira do sapateiro que alisa o couro sobre a forma; ele deixou, entretanto, algumas na região da barriga e do umbigo, como lembrança da antiga condição. Depois da divisão, as duas partes, cada uma desejando sua outra metade, juntaram-se e lançaram os braços uma sobre a outra, ansiosas para se tornarem uma, e poderiam ter perecido de fome sem nunca fazer um esforço, porque não gostavam de fazer nada separadamente [...] tão antigo é o desejo um do outro implantado em nós, de reunir nossa natureza original, formar um de dois e sanar a condição do homem. Cada um de nós quando separado não é nada mais do que um pedaço de homem, com apenas um lado, como os linguados, e está sempre à procura de sua outra metade.[74]

Tomamos conhecimento de que na China havia a Mulher Sagrada, a Grande Matriz T'ai Yuan, que reunia em si os poderes da natureza masculino-ativo e feminino-passivo, o *yang* e o *yin*.[75]

E finalmente, no *Bṛhadāraṇyaka Upaniṣad* védico da Índia, lemos:

> [...] no princípio este universo não era nada mais do que o Eu em forma de um homem. Ele olhou em volta e não viu nada mais que a si mesmo. Daí que seu primeiro grito tenha sido: "Isto é Eu!"; e foi assim que surgiu o conceito "eu". E é por isso que, mesmo hoje, quando se é interpelado, responde-se primeiramente: "Sou eu" e depois se dá o outro nome que se leva. [...]
>
> Então ele ficou com medo. E é por isso que qualquer um sozinho tem medo. Ele considerou: "Como não existe ninguém aqui além de mim mesmo, o que há para temer?". Consequentemente, o medo desapareceu; pois o que haveria para se temer? É apenas a um segundo que o medo se refere.
>
> Entretanto, ele carecia de prazer. Por isso, carece-se de prazer quando sozinho. Ele desejou um outro. Ele era tão grande quanto um homem e uma mulher abraçados. Esse Eu então dividiu-se em duas partes e, com isso, passou a existir um senhor e uma senhora. Por isso este corpo, por si mesmo, como declara o sábio Yājñavalkya, é como a metade de uma ervilha. E é por isso, de fato, que esse espaço é preenchido por uma mulher. Ele uniu-se a ela e dessa união surgiu a humanidade.

> Ela, entretanto, refletiu: "Como ele pode unir-se a mim, que sou feita dele próprio? Bem, então vou esconder-me!". Ela tornou-se uma vaca, ele um touro e uniu-se a ela; e disso surgiu o gado. Ela tornou-se uma égua, ele um garanhão; ela uma mula, ele um burro e uniu-se a ela; e disso tudo surgiram os animais com casco. Ela tornou-se uma cabra, ele um bode; ela uma ovelha, ele um carneiro e uniu-se a ela; e disso surgiram as cabras e as ovelhas. E dessa maneira ele fez emanar todos os pares equivalentes, indo até as formigas.
> Então ele percebeu: "Eu, de fato, sou a criação; pois tudo isso brotou de mim". E assim surgiu o conceito de "Criação" (*sṛṣṭiḥ*: literalmente, "o que é vertido, emanado, projetado, emitido, lançado, gerado, liberado ou cedido").
>
> Aquele que assim entende torna-se, ele próprio, um verdadeiro criador dessa criação.[76]

As versões australianas primitivas deste tema mitológico – que foi tão útil para apoiar alguns dos temas mais elevados das civilizações avançadas – são numerosas e dão uma nova dimensão ao mistério do ritual que acabamos de observar. Os arandas do norte, do clã do Totem Peramele [marsupial australiano], dizem-nos que no princípio tudo era treva: a noite oprimia a terra como uma mata impenetrável. E o ancestral dos perameles, cujo nome era Karora, estava deitado adormecido na noite eterna, no fundo da lagoa Ilbalintja, onde ainda não havia água. Acima dele o solo era vermelho, com flores e coberto de grama, e um grande poste sagrado, que tinha crescido no meio do canteiro de flores, balançava sobre ele. O poste, em cuja base descansava a cabeça de Karora, subia em direção ao céu, como se fosse atingir a abóbada celeste. Era uma criatura viva, coberta por uma pele lisa, como a pele de um homem.

A cabeça de Karora estava deitada na raiz desse grande poste balouçante e tinha descansado ali desde os primórdios. Mas Karora estava pensando: vontades e desejos atravessavam a sua mente. Então, perameles começaram a sair do seu umbigo e de suas axilas. Eles irrompiam gramado acima e adquiriam vida. Começou a romper a aurora. O Sol começou a levantar-se. E o ancestral peramele também se ergueu: ele irrompeu da crosta que o cobria e o buraco aberto que ele deixara atrás de si transformou-se na lagoa Ilbalintja, cheio de sumo doce e escuro dos botões de madressilva.

O ancestral peramele estava agora com fome, pois a mágica tinha ido embora de seu corpo. Sentindo-se entorpecido, mexendo lentamente as pálpebras, ele abriu um pouco os olhos e, andando às apalpadelas em seu estado de torpor, percebeu uma massa de perameles movendo-se à sua volta. Pegou dois e assou-os no calor da areia branca perto do sol, cujos dedos o proviam do fogo necessário.

O anoitecer aproximava-se. O Sol, escondendo sua face com um véu de fios trançados de cabelo e seu corpo com pendentes também de fios trançados de cabelo, desapareceu da vista de Karora, que, com seus pensamentos voltados para alguém que lhe fizesse companhia, caiu no sono, estendendo os braços para ambos os lados.

E, enquanto dormia, surgiu de baixo de sua axila algo com forma de zunidor. Esse algo tomou forma humana e cresceu em uma noite adquirindo a estatura de um jovem totalmente desenvolvido. Karora, sentindo que seu braço estava sendo oprimido pelo peso de algo, despertou: e viu seu primogênito deitado a seu lado, com a cabeça descansando no seu ombro.

Rompeu a aurora. Karora levantou-se e deu um grito alto e vibrante. O filho adquiriu vida, levantou-se e dançou uma dança ritual em volta de seu pai, que estava agora sentado, enfeitado com pinturas cerimoniais feitas de sangue e plumagem. Estando apenas meio desperto, o filho cambaleou e tropeçou; então o pai sacudiu violentamente seu corpo e peito e o filho colocou suas mãos sobre ele. E, feito isso, a primeira cerimônia chegou ao fim.[77]

Nas grandes mitologias do mundo, existem numerosos paralelos desta lenda primitiva do clã dos perameles a respeito das origens. Entre os mais surpreendentes, destaca-se a semelhança do poste vivo crescendo da cabeça de Karora com a Árvore de Jessé, no simbolismo da Idade Média (por exemplo, no vitral da Árvore de Jessé da Catedral de Chartres), de onde derivou Jesus, o Segundo Adão; ou a própria cruz na qual Jesus foi pregado, lá, na colina do Gólgota, "Colina do Crânio", assim chamada porque ali fora enterrado o crânio de Adão, o primeiro homem andrógino do mito hebraico. Ou, novamente, pensamos no curioso primeiro homem sonolento, Ymir, dos Edas da Islândia, que tomou forma no "vácuo bocejante" do princípio, quando as ondas glaciais, pressionando do norte para baixo, se encontraram com as ondas quentes do sul. "Agora, diz-se que, quando ele dormia, começou a suar e que sob sua mão esquerda cresceram um homem e uma mulher e um de seus pés gerou um filho com o outro; e assim surgiram as raças."[78] O grande corpo sonolento de Ymir foi então recortado para formar o mundo:

> Da carne de Ymir a terra foi moldada,
> E do seu suor, o mar;
> Rochedos de seus ossos, árvores de seus cabelos,
> E do seu crânio, o céu.[79]

Em muitos dos mitos da Índia, o homem dividido, o sacrifício primordial criador do mundo, do qual o mundo visível foi formado, é chamado de Puruṣa, que significa simplesmente "Homem".[80] Na antiga epopeia babilônica da criação, a figura era uma fêmea monstruosa, a deusa-mãe do abismo do mundo, Tiamat.[81] Na lenda australiana de Karora, este mesmo arquétipo universal, ou ideia elementar, do ser primeiro omniabrangente foi adaptado às condições do cenário e estilo cerimonial locais. Não há nenhum frio glacial, como na Islândia; nenhuma referência ao sacrifício brâmane, como na Índia; nenhuma menção ao sexo feminino, como em todos os outros. O padrão é exclusivamente masculino – como no caso da criação do mundo sem ajuda e da produção de Adão, seu primogênito, sem a intervenção feminina, pelo Senhor Deus hebreu. Os rituais australianos da circuncisão e da subincisão, de tendências enfaticamente patriarcais, encontram sua legitimação em um mito desse tipo, em que todo o período de vida da criança com a mãe é simplesmente desconsiderado e o filho nasce do pai como um ser já plenamente crescido, em uma noite.

O poste vivo e balouçante, erguendo-se da cabeça de Karora, que subia como se fosse atingir a abóbada celeste e era uma criatura vivente, coberta por uma pele lisa como a pele de um homem, é representado no rito pelo poste cerimonial que o jovem iniciado abraça imediatamente antes de submeter-se à operação da subincisão. O poste do rito, antes de ser fincado no solo, é carregado ereto nas costas de um homem, paralelamente à linha da coluna e seguindo, como um mastro de ban-deira, muito além de sua cabeça. Tanto o poste quanto o homem são adornados com penugem de pássaro, coladas com sangue extraído das feridas da subincisão, e essa penugem, que esvoaça com os pulos do homem é simbólica do poder gerador de vida que saiu dos ancestrais em todas as direções. O poste cósmico e o falo subincisado são o mesmo: eles são o ancestral macho-fêmea do princípio, autossuficiente e criador de tudo. A polaridade temporal do passado e presente, a sexual do masculino e feminino, a ritualística do terreiro da cerimônia e o lugar do princípio são todos, igual e simultaneamente, dissolvidos. E a operação fálica que, de acordo com uma autêntica interpretação freudiana, permite que os homens digam a si mesmos: "Não estamos separados da mãe, pois nós dois somos um", simultânea e igualmente permite que eles participem, à sua própria maneira, de uma imagem mitológica do mistério metafísico do cosmos, isto é, o mistério daquele truque de prestidigitador cosmogônico, através do qual o um tornou-se e continua a tornar-se os muitos, e pelo qual a atemporalidade da eternidade está refletida no aspecto mutável do tempo.

O enigma deste mistério último, que Schopenhauer habilmente denominou "Nó do Mundo", não é melhor explicado nas fórmulas da filosofia ou teologia que na imagem do ancestral dos perameles; tampouco podemos desprezar o mito dos arandas como mera curiosidade da mente primitiva, se formos ponderar de maneira séria as imagens análogas do Livro do Gênesis, o *Bṛhadāraṇyaka Upaniṣad* ou o *Banquete*, de Platão. O mistério do universo e o milagre do templo do mundo falam através de todos os mitos e ritos, assim como através do grande esforço do homem para situar sua vida individual em harmonia com o todo. E a imagética pela qual esse mistério, milagre e esforço têm sido transmitidos pelas tradições conhecidas da humanidade é tão maravilhosamente constante – apesar de todas as variantes da vida e cultura locais – que temos o direito de nos perguntar se ela não pode simplesmente ser coeva da mente humana.

Mas, nesta parte do presente capítulo, a preocupação central não é com o problema dos universais, que retomaremos na parte seguinte, mas com as várias maneiras locais, geográfica e historicamente condicionadas, de interpretar e aplicar tais temas gerais. E mesmo a visão rápida, já apresentada, do espectro do mito do gigante andrógino primordial, é suficiente para proporcionar uma noção preliminar das maneiras pelas quais uma imagem comum pode servir a diferentes finalidades. Observamos, por exemplo, que enquanto nas versões grega e hebraica o homem é dividido em dois por um deus, na chinesa, hindu e australiana é o próprio deus que se divide e se multiplica.

Na versão hindu, além do mais, a imagem do ancestral andrógino é desenvolvida em termos de uma interpretação essencialmente psicológica do problema da criação. O Eu universal é dividido imediatamente depois de formular e expressar o pronome "Eu" (sânscrito: *aham*). Isto ilustra a convicção fundamental hinduísta de que um senso de ego é a raiz da ilusão do mundo. O ego gera medo e desejo e tais são as paixões que animam toda vida e mesmo toda existência; pois é só de-pois de o conceito "eu" ter se formado que pode surgir o medo da própria destruição, ou qualquer desejo de gozo pessoal. O objetivo da ioga é, por isso, livrar a mente do conceito "eu" e, consequentemente, dissolver tanto o medo quanto o desejo. Mas isso equivale a uma anulação da criação – ou, pelo menos, da participação psicológica do indivíduo em seus efeitos –, pois leva não apenas ao conhecimento de que o lugar da ansiedade e do sofrimento é o ego, mas também a um nível de experiência imediata, anterior a todo pensamento, em que não há nem esperança nem medo, mas apenas o êxtase de uma total e mera consciência de ser.

Na versão hebraica, por outro lado, a imagem do andrógino primevo foi aplicada à interpretação teológica do mistério da criação – culminando no conceito do povo judeu como agente da vontade de Deus, em consequência da falta e desobediência do andrógino dividido no Jardim. Para conservar a tensão entre Deus e o homem, nesta mitologia o criador é mantido à distância de sua criação. Não é o deus que cai em estado de exílio de sua própria natureza, mas antes sua criatura, e o exílio não é essencialmente psicológico, anterior e inerente ao conceito do desdobramento do universo, mas um episódio histórico concreto que ocorre em um mundo já criado por um Senhor Deus transcendente mas não imanente e disciplinador universal.

Por último, na alegoria grega de Platão o mesmo tema básico foi aplicado poeticamente para evidenciar uma interpretação metafórica demiúrgica do mistério do amor humano, seus sofrimentos, profundidade e prazer. E vale observar que, embora os deuses estejam ali representados como se fossem, em certo sentido, superiores aos seres que dividem, em outro sentido, irônico, os seres humanos é que são superiores em seu amor. Os deuses invejosos os dividiram por medo de sua força.

Se permitirmos agora que essas três versões – a hindu, a hebraica e a grega – preencham nossas mentes complementando-se uma à outra, certamente será difícil acreditar que não se tenham originado de uma única tradição, e essa probabilidade torna-se ainda mais desconcertante e surpreendente quando o exemplo australiano primitivo é considerado em relação com as outras tradições. O menino já iniciado e circuncisado, abraçando a árvore viva que se ergue da cabeça do primeiro ancestral, antes de ser lancetado e, com isso, identificado com o pai! – quem é ele? Nesta ciência, temos de ter coragem para comparar, de maneira que não vamos temer traçar o paralelo óbvio (embora possamos não estar aptos a compreender por que ele poderia ser possível) com Jesus na cruz erguida na colina do crânio do primeiro ancestral e cujo flanco deve ser aberto por uma lança no terrível rito de sua reconciliação com o Pai.

Não há grandes dúvidas de que exista uma tradição comum por trás de todos esses mitos. Entretanto, será que é a única tradição mitológica da nossa espécie, de maneira que pudéssemos esperar descobrir que seus temas e motivos tenham sido inerentes ao pensamento humano? Se for assim, talvez devêssemos então aceitar sem qualquer dificuldade a teoria de Bastian sobre as ideias étnicas e as elementares.* Mas se, por outro lado, se tornasse evidente que, apesar de amplamente difundida e de importância prodigiosa, essa tradição mitológica era apenas uma de muitas, ou mesmo uma de duas tradições completamente díspares, então teríamos de averiguar quando e onde teria surgido e que experiências ou insights lhe teriam dado origem; igualmente, onde e quando as outras tradições surgiram e de que outras experiências ou insights. Além do mais, com respeito a essa mitologia em particular, devemos pensar nela como tendo sido difundida, em algum remoto mas determinável período do passado, do centro de uma civilização mais desenvolvida da Austrália, onde, em solo empedernido, uma metamorfose regressiva reduziu a imagética à sua forma atual? Ou teria ocorrido um processo inverso: o material teria sido purificado de suas formas primitivas para outras mais desenvolvidas através de séculos de transformação progressiva? Ou ela representa, antes – como alguns dos principais estudiosos de teologia sugeriram a respeito – os vestígios de uma Revelação primitiva concedida ao homem no início de sua jornada sobre a Terra?

Uma primeira teoria desse tipo foi proposta na primeira metade do século XIX pelo filósofo romântico Friedrich W. J. von Schelling (1775-1854), que afirmou que o homem foi criado no "Centro da Cabeça de Deus", onde ele viu todas as coisas como elas eram em Deus, o que quer dizer, em termos de sua ordem essencial, e nessa visão não havia lugar ou necessidade de mito. Mas quando o homem se mudou desse centro para a periferia, perdendo sua unidade com o centro, sua visão deixou de ser superior às coisas, pois ele tinha descido ao nível de ser, ele próprio, uma mera coisa, e foi nesse nível que as várias mitologias politeístas surgiram como sonhos do homem descentrado de seu próprio estado de ser. Schelling acreditava, entretanto, que a unidade original do homem em Deus tinha sido imperfeita, já que naquele estado ele não havia ainda tido a experiência de testar sua própria liberdade. De onde as mitologias politeístas representam um estágio (ou melhor, uma série de estágios) no progresso histórico em direção à manifestação do Segundo Adão na religião máxima de Cristo. Nas religiões

* Cf. *supra*, p. 44.

pagãs, Cristo está implícito; no Velho Testamento, profetizado e no Novo Testamento, revelado. Assim, a cristandade é inata na vida humana desde que o mundo é mundo.[82]

Tal ideia poderia ter sido desenvolvida a partir de uma leitura de certas passagens dos primeiros Padres da Igreja; por exemplo, a afirmação de Tertuliano (aprox. **155?-240**) de que "o espírito é naturalmente cristão" (*anima naturaliter christiana*). Mas Schelling poderia também ter desenvolvido sua ideia independentemente; pois a fenomenologia, que deu origem à teoria de Bastian das ideias elementares, foi observada por muitos através da história da comunicação entre as raças. As analogias – mesmo pequenas analogias – entre as tradições mitológicas das culturas mais e menos desenvolvidas são demasiado numerosas para serem rejeitadas como mero acaso, e as que tecem uma rede de fios comuns entre a liturgia cristã e os rituais bárbaros, como os dos nossos meninos de Aranda severamente testados, são particularmente poderosas. Vamos, portanto, retornar ao mistério da sua ressurreição.

Quando os meninos morrem sua morte da infância e sobrevivem à sua dolorosa metamorfose em encarnações do ser andrógino original, são informados de que não há mais operações a temer. Entretanto, há mais um evento extremamente interessante reservado para eles, que acontecerá depois de um período de uns quatro meses completos de dança ininterrupta e visão da era mitológica instauradora do mundo, era do "tempo dos sonhos" cósmico. Nesse evento lhes será mostrado – de maneira muito misteriosa – um duplo *tjurunga* particularmente importante; depois, os jovens serão "defumados" no fogo quente abafado e, finalmente, devolvidos para o acampamento das mulheres para serem recebidos por suas noivas que os aguardam, como machos arandas completamente testados e confirmados.

No final do grande festival dos ritos de iniciação, o duplo *tjurunga* é exposto, fato conhecido como a cerimônia Engwura: o relato detalhado de suas pantomimas ocupa mais de cem páginas da obra de Spencer e Gillen. As cerimônias são conduzidas por uma série de grupos tribais, que vieram juntar-se trazendo uns dezoito ou vinte jovens para serem iniciados, e o espírito festivo, que cresce a cada semana, por algum milagre dos deuses impede que o grupo desmaie de pura fadiga. A temperatura diurna, por vezes, chega a escaldantes 69°C;[83] entretanto, os rituais continuam imperturbáveis e, se alguém morre de insolação, a culpa é atribuída à magia negra de alguma tribo alienígena.

Supõe-se que um ser sobrenatural chamado Numbakulla, "Eterno", tenha criado os *tjurungas* originais e depois da divisão deles tenha formado pares. Os pares foram então amarrados, tendo um o espírito do homem e o outro o da mulher, tornando-se os dois esposos. E o nome desses *tjurungas* duplos é *ambilyerikirra*.[84]

"As cerimônias", escrevem Spencer e Gillen, "tornam-se agora muito interessantes. [...] O líder da Engwura permaneceu no acampamento preparando, com a ajuda dos homens de sua localidade, um objeto sagrado especial que consistia de dois grandes *tjurungas* de madeira, cada um com 90 cm de comprimento. Eles foram atados com fios trançados de cabelo humano, de maneira a serem completamente ocultados, e então os três quartos superiores foram recobertos com argolas de penugem branca, colocadas com muito cuidado e tão juntas que, acabado o trabalho, as argolas mal se viam. A ponta foi ornamentada com um tufo de penas de coruja. Uma vez pronto, o objeto foi cuidadosamente escondido no leito seco de um córrego".[85]

Durante os quatro meses da cerimônia, o acampamento dos homens ficara separado do das mulheres pelo leito seco do córrego em que estava enterrado o duplo *tjurunga*. E ali ele permaneceu até que os candidatos à iniciação, que haviam estado fora do acampamento o dia todo em uma série de aventuras que lhes foram designadas, voltaram e foram deitados de costas em fila, enquanto um velho, delegado para vigiá-los, andava de um lado para o outro ao longo da fileira. Um silêncio absoluto tomou conta do acampamento. A noite tinha caído; os jo-vens estavam deitados imóveis; o vigia deles andava a passos lentos; estava completamente escuro e o chefe da cerimônia, que passara o dia confeccionando o duplo *tjurunga*, estava agora agachado com o objeto sagrado nas mãos, depois de tê-lo desenterrado do seu esconderijo no leito seco do riacho. Mantinha-o ereto diante do rosto, segurando-o pela ponta não ornamentada como se fosse um bastão, e ajoelhados ao seu lado, um para cada cotovelo, estavam os dois assistentes. Esses dois lhe seguravam os braços, enquanto o homem levantava e abaixava lentamente o objeto sagrado diante do rosto.

Quando os rapazes, retornando ao acampamento, foram obrigados a deitar, o trio solene foi abrigado da vista deles por uma falange de velhos. Durante toda a noite, portanto, deitados de costas em silêncio, os rapazes desconheciam o que estava ocorrendo. O velho acompanhado de seus dois assistentes, entretanto, continuava a erguer e a baixar o símbolo sagrado, conforme declaram Spencer e Gillen, "sem cessar, a não ser por alguns segundos, durante toda a noite".[86]

A certa altura da noite, os homens mais velhos começaram a cantar, mas os jovens permaneceram como estavam. O vigia continuou andando diante deles. E foi apenas ao alvorecer, quando os rapazes despertaram, que o velho líder e os dois homens que o auxiliavam pararam de levantar e baixar o *ambilyerikirra*. "Não era de admirar", escreveram Spencer e Gillen, "que eles parecessem cansados e desfigurados, mas seu trabalho ainda não estava terminado".

> Erguendo-se, encaminharam-se para a ponta norte da área cerimonial, os dois auxiliares ainda segurando os braços do líder. Os jovens candidatos encaminharam-se para uma fila de arbustos sagrados e, depois de apanhar alguns galhos, ordenaram-se de maneira a formar um quadrado compacto atrás dos líderes. A maioria dos homens mais velhos permaneceu no terreiro da cerimônia Engwura, de onde um deles, o vigia dos candidatos, gritou ordens para as mulheres. O destacamento principal, encabeçado pelos três homens carregando o

> *ambilyerikirra* e acompanhado por alguns dos homens mais velhos, deslocara-se em forma de um quadrado compacto para fora do terreiro da cerimônia Engwura e atravessara o rio para a margem oposta, onde estavam as mulheres reunidas. [...] As mulheres, com os braços dobrados, abanavam as mãos com a palma virada para cima, como que convidando os homens a se aproximarem, enquanto gritavam: "*Kutta, Kutta, Kutta*", mantendo o tempo todo uma perna rija, enquanto dobravam a outra e balançavam suavemente o corpo. [...] O grupo aproximava-se lentamente e em absoluto silêncio e quando estava a quatro ou cinco metros da primeira fileira de mulheres, os homens que carregavam o *ambilyerikirra* atiraram-se de ponta-cabeça ao chão, escondendo o objeto sagrado da vista. Tão logo eles acabaram de fazer isso, os jovens iniciados atiraram-se por cima, de maneira que apenas as cabeças dos três homens podiam ser vistas projetando-se da pilha de corpos. Então, depois de permanecerem assim por dois minutos, os jovens levantaram-se e formaram um quadrado orientadoem sentido contrário às mulheres; feito isso, os três líderes levantaram-se rapidamente, viraram as costas para as mulheres, acotovelaram-se por entre o quadrado e o conduziram de volta ao terreiro Engwura e, com isso, a cerimônia *ambilyerikirra* chegou ao fim.[87]

Dessa maneira os rapazes eram conduzidos pela sua trindade de mistagogos, introduzidos como homens desposáveis ao reino de mulheres formosas, onde as ninfas que antigamente os tinham afugentado agora lhes acenavam graciosamente, murmurando: "*Kutta, Kutta, Kutta*", e podemos comparar o papel delas com o de Solveig, em *Peer Gynt*, obra do poeta Ibsen, que cantou docemente sua canção de ninar ao aventureiro espiritual quando ele retornou para ela, depois de sua longa loucura de homem:

> Eu vou te ninar, eu vou te cuidar;
> Dorme e sonha, meu querido menino![88]

Acho que não estaremos exagerando se também compararmos a longa noite silenciosa, quando se permitiu que um sono profundo recaisse sobre os jovens homens e o maravilhoso *tjurunga* duplo foi erguido e abaixado, erguido e abaixado do anoitecer ao alvorecer, com o sono profundo que recaiu sobre Adão quando Eva foi retirada de seu flanco. Pois após o rito da subincisão, os jovens, como vimos, eram comparáveis a Adão como o primevo macho-fêmea, feito à imagem de um deus; mas, após aquela noite, lhes deveria ser mostrada a Mulher. Atravessando o rio, eles passaram do terreiro de dança dos homens – o reino mágico do mito, onde os olhos veem seres que são eternos e pode ser vivido o sonho de "nós dois somos um" – para a margem do tempo, da morte e da procriação, onde os dois que são misticamente um devem ser reconhecidos como praticamente dois. Isto é, eles são levados para a terra, para onde a mulher conduz, como a Eva do

Paraíso. E o caminho dos jovens iniciados agora deve ser reconhecer a sabedoria do "*Kutta, Kutta, Kutta*", como fizeram com o zumbido excitante dos zunidores e, desse modo, permitir que o pênis subincisado fosse uma ponte, tanto para as atribulações da vida no mundo quanto para o jardim dos deuses.

Esses ritos, então, por um lado são certamente particulares da Austrália, visto que referências iguais aos ancestrais animais locais – o peramele, canguru etc. – não existem em qualquer outra parte do mundo. Tampouco devemos encontrar em outros lugares alguma réplica exata dos *tjurungas* sagrados, aos quais todos os temas mitológicos australianos se referem sistematicamente. Nas diferentes religiões, diferentes objetos servem como referência ao sagrado. Pois a ideia de considerar como de origem divina um certo tipo específico de pau ou pedra, hóstia, pedaço de osso, expressão vocal, ou o que for, é uma daquelas características universais da vida religiosa que Bastian denominou elementares. O mesmo vale para o tema do ser original macho-fêmea que, como vimos, foi desenvolvido nesses ritos australianos de maneira consideravelmente detalhada desde o momento de seu primeiro ressoar na cerimônia das duas mães e as achas, passando pelas provações e mitos relacionados da subincisão, até o ritual da última noite do supremamente sagrado *tjurunga* duplo e o retorno dos iniciados para o acampamento das mulheres: o simbolismo desse forte motivo é expressado em essência e, frequentemente, mesmo em detalhes, em muitas outras tradições do mundo. Além disso, se considerarmos o princípio hermético subjacente da sequência do ritual, estamos novamente em concordância; pois em qualquer rito ou sistema de ritos de iniciação podem ser distinguidos os mesmos três estágios dos rituais da Austrália: separação da comunidade, transformação (normalmente tanto física quanto psicológica) e retorno à comunidade com um novo papel. O ritual do arremesso para cima representou a crise da separação. Os ritos da circuncisão e subincisão efetuaram, de maneira irreversível, a transformação. E o ritual do *tjurunga* duplo marcou o retorno.

Em suma, pode-se então dizer que: 1) na educação do jovem, tem sido costume geral nas sociedades de base tradicional reorganizar a herança humana comum de estampagens infantis, de maneira a conduzir as energias da psique, do sistema primário de referências da dependência infantil para a esfera dos interesses principais dos grupos locais, 2) mas nessa reorganização desenvolvida dos símbolos primários, aparecem certos temas que não podem ser convincentemente descritos como infantis e, contudo, tampouco são exclusivamente locais. Em todo o mundo os rituais de transformação da infância para a virilidade estão ligados a provações dolorosas e são efetuados através delas. Flagelos, abstinências, quebra de dentes, escarificações, amputação de dedos, remoção de um testículo, cicatrizações, circuncisões, subincisões, mordidas e queimaduras são a regra geral. Essas provações, de fato, concretizam brutalmente a fantasia geral da infância de agressão edípica; mas há um aspecto suplementar da situação a ser considerado, visto que o corpo natural é transformado pelas provações em um sinal sempre presente de um novo estado espiritual. Pois mesmo nas sociedades mais brandas e desenvolvidas, onde o corpo não é mais despido e mutilado, novas roupas e ornamentos são assumidos, após a iniciação, para simbolizar e sustentar o novo estado espiritual. Na Índia, as marcas de casta, a tonsura, as roupas etc. representam precisamente a função social do indivíduo. No Ocidente, conhecemos o uniforme militar, o colarinho dos clérigos, o cavanhaque dos médicos e a peruca dos juízes. Mas onde as pessoas estão despidas é o próprio corpo que precisa ser mudado. O corpo completamente tatuado dos nativos das ilhas Marquesas já não era um corpo natural: era uma epifania mitológica e a consciência que o habitava dificilmente poderia ter desejado comportar-se de outra maneira que não fosse compatível com essa forma física.

Em outras palavras, uma pessoa está ligada ao seu papel de adulto pela identificação com o mito – participando de fato, fisicamente, ela mesma, de uma manifestação de formas mitológicas visivelmente supridas pelos papéis e padrões do rito, e o rito, por extensão, sustentando a estrutura da sociedade. Assim, em suma, podemos dizer que, enquanto as energias da psique no seu contexto primário de interesses infantis são dirigidas apenas para o exercício do poder e prazer individuais, nos rituais de iniciação elas são reorganizadas e incluídas em um sistema de deveres sociais, com tal eficiência que a partir de então o indivíduo se torna absolutamente confiável como um membro do grupo.

Prazer, poder e dever: esses são os sistemas de referência de toda experiência no nível natural das sociedades primitivas. E quando tais sociedades são constituídas, os dois primeiros são subordinados ao último que, por sua vez, é mitologicamente sustentado e ritualmente reforçado. O ritual é a mitologia vivificada e seu propósito é converter homens em anjos. Pois o homem arcaico não era de maneira alguma um homem, no sentido moderno e individualista do termo, mas a encarnação de um arquétipo socialmente determinado. E era precisamente nos ritos de iniciação que sua apoteose se realizava – com a estampagem de sua arte hermética, por muito cruel que nos possa parecer.

VI. O IMPACTO DA VELHICE

A morte é prenunciada pelos primeiros sinais da velhice, que mesmo hoje surgem demasiado cedo para agradar. Muito mais cedo no passado primitivo! Quando a mulher de quarenta e cinco anos era uma velha e o guerreiro de cinquenta um aleijado artrítico e quando, além do mais, a doença e os acidentes nas caçadas e nos combates eram experiências imediatas de todo mundo, a Morte era uma presença poderosa a ser enfrentada corajosamente, mesmo dentro do santuário mais seguro, e cujo poder tinha de ser assimilado.

Uma visão da África Oriental desse grande senhor do mundo (ou dessa grande senhora) emerge de um conto popular da tribo Basumbwa da região de Vitória

Nianza. É a história de um jovem cujo pai morto apareceu-lhe conduzindo o rebanho da Morte e levou-o por um caminho para dentro da terra, como se fosse uma cova. Eles chegaram a um lugar com muitas pessoas, onde o pai escondeu o filho e o abandonou. Pela manhã, apareceu o Grande Chefe Morte. Um lado dele era bonito, mas o outro estava podre, com vermes caindo no chão. Serviçais juntaram os vermes, e lavaram as feridas e, quando acabaram, o Chefe Morte disse: "Aquele que nascer hoje será assaltado se se tornar um negociante. A mulher que conceber hoje morrerá com a criança. O homem que trabalha em sua horta perderá sua colheita. Aquele que for para a selva hoje será devorado pelo leão". Mas na manhã seguinte, o Chefe Morte novamente apareceu e seus serviçais lavaram e perfumaram o lado belo, massageando-o com óleo e, quando acabaram, o Chefe Morte pronunciou uma bênção: "Aquele que nascer hoje se tornará rico! Que a mulher que conceber hoje dê à luz uma criança que viverá até a velhice! Permita-se que aquele que nascer hoje vá ao mercado e faça bons negócios; que ele negocie com os cegos! Que o homem que for para a selva abata animais; que ele encontre até elefantes! Porque hoje eu pronuncio a bênção".

"Se você tivesse chegado hoje", disse o velho a seu filho, "muitas coisas teriam se tornado suas, mas agora, a pobreza foi ordenada para você; assim é. Amanhã, é melhor que você parta". E o filho partiu de volta à sua casa.[89]

Muito longe da África, nas ilhas do Havaí, no Pacífico, também se pensava que se chegava ao reino dos mortos através de fendas na terra. Elas eram chamadas de "lugares de partida"[90] e havia uma para cada região habitada. Ao chegar, o espírito encontrava ali uma árvore e, à volta, um ajuntamento de crianças pequenas que davam as instruções. Um lado da árvore era viçoso e verde, mas o outro era seco e frágil e, segundo uma versão da aventura, o espírito tinha de subir ao topo pelo lado seco e descer pelo mesmo lado até o nível onde as crianças o orientariam; se se agarrasse um galho verde, ele se quebraria e o espírito tombaria aniquilado.[91] De acordo com uma segunda versão, entretanto, era um galho do lado verde que devia ser agarrado, pois ele então se romperia e atiraria o espírito rapidamente para "o labirinto que leva ao mundo subterrâneo".[92]

É uma imagem reveladora, essa da árvore com galhos enganosos, postada na entrada para um reino onde o que parecesse morto tinha de ser reconhecido como estando vivo e o vivo, morto. É uma imagem da esperança que em todos os lugares permitiu que os velhos entrassem voluntariamente pela passagem escura. E contudo, nem todos podem passar; apenas aqueles que entendem o segredo da morte – que a morte é o outro lado do que conhecemos como vida e que, exatamente como temos de deixar a infância quando assumimos os deveres da maturidade, temos também de deixar a vida quando entramos na morte.

Os havaianos tinham várias imagens da vida após a morte. Muitos espíritos não tinham lugar fixo e permaneciam vagando por lugares ermos do mundo e ocasionalmente entravam em alguma pessoa viva. Outros iam parar nos corpos dos tubarões, das enguias, dos lagartos ou das corujas e podiam então tornar-se guardiães ou ajudantes dos vivos. Mas para aqueles que tinham êxito absoluto na passagem da árvore enganosa, havia moradas permanentes de acordo com a posição (pois os havaianos eram meticulosos a respeito da hierarquia). E nesses domínios privilegiados praticavam-se esportes, esportes arriscados, como tinham sido na vida, e havia alimentos em abundância, sem necessidade de cultivá-los – peixe e taro, inhame, coco e bananas. O lugar mais elevado dessas moradas do além ficava numa cratera flamejante no topo da montanha da deusa-vulcão Pele, onde não havia dor, mas apenas puro deleite.[93]

A atmosfera desse paraíso polinésio dos guerreiros corresponde à do salão de armas do deus germânico dos guerreiros, Votam (Odim, Othin), a quem as Valquírias levavam o morto heroico. "E qual é o esporte dos campeões quando não estão lutando?", lemos no *Edda em Prosa* do poeta-guerreiro islandês, Snorri Sturluson. "Todos os dias, assim que estão vestidos, eles colocam suas armaduras e vão para o pátio e lutam e derrubam uns aos outros. Esse é seu esporte e, quando se aproxima a hora da refeição do meio-dia, todos cavalgam para casa no Valhala e sentam-se e bebem."[94] As Valquírias, filhas de Odim, encarregam-se ali das bebidas e do serviço de mesa,[95] o ouro ilumina o salão e espadas são usadas em vez de fogo.[96]

A árvore havaiana com os galhos enganosos, da qual um lado parece ser vivo mas o outro morto, sugere o Freixo do Mundo Édico, Yggdrasil, cujo tronco era o eixo dos céus giratórios, com a Águia Cósmica empoleirada em seu topo, quatro veados correndo entre seus galhos, pastando sobre suas folhas, e a Serpente Cósmica roendo sua raiz:

> O freixo Yggdrasil sofre de angústia,
> Mais do que os homens são capazes de saber:
> O veado morde em cima; de lado [ele] apodrece;
> E o dragão rói embaixo.[97]

É na maior e melhor de todas as árvores, o freixo, que os deuses pronunciam julgamentos todos os dias. Seus galhos espalham-se sobre o mundo e erguem-se por sobre o céu. Suas raízes penetram no abismo. E seu nome, Yggdrasil, significa "o cavalo de Ygg", cujo outro nome é Odim; pois esse grande deus certa vez ficou pendurado naquela árvore por nove dias, como uma forma de autossacrifício.

> Suponho que fiquei pendurado naquela árvore ao vento,
> Pendurado nela por nove noites completas;
> Com a lança fui ferido e sacrificado eu fui
> A Odim, eu mesmo a mim mesmo,
> Naquela árvore da qual ninguém jamais saberá
> Que raiz corre sob ela.[98]

Certamente, aqui nos deparamos com uma série de imagens habilmente criadas para transmitir certas esperanças, medos e realizações relativas ao mistério da morte; tais como as que bem poderiam ter surgido espontaneamente em muitas partes do mundo nas mentes daqueles que enfrentavam a passagem escura. Ou, já que essas imagens da árvore ou do homem ao mesmo tempo morto e vivo não aparecem isoladas, mas sempre em contextos comparáveis de motivos associados, não deveríamos procurar indícios de uma distribuição pré-histórica da coexistência a partir de um único centro criador de mitos para o resto do mundo? Nos ritos da puberdade encontramos a imagética do andrógino associada com uma árvore ou grande poste. Aqui, temos novamente a árvore e, outra vez, uma associação dual: não a dualidade do masculino e do feminino, mas a da vida e da morte. Estariam essas duas dualidades mitologicamente relacionadas? Para entender que elas podem, de fato, estar vinculadas, é preciso apenas pensar na história do Primeiro Adão da Bíblia, que se tornou Adão e Eva, e ambos foram abatidos pela árvore, trazendo ao mundo tanto a morte quanto sua contraparte, a procriação. Então, acrescente-se a isso a figura do Segundo Adão, Cristo, através de cuja morte na "árvore" foi dada ao homem a vida eterna, e a chave para a estruturação da imagem multifacetada terá sido encontrada. É uma imagem limiar que une pares de opostos de maneira a facilitar a passagem da mente para além da ansiedade. Mas, sendo assim, ela não poderia ter surgido independentemente em muitas partes do mundo como uma inspiração poética naturalmente concedida? A ideia que relaciona o mundo subterrâneo com o reino dos mortos, no qual se penetra através de uma fenda ou buraco na terra, pareceria também suficientemente natural, como os temas correlatos do labirinto e abismo das águas. Já reconhecemos isso como possíveis estampagens da visão e experiência do mundo provenientes do período infantil.* E assim, mais uma vez, somos levados para o delicado problema psicológico da força das estampagens da infância e para a teoria de Bastian das ideias elementares.

Será que, à medida que a velhice se aproxima e o corpo começa a falhar na realização das funções masculinas que lhe tinham sido atribuídas há muito tempo nos ritos de iniciação, as energias da psique recuam, regridem ou retornam ao sistema anterior da infância e assim reativam o antigo contexto do caro porém assustador útero materno e do pai terrível? Devemos então dizer que a antiga expressão "segunda infância" é de profundidade imprevista? Ou seria antes que, à medida que a idade avança, a mente começa, em toda parte, a retrair-se do sistema local de interesses (tendo já, por assim dizer, os esgotado), avançando, em antecipação natural (já que o homem é o único animal que tem conhecimento da aproximação da morte), em direção a uma matutação ansiosa sobre o mistério do próximo limiar – o qual, de fato, dificilmente pode considerar-se como uma função do cenário local, pois é o mesmo para toda a espécie humana? E pode-se dizer

* Cf. *supra*, p. 67-74.

que então, como no caso da imagética da infância, uma experiência de tal intensidade e consistência afeta a mente de tal maneira que podemos falar com confiança de uma estampagem universalmente cunhada sobre algum mecanismo psicológico aberto para recebê-la? Qualquer um dos casos pode ser possível – ou ambos. De qualquer maneira, a mudança é de um sistema local para um sistema geral de referências. As preocupações com as fronteiras do domicílio, aldeia e território desaparecem e surgem gradualmente os contornos de um mistério sombrio, da noite que está tanto fora quanto dentro. A mente é convocada para uma nova tarefa; tarefa, entretanto, que como o sofrimento e o êxtase, é um fator grave e constante na experiência da raça humana. E a importância desse fator na formação de mitos, mesmo entre os povos mais remotos, certamente deve ser considerada na avaliação de nossa ciência.

Porque em todas as sociedades, sejam primitivas ou avançadas, a preservação das formas religiosas está amplamente a cargo dos anciãos, pois os adultos mais jovens estão ocupados com o sustento físico não apenas de si mesmos e de seus filhos, mas também de seus pais e avós. Além disso, em muitas sociedades os velhos passam uma parte considerável do tempo brincando com as crianças e to-mando conta delas enquanto os pais estão envolvidos nos afazeres diários; de maneira que os velhos são levados de volta à esfera das coisas eternas, não apenas interna mas também externamente. E podemos supor também, creio, que a considerável atração mútua entre crianças e velhos pode resultar em parte de seu secreto conhecimento comum de que são eles, e não a atarefada geração intermediária, que se ocupam do jogo poético que é eterno e verdadeiramente sábio. Não ouvimos já as palavras do velho e esmurrado xamã Najagneq com respeito à sabedoria de Sila, o mantenedor do universo, que é "tão poderoso que sua fala ao homem não se dá através de palavras ordinárias, mas através de aguaceiros, temporais, nevadas, tempestades marítimas, através de todas as forças que o homem teme, ou através do brilho do Sol, do mar calmo ou das crianças inocentes que brincam sem nada entender"?

Não é nos escritos de Sigmund Freud, mas nos de Carl Jung que foi feita recentemente a mais profunda consideração analítica sobre o problema que confronta todos os homens durante toda a última e longa parte do ciclo da vida humana: isto é, o da proximidade irresistível do Rei Morte. "O ser humano", Jung certa vez escreveu,

> certamente não chegaria aos 70 ou 80 anos de idade se essa longevidade não tivesse nenhum significado para a espécie à qual ele pertence. O entardecer da vida humana tem de ter um significado por si mesmo e não pode ser um mero apêndice desprezível da aurora da vida. O significado da manhã está, sem dúvida, no desenvolvimento do indivíduo, nosso fortalecimento no mundo exterior, a propagação da nossa espécie e o cuidado de nossos filhos. Mas quando esse propósito foi atingido – e mesmo ultrapassado – será que o ganhar dinheiro, a extensão das conquistas e a expansão da vida deve continuar para além dos

> limites de toda razão e significado? Quem quer que leve para o entardecer a lei da manhã – isto é, os propósitos da natureza – pagará por isso com prejuízo para seu espírito, exatamente como uma criança em crescimento que tenta salvar seu egoísmo infantil paga por seu erro com o fracasso social. Ganhar dinheiro, existência social, família e posteridade não são nada mais que simples natureza – não cultura. A cultura está além do propósito da natureza. Por algum acaso, a cultura poderia ser o significado e o propósito da segunda metade da vida? Nas tribos primitivas, observamos que os anciões são quase sempre os guardiães dos mistérios e leis e é neles que a herança cultural da tribo se expressa.[99]

"Como médico, estou convencido de que é higiênico", Jung declara em outro contexto, com uma desculpa por empregar um tal termo clínico com referência à religião, "descobrir na morte uma meta em direção à qual empenhar-se e que procurar esquivar-se dela é algo doentio e anormal, que priva a segunda metade da vida de seu propósito. Considero, portanto, a pregação religiosa de uma vida depois desta consoante com o ponto de vista da higiene psíquica. Quando vivo em uma casa que sei que vai ruir sobre minha cabeça dentro das próximas duas semanas, todas as minhas funções vitais são enfraquecidas por esse pensamento; mas se, pelo contrário, sinto estar seguro, posso morar ali de uma maneira normal e confortável. Do ponto de vista da psicoterapia, portanto, seria desejável pensar na morte apenas como uma transição – uma parte do processo da vida, cuja extensão e duração escapam ao nosso conhecimento". E de fato, como o Dr. Jung então observa e todos nós sabemos bem: "uma grande maioria das pessoas, desde tempos imemoriais, tem sentido necessidade de acreditar em uma continuação da vida. Apesar do fato de a grande maioria da humanidade não saber por que o corpo precisa de sal, todo mundo, não obstante, o demanda por uma compulsão instintiva. E a mesma coisa no que se refere à psique. As exigências da terapia, portanto, não nos conduzem por nenhuma trilha, mas descem para o meio da estrada percorrida pela humanidade. E por isso estamos pensando corretamente com respeito ao sentido da vida, mesmo não entendendo o que pensamos".[100]

Com tais observações, o Dr. Jung angariou a reputação de místico – embora suas observações sejam tão místicas quanto o seria a recomendação de um hobby para alguém cuja mente está se fossilizando num escritório. Jung disse aqui, simplesmente, que no entardecer da vida o simbolismo do Rei Morte conduz, de fato, a uma inclinação progressiva das energias da psique e, consequentemente, à maturidade. Tampouco ele acha necessário, ou mesmo possível, "entender" o segredo último da força de tais formas simbólicas. Pois, como ele questiona:

> Será que alguma vez entendemos o que pensamos? Entendemos apenas tal pensar como uma mera equação da qual nada se extrai se não aquilo que foi colocado. Esta é a maneira de funcionar do intelecto. Mas além dela, há um pensar em imagens primordiais – em símbolos que são mais antigos do que o homem histórico;

que se arraigaram nele desde os primeiros tempos e, permanecendo vivos eternamente, sobrevivendo a todas as gerações, continuam compondo a base da psique humana. Só é possível viver plenamente a vida quando estamos em harmonia com esses símbolos; a sabedoria é um retorno a eles. Não é uma questão de crença nem de conhecimento, mas de concordância do nosso pensar com as imagens primordiais do inconsciente. Elas são a fonte de nossos pensamentos conscientes e uma dessas imagens primordiais é a ideia da vida após a morte.[101]

Esta pode ser a afirmação mais radical a ser apresentada em defesa do ponto de vista das ideias elementares; os novos e importantes temas aqui acrescentados à teoria geral são os da progressiva influência dessas ideias no prolongamento da vida e do novo valor que elas adquirem na segunda metade da vida, quando, como afirmou tão frequentemente o Dr. Jung, "os valores do homem e mesmo seu corpo tendem a sofrer uma inversão para o oposto".[102] Os velhos tornam-se femininos e as velhas masculinas e o medo da vida torna-se o medo da morte. E, assim, agora são os galhos secos, não os verdes, da árvore universal em volta da qual as forças divinas tecem, que precisam ser agarrados e dolorosamente escalados.

Entretanto, há uma importante dificuldade a ser notada antes de comprometer-nos com qualquer interpretação psicológica genérica do simbolismo mitológico do Rei Morte; pois, como qualquer antropólogo experiente pode prontamente demonstrar, nem as estampagens da experiência nem as imagens associadas com o mistério da morte são universais.

Leo Frobenius foi o primeiro, creio, a salientar que duas atitudes contrastantes com relação à morte aparecem entre os povos primitivos do mundo.[103] Entre as tribos caçadoras, cujo estilo de vida está baseado na arte de matar, que vivem em um mundo de animais que matam e são mortos e dificilmente conhecem a experiência orgânica de uma morte natural, toda morte é uma consequência de violência e é geralmente atribuída, não ao destino natural dos seres temporais, mas à magia. A magia é usada tanto para defender-se da morte quanto para provocar a de outros, e os próprios mortos são considerados como espíritos perigosos, ressentidos por terem sido despachados para o outro mundo, que procuram vingar-se de seu estado miserável nos que continuam vivos. De fato, como Frobenius formula essa postura: "O poder exercido pelo indivíduo vivo para o bem, o morto exerce para o mal; de maneira que, quanto melhor ele tiver sido, pior ele se tornará; e quanto mais poderoso ele tiver sido em vida, maior terá de ser o peso restritivo dos grilhões e pedras sobre seu cadáver. Em resumo: quanto melhor e mais forte o vivo, mais perigoso seu fantasma".[104] Frobenius dá uma série considerável de exemplos, da África e da Antiguidade, de cadáveres amarrados com cordas, ataduras ou redes para impedir que seus fantasmas vagassem; com os orifícios do corpo obstruídos para manter os fantasmas aprisionados; enterrados sob pilhas de pedras para mantê-los oprimidos ou simplesmente jogados aos lobos e hienas, com a esperança de que fossem consumidos na mesma noite.

Entre os nativos da tribo Aranda, da Austrália, segundo o relato detalhado de Spencer e Gillen,[105] a aldeia onde ocorreu uma morte é incendiada, o nome do faleido jamais é mencionado, uma série de provações dolorosas e complicadas é imposta à viúva e parentes mais próximos para assegurar que o morto se considere devidamente pranteado e, finalmente, uma dança e uma comoção selvagem de gritos, açoitamento do terreno e mutilação mútua são realizados pelos parentes sobre o próprio túmulo, para que o falecido saiba que não deve voltar para assustar as pessoas – embora possa continuar vigiando seus amigos se quiser, visitando-os gentilmente em sonhos e protegendo-os do mal. Podemos dizer que em uma atmosfera cultural desse tipo, a morte é interpretada como o fim, no que diz respeito à relação do falecido com sua sociedade, e seu mistério é, em certo sentido, negado e desprezado, temido porém desafiado, jamais assimilado nem psicológica nem filosoficamente. A velhice então leva a uma atitude de resistência e a um padrão de pensamento e sentimento que podem evocar os do velho guerreiro destemido, lutando até o fim.

Para os povos agricultores das estepes férteis e das selvas tropicais, por outro lado, a morte é uma fase natural da vida, comparável ao momento da semeadura, para renascer. Como exemplo dessa atitude, podemos tomar a descrição apresen-tada por Frobenius do tipo de ritos de sepultamento e de relicário que ele observou em toda parte entre os horticultores do sul e leste da África:

> Quando um velho membro da parentela morre, um grito de júbilo imediatamente toma conta do ambiente. É preparado um banquete, durante o qual os homens e as mulheres discutem as qualidades do defunto, contam histórias de sua vida e falam com tristeza dos males da velhice, que ele sofreu durante seus últimos anos. Em algum lugar das proximidades – de preferência num bosque umbroso – um buraco foi feito na terra e coberto com uma pedra. Ele agora é aberto e dentro dele encontram-se ossos de tempos antigos, que são empurrados para o lado para dar lugar ao morto recente. O cadáver é cuidadosamente deitado em uma determinada posição, orientado numa certa direção e deixado sozinho por certo tempo, com o túmulo novamente tapado. Mas quando se passou tempo suficiente para a carne decompor-se, os velhos da parentela reabrem o túmulo, entram nele e retiram o crânio, levando-o para a superfície e para a fazenda, onde ele é limpo, pintado de vermelho e, depois de ser homenageado hospitaleiramente com cereais e cerveja, instalado em um lugar especial junto com os crânios de outros parentes. Daí em diante, não passará nenhuma primavera sem que o morto participe das oferendas da época de semeadura; nenhum outono sem que ele participe das oferendas de agradecimento pela colheita e, isto, sempre antes de começar a semeadura e antes de a abundância da colheita ser desfrutada pelos vivos. Além do mais, o velho silencioso participa de tudo o que acontece na fazenda. Se um leopardo ataca uma mulher, se um menino é mordido por uma cobra, se uma praga ataca ou a bênção da chuva é negada, a relíquia

> do morto é sempre associada com a questão de alguma maneira. Se ocorre um incêndio, a relíquia é a primeira coisa a ser salva; quando os ritos da puberdade dos meninos estão para ser iniciados, ela é a primeira a desfrutar dos festejos de cerveja e mingau. Se uma jovem mulher se casa com alguém da parentela, o membro mais velho a conduz à urna ou prateleira onde são preservados os restos mortais dos antepassados e manda-a pegar da cabeça de um ancestral alguns grãos entre as sementes sagradas, para comer. E esse, de fato, é um costume altamente significativo; pois quando essa jovem, novo receptáculo do espírito tribal, ficar grávida, os velhos da comunidade observarão para ver que semelhanças existem entre o novo ser em crescimento e a vida desaparecida. [...][106]

Frobenius denomina "mágica" a atitude da primeira ordem e "mística" a da posterior, observando que enquanto o plano de referência da primeira é físico, sendo o espírito concebido como físico, a segunda expressa um profundo sentido de uma comunhão da morte e da vida na entidade da família.

E quem quer que tente transmitir em palavras o sentido ou sensação dessa comunhão mística logo descobrirá que as palavras não são suficientes: o melhor é o silêncio, ou o rito silencioso.

Entretanto, nem todos os ritos concebidos nesse espírito da comunidade mística são tão brandos quanto os que acabamos de descrever. Muitos são pavorosos, como logo se verá. Mas em todos é expresso, seja de maneira branda ou brutal, um sentido terrível dessa imagem dual, alterada de diversas maneiras, da morte na vida e da vida na morte: como na forma do Chefe Morte da tribo Basumbwa, de quem um dos lados era belo, mas o outro podre, com vermes caindo no chão; ou na da árvore havaiana com os galhos enganosos no lugar de partida para o outro mundo, da qual um lado era viçoso e verde, mas o outro, seco e frágil.

Quando os ritos e mitologias, mesmo dos mais primitivos agricultores, são comparados com os de qualquer tribo de caçadores, salta à vista que eles representam um aprofundamento significativo, tanto do sentimento religioso quanto do compromisso do indivíduo para com a vida comunal; os caçadores, comparativamente, são individualistas rudes. Pois é nos rituais e mistérios do grupo que os agricultores não apenas conquistam seu senso de entidade tribal, mas também descobrem o caminho pelo qual os perigos da jornada para o reino feliz dos mortos devem ser superados, e assim atingida a companhia dos ancestrais, que desde ali funcionam como uma presença contínua na memória viva do rito. Os vivos e os mortos são dessa maneira, por assim dizer, os hemisférios equiparados, a luz e a sombra, de uma única esfera que é o próprio ser, e o mistério ou milagre desse ser é a referência última de tais símbolos como os que acabamos de ver no Grande Chefe e na árvore paradoxal.

Além do mais, quando a morte e a vida estão unidas em uma mesma esfera viva, como nas imagens da planta e sua semente, a passagem do indivíduo da condição da infância, atravessando a maturidade até o período da velhice, é marcada pela sua formação através de fases claramente reconhecidas, a cada uma das quais são atribuídos deveres e funções sociais particulares. Entre os nativos de Malekula, por exemplo, como já foi observado, na entrada do mundo subterrâneo o espírito é desafiado por uma guardiã a completar o desenho de um labirinto que foi ensinado ao indivíduo durante sua vida nos ritos de sua sociedade, cinco fases da vida são reconhecidas para o homem: 1) o menino; 2) o jovem; 3) o homem de meia-idade; 4) o velho grisalho; e 5) o ancião (de cabeça branca). Essas fases, além do mais, continuam depois da morte – o espírito permanece na idade atingida em vida. E apenas o velho ou ancião é capaz de continuar até o fim da jornada: o reino supremo dos mortos que, como o paraíso dos chefes havaianos, está no topo de um grande vulcão. Ali, os mortos dançam todas as noites entre as chamas[107] enquanto os homens de menos idade, sem terem completado o curso de sua iniciação no mistério da morte durante a vida, permanecem na caverna da entrada, onde, como vimos, há uma árvore na qual devem subir, de maneira muito semelhante ao que ocorre nos "lugares de partida" do Havaí.

Duas imagens contrastantes da morte formaram, então, dois mundos contrastantes do mito: um, resultante do impacto, estampagem, ou *upādhi*, da vida e da morte na esfera animal; outro, do modelo do ciclo da morte e renascimento da planta.

No primeiro domínio, o objeto supremo da experiência é o animal. Morto e esquartejado, ele concede ao homem sua carne para tornar-se seu alimento, seus dentes para serem transformados em ornamentos para ele, sua pele para vestimenta e barraca dele, seus tendões para cordas e seus ossos para ferramentas. A vida animal é inteiramente transformada em vida humana, por meio da morte, esquartejamento e artes de cozinhar, curtir e costurar. Assim, se é verdade, como sugeriu Géza Róheim, que "tudo o que é morto torna-se pai", não é de admirar que os animais nas mitologias da Grande Caçada sejam reverenciados como pais espirituais. O enigma do totem (a curiosa imagem dual, ao mesmo tempo animal e humana, da qual tanto o clã quanto as espécies animais do mesmo nome são considerados originários e que é a figura-chave no pensamento social de muitas tribos caçadoras) é perfeitamente interpretado por essa fórmula. Pois, exatamente como o pai é o modelo para seu filho, o animal o é para o caçador. E à maneira, talvez, de um jogo maravilhoso (Huizinga), ou talvez de um arrebatamento (Frobenius),* todo o mundo do homem torna-se relacionado com o mundo do animal a tal ponto que é muito difícil de conceber para pessoas cuja imagem do mundo, como a nossa própria, adere ao modelo da planta. A história, distribuição e estruturas básicas das mitologias desse tipo – as mitologias dos caçadores primitivos – são discutidas na Parte III.

Na Parte II, continuamos analisando a questão, já colocada, da relação das mitologias avançadas do Oriente Próximo, Europa e Ásia Maior com a imagética primitiva do Chefe Morte e da Árvore Cósmica. Essa mitologia mais mística, na

* Cf. *supra*, p. 30-35.

qual o homem vê a vida e a morte como fases alternadas na manifestação temporal "de algo muito mais profundamente fusionado", tem maior relação com a nossa mitologia que a dos caçadores, embora as duas possam ter a mesma idade. Ou, pelo menos, sinais de ambas são visíveis, até onde consegue chegar a luzinha da nossa ciência, no abismo do passado.

E então, o que devemos dizer agora a respeito da teoria psicológica de Bastian acerca das ideias elementares e étnicas? Pode-se argumentar que duas mitologias tão contraditórias tenham se originado de uma mesma herança psicológica?

De fato, pode-se. Porque, exatamente como nos primeiros estágios de toda biografia humana, as imagens da mãe e do pai envolvem características contraditórias – ameaçadoras e protetoras, malignas e benignas – assim também, nos anos posteriores, a imagem da morte. E exatamente como em uma biografia, é o aspecto positivo ou negativo de uma imagem parental que determina a estruturação final da psique e seus sonhos (de acordo com as condições locais); também aqui, na esfera mais ampla da atitude do adulto diante da morte, uma postura negativa ou positiva pode ser assumida de acordo com as lições quer dos animais ferozes como mistagogos, quer das plantas, menos rudes. A ideia elementar (*Elementargedanke*) jamais é, ela própria, diretamente representada em mitologia, mas sempre transmitida por meio de ideias étnicas ou formas locais (*Völkergedanke*) e essas, como percebemos agora, são regionalmente condicionadas e podem refletir atitudes de resistência ou de assimilação.

As imagens do mito, por isso, jamais podem ser uma representação direta do segredo total da espécie humana, mas apenas o propósito de uma atitude, o reflexo de uma posição, uma postura de vida, uma maneira de jogar o jogo. E onde as regras ou formas de tal jogo são abandonadas, a mitologia dissolve-se – e, com a mitologia, a vida.

PARTE II

A MITOLOGIA DOS AGRICULTORES PRIMITIVOS

CAPÍTULO 3

A ESFERA CULTURAL DAS CIVILIZAÇÕES AVANÇADAS

Entre os muitos desenvolvimentos recentes no campo da pesquisa arqueológica, um dos mais interessantes tem sido o constante progresso das escavações no Oriente Próximo, que agora estão pondo em evidência os centros de origem e linha de difusão das primeiras formas da cultura neolítica. Para apresentar os principais resultados do trabalho pertinente ao nosso tema, pode-se notar, primeiramente, que as técnicas da agricultura de grãos e criação de gado – as formas básicas de economia que sustentaram as civilizações avançadas do mundo – aparecem agora como surgidas pela primeira vez entre 7500 e 4500 a.C., no Oriente Próximo, centro a partir do qual se teriam expandido para o leste e oeste em uma ampla faixa, substituindo as culturas anteriores de caça e coleta de alimentos, muito mais precárias, até atingirem, por volta de 2500 a.C., tanto a costa pacífica da Ásia quanto as costas atlânticas da Europa e África. Enquanto isso, no núcleo de onde havia partido essa difusão, um novo desenvolvimento ocorria aproximadamente de 3500 a 2500 a.C., produzindo todos os elementos básicos das civilizações arcaicas avançadas – a escrita, a roda, a matemática, o calendário, a realeza, o clero, o simbolismo do templo, os impostos etc. –, e os temas mitológicos específicos desse segundo desenvolvimento foram então difundidos de maneira relativamente rápida, junto com os efeitos tecnológicos, ao longo dos caminhos já trilhados, até alcançar novamente as costas do Pacífico e do Atlântico.

I. O PROTONEOLÍTICO: APROXIMADAMENTE **12.500-7000** a.C.

A primeira fase dessa transformação crucial da sociedade parece representada por uma série de descobertas feitas durante a década de 1920, por Dorothy

Garrod, nas chamadas cavernas do monte Carmelo na Palestina.[1] A partir de então, artefatos semelhantes aos encontrados por ela foram descobertos em locais tão distantes quanto Helwan, Egito, bem ao sul, e Beirute e Yabrud, ao norte, e, para o leste, até as montanhas curdas do Iraque. A manufatura desses artefatos é conhecida pela arqueologia como natufiana e pode ter florescido entre o oitavo e o quinto milênio antes de Cristo; a data é ainda extremamente obscura. Podemos denominar protoneolítica sua era, vagamente definida, e seu estágio de desenvolvimento o "último da coleta de alimentos". Os materiais sugerem um agregado de tribos caçadoras nômades ou seminômades com uma rica variedade de implementos de pedra e osso de um tipo do Paleomicrolítico Tardio, ainda não morando em aldeias mas complementando seus víveres com algum tipo de gramínea de cereal; pois lâminas de foicinha feitas de pedra foram encontradas entre os vestígios, sugerindo colheita. Numerosos ossos de porco, cabra, ovelha, boi e de algum tipo de equídeo permitem-nos saber, além do mais, que, se os natufianos ainda não domesticavam, eles, entretanto, abatiam os mesmos animais que, posteriormente, constituiriam aqueles domesticados nas culturas mais desenvolvidas. Seu estilo de vida era de transição entre os estágios da coleta de alimentos e do cultivo.*

---

* Hoje se acredita que a agricultura começou por volta de 10.000 a. C. Veja Graeme Barker, *The Agricultural Revolution in Pre-History: Why Did Foragers Become Farmers?* (Oxford: Osford University Press, 2006) . – Editores

---

O verdadeiro ponto crucial do problema arqueológico da origem das técnicas dos cultivadores de alimentos, entretanto, está na questão ainda não respondida: se tais vestígios do Oriente Próximo representam de fato os primeiros passos em direção à agricultura e à criação de gado em qualquer parte do mundo, ou se não poderiam, antes, representar meramente uma região de aculturação periférica, adoção superficial por caçadores nômades de ideias e elementos derivados de alguma outra parte.

De acordo com uma visão que se tem fortalecido nas últimas décadas, o último caso é o mais provável. Os primeiros cultivos deveriam ser buscados, segundo essa conjectura, naquela ampla zona equatorial onde o mundo vegetal forneceu não apenas alimento, vestuário e abrigo ao homem desde tempos imemoriais, mas também seu modelo de mistério da vida – em seu ciclo de crescimento e declínio, florescimento e proliferação, em que a morte e a vida aparecem como transformações de uma única força, cósmica e indestrutível.** Hoje, encontramos em toda essa imensa região um estilo de vida de aldeia, bem desenvolvido e baseado numa economia hortícola de inhame, coco, banana, taro etc., bem como uma série de

** Cf. *supra*, p. 117-119.

características culturais, incluindo choupanas empenadas retangularmente, tambores feitos de cepos lascados e uma certa maneira de comunicar-se por batidas de tambor, uma plêiade de diferentes instrumentos musicais, sociedades secretas de um tipo determinado, tatuagem, um tipo de arco e flecha emplumada, formas de sepultamento e culto do crânio como já vimos relacionados com o sul e leste da África,* adoração de pássaros, cobras e crocodilos, espíritos-choupanas e espíritos-postes, métodos específicos de fazer fogo, e uma forma de confeccionar roupa com fibra de palmeira e casca de árvore.[2] Acrescente-se a isso uma elaborada tradição ritualística que culmina em ritos coletivos de sacrifício humano e animal, uma mitologia da jornada para o reino dos mortos que, em muitos aspectos, se assemelha à da guardiã do labirinto dos malekulas,** uma surpreendente coleção de motivos folclóricos e a difusão de um único complexo linguístico (o malaio-polinésio) de Madagascar até a ilha de Páscoa,[3] e teremos uma base considerável a partir da qual argumentar em favor de uma esfera comum. Além do mais, quando se observa (e este ponto é de particular importância) que foi justamente fora do raio oriental dessa esfera que um sistema altamente desenvolvido de agricultura surgiu no Peru e Mesoamérica, baseado amplamente no milho, mas incluindo também cerca de cinquenta outros grãos e associado com a criação de lhamas e alpacas (no Peru) e perus (no México), enquanto no meio do caminho da mesma vasta região (as vizinhas Indochina e Indonésia), a cultura do arroz, da soja, o búfalo da Índia e as aves domésticas surgem pela primeira vez, não é surpreendente que muitos estudiosos tenham desenvolvido o conceito de um único domínio cultural, do qual, ou associado a ele, três grandes matrizes de agricultura de cereais se desenvolveram: Sudeste Asiático (arroz), Oriente Próximo (trigo e cevada), e Peru e Mesoamérica (milho).

Os arqueólogos, entretanto, vasculhando o Oriente Próximo estágio por estágio, tendem a acreditar que estão sondando ali o limite último do problema das origens da aldeia neolítica – pelo menos, do hemisfério afro-eurasiano. Em sua visão, o complexo do Sudeste Asiático representaria, então, a adaptação local de um sistema de técnicas levado até ali por difusão. E, comparativamente, muitos daqueles que exploram agora as origens das civilizações avançadas do Peru e Mesoamérica acreditam que as duas também tenham se desenvolvido independentemente do primitivo complexo agrícola do eixo Madagascar-ilha de Páscoa. A questão é extremamente complexa e, por alguma razão, tende a envolver emocionalmente os cientistas. Retornarei a ela nos próximos capítulos; por enquanto, centrarei a atenção numa breve reconstrução do capítulo Oriente Próximo dessa intrincada história.

* Cf. *supra*, p. 118.

** *Supra*, p. 74.

II. O NEOLÍTICO BASAL: APROXIMADAMENTE **7000-3500** a.C.*

* As recentes declarações sobre um nível da cidade em Jericó "de um período que deve aproximar-se do oitavo milênio, se confirmadas, exigiriam de nós que recuássemos a data do Neolítico Basal para aproximadamente 7000 a.C. Entretanto, muitas autoridades duvidam dessa suposição; por exemplo, Braidwood (*Primitive Men*, Chicago Natural History Museum, 1957, 3ª ed., p. 120), e W.F. Albright, "Um Levantamento da Cronologia Arqueológica da Palestina, do Neolítico à Idade do Bronze Média", in *Relative Chronologies in Old World Archaeology*, editado por Robert W. Ehrich (University of Chicago Press, Chicago, 1954), p. 29, nota 2. – Joseph Campbell

A segunda fase do desenvolvimento crucial do Oriente Próximo pode ser atribuída esquematicamente ao milênio entre **7000** e **3500** a.C. e denominada Neolítico Basal. O assentamento em aldeias, baseado em uma eficiente economia agropecuária de pequeno porte, torna-se agora um padrão bem estabelecido na região nuclear, os principais cereais são o trigo e a cevada e os animais o porco, a cabra, a ovelha e o boi – o cão juntou-se à família humana muito antes, como ajuda aos caçadores do Paleolítico Tardio, talvez por volta de **30.000** a.C.* A cerâmica e a tecelagem foram acrescentadas às habilidades humanas; igualmente, as artes de carpintaria e construção de casas. E o papel da mulher foi, talvez, grandemente acentuado, tanto social quanto simbolicamente; pois enquanto no período da caça os principais contribuintes ao sustento das tribos tinham sido os homens e o papel das mulheres fora, via de regra, o de "escravas" domésticas, agora as contribuições econômicas da mulher eram da maior importância. Ela participava – talvez até predominasse – no plantio e colheita dos cereais e, na qualidade de mãe e nutridora da vida, era considerada auxiliar simbólica da terra em sua produtividade.

*As datas para a domesticação de cães são muito controversas. Campbell seguiu a ciência da época ao atribuir a data de aproximadamente 15.000 a.C. Os mais antigos vestígios de cães domésticos, encontrados em uma caverna na Bélgica, têm pelo menos 30.000 anos de idade. Alguns geneticistas alegam que a codependência humano-canina talvez remonte a 135.000 a.C. Veja David Grimm, "Dawn of the Dog", Science 348, nº 6232 (2015): 274-79. – Editores

Entretanto, ninguém pode afirmar com certeza quanto ao lugar social e religioso da mulher nesse período, pois as parcas evidências dos ossos e dos fragmentos de cerâmica rústica não revelam nada de sua sorte. É preciso inferir, hipoteticamente, a partir das evidências do próximo milênio (4500-3500 a.C.), quando aparece uma grande quantidade de estatuetas femininas entre os fragmentos de cerâmica. Eles sugerem que a analogia óbvia dos poderes da mulher com os da terra – de dar e nutrir a vida – já teria levado o homem a associar a fertilidade da mulher com uma ideia de maternidade da natureza. Obviamente, não temos nenhum texto dessa idade pré-letrada e, em consequência, nenhum conhecimento de seus ritos e mitos. Não é incomum, portanto, que arqueólogos extremamente bem treinados aleguem que não conseguem imaginar que serviços as numerosas estatuetas femininas poderiam ter prestado aos lares para os quais eram designadas. Entretanto, temos amplo conhecimento sobre o papel de tais imagens nos períodos imediatamente subsequentes – e a sua função até os dias de hoje. Elas prestam ajuda mágico-psicológica no parto e na concepção, ficam em oratórios para receber diariamente os devotos e proteger os ocupantes da casa tanto de perigos físicos quanto espirituais, servem como suporte da mente em suas meditações sobre o mistério da existência e, como frequentemente são bonitas, servem de ornamento nos lares devotos. Elas acompanham o agricultor em suas lavouras, protegem as colheitas, protegem os animais no estábulo. São guardiãs das crianças. Vigiam o navegante no mar e o mercador na estrada.

Uma série de papéis típicos e aparentemente constantes dessa deusa-mãe pode ser descoberta, também, pelo simples exame da "Litania de Loreto" católica romana, que é dirigida à Mãe Virgem Maria. Ela é chamada ali de Santa Mãe de Deus, Mãe da Graça Divina e Mãe do Bom Conselho; a Virgem mais renomada, a Virgem mais poderosa, a Virgem mais misericordiosa, a Virgem mais fiel e louvada como Espelho da Justiça, Morada da Sabedoria, Causa de nossa Alegria, Portal do Céu, Estrela da Manhã, Saúde dos Enfermos, Refúgio dos Pecadores, Consolo dos Aflitos e Rainha da Paz; Torre de Davi, Torre de Marfim e Casa de Ouro.

Entre os símbolos associados com a grande deusa nas artes arcaicas do Mediterrâneo encontramos o espelho, o trono real da sabedoria, o portão, a estrela da manhã e da tarde e uma coluna flanqueada por leões rampantes. Outrossim, entre suas numerosas estatuetas neolíticas, a vemos de pé grávida, acocorada como se estivesse parindo, amamentando um bebê, apertando os seios com as duas mãos, ou um seio, enquanto com a outra mão aponta para seus genitais (a postura foi modificada no período romano na célebre imagem da mesma deusa encontrada no pórtico de Otávia e agora em Florença, a Vênus de Médici). Ou, novamente, podemos vê-la dotada com a cabeça de uma vaca, tendo nos braços uma criança com cabeça de touro; de pé nua sobre um leão; flanqueada por animais rampantes, leões ou cabras. Seus braços podem estar abertos como a receber-nos, ou estendidos segurando flores ou serpentes. Ela pode estar coroada com a muralha de uma cidade. Ou, novamente, sentada entre os chifres, ou montada sobre um robusto touro.

III. O NEOLÍTICO SUPERIOR: APROXIMADAMENTE **5000-3500** a.C.*

---

* Para informações sobe a datação desta era, veja Sally Hutchinson-Ceely, "The Gometric Style in Art: a Brief Survey from the Paleolithic to the Twentieth Century" *Wisconsin Academy of Sciences, Arts and Letters* 71, no 2 (1983) pp 31-40. – Editores

---

No período em que essa constelação de estatuetas femininas nuas aparece pela primeira vez, que pode ser chamado de Neolítico Superior, a cerâmica torna-se de súbito admiravelmente requintada e belamente decorada e, além disso, mostrando um conceito totalmente novo de arte ornamental e de organização de formas estéticas como nunca tinha aparecido na história do mundo. Na arte do período anterior, a paleolítica das grandes cavernas do sul da França e norte da Espanha – das quais vamos tratar na Parte III – não se encontra nenhuma evidência de qualquer conceito de organização *geométrica de* um espaço estético. De fato, as superfícies pintadas ou gravadas nas paredes das cavernas eram tão pouco consideradas como espaços de interesse estético que os animais frequentemente se sobrepõem uns aos outros em grandes entrelaçamentos. Tampouco encontramos algo que se assemelhe a espaço estético geometricamente organizado nas obras sobreviventes dos estágios posteriores, os últimos do Paleolítico. Muitos dos petróglifos dos estágios posteriores da idade da caça perderam sua beleza e precisão impressionista iniciais; alguns degeneraram em meros rabiscos ou abstrações geométricas. Outrossim, sobre certos seixos rolados pintados, encontrados em lugares que aparentemente eram santuários religiosos dos caçadores, aparecem figuras geométricas: a cruz, o círculo com um ponto no centro, uma linha com um ponto em cada lado, listras, sinuosidades e algo assemelhando-se à letra E. Entretanto, não encontramos, mesmo neste último estágio do período da caça, nada que pudesse ser chamado de organização geométrica, nada que sugerisse o conceito de um espaço definidamente circunscrito, no qual uma série de elementos díspares fossem unidos ou fundidos em um todo estético por uma harmonia de beleza. Enquanto de repente – muito de repente – no período de que estamos tratando, que coincide com o surgimento no mundo de aldeias bem estabelecidas e em amplo desenvolvimento, irrompe à vista uma abundância das mais graciosas e conscientemente organizadas composições circulares de motivos geométricos e abstratos, na cerâmica dos estilos conhecidos como Halaf e Samarra.

E, no centro desses desenhos, encontramos certos símbolos que permaneceram até hoje como característicos de tais organizações. Na cerâmica Samarra, por exemplo, ocorre a mais antiga associação conhecida da suástica com o centro de uma composição circular (há, na realidade, uma única ocorrência anterior conhecida da suástica: sob as asas estendidas de um pássaro voando, esculpido em marfim de mamute e encontrado em um sítio paleolítico não longe de Kiev). Encontramos também a cruz de malta no centro desses primeiros desenhos geométricos – ocasionalmente modificada de maneira a sugerir formas animais estilizadas emergindo dos braços; e, em muitos exemplos, as figuras de mulheres aparecem com os pés ou cabeças convergindo no meio do desenho circular, para formar uma estrela. E, ainda, as formas de quatro gazelas circundando uma árvore. Uma série de vasos mostra graciosas aves pernaltas apanhando peixes.

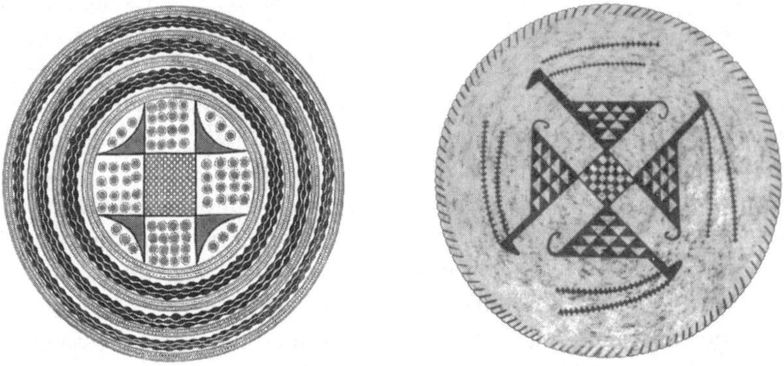

Figura 5. Desenhos em cerâmica, de aproximadamente 4000 a.C. Cerâmica Halaf (esquerda); cerâmica Samarra (direita).

O local da descoberta arqueológica do qual essa série soberba de vasos decorados recebeu o nome, Samarra, está situado no Iraque, junto ao rio Tigre, cerca de 112 km acima de Bagdá; e a região pela qual a cerâmica foi difundida estende-se em direção norte até Nínive; ao sul até a ponta do golfo Pérsico, e a leste, através do Irã, até a fronteira com o Afeganistão. A cerâmica Halaf, por outro lado, está espalhada por uma região ao norte dessa, com seu principal centro no norte da Síria, bem ao sul das montanhas Tauro, ou Touro, na Anatólia (hoje Turquia), de onde o rio Eufrates e seus afluentes descem do sopé para a planície. E o que é mais notável nessa cerâmica do noroeste lindamente decorada é a proeminência da cabeça de touro (o chamado bucrânio), visto de frente e com grandes chifres arqueados. A forma é expressa tanto naturalisticamente quanto em desenhos estilizados muito graciosos. Outro artifício notável nessa série é o machado de dupla lâmina. Encontramos a cruz de malta mais uma vez, como em Samarra, mas nenhuma suástica e tampouco aqueles desenhos graciosos de gazelas. Além do mais, rela-cionadas com as estatuetas femininas (que são numerosas neste contexto), aparecem figuras de argila da pomba, bem como da vaca, zebu, ovelha, cabra e porco. Um fragmento muito bonito representa a deusa de pé, vestida, entre duas cabras rampantes – a da esquerda um macho e a outra, uma fêmea amamentando um cabrito. E todos os símbolos neste complexo cultural halafiano estão associados com o assim chamado túmulo da colmeia.

Mas esse é precisamente o complexo que surgiu um milênio mais tarde em Creta e dali foi levado por mar, através das Colunas de Hércules, para o norte até as ilhas Britânicas e, para o sul, até a Costa do Ouro, a Nigéria e o Congo. É também o complexo básico da cultura micênica, da qual os gregos e, consequentemente, nós próprios, retiramos tantos símbolos. E quando o culto do rei-touro morto e ressuscitado foi levado da Síria ao delta do Nilo, no quarto ou terceiro milênio a.C., esses símbolos o acompanharam. Na verdade, acho que podemos afirmar com um grau de certeza muito elevado que, nessa simbologia halafiana do touro e da deusa, da pomba e do machado de dupla lâmina, temos as mais antigas evidências, até hoje descobertas em qualquer lugar, da mitologia prodigiosamente influente associada para nós com os grandes nomes de Ístar e Tammuz, Vênus e Adônis, Ísis e Osíris, Maria e Jesus. Das montanhas Tauro, as montanhas do deus-touro, que já podem ter sido identificadas com a lua em forma de chifre, que morre e ressuscita três dias depois, o culto foi difundido, com a própria arte da criação de gado, praticamente até os confins do mundo, e até hoje, nós celebramos o mistério daquela morte e ressurreição mitológica como uma promessa de nossa própria eternidade. Mas, que experiência e compreensão de eternidade e de tempo deram origem, naquele período primitivo, a essa constelação de formas eloquentes? E por que na imagem do touro?

OS SUMÉRIOS

Um importante desenvolvimento, repleto de significado e promessas para a história da humanidade nas civilizações por vir, ocorreu na última parte desse mesmo período (cerca de 4000 a.C.), quando algumas das aldeias camponesas começaram a assumir o tamanho e a função de cidades mercantis e houve uma expansão da área cultural para o sul, pelas planícies lodosas da Mesopotâmia ribeirinha. Esse é o período em que a misteriosa raça dos sumérios aparece pela primeira vez em cena, para estabelecer-se nas planícies tórridas do delta do Tigre e do Eufrates, que se tornariam em breve as cidades reais de Ur, Kish, Lagash, Eridu, Sippar, Shuruppak, Nipur e Erech. Os únicos recursos naturais da região eram o barro e o junco. Madeira e pedra tinham de ser importadas do norte e, muito em breve, pequenas contas de cobre começariam a aparecer entre as importações, pois a Idade do Metal estava por iniciar-se. Mas o lodo era fértil e a fertilidade renovava-se anualmente. Além do mais, o barro podia ser transformado em tijolos secos ao sol, os quais aparecem agora pela primeira vez na história, usados na construção de templos – que, igualmente, inauguram sua presença na história do mundo. Sua forma típica é bem conhecida; era aquela do zigurate em seus primeiros estágios – de pouca altura, construído com um santuário no topo para o ritual da união da deusa-terra com o senhor-céu, união geradora do mundo. E, se podemos julgar a partir das evidências dos séculos seguintes, a rainha ou princesa de cada cidade, naqueles primórdios, era identificada com a deusa, e o rei, seu esposo, com o deus.

A cerâmica pintada da camada mais antiga dessas localidades ribeirinhas do sul da Mesopotâmia é conhecida na arqueologia como cerâmica de Obeid, encontrada na colina de Tell el-Obeid, situada ao sul do limite austral do rio Eufrates e não distante da antiga cidade de Ur (que logo surgiria) e da qual supostamente partiram o patriarca Abraão e sua esposa Sara (Gênesis 11:31). E essa, novamente, é uma cerâmica elaborada, geometricamente ornamentada, um pouco menos graciosa, talvez, e menos colorida que os artefatos dos ricos estilos de Halaf e Samarra. Seus desenhos, com poucas exceções, não são policromados, mas pintados sobre um fundo claro em apenas uma cor: preto ou marrom. E o período é datado por volta de 4000-3500 a.C.[4]

IV. A CIDADE-ESTADO HIERÁTICA: APROXIMADAMENTE **5400-2500** a.C.

Notamos que:

a) o período Protoneolítico dos natufianos, que pode ser situado entre **12.500** e **9500** a.C., quando os primeiros sinais de uma incipiente agricultura de cereais surgiu em zonas amplamente dispersas do Oriente Próximo;

b) o Neolítico Basal, quando da fundação das primeiras aldeias, entre **7000** e **3500** a.C.,* centradas aparentemente em regiões próximas dos limites superiores dos sistemas fluviais do Tigre e do Eufrates, mas estendendo-se para leste até o Irã, para oeste até a Anatólia (hoje Turquia) e para o sul, ao longo do Mediterrâneo, até o Egito e

c) o Neolítico Superior dos estilos da cerâmica de Halaf e de Samarra, cerca de 4500-3500 a.C., e do estilo Obeid, cerca de 4000-3500 a.C., quando o conceito abstrato de um espaço estético geometricamente organizado e certos símbolos abstratos e estilizados (a cruz de malta, a suástica, a roseta, o machado de dupla lâmina e o bucrânio) apareceram pela primeira vez em nossa documentação do pensamento humano juntamente com os primeiros exemplos de uma série neolítica de estatuetas femininas nuas, representando funções da deusa da fertilidade de uma classe camponesa bem estabelecida e fincada na terra.

O Neolítico Superior foi o período em que os primeiros sinais de habitação humana começaram a surgir nas planícies lodosas da Mesopotâmia ribeirinha. Além do mais, por toda a região, da Anatólia ao Egito e do Mediterrâneo ao Irã, as aldeias situadas mais estrategicamente começaram a transformar-se em cidades mercantis, enquanto algumas das aldeias menores parecem ter começado a especializar-se em determinadas artes. Por exemplo, em uma localidade pequena mas extremamente interessante, conhecida da arqueologia como Arpachiya, no norte do Iraque, não distante da povoação maior e murada de Nínive, foi encontrada, no centro da comunidade, uma grande olaria de um competente artesão, que parece

* Ver nota, *supra*, p. 128.

ter sido o chefe da aldeia. Muitas das suas cerâmicas estavam expostas em prateleiras em volta das paredes de sua relativamente grande residência de tijolos crus; de maneira que temos a impressão de uma comunidade de oleiros camponeses, cultivando suas próprias lavouras e criando seu gado, mas produzindo sua bela cerâmica Halaf não apenas para si mesmos, como também para um mercado de elite de algum outro lugar, possivelmente Nínive, a maior cidade próxima. Pois o comércio nesse período estava se desenvolvendo não menos do que a agricultura e as artes – as artes da cerâmica, escultura em pedra, joalheria e tecelagem.[5]

Foi também nas grandes cidades mercantis desse período, como vimos, que surgiram os primeiros zigurates durante o quarto milênio a.C. simbolizando, aparentemente, o centro do universo, onde a união geradora da vida entre os poderes do céu e da terra se consumou num casamento ritual. Talvez o ritual tenha sido representado por uma rainha divina e seu esposo, se é que reis e rainhas podem ser considerados como já existentes naquele tempo remoto. Não sabemos absolutamente nada sobre a estrutura social e política da cidade-estado mercantil do Neolítico Superior.

Entretanto, no período imediatamente subsequente – o da cidade-estado hierática, que pode ser situado, com relação às cidades ribeirinhas do sul da Mesopotâmia, esquematicamente, entre 3500 e 2500 a.C. –, encontramos uma situação totalmente nova e singular. Pois no nível do estrato arqueológico conhecido como Uruk A, que está imediatamente acima do de Obeid e pode ser grosseiramente datado por volta de 3500 a.C., as áreas de templos do sul da Mesopotâmia podem ser vistas notavelmente aumentadas em tamanho e importância; e então, de súbito, em uma data crucial que pode ser fixada quase com precisão em 3200 a.C. (no período do estrato arqueológico conhecido como Uruk B), surge naquela pequena região lodosa suméria – como se as flores de suas minúsculas cidades subitamente vicejassem – toda a confluência cultural que a partir de então constituiu a unidade germinal de todas as civilizações avançadas do mundo. E não podemos atribuir esse evento a qualquer conquista da mentalidade simples dos camponeses. Tampouco foi a consequência mecânica de um mero acúmulo de artefatos materiais, economicamente determinados. Foi a criação factual e claramente consciente (isto pode ser afirmado com total certeza) da mente e da ciência de uma nova ordem de humanos que jamais havia surgido na história da espécie: sacerdote do templo, profissional, em tempo integral, iniciado e estritamente arregimentado.

A nova inspiração da vida civilizada estava baseada, em primeiro lugar, na descoberta, através de longas e meticulosas observações verificadas uma e outra vez, de que havia, além do Sol e da Lua, cinco outras esferas celestes visíveis ou pouco visíveis (a saber, Mercúrio, Vênus, Marte, Júpiter e Saturno), que se moviam em trajetórias determinadas, de acordo com leis determinadas, semelhante às rotas traçadas pelo Sol e pela Lua; e, em segundo lugar, na noção quase insana, jocosa, porém potencialmente terrível, de que as leis que governavam os movimentos das sete esferas celestes, de alguma forma mística, deveriam ser as mesmas que governavam a vida e o pensamento dos homens sobre a Terra. Toda a cidade, e não apenas a área dedicada aos templos, era agora concebida como uma imitação na Terra da ordem cósmica, um "cosmos intermediário" sociológico, ou mesocosmos, instaurado pela astúcia eclesiástica entre o macrocosmos do universo e o microcosmos do indivíduo, revelando a forma única e essencial de tudo. O rei era o centro, como representante humano do poder manifestado nos ceus pelo Sol ou a Lua, segundo o foco do culto local; a cidade murada foi organizada arquitetonicamente no formato de um círculo dividido em quatro partes (como os círculos desenhados nos objetos de cerâmica do período imediatamente precedente), cujo centro era o santuário principal do palácio ou zigurate (como os desenhos em volta da cruz, da roseta ou da suástica que aparecem nas cerâmicas), e havia um calendário com base matemática para regular as estações da vida da cidade de acordo com as passagens do Sol e da Lua entre as estrelas – bem como um sistema altamente desenvolvido de artes litúrgicas, incluindo a música, arte de tornar audível aos ouvidos humanos a harmonia ordenadora do mundo das esferas celestes.

Foi nesse momento do destino humano que surgiu pela primeira vez no mundo a arte da escrita e que, consequentemente, viabilizou a documentação histórica na forma escrita. Também surgiu a roda. E temos evidências do desenvolvimento dos dois sistemas numéricos ainda usados em todo o mundo civilizado: o decimal e o sexagesimal; o primeiro era usado principalmente nos cálculos comerciais nos escritórios dos recintos dos templos, onde eram armazenados os cereais que tinham sido coletados como impostos; o último, na medição ritualística do espaço e também do tempo. Trezentos e sessenta graus, então como hoje, representavam a circunferência de um círculo – o ciclo do horizonte – enquanto trezentos e sessenta dias, mais cinco, marcavam a medição do círculo do ano, o ciclo do tempo. Os cinco dias intercalados que formam o total de trezentos e sessenta e cinco foram usados para representar uma passagem sagrada, através da qual a energia espiritual fluía do pleroma da eternidade para o círculo do universo temporal e foram, em decorrência disso, fixados como dias de festas e festivais sagrados. Comparativamente, o zigurate, o ponto principal no centro do círculo sagrado do espaço, onde os poderes terrenos e celestiais se uniam, era também caracterizado pelo número cinco; pois os quatro lados da torre, orientados para os pontos cardinais, juntavam-se no vértice – o quinto ponto – e era ali que a energia do céu se encontrava com a da terra.

Essa antiga torre de templo sumério, como a pequena cidade hieraticamente organizada à sua volta, onde cada um exercia sua função de acordo com as regras de um jogo divino celestialmente inspirado, forneceu o modelo de paraíso que encontramos, séculos depois, na imagética hinduísta e budista da montanha cósmica – Sumeru – cujos declives adornados com joias, apontando para as quatro direções, sendo o oeste povoado por serpentes sagradas, o sul por gnomos, o norte por gigantes terráqueos e o leste por músicos divinos, se elevavam do ponto central da Terra como o eixo vertical do universo em forma oval, tendo em seu topo quadrangular as mansões palacianas dos deuses imortais, cuja cidade guarnecida de torres era conhecida como Amaravati, "A Cidade Imortal". Mas foi também o modelo para o Olimpo grego, para os templos astecas do Sol e para a montanha sagrada do Purgatório de Dante, com o Paraíso Terrestre no topo. Pois a forma e a ideia da Cidade de Deus concebida como um "mesocosmos" (uma imitação terrena da ordem celeste do macrocosmos), que emergiram no limiar da história por volta de 3200 a.C., exatamente no ponto geográfico onde os rios Tigre e Eufrates atingem o golfo Pérsico, foram disseminadas para leste e oeste ao longo dos caminhos já trilhados pelo Neolítico Inferior. O maravilhoso conjunto de ideias e princípios organizadores da vida – incluindo os da realeza, escrita, matemática e astronomia "convencionada em calendário" – atingiu o Nilo, para inspirar a civilização da Primeira Dinastia do Egito, por volta de **3100** a.C.; difundiu-se para Creta por um lado e, por outro, para o vale do Indo, por volta de 2600 a.C.; para a cultura Shang da China, por volta de 1600 a.C. e, segundo o destacado Dr. Robert Heine-Geldern, da China através do Pacífico, durante o próspero período das navegações da antiga dinastia Chou, entre os séculos VII e IV a.C., para o Peru e Mesoamérica.[6]

Se o último fato for verdadeiro, bem como os restantes (e sua probabilidade é analisada nos próximos capítulos), então pode-se dizer sem exagero que todas as civilizações avançadas do mundo – todas elas – devem ser vistas como galhos de uma grande árvore, cuja raiz está no céu. E se tivéssemos que tentar formular o sentido ou significado dessa raiz mitológica (a mônada inspiradora de vida que precipitou a imagem do destino humano como um órgão do cosmos existente), poderíamos dizer que a necessidade psicológica de juntar as partes de uma comunidade ampla e socialmente diferenciada – compreendendo uma série de classes sociais recém-formadas (sacerdotes, reis, mercadores e camponeses) em uma relação ordenada de umas com as outras e, ao mesmo tempo, sugerindo a ação entre elas de um princípio vivificador superior, que tudo preenche e tudo informa – é uma necessidade profundamente sentida, tanto psicológica quanto sociológica, que deve ter sido satisfeita com o reconhecimento, em algum momento no quarto milênio a.C., da ordenada "dança giratória dos cinco planetas visíveis, do Sol e da Lua, através das constelações do zodíaco. Essa ordem celestial tornou-se então o modelo para a humanidade no estabelecimento de uma ordem terrena de vontades coordenadas – um modelo tanto para reis quanto para filósofos, visto que parecia manifestar a lei mantenedora, não apenas do universo, mas também de cada partícula. Pelas vias vulgares de conhecimento poderíamos ficar à deriva, distraídos pela multiplicidade dos propósitos do mundo, bem como por nossos desejos mal orientados de poder e prazer pessoais, perdendo, desse modo, contato com a ordem interna de nosso ser. Mas a lei dos céus agora deve nos pôr no caminho certo; pois, como podemos ler – mais uma vez – nas palavras de Platão: "Os impulsos relacionados com a parte divina em nós são os pensamentos e os ciclos do universo;

esses, portanto, todo homem deveria seguir e, corrigindo aqueles circuitos na cabeça, que foram perturbados no nascimento, aprendendo a conhecer as harmonias e ciclos do mundo, ele deveria juntar a parte inteligente, de acordo com sua natureza prístina, com a imagem daquilo que a inteligência discerne e, consequentemente, obter a realização do melhor da vida determinado pelos deuses para a humanidade, tanto para este tempo presente quanto para a vida futura".[7]

O termo egípcio para essa ordem universal era Maat; na Índia, é Dharma; e na China, Tao.

E, se tentarmos agora exprimir em uma sentença o sentido e o significado de todos os mitos e rituais que surgiram dessa concepção de ordem universal, podemos dizer que eles são seus agentes estruturadores, funcionando para colocar a ordem humana em concordância com a celestial. "Será feito na terra, como é no céu." Os mitos e ritos constituem um mesocosmos – um cosmos intermediário mediador, pelo qual o microcosmos do indivíduo é colocado em relação com o macrocosmos do universo. E esse mesocosmos é todo o contexto do corpo social, que é assim uma espécie de poema vivente, hino ou ícone de barro e junco, de carne e sangue, e de sonhos, moldado na fornia lírica da cidade-estado hierática. A vida na Terra é para espelhar, quase tão perfeitamente quanto possível em corpos humanos, a quase oculta – porém agora descoberta – ordem do espetáculo das esferas.

CAPÍTULO 4

O DOMÍNIO DOS REIS IMOLADOS

I. A LENDA DA DESTRUIÇÃO DE KASH

Uma lenda que lança um raio de luz sobre o passado do Sudão, hoje basicamente maometano, foi contada em 1912, no mercado da capital do Cordofão, por um orgulhoso barba-branca, Arach-ben-Hassul, chefe dos cameleiros da expedição cordofanesa de Frobenius. A pequena cidade de El Obeid,* a aproximadamente 384 km a sudoeste de Cartum, fervilhava de membros de raças de todos os cantos desertos e escassamente povoados do interior – berberes, árabes, núbios, membros de tribos esquecidas das montanhas distantes – que para ali acorreram para dar as boas-vindas ao novo cônsul geral, lorde Kitchener. O período era delicado do ponto de vista político. A Itália tinha declarado guerra à Turquia, bombardeando Prevaza sem aviso e ocupando Trípoli, Cirenaica e as ilhas Dodecanesas; de maneira que Kitchener, para manter seus subordinados ocupados com seus próprios assuntos, instituíra um amplo programa de reformas econômicas: a abertura de mercados de algodão por todo o país, escolas rurais, bancos de poupança, tribunais cantonais e uma elevação da represa de Assuã. Foi um momento feliz para a ciência da mitologia comparativa, que pôs os pesquisadores alemães a trabalhar entre os bandos acocorados de cameleiros, nômades vis e bandidos cavalheirescos que, em toda parte, escutavam os contadores de histórias repetindo as antigas lendas do glorioso passado do Cordofão, de Darfur para o oeste, da Etiópia para o leste, da Núbia para o norte e de Darnuba para o sul. Arach-ben-Hassul, da região de Darfur, era descendente de uma das últimas famílias sobreviventes da antiga guilda dos artesãos de cobre do Cordofão, e também escutava tais

* Não confundir com Tell-el-Obeid do Capítulo 3, que fica no Iraque.

histórias. Por sete dias, ficou sentado em silêncio, recolhido atrás de sua barba. E depois de escutar por sete dias, no oitavo, Arach-ben-Hassul levantou-se, passou a mão nos olhos, desceu-a para as faces e para a barba, e disse: "Agora sou eu que vou contar".

Seu relato foi "A Lenda da Destruição de Kash", de um tempo – um tempo histórico e remoto – em que aquela região, que hoje é um deserto tanto físico quanto cultural, era verde e poderosa.

"Naquela época, nesta região, quatro reis governavam um império", ele contou ao grupo acocorado de descendentes daquele passado glorioso:

> e o primeiro rei morava na Núbia, o segundo na Etiópia, o terceiro no Cordofão e o quarto em Darfur; porém o mais rico dos quatro era o Nap de Napata do Cordofão, cuja capital estava situada perto da aldeia que agora se chama Hophrat-en-Nahas. O Nap de Napata era o proprietário de todo o cobre e ouro da região. Seu ouro e cobre eram levados para a Núbia, para serem enviados aos grandes reis do Ocidente. Sua corte também recebia emissários do leste, do além-mar, por navio. E para o sul ele mantinha domínio sobre muitos povos: estes forjavam para ele armas de ferro e forneciam escravos aos milhares para sua corte.
>
> Mas agora, embora esse rei fosse o mais rico da terra, sua vida era a mais triste e limitada de toda a espécie humana; pois cada Nap de Napata podia reger apenas por um breve período de anos. Em todo o seu reino, todas as noites os sacerdotes observavam as estrelas, faziam oferendas, acendiam fogos sagrados e eles não passavam uma noite sem tais orações e oferendas, por medo de perder a trilha das estrelas e consequentemente não saber quando, segundo o costume, o rei deveria ser morto. O costume tinha surgido em uma época imemorial. Noite após noite, ano após ano, os sacerdotes tinham de manter-se alertas para o dia em que o rei deveria ser morto.
>
> E assim, outra vez, como tantas vezes antes, aquele dia chegou. As pernas traseiras dos touros sacrificiais foram decepadas; os fogos da terra foram apagados; as mulheres encerradas dentro de casa e os sacerdotes acenderam o novo fogo. Eles convocaram o novo rei. Era o filho da irmã do que tinha acabado de ser morto e seu nome era Akaf: mas Akaf foi rei em um período em que os antigos costumes do reino foram mudados – e o povo diz que essa mudança foi a causa da destruição de Napata.
>
> O primeiro ato oficial de cada Nap de Napata era decidir que pessoas deveriam acompanhá-lo no caminho da morte. Elas deviam ser escolhidas entre os que lhe eram mais caros e o primeiro nomeado seria o que dirigiria os outros. Um escravo chamado Far-li-mas, célebre por sua arte em contar histórias, chegara à corte alguns anos antes, do além-mar, enviado como presente por um rei do Extremo Oriente. E o novo Nap de Napata disse: "Este homem deverá ser meu primeiro acompanhante. Ele me entreterá até a hora da minha morte e me fará feliz depois da morte".

Quando Far-li-mas ouviu, não teve medo. Ele apenas disse a si mesmo: "É a vontade de Deus".

Além do mais era costume naquela época em Napata que uma chama permanecesse queimando eternamente, tal como hoje em certos lugares isolados em Darfur, e para mantê-la acesa, os sacerdotes deviam designar um menino e uma menina. Eles deviam cuidar do fogo, manter-se absolutamente castos por toda a vida e ser mortos, não junto com o rei, mas imediatamente após, no momento de acender a nova chama. E assim, agora, quando o novo fogo tinha sido instaurado para Akaf, os sacerdotes escolheram como vestal do próximo período a irmã mais jovem do novo rei. Seu nome era Sali – Sali-fu-Hamr. Mas ela tinha medo da morte e, quando ouviu que a escolha havia recaído sobre ela, ficou apavorada.

O rei viveu, por um tempo, feliz, em grande deleite, desfrutando da riqueza e majestade de seu domínio. Ele passava as noites com seus amigos e com todos os visitantes que chegassem à corte como emissários. Mas uma noite fatídica Deus permitiu-lhe compreender que, a cada um de seus dias jubilosos, ele andava um passo adiante em direção à morte certa e ficou com muito medo. Foi incapaz de afastar aquele pensamento assustador e ficou deprimido. Então, Deus enviou-lhe um segundo pensamento: deixar Far-li-mas contar uma história.

Far-li-mas foi, portanto, convocado. Ele chegou e o rei disse: "Far-li-mas, chegou o dia em que você tem de me alegrar. Conte-me uma história". "O cumprimento é mais rápido do que a ordem", disse Far-li-mas e começou. O rei escutou; os hóspedes também escutaram. O rei e seus hóspedes esqueceram-se de beber, esqueceram-se de respirar. Os escravos esqueceram-se de servir. Eles, também, esqueceram-se de respirar. Pois a arte de Far-li-mas era como o haxixe e, quando ele acabou, estavam todos como que envolvidos numa deliciosa embriaguez. O rei tinha esquecido seus pensamentos de morte. Tampouco nenhum deles percebeu que haviam ficado retidos do anoitecer ao alvorecer; mas quando os hóspedes partiram, viram o Sol no céu.

Naquele dia, Akaf e seu séquito mal puderam esperar até a noite e dali em diante, todos os dias, Far-li-mas era convocado para desempenhar seu papel. A notícia de suas narrativas espalhou-se por toda a corte, a cidade, o país. O rei, a cada dia, presenteava-lhe uma bela peça de vestuário. Os hóspedes e emissários davam-lhe ouro e pedras preciosas. Ele ficou rico. E quando agora andava pelas ruas, era seguido por uma tropa de escravos. As pessoas o amavam e passaram a desnudar o peito para ele, em sinal de respeito.

Sali, ao ouvir o milagre, enviou uma mensagem a seu irmão. "Deixe-me", ela pediu, "apenas uma vez, ouvir Far-li-mas contar uma história!".

"O cumprimento antecipa-se ao desejo", o rei respondeu. E Sali veio.

Far-li-mas viu Sali e, por um momento, perdeu seus sentidos. Tudo o que ele via era Sali.

Tudo o que Sali via era Far-li-mas.

O rei disse: "Mas por que não começa a história? Você não sabe mais?".

Tirando os olhos de Sali, o narrador começou. E sua narrativa foi no início como o haxixe, que leva a um suave adormecimento, mas logo, também como o haxixe, conduz os homens da inconsciência ao sono. Depois de um tempo os hóspedes estavam dormindo; o rei estava dormindo. Ouviam a história apenas em sonhos, até terem sido completamente arrebatados. Mas Sali permaneceu desperta. Seus olhos estavam fixos em Far-li-mas. Ela estava totalmente fascinada por Far-li-mas. E quando ele acabou a narrativa e levantou-se, ela também levantou-se.

Far-li-mas andou na direção de Sali; Sali na direção de Far-li-mas. Ele abraçou-a; ela abraçou-o e disse: "Nós não queremos morrer". Ele sorriu olhando-a nos olhos. "É você quem manda", ele disse. "Mostre-me o caminho." E ela respondeu: "Deixe-me agora. Devo pensar em uma maneira e quando a tiver encontrado, o chamarei". Eles separaram-se. E o rei e seus hóspedes continuaram dormindo.

Naquele dia, Sali foi ao sacerdote supremo. "Quem é que determina quando o velho fogo é apagado", ela perguntou, "e o novo aceso?".

"Isso é decidido por Deus", respondeu o sacerdote.

Sali perguntou: "Mas como Deus comunica sua vontade a você?".

"Todas as noites observamos as estrelas", o sacerdote respondeu. "Não as perdemos de vista. Todas as noites observamos a Lua e sabemos, de uma noite para outra, que estrelas estão se aproximando da Lua e quais estão se afastando. É por isso que sabemos."

Sali perguntou: "E vocês têm de fazer isso todas as noites? O que acontece em uma noite em que não se pode ver nada?".

O sacerdote respondeu: "Em tal noite fazemos muitas oferendas. Se passasse uma série de noites em que nada pudesse ser visto, não seríamos capazes de reencontrar nossas estrelas".

Sali perguntou: "Vocês não saberiam então quando o fogo deveria ser extinto?".

"Não", respondeu o sacerdote, "não estaríamos em condições de exercer nosso ofício".

Então, Sali disse-lhe: "As obras de Deus são magníficas. A maior, entretanto, não é a sua escrita no céu. Sua maior obra é a nossa vida na terra. Isso eu aprendi na noite passada".

"O que você quer dizer?", perguntou o sacerdote.

E Sali respondeu: "Deus deu a Far-li-mas o dom de contar histórias de uma maneira como jamais existiu igual. É maior que sua escrita no céu". O sacerdote replicou: "Você está errada".

Mas Sali disse-lhe: "A Lua e as estrelas, essas você conhece. Mas você já ouviu as histórias de Far-li-mas?".

"Não", respondeu o sacerdote. "Não as ouvi."

Ela perguntou: "Como, então, pode pronunciar um julgamento? Asseguro-lhe que mesmo vocês, sacerdotes, ao ouvir, se esquecerão de vigiar as estrelas". "Irmã do rei, você tem certeza?"

Ela respondeu: "Prove-me apenas que estou errada e que a escrita nas estrelas é maior e mais poderosa do que esta vida na terra".

"É exatamente isso o que vou provar", respondeu o sacerdote.

E o sacerdote então enviou uma solicitação ao rei. "Permita que os sacerdotes entrem no seu palácio hoje à noite e ouçam as histórias de Far-li-mas, do pôr ao nascer do sol."

O rei consentiu e Sali enviou uma mensagem a Far-li-mas: "Hoje à noite você terá de fazer como fez antes. Esta será a maneira".

E assim, quando o Sol se aproximava da hora de se pôr e o rei, seus hóspedes e os emissários estavam reunidos, juntaram-se a eles todos os sacerdotes, que despiram a parte superior de seus corpos e se prostraram no chão. O supremo sacerdote disse: "Foi declarado que as histórias de Far-li-mas são as mais magníficas das obras de Deus". O rei disse a ele: "Vocês podem decidir por si mesmos".

"Perdoe-nos, ó rei", suplicou o supremo sacerdote, "se deixarmos o palácio quando a Lua surgir, para cumprirmos com os deveres de nosso ofício". E o rei respondeu: "Ajam de acordo com a vontade de Deus".

Em seguida, os sacerdotes tomaram seus lugares. Os hóspedes e os emissários também tomaram seus lugares. O salão estava repleto de gente e Far-li-mas abriu caminho entre ela. "Comece", ordenou o rei. "Comece, meu querido Companheiro de Morte." Far-li-mas olhou para Sali e Sali para Far-li-mas e o rei disse: "Mas por que não começa a história? Você não sabe mais?".

Tirando os olhos de Sali, o narrador começou.

E sua narrativa deixou-se ouvir enquanto o Sol estava se pondo. Era como o haxixe que anuvia e transporta. Era como o haxixe que induz ao relaxamento. Era como o haxixe que leva ao desmaio profundo. De maneira que, quando a Lua surgiu, o rei, seus hóspedes e os emissários estavam adormecidos e os sacerdotes também dormiam um sono profundo. Apenas Sali estava desperta, engolindo com os olhos as palavras doces que saiam dos lábios de Far-li-mas.

O relato chegou ao fim, Far-li-mas ergueu-se e dirigiu-se para Sali, e ela para ele, e disse: "Deixe-me beijar esses lábios dos quais saem palavras tão doces". Ela aproximou-se de seus lábios e Far-li-mas disse a ela: "Deixe-me abraçar essa forma que me deu o poder". Eles abraçaram-se, entrelaçando braços e pernas e deitaram-se entre aqueles que dormiam, conhecendo uma felicidade de partir o coração. Exultante, Sali perguntou: "Você percebe a maneira?". "Sim", respondeu o outro, "percebo". E eles deixaram o salão – no palácio permaneceram apenas os que dormiam.

Sali foi ao sacerdote supremo na manhã seguinte. "Agora diga-me", ela disse, "se tinha razão ao condenar meu julgamento".

Ele respondeu: “Não darei minha resposta hoje. Precisamos ouvir mais uma vez Far-li-mas; pois ontem não estávamos preparados”.

E assim, os sacerdotes cumpriram com suas rezas e oferendas. Os machinhos de muitos novilhos foram cortados e, por todo o dia, sem pausa, os sacerdotes oraram no templo. Quando chegou a noite eles foram para o palácio.

Sali estava novamente sentada ao lado do rei, seu irmão, e Far-li-mas começou sua narrativa. De maneira que mais uma vez, antes de chegar o alvorecer, todos dormiam – o rei, seus hóspedes, os emissários e os sacerdotes – envoltos pelo êxtase. Mas entre eles, Sali e Far-li-mas estavam despertos e sugavam o prazer um dos lábios do outro. E abraçaram-se novamente, entrelaçando braços e pernas. E assim as coisas continuaram, dia após dia, por muitos dias.

Mas se antes havia corrido a notícia das histórias de Far-li-mas, agora havia o rumor de que os sacerdotes estavam negligenciando suas oferendas e orações. A intranquilidade começou a espalhar-se, até que, um dia, um distinto cavalheiro da cidade fez uma visita ao supremo sacerdote.

“Quando celebraremos o próximo festival da estação?”, ele perguntou. “Estou planejando uma viagem e gostaria de voltar para os festejos. Quanto tempo tenho?” O sacerdote ficou constrangido, pois havia muitas noites não via a Lua e as estrelas. Ele respondeu: “Espere apenas um dia; então eu lhe direi”. “Obrigado”, disse o homem. “Voltarei amanhã.”

Os sacerdotes foram convocados e o superior inquiriu: “Qual de vocês tem recentemente observado o curso das estrelas?”.

Eles ficaram em silêncio. Nem uma única voz respondeu; pois todos tinham estado ouvindo as histórias de Far-li-mas.

“Não há nenhum entre vocês que tenha observado o curso das estrelas e a posição da Lua?”

Eles continuaram sentados completamente imóveis, até que um, que era muito velho, levantou-se e falou. “Fomos encantados”, ele disse, “por Far-li-mas. Nenhum de nós pode dizer-lhe quando deverão ser celebradas as festas, quando o fogo deverá ser extinto e quando o novo deverá ser aceso”.

O supremo sacerdote ficou apavorado. “Como pode ser isto?”, ele gritou. “O que devo dizer às pessoas?”

O sacerdote mais velho respondeu: “É a vontade de Deus. Porém, se Far-li-mas não foi enviado por Deus, que seja executado; pois enquanto ele viver e falar, tudo o escutará”.

“O que, entretanto, devo dizer ao homem?”, insistiu o supremo sacerdote. Ante isso, todos silenciaram. E a reunião, então, silenciosamente dispersou-se.

O supremo sacerdote foi até Sali. “O que foi”, ele perguntou, “que você me disse naquele primeiro dia?”.

Ela respondeu: “Eu disse: ‘As obras de Deus são magníficas. A maior, contudo, não é sua escrita no céu, mas a vida na terra’. Você rejeitou minhas palavras como inverdades. Mas agora, hoje, diga-me se menti”.

O sacerdote disse-lhe: "Far-li-mas é contra Deus. Ele tem de morrer". Mas Sali respondeu: "Far-li-mas é o Companheiro de Morte do rei". O sacerdote disse: "Falarei com o rei".

E Sali respondeu: "Deus mora em meu irmão. Pergunte-lhe o que ele acha". O sacerdote seguiu para o palácio e dirigiu-se ao rei, cuja irmã, Sali, estava agora sentada a seu lado. Ele desnudou o peito diante do rei e atirando-se ao chão, suplicou: "Perdão, Akaf, ó meu rei!".

"Diga-me", disse o rei, "o que se passa em seu coração".

"Fale-me", disse o sacerdote supremo, "de Far-li-mas, seu Companheiro de Morte".

E o rei falou-lhe: "Deus enviou-me, primeiro, o pensamento da proximidade do dia da minha morte e eu fiquei com medo. Em seguida, Deus enviou-me a lembrança de Far-li-mas, que me havia sido enviado como um presente do país do leste, além do mar. Deus confundiu meu discernimento com o primeiro pensamento. Com o segundo, ele alentou meus sentidos e tornou-me – e a todos os outros – feliz. De maneira que dei a Far-li-mas lindas peças de vestuário. Meus amigos deram-lhe ouro e pedras preciosas. Ele distribuiu grande parte dos presentes entre o povo. Ele é rico, como merece ser, e o povo o ama, assim como eu".

"Far-li-mas", disse o sacerdote, "tem de morrer. Far-li-mas está perturbando a ordem revelada".

Disse o rei: "Eu morro antes dele".

Mas o sacerdote disse: "A vontade de Deus dará a decisão nesta questão". "Assim seja! E para isso", replicou o rei, "todo o povo deverá testemunhar".

O sacerdote partiu e Sali falou a Akaf: "Ó meu rei! Ó meu irmão! O fim da estrada está próximo. O companheiro de sua morte será quem despertará sua vida. Entretanto, eu o necessito para mim mesma, como a consumação do meu destino".

"Minha irmã Sali", disse Akaf, "então pode tomá-lo".

Mensageiros saíram pela cidade gritando aos quatro ventos que Far-li-mas, naquela noite, falaria na grande praça diante de todos. Um trono coberto por um véu foi erigido para o rei na grande praça pública entre o palácio real e os edifícios dos sacerdotes e, quando a noite chegou, o povo acorreu de todos os lados e acomodou-se em todas as partes em volta da praça. Milhares e milhares de pessoas reuniram-se ali. Os sacerdotes chegaram e tomaram seus lugares. Os hóspedes e emissários chegaram e acomodaram-se. Sali sentou-se ao lado do irmão, Akaf, o rei velado, e Far-li-mas foi então convocado.

Ele chegou. Toda sua comitiva veio atrás, todos trajados com vestuário deslumbrante, e colocaram-se do lado oposto aos sacerdotes. Far-li-mas, ele próprio, inclinou-se diante do rei e tomou seu lugar.

O supremo sacerdote ergueu-se. "Far-li-mas destruiu nossa ordem estabelecida", ele disse. "Esta noite ficará demonstrado se foi por vontade de Deus." E voltou ao seu lugar.

Far-li-mas retirou os olhos de Sali, fitou a multidão, olhou de relance para os sacerdotes e ergueu-se. "Sou um servo de Deus", disse, "e acredito que todo o mal no coração humano é repugnante a Deus. Esta noite", continuou Far-li-mas, "Deus decidirá". E começou sua narrativa.

Suas palavras eram no início tão doces quanto o mel, sua voz penetrava na multidão como a primeira chuva de verão na terra seca. De sua língua exalava um perfume mais intenso que o do almíscar ou do incenso; sua cabeça brilhava como uma luz, a única luminária em uma noite negra. E sua narrativa no início era como o haxixe que faz as pessoas felizes quando despertas e logo tornou-se como o haxixe de um sonhador. Com o aproximar-se do amanhecer, entretanto, ele elevou a voz e suas palavras inundaram os corações das pessoas como o Nilo crescente: para algumas, elas eram tão pacificadoras quanto a entrada no Paraíso, mas para outras, tão assustadoras quanto o Anjo da Morte. O júbilo tomou conta do espírito de algumas e o horror do coração de outras. E quanto mais se aproximava o alvorecer, mais poderosa se tornava sua voz, mais altas suas reverberações dentro das pessoas, até que os corações da multidão se levantaram uns contra os outros como em uma batalha; se enfureceram uns contra os outros como as nuvens no céu de uma noite de tempestade. Raios de fúria e trovoadas de ira chocavam-se.

Mas quando nasceu o Sol e a narrativa de Far-li-mas chegou ao fim, uma perplexidade inexprimível tomou conta das mentes confusas de todos; porque quando os que permaneceram vivos olharam à sua volta, seus olhares recaíram sobre os sacerdotes – e os sacerdotes jaziam mortos no chão.

Sali ergueu-se e prostrou-se diante do rei, que estava por trás do véu. "Ó meu rei!", ela exclamou, "Ó meu irmão! Akaf! Tire o véu; mostre-se ao seu povo e faça a oferenda agora, você mesmo! Pois estes aqui foram ceifados pelo Anjo da Morte, Azrail, por ordem de Deus".

Os servos retiraram o véu que encobria o trono real e Akaf levantou-se. Ele era o primeiro de sua linhagem de reis que o povo de Napata vira. Ele era jovem e tão belo de se apreciar como o Sol nascente.

A multidão estava em júbilo. Foi trazido um cavalo branco que o rei montou. À sua esquerda ia sua irmã e à direita o contador de histórias, em direção ao templo. O jovem rei pegou o enxadão no templo e cavou três buracos no chão sagrado. Far-li-mas lançou neles três sementes. O rei então cavou dois buracos no chão sagrado e Sali lançou neles duas sementes. Imediata e simultaneamente as cinco sementes germinaram, crescendo diante dos olhos das pessoas e, ao meio-dia, as espigas nascidas das cinco sementes estavam maduras. Em todos os lares da cidade, os pais de família deceparam os machinhos de grandes touros. O rei extinguiu o fogo no templo e todos os pais de família da cidade extinguiram as chamas de suas lareiras. Sali acendeu o novo fogo e todas as jovens virgens da cidade vieram buscar fogo dessa chama. E desde aquele dia, não houve mais sacrifícios humanos em Napata.

Assim Akaf tornou-se o primeiro Nap de Napata a permanecer vivo até que a Deus agradasse tirar sua vida na velhice e quando morreu, Far-li-mas sucedeu-o no trono. Com isso, entretanto, a cidade de Napata atingiu o ápice de sua fortuna e também o fim. Pois a fama de Akaf como um príncipe sábio e bem aconselhado espalhou-se no estrangeiro; de um extremo a outro, todos os países e todos os reis enviaram-lhe homens de inteligência, com presentes, para receber o benefício de seus conselhos. Grandes mercadores estabeleceram-se em sua capital e ele tinha muitos grandes navios sobre os mares do leste, transportando os produtos de Napata através do mundo. Suas minas não conseguiam produzir ouro e cobre suficientes para a demanda. E quando foi sucedido por Far-li-mas, a fortuna do reino elevou-se ainda mais, até seu clímax. A fama de Far-li-mas tomava conta de todos os países, do mar do leste ao do oeste. E de tal forma, surgiu tanta inveja nos corações dos homens, que quando Far-li-mas morreu os países vizinhos romperam seus tratados, declarando guerra ao reino de Napata e Napata sucumbiu. Napata foi destruída. O império desmoronou. Ele foi invadido por selvagens e bárbaros. As minas de ouro e de cobre foram esquecidas; as cidades desapareceram. E nada restou dos dias gloriosos senão a lembrança dos contos de Far-li-mas – que ele tinha trazido consigo de seu próprio país a leste, do além-mar.

Essa, então, é a história da destruição do reino de Kash, cujos últimos filhos moram hoje em Darfur.[1]

II. UMA NOITE DE SHERAZADE

Leo Frobenius, a quem devemos o registro e publicação desta lenda, ouvida do velho chefe de seus cameleiros, salientou que na *Biblioteca Histórica* do analista siciliano Deodoro Sículo, que visitou o Egito entre os anos 60 e 57 a.C., há um relato da prática do ritual regicida entre os cassitas núbios do alto Nilo, na província então conhecida como Meroe-Napata.[2] Os sacerdotes enviavam um mensageiro ao rei, declarando que os deuses tinham revelado através de um oráculo que havia chegado a hora, e os reis, segundo Deodoro, submetiam-se a esse julgamento por superstição. Entretanto, Deodoro continua, no período do faraó alexandrino Ptolomeu II Filadelfo (309-246 a.C.), o costume foi desconsiderado por um monarca etíope chamado Ergamenes, que havia recebido uma educação grega. Depositando sua confiança antes na filosofia que na religião e com uma coragem digna do ocupante do trono, Ergamenes entrou com um batalhão de soldados no até então solenemente temido santuário do Templo de Ouro, acabou com os sacerdotes, interrompeu a tradição oriunda do passado medonho e reorganizou as coisas de acordo com suas próprias convicções.[3]

O próprio conto de Arach-ben-Hassul, como observa Frobenius, lembra *As Mil e Uma Noites*, não apenas no estilo narrativo e atmosfera fantástica, mas também em seu tema. Pois, como todos se lembram, na estrutura narrativa daquela coletânea, a esperta noiva, Sherazade, com sua fascinante arte de contar histórias, salvou da morte tanto a si própria quanto a todas as donzelas de sua geração. Na nossa narrativa temos o mesmo estratagema obtendo resultado semelhante, porém, não apenas é salva a própria jovem esperta que, como Sherazade, foi a instigadora de toda a operação, mas também é salvo o rei.

As datas da criação do corpo principal de *As Mil e Uma Noites* estão entre o oitavo e o décimo quarto séculos da nossa era, apesar de alguns contos parecerem ter sido compostos e acrescentados ainda no século XVII.[4] É um dos períodos aos quais o mundo deve grande quantidade de seus mais fascinantes contos fantásticos, já que foi precisamente nesses séculos – em toda a Idade Média, por assim dizer – que o costume de contar histórias floresceu de maneira mais elegante nas cortes da Europa, Índia e Pérsia, bem como na Arábia e Egito. É preciso reconhecer, por isso, que embora nossa "Lenda da Destruição de Kash" possa, de fato, estar baseada em uma atitude tal como a registrada por Ergamenes no terceiro século a.C., quando o humanismo da Grécia penetrou nos santuários do ritual regicida do alto Nilo sudanês, o incidente foi narrado em estilo e espírito da época situada por volta do século X da nossa era.

Ninguém que tenha estudado a arte do conto de fadas duvidará de que um contador de histórias do século XX como Arach-ben-Hassul pudesse transmitir fielmente não apenas a trama, mas também o próprio estilo de um conto inventado na Idade Média. Para convencer-se, basta apenas ler os contos populares compilados por Jeremiah Curtin no oeste da Irlanda na década de 1880[5] e compará-los com as traduções de Standish H. O'Grady dos contos dos Fianna e dos santos irlandeses, de uma série de manuscritos irlandeses do século XV.[6] A capacidade dos narradores tradicionais de reterem na memória os mínimos detalhes de seus preciosos contos já tinha sido percebida pelos irmãos Grimm durante a compilação de sua coletânea germânica. "Todo aquele que acredita que os materiais tradicionais sejam facilmente falsificáveis e negligentemente preservados e que, em consequência, não possam sobreviver por muito tempo", eles escreveram, "deveria ficar atento à fidelidade que a velha narradora mantém para com sua história e quão zelosa é de sua precisão; ela jamais altera qualquer parte na repetição e corrige imediatamente qualquer erro assim que o percebe. Entre pessoas que seguem os antigos estilos de vida sem alterá-los, o vínculo com os padrões herdados é muito mais forte do que nós, ansiosos por mudanças, podemos perceber".[7]

É perfeitamente possível, portanto, que nosso conto sobre a destruição de Kash provenha do período e gênio da grande coletânea de Sherazade.

Mas, de onde surgiram os contos de Sherazade?

"Os primeiros que escreveram contos e deles fizeram livros", escreveu o historiador árabe do século X 'Ali Abū-l Hasan ul-Mas'ūdī (por volta de 956 da nossa era), "foram os persas. Os árabes traduziram-nos e os eruditos tomaram-nos e escreveram outros semelhantes. O primeiro livro nesse estilo", continua o seu relato, "foi o chamado *Hazār Afsān* (Os Mil Romances). Um dos reis dos persas, conforme o costume, quando desposava uma mulher, depois de ter dormido uma noite com ela, mandava matá-la na manhã seguinte. Agora ele tinha desposado uma jovem dotada de inteligência e saber, chamada Sherazade, e ela desatou a contar-lhe histórias e costumava acrescentar a elas, no fim da noite, algo que induziria o rei a mantê-la viva, para saber na noite seguinte o final da história, até que mil noites se passaram. Durante esse tempo, ele deitou-se com ela e teve um filho dela, e então ela lhe revelou o truque que havia usado. Sua inteligência agradou-o, ele curvou-se diante dela e poupou-lhe a vida".[8]

É comum considerar a ideia central de *As Mil e Uma Noites* árabe como persa, mesmo quando se reconhece que a coletânea obteve sua atual magnitude pelas amplas contribuições da Síria e do Iraque árabes, bem como do Egito árabe. Frobenius, entretanto, acrescenta a essa visão uma hipótese nova e interessante baseada na sua própria compilação de histórias do Sudão: que pode ter havido uma fonte comum, da qual tanto os contos persas quanto os sudaneses se originaram, do sul da Arábia, da região Hadramaute, aquela região "para além do mar do Leste" (o mar Vermelho) da qual o fabuloso escravo Far-li-mas chegou à corte do Nap de Napata.

"Seria talvez nosso conto sudanês proveniente de uma versão mais antiga", pergunta Frobenius, "não tão desgastada e refinada por uma série de transformações indianas, persas e posteriormente egípcias?".[9]

Teríamos, por assim dizer, nessa elegante narrativa sudanesa e no célebre livro *As Mil e Uma Noites*, duas variantes de uma mesma tradição proveniente de uma região que é agora em grande parte um deserto – mas um deserto com as minas das antigas cidades enterradas em suas areias – hoje apropriadamente chamada de *Arabia deserta*, mas antigamente de *Arabia felix*?

"Enquanto nos movíamos lentamente através do mar Vermelho no ano de 1915", escreveu Frobenius em sua explicação da coletânea de contos do Cordofão, "e eu passava o tempo conversando com os marinheiros árabes, tomei conhecimento de uma hipótese, ao que parece amplamente difundida, que pode servir para esclarecer uma série de problemas neste contexto. Meus informantes sustentaram, firme e decididamente, que todos os contos de *As Mil e Uma Noites* tinham sido primeiramente narrados na região de Hadramaute e dali difundidos por toda a Terra. E o conto que eles salientavam particularmente era o de Simbá, o Marujo".[10] A questão da relação entre essas duas tradições não foi ainda – que eu saiba – resolvida. Ela leva, entretanto, a uma segunda questão não menos fascinante, que agora estamos capacitados para responder em detalhes, e que também foi proposta por Frobenius. É a questão de um possível fundo histórico ou pré-histórico para a aventura das noites sudanesas. O conto poderia ser, não uma pura invenção, mas uma situação verdadeira do passado, refletida no espelho de um estilo narrativo posterior?

A passagem de Deodoro Sículo sugere essa possibilidade. Além do mais, no vasto material reunido por sir James G. Frazer nos doze volumes de sua obra monumental *O Ramo Dourado*, temos suficientes evidências da prevalência de um costume de ritual regicida por uma grande parte do mundo arcaico, associado – exatamente como aqui – com um padrão de descendência matrilinear. Entre a tribo Shilluk do Nilo Branco (povo que agora habita precisamente a região do nosso conto), o costume de executar seu rei prevaleceu, segundo Frazer, até apenas alguns anos atrás. "Diz-se que os chefes anunciam ao rei seu destino", escreve Frazer, citando os estudos de C.G. Seligman, "e que depois disso ele é estrangulado em uma cabana especialmente construída para a ocasião".[11] Além do mais, em 1926, novas evidências comprovando a natureza do destino dos primeiros reis e suas cortes foram descobertas por sir Leonard Woolley em suas escavações das chamadas tumbas reais de Ur, a cidade do deus-lua da antiga Suméria. Sua terrível descoberta é descrita em capítulo posterior. Assim, pelo que sabemos agora, pode-se dizer com absoluta certeza que no primeiro período da cidade-estado hierática, o rei e sua corte eram ritualmente imolados no final de certo número de anos, determinado pela relação dos planetas do céu com a Lua, e que nossa lenda de Kash é, portanto, certamente um eco daquele abismo profundo do passado, romanticamente refletido na arte de um contador de histórias mais recente.

III. O REI E A VIRGEM DO FOGO VESTAL

O sentido original da relação do papel da virgem vestal Sali – bem como de Sherazade em *As Mil e Uma Noites* – com o regicídio arcaico aparece com toda sua crueldade no momento em que focalizamos os rituais reais praticados tradicionalmente, até época recente, no Sudão.

Entre os shilluk, eram os sacerdotes os únicos a conhecer a vontade de Deus (a quem chamavam de Nyakang), que providenciavam para que o rei fosse morto ao término de um período de sete anos, ou ainda antes, se as colheitas ou a abundância dos rebanhos falhassem. A pessoa do rei era sagrada e não podia ser vista por ninguém além dos nobres. Nem mesmo seus filhos podiam entrar em sua morada. E quando ele saía, cercado de perto pelos nobres, pregoeiros mandavam as pessoas apressarem-se para dentro de suas cabanas. Quando chegava a hora de sua morte, o supremo sacerdote comunicava o fato ao principal da nobreza, que reunia então os membros de sua própria classe e os notificava, em silêncio, com um movimento da mão. O mistério tinha de ser consumado em uma das noites escuras entre o último e o primeiro quarto da Lua, no período seco antes da primeira chuva e antes das primeiras semeaduras. A tarefa era executada pelo próprio principal; ninguém mais deveria ouvir, saber ou falar do fato e não deveria haver nenhum pranto. O rei era estrangulado e enterrado com uma virgem viva a seu lado. E, quando os dois corpos tivessem apodrecido, seus ossos eram guardados juntos em uma pele de touro. Passado um ano, o novo rei era nomeado e sobre o túmulo de seu predecessor centenas de cabeças de gado eram mortas com lança.[12]

Em tempos antigos, tais costumes eram conhecidos por muitos povos não apenas do alto Nilo, como de outras partes do Sudão e também de Moçambique, Angola, **Zâmbia e Zimbabue**. A Índia e a Indonésia conheciam igualmente os ritos; na verdade, o exemplo mais vívido de uma imolação do rei sagrado de que se tem registro é, provavelmente, o contido na obra de Duarte Barbosa, *Description of the Coasts of East Africa and Malabar in the Beginning of the Sixteenth Century* [Descrição das Costas da África Oriental e Malabar nos Começos do Século XVI].

O rei-deus da província de Quilacare do sul da Índia em Malabar (região com forte tradição matriarcal até hoje) tinha de autoimolar-se no fim do período de tempo necessário para o planeta Júpiter circundar o zodíaco e retornar ao seu momento de movimento retrógrado no signo de Câncer – o que significa doze anos. Quando chegava sua hora, construía-se para o rei um estrado de madeira coberto de ornamentos de seda. E após banhar-se ritualmente em um tanque, com grandes cerimônias e ao som de música, encaminhava-se para o templo, onde celebrava culto à divindade. Então subia no andaime e, diante do povo, pegava várias facas muito afiadas e começava a cortar partes de seu corpo – nariz, orelhas, lábios e todos os seus membros e tanto de sua carne quanto lhe era possível – atirando-as para os lados, até que tivesse jorrado tanto sangue que começasse a desmaiar, quando então cortava a garganta.[13]

"O tema essencial está no controle do tempo da morte do deus", escreve Frobenius em sua discussão sumária do arquétipo do regicídio sacral.

> O grande deus tem de morrer, ser privado de sua vida e encerrado no mundo subterrâneo, dentro da montanha. A deusa (e permita-nos chamá-la de Ístar, usando seu nome babilônico posterior) acompanha-o ao mundo subterrâneo e, após a consumação de sua autoimolação, liberta-o. O mistério supremo foi celebrado não apenas nas canções famosas, mas também nos antigos festivais de ano-novo, onde ele foi apresentado dramaticamente, e essa apresentação dramática, pode-se dizer, representa o ápice da base elementar e da lógica da mitologia na história do mundo.
>
> Toda a ideia foi realizada, outrossim, em uma organização correspondente às instituições sociais, da qual os vestígios e ecos melhor preservados podem ser encontrados na África. De fato, as ideias foram encontradas preservadas e até hoje em atividade na região "eritreia" sul-africana (Moçambique, Angola, **Zâmbia e Zimbabue**). Ali, o rei, representando a grande cabeça divina, levava mesmo o nome "Lua", enquanto sua segunda esposa era a amada da Lua, o planeta Vênus. E quando chegava a hora da morte do deus, o rei e sua esposa Vênus eram estrangulados e seus restos colocados na cova de sepultamento em

uma montanha, de onde se supunha então que eles ressuscitariam como as novas, ou "renovadas", esferas celestes. E isso, certamente, deve representar a mais antiga forma do contexto mitológico e ritual. Já na antiga Babilônia encontrava-se enfraquecida, visto que o rei, no Festival de Ano-Novo no templo, era apenas despido de seu vestuário, humilhado e golpeado, enquanto no mercado um substituto, que tinha sido cerimonialmente investido com todas as honras, era levado à morte pelo enforcamento. [...]

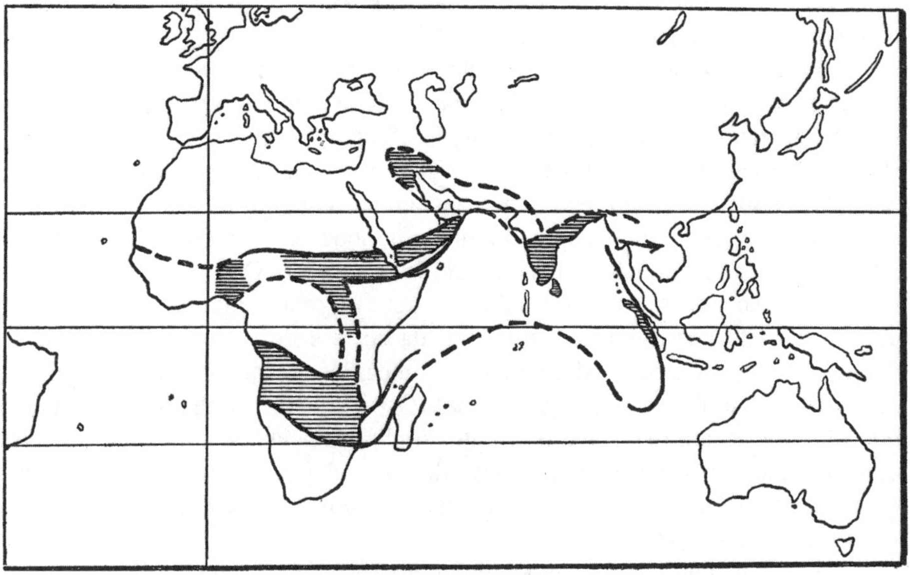

Mapa 1. Predomínio do ritual regicida. Segundo Frobenius.

"Agora parece claro", sugere Frobenius, "que essa constelação de ideias e costumes tenha surgido da região entre o mar Cáspio e o golfo Pérsico e dali se difundido pelo sudeste até a Índia na esfera cultural dravidiana, bem como pelo sudoeste através da Arábia do Sul e para a África Oriental".[14]

Há motivo para se acreditar, portanto, que os contos, tanto da irmã-na-morte do rei, Sali, como de Sherazade, a noiva do rei que devia morrer em sua noite de núpcias, sejam ecos de um passado negro e obscuro que não foi, afinal, nem tão negro nem tão obscuro na memória do mundo onde os contos foram narrados. E temos de considerar como provável também que, sempre que um rei subordinado a um conselho de ditadores sacerdotais do destino real é encontrado no comando de uma tribo aparentemente primitiva, a cultura em questão não deve ser exatamente primitiva, mas antes regressiva. Sua ideia de corrigir (nas palavras de Platão citadas anteriormente) "aqueles circuitos na cabeça que foram perturbados no nascimento, aprendendo a conhecer as harmonias e ciclos do mundo", conquistando com isso "o melhor da vida determinado pelos deuses para a humanidade, tanto para este tempo presente quanto para a vida futura", deve ter-se originado, em última instância, daquele centro máximo da ideia da cidade-estado hierática que discutimos na conclusão do capítulo anterior.

No entanto, há um nível mais profundo de ritual de sacrifício humano a ser considerado – associado, não com reis e divindades, mas com simples aldeões e suas plantas comestíveis na remota província cultural das lavouras tropicais –, e ele pode, de fato, ser primitivo. Antes de descer a esse estrato vamos fazer uma pausa para assistir ao ritual que envolve o ato de acender o novo fogo, para o qual a virgem vestal Sali fora designada.

Uma comparação dos ritos das numerosas tribos africanas, entre as quais o mistério tem sido ultimamente praticado ou lembrado (por exemplo, as tribos Mundang, Haussa, Gwari, Nupe e Mossi do Sudão; Yoruba da Nigéria e, no sul, Ruanda, Wasegue, Wadoe, Wawemba, Walumbwe, Wahemba, Mambwe, Lunda, Kanioka, Bangala e Bihe), revela que quando o rei era morto todos os fogos em seu domínio eram extintos e que, durante o período sem rei, entre sua morte e a posse de seu sucessor, não havia nenhum fogo sagrado. O novo fogo era ritualmente reaceso por um menino púbere e uma virgem, convocados a aparecer completamente nus diante do novo rei, da corte e do povo, com suas achas incandescentes, sendo as duas achas conhecidas, respectivamente, como o macho (o molinilho) e a fêmea (a base). Os dois jovens tinham de acender o novo fogo e, então, realizar o outro ato, simbolicamente análogo: sua primeira cópula, depois da qual eram arremessados para dentro de uma vala já aberta, enquanto um grito se elevava para abafar os gritos deles, e então eram rapidamente enterrados vivos.[15]

Estamos, de fato, entrando no domínio do Rei Morte, o Grande Chefe Morte.

CAPÍTULO 5

O RITUAL AMOR-MORTE

I. A DESCIDA E O RETORNO DA VIRGEM

Um rito conceitualmente similar ao do jovem casal do fogo vestal, embora atuando no contexto de uma mitologia mais primitiva, é relatado na margem oposta à região do oceano Índico, distante de onze a treze mil quilômetros da África Oriental e do Sudão, na tribo Marind-anim da Nova Guiné do Sul holandesa. O etnólogo suíço Paul Wirz, em uma obra de dois volumes sobre os mitos e costumes desses canibais caçadores de cabeças,[1] fala a respeito de seus deuses – os Dema – que aparecem nas cerimônias, fabulosamente trajados, para representar novamente (ou melhor, não "novamente", porque o tempo se desfaz no "tempo cerimonial" e o que era "então" torna-se "agora") os feitos da formação do mundo do "tempo do princípio do mundo". Os ritos são realizados ao som do canto incansável de muitas vozes, da batida dos tambores de cepo fendido e do rumor dos zunidores, que são as vozes dos próprios Dema erguendo-se da terra. As cerimônias continuam por muitas noites e muitos dias, unindo os aldeões num ser amalgamado que não é biológico, essencialmente, mas um espírito vivo – com numerosas cabeças, muitos olhos, muitas vozes e numerosos pés batendo na terra – elevado mesmo acima da temporalidade e transladado para o não espaço, não tempo, não quando, não onde da era mitológica, que é aqui e agora.

O momento de particular importância para nossa história ocorre na conclusão de um dos ritos da puberdade do menino, que acaba em uma orgia sexual prolongada por vários dias e noites, durante os quais todo mundo na aldeia, com exceção dos jovens iniciados, trata com intimidade todos os outros, entre o tumulto dos cantos mitológicos, tambores e zunidores – até a última noite, quando uma bela jovem, pintada, ungida e trajada cerimonialmente é conduzida para o terreiro de dança e forçada a deitar-se embaixo de uma plataforma de toros muito pesados. Com ela, à vista de todos, os iniciados se relacionam sexualmente, um após outro e, quando o jovem escolhido para ser o último a está abraçando, os suportes dos toros acima são puxados e a plataforma cai, acompanhada de um prodigioso ressoar de tambores. Um grito medonho eleva-se e o casal morto é arrastado dos toros, retalhado, assado e comido.[2]

Mas, que sentido pode ter um jogo tão cruel? E quem são o rapaz e a moça aniquilados? Qual é a origem de tais ritos não apenas frequentes, mas típicos entre os agricultores canibais das aldeias equatoriais amplamente dispersas?

Como o Prof. Adolf Jensen, de Frankfurt, salientou, desenvolvendo a teoria intercultural de amplo alcance anunciada pela primeira vez por Leo Frobenius em 1895-1897, esses ritos não são mais do que versões em ação de uma mitologia inspirada no modelo de morte e vida do mundo vegetal. E eles são o sacramento básico de um estrato cultural pré-histórico definível com precisão, ainda realizado na África e América tropicais, bem como na Índia, Indonésia e Oceania. A unidade do campo arado ainda não foi explicada; tampouco é fácil imaginar como deveria sê-lo. Mas também não foi fácil entender a difusão do animal conhecido como anta (encontrado tanto na região da Malásia quanto na América Central e do Sul, mas em nenhuma outra parte entre elas), até que restos fósseis das formações miocena, pliocena e plistocena fossem encontradas na Europa, China e nos Estados Unidos da América, tornando possível a reconstrução da história da difusão desse animal. Nenhum biólogo, antes da descoberta desses fósseis, teria sido capaz de sonhar em sugerir que as antas do Novo e Velho Mundo tivessem se desenvolvido separadamente por linhas paralelas de evolução. E também no campo da mitologia comparativa, talvez fosse melhor não formular conclusões "científicas" antes de se fazer uma avaliação completa.

Os representantes contemporâneos do estrato cultural pré-histórico dos agricultores canibais vivem em regiões tropicais, normalmente nas selvas, pouco populosas, onde a abundância natural do mundo vegetal fornece suprimento conveniente de alimentos: cocos, a medula do sagueiro, bananas e outras frutas e, na Califórnia, uma variedade de bolotas. Além disso, há um cultivo de tubérculos, cuja prática é geralmente ordenada e altamente ritualizada: inhame, por exemplo, taro e batata-doce; já o arroz e os outros grãos pertencem, quase certamente, a um estrato cultural posterior. Em geral, a arquitetura é desenvolvida com esmero, normalmente sobre estacas e, frequentemente, inclui estruturas gigantescas (180 metros ou mais de comprimento) que abrigam comunidades inteiras – que podem chegar a totalizar cem pessoas. O bambu é importante e usado de várias maneiras. Entre os animais domesticados estão o cão, a galinha (peru, na América) e, com frequência, o porco (por toda a Melanésia e Indonésia) ou a cabra (na África). As artes da metalurgia, tecelagem e comumente a cerâmica são desconhecidas, apesar de a importação de artefatos desses materiais ser altamente valorizada. E do ponto de vista político não há grandes confederações de Estados, reis, sacerdotes profissionais ou diferenças significativas de força de trabalho (com exceção, é claro, das sexuais), enquanto a aldeia, como comunidade religiosa, normalmente está acima de qualquer organização tribal.

O período pré-histórico, ao qual deveriam ser atribuídos o desenvolvimento desse estilo particular de vida e de pensamento, não se pode identificar com precisão. A arqueologia do problema é vaga e não avançou muito. Os artefatos característicos são de materiais extremamente perecíveis: bambu, folhas de pândano, conchas e ossos, penas, folhagens de palmeiras e cepos, vime e cascas de árvores. Além do mais, a maior parte da região ocupada tem sido lar do homem por, pelo menos, meio milhão de anos: ossos do ***Homo erectus*** (cerca de 400.000 a.C.) foram encontrados em Java e, na África, acharam-se em abundância remanescentes ainda anteriores. A vida cultural da região permanece, de fato, como uma espécie de bastião, embora tendendo a desaparecer diante das Idades da Pedra e do Metal, mais duradouras, do norte temperado. É um mundo cultural no qual as formas resistem, mas não os materiais com os quais foram produzidas, enquanto no mundo dos instrumentos de pedra e metal são os materiais que resistem. A origem pré-histórica dessa ocorrência agrícola primitiva, portanto, deve flutuar enigmaticamente em uma relação vaga com o esquema relativamente firme de nossas várias eras Paleolítica, Mesolítica e Neolítica. Jensen tende a relacioná-la com o Neolítico Inferior, ou talvez ainda um passo atrás, com o Mesolítico. E se sua visão for correta, aqui estamos diante de uma forma de cultura não muito distante, no que diz respeito à época de origem, das aldeias protoneolíticas do Oriente Próximo.

Foi durante uma expedição a Ceram Ocidental (a segunda maior ilha a oeste da Nova Guiné) que o Prof. Jensen descobriu o mito que apresento aqui como nosso primeiro exemplo desse estrato cultural canibalístico: o da virgem Hainuwele, cujo nome significa "Folhagem do Coqueiro", e que é uma das três virgens Dema, altamente reverenciadas entre as tribos de Ceram Ocidental. O mito é este:

> Nove famílias da espécie humana procederam, no princípio, do monte Nunusaku, onde as pessoas tinham emergido de cachos de bananas. E essas famílias foram parar na ilha de Ceram Ocidental, em um lugar conhecido como os "Nove Terreiros de Dança", que fica na selva entre Ahiolo e Varoloin.
>
> Havia entre elas um homem chamado Ameta, que significa "Escuro", "Preto" ou "Noite", e ele não era casado nem tinha filhos. Um dia, saiu para caçar com seu cão. E em pouco tempo, o cão farejou um porco selvagem que perseguiu até uma lagoa, para dentro da qual o animal fugiu; mas o cachorro permaneceu na margem. O porco cansou-se de nadar e afundou, mas o homem, que tinha chegado nesse meio-tempo, apanhou-o. E encontrou um coco entre suas presas, embora naquela época não houvesse coqueiros no mundo.
>
> De volta à sua choupana, Ameta colocou o coco num suporte e cobriu-o com um pano que tinha um desenho de cobra e depois foi dormir. Durante a

noite, apareceu-lhe a figura de um homem, que disse: "O coco que você colocou no suporte coberto com um pano, você tem de plantar na terra, senão ele não crescerá". De maneira que Ameta plantou-o na manhã seguinte e, em três dias, a palmeira estava alta. Mais três dias e ela estava em plena floração. Ele trepou na árvore para arrancar as flores, com as quais desejava preparar uma bebida para si mesmo, mas enquanto as arrancava cortou o dedo e o sangue escorreu por uma folha. Ele voltou para casa a fim de fazer um curativo e em três dias retornou à palmeira, descobrindo que, na folha onde o sangue se misturara com a seiva da flor cortada, tinha surgido o rosto de alguém. Três dias mais tarde, havia aparecido o tronco de uma pessoa e, quando ele voltou novamente em três dias, descobriu que uma menininha tinha se desenvolvido de sua gota de sangue. Naquela noite, a mesma figura de um homem apareceu-lhe em sonho: "Pegue o pano com o desenho de cobra", ele disse, "envolva cuidadosamente a menina da palmeira nele e leve-a para casa".

Assim, na manhã seguinte Ameta encaminhou-se com o pano para o coqueiro, subiu na árvore e envolveu cuidadosamente a menininha. Desceu com cautela, levou-a para casa e deu-lhe o nome de Hainuwele. Ela cresceu rápido e, em três dias, era uma donzela núbil. Mas não era como uma pessoa comum pois, quando ia satisfazer as necessidades naturais, seus excrementos consistiam de toda sorte de artigos valiosos, tais como pratos e gongos chineses, de maneira que seu "pai" ficou muito rico.

E por volta daquela época estava para celebrar-se no lugar dos Nove Terreiros de Dança a grande Dança Maro, que deveria prolongar-se por nove noites inteiras e as nove famílias da espécie humana deveriam participar. Acontece que quando as pessoas dançam a Maro, as mulheres sentam-se no centro e dali jogam nozes-de-areca para os homens que, dançando, formam uma espiral de nove voltas. Hainuwele ficou no centro desta celebração atirando nozes para os homens. E ao amanhecer, quando a dança acabou, todos foram para casa dormir. Na segunda noite, as nove famílias da espécie humana reuniram-se no segundo terreiro; pois quando a dança Maro é celebrada, ela precisa ser executada cada noite em um lugar diferente. E mais uma vez, Hainuwele foi colocada no centro para dar nozes-de-areca aos dançarinos; mas quando eles lhe pediram as nozes, ela deu-lhes corais em seu lugar, o que todos acharam muito bom. Os dançarinos, e os outros também, começaram então a comprimir-se para pedir nozes-de-areca e ela deu-lhes corais. E assim a função continuou até o alvorecer, quanto todos foram para casa dormir.

Na noite seguinte a dança foi retomada em um terceiro terreiro, com Hainuwele novamente no centro; mas dessa vez ela deu belos pratos de porcelana chinesa e cada um dos presentes recebeu um desses pratos. Na quarta noite, ela deu pratos maiores de porcelana e na quinta, grandes facões; na sexta, caixas de cobre lindamente trabalhadas contendo bétele; na sétima, brincos de ouro e na oitava, gongos maravilhosos. O valor dos objetos aumentava, portanto, de noite para noite, e as pessoas acharam isso misterioso. Elas reuniram-se e discutiram a questão.

Estavam todos extremamente invejosos por Hainuwele poder distribuir tais bens e decidiram matá-la. Na nona noite, por isso, quando a moça foi novamente colocada no centro do terreiro de dança para distribuir nozes-de-areca, os homens cavaram um buraco fundo na área. No círculo do centro da grande espiral nônupla, os homens da família Lesiela estavam dançando e, no curso do lento movimento circular da espiral, eles pressionaram a donzela Hainuwele em direção ao buraco e a empurraram para dentro. Uma canção Maro cantada por três vozes altas abafou seus gritos. Eles a cobriram rapidamente com terra que os dançarinos socaram com os pés. Eles continuaram dançando até o amanhecer, quando os festejos acabaram e as pessoas voltaram para suas choupanas.

Mas quando o festival Maro acabou e Hainuwele não voltou, seu "pai" sentiu que ela tinha sido morta. Ele pegou nove galhos de um certo arbusto, cuja madeira é usada na previsão dos oráculos, e com eles reconstruiu em sua choupana os nove círculos dos dançarinos Maro. Então, ele soube que Hainuwele tinha sido morta no Terreiro de Dança. Ele pegou nove fibras da folha de coqueiro e foi com elas para o lugar da dança, fincou-as uma a uma na terra e, com a nona, foi até onde tinha estado o círculo mais interior da espiral. Quando fincou a nona fibra e a puxou de volta, sobre ela havia alguns fios de cabelo e sangue de Hainuwele. Desenterrou o cadáver e cortou-o em muitas partes, que enterrou em toda a área do Terreiro de Dança – com exceção dos dois braços, que levou para a donzela Satene, a segunda das supremas virgens Dema de Ceram Ocidental. Na época do surgimento da espécie humana, Satene tinha surgido de uma banana verde, enquanto os outros tinham saído de bananas maduras, e agora era a soberana de todos. Mas as partes enterradas de Hainuwele, enquanto isso, já estavam se transformando em coisas que até então jamais tinham existido em qualquer parte da Terra – sobretudo certas plantas tuberosas que se tornaram desde aqueles tempos o principal alimento das pessoas.

Ameta amaldiçoou a espécie humana e a donzela Satene ficou furiosa com as pessoas pela matança. Então, ela construiu sobre um dos terreiros de dança uma grande passagem, constituída de uma espiral nônupla, igual à formada pelos homens durante a dança, e se postou sobre um grande toro dentro dessa passagem, tendo nas duas mãos os dois braços de Hainuwele. Então, ela convocou as pessoas e disse-lhes: "Porque vocês mataram, recuso-me a continuar vivendo aqui; hoje irei embora. E assim, agora vocês todos terão de tentar vir a mim através desta passagem. Aqueles que conseguirem continuarão sendo pessoas, mas aos que fracassarem, algo diferente acontecerá".

Eles tentaram alcançá-la através da passagem espiralada, mas nem todos conseguiram e aqueles que fracassaram foram transformados em animais ou espíritos. Foi assim que surgiram os porcos, os veados, os pássaros, os peixes e muitos espíritos que habitam a Terra. Até então haviam existido apenas pessoas. Aqueles,

> entretanto, que conseguiram atravessá-la, foram até Satene; alguns pela direita do toro onde ela estava e outros pela esquerda, e, quando cada um passava, ela o golpeava com um dos braços de Hainuwele. Os que iam pela esquerda tinham que saltar sobre cinco varas de bambu e os que iam pela direita, sobre nove, e desses dois grupos respectivamente resultaram as tribos conhecidas como "dos Cinco" e "dos Nove". Satene disse-lhes: "Estou partindo hoje e vocês não me verão nunca mais na terra. Apenas quando morrerem me verão novamente. Mas, mesmo assim, terão de concluir uma jornada muito árdua antes de alcançar-me".
>
> E com isso, ela desapareceu da terra. Ela agora vive na montanha dos mortos, na parte sul de Ceram Ocidental, e quem quer que deseje ir até ela terá de morrer. Mas o caminho para sua montanha passa por outras oito montanhas. E desde aquele dia, existem não apenas homens, mas também espíritos e animais na terra e as tribos de homens foram divididas em a "dos Cinco" e a "dos Nove".[3]

Um mito relacionado fala da donzela divina remanescente, Rabia, que foi solicitada em casamento pelo homem-sol Tuwale. Mas quando os pais dela colocaram um porco morto em seu lugar no leito nupcial, Tuwale reivindicou sua noiva de maneira tão estranhamente violenta que fez com que ela afundasse na terra entre as raízes de uma árvore. Os esforços das pessoas para salvá-la foram em vão; elas não conseguiram impedir que afundasse ainda mais. E quando lhe restava apenas o pescoço de fora, ela gritou para sua mãe: "É Tuwale, o homem-sol, que veio me reclamar. Matem um porco e celebrem, pois estou morrendo. Mas em três dias, quando anoitecer, olhem para o céu, onde os estarei iluminando como uma luz". Foi assim que a virgem-lua Rabia instituiu a celebração da morte. E depois de seus parentes matarem o porco e celebrarem a morte por três dias, eles viram pela primeira vez a Lua, surgindo no leste.[4]

II. O EVENTO MITOLÓGICO

O tema principal da mitologia aldeã primitiva dos Dema é o da chegada da morte ao mundo e o aspecto central é que a morte chega por meio de um assassinato. O segundo aspecto é que as plantas graças às quais o homem vive derivam dessa morte. O mundo vive da morte: este é o insight transmitido dramaticamente nessa imagem. Além do mais, como sabemos por outros mitos e fragmentos mitológicos daquela esfera cultural, os órgãos sexuais são considerados como surgidos na época dessa chegada da morte. A reprodução sem a morte seria uma calamidade, como seria a morte sem a reprodução.

Podemos dizer, então, que a interdependência da morte e do sexo, sua importância como aspectos complementares de um único estado de existência e a necessidade de matar (matar e comer) para a continuidade desse estado de ser, que é o do homem na terra e o de todas as coisas na terra, os animais, os pássaros e os peixes – esse tocante e emocionalmente perturbador vislumbre da morte como sendo a vida dos vivos –, são a motivação básica que sustenta os ritos ao redor dos quais se formou a estrutura social dos primeiros agricultores aldeões.

Como observou o Prof. Jensen: "Matar ocupa um lugar de significado máximo no modo de vida, tanto dos animais quanto dos homens. Todos os dias, os homens precisam matar para manter a vida. Eles matam animais e, aparentemente, na cultura aqui analisada, também a colheita de plantas era considerada – bastante corretamente – como matança". [...]

"Nesta cultura", ele continua,

> matar não é um ato de heroísmo, concebido em um espírito de virilidade guerreira. Todos os detalhes da prática da caça de cabeças dizem o contrário. De fato, se as ações do caçador de cabeças fossem julgadas pelos padrões heroicos, teríamos de chamá-lo de covarde. Por outro lado, nem a primeira matança mitológica do sagrado ser-lua nem a repetição dessa matança no culto – seja nos cerimoniais da aldeia ou nas práticas de caça de cabeças – eram "assassinatos", no sentido de um ato criminoso que merecesse punição, como parece ter sido a morte de Abel por Caim. É verdade que a primeira matança provocou uma completa transformação da vida humana nos primórdios e que nos mitos ela é ocasionalmente representada em termos de um crime e seu castigo: pois, psicologicamente, um certo sentimento de culpa não pode ser separado do ato de matar – não mais que do de procriar. Mas o mero fato de a repetição do feito ser uma obrigação sagrada imposta à espécie humana impossibilita chamá-lo de assassinato no sentido pleno da palavra. Culpa e heroísmo, de fato, aparecem em algumas das representações mitológicas do episódio, mas não são certamente essenciais ao contexto básico – que não foi senão elementar. A analogia mais próxima pode ser encontrada, em consonância com minha opinião, [ele então sugere], no mundo dos animais caçadores. Não pensamos nem em heroísmo nem em assassinato quando consideramos sua maneira de matar, mas apenas na força primordial da natureza. E há, de fato, uma indicação desse paralelismo na aparição de espíritos semelhantes a animais caçadores nas cerimônias das sociedades secretas e nos ritos da puberdade bem como na afirmação expressa pelo povo de Ceram Ocidental, de que seu ritual de caça de cabeças derivou de uma ave de rapina.
>
> Mas tudo isso toca apenas no problema da atitude psicológica diante da matança. Esses povos ocuparam-se com o mundo vegetal, e é a essa razão que eu gostaria de atribuir o fato de a matança ter assumido tal posição de destaque na visão global do mundo nessa esfera cultural. Aqui foi revelado à espécie humana, em certa medida, um novo campo de saber. Pois as plantas estavam sendo mortas continuamente pela colheita de seus frutos, mas a morte era superada de maneira extraordinariamente rápida por sua nova vida. Dessa maneira, o homem teve acesso a uma compreensão sintetizadora, relacionando seu próprio destino com o dos animais, das plantas e da Lua.[5]

E assim, mais uma vez, como na instância da imagética cósmica da cidade-estado hierática, temos uma percepção intelectual, com um tom emocional, como inspiração fundamental de um culto que se tornou básico a uma sociologia. Em termos puramente econômicos, não há como justificar a fenomenologia de um sistema social primitivo, no qual uma enorme porção de tempo e energia é dispendida em atividades de uma natureza ritual elaborada. Espera-se que os ritos proporcionem bem-estar econômico e harmonia social; isso é fato. Porém, seu início não pode ser atribuído a um insight econômico, ou mesmo a uma necessidade social. Grupos de uma centena de almas não exigem o assassinato de seus melhores filhos e filhas para poderem permanecer unidos. Essa florescência de ritos resultou de uma percepção cósmica – de tamanha força que todo o sentido, o princípio estruturador formal do universo, durante certo período da história humana, pareceu estar contido nela.

Os ritos eram representações dessa concordância, de maneira comparável à das fórmulas da física moderna, através das quais os modos de operação das forças cósmicas inescrutáveis se tornam não apenas acessíveis à mente, mas também suscetíveis de controle. Elas atuam tanto para o esclarecimento do homem quanto para fomento de seus propósitos. Os ritos são fórmulas físicas; escritos, porém, não o preto no branco como, digamos, um $E = mc^2$, mas na carne humana. E os indivíduos que os oficiam não são mais indivíduos, mas epifanias de um mistério cósmico e, como tal, tabu – por isso, adornados de forma cerimonial e considerados e tratados simbolicamente, não humanamente.

Pode-se dizer, portanto, que o propósito fundamental e a natureza do cerimonial é a harmonia e o bem-estar da comunidade, sua concordância com a harmonia e natureza última do cosmos do qual ela é parte, e a integração do indivíduo, em seus pensamentos, sentimentos e desejos pessoais com o sentido e a força essencial dessa condição universal. E em uma sociedade do tipo aqui considerado, todo mundo está envolvido, com maior ou menor profundidade, no contexto do cerimonial em cada momento e fase de sua vida.

Portanto, digamos, para resumir, que uma mitologia é uma organização de imagens concebidas como uma interpretação do sentido da vida e que esse sentido pode ser apreendido de duas maneiras: 1) pelo pensamento e 2) pela experiência. Como pensamento, a mitologia aproxima-se – ou é um prelúdio primitivo – da ciência; como experiência, ela é precisamente arte.

Além do mais, a imagem mitológica, a fórmula mitológica, é tornada presente, aqui e agora, no rito. Exatamente como a fórmula escrita $E = mc^2$, aqui nesta página, não é meramente uma referência à fórmula que o Dr. Einstein escreveu em outra folha de papel, mas de fato a própria fórmula, também os motivos do rito são vivenciados, não como referências, mas como presenças. Eles tornam visível a própria era mitológica. Pois o festival é uma extensão, até o presente, do feito mitológico da criação do mundo, através do qual a força dos ancestrais (aqueles figuras eternas dos sonhos)* foi libertada para o movimento incessante do tempo, onde o que então estava sempre presente na forma de um ser sagrado, imutável, agora morre e ressurge, morre e ressurge – como a Lua, como o inhame, como o animal que comemos, ou como a espécie humana.

O ser divino (o Dema) tornou-se carne na substância alimentar viva do mundo: o que quer dizer, em todos nós, já que todos nós deveremos nos tornar, no final, alimento para outros seres. Essa é a ideia central na matança do Dema, que é a fonte do nosso bem e do nosso alimento. Uma série de motivos infantis está contida na interpretação, mas a ideia propriamente dita não pode ser qualificada de infantil. É, de fato, uma nova percepção, estimulando, não um retorno à infância, mas uma aceitação voluntária do destino humano e da natureza implacável da existência, diante da qual pode-se dizer que nós, hoje, com nossas reações muito mais suscetíveis, humanizadas e humanitárias, estamos reagindo de maneira mais infantil. A repulsa diante da realidade da vida – que é lidar com a morte – é exatamente a crise humana aqui superada. O animal de caça lida com a morte sem conhecimento. O homem, entretanto, tem conhecimento e tem de superá-lo para viver. Entre as sociedades de caçadores primitivos, o costume era negar a morte, a realidade da morte, e continuar matando como vítimas voluntárias os animais de que precisavam e que reverenciavam.

Mas nas sociedades agrícolas, uma nova percepção ou solução foi proporcionada pela lição do próprio mundo vegetal, que está de alguma maneira relacionado com a Lua, a qual também morre e ressuscita e, além do mais, influencia, de alguma forma misteriosa ainda desconhecida, o ciclo lunar do útero.

Através da ciência moderna, a mitologia foi refutada em praticamente sua totalidade; porém na sua compreensão primária da presença e operação das leis comuns a toda a trama do universo – leis que incluem a vida humana, bem como os reinos animal, vegetal e esferas celestes – ela anunciou, não apenas o tema essencial, mas também a principal fonte de fascínio da ciência e, talvez, da própria vida. Além do mais, quando se extingue no indivíduo o desejo de sua própria imortalidade – como acontece em tais ritos – através de uma compreensão efetiva da imortalidade do ser que ele já é e da ação desse ser sobre todas as coisas, ele se une a esse ser na experiência, em uma crise atordoante de libertação do sentimento de culpa e finitude. Entre os agricultores tropicais, a transmissão dessa experiência fundamentalmente religiosa foi efetuada através de ritos do tipo que observamos.

Creio que se pode dizer que, se um dos problemas principais do homem, do ponto de vista filosófico, é o de reconciliar-se, tanto em pensamento quanto em sentimento, com a monstruosidade do "é assim mesmo" do mundo, não se poderia ter imaginado lição introdutória mais ilustrativa do que a desses ritos. Como observou o Prof. Jensen, o número de vidas sacrificadas em tais ritos é muito

* Cf. *supra*, p. 89.

menor, proporcionalmente à população, que as sacrificadas em acidentes de trânsito em nossas cidades. Entretanto, entre nós tais mortes são vistas e sentidas geralmente como uma consequência da falibilidade humana, mesmo que sua incidência seja estatisticamente previsível. Por outro lado, no ritual primitivo, baseado mais no ponto de vista da espécie que no do indivíduo, o que para nós é "acidente" é colocado no centro do sistema – ou seja, morte súbita, monstruosa – e com isso torna-se uma revelação da desumanidade da ordem do universo. E além do mais, o que é revelado dessa maneira não é simplesmente a monstruosidade do "é assim mesmo" do mundo, mas esse "assim mesmo" como uma realidade superior àquela normalmente sentida por nossas faculdades desatentas: uma monstruosidade desejada pelo ser divino na existência e que mantém essa forma de existência apenas porque uma divindade (um Dema) está se atualizando em toda a manifestação.[6]

A mitologia, podemos portanto concluir, é uma constatação e legitimação do bem conhecido – como monstruoso. Ela é concebida, finalmente, não como uma referência à história nem à composição do mundo analisadas pela ciência, mas como uma epifania da monstruosidade e do maravilhamento delas, para que ambas e, consequentemente, nós mesmos, possamos ser vivenciados em profundidade.

E, nos sacrifícios através dos quais os grandes temas de tal mitologia são tornados manifestos e presentes, não há nenhum sentido de *do ut des*: "Dou-te para que possas dar". Eles não são presentes, propinas ou obrigações oferecidos a Deus, mas representações renovadas, aqui e agora, do próprio sacrifício do deus no princípio, através do qual ele, ela ou algo, se encarnou no processo do mundo. Além disso, todos os atos rituais em torno dos quais a comunidade da aldeia se organiza, e através dos quais sua identidade se mantém, são funções e revelações parciais desse sacrifício imortal. E finalmente, pareceria evidente que algo dessa mitologia primitiva, porém concebida em profundidade, tivesse de estar subjacente à constelação maior e celestialmente orientada que já observamos em nosso estudo da cidade-estado hierática.

Em uma sociedade primitiva mitologicamente orientada, tal como a dos marind-anim e a dos habitantes da ilha de Ceram Ocidental, cada aspecto da vida e do mundo está organicamente ligado à compreensão central representada na mitologia e nos rituais da era do Dema. Aqueles seres ancestrais pré-sexuais e pré-mortais da narrativa mitológica viviam o idílio dos primórdios, uma era em que todas as coisas eram inocentes do destino da vida no tempo. Mas ocorreu um fato naquela época, o "fato mitológico" *par excellence*, que pôs fim ao modo eterno de existência e realizou uma transformação de todas as coisas. Em consequência dele, a morte e o sexo surgiram no mundo como correlatos básicos da temporalidade.

Além do mais – e contrariamente à nossa visão evolucionária contemporânea do desdobramento das formas no tempo – a noção mitológica era a de um simples, único e crítico momento de manifestação definitiva no encerramento da era paradisíaca e início da presente, quando a todas as coisas foram dadas exatamente as formas com as quais as vemos hoje: os animais, os peixes, os pássaros e as plantas em suas várias espécies, bem como os espíritos e os costumes rituais do grupo. Na Bíblia encontramos uma ideia muito semelhante. Mas na versão primitiva do evento mitológico (apresentado na Bíblia em ordem inversa, com o assassinato de Abel por Caim como posterior, e não anterior, ao ato de comer do fruto por nossos primeiros pais), não se sente que a humanidade tenha sido deserdada como resultado da matança do Dema Hainuwele. Pelo contrário, o Dema, pelo ato de violência do homem, tornou-se a própria substância de sua vida.

Algo desse tipo pode ser sentido no mito cristão do Jesus morto, enterrado, ressuscitado e comido, cujo mistério é o ritual do altar e da comunhão. Mas, aqui, a monstruosidade última do drama divino não é tão enfatizada quanto a culpa do homem por tê-la praticado, e somos convocados a esperar pelo dia final, quando o tempo dessa tragédia cósmica de crime e castigo terá terminado e o reino de Deus será instaurado na terra, como agora é no céu. A interpretação grega da mitologia, por outro lado, permanece mais próxima da visão primitiva, segundo a qual não haverá final nem mesmo melhora essencial para essa tragédia (como parecerá a alguns), ou jogo (como parece aos deuses). O sentido disso tudo – ou melhor, o absurdo disso tudo – está em tornar-se patente para sempre nos festivais e costumes monstruosos da própria comunidade; e é evidente também, em todas as partes e momentos do universo, para aqueles que aprenderam por meio dos ritos a enxergar e conhecer o mundo como ele realmente é.

III. PERSÉFONE

O número de detalhes comuns tanto à mitologia grega de Deméter, Hécate e Perséfone, quanto aos mitos indonésios e ritos de Satene, Rabia e Hainuwele, é demasiadamente grande para ter sido resultado do acaso, ou do que sir James G. Frazer chamou de "resultado de causas similares atuando sobre a constituição similar da mente humana em diferentes países e sob diferentes céus".[7] Tal como seu filho, o assassinado e devorado, porém ressuscitado deus do pão e do vinho, Dioniso (cuja mitologia já comparamos com os ritos dos meninos da Austrália Central),* Perséfone – que era conhecida também como Core, "a donzela" – foi concebida por Zeus. Sua mãe era Deméter, a deusa cretense da agricultura e do solo fértil. E a jovem estava brincando, contam-nos,[8] em um prado, colhendo flores com as filhas de Oceano, o deus do mar todo-abrangente, quando viu uma planta maravilhosa com uma centena de flores espalhando sua fragrância por toda parte, que tinha sido enviada expressamente para seduzi-la pela deusa Terra

* Cf. *supra*, p. 97-98.

(Gaia), por ordem de Hades, o senhor do mundo subterrâneo. Assim, quando ela se apressou a colher as flores, a terra abriu-se e um grande deus surgiu em uma carruagem de ouro, levando-a para seu abismo, apesar de seus gritos. O deus era Hades e no reino dos mortos ela tornou-se sua rainha.

Os gritos de Perséfone tinham sido ouvidos apenas por Deméter, sua mãe, e Hécate, uma deusa da lua. Mas quando a mãe, desolada, tentou seguir a filha, descobriu que suas pegadas haviam sido alteradas pelas de um porco. Pois, por acidente e de modo muito curioso, no momento do rapto de Perséfone uma manada de porcos tinha estado fuçando nas redondezas, e o nome do guardador de porcos, Eubuleu, significa "o que dá bons conselhos" e era em tempos remotos um apelativo do próprio deus do mundo subterrâneo. Além do mais, quando a terra se abriu para receber Perséfone, os porcos também caíram no abismo, e esse, contam-nos, é o motivo de os porcos exercerem tal função nos ritos de Deméter e Perséfone. "Originalmente, podemos conjeturar", comenta Frazer em sua discussão do assunto, "as pisadas do porco eram as pisadas de Perséfone e da própria Deméter".[9]

Em um festival celebrado em memória dos sofrimentos – e posteriormente do regozijo – de Deméter e Perséfone, leitõezinhos eram sacrificados de uma forma que sugeria, não apenas o sacrifício humano primitivo, mas também, e precisamente, um sacrifício daquele tipo medonho que observamos na África e entre os marind-anim da Melanésia. O festival grego, chamado Tesmofórias, era exclusivamente para mulheres e, como Jane Harrison demonstrou em seus *Prolegomena to the Study of Greek Religion*[10] [Prolegômenos ao Estudo da Religião Grega], esses rituais femininos na Grécia eram pré-homéricos, o que quer dizer sobreviventes do antigo período chamado Pelásgico, quando as civilizações hieráticas da Idade do Bronze de Creta e Troia estavam em pleno florescimento e os deuses guerreiros, Zeus e Apolo, ainda não tinham surgido para reduzir o poder da grande deusa. As mulheres jejuavam por nove dias, em memória dos nove dias de sofrimento de Deméter enquanto errava pela terra levando em cada mão uma tocha em forma de longo bastão. Deméter encontrou a deusa-lua, Hécate, e, juntas, foram até o deus-sol, Febo, que tinha visto a jovem raptada e pôde informar-lhes onde se encontrava; depois disso, Deméter, magoada e irada, abandonou o mundo dos deuses. E como uma senhora idosa, coberta por um véu, ela permaneceu dias sentada junto do poço conhecido como Poço da Virgem. Ela serviu de governanta em um palácio real perto de Elêusis, cuja cidade se tornou então o maior santuário de seu culto na Grécia. E amaldiçoou a terra para que não desse nenhum fruto, nem para os homens nem para os deuses, por todo um ano – até que, quando Zeus e todas as divindades do Olimpo já tinham acorrido a ela em vão, um por um, para pedir-lhe que se aplacasse, Zeus por fim libertou Perséfone. Entretanto, como Perséfone havia comido uma semente da romã no mundo subterrâneo, teria agora que passar um terço de cada ano com Hades. Abraçada e acompanhada tanto por sua mãe quanto pela deusa Hécate, ela retornou gloriosa ao Olimpo e, como que por mágica, os campos cobriram-se novamente de flores e grãos vivificadores.

O festival das Tesmofórias da época da semeadura durava três dias e o primeiro dia foi chamado de *Cátodos* (descida) e Ánodos (subida), o segundo *Nesteía* (jejum) e o último *Kalliguéneia* (belas gerações) e era durante o primeiro dia que os leitõezinhos eram jogados, provavelmente vivos, em uma fossa profunda chamada *megara*, onde eram deixados apodrecer por um ano; então os ossos do ano anterior eram trazidos para a terra novamente e colocados sobre um altar. Figuras de serpentes e seres humanos feitas de farinha e espigas de trigo também eram lançadas na fossa ou "câmara" na ocasião. "E eles dizem", escreve o antigo autor a quem devemos nosso conhecimento desse assunto,[11] "que dentro e em volta das fossas há cobras que consomem a maior parte do que é ali lançado; daí o grande alarido quando as mulheres retiram os restos e quando os substituem por aquelas imagens bem conhecidas, para que as cobras, que são mantidas como guardiãs dos santuários, se afastem".

Os ritos eram secretos; por isso pouco se sabe sobre eles. Entretanto, nos influentes mistérios de Elêusis amplamente celebrados, onde o *Cátodos-e-Ánodos* (descida e subida) da jovem Perséfone era mais uma vez o tema central, os porcos eram novamente oferendas importantes. E ali, além do mais, surgiu um novo motivo; pois o episódio culminante no cerimonial sagrado que tinha lugar no "salão dos *mystikós*" em Elêusis, representando os sofrimentos de Deméter e o Ánodos ou retorno da jovem, era a exibição de uma espiga de grãos: "aquele grande e maravilhoso mistério da revelação absoluta, um pedúnculo de grãos cortado", como o antigo bispo cristão Hipólito o descreveu[12] – esquecendo no momento, aparentemente, que a revelação máxima de sua própria missa sagrada era a elevação da hóstia feita do mesmo grão.

Qual poderia ter sido o significado de um ato tão simples como o de erguer um pedúnculo de grão?

Qual é o significado da elevação da hóstia na missa?

Como na lógica teatral, ou lógica dos sonhos, de qualquer representação religiosa tradicional, o objeto sagrado é para ser identificado, pelo menos no momento da cerimônia, com o deus. O pedúnculo cortado é Perséfone recuperada, que estava morta mas agora vive, no próprio grão.

Um gongo de bronze era batido nesse momento, uma jovem sacerdotisa representando a própria Core aparecia e a cerimônia acabava com um hino de júbilo.[13]

Entre o ciclo primitivo da Indonésia e este estimado mistério clássico altamente considerado, pelo qual o iniciado grego (como um epitáfio nos permite saber) tomou conhecimento de que "a morte não era um mal, mas uma bênção",[14] a extensão de semelhanças inclui não apenas um número de detalhes surpreendentemente precisos, mas também todos os grandes temas. De fato, em cada curva encontramos uma nova constelação de correspondências.

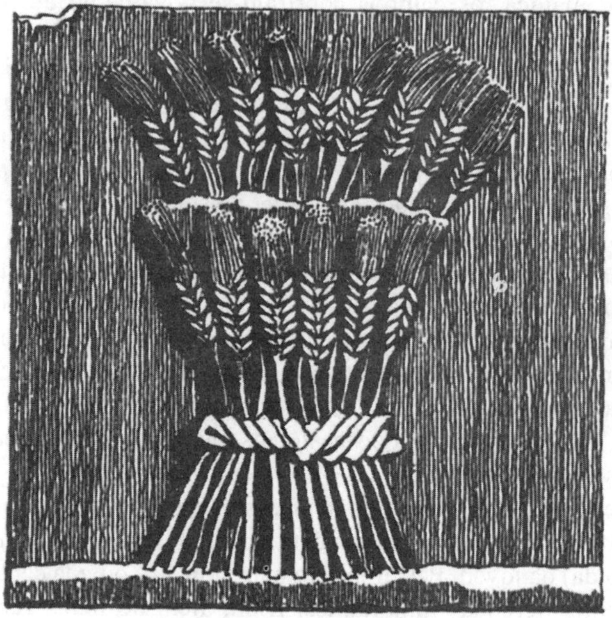

Figura 6. Kore como feixe de grãos.

No centro de ambas as mitologias, há uma trindade de deusas identificadas com plantas comestíveis da região, com o porco, o mundo subterrâneo e a Lua, cujos ritos garantem tanto o crescimento das plantas quanto a passagem da alma para o reino dos mortos. Em ambas, o casamento da deusa virgem ou Dema é equivalente a sua morte, retratada como uma descida para dentro da terra e seguida, depois de um tempo, de sua metamorfose em alimento: no ciclo primitivo, o inhame; no clássico, o grão. As mulheres das Tesmofórias gregas, além do mais, colocavam na *megara* imagens de farinha e espigas de trigo, representando cobras e seres humanos, juntamente com porcos, e os porcos eram abandonados até apodrecer-lhes a carne, quando seus ossos eram retirados e reverenciados como relíquias, enquanto os bolos de trigo eram consumidas pelas cobras. E um grande alarido, explicado como artifício para espantar as serpentes, acompanhava o arremesso dos leitões e dos bolos de trigo nas valas.

O ritual é semelhante, traço a traço, ao dos rapazes e moças assassinados ao som de um grande barulho de tambores, mas foi adaptado para estar de acordo com a nova atitude diante do sacrifício humano que na “Lenda da Destruição de Kash” foi vista como vinda da Grécia inclusive para o Sudão, por meio do longo braço do Nilo. Frazer, em *O Ramo Dourado*, fornece muitos exemplos de substituições, exatamente desse tipo, e mostra, além disso, que bolos com forma humana eram consumidos de maneira sacramental nos festivais de semeadura e colheita, onde quer que o grão tenha sido transformado em farinha e esta, por sua vez, em pão.[15] Assim, além do mais, parece agora que a refeição canibalista ritual deve ter sido, outrora, mais um elemento comum aos dois ciclos.

Mas por que, além dos leitõezinhos e dos bolos com forma humana, havia também bolos em forma de serpentes? Por que não serpentes vivas? Ou por que não leitões de farinha?

A mitologia grega conhecia muitas lendas de virgens oferecidas a serpentes – ou salvas por uma oportuna aparição heroica. Por exemplo, quando Perseu, voando com suas sandálias aladas de volta de sua conquista da Medusa, passava rapidamente sobre a Etiópia, ele viu, embaixo, uma encantadora princesa acorrentada pelos braços a um rochedo íngreme na costa do mar, "e se não fosse por seus cabelos esvoaçantes pela brisa", lemos no relato do evento, feito por Ovídio, "e por lágrimas quentes escorrendo por suas faces, ele a teria tomado por uma estátua de mármore".[16] Surgiu, entretanto, um ruído forte vindo do mar e assomou uma serpente monstruosa, enfrentando as ondas, e a princesa soltou um grito. Mas quando o monstro, aproximando-se da donzela como um barco veloz, estava próximo do rochedo, Perseu, como uma águia precipitou-se com sua espada e então sucedeu-se um prodigioso tumulto: o monstro ergueu-se, atacou, submergiu e vomitou água com sangue púrpura, até que a espada desferiu, finalmente, o golpe mortal e a serpente sucumbiu.

O nome dessa princesa resgatada era Andrômeda e era filha do rei Cefeu da Etiópia, que, como sabemos pela "Lenda da Destruição de Kash", era o reino a leste de Napata, não longe do lugar do resgate da donzela Sali pela magia da língua de Far-li-mas, ou das aldeias da atual Shilluk, do alto Nilo, cujos reis eram cerimonialmente estrangulados e enterrados ao lado de virgens vivas e, quando a carne dos dois corpos apodrecia, os ossos eram guardados numa pele de touro.*

Perséfone poderia ter sido imaginada dessa forma, como uma oferenda a uma serpente, de maneira que as figuras de farinha de trigo pudessem ter representado tal versão de sua lenda? Sim! Pois já não fomos informados de que ela estava brincando em um prado, colhendo flores com as filhas de Oceano, deus do mar todo-abrangente? Mas Oceano é, precisamente, a grande serpente mordendo sua cauda, o oceano que circunda o mundo. Ele o sustenta, também, na forma das águas do abismo e, em consequência, é um correspondente de Hades – quem, entretanto, nos desenvolvimentos posteriores e anedóticos da mitologia grega, adquiriu caráter próprio. As figuras de serpente e as figuras humanas feitas de farinha de trigo não apenas *podem* ter sido, mas simplesmente *têm* de ter sido Hades e Perséfone. E devemos notar também que, sendo Perséfone a noiva da grande serpente, ela deve ter sido capaz de assumir a forma de uma serpente, além da de um porco. Todas essas metamorfoses fazem parte do jogo das deusas. Todos nós conhecemos suficientemente o motivo clássico das duas serpentes entrelaçadas, que se tornou o símbolo da profissão médica, o sacerdócio do bem-estar que

* Cf. *supra*, p. 149.

é a bênção das águas do abismo, águas que fluem como seiva nas ervas terapêuticas e como o sangue da vida em nossos próprios corpos saudáveis.

As figuras de farinha de trigo representam, portanto, os personagens do mito, e os leitões sacrificados – sacrificados em lugar dos seres humanos – representam a participação dos vivos no mistério que, embora sendo *um* na era mitológica, nas vidas e ritos humanos é *muitos*. Consequentemente, a vítima é ao mesmo tempo uma e muitas: uma em seu caráter, como Dema, a virgem mitológica; mas muitas nos sacrifícios de cada vida pessoal. O princípio lógico envolvido é o da lógica do sonho e do jogo, onde, como já observamos, A é B e B é C: Dema é o porco e o porco é homem, verdadeiro deus e verdadeiro homem.

A lenda de Hainuwele também contém uma alusão evidente a uma versão anterior, apresentando a serpente no pano pintado no qual a menininha, cujo nome significava "Folhagem do Coqueiro", foi envolvida quando levada da árvore, e no qual o coco tirado do porco morto tinha sido deixado anteriormente durante uma noite. O artifício incongruente do salto do porco e afundamento no lago, seguido da descoberta de Ameta de um coco agarrado em suas presas, assim como o mistério inexplicado da voz que falou a Ameta em seu sonho, enunciando o que deveria fazer, sugerem com muita força que alguma forma anterior do mito foi adaptada a uma segunda interpretação, na qual um porco sacrificado, e não uma serpente sobrenatural, deveria preponderar, muito à maneira da mitologia de Perséfone e Deméter.

A estrutura da fórmula anterior é examinada na próxima seção deste capítulo; contudo, já podemos dizer, resumindo as descobertas precedentes, que os mitos gregos e indonésios examinados revelaram, não apenas um corpo comum de motivos ritualizados, mas também sinais de um passado comum, um estrato anterior de sua história comum, na qual uma cobra, e não um porco, representava o papel animal. E o fato de (de uma forma ou de outra) os dois ciclos não terem sido apenas ligados remotamente por um longo fio tênue, mas se estabelecido sobre uma ampla base comum, fica evidenciado por uma série desconcertante de outras semelhanças.

Por exemplo, em ambas as mitologias os números 3 e 9 eram preeminentes. Sabemos também que nos ritos gregos da deusa – e da sua filha morta e ressuscitada, Perséfone, bem como de seu neto morto e ressuscitado, Dioniso – o hino cantado por coro, a batida do tambor e o som do zunidor eram usados exatamente como nos ritos dos canibais da Indonésia. Reconhecemos o tema do labirinto em ambas as tradições, associado com o mundo subterrâneo e representado na figura de uma espiral: na Grécia, bem como na Indonésia, as danças eram executadas seguindo esse padrão. A referência no mito indonésio ao desejo de Ameta de preparar uma bebida para si mesmo das flores do coqueiro sugere uma relação do vinho ou embriaguez com o culto do complexo virgem-planta-lua-animal, que iria corresponder maravilhosamente à fórmula da cultura arcaica mediterrânea. E, por último, será que a figura de Deméter na hora da sua partida do Olimpo, furiosa, levando em cada mão uma tocha em forma de longo bastão, não seria comparável à de Satene postada na passagem labiríntica e tendo em cada mão um braço de Hainuwele, dizendo ao povo da era mitológica que o estava deixando?

Não pode haver dúvida de que as duas mitologias derivam de uma única base. O fato foi reconhecido há algum tempo pelo estudioso Carl Kerényi[17] e seu argumento foi apoiado desde então pelo Prof. Jensen, etnólogo e principal responsável pela coleção do material indonésio.[18]

Devemos pensar, então, nas primeiras aldeias de cultura de grãos e de criação de animais do Oriente Próximo como adaptações a um clima temperado de uma economia agropecuária oriunda, em princípio, dos trópicos? Ou deveríamos dizer que a influência foi inversa: que os mitos e ritos da Indonésia representam transformações e regressões de um sistema superior, menos brutal, originário das aldeias protoneolíticas ou do período Neolítico Basal do Oriente Próximo?

A questão ainda não está encerrada; tampouco todas as evidências foram consideradas. Para o momento, podemos simplesmente notar que um *continuum* foi estabelecido, com seus primeiros marcos firmemente fixados no estrato neolítico basal (por volta de **7500-3500** a.C.) no Oriente Próximo; um segundo domínio nos mitos e rituais das tribos agrícolas do sul e do leste da África e do Sudão; um terceiro (possivelmente) no Hadramaute; um quarto (certamente) em Malabar; e ainda outro na Indonésia e, como vimos, Melanésia e Austrália. Temos agora de ir ainda além e mensurar a extensão dessa zona mitológica no Pacífico – e também, talvez, no Novo Mundo.

IV. O MONSTRO-ENGUIA

Ao leste da Indonésia, Melanésia e Austrália, por todo o triângulo cravejado de ilhas da Polinésia – que tem o Havaí em seu ápice, a Nova Zelândia em um ângulo e a ilha de Páscoa no outro – a imagem mitológica do ser divino assassinado, cujo corpo se transformou em uma planta comestível, foi adaptada aos elementos naturais de um meio ambiente oceânico. As cobras, por exemplo, são desconhecidas nas ilhas. O papel da serpente terá, portanto, de ser representado pelo correspondente mais próximo possível – uma enguia monstruosa. E a força do papel foi grandemente aumentada – ou melhor, há outras evidências de que nos mitos de Hainuwele e Perséfone a força do papel deve ter sido consideravelmente reduzida. Paradoxalmente, então, parece que, embora estejamos indo na direção leste do Pacífico, estamos também nos aproximando da versão bíblica do evento mitológico, pelo qual a morte veio ao mundo; e algo bastante surpreendente está começando a surgir com respeito à relação da Mãe Eva com a serpente e da serpente com a árvore-alimento no Jardim. A voluptuosa atmosfera da luxuriante aventura polinésia será, além do mais, diferente da santidade austera da Torá rabínica; não obstante, estamos certamente no mesmo antigo livro – do qual, por assim dizer, todas as edições anteriores se perderam.

O herói da seguinte versão da origem do coco não é o primeiro pai da humanidade, mas o herói trapaceiro preferido da Polinésia, Mauí, que é aproximadamente um correspondente de Hércules. Ele é conhecido em geral como o caçula de um grupo de irmãos, que pode variar em número de três (em Rarotonga) a seis (em algumas das versões da Nova Zelândia), e entre as mais conhecidas de suas façanhas mágicas estavam a "pesca" das ilhas do fundo do mar, a armadilha para fazer com que o Sol reduzisse a velocidade de seu trânsito, a elevação do céu para dar a seus amigos mais espaço na terra e o roubo do fogo para a cozinha de sua mãe. A esposa de Mauí, a heroína de nossa história, é a impetuosa e completamente desavergonhada beldade Hina (aliás, do que ela deveria envergonhar-se?), que pode ser vista até hoje nos contornos da Lua, onde está sentada embaixo de uma grande amoreira, macerando a sua casca para fazer pano.[19]

Eis aqui a versão tuamotuana (do arquipélago de Tuamotu) da aventura de Hina:[20]

> Hina foi originalmente esposa do Monstro-Enguia, Te Tuna (cujo nome significa indisfarçadamente "Falo"), e os dois viviam juntos em seu reino abaixo do mar, até que um dia Hina achou que tinha estado ali por tempo suficiente. O lugar era extremamente frio e além do mais, agora ela queria livrar-se de Te Tuna. Assim, ela lhe disse: "Você fica aqui em casa! Vou sair em busca de alimento para nós dois".
>
> "E quando você voltará?", ele perguntou.
>
> E ela respondeu: "Devo demorar um bocado, porque hoje o dia e a noite serão gastos com a viagem, amanhã, procurando alimento e o dia e a noite seguintes, cozinhando; mas no dia e na noite seguintes você me verá a caminho de casa".
>
> "Então vá", ele disse-lhe, "e demore tanto tempo quanto for necessário".
>
> E assim ela iniciou sua jornada. E jamais parou para procurar alimentos, mas seguiu caminho em busca de um novo amante. Ela foi muito longe até a terra do clã do Princípio-Masculino (Tane), e chegando ali gritou: "A criatura em forma de enguia que vive nesta região interiorana monta virilmente até à consumação da paixão; Te Tuna que vive lá no mar não passa de comida insípida. Sou uma mulher para ser possuída por um amante com forma de enguia; uma mulher que percorreu todo este longo caminho até aqui para unir-se na luta da paixão sexual sobre as praias de Raro-nuku (a Terra-abaixo) e de Raro-vai-i-o (a Terra-das-águas-penetrantes); a primeira mulher, portanto, a vir completamente desavergonhada à procura do bastão do amor em forma de enguia. Sou a mancha púbica escura procurando a satisfação do desejo. Pois a fama das proezas masculinas de vocês, ó homens do clã do Princípio-Masculino, chegou até mim no mundo abaixo. Vim até vocês atravessando inumeráveis costas – ao longo de praias arenosas. Levante-se, ó Bastão Detumescente! Mergulha na consumação do amor. Sou esta mulher que veio de longe, desejando-os ardentemente, ó homens do clã do Princípio-Masculino!".

Mas os homens do clã apenas lhe gritaram de volta: "Lá está a estrada: siga e continue andando! Jamais tomaremos a mulher do Monstro-Enguia, Te Tuna, a fim de que não sejamos mortos. Ele estaria aqui em menos de um dia".

Ela continuou seu caminho e, quando chegou à terra do clã do Abraço-Penetrante (Peka), gritou novamente, usando das mesmas palavras; mas os homens responderam da mesma maneira que os primeiros. Ela continuou até a terra do clã do Ereto (Tu) e, mais uma vez, tudo ocorreu como antes. Ela foi à terra do clã do Milagreiro (Mauí), onde os chamados e as respostas se repetiram. E então ela aproximou-se da casa da mãe de Mauí, Hua-hega.

Quando Hua-hega viu Hina chegando, ela disse a seu filho, Mauí: "Toma essa mulher para ti!".

E assim Mauí-tikitiki-a-Ataraga (Milagreiro, o Túmido, fruto de Sombra--Ascendente) tomou Hina como esposa e todos viveram juntos naquele lugar. Mas logo todos à volta perceberam que a esposa de Te Tuna tinha sido tomada por Mauí e foram contar a Te Tuna.

"Sua mulher", eles disseram, "foi arrebatada por Mauí".

"Oh! Deixe que ele fique com aquela mulher para sobre ela deitar-se!", respondeu Te Tuna.

Entretanto, eles retornaram a ele com tanta frequência, repisando sempre o mesmo tema, que Te Tuna se enfureceu. Ele disse às pessoas que vinham com essa conversa: "Como é esse tal de Mauí?".

"Ele é, na verdade, um sujeito bem pequeno", responderam, "e a ponta do seu falo é bastante torta".

"Bem, pois que ele dê uma olhada na tira manchada da tanga entre minhas pernas", Te Tuna jactou-se, "e ele perderá as estribeiras!". E então acrescentou: "Digam a Mauí que estou indo em uma empresa de vingança!". E entoou uma canção melancólica de lamentação por sua mulher.

As pessoas ouviram a canção e voltaram para Mauí. "Te Tuna", eles comunicaram, "está vindo para enfrentá-lo num propósito de vingança".

"Deixem que venha!", respondeu Mauí. Mas então perguntou: "Que tipo de criatura é ele?".

"Oh!", eles exclamaram. "Um monstro gigantesco!"

"Ele é tão robusto e forte quanto um coqueiro alto e ereto?" As pessoas, desejando enganá-lo, responderam: "Ele é como um coqueiro inclinado".

E Mauí perguntou: "Ele é sempre fraco e curvado?". E eles responderam: "Sua fraqueza é congênita".

"Aha!", gritou Mauí. "Que ele dê apenas uma olhada na ponta torta do meu falo e perderá as estribeiras!"

Os dias passavam e Mauí esperava pacientemente – ele e todos os da sua casa. E certo dia, quando os céus escureceram, trovões ressoaram e relâmpagos flamejaram, as pessoas ficaram com muito medo, pois sabiam que devia ser a chegada de Te Tuna; e todas elas culparam Mauí. "Esta", elas disseram, "é a primeira vez que um homem rouba a mulher de outro. Seremos todos mortos".

Mauí tranquilizou-as: "Apenas mantenham-se juntas e nada nos acontecerá". Te Tuna finalmente apareceu e estavam com ele quatro companheiros: Pupu--vae-noa (Tufo-no-meio), Maga-vai-i-e-rire (Armadilha-existente-em-mulher), Porporo-tu-a-huaga (Testículos-fixos-no-escroto) e Toke-a-kura (Clitóris-continuamente-molhado). O Monstro-Enguia tirou a tanga manchada e ergueu-a à vista de todos e imediatamente uma imensa onda revolta levantou-se e bramiu em direção à terra, vinda do mar. Ela chegou varrendo, cobrindo a terra e Hua--hega gritou para seu filho: "Rápido! Mostre o seu falo!".

Mauí obedeceu e imediatamente a imensa onda retrocedeu até o leito do mar nivelar-se e os monstros empilharem-se, secos, em um rochedo. Então Mauí encaminhou-se para o lugar onde eles estavam encalhados e abateu três. Toke-a-kura safou-se com uma perna quebrada, enquanto o próprio Te Tuna, Mauí poupou.

Juntos, Mauí e Te Tuna foram para a casa do primeiro, onde viveram em harmonia até o dia em que Te Tuna disse a Mauí: "Teremos de bater-nos em duelo e quando um de nós for morto, o outro tomará a mulher para si".

"Que tipo de duelo você gostaria que fosse?", Mauí perguntou.

E Te Tuna respondeu: "Primeiramente nos empenharemos em uma disputa na qual cada um entre inteiramente no corpo do outro e quando ela acabar, matarei você, tomarei minha mulher e retornarei ao meu próprio país".

"Seja como você quiser", Mauí concordou. Então perguntou. "E quem será o primeiro?"

"Eu", respondeu o Monstro-Enguia e uma vez que Mauí consentiu, Te Tuna levantou-se e começou a entoar seu feitiço:

O Orea-enguia balança-se e inclina-se,
O Orea-enguia balança sua cabeça cada vez mais baixa –
Ele é um monstro poderoso que veio até aqui de sua distante ilha atravessando o oceano.

Teu falo urinará de medo!

O monstro contrai-se, tornando-se cada vez menor.
Sou eu, Te Tuna, que agora entra, ó Mauí, em teu corpo!

E Te Tuna desapareceu completamente dentro do corpo de Mauí, onde se dispôs a ficar. Entretanto, depois de um longo tempo, saiu novamente.
Mauí não tinha ficado nada perturbado. "Bem, agora é minha vez", disse Mauí.
Te Tuna concordou e o Milagreiro começou a cantar seu próprio feitiço, assim:

O Orea-enguia balança-se e inclina-se,

O Orea balança sua cabeça cada vez mais baixa – Um pequeno homem mantém-se ereto sobre a terra – Teu falo urinará de medo!

O homem contrai-se, tornando-se cada vez menor.
Sou eu, Mauí, que agora entra, ó Te Tuna, em teu corpo!

Mauí desapareceu completamente dentro do corpo de Te Tuna e, de imediato, todos os tendões do Monstro-Enguia foram lacerados, de maneira que ele morreu. Em seguida, Mauí avançou e, cortando a cabeça de Te Tuna, levou-a, com a intenção de dá-la a seu avô. Mas sua mãe, Hua-hega, agarrou-a e recusou-se a devolvê-la. Ela disse a Mauí: "Pegue a cabeça e enterre-a ao lado do pilar no canto da nossa casa". E assim, ele pegou-a, enterrou-a como a mãe havia mandado e jamais voltou a pensar nela.

Mauí continuou com suas tarefas cotidianas e continuaram todos vivendo juntos como antes, até que uma noite, quando estavam sentados no canto da casa onde a cabeça de Te Tuna tinha sido enterrada, Mauí percebeu que um broto novo surgira na areia. Ele ficou encantado. Hua-hega, notando sua surpresa, disse-lhe: "Por que está surpreso?". Ao que ele respondeu: "A cabeça de Te Tuna, que enterrei aqui neste canto da casa: por que ela germinou?".

Hua-hega então falou-lhe: "A planta que está crescendo a seu lado é um tipo de coco conhecido como 'casca-da-cor-verde-mar-da-região-dos-deuses', porque ela se originou das profundezas do mar, para revelar-nos a cor de sua própria região. Cuide de seu precioso coqueiro e verá como ele nos proverá a todos de alimento".

Mauí colheu o fruto quando ficou maduro. A parte carnosa foi dividida entre todos e da casca Mauí fez um par de cuias para servir como copos de beber. E quando tudo estava acabado, ele dançou e cantou uma canção ostensiva em celebração de sua proeza e daquela superioridade mágica, pela qual a cabeça do Monstro-Enguia tinha se transformado em seu alimento:

Nada mais do que uma tira de cinto de mulher,
Nada mais do que uma barata apressada,
Era Tuna, o Patriarca!

Enfeitiçado por um broto de samambaia mohio,
Uma folha encantando um pobre simplório nas artes mágicas!
O que, na verdade, ele tinha para me enfrentar?

Absolutamente nada!

"E assim", acaba a história, "foi que o coco se tornou alimento para todos os povos deste Mundo Terreno aqui de cima".

A aventura, como narrada aqui, foi ouvida dos lábios de Fariua-a-Makitua, um velho cacique da ilha de Fagatu no arquipélago de Tuamotu, que está bem no meio do Pacífico, a leste das ilhas da Sociedade e do Taiti. Em sua juventude, o velho tinha sido discípulo de um mestre anterior, Kamake, que na sua época fora considerado o maior de todos os sábios de Tuamotu.[21] E apresentei esta versão inalterada da lenda de Hina e do Monstro-Enguia na íntegra, não apenas porque ela expressa autenticamente a atmosfera moral das antigas epopeias polinésias, mas também porque pode servir de introdução a nossos estudos posteriores da magia, da força da magia e do poder dos elementos eróticos no conjuro primitivo.

A narrativa, como recontada aqui, foi traduzida de um estilo recitativo polinésio, que sugere muito intensamente tanto a forma quanto a atmosfera dos cerimoniais arcaicos, dos quais a tragédia e a comédia gregas desenvolveram-se no século VI antes de Cristo. Justamente como o coro satírico grego cantava e dançava suas estrofes e antístrofes, girando e rodopiando em uma dança labiríntica enquanto era cantada a lenda do deus ou herói – aqui também. O capitão Cook e os outros primeiros viageiros do Pacífico descreveram os grandes festejos religiosos em que literalmente centenas de dançarinos, em filas e colunas ordenadas, dançavam a hula-hula (dança havaiana) sagrada ao som de batidas de tambor, cabaças sonoras e tubos de bambu percutidos no chão, enquanto os cantos sagrados dos heróis e dos deuses eram entoados em estrofes e antístrofes por solistas e coros de muitas vozes.[22] Por exemplo, o canto melancólico de Te Tuna lamentando a perda de Hina, quando as pessoas o haviam convencido de que deveria conquistá-la de volta, aparecia, no original, da seguinte forma:

I

	Primeira Voz
Kua riro!	Minha amada foi-me roubada.
	Segunda Voz
Te aroha i te hoa ki roto i te manava;	Sofrer por amor da mulher agita o coração;
	Coro
– kua riro.	– pois ela tornou-se amante de outro.
Matagi kavea mai e	O vento trouxe a palavra
Kua riro.	Quando ela foi roubada de mim.
Ho atu. […]	Partamos agora. […]

II

	Primeira Voz
Ho atu matou ki Vavau,	Partamos agora para Vavau.
	Segunda Voz
Kia higo i te hoa –	Para ver a amada –
	Coro
– kua riro.	– que se tornou amante de outro.
Matagi i aue e	Lamentando, até os ventos lamentam
Kua riro.	Aquela que me foi roubada.
Te aroha. [...]	Mágoa de amor. [...]

III

	Primeira Voz
Te aroha i te vahine	O sofrimento pela mulher amada
ki roto i te manava.	brota no peito.
	Segunda Voz
Kia kite taku mata	Oxalá meus olhos
i te ipo –	possam ver novamente a amada –
	Coro
– kua riro.	– que me foi roubada; agora
	apertada nos braços de outro.
Matagi i aue e.	Até os ventos lamentam.
Te aroha i-i-i-i-e!	Amargos são minha agonia e desespero.

Mais adiante neste capítulo, teremos de examinar novamente o problema muito complexo, mas que aos poucos vai-se esclarecendo, da relação entre as tradições antigas do Pacífico com as arcaicas do Mediterrâneo; mas antes vamos ampliar nosso espectro dos mitos e lendas do monstro-enguia da Polinésia. Estaremos então em melhor posição, não apenas para analisar as várias versões do mito bíblico, mas também para compreender o papel reduzido da serpente nas versões do mito grego de Perséfone e do indonésio de Hainuwele, ressaltando o sacrifício ritual do porco. Pois um dos mais importantes, bem como iluminadores, aspectos da perspectiva pré-histórica aberta por um estudo comparativo de mitos está no problema de o porco assumir o papel da serpente, como o animal sagrado do labirinto – e depois do porco o touro, e depois dele o cavalo.

A difusão da imagem mitológica nuclear da origem da planta comestível gerou, no curso de sua longa história e ainda mais longa pré-história, uma ampla série de variantes mutuamente esclarecedoras, porém notavelmente diferentes, cada uma parecendo revelar alguma qualidade ou aspecto essencial daquilo que uma vez deve ter sido a forma primeva, embora nenhuma seja definitivamente mais elegível do que as outras como a mais representativa. A imagem talvez possa ser comparada à de um certo número de irmãs e irmãos, todos representando um tipo familiar, porém nenhum mais autenticamente do que os outros. E quanto mais numerosos forem os exemplos reunidos, mais fascinante e atormentadora se torna a comparação.

Por exemplo: no arquipélago de Tonga, conta-se que um bebê masculino, Enguia, nasceu de um casal humano que tinha também um par de filhas humanas. Enguia, que vivia em uma lagoa, correu em direção às suas irmãs ávido de afeto, mas elas fugiram e, quando ele as perseguiu, elas saltaram no mar e tornaram-se dois rochedos que podem ser vistos até hoje da costa de Tongatabu. Enguia continuou nadando até Samoa, onde tornou a viver em uma lagoa. Mas quando uma virgem que estava se banhando nessas águas ficou grávida por causa de sua presença, as pessoas decidiram matá-lo. Ele disse à jovem que pedisse sua cabeça quando ele estivesse morto e que a plantasse, e assim ela fez. E da cabeça surgiu um novo tipo de árvore, o coqueiro.[23]

Em Mangaia, uma das Ilhas Cook, o nome da donzela era Ina (uma variante dialetal de Hina) e ela gostava de banhar-se em certo lago. Mas ali havia uma grande enguia que passava por ela nadando e a tocava; isso ocorreu várias vezes, até que se desfez de sua forma de enguia e se postou diante dela na forma de um belo jovem de nome Tuna (mais uma vez – Te Tuna). Ina aceitou Tuna como amante e ele sempre a visitava em forma humana, mas voltava a ser enguia quando ia embora. E então, um dia, ele disse-lhe que tinha chegado a hora de ir embora para sempre. Ele faria uma última visita no dia seguinte, em uma torrente de água, na forma de enguia, e então ela deveria decapitá-lo e enterrar a cabeça. Tuna veio; Ina fez o que lhe havia sido ordenado. E todos os dias, dali em diante, ela visitava o lugar da cabeça enterrada, até que, finalmente, apareceu um broto verde que se tornou uma bela árvore a qual, com o tempo, produziu frutos: os primeiros cocos. E todo coco, quando descascado, continua mostrando os olhos e o rosto do amante de Ina.[24]

Histórias da origem das plantas correspondentes a esse estereótipo são comuns também a outras plantas da Polinésia. A árvore da fruta-pão apareceu, por exemplo, de acordo com uma lenda contada no Havaí, quando um homem chamado Ulu, que vivia perto da cidade atual de Hilo, morreu de fome. Ele e sua mulher tinham um filho doentio, cuja vida estava em risco pela escassez geral de alimentos e o homem, perturbado, foi rezar no templo de Puueo, para saber do deus o que deveria fazer.

O deus daquele templo era do tipo conhecido no Havaí como o *mo'o*, palavra que significa "lagarto" ou "réptil". Mas, o único réptil no Havaí é uma pequena lagartixa inofensiva, olhada mesmo com afeto, por andar correndo pelas paredes das casas e grudar-se como mosca nos tetos, pegando insetos com sua língua rápida. A maneira pela qual o sistema mitológico das ilhas elevou essa criatura inócua às proporções de um dragão divino, imensamente perigoso, fornece uma das melhores ilustrações gráficas que conheço de um processo mitológico – raramente mencionado nos manuais sobre o nosso assunto, mas de qualquer maneira de importância e força consideráveis – ao qual o falecido Dr. Ananda K. Coomaraswamy se referiu como *land-náma*, "designação de terra" ou "tomada de terra".[25] Pelo *land-náma*, "designação de terra", ou "tomada de terra", as características de uma terra recentemente ocupada são assimiladas pelos povos imigrantes à sua herança mítica importada. Já notamos o caso do papel da serpente assumido por uma enguia. Estamos agora considerando o papel da mesma serpente assumido por um inofensivo réptil. Poderíamos também ter considerado a maneira pela qual os primeiros colonos puritanos e pioneiros da América fundavam suas Novas Canaãs, Nazarés, Sharons, Betéis e Beléns, onde quer que fossem. A nova terra e todas suas características são vinculadas tão seguramente quanto possível aos arquétipos – os arquétipos significativos espiritual, psicológica e sociologicamente – de qualquer que seja o sistema mitológico que as pessoas levem em seu coração. E por esse processo, a terra é espiritualmente validada, santificada e assimilada à imagem do destino que é a dinâmica modeladora das vidas das pessoas. Teremos muitas oportunidades, em todos os próximos capítulos, de observar a força desse princípio na formação de símbolos. O processo já nos foi claramente apresentado pelo monstro-enguia e pelo nobre *mo'o* das mitologias da remota Polinésia.

Prossigamos, portanto, com a lenda da origem da fruta-pão. Quando o homem, Ulu, retornou à sua mulher da visita ao templo de Puueo, disse: "Ouvi a voz do nobre *Mo'o* e ele disse-me que hoje à noite, assim que as trevas cobrirem o mar e as chamas da deusa-vulcão, Pele, iluminarem as sombras sobre a cratera do monte Kilauea, o pano negro cobrirá minha cabeça. E quando minha respiração tiver deixado meu corpo e meu espírito tiver partido para o reino dos mortos, você deverá enterrar minha cabeça cuidadosamente perto da fonte de água corrente e plantar meu coração e entranhas perto da porta de casa. Meus pés, pernas e braços também deverão ser ocultados dessa maneira. Então, você se deitará no leito onde nós dois repousamos com frequência, escutará com atenção durante toda a noite e não sairá antes de o Sol ter ruborizado o céu da manhã. Se, no silêncio da noite, você ouvir ruídos como os de folhas e flores caindo e, em seguida, como os de um pesado fruto caindo no solo, você saberá que minha súplica foi atendida: a vida de nosso filhinho estará salva". E dizendo isso, Ulu caiu de rosto para baixo e morreu.

Sua mulher cantou um canto de lamento, mas fez exatamente como fora orientada e, pela manhã, encontrou sua casa cercada por uma abundante vegetação.

"Diante da porta", conta-nos a versão da lenda de Thomas Thrum,[26]

> no lugar em que ela havia enterrado o coração do marido, cresceu uma imponente árvore coberta de grandes folhas verdes molhadas de orvalho e brilhando à luz do sol da manhã, enquanto na relva jazia a fruta redonda e madura que

> tinha caído dos galhos. E a essa árvore ela chamou de *ulu* (fruta-pão) em homenagem a seu marido. A pequena fonte estava oculta por abundantes plantas estranhas que haviam crescido, com folhas gigantescas e cachos pendentes de longas frutas amarelas, que ela chamou de bananas. O espaço intermediário estava repleto de uma vegetação exuberante de caules finos e trepadeiras trançadas e ela chamou os primeiros de cana-de-açúcar e as segundas de inhame; em volta de toda a casa cresciam arbustos e raízes comestíveis e a cada um ela deu um nome apropriado. Então, chamando seu filhinho, ela mandou-o colher a fruta-pão e as bananas e, reservando a maior e melhor para os deuses, assou as restantes nas brasas, dizendo-lhe que aquele seria seu alimento doravante. Com o primeiro bocado, a saúde retornou ao corpo do menino e dali em diante ele cresceu em força e estatura até tornar-se um homem na sua plenitude. Ele tornou-se um forte guerreiro naquela época, de maneira que, quando morreu, seu nome, Mokuola, foi dado à ilhota na baía de Hilo onde seus ossos foram enterrados; nome pelo qual ela é chamada até hoje.

Um importante sistema de tais mitos e ritos, contos e costumes populares, originário de um conceito central da reciprocidade da morte e da vida (tanto no sentido de matar e consumir quanto no de reprodução e morte), foi identificado por toda a ampla faixa da zona tropical equatorial que vai do Sudão, atravessa o oceano Índico e penetra na Polinésia – de fato, percorre todo o caminho até a ilha de Páscoa, onde o conceito é expresso na imagem de um peixe pescado e comido.

"Onde está nossa antiga rainha?", lemos, por exemplo, em um texto fornecido por um informante nativo que estava tentando decifrar uma das misteriosas tabuletas hieroglíficas da ilha de Páscoa, supostamente preservadas ali por muitas gerações. "Sabe-se", o texto continua, "que ela (a rainha) foi transformada em um peixe, finalmente capturado nas águas paradas. [...] Fora, fora, se você não conseguir nomear o peixe: aquele peixe encantador com as brânquias curtas que foi trazido como alimento ao nosso Grande Rei e colocado em um prato que se balançava de lá para cá".[27]

Existem muitas variantes desse sistema de mitos e ritos, desde os ritos canibalísticos até os contos poéticos de amor parental; mas a semelhança entre eles é evidente. Tampouco a vasta difusão é difícil de atribuir. A bacia do oceano Índico foi por milênios o caminho marítimo de intercâmbios culturais, de um lado para o outro, enquanto a Polinésia recebia sua população em grande parte da região indonésia. Uma única família linguística, a malaio-polinésia, estende-se, na verdade, por todo o percurso desde Madagascar (na altura da costa sudeste da África) até a ilha de Páscoa, em direção leste, e da Nova Zelândia, em direção norte, até Formosa e, a nordeste, até o Havaí.[28] Tais afinidades linguísticas indicam, não apenas relação cultural e histórica, mas também homologias psicológicas – e a tal nível que nem os mais apaixonados defensores da teoria de desenvolvimento paralelo ousa-riam (suponho) explicar segundo seus caros princípios uma coincidência tal como a representada pelas seguintes maneiras de denominar os números de um a dez:[29]

	MADAGASCAR	INDONÉSIA			POLINÉSIA	
	Malgaxe	**Malaio**	**Javanês**	**Filipino**	**Samoa**	**Maori**
1	isa	sa	sa	isa	tasi	tahi
2	rua	dua	ru	dalawa	lua	rua
3	telu	tiga	telu	tatlo	tolu	toru
4	efatra	ampat	pat	apat	fa	wha
5	limi	lima	lima	lima	lima	rima
6	eni(na)	anam	(ne)nem	anim	ono	ono
7	fitu	tujuh	pitu	pito	fitu	whitu
8	valu	dulafan	wolu	walo	valu	waru
9	sivi	sambilan	sono	siyam	iva	iwha
10	fulu	puluh	puluh	polo	sefulu	nahuru

O próximo passo neste estudo comparativo é perseguir nosso tema até as costas do Peru e México, as selvas do Amazonas e as planícies da América do Norte.

V. PARALELISMO OU DIFUSÃO?

A arqueologia e a etnografia da última metade do século tornaram claro que as antigas civilizações do Velho Mundo – do Egito, Mesopotâmia, Creta e Grécia, Índia e China – derivaram de uma única raiz e que essa origem comum é suficiente para explicar as formas homólogas de suas estruturas mitológicas e rituais. Como já foi notado,* o princípio do florescimento dessa época foi localizado em uma base neolítica no Oriente Próximo; seus primeiros sinais foram identificados por volta de **7000**-5500 a.C. e também o súbito aparecimento, aproximadamente na mesma região, por volta de 3200 a.C., de uma confluência de descobertas e habilidades sacerdotais, inclusive um calendário astronômico, a arte da escrita, uma ciência matemática aplicada à tentativa de coordenar as medições do espaço e do tempo e a concepção da roda. Em nenhum outro lugar do mundo foi identificado nenhum dos elementos – nem da coleção neolítica nem de qualquer civilização mais avançada – em níveis que correspondam a essa profundidade, e a probabilidade de uma difusão mundial, a partir do Oriente Próximo, das artes básicas, não apenas de toda a civilização mais avançada, mas também de toda a vida de aldeia embasada na agropecuária, foi sustentada com abundante documentação por um grupo de pesquisadores, do qual o Prof. Robert Heine-Geldern, de Viena, é atualmente o líder.

* Cf. *supra*, p. 125-137.

Como observamos, entretanto, há ainda algum questionamento sobre as origens últimas do Neolítico. Tem-se certamente de admitir que as artes básicas da civilização desenvolvida derivaram, no que concerne ao hemisfério afro-eurásio, da hoje bem fundada matriz no Oriente Próximo. Entretanto, com relação às artes da agricultura e pecuária, as primeiras aldeias neolíticas do Oriente Próximo podem representar apenas uma província de uma região consideravelmente mais ampla. O primeiro horizonte para a domesticação do porco na que pode ser denominada, a grosso modo, esfera malaio-polinésia ainda não foi determinado; também não sabemos quão remotamente deve ser datado o cultivo primitivo do coco, da banana e das plantas tuberosas alimentícias. Por isso, embora seja possível, por um lado, descobrir que em última instância a maioria dos mitos e rituais da região malaio-polinésia deveria ser interpretada como "provincial" com relação ao Protoneolítico ou Neolítico Basal do Oriente Próximo, por outro lado, afinal parece que a interpretação deveria seguir o caminho oposto. Mas de qualquer maneira (e esse ponto, acredito, ninguém que seja familiarizado com os fatos agora reunidos poderia negar), os dois desenvolvimentos não estiveram separados; de modo que o progresso da cultura humana no Velho Mundo, do nível da coleta de alimentos (caça e coleta de raízes) ao do cultivo de alimentos (agricultura e pecuária), deve agora ser estudado como um processo muito amplamente difundido, porém único. Com respeito, entretanto, ao Novo Mundo, um violento e mesmo perverso conflito de opiniões continua assolando os estudiosos. Por exemplo, numa inflexível exposição do ponto de vista que foi defendido pela maioria das nossas escolas norte-americanas de Antropologia, lemos:

> Em ambos os hemisférios, o homem partiu do nada cultural, como um caçador nômade, usuário de instrumentos de pedra, um selvagem paleolítico. Em ambos, ele espalhou-se pelos grandes continentes e amoldou sua vida de maneira a adaptar-se a todos os tipos de meio ambiente. Então, em ambos os hemisférios, plantas selvagens passaram a ser cultivadas, a população aumentou, concentrações humanas trouxeram a formação dos grupos sociais e rápido progresso nas artes. A cerâmica entrou em uso, de fibras e lãs fizeram-se tecidos, animais foram domesticados, surgiu o trabalho com metais – primeiramente em ouro e cobre e depois em bronze. Sistemas de escrita foram desenvolvidos. Os paralelos não vigoram apenas em coisas materiais. No Novo Mundo, bem como no Velho, desenvolveram-se os sacerdócios e, aliando-se aos poderes temporais ou tornando-se regentes por conta própria, eles erigiram vastos templos a seus deuses, adornados com pintura e escultura. Os sacerdotes e chefes providenciaram para si mesmos esmeradas tumbas ricamente supridas para a vida futura. Na história política ocorre o mesmo. Em ambos os hemisférios, grupos juntaram-se para formar tribos, coalizões e conquistas criaram elites, impérios desenvolveram-se e adotaram a parafernália da magnificência.

Essas são similaridades extraordinárias. E se acreditarmos, como a maioria dos estudiosos modernos*, que as conquistas dos índios foram obtidas independente--mente e que seu progresso não foi estimulado de além-mar, chegaremos a uma conclusão muito significativa. Podemos inferir que os seres humanos possuem uma necessidade inata de dar certos passos definidos em direção àquilo que chamamos de civilização. E que os homens também possuem a capacidade inata, dadas as devidas condições ambientais, de colocar essa necessidade em prática. Em outras palavras, temos de considerar que a civilização é uma reação inevitável às leis que governam o desenvolvimento cultural e controlam a relação homem-cultura.[30]

---

*Embora este excerto represente a posição dominante de muitos textos da escola norte-americana de 1959, isto já não é verdade. Mantivemos o trecho para oferecer contexto ao argumento de Campbell. – Editores

---

Leo Frobenius, entretanto, já em 1903 assumia uma visão exatamente contrária, que a partir de então tem sido representada e desenvolvida principalmente pelos estudiosos europeus e sul-americanos do assunto. Acreditando que as primitivas aldeias agrícolas da América Equatorial eram extensões, para o leste da Polinésia, de um estilo cultural que já tinha identificado do Sudão à ilha de Páscoa, ele argumentou que o *continuum* americano básico da cultura da caça – que tinha sido levado ao continente desde o nordeste da Sibéria, através do Estreito de Bering, e se difundindo verticalmente para o sul, do Alasca ao cabo Horn – deve ter sido encontrado em uma trajetória horizontal por viajantes marítimos da Polinésia e atravessado, como que por uma cunha. "Em nosso estudo da Oceania", ele escreveu, "pode-se demonstrar que existia uma ponte, e não um abismo, entre a América e a Ásia. Seria uma contradição a todas as leis da cultura local da Oceania supormos que os polinésios tenham feito uma parada e voltado da ilha de Páscoa. E do Havaí, além do mais, uma rota de correntes de vento frequentemente navegada leva à Costa Noroeste da América do Norte".[31]

A mais comum e vigorosa resposta dos isolacionistas a qualquer argumento dos difusionistas era que as migrações polinésias foram tardias, demasiado tardias, para serem responsáveis pela invenção da agricultura e pelo florescimento da civilização avançada no Novo Mundo. Eles localizaram entre o décimo e o décimo quarto séculos da nossa era o período das grandes migrações polinésias, e a primeira possível chegada do homem àquele remoto mundo insular do Pacífico Sul, não antes do século V da nossa era.[32] Em contrapartida, foram propostas as datas mais diversas para o primeiro horizonte agrícola no Novo Mundo: a data de Spinden, por exemplo, por volta de 4000 a.C., ou a de Kroeber, cerca de 3000 a.C.[33]

Na verdade, entretanto, a primeira data comprovada da agricultura americana é apenas por volta de 1016 ± 300 a.C., em uma localidade situada na costa norte do Peru chamada Huaca Prieta.*

---

* Hoje os antropólogos datam o início do cultivo de milho nas Américas em aproximadamente 5000 a. C. Veja G. W. Beadle, "The Ancestry of Corn", *Scientific American* (january 1980): 96-103. – Editores

---

Ali, na boca do vale Chicama, uma série de túmulos escavados no final da década de 1940 revelou uma bela coleção de restos estratificados, cujas amostras extremamente importantes foram datadas pelo novo método radiocarbônico (C-14) conforme segue:

1. Amostra nº 598: carvão vegetal de lareiras do nível do leito da camada rochosa, 2348 ± 230 a.C. Não havia evidências de agricultura nesse nível. Os restos relacionados indicavam apenas a presença de uma comunidade primitiva voltada para a caça, a pesca e a coleta de alimentos.
2. Amostra nº 321: madeira associada com produtos agrícolas, 1016 ± 300 a.C. Nesse nível apareceram os primeiros produtos agrícolas, que eram, para surpresa de todos: a) tecidos trançados (redes e esteiras tecidas) feitos de um algodão asiático, e b) duas pequenas cabaças-cuias esculpidas em baixo-relevo com figuras altamente estilizadas, sugerindo motivos transpacíficos (uma dupla cabeça de pássaro e a máscara de uma espécie de homem-gato ou homem-jaguar) devendo se ressaltar que o cabaceiro não é uma planta nativa da América. Além disso, pedaços de pano de casca (tapa: um elemento oceânico, transpacífico) foram encontrados junto com esses restos.
3. Amostra nº 323: corda associada com um utensílio de cerâmica rústica, 682 ± 300 a.C.
4. Amostra nº 75: depósito de madeira associado com o cultivo de milho, 715 ± 200 a.C.[34]

É óbvio que essas datas ficam muito aquém do antigo "horizonte agrícola primitivo" por volta de **7000** a.C. Nesse meio tempo, para equilibrar a balança, a data, determinada pelo método radiocarbônico, de 1530 ± 200 a.C. foi estabelecida para um tipo de povoado na ilha de Saipan, nas Marianas, perdidas no Pacífico, cerca de 2.400 km a leste das Filipinas.[35] Assim, o protesto "demasiado tardias" tornou-se nulo.

A última posição em defesa do argumento a favor do desenvolvimento independente é apresentada em uma série de artigos de Wendel C. Bennett, Alex D. Krieger e Gordon R. Willey num recente inventário enciclopédico das ciências antropológicas, *Anthropology Today* [Antropologia Hoje], publicado em 1953. Em resumo, foi postulado um chamado "Período Formativo do Novo Mundo", durante o qual deveriam ter-se desenvolvido as artes do Neolítico Basal, tanto do Peru quanto da Mesoamérica; "um centro, ou centros, de origem", assim o Prof. Willey formula a ideia, "localizado em qualquer lugar entre o México Central e o sul do Peru".[36] "O argumento defende", afirma o Prof. Bennett, "que uma economia agrícola, baseada no cultivo na América do Sul, se difundiu por toda a região hoje chamada de 'América Nuclear'. Ainda não foi definido se esse complexo se irradiou pela migração ou pela difusão, ou se ele poderia ter-se desenvolvido independentemente. Em qualquer dos casos, dois grandes centros de civilização avançada desenvolveram-se a partir dessa Base Formativa, um na Mesoamérica, um nos Andes Centrais, em grande parte, independentemente um do outro [...] mas na região intermediária, o Complexo Formativo persistiu e difundiu-se em torno da região do Caribe".[37]

Entretanto, ninguém até hoje conseguiu determinar claramente as datas às quais o Período Formativo do Novo Mundo deveria ser atribuído. "Certamente, não menos que 3 mil anos atrás (isto é, 1000 a.C.) e provavelmente muito mais", escreve o Prof. Julian H. Steward, em seu "Sumário Interpretativo" no encerramento do grande *Handbook of South American Indians* [Compêndio dos índios sul-americanos], em seis volumes, do qual ele foi o editor, "o índio começou a cultivar as plantas nativas americanas".[38] Até agora, tampouco há quem possa dizer exatamente onde surgiu o Período Formativo do Novo Mundo.* "A região de sua origem última é desconhecida", escreve Steward, "mas pode ter sido na América do Sul".[39]

---

* As datas hoje aceitas para o Período Formativo do Novo Mundo são 4400-350 a.C. Veja Elaine Silverman e William H. Isbell (editores), *Handbook of South American Archeology* (New York: Springer, 2008), p. 460. – Editores

---

Entretanto, pode ter sido em outra parte, como podemos deduzir a partir do surgimento daquelas cabaças-cuias na costa do Peru, cerca de **8000** a.C. O cabaceiro não é uma planta silvestre, mas cultivada, e depende, como Carl O. Sauer observa, do cuidado do homem para sua preservação. "Não é de maneira alguma uma planta de brejo", ele escreve. "A teoria de sua disseminação acidental envolve", continua, "além da travessia incólume de um oceano, um agricultor à espera, que a levasse da costa para um local de cultivo adequado".[40]*

---

* Quando Campbell escreveu esse trecho, a data aceita da primeira domesticação do cabaceiro nas Américas era cerca de 1100 a.C. A genética estabeleceu que o cabaceiro foi domesticado e cultivado em três ocasiões distintas: na Ásia 11000 anos atrás, ou ao menos 10000 anos atrás; na América Central cerca de 10000 anos atrás; e na África, cerca de 4000 anos atrás. Hirst (2015); Kistler et al. (2014); Erickson et al. (2005); Decker Walter (2001). Os achados de Kistler et al. (2014) indicam que o processo de domesticação do cabaceiro ocorreu cedo e de modo contemporâneo em toda a América do Norte, Central e do Sul, e que se restringiu a centros específicos de domesticação.

A cabaça já estava amplamente distribuída nas Américas em 6000 a.C. (8000 anos atrás). – Editores

---

Mas o cabaceiro não é a única planta que veio para a América através do Pacífico. O algodão asiático, que foi introduzido no Novo Mundo na mesma época e está presente nos primeiros horizontes agrícolas pré-cerâmicos, tanto do Peru quanto do Chile, não apenas se adaptou ali, mas também se misturou com uma variedade silvestre americana – e posteriormente, o produto mesclado foi levado de volta para a Polinésia e através dela até Fiji.[41] Acrescente-se o fato de que o coqueiro era cultivado na América Tropical pré-colombiana "em grandes arvoredos", e que não é uma planta que pode vingar apenas quando trazida pelas águas até uma praia;[42] o outro fato é que o amaranto cultivado (conhecido como caruru) era usado tanto como cereal quanto como hortaliça na América pré-colombiana, como também na Índia e outros países asiáticos de monções;[43] ainda, o fato de que a banana, que era comum na alimentação indígena e amplamente difundida nos trópicos do Novo Mundo, do sul do Brasil a Jalisco, no México, parece ter vindo de além-mar antes da chegada de Colombo,[44] e mais o fato de a origem do próprio milho ser ainda obscura, podendo ter sido uma contribuição do Sudeste Asiático,[45] e, finalmente, o fato de uma série de plantas conhecidas como cultivadas primeiramente na América terem sido encontradas com fartura no sudoeste do Pacífico (isto é, amendoim, feijão-de-porco, feijão-de-lima, *jícama** e batata-doce, esta última com o mesmo nome – *kumar/kumara* – no Peru e na Polinésia).[46] Assim, está feita a defesa da participação, ainda que modesta, da América nos movimentos culturais da esfera malaio-polinésia.

O Prof. Paul Rivet, diretor honorário do Musée de l'Homme de Paris, observou que na costa do Chile e do Peru, bem como em determinadas regiões do México, utiliza-se o estilo polinésio de forno;[47] que podem ser feitas comparações entre o sistema de escrita da ilha de Páscoa e as ideografias de certas tribos da Colômbia, Venezuela e do altiplano Andino (entre Peru e Bolívia); que 21 artefatos de estilo polinésio foram encontrados em vários pontos da América, da Argentina à ilha de Vancouver – bastões de madeira idênticos aos das ilhas dos Mares do Sul no Peru e entre os tlinkit da Costa Noroeste; que na própria Polinésia existiram tradições de viagens além da ilha de Páscoa e que tanto os catamarãs próprios para navegar em alto-mar dos Mares do Sul quanto as balsas do Peru eram capazes de aventuras transpacíficas; além do mais, que no Peru havia tradições de expedições para o oeste – uma, de fato, de 400 barcos e 20 mil homens foi enviada por um dos últimos incas do Peru, Tupac Inca Yupanqui, que retornou depois de nove meses ou um ano com prisioneiros negros e um trono de latão ou de cobre. Em Mangareva, reciprocamente, havia a tradição de "um homem

* No México e América Central, nome de várias plantas tuberosas alimentícias ou medicinais, e de sua raiz. [N. da T.]

vermelho que veio do leste com uma frota de navios em forma de balsa". A expedição Kon-Tiki de Thor Heyerdahl no verão de 1947, do Peru às ilhas Tuamotu, em uma embarcação peruana de madeira balsa, tornou evidente, de maneira tão vívida quanto se poderia ter desejado, a possibilidade de viagens desse tipo.

"Não seria surpresa", diz o Prof. Rivet, depois de considerar todos esses fatos, "que os polinésios, os mais prodigiosos navegadores da Terra, tivessem seguido suas viagens até os litorais da América. Perfeitamente familiarizados com as correntes marítimas e os ventos, capazes de orientar-se pelas estrelas, eles viajavam à noite e faziam excursões regulares de 3.200 km, por vezes mesmo 6.700 km, sem desembarcar em terra firme. Para encontrar as minúsculas ilhas polinésias perdidas na imensidão do Pacífico, eles se guiavam por uma pequena nuvem que se forma acima de cada ilha a uma altura de mais de 3.300 m e que é perceptível à vista experiente a uma distância de 200 km. Suas canoas duplas, pirogas, percorriam de 11 a 13 km por hora – 120 km em uma jornada de dez a doze horas –, assim, uma dessas embarcações poderia ter percorrido a distância do Havaí à Califórnia, ou da ilha de Páscoa à costa da América do Sul em vinte dias".[48]

Mas as viagens dos polinésios não podem, de maneira alguma, ter sido as primeiras, pois temos aquelas cabaças de Huaca Prieta datadas pelo método carbono 14; também o algodão, o coco e o amaranto, todos teriam chegado antes do período dos polinésios. Paul Rivet argumentou em defesa de uma série de chegadas melanésias, observando que um determinado grupo linguístico ameríndio (as línguas *hokan* da América Central, México e Califórnia) está mais próximo do melanésio do que mesmo as línguas polinésias. E em 1923, o Prof. A.L. Kroeber, da Universidade da Califórnia, a quem ninguém, creio, poderia ter acusado de ser um difusionista, no seguinte trecho admitiu reconhecer um exemplo do que ele, claramente, esperava que acabasse se comprovando como um mero acaso – ou, quando muito, um exemplo extraordinário de desenvolvimento paralelo.

> Um paralelismo surpreendente foi demonstrado entre as flautas de Pã das ilhas Salomão, na Melanésia, e as dos índios do noroeste brasileiro. Os tubos ímpares diferem do imediatamente seguinte por intervalos de uma quarta. Os pares dão as notas em semitom entre os tubos adjacentes ímpares, formando assim outro "círculo de quartas". Mas a similaridade não acaba aí. A afinação natural dos instrumentos examinados da Melanésia e do Brasil é a mesma. Assim, numa amostragem, as frequências vibratórias de alguns instrumentos são: 557 e 560,5; 651 e 651; 759 e 749; 880 e 879! A coincidência é tamanha que, à primeira vista, percebe-se que o fato está além dos limites da convergência acidental. Os dados foram apresentados e, em certos meios, aceitos como evidências de uma relação histórica entre o oeste do Pacífico e a América do Sul. Porém, o vínculo teria de ter sido antigo, já que não resta nenhuma lembrança, e também não é sustentado por semelhanças de raça, língua ou qualquer outra evidência cultural. Os instrumentos são perecíveis. Os povos primitivos, trabalhando com

> métodos simples e práticos, seriam incapazes de produzir um instrumento de tal afinação natural sem compará-lo com outro e, talvez, nem assim. Além do mais, não se sabe se a afinação natural tinha qualquer importância para eles. Por isso, é inacreditável que essa correspondência repouse sobre alguma difusão antiga: tem de haver algum erro em alguma parte das evidências, ou um acidente entre um milhão ocorreu particularmente com os instrumentos examinados.
>
> A igualdade de escala ou intervalos, entretanto, se mantém, e pode ser um verdadeiro caso de paralelismo. Mas, como sempre, resume-se a uma questão muito simples. Evidentemente, os círculos de quartas originaram-se da prática de soprar as flautas em ambas as regiões. Isso produz sobretons, dos quais o segundo, o "terceiro semitom", é o quinto acima da oitava da nota fundamental, de maneira que notas sucessivas, tanto da série ímpar quanto da par dos tubos da flauta, na oitava rejeitada, difeririam por quartas. A base da semelhança é, então, uma lei física do som. A similaridade cultural recua diante dos fatos; por exemplo, de flautas serem fabricadas em série; diante do recurso da flauta de ser soprada com mais intensidade, aumentando a altura da nota, e da escala diferenciada intercalada. Mesmo essas semelhanças são notáveis e mais específicas do que muitos casos citados de paralelismo. De fato, se elas estivessem apoiadas por semelhanças suficientes em outros aspectos culturais, chegariam a forçar a crença em vínculos de fato entre a Melanésia e o Brasil.[49]

Na verdade, é claro, existe uma grande quantidade de semelhanças: o uso da zarabatana com flechas envenenadas; a mastigação de limão misturada com narcótico; uma certa técnica de tecelagem, conhecida como tecelagem *ikat* [processo javanês de tecer, no qual o fio é tingido antes de ser tecido]; o ato de macerar pano de casca de árvore (tapa); a caça de cabeças com seu cerimonial de preservação da cabeça cortada; a sociedade secreta de homens com suas assombrações maquinadas e ardis para intimidar as mulheres; a convivência de comunidades inteiras em uma única habitação; uma arquitetura sobre estacas; brincadeiras de cama de gato (geometria com barbantes) que produzem muitas alternativas, cada uma com um nome; certas maneiras de pescar peixes e capturar animais, bem como uma maneira particular de apanhar tartarugas marinhas enfiando uma linha através da cauda de um peixe-piolho e permitindo então que ele nade e se prenda na superfície inferior da tartaruga; tambores de cepo fendido e um considerável conjunto de instrumentos musicais característicos; estatuetas femininas nuas (adivinhem de quem?), etc. etc. *ad infinitum* – para não mencionar novamente a cabaça, o coco, o amaranto e a fiação do algodão asiático.

O Prof. Robert Heine-Geldern propôs uma teoria bem articulada e documentada com precisão, baseada no conceito de uma zona cultural pré-histórica em torno do Pacífico, representada por um estilo de arte provavelmente natural da Ásia Oriental e talvez de data tão remota quanto o terceiro milênio a.C. Sua forma escultural característica está bem tipificada nos postes totêmicos da Costa Noroeste norte-americana: combinações de figuras heráldicas, genealógicas ou mitológicas, humanas e animais, ordenadas em séries verticais. Outro motivo característico, também exibido nas artes da Costa Noroeste, aparece em desenhos de tecelagem e pano de casca de árvore, em tatuagens, pinturas e baixos-relevos: o pássaro, o peixe, a forma animal ou humana a ser representada é fendida nas costas ou na frente, abrindo-se como um livro, e exposta como se tivesse dobradiças. Ainda outro motivo é a forma humana acocorada, com frequência com a língua espichada e descendo sobre o queixo – uma forma que reconhecemos imediatamente como uma das poses da Medusa grega, a Górgona, cuja cabeça Perseu decepou na África imediatamente antes de salvar a donzela Andrômeda da serpente. Em toda a zona cultural que circunda o Pacífico, a grande serpente, a serpente cósmica, como cônjuge da deusa e como um motivo manipulado de inúmeras maneiras na arte, é um traço relevante. Como demonstrou Heine-Geldern, as idiossincrasias particulares desse antigo estilo do Pacífico, tanto em termos de composição quanto de tema, podem ser rapidamente identificadas, não apenas nas artes da Costa Noroeste, mas também na Melanésia (Nova Irlanda e partes da Nova Guiné), bem como entre os daiaques de Bornéu, batacas de Sumatra e igorrotes das Filipinas – o que quer dizer, precisamente na região da nossa virgem Dema Hainuwele. Enfim, Heine-Geldern demonstrou que traços desse estilo penetraram nas artes da antiga China dinástica – sucessivamente, Shang (1523-1027 a.C.), Chou Anterior (1027-771 a.C.) e Chou Posterior (771-221 a.C.) –, onde eles se combinaram com traços derivados por difusão da grande matriz cultural do Oriente Próximo e foram então levados por navios chineses para a Indonésia, Melanésia e Polinésia e para a América do Norte e do Sul, aparecendo, especificamente, nas artes da Costa Noroeste, Mesoamérica, Peru e na bacia Amazônica.[50]

Além disso, quando os padrões das civilizações mais avançadas do grandioso período maia-asteca e dos períodos peruanos posteriores são comparados com seus correspondentes no Egito e na Mesopotâmia, na Índia e na China, encontramos, entre uma grande quantidade de outras analogias: um complexo Neolítico Basal, compreendendo agricultura e pecuária (na América, a lhama, a alpaca e o peru); confecção de esteiras, de cestos, cerâmica pintada, tanto a rústica quanto a fina; tecidos feitos em tear com padrões elegantes, usando tanto a lã quanto o algodão asiático; metalurgia em ouro, prata, estanho, platina e cobre fundido, com ligas de cobre e estanho, cobre e chumbo, cobre e arsênio, cobre e prata e ouro e prata, empregando o método *cire perdue* ["cera perdida"] para a fundição de figuras esculpidas e moldando, entre outros produtos, sinos de ouro; um sistema de calendário altamente desenvolvido, revelando um padrão de ciclos maiores e menores entrosados; uma designação de deidades para as várias esferas celestes e uma noção do horóscopo; a ideia de ciclos de criação e dissolução; a figura mitológica da Árvore Cósmica com uma águia no topo e uma serpente na raiz; os deuses guardiães e quatro cores das quatro direções; os quatro elementos (fogo, ar, terra e água); o céu disposto acima e o inferno abaixo; uma deusa tecelã da Lua e um deus que morre e é ressuscitado. Além do mais, no aspecto sociológico encontramos: quatro classes sociais – sacerdotes, nobres, agricultores (pessoas comuns) e escravos – com insígnias de realeza, reproduzindo quase exatamente as do mundo antigo: abanadores, cetros, dosséis, palanquins e a concha de sopro como trombeta real; a ideia da cidade como capital de um império, aonde se chega por caminhos pavimentados e embelezada por templos e palácios ornamentais; os templos em cima de pirâmides, quase exatamente como na Mesopotâmia, e a arquitetura incluindo colunatas, escadas espiraladas, entradas esculturadas, vergas, pilares etc.; artes incluindo mosaicos, altos e baixos-relevos, escultura em jade, afrescos, monumentos comemorativos e a escrita de livros. As datas cruciais podem ser resumidas como segue:

I. Horizonte Formativo (*c.* **4400** *c.* **350** a.C.)
(Compare com o Neolítico Basal e o Neolítico Superior do Velho Mundo)

1. Primeiros estratos conhecidos de agricultura e cerâmica: de cerca de 1500 a.C. Cabaça-cuia, pano de casca de árvore e de algodão de Huaca Prieta: *c.* 1016 ± 300 a.C. Complexo cerâmico Guanape (Peru) – antiga cerâmica de contramolde, tecelagem, milho: *c.* 1250(?)-*c.* 850 a.C.
   Complexo cerâmico Zacatenco (México) – cerâmica pintada fina e estatuetas: *c.* **1500** -*c.* 1000 a.C.

2. Estilos desenvolvidos, refinados, "pré-clássicos": de cerca de 1000 a.C. Complexo Chavín (Peru) – ourivesaria, arquitetura e escultura colossais, culto do jaguar: *c.* 850-500 a.C.
   Complexo Olmeca (México) – arte lapidaria em jade, pirâmides e grandes cabeças de pedra, culto ao jaguar: *c.* 1000-*c.* 500 a.C.

II. Horizonte Clássico (*c.* 500 a.C. *c.* 500 da nossa era)
(Compare com as cidades-estados hieráticas do Velho Mundo)

MESOAMÉRICA

Pré-Maia (*Chicanel*) (424 a.C.-57)*
Calendário, escrita, arquitetura cerimonial em pedra e estuque.

Maia Anterior (*Tzakol*) (57-373)*
Grandes cidades-templo de pedra (Tikal e Uaxactún) com tetos e arcos guarnecidos de consolo, monumentos talhados em pedra, cerâmica polcromática.

* Ver nota de rodapé, p. 189.

Maia Posterior (*Tepeuh*) (373-727)*
Muitas novas cidades-templo, atingindo o ápice em *c.* 530.; realizações esculturais colossais (viz., Piedras Negras); difusão de influência e então declínio: abandono de muitas cidades (razão desconhecida). Florescimento também dos estilos Tajín (Costa do Golfo) e Ulúa (Honduras).

PERU

Salinar/Gallinazo (*c.* 500 *c.* 300 a.C.)
Cerâmica fina, pirâmides de tijolos, lhamas domesticadas, tecelagem e metalurgia desenvolvidas.

Moche, Nazca e Tiahuanaco Anterior (*c.* 300 a.C. *c.* 500)
Agricultura ricamente desenvolvida com muitas colheitas (milho, feijão, amendoim, batata, batata-doce, pimenta, mandioca, abóbora, cabaça, algodão, coco, quinoa etc.); obras de irrigação, enormes pirâmides-templo de tijolos, murais; uma sociedade hieraticamente organizada; residências de tijolo ou pedra; cerâmica requintada; ourivesaria, ligas de ouro e cobre. Metal na costa norte (Moche), tapeçaria no sul (Nazca), pedra nas regiões altiplanas.

III. Horizonte Histórico (*c.* 500-1521/1533)

MESOAMÉRICA

Liga de Mayapan (727-934)*
Advento de um novo povo do sudoeste: introdução de uma nova religião, novos costumes e nova arquitetura (incluindo numerosos motivos que sugerem uma nova influência do Sudeste Asiático);[51] reflorescimento de cidades antigas (Chichén Itzá) e a fundação de novas (Mayapan, Uxmal); o período encerra-se com uma guerra devastadora entre Chichén Itzá e Mayapan.

Tolteca/Mixteca (908-1168/*c.* 1150-1350)
Mixcoatl, um bárbaro do norte, funda o império tolteca; seu filho é o mítico Quetzalcoatl, cuja idade era a Idade de Ouro de Tula, quando "o algodão crescia naturalmente em todas as cores". Tula foi destruída em 1168 A.D.; o império caiu e o domínio passou por dois séculos aos mixtecas da costa de Oaxaca.

Asteca (*c.* 1337-1521)
Último império do México nativo, conquistado por Cortés em 1521.

* [As datas de 424 a.C. a 934. estão baseadas na correlação de Spinden do calendário maia com o nosso. Se a correlação Thompson-Goodman for preferida, as datas devem ser 260 anos mais tarde. Em justificativa da série anterior, ver Covarrubias, *Indian Art of México and Central America*, p. 218; também, Willey e Phillips, *Method and Theory in American Archaeology*, p. 185, nota 3. – Joseph Campbell].

PERU

Tiakuanaco Posterior (*c.* 500-1000)
Expansão da influência do altiplano (Tiahuanaco) sobre as regiões costeiras (Moche, Nazca); enormes monumentos megalíticos; artefatos finos de ouro, prata e cobre; douração, fundição, têmpera, prateação; cerâmica suntuosa (porcelana policromática na região de Nazca, figuras tridimensionais no norte), têxteis (de lã e algodão), tapeçaria e escultura em pedra.

Chimu (*c.* 1000-1440)
Um período de guerras e fortalezas para refúgios, alianças e coalizões; novos reinos e novas cidades ("período construtor de cidades"); florescimento da grande metrópole desta cultura, Chanchan (perto da atual Trujillo): 20 km^2 de muros, ruas, reservatórios e pirâmides de tijolos; artes industriais e artesanato eficientes, porém não criativos.

Inca (*c.* 1440-1533)
Último império do Peru nativo, conquistado por Pizarro em 1533.

Este resumo é, necessariamente, apenas um esboço, pois as datas não foram ainda firmadas com certeza e as autoridades divergem consideravelmente.[52]

O "horizonte clássico" está colocado aqui muito mais tarde, obviamente, do que os desenvolvimentos comparáveis até mesmo na China, onde, em contraste com a Mesopotâmia (3200 a.C.), Egito (2800 a.C.), Creta e Índia (2600 a.C.), o estilo cultural avançado da escrita, do calendário e da ordem celestial hierática do Estado não apareceu antes de aproximadamente 1523 a.C. O poderoso império Han esteve em pleno desenvolvimento desde 202 a.C. até 220, enviando seus grandes navios até Roma para fazer comércio, contornando a costa da Indochina. Os dong-son do nordeste da Indochina foram senhores dos Mares do Sul desde *c.* 333 a.C. até *c.* 50., como o foram os navegantes mercadores do sudeste da Índia, Java, Sumatra e Camboja desde, talvez, o início do século VII até o final do século XII da nossa era. Não apenas os elementos característicos do "horizonte clássico" da Mesoamérica são típicos também da Ásia (pirâmides escalonadas, arquitetura guarnecida de consolo abobadado, certos tipos de tumbas, escrita hieroglífica combinada com uma desenvolvida ciência da astronomia e do calendário, escultura em pedra bem desenvolvida), mas também, como o Dr. Gordon Eckholm demonstrou,[53] muitos motivos do "horizonte histórico" maia sugerem especificamente os contemporâneos da Índia, Java e Camboja. Por exemplo, o arco trifólio, o trono "tigre", a haste de lótus e o trono "lótus", a concha marina associada com plantas, a árvore sagrada em forma de cruz (frequentemente, com uma máscara de monstro no centro e um pássaro nos galhos superiores), colunas e balaustradas serpentiformes, leões e tigres sentados, sinos de cobre... E pretende-se ainda que acreditemos que a América permaneceu inviolada?

Se isso ocorreu, então a psicologia tem uma tarefa muito maior à sua frente – a de comparar as façanhas da repetição – da que a arqueologia ou a etnologia enfrentariam se tivessem de explicar apenas uma viagem de 9.600 km através do Pacífico, cerca de 1500 a.C.

"Poderiam tais façanhas de duplicação terem ocorrido, guiadas apenas pela estrutura paralela das mentes e corpos humanos", pergunta o Prof. Gordon R. Willey, "ou será que o germe cultural foi transplantado através dos oceanos?".[54]

É algo a se pensar.

VI. O RITUAL AMOR-MORTE NA AMÉRICA PRÉ-COLOMBIANA

O exemplo norte-americano mais conhecido do mitologema do ser divino morto e plantado para tornar-se alimento do homem é o da tribo Ojíbua da região dos Grandes Lagos, cuja mitologia, conforme registrada na década de 1820 pelo jovem agente do governo dos Estados Unidos Henry Rowe Schoolcraft (1793-1864), se tornou fonte e inspiração da obra *The Song of Hiawatha* [A Canção de Hiawatha], de Longfellow. A esposa de Schoolcraft era uma índia cristianizada; alguns dos parentes afins dele eram completamente selvagens. A língua na qual os mitos lhe foram comunicados não foi, consequentemente, nem o jargão inglês nem o jargão ojíbua, mas uma prosa nativa natural e fluente. Por isso, temos de perdoar-lhe o estilo, se ele não está próximo daquele dos compiladores contemporâneos da sabedoria indígena, cujas visitas relativamente breves a seus "informantes" os levaram a desenvolver um estilo narrativo curiosamente entrecortado, ostensivamente primitivo e puramente antropológico que, na verdade, não está aqui nem lá, e serve para camuflar a delicadeza e a sofisticação do pensamento nativo. Schoolcraft desviou-se, podemos dizer, para o lado do exagero literário; mas, pelo menos, ninguém corre o risco de confundir sua prosa com uma tradução literal.

Eis aqui sua versão de "A Lenda de Mondawmin, ou A Origem do Milho Indígena", que se tornou a fonte do Capítulo V do livro de Longfellow, intitulado "O Jejum de Hiawatha":

> Em tempos passados, um índio pobre vivia com sua mulher e filhos em uma bela região do país. Ele não era apenas pobre, mas inexperiente na busca de alimentos para sua família, e seus filhos eram todos pequenos demais para prestar-lhe ajuda. Embora pobre, ele era um homem de temperamento afável e conformado. Estava sempre agradecendo ao Grande Espírito por tudo o que recebia. O mesmo temperamento fora herdado por seu filho mais velho, que agora tinha atingido a idade apropriada para submeter-se à cerimônia de Ke-ig-nish-im-o-win, ou jejum, para ver que espécie de espírito seria seu guia e protetor por toda a vida.

Wunzh, pois esse era seu nome, havia sido um menino obediente desde pequeno e de temperamento reflexivo, melancólico e suave, de maneira que era amado por toda a família. Assim que os primeiros indícios da primavera surgiram, seus familiares construíram-lhe a costumeira pequena choupana, em um lugar a certa distância da deles próprios, onde o jovem não seria perturbado durante seu rito solene. Ele instalou-se na cabana e começou imediatamente o jejum.

Nos primeiros dias, distraiu-se pelas manhãs andando pelos bosques e montanhas, observando as plantas e flores e, dessa maneira, preparou-se para desfrutar do sono e, ao mesmo tempo, abasteceu a mente com ideias agradáveis para seus sonhos. Enquanto perambulava pelos bosques, sentiu um forte desejo de saber como as plantas, ervas e frutos cresciam sem qualquer ajuda do homem e por que algumas espécies eram comestíveis e outras possuíam sumos medicinais ou nocivos. Ele evocou tais pensamentos depois de ter-se tornado demasiado fraco para sair a caminhar e ter-se confinado à choupana; desejou sonhar com algo que se mostrasse um evidente benefício para seu pai, familiares e todos os demais". É verdade!", ele pensou, "o Grande Espírito criou todas as coisas e é a ele que devemos nossas vidas. Mas não poderia tornar as coisas mais fáceis para conseguirmos alimentos, do que termos de caçar animais e pescar peixes? Tenho de tentar descobrir isso em minhas visões".

No terceiro dia, ele ficou fraco e abatido e permaneceu na cama. Em sua imaginação, enquanto ali deitado, viu um belo jovem descendo do céu e avançando em sua direção. Estava rica e alegremente vestido, com roupas de cores verde e amarelo, mas em tonalidades diferentes, mais claras ou mais escuras. Tinha um penacho esvoaçante na cabeça e todos seus movimentos eram graciosos.

"Fui enviado a você, meu amigo", disse o visitante celestial, "pelo Grande Espírito que criou todas as coisas do céu e da terra. Ele viu e conhece seus motivos para jejuar. Ele percebe que é generoso e benevolente querer fazer o bem a seu povo e obter benefícios para ele, e que você não está buscando força para a guerra ou a glorificação dos guerreiros. Fui enviado para instruí-lo e mostrar-lhe como fazer o bem a seus semelhantes".

Ele então disse ao jovem que se levantasse e se preparasse para lutar com ele, pois seria apenas por esse meio que poderia esperar realizar seus desejos. Wunzh sabia que estava fraco por causa do jejum, mas sentiu sua coragem nascendo no coração e imediatamente levantou-se, decidido antes a morrer do que fracassar. Iniciou a prova e, depois de um esforço prolongado, ficou quase exausto; então, o belo estrangeiro disse-lhe: "Meu amigo, é suficiente por esta vez; voltarei para testá-lo", e, sorrindo-lhe, foi subindo para o céu na mesma direção de que havia vindo.

No dia seguinte, o visitante celestial reapareceu na mesma hora e retomou a prova. Wunzh sentiu-se ainda mais fraco do que no dia anterior, mas a coragem de sua mente parecia aumentar na mesma proporção em que seu corpo se enfraquecia. Vendo isso, o estranho novamente falou-lhe com as mesmas palavras do dia anterior, acrescentando: "Amanhã será sua última prova. Esteja forte, meu amigo, pois essa é a única maneira de vencer-me e obter o benefício que deseja". No terceiro dia, ele voltou à mesma hora e repetiu a disputa. O pobre menino estava muito débil fisicamente, mas mais forte mentalmente a cada luta e decidido a vencer ou a sucumbir no combate. Empregou suas últimas forças e depois de a disputa ter prosseguido pelo tempo usual, o estranho parou de lutar e declarou-se vencido. Pela primeira vez, ele entrou na choupana e, sentando-se ao lado do menino, começou a dar-lhe instruções, dizendo-lhe de que maneira deveria agir para tirar proveito de sua vitória.

"Você obteve seus desejos do Grande Espírito", disse ele. "Você lutou bravamente. Amanhã será o sétimo dia de seu jejum. Seu pai lhe dará comida para fortalecê-lo e, como será o último dia da prova, você triunfará. Sei disso e agora vou dizer-lhe o que terá de fazer para beneficiar sua família e sua tribo. Amanhã", ele repetiu, "virei lutar com você pela última vez e, assim que você me tiver vencido, tirará minhas roupas e me abaterá, limpará a terra de raízes e ervas daninhas, a amaciará e me enterrará no lugar. Quando tiver feito isso, deixe meu corpo na terra e não o perturbe, mas visite ocasionalmente o lugar para ver se já nasci, e tome cuidado para não deixar que capim ou erva daninha cubram meu túmulo. Uma vez por mês, cubra-me com terra nova. Se seguir minhas instruções, você cumprirá com seu objetivo de fazer bem a seus semelhantes, ensinando-lhes o que estou lhe ensinando agora". Apertou-lhe a mão e desapareceu.

Pela manhã, o pai do jovem chegou trazendo algo para ele comer, dizendo: "Meu filho, você jejuou por tempo suficiente. Se o Grande Espírito o ajudar, ele o fará agora. Há sete dias que você não come nada e você não deve sacrificar sua vida. O Senhor da Vida não exige isso".

"Meu pai", replicou o jovem, "espere até o Sol se pôr. Tenho uma razão especial para prolongar meu jejum até aquela hora".

"Muito bem", disse o velho, "esperarei até essa hora chegar e você estar disposto a comer".

Na hora costumeira, o visitante do céu retornou e a prova de força foi renovada. Embora o menino não tivesse aceitado a oferta de comida do pai, sentiu que novas energias lhe tinham sido concedidas e que sua força de vontade havia fortalecido sua coragem. Ele agarrou seu adversário angelical com uma força sobrenatural, derrubou-o, despiu-o de seus belos trajes e plumas e, vendo-o morto, enterrou-o imediatamente no lugar, depois de seguir todas as instruções que lhe tinham sido dadas e, ao mesmo tempo, com muita confiança de que seu amigo retornaria à vida.

Voltou então à choupana de seu pai e serviu-se frugalmente da refeição que lhe tinha sido preparada. Mas ele jamais, por nenhum momento, se esqueceu do túmulo do amigo. Visitou-o cuidadosamente por toda a primavera, arrancando o capim e as ervas daninhas e mantendo o terreno fofo e macio. Muito em breve, viu as pontas das penas verdes saindo do chão, e quanto mais atencioso ele era no cumprimento das instruções que recebera para manter o terreno em ordem, mais rapidamente elas cresciam. Tomou, entretanto, precauções para ocultar de seu pai a façanha.

E assim passaram-se dias e semanas. O verão aproximava-se já do final, quando certa feita, depois de uma longa ausência caçando, Wunzh convidou o pai para acompanhá-lo ao lugar tranquilo e isolado onde estivera jejuando. A choupana tinha sido removida e as ervas daninhas deixaram de crescer no círculo onde ela estivera, mas em seu lugar havia uma planta alta e graciosa, com cabelos sedosos de forte coloração, cobertos de plumas esvoaçantes e folhas imponentes, além de cachos dourados de cada lado.

"É meu amigo", gritou o mocinho; "é o amigo de toda a espécie humana. É Mondawmin ('milho'). Não precisamos mais depender apenas da caça, pois enquanto esta dádiva for estimada e cuidada, o próprio solo nos dará o sustento". Ele então arrancou uma espiga. "Veja, meu pai", disse, "foi para isso que eu jejuei. O Grande Espírito ouviu minha súplica e enviou-nos algo novo e, de agora em diante, nosso povo não dependerá apenas da caça ou das águas".

Contou então ao pai as instruções que tinha recebido do estrangeiro. Contou-lhe que as grandes cascas precisavam ser tiradas, como ele tinha tirado as roupas do estrangeiro durante a luta, e feito isso, mostrou-lhe como se devia segurar a espiga até o fogo dourar a casca externa, enquanto o leite era retido nos grãos. Toda a família então reuniu-se para deleitar-se com as novas espigas, expressando gratidão ao Espírito Misericordioso que as concedera. Assim o milho apareceu no mundo e foi a partir de então cultivado.[55]

Um excelente exemplo sul-americano do mesmo mitologema foi registrado por Theodor Koch-Grünberg durante sua expedição às selvas do alto Amazonas, nos anos de 1903-1905. Primitivos como parecem os povos daquele quase impenetrável inferno verde e selvagens como certamente são, eles cultivam uma série de plantas comestíveis, das quais a mais importante é a mandioca, planta que contém um veneno mortal (ácido cianídrico), o qual deve ser retirado pelo cozimento antes de a raiz poder ser consumida. As mulheres – cujo costume é andar desnudas e com todos os pelos do corpo removidos – plantam suas mandiocas em terrenos abertos nas florestas pelos homens, enquanto eles – cujo vestuário jamais ultrapassa uma pequena tira ou faixa cobrindo ou decorando a região púbica – caçam, pescam e tentam emboscar as mulheres mais bonitas das tribos vizinhas. Além de fornecer o principal alimento desses povos e o veneno para suas flechas de zarabatanas, a mandioca ainda fornece um fraco porém adequado inebriante, que contribui consideravelmente para o espírito de suas danças festivas, e assim, ela é uma planta que reúne de maneira notável todos os mistérios do Dema. Ela é a uma só vez mantenedora da vida, causadora da morte e exaltadora do espírito.

Entretanto, a arte de cultivar, preparar e desfrutar dessa planta extraordinária (da qual nós, a propósito, obtemos a tapioca) é apenas uma das maravilhas da herança daqueles habitantes das selvas (que, portanto, não podem ser tão simples quanto parecem!); pois eles tocam em suas festas uma vasta gama de instrumentos musicais, de maneira alguma primitivos: trombetas de casca e de madeira, tanto grandes quanto pequenas, clarinetas, flautas e flajolés, ocarinas, flautas de Pã e uma espécie de zunidor feito de um tubo soprado dentro de um pote – além dos bem conhecidos tambores de tora fendida da zona "equatorial" descritos por Frobenius, e uma espécie de cilindro de madeira, oco, com mais de 90 cm de altura, que é batido com a ponta para baixo, como um pilão, no chão. Na lenda do maravilhoso menino-sol Milomaki, que o Prof. Koch-Grünberg registrou entre os canibais Yahuna, que ocupam uma área na margem esquerda do baixo rio Apaporis, situado praticamente na linha do Equador (latitude 2 graus para o sul) e nas proximidades da fronteira da Colômbia com o Brasil (longitude 70 graus a oeste), ficamos sabendo da origem, não apenas das plantas comestíveis e do festival dos primeiros frutos desse povo, mas também da curiosa música das flautas e outros instrumentos de sopro, ao som dos quais os ritos são celebrados:

> Da grande Casa da Água, o País do Sol, veio, há muitos anos, um menininho que cantava tão melodiosamente que muitas pessoas acorriam de perto e de longe para vê-lo e ouvi-lo, e o nome do menino era Milomaki. Mas quando aqueles que o ouviam retornavam às suas casas e comiam peixe, morriam todos. Por isso, seus parentes capturaram Milomaki que, enquanto isso, tinha se tornado um jovem e, como era perigoso por ter matado seus irmãos, eles o incineraram em uma grande pira. Entretanto, o jovem continuou cantando maravilhosamente até o fim; mesmo com as chamas lambendo seu corpo ele cantava: "Agora eu morro, agora morro, agora morro, meu Filho, agora parto deste mundo!". E com o corpo dilatando-se pelo calor, ele continuou cantando em uma modulação exaltada: "Agora meu corpo se rompe, agora estou morto!". E seu corpo explodiu. Ele morreu e foi consumido pelas chamas, mas sua alma subiu ao céu, enquanto de suas cinzas surgiu, no mesmo dia, uma longa folha verde, que foi se tornando cada vez maior, espalhando-se, até que no dia seguinte já havia se transformado em uma árvore alta – a primeira paxiúba do mundo. [...]
>
> As pessoas fizeram flautas imensas da madeira dessa palmeira e elas produziram os mesmos sons maravilhosamente belos que antes tinham sido cantados pelo próprio Milomaki. Além do mais, os homens continuam tocando tais flautas até hoje quando os frutos estão maduros, e dançam, enquanto tocam, em memória de Milomaki, o criador e doador de todas as frutas. Mas as mulheres e as crianças não podem ver essas flautas pois, se o fizerem, morrerão.[56]

Finalmente – como já sabemos – a arte de cultivar o milho, originária do México ou do Peru, isto é, dos grandes centros da civilização avançada do Novo

Mundo, difundiu-se entre os índios da América do Norte. E assim concluiremos esta nossa breve amostragem das formas variantes de nosso mitologema com um exemplo dos astecas. sir James G. Frazer, em *O Ramo Dourado*, fornece um exemplo do relato vívido de frei Bernardino de Sahagún:

> Em um grande festival em setembro, que era precedido por um jejum rigoroso de sete dias, eles santificaram uma jovem escrava de doze ou treze anos, a mais bonita que puderam encontrar para representar a Deusa do Milho, Chicomecohuatl. Eles a paramentaram com os ornamentos da deusa, colocando uma mitra em sua cabeça e espigas de milho em volta de seu pescoço e em suas mãos, e prenderam uma pena verde ereta sobre o topo de sua cabeça para imitar uma espiga de milho. Isso eles faziam, conta-se, para demonstrar que o milho estava quase maduro na época do festival, mas como ainda era tenro, eles escolhiam uma jovem de tenra idade para fazer o papel da Deusa do Milho. Durante o dia inteiro levavam a pobre menina com todos seus ornamentos, com a pluma verde balançando na cabeça, de casa em casa, dançando alegremente para divertir as pessoas depois do embotamento e privações do jejum.
>
> À noite todas as pessoas reuniram-se no templo, cujo pátio estava iluminado por uma multidão de lanternas e velas. Ali, aguardaram e, à meia-noite, enquanto as trombetas, flautas e cornetas tocavam música solene, foi trazida uma estrutura transportável ou palanquim, enfeitada com grinaldas de espigas de milho e pimentões e com sementes de toda espécie. Então, os carregadores a colocaram na porta da câmara onde estava a imagem de madeira da deusa. Agora, a câmara foi adornada e engrinaldada, tanto por fora quanto por dentro, com coroas de espigas de milho, pimentões, abóboras, rosas e sementes de toda espécie, um prodígio para os olhos; todo o chão estava profusamente coberto com tais oferendas verdejantes dos devotos. Quando a música cessou, formou-se uma procissão solene de sacerdotes e dignitários, com luzes incandescentes e incensos fumegantes, conduzindo no meio a menina que fazia o papel da deusa. Então, eles a fizeram subir no palanquim, onde ficou de pé, ereta sobre o milho, os pimentões e abóboras ali espalhados, com as mãos apoiadas nas balaustradas para não cair. Os sacerdotes balançavam os incensos em volta dela; a música começou a soar com estrondo novamente e, enquanto tocava, um grande dignitário do templo subitamente aproximou-se dela com uma navalha na mão e habilmente cortou a pena verde que ela levava na cabeça, juntamente com o cabelo ao qual a pena estava amarrada, cortando-o na raiz. A pena e o cabelo ele ofertou à imagem de madeira da deusa, com grande solenidade e cerimônias esmeradas, chorando e dando-lhe graças pelos frutos da terra e as colheitas abundantes que ela havia concedido ao povo naquele ano; e enquanto chorava e rezava, todas as pessoas, de pé no pátio do templo, choravam e rezavam com ele. Quando essa cerimônia acabou, a jovem desceu do palanquim e foi escoltada para o lugar onde deveria passar o resto da noite. Mas todas as

pessoas continuaram em vigília nos pátios do templo à luz de archotes até o raiar do dia.

Quando a manhã chegou e os pátios do templo continuavam ocupados pela multidão, que teria considerado sacrilégio deixar aqueles recintos, os sacerdotes novamente trouxeram a donzela vestindo os ornamentos da deusa, com a mitra na cabeça e as espigas de milho em volta do pescoço. Novamente, ela subiu no palanquim e ficou ali de pé, apoiando-se com as mãos nas balaustradas. Então, os mais velhos do templo carregaram o palanquim nos ombros e, enquanto alguns balançavam os incensos e outros tocavam os instrumentos de música ou dançavam, eles o conduziram em procissão através do grande pátio, até o recinto do deus Huitzilopochtli e depois de volta à câmara, onde estava a imagem de madeira da Deusa do Milho, que a donzela personificava. Ali eles fizeram a moça descer do palanquim e ficar sobre os montes de grãos e legumes que tinham sido espalhados em profusão no chão da câmara sagrada. Enquanto ela estava ali, os mais velhos e nobres aproximaram-se em fila, um atrás do outro, trazendo pires cheios de sangue seco e coagulado, que tinham tirado de suas orelhas como penitência durante os sete dias de jejum. Um por um acocoraram-se em frente a ela, o que era o equivalente ao nosso ajoelhar-se, e raspando a crosta de sangue do pires depositavam-na diante dela como oferenda, em agradecimento pelos benefícios que ela, como corporificação da Deusa do Milho, lhes tinha concedido. Quando os homens acabaram de ofertar humildemente seu sangue à representante humana da deusa, as mulheres, formando uma longa fila, fizeram o mesmo, cada uma acocorando-se diante da moça e raspando o seu sangue do pires. A cerimônia durou um longo tempo, pois todos, grandes e pequenos, jovens e velhos, todos sem exceção tinham de passar diante da deusa corporificada e fazer sua oferenda.

Quando acabou, as pessoas voltaram para suas casas com os corações felizes para comemorar com carnes e alimentos de toda espécie tão alegremente, diz-se, como os cristãos na Páscoa comem carne e outros alimentos depois da longa abstinência da quaresma. E quando acabaram de comer e beber a contento e após terem descansado da noite de vigília, retornaram bastante renovados ao templo para assistir à conclusão das cerimônias. E o término do festival foi assim: Estando a multidão reunida, os sacerdotes incensaram solenemente a donzela que personificava a deusa; em seguida, a jogaram de costas sobre o monte de grãos e sementes, cortaram sua cabeça, recolheram o sangue que jorrava em uma tina e o aspergiram sobre a imagem de madeira da deusa, as paredes da câmara e as oferendas de milho, pimentões, abóboras, sementes e legumes que cobriam o chão. Depois tiraram a pele do corpo sem cabeça e um dos sacerdotes enfiou-se dentro da pele sangrenta. Feito isso, eles o vestiram com todos os trajes que a menina tinha usado; colocaram a mitra em sua cabeça, o colar de espigas de milho douradas em volta de seu pescoço, as espigas de milho de penugem e ouro em suas mãos, e assim paramentado conduziram-no diante do público,

> todos dançando acompanhando a batida do tambor, enquanto ele atuava como líder, pulando e posando na frente da procissão tão vivamente quanto se poderia esperar dele, importunado como estava pela pele apertada e pegajosa da menina e por suas vestimentas, que deviam ser demasiado pequenas para um homem adulto.[57]

Não é de surpreender, diga-se de passagem, que os padres espanhóis pensassem ter reconhecido nas liturgias do Novo Mundo uma paródia diabólica de seu próprio mito supremo da missa sagrada, do sacrifício e da ressurreição!

Uma versão do evento mitológico no início dos tempos, que forneceu o modelo para este rito, diz que quando a deusa Tlalteutli – uma grandiosa e maravilhosa virgem, com olhos e mandíbulas em cada articulação, que podiam ver e morder como animais – estava andando solitária sobre a superfície das águas primordiais, foi vista por dois deuses primordiais, Quetzalcoatl (A Serpente Emplumada) e Tezcatlipoca (O Espelho Esfumaçante); então, decidindo que deveriam criar o mundo a partir dela, eles transformaram-se em portentosas serpentes e aproximaram-se dela, cada um de um lado. Um agarrou-a da mão direita ao pé esquerdo e o outro, da mão esquerda ao pé direito e juntos eles a dilaceraram. Das partes eles fizeram não apenas o céu e a terra, mas também os deuses. E então, para consolar a deusa pelo que tinha acontecido, todos os deuses desceram e, prestando-lhe reverência, decidiram que deveriam provir dela todos os frutos de que o homem necessita para viver. E assim, de seus cabelos eles fizeram árvores, flores e grama; de seus olhos, fontes, nascentes e as pequenas grutas; de sua boca, rios e as grandes cavernas; de seu nariz, vales, e dos seus ombros, montanhas. Mas a deusa chorou toda a noite, pois tinha necessidade de consumir corações humanos e não se acalmaria até que lhe fossem trazidos. Tampouco ela daria frutos enquanto não fosse encharcada de sangue humano.[58]

PARTE III

A MITOLOGIA DOS CAÇADORES PRIMITIVOS

CAPÍTULO 6

XAMANISMO

I. O XAMÃ E O SACERDOTE

Entre os indígenas da América do Norte aparecem duas mitologias contrastantes, dependendo de as tribos serem de caçadores ou de agricultores. As que são primordialmente de caçadores enfatizam em sua vida religiosa o jejum individual como meio de alcançar visões. O rapaz de doze ou treze anos é deixado pelo pai em algum lugar isolado, com uma pequena fogueira para afastar as feras, e ali ele jejua e reza por quatro ou mais dias, até que algum espírito o visite em sonhos, sob forma humana ou animal, para falar-lhe e dar-lhe poder. Sua vida posterior será determinada por tais visões, pois seu espírito tutelar pode conceder o poder de curar pessoas como um xamã, o poder de atrair e abater animais, ou a capacidade para tornar-se um guerreiro. E se os benefícios recebidos não forem suficientes para satisfazer as ambições do jovem, ele poderá jejuar novamente, com tanta frequência quanto desejar. Um velho índio crow chamado "Uma Conta Azul" contou sobre um desses jejuns. "Quando eu era pequeno", ele disse, "era pobre. Eu via destacamentos guerreiros voltando com seus líderes na frente da procissão. Costumava invejá-los e decidi jejuar e tornar-me igual a eles. Quando tive a visão, consegui o que almejava. [...] Matei oito inimigos".[1] Se um homem tem azar, ele sabe que seu dom de poder sobrenatural é simplesmente insuficiente; por outro lado, os grandes xamãs e líderes guerreiros adquiriram poder abundante de seus jejuns visionários. Talvez eles tenham cortado e oferendado os nós de seus dedos. Essas oferendas eram comuns entre os índios das planícies: nas velhas mãos de alguns, restaram apenas dedos e nós suficientes para permitir-lhes segurar o arco e disparar a flecha.

Entre as tribos de agricultores – a Hopi, a Zuñi e outros habitantes pueblos – a vida é organizada em torno das cerimônias ricas e complexas de seus deuses mas-carados. São ritos sofisticados, dos quais toda a comunidade participa, determinados de acordo com um calendário religioso e realizados por associações de sacerdotes instruídos. Conforme observou Ruth Benedict em seu *Patterns of Culture* [Padrões Culturais]: "Nenhum campo de atividade compete com o ritual pelo primeiro lugar na atenção desses povos. Provavelmente, a maioria dos homens adultos entre os pueblos do oeste dedica ao ritual a maior parte de sua vida. Ele requer a memorização de tal quantidade de práticas ritualísticas que para nossas mentes menos treinadas resultam estonteantes, bem como a realização de cerimônias perfeitamente concatenadas, que são estabelecidas pelo calendário e entrosam de maneira complexa todos os diferentes cultos e o corpo dirigente em procedimentos formais infinitos".[2] Em tal sociedade, há pouco lugar para a atuação individual. Há uma relação rígida, não apenas entre o indivíduo e seus semelhantes, mas também entre a vida na aldeia e o ciclo do calendário; pois os agricultores são plenamente conscientes de sua dependência das divindades dos elementos. Se na época crítica há excesso ou falta de chuva, todo um ano de trabalho acaba em miséria. Enquanto para o caçador a sorte é algo bem diferente.

Já vimos, na lenda da origem do milho, um relato típico de como um índio americano vai em busca de sua visão. A tribo Ojíbua, da qual proveio a versão daquela lenda amplamente difundida, encontrava-se, quando Schoolcraft viveu entre esses índios, em um nível cultural aproximadamente equivalente ao dos natufianos do Oriente Próximo arcaico por volta de 6000 a.C. Eles eram um povo caçador e guerreiro de origem algonquina e seu principal corpo de mitos e lendas era da tradição da caça e não da agricultura. Entretanto, tinham adquirido recentemente das tribos de agricultores do sul – que eram muito mais desenvolvidos – as artes do cultivo, da colheita e do preparo do milho, que usavam agora para suplementar seus proventos da caça. E com o milho viera o mito muito antigo da maravilhosa planta-Dema, que encontramos pela primeira vez entre os canibais da Indonésia, e vimos como atravessou o Pacífico juntamente com o coqueiro. Na América do Sul, esse mito foi aplicado por centenas de tribos às várias plantas alimentícias daquele frutífero continente e, na América do Norte, o encontramos novamente, adaptado não apenas à planta verde de crista emplumada do milho, mas também a um estilo alienígena de pensamento mitológico: o da visão. Nesta lenda não ouvimos falar de um grupo numeroso, de um "povo" da era mitológica, mas de um simples menino –um menino exatamente como qualquer um seria em sua busca visionária naquela grande solidão da qual nosso xamã esquimó Igjugarjuk já nos falou, que "pode abrir a mente de um homem a tudo o que é oculto para outros".

O contraste entre as duas visões de mundo pode ser visto mais nitidamente pela comparação do sacerdote com o xamã. O sacerdote é o membro socialmente iniciado e solenemente empossado de uma organização religiosa reconhecida, onde detém uma certa posição e funciona como o detentor de um ofício exercido por outros antes dele, enquanto o xamã é aquele que, em consequência de uma situação psicológica decisiva pessoal, conquistou certo poder por conta própria. Os visitantes espirituais que apareciam em suas visões jamais tinham sido vistos por qualquer outro; eles eram seus espíritos tutelares particulares. Os deuses mascarados dos pueblos, por outro lado, os deuses-grãos e os deuses-nuvens, venerados por sociedades de sacerdotes estritamente organizados e ordenados, são os famosos padroeiros de toda a aldeia a quem se rezaram orações e que são representados nas danças rituais desde tempos imemoriais.

Na lenda da origem da tribo dos apaches jicarillas do Novo México, há uma excelente ilustração da capitulação do estilo de religiosidade representado pelo xamanismo de uma tribo caçadora diante da força maior apresentada por um complexo cultural agrícola, cuja ordem sacerdotal era mais estável e mais organizada socialmente. Os apaches, como seus parentes navajos, eram uma tribo de caçadores que se introduziram na área dos pueblos cultivadores do milho no século XIV da nossa era e assimilaram, com adaptações características, muito do saber ritual neolítico local.[3] O mito em questão é fundamental para seu conceito atual da natureza e história do universo, e é nitidamente originário do sul, associado com os ritos e ordem social de uma cultura agrícola e – como veremos – mais preocupada em integrar o indivíduo a um contexto comunitário bem ordenado e estabelecido que em abandoná-lo aos voos de seu próprio espírito selvagem, aonde quer que eles possam conduzi-lo.

"No princípio", contam-nos, "nada havia aqui onde está o mundo agora: nenhuma terra – nada a não ser Trevas, Águas e Ciclones. Não havia vida humana. Apenas o Hactcin existia. Era um lugar ermo. Não havia nem peixes nem ser vivo algum. Mas todos os Hactcin estavam aqui desde o princípio. Eles tinham o material do qual tudo foi criado. Primeiro, eles criaram o mundo, a terra, o mundo subterrâneo e depois o céu. Eles fizeram Terra na forma de uma mulher viva e a chamaram de Mãe. Fizeram Céu na forma de um homem e o chamaram de Pai. Ele está com a face virada para baixo e a mulher com a face virada para cima. Ele é nosso pai e a mulher é nossa mãe".[4]

Os Hactcin são os correspondentes, entre os apaches, aos deuses mascarados das aldeias pueblos: personificações dos poderes que sustentam o espetáculo da natureza. O mais poderoso deles, o Hactcin Negro – continua o mito –, fez um animal de barro e então falou com ele. "Deixe-me ver como vai andar sobre essas quatro patas", disse. E ele começou a andar. "Ótimo", disse o Hactcin, "posso usá-lo". E então disse: "Mas você está muito solitário. Vou providenciar outros de seu corpo". E então todos os tipos de animais derivaram daquele corpo único; pois o Hactcin Negro tinha poder: podia fazer qualquer coisa. E naquele tempo todos os animais sabiam falar e falavam a língua dos apaches jicarillas.

O criador do mundo, Hactcin Negro, estendeu a mão e um pingo de chuva caiu sobre sua palma. Ele misturou-o com a terra e fez o barro. Então, do barro ele fez um pássaro. "Deixe-me ver como vai usar essas asas para voar", ele disse. O barro transformou-se em pássaro e voou. "Maravilhoso!", exclamou o Hactcin Negro, que gostou de ver a diferença entre esse e os de quatro patas. "Mas", ele disse, "acho que você precisa de companheiros". Pegou o pássaro e girou-o rapidamente no sentido dos ponteiros do relógio. O pássaro ficou tonto e, como acontece quando se fica tonto, viu muitas imagens a seu redor. Viu todas as espécies de pássaros, águias, falcões e também pequenos pássaros, e, quando voltou a si, ali estavam todos esses pássaros, de fato. E os pássaros amam o ar, vivem nas alturas e raramente pousam na terra, porque a gota d'água, que se tornou o barro do qual o primeiro pássaro foi feito, caiu do céu.

A imagem do rodopio no sentido horário, da qual os pássaros resultaram, sugere aqueles desenhos encontrados na cerâmica Samarra do Neolítico Superior mesopotâmico (*c.* **5000-4800** a.C.),* onde as formas dos animais e pássaros emergem de uma suástica giratória e, certamente, não é por mero acidente ou desenvolvimento paralelo que desenhos similares – como os das figuras a seguir – ocorrem entre os vestígios da tribo Mound-Builder [construtores de outeiros] pré-histórica norte-americana, e também não é por simples acaso que na vida ritual e no simbolismo dos índios atuais do sudoeste – os pueblos, navajos e apaches – a suástica exerce um papel importante. Esse fato, entretanto, pode nos fornecer, não apenas evidências adicionais de uma ampla difusão cultural, mas também uma pista para o sentido da suástica na arte e no culto do Neolítico Inferior, tanto no Velho quanto no Novo Mundo.

* Originalmente Campbell datou as primeiras cerâmicas de Samarra em 4500-3500 a. C. – Editores

Figura 7. Desenhos de peitorais feitos de concha, Spiro Mounds, Oklahoma.

* Cf. *supra*, p. 130-133.

O criador rodopiou o pássaro no sentido dos ponteiros do relógio e o resultado foi uma emanação de formas semelhantes aos sonhos. Mas suásticas, em sentido inverso ao do movimento dos ponteiros do relógio, aparecem em muitas imagens chinesas do Buda em meditação, e o Buda, sabemos, está justamente removendo sua consciência deste campo de formas criadas semelhantes aos sonhos – religando-a, através de exercícios de ioga, àquele abismo primevo ou "vazio" de onde tudo se origina.

> Estrelas, trevas, uma fonte de luz, uma ilusão, orvalho, uma bolha, Um sonho,
> um raio de luz ou uma nuvem:
> Assim deve se considerar o mundo.[5]

Isso pode ser lido em um célebre texto budista, *O Sutra do Diamante*, que teve uma enorme influência sobre o pensamento oriental.

Mas não estou tentando sugerir que houve influência budista sobre a mitologia apache. Não houve! Entretanto, a ideia pungente que Calderón de la Barca, o grande teatrólogo espanhol, expressou em sua obra *A Vida é Sonho*, e que seu contemporâneo, Shakespeare, representou quando escreveu

> A substância de que somos feitos é igual à dos sonhos e entre um sono e outro
> decorre a nossa curta vida,[6]

era um tema básico dos filósofos hindus na primeira fase de sua tradição e, se podemos concluir a partir das evidências de certas pequenas imagens em postura de ioga datadas de 2000 a.C. aproximadamente, encontradas nas antigas ruínas do vale do Indo, esse exercício que induz ao êxtase deve ter sido desenvolvido nas primeiras cidades-estados hieráticas da Índia. Uma das mais conhecidas configurações da divindade hindu Viṣṇu mostra-o dormindo nos caracóis da Serpente Cósmica, flutuando sobre o Oceano Cósmico e sonhando o sonho-lótus do universo, do qual todos nós somos parte. O que estou sugerindo agora, portanto, é que nesta lenda apache da criação do pássaro temos um cognato remoto das formas indianas, que devem ter procedido da mesma origem neolítica, e que, em ambos os casos, o símbolo da suástica representa um processo de transformação: a conjuração (no caso do Hactcin), ou esconjuração (no caso do Buda), de um universo que, por causa da natureza fugaz de suas formas, pode, de fato, ser comparado com a substância de uma miragem ou de um sonho.

Bem, os pássaros todos logo foram ao seu criador, Hactcin Negro, e perguntaram: "O que vamos comer?". Ele estendeu a mão para cada uma das quatro direções e, como tinha muito poder, todas as espécies de sementes caíram em sua mão e ele as espalhou. Os pássaros foram apanhá-las, mas as sementes transformaram-se em insetos, larvas e gafanhotos, que se moveram e saltaram, de maneira que os pássaros não conseguiram pegá-los no início. O Hactcin estava tentando brincar com eles e, então, disse: "Oh sim! É um trabalho árduo pegar esses insetos e gafanhotos, mas vocês conseguirão". E assim, todos perseguiram os gafanhotos e outros insetos, e é por isso que eles continuam a fazê-lo até hoje.

Logo todos os pássaros e animais foram até Hactcin Negro e disseram-lhe que desejavam um companheiro; eles queriam o homem. "Você não estará conosco o tempo todo", disseram. E ele respondeu: "Imagino que isso ocorrerá. Algum dia, talvez, irei a algum lugar onde ninguém me verá". E então ele os mandou coletar objetos de todas as direções. Eles trouxeram pólen de todos os tipos de plantas, acrescentaram ocre vermelho, argila branca, pedra branca, azeviche, turquesa, pedra vermelha, opala, haliote e pedras preciosas. E, quando colocaram tudo isso diante de Hactcin Negro, ele os mandou afastarem-se. Ele colocou-se de frente para o leste, depois para o sul, para oeste e, finalmente, para o norte. Pegou o pólen e traçou com ele o contorno de uma figura no chão – um contorno exatamente igual ao de seu próprio corpo. Em seguida, colocou as pedras preciosas e outros objetos dentro desse contorno e eles se transformaram em carne e ossos. As veias eram de turquesa, o sangue, de ocre vermelho, a pele, de coral, os ossos, de pedra branca, as unhas eram de opala mexicana, a pupila, de azeviche, o branco do olho, de haliote, a medula dos ossos, de argila branca e os dentes também eram de opala. Ele pegou uma nuvem escura e dela fez o cabelo. E este torna-se uma nuvem branca quando envelhece.

O Hactcin fez ventar sobre a forma que tinha modelado e com isso tornou-a animada. As estrias das pontas de nossos dedos indicam a direção do vento na hora da criação. E na morte, o vento deixa o corpo pelas plantas dos pés, onde as estrias representam a direção do vento ao sair. O homem estava deitado com o rosto para baixo e os braços estendidos, e os pássaros tentaram vê-lo, mas Hactcin Negro proibiu-os. Porque então o homem estava nascendo. O homem mexeu-se. "Não olhem", disse Hactcin aos pássaros, que estavam muito excitados. E é porque os pássaros e animais estavam tão ansiosos para ver, que as pessoas são tão curiosas hoje, exatamente como vocês estão curiosos por ouvir a continuação desta história.

"Sente-se", Hactcin ordenou ao homem, e então ensinou-lhe a falar, a rir, a gritar, a caminhar e a correr. E quando os pássaros viram o que tinha sido feito irromperam a cantar, como fazem de manhã cedo.

Mas os animais acharam que o homem devia ter um companheiro e Hactcin Negro o fez dormir, e quando as pálpebras do homem se tornaram pesadas ele começou a sonhar. Sonhou que alguém, uma moça, estava sentada a seu lado. E ao despertar, havia uma mulher sentada ali. Ele falou com ela e ela respondeu. Ele riu e ela riu. "Vamos levantar-nos", ele propôs e os dois ergueram-se. "Vamos caminhar", ele disse, e conduziu-a nos seus primeiros quatro passos: direito, esquerdo, direito, esquerdo. "Correr", ele disse, e ambos correram. E então, novamente, os pássaros irromperam a cantar, para que os dois tivessem música agradável e não se sentissem solitários.

Mas tudo isso ocorreu, não neste nível da Terra em que vivemos, mas abaixo, no útero da Terra, e era escuro, não havia nem Sol nem Lua naquele tempo. Assim, o Hactcin Branco e o Negro, juntos, tiraram um pequeno sol e uma pequena lua de seus sacos, fizeram-nos crescer, e então os mandaram para o céu, onde eles andaram do norte para o sul, derramando luz por toda parte. Isso causou uma grande agitação entre os seres – os animais, os pássaros e as pessoas. Mas havia muitos xamãs entre eles naquele tempo, todos os tipos de xamãs entre as pessoas – mulheres e homens que proclamavam ter poder sobre toda espécie de coisas. Eles viram o Sol andando do norte para o sul e começaram a falar.

Um disse: "Eu fiz o Sol"; outro: "Não, fui eu". Eles começaram a discutir e os Hactcin os mandaram parar. Mas eles continuaram reclamando e brigando. Um disse: "Acho que vou fazer o Sol parar acima, para que não haja noite. Mas não, acho que vou deixá-lo andar. Precisamos de tempo para descansar e dormir". Outro disse: "Talvez eu me livre da Lua. Na verdade, não precisamos de nenhuma luz à noite". Mas o Sol levantou-se no segundo dia e os pássaros e animais ficaram felizes. No dia seguinte ocorreu o mesmo. Entretanto, quando chegou ao meio-dia do quarto dia, e os xamãs, apesar do que os Hactcin lhes tinham dito, continuaram a falar, houve um eclipse. O Sol entrou diretamente em um buraco lá em cima e a Lua seguiu-o; por isso temos eclipses até hoje.

Um dos Hactcin disse aos presunçosos xamãs: "Muito bem, vocês dizem que têm poder. Pois tragam o Sol de volta".

Então eles todos enfileiraram-se. Em uma fila estavam os xamãs e em outra todos os pássaros e animais. Os xamãs começaram a representar, cantando e fazendo cerimônias. Demonstraram tudo o que sabiam. Alguns sentavam-se cantando e desapareciam dentro da terra, restando apenas seus olhos de fora, e depois retornavam. Mas isso não trouxe de volta o Sol. Era apenas para demonstrar que tinham poder. Alguns engoliam flechas, que saiam de suas carnes pela barriga. Outros engoliam penas; alguns, árvores inteiras de abeto vermelho e depois as vomitavam de volta. Mas continuavam todos sem o Sol e sem a Lua.

Então o Hactcin Branco disse: "Vocês todos estão desempenhando muito bem, mas não creio que estejam trazendo o Sol de volta. Seu tempo acabou". Ele voltou-se para os pássaros e animais: "Muito bem", disse, "chegou a vez de vocês".

Todos começaram a falar uns com os outros cortesmente, como se fossem irmãos por afinidade, mas o Hactcin disse: "Vocês têm de fazer algo mais que ficarem falando uns com os outros de maneira polida. Levantem-se e façam algo com seu poder para o Sol retornar".

O gafanhoto foi o primeiro a tentar. Estendeu a mão para as quatro direções e quando a recolheu trazia pão. O veado estendeu a mão para as quatro direções e trouxe-a de volta com o fruto da iúca. O urso produziu cerejas bravas da mesma maneira e a marmota, bagas; a tâmia, morangos; o peru, milho, e assim por diante com todos. Mas, embora os Hactcin estivessem contentes com tais dons, as pessoas continuavam sem o Sol e sem a Lua.

Por isso, os próprios Hactcin começaram a fazer algo. Eles providenciaram raios de quatro cores das quatro direções e tais raios trouxeram nuvens de quatro cores, das quais caiu chuva. Então, convocando Arco-íris para embelezar o dia enquanto eram plantadas as sementes que haviam sido produzidas, os Hactcin fizeram um desenho na areia com quatro montículos coloridos enfileirados, dentro dos quais colocaram as sementes. Os pássaros e os animais cantaram e, em seguida, os montículos começaram a crescer, as sementes a brotar e os quatro montículos de terra colorida fundiram-se e formaram uma montanha, que continuou a elevar-se.

Os Hactcin então escolheram doze xamãs que tinham sido espetaculares em suas mágicas e, pintando seis deles totalmente de azul, para representar a estação de verão, e seis de branco, para representar o inverno, os chamaram de Tsanati, e essa foi a origem da comunidade de dança Tsanati dos apaches jicarillas. Depois disso os Hactcin fizeram seis palhaços, pintando-os de branco com quatro listras negras horizontais, uma através do rosto, uma através do peito, uma através da coxa e outra através da canela. Os Tsanati e os palhaços então juntaram-se às pessoas em sua dança para fazer a montanha crescer.[7]

Seria difícil encontrar uma afirmação mais clara do processo pelo qual os xamãs individualistas, em seu estilo paleolítico de práticas mágicas, foram desacreditados pelos guardiães da organização relativamente complexa, de orientação grupal, de uma comunidade "semeadora" e cultivadora de alimentos. Enfileirados e uniformizados, eles receberam um lugar na estrutura litúrgica de um todo maior. O episódio representa assim a vitória de um clero socialmente consagrado sobre a força altamente perigosa e imprevisível do talento individual. E o próprio narrador da história dos apaches jicarillas explicou a necessidade de incorporar os xamãs ao sistema cerimonial. "Essas pessoas", ele disse, "tinham suas próprias cerimônias que extraíram de várias fontes, dos animais, do fogo, do peru, dos sapos e outras coisas. Eles não podiam ser excluídos. Possuíam poder e tinham de colaborar também".[8]

Não sei de nenhum mito que represente mais claramente do que este a crise que devem ter enfrentado as sociedades do Velho Mundo quando a ordem neolítica das aldeias vinculadas à terra começou a fazer sentir seu poder numa conquista gradual das partes mais habitáveis da terra. A situação no Arizona e Novo México no período da descoberta da América era, culturalmente, muito semelhante àquela que deve ter prevalecido no Oriente Próximo e Médio e na Europa, do quarto ao segundo milênio a.C, quando os padrões rígidos próprios de um assentamento ordenado eram impostos a povos acostumados com a liberdade e vicissitudes da caça. E se voltarmos os olhos para as mitologias dos hindus, persas, gregos, celtas e germanos, reconheceremos imediatamente analogias dessa lenda de subjugação dos xamãs pelos Hactcin nas célebres e frequentemente recitadas lendas da conquista dos titãs pelos deuses. Os titãs, anões e gigantes são representados como os poderes de uma era mitológica anterior – bruta e rude, egoísta e sem lei, em contraste com os deuses decentes, cujo poder de ordem celestial governa harmoniosamente os reinos da natureza e do homem. Os gigantes foram derrotados, presos embaixo das montanhas, exilados para as regiões tempestuosas nos confins da Terra e, enquanto o poder dos deuses conseguir mantê-los lá, as pessoas, os ani-mais, os pássaros e todos os seres vivos conhecerão as bênçãos de um mundo governado pela lei.

Figura 8. Batendo o Oceano Lácteo

Nos livros sagrados hindus há um mito, que aparece frequentemente, dos deuses e titãs em cooperação, sob a supervisão das duas divindades supremas, Viṣṇu e Śiva, batendo o Oceano Lácteo para fazer manteiga. Eles pegaram a Montanha do Mundo como instrumento para bater e a Serpente do Mundo como corda enroscada, para amarrar com ela a montanha. Então, enquanto os deuses tomavam conta da cabeça da serpente, os demônios da cauda e Viṣṇu suportava a Montanha do Mundo, eles bateram o oceano por mil anos e, finalmente, produziram a Manteiga da Imortalidade.[9]

É quase impossível não pensar nesse mito quando lemos acerca dos esforços dos xamãs briguentos e das pessoas ordeiras, sob a supervisão do Hactcin apache, para fazer a Montanha do Mundo crescer e levá-los para o mundo da luz. Os Tsanati e os palhaços, contam-nos, juntaram-se às pessoas em sua dança e a montanha cresceu, até que seu topo quase alcançou o buraco no qual o Sol e a Lua tinham desaparecido, e restou, então, apenas a construção de quatro escadas de luz das quatro cores, pelas quais as pessoas pudessem subir até a superfície da nossa Terra atual. Os seis palhaços foram em frente com seus chicotes mágicos para espantar as doenças e foram seguidos pelos Hactcin, e em seguida vieram os Tsanati; depois deles, as pessoas e os animais. "E quando eles chegaram à superfície da terra", disse o narrador da lenda, "ela era exatamente como uma criança nascida de sua mãe. O lugar de surgimento é o útero da terra".[10]

A preocupação máxima de todas as mitologias, rituais, sistemas éticos e organizações sociais das comunidades baseadas na agricultura foi suprimir as manifestações de individualismo, e isso geralmente se consegue pela coação ou persuasão das pessoas a identificarem-se, não com seus próprios interesses, intuições ou maneiras de sentir, mas com os arquétipos de comportamento e sistemas de valores desenvolvidos e mantidos no domínio público. Uma visão de mundo extraída da lição das plantas, representando o indivíduo como uma mera célula ou momento de um processo mais amplo – o da família, da raça ou, em termos ainda mais amplos, da espécie –, desvaloriza de tal maneira os primeiros sinais de espontaneidade pessoal, que até mesmo cada impulso à autodescoberta é eliminado. "Em verdade, em verdade, vos digo: se o grão de trigo que cai na terra não morrer, permanecerá só; mas se morrer, produzirá muito fruto."[11] Essa nobre máxima representa o sentimento que une a sociedade sagrada – o que quer dizer, a igreja militante, que sofre e triunfa – daqueles que não desejam ficar sozinhos.

Por outro lado, sempre houve aqueles que desejaram muito ficar sozinhos e o fizeram, alcançando por vezes aquela mesma solidão na qual o Grande Espírito, o Poder, o Grande Mistério que permanece oculto do coletivo e suas preocupações, é intuído com o impacto interior de uma força imediata. E o mundo cíclico, à maneira da serpente que morde sua própria cauda, desvencilhando-se de sua velha pele, para surgir renovada e desvencilhar-se novamente, é então rejeitado – fre-quentemente com desdém – pela busca da experiência supranormal de uma eternidade fora do compasso do tempo. Como uma águia, o espírito então eleva-se sobre suas próprias asas. O dragão "Tu Deves", como Nietzsche nomeia a ficção social da lei moral, foi morto pelo leão da autodescoberta, e o mestre ruge – como expressam os budistas, o rugido do leão: o rugido do grande Xamã dos picos das montanhas, do vazio além de todos os horizontes e do abismo sem fim.

No mundo do caçador paleolítico, onde os grupos eram relativamente pequenos – não mais do que quarenta ou cinquenta indivíduos – as pressões sociais eram muito menos rígidas do que mais tarde nas aldeias e cidades maiores, diferenciadas, sistematicamente coordenadas e estabelecidas por longo tempo. E as vantagens para o grupo estão antes no estímulo do que na repressão dos impulsos. Já vimos o pai ojíbua introduzir seu filho na solidão do jejum da iniciação – o santuário, por assim dizer, da autodescoberta, do vazio absoluto, sem nenhuma imagem ou conceito socialmente assegurado sobre o que deveria ser o deus a ser encontrado, e com a perfeita compreensão de que seja o que fosse que o menino descobrisse ali seria honrado e aceito como o caminho legítimo divinamente indicado a ele. E vimos também o costume dos deuses mascarados dos agricultores, atrelando tudo ao compasso de sua própria sociedade humana hieraticamente organizada, propondo o poder do grupo como um princípio último absolutamente superior a qualquer daquelas "cerimônias individuais" que os xamãs tinham extraído das várias fontes de sua experiência particular.

Essa, então, deve ser nossa primeira distinção entre as mitologias dos caçadores e as dos agricultores. A ênfase dos ritos dos agricultores está no grupo; a dos caçadores, antes, no indivíduo – embora aqui, é claro, o grupo não desapareça. Mesmo entre os caçadores temos as pessoas, as pessoas caras – que se curvam de modo cortês uma diante da outra, como parentes por afinidade, mas têm relativamente pouco poder pessoal. E, mesmo nesse nível, elas constituem um grupo do qual os xamãs muito mais poderosos permanecem à parte. Já ouvimos também a respeito do xamã esquimó Najagneq, que combateu sozinho toda sua aldeia e depois encarou a todos até intimidá-los quando foram acusá-lo no tribunal. Ouvimos ainda a história de Igjugarjuk, um xamã esquimó mais primitivo e pertencente à tribo Caribu, que, quando conheceu a moça com quem quis casar-se, simplesmente puxou o gatilho, atirou em toda a família dela, e levou-a consigo. Nas aldeias e cidades dos agricultores, entretanto, é o grupo e a filosofia arquetípica do grupo – a filosofia do grão de trigo que cai na terra e morre, mas ali vive; a filosofia representada nos ritos do monstro-serpente e da donzela sacrificada – que preponderam e representam perfeitamente o sistema de valores mais conducente à sobrevivência do grupo. No mundo dos caçadores, onde o grupo nunca foi grande ou forte o suficiente para opor-se a um homem que tivesse obtido por seus próprios meios seu pleno desenvolvimento, prepondera a filosofia do "rugido do leão".

Como vimos, em algumas regiões (por exemplo, América do Norte), esse princípio xamanista, individualista, prevaleceu em tal medida que mesmo os ritos da puberdade tinham a busca pessoal de uma visão como tema central. Em outras (por exemplo, Austrália Central, onde uma poderosa influência do mundo agrícola da Melanésia fora assimilada),* a ênfase dada à era dos ancestrais e às disciplinas do terreiro de dança dos homens deixava pouco por conta do indivíduo. Entretanto, pode-se dizer que na maior parte do mundo da caça o princípio xamanista prepondera e que, em consequência, a vida mitológica e ritual é muito menos rica que entre os agricultores. Ela tem um caráter mais leviano e caprichoso e a maioria de suas divindades atuantes têm antes a natureza de espíritos tutelares pessoais que a de deuses desenvolvidos em profundidade. Em contrapartida, como também vimos, foram alcançados pela mente insights muito mais fecundos na solidão das tundras, do que aqueles êxtases grupais dos zunidores, transportados pelo ar e carregados de medo.

* Cf. *supra* p. 89-102.

II. A MÁGICA XAMÂNICA

"De Wakan-Tanka, o Grande Mistério, provém todo poder", disse um velho cacique da tribo Oglalla dos sioux chamado "Chefe Pedaço de Ferro Liso" a Natalie Curtis, quando ela coletava material para *The Indians' Book* [O Livro dos índios] na primeira década do século XX.

> Por causa de Wakan-Tanka é que o Homem Sagrado tem sabedoria e poder para curar e fazer feitiços sagrados. O homem sabe que todas as plantas que curam são dadas por Wakan-Tanka; por isso elas são sagradas. Assim também o búfalo é sagrado, porque é uma dádiva de Wakan-Tanka. O Grande Mistério deu aos homens todas as coisas para comer, vestir e o bem-estar. E ao homem ele deu o conhecimento de como usar essas dádivas – como encontrar as plantas sagradas que curam, como caçar e cercar o búfalo, como conhecer a sabedoria. Pois tudo provém de Wakan-Tanka – tudo.
>
> Ao Homem Sagrado é dado na juventude o conhecimento de que ele será sagrado. O Grande Mistério o faz saber disso. Por vezes, são os Espíritos que lhe falam. Os Espíritos não aparecem apenas em sonhos, mas também quando o homem está desperto. Quando um Espírito chega, pareceria como se um homem estivesse lá, mas quando este "homem" acabou de falar e se põe a andar de novo, ninguém pode ver para onde ele vai. Assim são os Espíritos. Com os Espíritos, o Homem Sagrado pode sempre dialogar intimamente e eles lhe ensinam coisas sagradas.
>
> O Homem Sagrado vai para uma tenda solitária e jejua e reza. Ou vai para a solidão das montanhas. Quando retorna aos homens, ele lhes conta e ensina o que o Grande Mistério lhe mandou falar. Ele aconselha, cura e faz feitiços sagrados para proteger as pessoas de todo o mal. Grande é seu poder e muito ele é reverenciado; seu lugar na tenda é de honra.[12]

Knud Rasmussen ouviu do xamã esquimó caribu Igjugarjuk um relato completo da provação através da qual ele havia adquirido seu poder xamânico. Quando jovem, ele tinha sido visitado constantemente por sonhos que não conseguia entender.

> Estranhos seres desconhecidos apareciam e falavam com ele e, quando despertava, enxergava todas as visões de seus sonhos tão nitidamente que podia contar tudo sobre elas a seus companheiros. Logo tornou-se evidente a todos que ele estava destinado a tornar-se um *angakoq* (um xamã), e um velho chamado Perqanaoq foi designado seu instrutor.
>
> Em pleno inverno, quando o frio era mais rigoroso, Igjugarjuk foi colocado em um trenó, de tamanho apenas suficiente para ele sentar-se, e levado para longe de sua casa, para o outro lado do Hikoligjuag. Ao chegar ao lugar de

> destino, ele permaneceu sentado no trenó enquanto seu instrutor construiu um minúsculo iglu, onde ele mal cabia de pernas cruzadas. Não lhe foi permitido colocar os pés na neve: foi erguido do trenó e carregado para dentro do iglu, onde um pedaço de pele suficientemente grande apenas para ele sentar-se servia de tapete. Nenhuma comida ou bebida lhe foi servida; ele foi aconselhado a pensar apenas no Grande Espírito e no espírito auxiliar que em breve deveria aparecer – e assim foi deixado sozinho com suas meditações.
>
> Passados cinco dias, o instrutor levou-lhe água morna para beber e, com os mesmos conselhos, deixou-o como da outra vez. Ele já jejuava havia quinze dias quando lhe foi dado mais um pouco de água quente e um pedaço de carne muito pequeno, que tinha de durar por mais dez dias. Ao término desse período, seu instrutor foi buscá-lo. Igjugarjuk declarou que o esforço daqueles trinta dias de frio e jejum fora tão grande que ele "às vezes morria um pouco". Durante todo o tempo pensou apenas no Grande Espírito e empenhou-se para manter a mente livre de toda lembrança dos seres humanos e coisas do dia a dia. Nos últimos dias, apareceu-lhe um espírito auxiliar em forma de mulher. Ela chegou enquanto ele dormia e pareceu pairar no ar acima dele. Depois disso, ele não sonhou mais com ela, mas ela tornou-se seu espírito auxiliar. Por cinco meses após esse período de provação, ele foi mantido em dieta rigorosa e solicitado a abster-se de relações com mulheres. O jejum foi então repetido; pois tais abstinências a intervalos frequentes são o melhor meio de obter conhecimento das coisas ocultas. Na realidade, não há limite para o período de estudos; depende do quanto se está disposto a sofrer e desejoso de aprender.[13]

As mulheres também tornavam-se xamãs. Nessa mesma comunidade esquimó havia Kinalik: "Ainda uma mulher jovem", como a descreve o Dr. Rasmussen, "muito inteligente, de bom coração, limpa e de boa aparência, que falava francamente e sem reservas".

> Igjugarjuk era seu cunhado e ele próprio havia sido seu instrutor em magia. Sua iniciação tinha sido rigorosa. Ela foi dependurada em algumas estacas enterradas na neve e abandonada ali por cinco dias. Era no meio do inverno, com frio intenso e nevascas frequentes, mas ela não sentia frio, pois o espírito a protegia. Quando os cinco dias chegaram ao fim, foi trazida para baixo e levada para casa. Igjugarjuk foi convidado a atirar nela, para que ela pudesse alcançar intimidade com o sobrenatural pelas visões da morte. A arma devia estar carregada com pólvora verdadeira, mas com uma pedra no lugar da bala de chumbo, para que ela pudesse continuar vinculada à terra. Igjugarjuk, na presença dos aldeões reunidos, abriu fogo, e Kinalik caiu ao chão inconsciente. Na manhã seguinte, justamente quando Igjugarjuk estava a ponto de fazê-la voltar à vida, ela recobrou-se do desmaio sem ajuda. Igjugarjuk afirmou que havia atirado no seu coração e que a pedra tinha sido depois removida e estava em poder da velha mãe dela.[14]

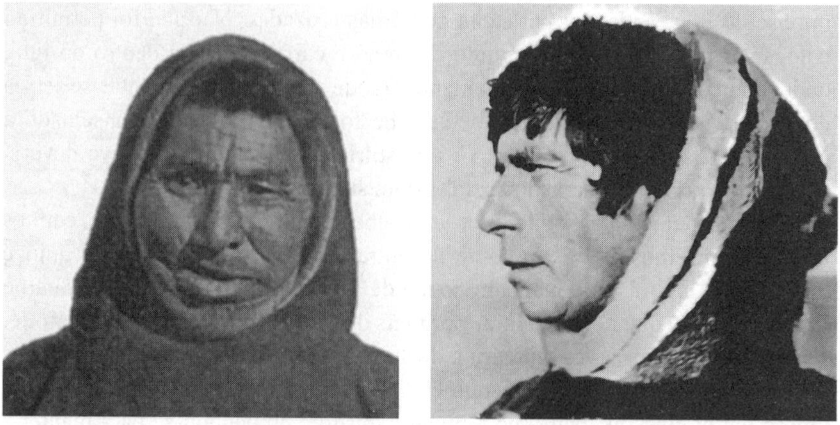

Figuras 9A e 9B. Najagneq e Rasmussen

Tem-se a impressão, entretanto, que embora esses Santo Antônios dos ermos devam ter sofrido anos de austeridade em sua juventude, eles têm uma tendência a contar vantagens quando falam de suas provações, ou talvez a confundir a realidade dos sonhos com os eventos diurnos. Já ouvimos, de Rasmussen, a respeito das dez mortes e ressurreições do outro xamã esquimó, Najagneq.* Na mesma comunidade de Igjugarjuk havia ainda outro xamã em exercício, um jovem cujo nome era Aggjartoq, "quem", como declara o Dr. Rasmussen sem sombra de ironia, "também tinha sido iniciado nos mistérios do oculto com Igjugarjuk como seu instrutor, e no seu caso havia sido empregada uma terceira forma de provação, a saber, a do afogamento. Ele foi amarrado a um longo poste e levado para um lago; foi feito no gelo um buraco e o poste com sua carga viva enfiado no buraco, de tal maneira que Aggjartoq ficasse, na verdade, no fundo do lago com a cabeça debaixo d'água. Ele foi deixado nessa posição por cinco dias e quando finalmente o puxaram de novo, suas roupas não mostraram nenhum sinal de terem estado na água e ele próprio tinha-se transformado em um grande mago, tendo superado a morte".[15]

Os esquimós da tribo Caribu, vivendo nos cruéis desertos árticos a oeste da região norte da baía de Hudson, estão entre os povos mais primitivos da Terra, e seus correspondentes no outro extremo do Novo Mundo, na não menos árdua e árida ponta rochosa do continente sul, a Terra do Fogo, são igualmente espécimes de um tipo de vida já ultrapassado nos últimos milênios do Paleolítico: **35.000-11.000** a.C. Não se sabe quando os povos que hoje habitam a extremidade austral da América do Sul – aquela "mais remota parte da Terra" – chegaram pela primeira vez a seu refúgio rochoso, empurrados pelas sociedades mais desenvolvidas do norte;

* Cf. *supra*, p. 60-61.

mas seus ancestrais devem ter atravessado para o Novo Mundo, vindos da Sibéria, muitos milênios atrás. Quando explorada pela primeira vez pelos europeus, a região foi encontrada dividida entre quatro tribos: os yahgans (ou yamanas) da costa sul, povo de baixa estatura e robusto que vivia em grande parte de peixes e moluscos, manobrava canoas com habilidade e ocasionalmente conseguia arpoar uma foca, uma toninha ou mesmo uma baleia pequena; outro povo consideravelmente mais alto e relativamente bonito, habitante de montanhas e conhecido como onas, na região interior ao norte da dos yahgans e que vivia da caça; e a oeste e leste deles, respectivamente, os alacaloof e os aush: os primeiros, como os yahgans, um povo canoeiro, e o último, como os onas (dos quais eram parentes), uma raça de caçadores. No ano de 1870, foi fundada uma missão no lugar, que passou a ser conhecido como Ushuaia, pelo corajoso jovem clérigo Thomas Bridges, cujo filho, Lucas, nascido em Ushuaia em 1874, forneceu um relato de sua longa vida entre seus amigos, os yahgans e os onas.

"Alguns desses impostores", ele diz, descrevendo os curandeiros, ou *joon*, dos ona,

> eram excelentes atores. De pé ou ajoelhado junto ao paciente, olhando intensamente para o lugar onde estava situada a dor, o "doutor" deixava uma expressão de horror estampar-se em seu rosto. Evidentemente, ele via algo invisível a nós outros. Sua abordagem podia ser lenta ou repentina, como se temesse que o mal que tinha causado o problema escapasse. Com as mãos, ele tentava concentrar a presença maligna em uma parte do corpo do paciente – em geral o peito – onde então colocava a boca e sugava violentamente. Às vezes, continuava nesse empenho por uma hora e o repetia mais tarde. Em outras ocasiões, o *joon* afastava-se de seu paciente, simulando com as mãos que tinha algo na boca. Então, sempre com o olhar distante do acampamento, tirava as mãos da boca, apertava-as e, com um grito gutural difícil de descrever e impossível de reproduzir, lançava o objeto invisível ao chão e pisoteava-o com fúria. Ocasionalmente, um pouco de lama, alguma pedra ou mesmo um camundongo podia ser apresentado como a causa da indisposição do paciente. Eu mesmo jamais vi a figura de um camundongo em qualquer uma dessas funções, mas eram bastante comuns. Talvez quando eu estava presente, o médico não tivesse conseguido encontrar um ninho de camundongos.[16]

Uma oportunidade de observar uma manifestação de poder, consideravelmente mais intrigante, ocorreu quando um *joon* muito célebre chamado Houshken, que jamais tinha visto um homem branco, foi induzido a iniciar uma breve representação diante de Lucas Bridges, que escreve:

> Nossa conversação – como sempre era o caso em tais reuniões – era lenta, com longas pausas entre as frases, como que para dar lugar a pensamentos

profundos. Eu disse a Houshken que tinha ouvido falar de seus grandes poderes e que gostaria de assistir a algumas de suas magias. Ele não recusou meu pedido, mas respondeu modestamente que estava indisposto, a maneira dos onas de dizer que poderia fazê-lo mais tarde.

Depois de deixar passar um quarto de hora, Houshken disse que estava com sede e desceu até o rio próximo para beber água. Era uma noite em que a Lua brilhava e a neve sobre o chão ajudou a fazer com que o cenário da exibição do que testemunharíamos ficasse tão claro quanto o dia. Ao retornar, Houshken sentou-se e iniciou um canto monótono, que continuou até colocar subitamente as mãos sobre a boca. Quando as tirou, elas estavam com as palmas viradas para baixo e afastadas alguns centímetros uma da outra. Vimos que entre suas mãos havia uma tira de pele de guanaco, mais ou menos da espessura de um cordão de sapato. Ele fez a tira passar por seus polegares, sob as palmas das mãos semifechadas, e enlaçou com ela os dedos mindinhos, de maneira que cerca de sete centímetros da tira ficaram pendurados em cada mão. A tira parecia não ter mais de 45 cm de comprimento.

Sem esticar a tira, Houshken começou então a agitar as mãos violentamente, afastando-as cada vez mais uma da outra, até que a tira, cujas pontas podiam ser vistas, tinha cerca de 120 cm de comprimento. Então chamou seu irmão, Chashkil, que pegou a ponta de sua mão direita e deu um passo para trás com ela. De 120 cm, a tira então cresceu da mão esquerda de Houshken duplicando seu comprimento. Então, quando Chashkil deu um passo à frente, ela desapareceu de volta na mão de Houshken, até ele poder pegar a outra ponta da mão do irmão. Enquanto agitava continuamente as mãos, a tira foi ficando cada vez menor. Subitamente, quando suas mãos estavam quase juntas, ele bateu-as na boca, soltou um grito agudo e virou as mãos para nós, com as palmas viradas para cima e vazias.

Nem mesmo um avestruz poderia ter engolido de uma vez aqueles 240 cm de pele sem esforço visível. Onde mais ela poderia ter ido parar, confesso que não sei. Ela não pode ter desaparecido nas mangas de Houshken, pois ele tinha tirado o manto quando começou a função (e, como todos os homens onas sem seus mantos, estava nu). Havia entre vinte e trinta homens presentes, mas apenas oito ou nove eram de sua tribo. O restante estava longe de ser amigo do executor e todos o haviam observado atentamente.

Se eles tivessem detectado algum truque simples, o grande curandeiro teria perdido seu poder de influência; eles deixariam de acreditar em qualquer uma de suas magias.

A demonstração ainda não havia acabado. Houshken levantou-se e retomou seu manto. Mais uma vez, começou a cantar e pareceu entrar em transe, possuído por algum espírito que não era o seu próprio. Empertigou-se em toda sua estatura, deu um passo em minha direção e deixou o manto, sua única vestimenta, cair ao chão. Levou as mãos à boca com um gesto dos mais impressionantes e tirou-as novamente com os punhos cerrados e polegares juntos.

> Ergueu-as à altura dos meus olhos e, quando estavam a menos de sessenta centímetros do meu rosto, separou-as lentamente. Vi que havia agora um pequeno objeto quase opaco entre elas. No centro tinha cerca de dois centímetros e meio de diâmetro e afinava na direção de suas mãos. Poderia ter sido um pedaço de massa ou borracha semitransparente, mas o que quer que fosse parecia algo vivo, revolvendo-se em grande velocidade, enquanto Houshken, talvez por tensão muscular, tremia violentamente.
>
> Quando olhei fixo para o estranho objeto, o brilho da Lua era tão forte que até se poderia ler. Houshken afastou ainda mais as mãos e o objeto tornou-se cada vez mais transparente, até que, quando suas mãos estavam separadas por cerca de sete centímetros, percebi que o objeto não estava mais ali. Ele não se rompeu ou estourou como uma bolha; simplesmente desapareceu, depois de ter sido visível para mim por menos de cinco segundos. Houshken não fez nenhum movimento súbito; apenas abriu lentamente as mãos e virou-as para que eu pudesse vê-las. Elas pareciam limpas e secas. Ele estava completamente nu e não havia nenhum cúmplice a seu lado. Olhei fixamente para a neve e, apesar de sua impassibilidade, Houshken não pôde resistir a dar um risinho de satisfação, pois nada havia para ser visto ali.
>
> Os outros tinham se apertado à nossa volta e, quando o objeto desapareceu, houve um grito sufocado de medo vindo deles. Houshken acalmou-os com a observação: "Não se deixem perturbar. Vou chamá-lo de volta a mim".
>
> Os nativos acreditavam que aquele era um espírito incrivelmente maligno pertencente ao *joon* ou possivelmente parte dele, do qual emanara. Ele podia assumir forma física, como acabáramos de testemunhar, ou ser totalmente invisível. Tinha o poder de introduzir insetos, camundongos, lama, pedras cortantes ou mesmo águas-vivas ou filhotes de polvo na anatomia daqueles que tivessem provocado aborrecimento a seu mestre. Cheguei a ver um homem forte estremecer involuntariamente ao simples pensamento desse horror e seus potenciais malignos. É curioso que, embora todo mágico saiba que é uma fraude e um impostor, sempre acredita e teme profundamente as capacidades sobrenaturais dos outros curandeiros.[17]

Quando esse relato sobre o desempenho de um *joon* da tribo Ona é comparado com seus correspondentes do norte, dos quais tomamos conhecimento, surge uma série de questões interessantes. Vindos, como será lembrado, de duas das mais primitivas comunidades de caçadores da Terra, em polos opostos do mundo e fora do alcance, certamente por milênios, de qualquer ponto comum de origem tradicional – se é que isso existiu alguma vez – os dois grupos têm, entretanto, a mesma noção do papel e do caráter do xamã, e os próprios xamãs tiveram os mesmos tipos de experiência e enfrentam praticamente as mesmas ordens de problemas com relação às suas práticas entre seus semelhantes mais simples. "Ele não era nenhum embusteiro", disse o Dr. Ostermann em seu julgamento de Najagneq, esse alasquiano com a força de dez cavalos, "mas um homem solitário acostumado a manter-se sozinho contra muitos e, por isso, tinha de ter seus pequenos truques". E Lucas Bridges, ao mesmo tempo em que mantinha sua opinião, adequada ao filho de um clérigo, de que os xamãs eram de fato embusteiros, reconhecia, entretanto, que eles temiam o poder uns dos outros. E esse elemento de medo, medo real, é uma reação característica onde quer que homens e mulheres de poder e capacidade xamanistas tenham aparecido.

Mas, reciprocamente, os próprios xamãs sempre viveram com medo de suas comunidades. "Os curandeiros", escreveu Lucas Bridges, "corriam grandes riscos. Quando pessoas morriam na flor da mocidade sem causas visíveis, o 'médico da família' frequentemente lançava suspeitas, de maneira ambígua, sobre algum necromante rival. Com frequência, o objetivo principal de um grupo atacante, nas perpétuas hostilidades tribais dos onas, era matar o curandeiro do grupo adversário".[18] O xamã, como ele o define, "era uma criatura à parte dos caçadores honestos". E já vimos os sinais dessa separação, não apenas na batalha do esquimó Najagneq com o restante de sua comunidade, mas também na maneira de alinhar as pessoas e os xamãs em duas filas separadas, no mito dos apaches jicarillas.

O xamã tem um poder oculto sobre a natureza, que pode usar tanto para prejudicar quanto para beneficiar seus semelhantes. Além do mais, o xamã não precisa aparecer como ser humano. Bridges fala de uma montanha perto de Ushuaia que era considerada uma bruxa: para mostrar sua má vontade, ela podia invocar uma tempestade.[19] E conta também acerca de um guanaco solitário (uma espécie de lhama selvagem) que matou a tiros no alto das montanhas, e ele e seus companheiros índios descobriram que vivia, sozinho, em uma pequena caverna. "Esses guanacos reclusos, desafiando o longo inverno sozinhos nas montanhas", escreve Bridges, "eram muito raros. [...] Naquela noite, discutindo a questão em volta da fogueira do nosso acampamento, sugeri que o 'eremita' poderia ter permanecido sozinho lá na caverna para estudar a mágica guanaca. Em vez de rirem, meus companheiros concordaram em que isso era bem provável, com expressões sérias em seus semblantes".[20]

A afinidade xamanista com a natureza, que essas duas anedotas da montanha-bruxa e do guanaco-xamã sugerem, é de uma espécie mais oculta e mais profunda que a dos "caçadores honestos" da tribo, não importando quão habilidosa e surpreendente possa parecer ao homem branco a destreza silvícola dos últimos. Bridges – ele próprio de maneira alguma um mateiro – descreve com surpresa a quase incrível sensibilidade dos onas para com as presenças à sua volta na mata fechada; mas esses mesmos caçadores onas observavam com admiração o poder de seus xamãs sobre a natureza. Pois, enquanto eles podiam agir habilmente em relação com seu meio, o xamã podia funcionar até certo ponto como uma causa, indo além do véu e tocando aqueles centros ocultos que rompem os circuitos normais, naturais de energia e criam transformações. Ele podia fazer aparecer emanações ectoplasmáticas entre as palmas de suas mãos violentamente agitadas;

assumir a forma de uma montanha; aparecer como uma fera; invocar ou esconjurar uma tempestade e contar, como se estivesse narrando histórias de seu conhecimento e experiência íntima, a tradição mitológica e lendas da tribo.

Pois em toda sociedade em que eles são conhecidos, os xamãs têm sido os guardiães particulares e recitadores dos hinos e tradições de seu povo. "Sendo um *joon* de reputação", escreveu Bridges sobre seu amigo xamã, "Tininisk preferia cantar ou instruir-nos no saber antigo a trabalhar e dar duro".[21]

E por que não?

A esfera do mito, do qual, de acordo com uma crença primitiva, procede todo o espetáculo do mundo, e o reino do transe xamanista, são o mesmo e único. De fato, é por causa da realidade do transe e da profunda marca deixada pelas experiências na mente do próprio xamã que ele acredita em sua arte e poder – mesmo que, para um espetáculo popular, ele possa ter de assumir uma função externa ilusória, imitando para os caçadores honestos alguns dos milagres que seus espíritos lhe revelaram no reino mágico por trás do véu.

Essa relação das experiências íntimas do xamã com o mito é um tema de máxima importância e também um problema do nosso assunto. Pois se o xamã foi o guardião da tradição mitológica da humanidade durante o período de cerca de quinhentos ou seiscentos mil anos, quando a principal fonte de sustento era a caça, então, tem-se de supor que o mundo interior do xamã tenha exercido uma influência considerável na formação de qualquer que seja a porção de nossa herança espiritual que possa ter descendido do período da caça paleolítica. Temos de considerar, portanto, que tipo de visões interiores, e as provenientes delas, podem ter constituído o mundo das experiências xamanistas.

III. A VISÃO XAMANISTA

As experiências íntimas através das quais é obtido o poder do xamã e das quais procedem os motivos de seus ritos xamanistas podem ser imaginadas a partir de uma coletânea de autobiografias, reunidas nos últimos anos, dos xamãs das tribos Buriat, Iacut, Ostiac, Vogul e Tungue, do vasto quadrilátero da Sibéria – cujos limites são: a oeste o rio Yenisei, a leste o rio Lena, ao sul o lago Baikal e ao norte a península Taimir – que foi desde os tempos paleolíticos uma academia de xamanismo e é hoje seu mais forte centro sobrevivente.

"Uma pessoa não pode tornar-se xamã se não houve nenhum xamã entre seus familiares", declarou o xamã dos tungues, Semyonov Semyon, quando interrogado em sua casa no baixo rio Tungusca, na primavera de 1925, pelo folclorista russo G.V. Ksenofontov, ele próprio um iacuto de sangue puro. "Apenas aqueles que têm ancestrais xamãs recebem o dom xamanista", disse o xamã, "pois o dom é passado de geração para geração. Meu irmão mais velho, Ilya Semyonov, era um xamã. Ele morreu há três anos. Meu avô pelo lado materno era também um xamã. Minha avó pelo lado materno era uma iacuto de Chirindi, da família Yessei Iacut, Jakdakar". "Deve-se entender", comenta Ksenofontov, "que esses xamãs, por sua vez, receberam seu dom xamanista de outros representantes da linhagem familiar, cujos nomes eles sabiam; de maneira que uma cadeia ininterrupta de tradição xamanista descendeu das profundezas do tempo. Os Yessei Iacut", ele acrescenta, "são mais provavelmente tungues iacutizados".

"Quando eu 'xamanizo'", o xamã continuou,

> o espírito de meu falecido irmão, Ilya, vem e fala pela minha boca. Meus antepassados xamãs também me forçaram a seguir o caminho do xamanismo. Antes de eu começar a 'xamanizar', estive doente por todo um ano: tornei-me xamã aos quinze anos de idade. A doença que me obrigou a seguir este caminho manifestou-se em um inchaço do meu corpo e frequentes desmaios. Quando começava a cantar, entretanto, a doença normalmente desaparecia.
>
> Depois disso, meus ancestrais começaram a 'xamanizar' comigo. Eles colocaram-me de pé como um bloco de madeira e atiraram em mim com seus arcos até que perdi a consciência. Eles cortaram minha carne, separaram meus ossos, contaram-nos e comeram minha carne crua. Quando contaram meus ossos, encontraram um a mais; se os tivesse tido de menos não poderia ter-me tornado um xamã. E enquanto eles praticavam esse rito, não comi nem bebi nada por todo o verão. Mas, no final, os espíritos xamãs beberam o sangue de uma rena e deram-me um pouco para beber também. Depois desses eventos, o xamã tem menos sangue e parece pálido.
>
> A mesma coisa acontece com todo xamã tungue. Apenas depois de seus ancestrais xamãs terem cortado seu corpo dessa maneira e separado seus ossos, ele pode começar a praticar.[22]

Como o Prof. Mircea Eliade demonstrou em seu estudo intercultural do xamanismo,[23] a crise mental dominante, aqui descrita, é uma característica geralmente reconhecida do chamamento vocacional. Seus correspondentes foram registrados onde quer que xamãs tenham surgido e praticado; o que quer dizer, em todas as sociedades primitivas do mundo. E embora o desequilíbrio temporário precipitado por tal crise possa assemelhar-se a um colapso nervoso, ele não pode ser reduzido a tal. Pois é um fenômeno *sui generis*; não um evento patológico, mas normal à mente dotada nessas sociedades, quando atingida ou quando absorvida por aquela força que poderíamos chamar de realização hierofante: a realização de "algo muito mais profundamente entranhado", que habita tanto a Terra redonda quanto nosso próprio interior e que dá ao mundo um caráter sagrado; uma intuição de profundidade, absolutamente inacessível aos caçadores honestos "de mente fechada" (estejam eles atrás de dólares, peles de guanaco ou hipóteses de trabalho), mas que pode revelar-se espontaneamente àqueles que William James chamou de "mentes sensíveis" da nossa espécie[24] e que, como

Paul Radin demonstra em sua obra *Primitive Man as Philosopher* [O Homem Primitivo como Filósofo], não são menos numerosos nas sociedades primitivas do que nas mais avançadas.[25]

A força de uma tal realização hierofântica é ainda mais imperativa para a mente que habita uma sociedade primitiva, pois toda a estrutura social bem como a racionalização de sua relação com o mundo circundante da natureza estão mitologicamente baseadas nela. A crise, em consequência, não pode ser analisada como uma ruptura com a sociedade e o mundo. Ela é, pelo contrário, uma realização dominante de sua profundidade e a ruptura é antes com a atitude comparativamente trivial diante tanto do espírito humano, quanto do mundo que parece satisfazer a grande maioria.

Tem sido notado por observadores perspicazes que, em contraste com a psicologia de uma neurose que mutila a vida (que é reconhecida nas sociedades primitivas, bem como na nossa própria, mas não confundida naquelas com xamanismo), a crise xamanista, quando devidamente estimulada, resulta em um adulto não apenas de inteligência e refinamento superiores, mas também de resistência física e vitalidade de espírito maiores que no comum dos membros de seu grupo.[26] A crise, consequentemente, tem o valor de uma iniciação de limiar superior – superior, em primeiro lugar, porque espontâneo, não tribalmente forçado e, em segundo lugar, porque a mudança de referência dos símbolos psicologicamente potentes não foi da família para a tribo,* mas da família para o universo. As energias da psique convocadas a agir por tal ampliação da esfera da vida, imediatamente reconhecidas, são de uma força maior que as liberadas e conduzidas pelas mascaradas visionárias de orientação e maquinação grupais, dos ritos da puberdade e terreiros de dança dos homens. Elas proporcionam uma base mais estável e uma estrutura mais ampla ao caráter do indivíduo em questão e tendem, também, a dotar a própria fenomenologia do xamanismo com uma qualidade de autenticidade humana geral que os ritos locais – de qualquer comunidade – simplesmente não compartilham. E, enfim, como os ritos grupais das sociedades de caçadores são, no fundo, materializações na esfera pública de imagens vivenciadas pela primeira vez em visões xamanistas, transmitindo os mitos mais conhecidos dos xamãs e melhor interpretados por eles, a crise dolorosa do chamamento vocacional, profundamente forçada, leva o jovem adepto à raiz não apenas de sua estrutura cultural, mas também das estruturas psicológicas de cada membro de sua tribo.

Em um sentido profundo, então, o xamã coloca-se necessariamente contra o grupo, já que toda a esfera de interesse e ansiedades do grupo é, para ele, secundária. E ainda, como ele penetrou – de alguma maneira, em algum sentido – no coração do mundo do qual o grupo e seu âmbito de preocupações não são mais do que manifestações, ele pode ajudar e prejudicar seus semelhantes por meios que os espantam.

* Cf. *supra*, p. 90-92.

Mas como, então, ele obtém tal poder?

Observemos de início que, exatamente como nos ritos da puberdade, também na visão de Semyonov o tema central era uma façanha de morte e ressurreição. Já mencionamos a imagem infantil da figura do pai e da mãe como a do ogro canibal (ou bicho-papão). O importante da visão xamanista é que, embora a vítima fosse de fato devorada, havia um poder de recuperação inerente em seus ossos, que o trazia de volta à vida. Ele é mais forte que a morte.

Spencer e Gillen descreveram o evento correspondente nas vidas dos curandeiros da tribo Aranda. Quando um homem dessa tribo australiana sente que tem o poder para tornar-se um xamã, deixa o acampamento e vai sozinho até a boca de certa caverna, onde, com grande receio, não ousando entrar nela, se deita para dormir. Ao raiar do dia, um espírito chega à entrada da caverna e, ao encontrar o homem dormindo, atira-lhe uma lança invisível, que penetra em seu pescoço por trás, atravessa-lhe a língua e sai pela boca. A língua permanece pelo resto da vida perfurada no centro, com um furo suficientemente grande para acolher o dedo mínimo e, afinal, este furo é o único sinal visível e externo que resta do processo. Uma segunda lança atirada pelo espírito atravessa-lhe a cabeça de orelha a orelha e a vítima cai morta e é imediatamente carregada para as profundezas da caverna, onde os espíritos vivem em perpétua luz solar, entre rios de água corrente. Supõe-se que a caverna em questão se estenda muito fundo abaixo do nível da planície, terminando em um lugar subterrâneo chamado de Edith Range, a 16 km de distância. Ali, os espíritos removem todos os órgãos internos do homem e os substituem por novos; depois disso ele retorna à vida, mas em estado de insanidade. Esse estado não dura muito tempo, porém. Uma vez que ele se torna suficientemente racional, os espíritos da caverna – que são invisíveis a todos, com exceção de alguns poucos curandeiros altamente dotados e dos cães – levam-no de volta a seu povo. Ele continua a parecer esquisito e a comportar-se de maneira esquisita, até que, uma manhã, se nota que pintou com pó de carvão vegetal e gordura uma extensa listra no alto do nariz. Desapareceram agora todos os sinais de insanidade e o novo feiticeiro está graduado. Mas ele não pode exercer sua função antes de mais um ano e, se durante esse período de provações o furo em sua língua se fechar, ele saberá que seu poder o abandonou e não será mais curandeiro. Nesse ano, acompanhando os mestres locais de sua profissão, ele aprende os segredos de sua arte, "que consiste", segundo Spencer e Gillen, "principalmente na habilidade de ocultar na sua pessoa e de produzir à vontade pequenos cristais de rocha e pedaços de madeira, e, de muito menor importância que seu truque de prestidigitador, na capacidade de aparentar uma sobrenaturalidade misteriosa, como se fosse o detentor de um conhecimento oculto ao homem comum".[27]

Os novos intestinos do xamã são compostos de cristais de rocha, o que ele agora é capaz de projetar nas pessoas para o bem ou para o mal.[28] E assim, temos aqui novamente o tema da morte e da restituição à forma anterior, mas com um novo corpo que é impenetrável. O correspondente oriental, que exerce um papel considerável na literatura mística tanto hindu quanto budista, é o corpo de "diamante" ou "pedra de raio" (*vajra*), que o iogue alcança. No nível primitivo pode ser conveniente interpretar tal ideia em termos psicanalíticos, como uma fantasia de reparação para proteger a psique infantil de suas próprias ansiedades quanto à destruição de seu corpo.[29] Não creio, entretanto, que tal interpretação corresponda ao alcance do pensamento hindu e budista, ou mesmo ao conceito metafísico geralmente conhecido de um princípio estável subjacente à fenomenologia da mudança temporal. Não é fácil saber quão remotamente na sociedade primitiva se pode impor a ideia – universal a todas as tradições místicas desenvolvidas – da alteração de "nosso corpo humilhado, conformando-o ao Seu corpo glorioso" (Epístola aos Filipenses 3:21); mas eu diria, concluindo a partir do que já fomos informados por nossos xamãs esquimós, que deveria ser possível encontrá-la retrospectivamente em todo o curso da humanidade. Tampouco sei com que tenacidade o leitor abraçará a ideia, apregoada pelo Dr. Freud, de que todo pensamento superior é, com exceção da psicanálise, uma função da ansiedade infantil. Mas de qualquer maneira, certamente tocamos aqui em um nível ou ponto de experiência que parece representar precisamente o que Bastian queria dizer quando escreveu sobre as ideias elementares. A introversão da crise xamanista e a ruptura temporária do sistema local de vida prática levam a uma esfera de experiência que, no sentido mais profundo, transcende o provincialismo e abre o caminho, no mínimo, para a premonição de algo diferente. De fato, suspeito que aqui estamos nos aproximando do último santuário e fonte de todo o mundo e prodígio – toda a magia – dos deuses. Disse o xamã tungue, Semyonov Semyon:

> Lá em cima há uma certa árvore onde os espíritos dos xamãs são educados antes de obter seus poderes. E nos galhos dessa árvore há ninhos nos quais os espíritos se deitam e são assistidos. O nome da árvore é Tuuru. Quanto mais alto estiver o ninho na árvore, mais forte será o xamã que é criado nele, mais ele saberá e mais longe ele verá.
>
> O aro do tambor do xamã é cortado de um lariço vivo. O lariço é deixado vivo e em pé em memória e honra da árvore Tuuru, onde o espírito do xamã foi instruído. Além disso, em memória da grande árvore Tuuru, a cada sessão o xamã planta uma árvore, com um ou mais galhos cruzados, na cabana onde se realiza a cerimônia, e essa árvore também é chamada de Tuuru. Isso é feito tanto entre nós aqui no baixo Tungusca, quanto entre os tungues do rio Angara. Os tungues que são relacionados com os iacutos chamam essa árvore plantada de Sarga. Ela é feita de um longo tronco de lariço. Roupas brancas são penduradas nos galhos cruzados. Entre os tungues do Angara pendura-se na árvore a pele de um animal sacrificado. Os tungues do médio Tungusca fazem uma Tuuru que é exatamente igual à nossa.

De acordo com nossa crença, o espírito do xamã sobe por essa árvore até Deus quando ele "xamaniza". Pois a árvore cresce durante o rito e alcança invisivelmente o topo do céu.

Deus criou duas árvores quando criou a terra e o homem: um macho, o lariço; e uma fêmea, a árvore do abeto.[30]

A imagem da árvore é um traço característico do xamanismo da Sibéria. Ela pode ter sido originária das grandes tradições do sul; é aplicada, entretanto, a um sistema xamanista específico de experiências. Como a árvore de Votam, Yggdrasil, ela é o eixo do mundo, atingindo o zênite. O xamã foi nutrido nessa árvore e seu tambor, feito de sua madeira, leva-o de volta a ela em seu transe extático. Conforme Eliade observou, o poder do xamã está em sua capacidade de entrar em transe voluntariamente. Tampouco ele é vítima de seu transe: ele o domina, como um pássaro domina o ar em seu voo. A magia de seu tambor leva-o embora nas asas de seu ritmo, as asas do arrebatamento espiritual. O tambor e a dança, simultaneamente, elevam seu espírito e invocam-lhe seus espíritos tutelares – as feras e pássaros, invisíveis aos outros, que lhe deram poder e o assistem em seu voo. E é durante seu transe extático que ele realiza suas façanhas miraculosas. Durante o transe, ele voa como um pássaro para o mundo das alturas ou desce como uma rena, touro ou urso, para o mundo subterrâneo.

Entre os buriatos, o animal ou pássaro que protege o xamã é chamado de *khubilgan*, que significa "metamorfose", do verbo *khubilku*, "mudar a si mesmo, assumir outra forma".[31] Os primeiros missionários russos e viajantes da Sibéria na primeira metade do século XVIII, notaram que os xamãs falavam com seus espíritos com uma voz estranha, guinchante.[32] Eles também encontraram entre as tribos numerosas imagens de gansos com asas estendidas, por vezes de bronze.[33] E como veremos em breve,* em uma interessantíssima estação de caça paleolítica conhecida como Mal'ta, na região do lago Baikal, foi encontrada uma série de gansos ou patos em voo, talhada em marfim de mamute. Tais pássaros em voo, de fato, foram encontrados em muitas estações paleolíticas, e nas asas posteriores de um importante exemplar encontrado perto de Kiev, na Ucrânia, em um local chamado Mezin, aparece a primeira suástica de que temos registro – símbolo (como já vimos) que na arte budista ulterior dos vizinhos China e Tibete está associado com o voo espiritual do Buda. Além do mais, na grande caverna paleolítica de Lascaux, no sul da França, há uma pintura de um xamã fantasiado de pássaro, prostrado em transe e com a figura de um pássaro instalado sobre o bastão de xamã a seu lado. Os xamãs da Sibéria vestem-se de pássaro até hoje e muitos são considerados como concebidos por suas mães por intervenção de pássaros. Na Índia, uma expressão de respeito para dirigir-se a um mestre iogue é *Paramahaṁsa*: soberano ou supremo (*parama*) ganso selvagem (*haṁsa*). Na China, os chamados "homens

* *Infra*, p. 283.

das montanhas" ou "imortais" (*hsien*) são representados emplumados, como pássaros, ou flutuando no ar sobre animais planadores.

A lenda germânica de Lohengrin, o cavaleiro-cisne, e as lendas, contadas onde quer que o xamanismo tenha florescido, da donzela-cisne são igualmente evidências da força da imagem do pássaro como símbolo adequado ao poder espiritual. E não deveríamos também pensar na pomba que pousou sobre Maria, e no cisne que gerou Helena de Troia? Em muitos países, a alma é representada como um pássaro e os pássaros são comumente mensageiros espirituais. Os anjos não passam de pássaros transformados. Mas o pássaro do xamã é de caráter e poderes especiais, dotando-o da capacidade de voar em transe para além dos limites da vida, e também de retornar.

Algo do mundo em que se movem e vivem esses fazedores de milagres pode ser inferido da lenda do xamã iacuto Aadja. Sua fabulosa biografia trifásica começa com uma história de dois irmãos, cujos pais tinham morrido quando eles eram muito jovens, e quando o mais velho tinha trinta anos e o mais jovem vinte, este último casou-se. "No mesmo ano", contam-nos,

> nasceu um potro de garanhão malhado de vermelho e todos os sinais indicavam que ele se tornaria um belo corcel. Mas naquele mesmo outono, o mais jovem dos dois irmãos – o que se tinha casado – caiu doente e morreu. E embora morto, ele podia ouvir tudo o que se falava à sua volta. Ele sentia como se tivesse caído no sono. Não conseguia nem mover os membros, nem falar, mas ouvia os outros nitidamente, preparando seu caixão e cavando seu túmulo. E ali estava deitado, como se estivesse vivo, e infeliz por eles se juntarem para enterrá-lo, quando poderia muito bem voltar a viver. Eles o colocaram no caixão, puseram o caixão na cova e o cobriram de terra.
>
> Lá enterrado, sua alma e seu coração choravam e soluçavam. Mas então, subitamente, ele ouviu alguém lá em cima escavando. Ficou contente ao pensar que seu irmão mais velho, acreditando que ele pudesse continuar vivo, desejasse desenterrá-lo. Entretanto, quando finalmente a tampa do caixão foi aberta, ele viu quatro pessoas negras que não conhecia. Elas pegaram seu corpo e o colocaram de pé sobre o caixão com o rosto voltado para sua casa. Através da janela ele pôde ver um fogo queimando e fumaça saindo da chaminé.
>
> Mas então ouviu, de algum lugar das profundezas da terra, o rugido de um touro. O rugido foi se tornando cada vez mais próximo, a terra começou a tremer e ele sentiu um medo terrível. Do fundo da cova apareceu o touro. Era completamente negro e com chifres muito próximos um do outro. O animal agarrou o homem entre os chifres e desceu novamente pelo buraco de que tinha saído. E eles chegaram a um lugar onde havia uma casa, de dentro da qual saiu uma voz que parecia ser de um velho, que disse: "Rapazes, é verdade! Nosso filhinho trouxe um homem. Vão lá fora e libertem-no de seu peso!". Um bando de homens negros mirrados saíram saltando, agarraram o recém-chegado,

levaram-no para dentro da casa e colocaram-no na palma da mão do velho. O velho susteve-o para estimar seu peso, e disse: "Levem-no de volta! Sua sorte predestina-o a renascer lá em cima!". E então o touro prendeu-o novamente entre os chifres, levou-o de volta pelo mesmo caminho e colocou-o onde tinha estado antes.

Quando o cadáver vivo recuperou os sentidos, a noite tinha caído e estava escuro. Em seguida, apareceu um corvo preto. Ele enfiou a cabeça entre as pernas do homem, ergueu-o e alçou com ele um voo em linha reta. No zênite viu uma abertura. Passaram por ela e entraram em um lugar onde tanto o Sol quanto a Lua estavam brilhando e as casas e os celeiros eram de ferro. Todas as pessoas lá em cima tinham cabeças de corvo, porém seus corpos eram iguais aos dos seres humanos. E já se podia ouvir de dentro da casa maior algo que parecia ser a voz de um velho: "Rapazes! Vejam! Nosso filhinho trouxe-nos um homem. Vão lá fora e tragam-no para dentro!". Um bando de homens jovens lançaram-se para fora e, agarrando o recém-chegado, o levaram para dentro da casa, onde o colocaram na palma da mão de um velho de cabelos brancos, que primeiro testou seu peso e depois disse: "Rapazes, levem-no e coloquem-no no ninho mais alto!".

Pois lá em cima havia um grande lariço, cujo tamanho dificilmente pode ser comparado com tudo o que conhecemos. Seu topo certamente alcançava o céu. E em cada galho havia um ninho, tão grande quanto um monte de feno coberto de neve. Os jovens colocaram sua carga no mais alto deles e, quando acabaram de fazê-lo, chegou voando uma rena branca alada, que pousou sobre o ninho e, introduzindo suas tetas na boca do recém-chegado, o fez mamar. Ali, permaneceu por três anos. E quanto mais sugava as tetas da rena, menor ficava seu corpo, até que finalmente ele não era maior que um dedal.

Assim, enquanto repousava no alto do seu ninho, um dia ouviu a voz do mesmo velho, que agora estava dizendo a um dos seus sete filhos cabeças-de--corvo: "Meu filho, desça ao Mundo do Meio, apanhe uma mulher e traga-a para cá!". O filho desceu e em breve retornou, puxando pelos cabelos uma mulher de tez morena. Ficaram todos encantados e dançaram para celebrá-la. Mas o que continuava deitado no ninho ouviu então uma voz que dizia: "Prenda essa mulher num celeiro de ferro, para que nosso filho, que vive no Mundo do Meio, não possa vir buscá-la!".

Eles trancaram a mulher num celeiro e, do seu ninho, o "aninhado" logo ouviu o som de um tambor de xamã vindo do Mundo do Meio, e também o som de um canto de xamã. Esses sons foram aumentando gradualmente, aproximando-se mais e mais, até que afinal, vinda de baixo, surgiu na abertura da saída uma cabeça e, do ninho, podia se ver um homem de estatura mediana e aparência vivaz, com cabelos já brancos. Mal ele tinha aparecido inteiramente quando, pressionando a baqueta do tambor contra sua testa, ele se transformou imediatamente em um touro com um único chifre, que crescia do meio de sua testa.

O touro quebrou com um único golpe a porta do celeiro no qual a mulher estava trancada e fugiu a galope com ela.[34]

O que estamos testemunhado aqui – talvez o leitor deva ser informado – é a chegada ao mundo superior de um xamã terreno, que veio resgatar a alma de uma mulher que morreu. Pois a doença, de acordo com uma teoria xamanista, pode ser causada, ou pela invasão de um elemento estranho ao corpo, conforme o relato de Lucas Bridges sobre a magia da tribo Onas (um camundongo, cristal de rocha, verme ou algum projétil xamanista menos substancial), ou pelo abandono do corpo pela alma e seu aprisionamento em uma das regiões do espírito: acima, abaixo ou além das margens do mundo. Por isso, o xamã convocado ao leito de um doente tem antes de decidir que tipo de doença precisa ser tratada. E se o necessário for massagem, tratamento com ervas purgativas, ou a sucção de algum elemento intrusivo, ele porá mãos à obra com o método apropriado; mas se a alma desapareceu, sua visão clarividente terá de descobrir seu esconderijo. Então, "montado" – como eles dizem – no som de seu tambor, ele terá de partir, nas asas do transe, para qualquer morada espiritual que possa estar abrigando a alma em questão, subjugar os guardiães dessa morada celestial, infernal ou além-mundo e realizar rapidamente sua proeza xamanista para resgatá-la. Este último é o clássico prodígio xamanista e, especialmente quando o paciente já está morto, é um feito que requer a maior resistência física e coragem espiritual.

Veremos em breve esses acontecimentos de um ponto de vista terrestre mas, por enquanto, retornemos à região celestial da nossa história. Um mestre xamã chegou, transformou-se em touro, quebrou as trancas do celeiro de ferro e foi embora a galope com sua presa, a alma da mulher que os deuses pretendiam deixar morrer.

Atrás dele ergueram-se lamentos e gritos, prantos e pesares, e o filho do velho desceu novamente ao Mundo do Meio. Ele retornou com outra, uma mulher de tez branca, que foi primeiro transformada em um pequeno inseto e depois inteiramente ocultada no poste principal, ou do meio, da estrutura da iurta; mas logo, outra vez, puderam ser ouvidos o tambor e o canto de um xamã. Nesta ocasião, novamente, aquele que chegava descobria seu paciente. Ele quebrou o poste dentro do qual a mulher estava escondida e levou-a embora.

Em seguida, o filho do velho fez seu caminho pela terceira vez, retornando com a mesma mulher de tez clara de antes. Mas agora, as pessoas-espíritos cabeças-de-corvo do Mundo Superior fizeram melhores planos para protegê-la. Eles atearam fogo a uma pilha de lenha no buraco de saída, pegaram brasas incandescentes nas mãos e postaram-se junto à abertura, alertas à espera. Então, quando o xamã apareceu, eles o atacaram com as brasas e o mandaram de volta para a terra.

Por fim, o pequeno espreitador no seu ninho, no término de seus três anos, mais uma vez ouviu a voz do velho. "Seus anos acabaram", disse a voz. "Lancem nossa criança para o Mundo do Meio. Ele deve entrar em uma mulher para ser parido. E com o nome de Xamã Aadja, que nós lhe demos, ele se tornará famoso: ninguém tomará esse nome em vão no mês sagrado!".

Entoando cânticos e invocações, os sete o lançaram no Mundo do Meio, onde imediatamente perdeu a consciência e não conseguia lembrar como havia chegado aonde estava. Foi apenas quando ele tinha cinco anos que sua memória voltou – e então soube como tinha nascido da outra vez; como tinha vivido na terra, e como tinha nascido lá em cima, onde também havia visto, com seus próprios olhos, a chegada de um xamã.

Sete anos após seu novo nascimento ele foi capturado pelos espíritos, obrigado a cantar e cortado em pedaços. Aos oito anos, começou a "xamanizar" e a efetuar a dança ritual. Aos nove, já era famoso. E aos doze, um grande xamã.

Comprovou-se que ele tinha vindo ao mundo dessa vez a uma distância de quinze verstas [cerca de 16 km] do lugar de sua antiga residência. E quando ele fez uma visita a quem fora o seu irmão, descobriu que sua mulher tinha se casado novamente e que o potro malhado, nascido no ano de sua morte, era agora um famoso corcel.

Mas seus familiares não o reconheceram e ele não lhes contou nada. Um dia de verão, entretanto, quando um homem de posses estava celebrando o chamado Festival Isyach – a bênção do cúmis sagrado.* – que é acompanhado por um ritual chamado de Elevação da Alma do Cavalo, o jovem xamã viu ali o mesmo xamã que tinha chegado ao Mundo Superior enquanto ele estava no ninho. O mais velho reconheceu-o de imediato e disse em voz suficientemente alta para os outros ouvirem: "Quando, uma vez, eu estava ajudando outro xamã a recuperar a alma de uma mulher doente, vi você no ninho do nono galho, o mais alto, mamando nas tetas de sua mãe-animal. Você estava olhando para fora do ninho". E o xamã mais jovem, Aadja, ao ouvir tais palavras, ficou furioso. "Por que você revela diante de todo mundo o segredo do meu nascimento?", ele perguntou. Ao que o outro respondeu: "Se está planejando o mal contra mim, destrua-me, devore-me! Eu, antigamente, fui alimentado no oitavo galho do mesmo lariço em que você foi nutrido. Deverei nascer de novo e ser nutrido pelo Corvo Negro, Chara-Suorun".

"E dizem", concluiu o narrador iacuto, Popov Ivan, "que o jovem xamã, naquela mesma noite, matou o mais velho. Os espíritos xamãs o engoliram e, dessa maneira, o mataram – e ninguém viu. Essa antiga lenda foi-me contada por um homem muito velho".[35]

* Bebida alcoólica fermentada ou destilada do leite de égua N. da T.

Os espíritos iniciam os xamãs da Austrália em uma caverna; os da Sibéria, numa árvore. Ainda resta dúvida de que o sentido das duas experiências seja o mesmo? Na Sibéria, a carne do xamã é comida e recuperada; na Austrália, seus intestinos são removidos e substituídos por cristais de rocha. Mas não seriam duas versões do mesmo evento? Notamos que em ambos os casos duas iniciações são necessárias: uma pelos espíritos e outra pelos mestres vivos. Mas as duas são características do xamanismo onde quer que ele apareça. Nas várias províncias as visões diferem, assim como as técnicas de êxtase e magia tradicionalmente ensinadas; porque os padrões culturais, através dos quais a crise xamanista atua e é entendida, têm histórias regionais e são localmente condicionados. Porém, a morfologia da crise (não pode mais haver dúvidas) permanece a mesma onde quer que a vocação xamanista tenha sido experimentada e cultivada.

A questão principal, que aqui foi tão vividamente ilustrada, é que na fenomenologia da mitologia e da religião devem ser distinguidos dois fatores: o não histórico e o histórico. Na vida religiosa dos de "mente dura", demasiado ocupados, ou simplesmente da maioria sem talento da humanidade, o fator histórico prepondera.

Todo o âmbito de sua experiência restringe-se ao domínio público local e pode ser estudado historicamente. Nas crises e percepções espirituais das personalidades de "mente sensível" com tendências místicas, entretanto, é o fator não histórico que prepondera e, para elas, a imagética da tradição local – não importa quão desenvolvida ela possa ser – é meramente um veículo, mais ou menos adequado, para transmitir uma experiência proveniente de além de seu domínio, e vivida originalmente como um impacto imediato. Pois, em última instância, a experiência religiosa é psicológica e, no sentido mais profundo, espontânea; ela corre por dentro das circunstâncias históricas e é auxiliada ou impedida por elas, mas é a tal ponto constante para a humanidade que podemos saltar da baía de Hudson para a Austrália, da Terra do Fogo para o lago Baikal, e nos sentirmos perfeitamente em casa.

Neste capítulo sobre o xamanismo, estamos, por assim dizer, tocando levemente no problema da experiência mística – que é não histórica, mas ainda assim, onde quer que surja, dá sentido e profundidade a qualquer que seja a imagética da tradição regional, cultivada pelos sacerdotes locais e mais ou menos grosseiramente utilizada para fins sociais e um pouco de conforto espiritual pela gente simples. O xamã representa esse princípio no nível primitivo, como o místico, o poeta e o artista nos níveis mais altos da escala cultural.

Gostaria de sugerir, portanto, como uma hipótese básica, uma correlação entre a ideia elementar e a mística, e entre a ideia étnica e os fatores históricos que acabamos de descrever. A ideia elementar jamais é expressa ou vivenciada senão por meio da étnica e, assim, *parece* como se a mitologia e a religião pudessem ser estudadas e discutidas no plano histórico. Na verdade, entretanto, há uma força formativa atuando espontaneamente, como um campo magnético, para precipitar e organizar as estruturas étnicas de trás, ou de dentro, para que elas não possam acabar sendo interpretadas apenas em termos econômicos, sociológicos, políticos ou históricos. A psicologia espreita, de baixo e de dentro, toda a composição histórica, como um controlador invisível.

Mas, por outro lado, toda a imagética mitológica e formas rituais, tanto em sua influência na filosofia quanto em seu impacto sobre a sociedade, podem e devem ser estudadas historicamente. Como muito bem expressou o Prof. Jensen em sua crítica contundente da abordagem puramente psicológica da mitologia: "Um mito não é uma sequência de imagens independentes, mas um todo significativo, no qual um aspecto particular do mundo real está refletido".[36] Na Parte II deste estudo, foi examinada a perspectiva revelada à imaginação do homem pelo modelo de morte e nascimento do mundo vegetal; nos capítulos restantes desta Parte III, consideraremos a resposta à perspectiva revelada pelo mundo animal. Dentro de cada um desses contextos, homens e mulheres estão ligados uns aos outros e a seu mundo, o que quer dizer "engajados" nos estilos de vida locais; e os mitos têm basicamente uma finalidade social. Entretanto, na fase do tema que agora estamos considerando – o xamanismo e as técnicas do êxtase – os mesmos símbolos atuam para o "desengajamento".

Os temas de nosso atual estudo podem ser sumarizados da seguinte maneira:

A. O fator não histórico, espontâneo, do arrebatamento místico xamanista, provocado e transmitido por meio de:
   1. A imagética das sociedades de caçadores
   2. A imagética dos agricultores primitivos
   3. A imagética das cidades-estados hieráticas

B. O fator histórico, condicionado e condicionante da tradição local socialmente orientada, conforme representada em:
   1. A imagética das sociedades de caçadores
   2. A imagética dos agricultores primitivos
   3. A imagética das cidades-estados hieráticas

Além do mais, a forma básica da crise xamanista pode ser sumarizada da seguinte maneira:

A. Uma ruptura com o mundo cotidiano precipitada espontaneamente, revelada por sintomas análogos aos de um sério colapso nervoso: visões de desmembramento, nutrição no mundo dos espíritos e restituição.

B. Um período de instrução xamanista, mitológica, sob a orientação de um mestre, no qual se consuma o resgate de um nível superior.

C. Um ofício de práticas mágicas a serviço da comunidade, protegido do ressentimento natural dessa comunidade por meio de vários truques e paródias de poder.

A cura do xamã é obtida por meio da arte: por exemplo, mitologia e canto. “Quando começava a cantar”, disse o xamã Semyonov Semyon, “minha doença geralmente desaparecia”. E a prática do xamã também é por meio da arte: uma imitação ou representação, na esfera do tempo e do espaço do mundo visionário de seu “arrebatamento” espiritual. Um poste é colocado no centro da iurta, com calços pelos quais ele sobe – imitando a ascensão mágica de sua alma, “pois a árvore”, como já vimos, “cresce durante o rito e alcança invisivelmente o topo do céu”.

“Lembro-me de como, nos velhos tempos”, disse Alexejev Michail, um velho iacuto que vive perto do rio Lena, “os xamãs urravam como touros durante as sessões. E em suas cabeças cresciam verdadeiros chifres opacos. Eu mesmo assisti a tal cena. Vivia então em nossa aldeia um xamã de nome Konnor. Quando sua irmã mais velha morreu, ele ‘xamanizou’. Enquanto fez isso, nasceram chifres em sua cabeça. Com os chifres, ele revolveu o chão de terra batida e começou a correr de quatro, como as crianças quando brincam de ‘touro’. Ele deu um forte mugido e rugiu como um touro”.[37]

“Todo xamã”, disse outro informante, Pavlov Kapiton, “deve ter uma mãe-animal ou um animal-origem. Geralmente, ela é representada por um alce e, com menos frequência, por um urso. Esse animal vive independente, separado do xamã. Talvez ele possa ser melhor concebido como a força impetuosa do xamã que sobrevoa a terra”.[38] “Ele é a corporificação do dom profético do xamã”, acrescenta G.V. Ksenofontov; “é o poder visionário do xamã, que é capaz de penetrar tanto no passado quanto no futuro”.[39]

O xamã, além do mais, tem espíritos tutelares animais que o auxiliam em sua missão. “Os xamãs nos contam”, disse Samsonov Spiridon, “que têm dois cães que são seus assistentes invisíveis. Durante as sessões eles os chamam por seus nomes, ‘Chardas’ e ‘Botos’. Os cães de um xamã sanguinário, possuído por espíritos malignos, matarão gado e crianças; entretanto, não matarão pessoas adultas”.

“Diz-se também”, continua o informante, “que alguns xamãs têm um urso e um lobo e que eles aparecem durante as sessões”.[40]

Mas, nem todos os que gostariam de praticar a arte do xamã podem fazê-lo. Danilov Pyotr descreveu uma tentativa que fracassou:

> Na região de Bertun havia um homem, dois verões atrás, que disse que em breve deveria tornar-se um xamã. Ele mandou construir uma cabana para si em uma clareira nas redondezas. A pequena casa foi construída junto ao mais alto lariço, onde fora pendurada uma grande quantidade de ídolos xamanistas. Jovens solteiros tiveram de construir a cabana com galhos que não fossem descascados, de acordo com as instruções do futuro xamã. O nome dele era Michail Savvitch Nikitin e tinha por volta de quarenta anos.
>
> Quando a cabana ficou pronta, entrou nela e ali permaneceu por três dias. Ele tinha dito: “Devo permanecer ali deitado como um morto por três dias e ser

cortado em pedaços. No terceiro dia, me levantarei novamente". Para o dia de sua ressurreição, ele havia ordenado que fosse trazido um xamã de nome Botshukka, filho de Taappyn, que deveria realizar sobre ele a cerimônia da "Elevação do Corpo" e da "Ordenação Instrutiva". E dizem também que um homem de nome Dimitri Saba-Uktuur estava com ele como ajudante.

Bem, quando o xamã que tinha sido convocado chegou, uma multidão de pessoas reuniu-se em volta da cabana para assistir à cerimônia e eu juntei-me a ela. O xamã tinha chegado com seu tambor e o candidato havia vestido seu traje de xamã. Estava suficientemente perto para ouvir o xamã oficiante, quando ele já tinha invocado seus espíritos, os tinha exaltado e havia solicitado a ajuda deles. "É o meio do verão", ele disse. "Quando a folhagem das árvores e a grama já nasceram, não se deveria oficiar a ordenação de um xamã. As estações adequadas para isso são a primavera e o outono!" E dizendo isso, ele interrompeu a cerimônia.

O outro "xamaniza" até hoje de maneira inexperiente. Ele o faz sem usar o traje de xamã, faz apenas as citações preliminares e pode tomar a cargo apenas doenças menores.[41]

"Diz-se", declarou Alexeyev Ivan, "que os xamãs verdadeiramente bons são cortados três vezes em suas vidas e os fracos apenas uma vez. O espírito de um xamã excepcional nasce de novo depois de sua morte. Dizem que os grandes xamãs renascem três vezes".[42]

IV. O PORTADOR DO FOGO

Um dia, conta uma lenda norte-americana, enquanto Velho Homem estava andando no bosque, ele deparou com algo muito estranho. Havia um pássaro pousado sobre o galho de uma árvore, fazendo um som estranho, e a cada vez que produzia o som seus olhos saltavam de sua cabeça e grudavam-se na árvore. Então, o pássaro fazia outro tipo de som e os olhos voltavam voando para seu lugar.

"Irmãozinho", disse Velho Homem, "ensina-me a fazer isso".

"Se lhe mostrar", respondeu o pássaro, "você não poderá deixar que seus olhos saiam de sua cabeça mais que três vezes por dia. Se o fizer se arrependerá".

"Irmãozinho, seja como você quiser! O truque é seu e eu o escutarei."

O pássaro mostrou-lhe como fazê-lo e Velho Homem ficou tão contente que realizou a façanha imediatamente por três vezes seguidas. Então, parou. Mas em breve sentiu muita vontade de fazê-lo novamente e, depois de hesitar por algum tempo, mas sem perder a vontade, ele perguntou a si mesmo: "Por que ele disse que devo fazer o truque apenas três vezes? Esse pássaro não tem juízo. Vou fazê-lo novamente". E assim, ele fez seus olhos deslocarem-se pela quarta vez; mas agora não podia fazê-los voltar ao lugar. Então, chamou o pássaro. "Ó Irmãozinho, venha ajudar-me a ter de volta meus olhos." Mas o pássaro não respondeu; tinha ido embora. Velho Homem apalpou a árvore com as mãos, mas não conseguiu encontrar seus olhos, e assim ele errou por muito tempo, chorando e suplicando a ajuda dos animais.

Então, um certo lobo, percebendo que Velho Homem era cego, começou a provocá-lo e a divertir-se às suas custas. O lobo tinha encontrado um búfalo morto e, pegando um pedaço de carne, que tinha começado a apodrecer e cheirava mal, aproximou-o do Velho Homem. "Estou sentindo o cheiro de algo morto", falou Velho Homem. "Gostaria de poder encontrá-lo; estou quase desfalecendo de fome." E ele tateava nas proximidades em busca da carne e então o lobo a jogava longe. Uma vez, entretanto, quando o lobo usava esse ardil, Velho Homem conseguiu agarrá-lo e, arrancando um de seus olhos colocou-o na sua própria cara. Dali em diante ele pôde ver e recuperou os olhos. Mas jamais pôde repetir o truque que o passarinho tinha lhe ensinado.[43]

Outro dia, quando Velho Homem andava pela campina, ouviu um canto muito estranho. Jamais tinha ouvido algo semelhante e olhou em volta para descobrir de onde vinha. Por fim, viu um círculo de coelhos cantando e fazendo mágica; os coelhos haviam feito uma fogueira e, tendo reunido um monte de brasas, deitavam-se nelas e cantavam, enquanto um dos coelhos os cobria com as cinzas. E então, depois de um momento, ele os descobria e todos pulavam fora. E parecia que aquilo era uma grande diversão.

"Irmãozinhos", disse Velho Homem, "é fantástico como vocês se deitam nessas brasas sem se queimarem. Gostaria de que vocês me ensinassem como fazem isso".

"Venha cá, Velho Homem", disseram os coelhos. "Nós vamos lhe mostrar como se faz. Você terá de cantar nosso canto e permanecer nas brasas apenas por um curto período de tempo." Velho Homem começou a cantar e deitou-se e os coelhos o cobriram de brasas e cinzas e o fogo não o queimou em absoluto.

"Isso é ótimo", ele disse. "Vocês têm mágicas poderosas mesmo. Agora quero saber tudo, portanto, deitem-se e deixem-me cobri-los."

Todos os coelhos deitaram-se nas brasas e então ele pôs todo o fogo sobre eles. Apenas uma velha coelha escapou e quando Velho Homem quis colocá-la de volta, ela disse: "Tenha dó de mim, meus filhotes estão por nascer". "Muito bem", ele disse, "vou deixá-la ir-se, para que continuem a existir coelhos, mas vou assar bem esses outros para banquetear-me".

Colocou mais lenha na fogueira e, quando os coelhos estavam assados, ele os colocou sobre ramos de salgueiro vermelho para esfriar. A gordura encharcou os galhos de tal maneira que, até hoje, quando se põe salgueiro vermelho sobre o fogo, vê-se a gordura na casca. E pode-se ver também que, desde essa época, os coelhos têm uma marca de queimadura no dorso, onde a coelha que escapou foi chamuscada.[44]

Um dia o Trapaceiro, na forma de um coiote, matou um búfalo e, enquanto seu braço direito o esfolava com um facão, seu braço esquerdo arrebatou subitamente o animal: "Dê-me-o de volta", gritou o braço direito: "É meu!". O esquerdo tornou a arrebatá-lo e o direito espantou-o com o facão. O braço esquerdo agarrou-o novamente e a disputa tornou-se uma briga selvagem. E quando o braço esquerdo estava todo retalhado e sangrando, Trapaceiro gritou: "Oh, por que fiz isso?! Por que deixei isso acontecer? Como sofro!".[45]

Outro dia, ele removeu o fígado de um alce e fez dele uma vagina, removeu os rins do alce e transformou-os em seios, vestiu um vestido de mulher que lhe ficava muito apertado e assim transformou-se em uma bela mulher. Deixou a raposa-macho copular com ele e engravidá-lo, depois o gaio e, finalmente, um jovem piolho. Em seguida, foi até uma aldeia, desposou o filho do cacique e deu à luz quatro lindos menininhos.[46]

Quando, um dia, ele andava vagando sem destino, ouviu alguém dizer: "Todo aquele que me mastigar defecará; ele defecará". "Bem", disse Trapaceiro, "por que essa pessoa está falando dessa maneira?". Ele andou na direção de onde viera a voz e então ouviu-a novamente. Olhou em volta e viu um bulbo sobre um arbusto. "Sei muito bem", ele disse a si mesmo, "que se mastigar isso não defecarei". De maneira que agarrou o bulbo, colocou-o na boca, mastigou-o, engoliu-o e seguiu adiante.

"E, então", ele disse, "onde está o bulbo que falava demais? Como poderia tal coisa exercer a mínima influência sobre mim? Quando estiver a fim de defecar, o farei, e não antes". Mas enquanto falava, começou a soltar gases. "Bem", ele pensou, "deve ser isso que ele quis dizer. Ele disse, porém, que eu defecaria e estou apenas eliminando alguns gases. De qualquer maneira, sou um grande homem mesmo que solte algum gás". E então aconteceu novamente, e dessa vez foi verdadeiramente forte. "Bravo! Que insensato eu fui! Talvez seja por isso que me chamam de Insensato!" Soltou outro gás, muito ruidoso e dessa vez seu reto começou a doer. Da próxima vez ele foi impulsionado. "Bem, bem", ele pensou desafiadoramente, "pode causar-me um apuro, mas jamais me fará defecar". Ocorreu novamente, e dessa vez a parte traseira do seu corpo empinou-se para cima e ele caiu sobre os joelhos e as mãos. "Bem, vá em frente, faça-o de novo!", ele gritou. "De novo!" E saiu outro e, dessa vez, ele saltou no ar e caiu de bruços. Ele começou a levar o assunto a sério; agarrou um cepo e tanto ele quanto o cepo foram jogados para o ar. Quando caiu, o cepo estava por cima e quase o matou. Agarrou-se a um álamo; a árvore aguentou-o, mas seus pés voaram e ele quase quebrou as costas. Em seguida, as raízes da árvore subiram. Agarrou-se a um grande carvalho que também aguentou, mas novamente seus pés voaram. Trapaceiro correu para uma aldeia e conseguiu ter todas as cabanas empilhadas sobre si, juntamente com as pessoas, os cachorros e tudo mais. Sua explosão fez o acampamento voar para todos os lados e as pessoas, ao caírem, gritaram furiosas umas com as outras, enquanto os cães latiam. Trapaceiro riu delas até suas entranhas ficarem doloridas.

Mas então começou a defecar. No início, foi apenas um pouco e, em seguida, uma grande quantidade, e depois tanta que ele teve de começar a subir numa árvore para não ser soterrado pelos seus excrementos. Foi subindo, cada vez mais alto até atingir o topo, onde escorregou, caiu e emergiu do fundo do monte coberto e cegado pela sua própria imundície.[47]

Quem está familiarizado com o conceito de Deus Criador, conforme a imagem é representada nas mitologias e religiões mais desenvolvidas das civilizações com base agrícola, certamente ficará surpreso ao saber que essa figura que acabamos de conhecer foi o criador do homem e de todos os animais.

Outra de suas lendas – apenas uma outra entre as muitas que são narradas sobre suas curiosas façanhas – fala de sua chegada ao país dos blackfoot, vindo do sul em direção ao norte, criando os pássaros e animais enquanto ia por seu caminho. Primeiro criou as montanhas, as pradarias, árvores e arbustos, distribuindo rios aqui e ali e quedas-d'água sobre eles, colocando tinta vermelha aqui e ali no solo – arranjando o mundo da maneira que o vemos hoje. Cobriu as planícies com pastagens, para servir de alimento aos animais. Colocou árvores sobre a terra, bem como todas as espécies de animais. E quando fez o carneiro silvestre com sua enorme cabeça e chifres, colocou-o no prado. Ele pareceu não se dar bem nesse espaço, de maneira que seu criador pegou-o pelos chifres e levou-o para as montanhas onde o deixou solto; ali, ele saltou entre as rochas e foi parar em lugares íngremes com facilidade. Então, o criador disse: "Este é o local apropriado para você; para isso você foi feito, para as rochas e montanhas". E enquanto estava lá nas montanhas, ele fez o antílope do barro e soltou-o para ver como se comportaria. Mas o animal correu tão rápido que caiu nas rochas e se machucou. Vendo que ele não se daria bem ali, pegou o antílope e levou-o consigo, soltando-o nas pradarias. O animal correu graciosamente e ele disse: "Foi para este meio que você foi feito".

Um dia, ele decidiu que faria uma mulher e uma criança e fez ambos do barro. E, depois de ter moldado a argila em forma humana, ele lhe disse: "Vocês serão pessoas". Cobriu as formas e foi embora. Na manhã seguinte, ao retornar, retirou a proteção e viu que as formas tinham mudado um pouco. Na segunda manhã, tinham mudado um pouco mais e, na terceira, mais ainda. Na quarta manhã, quando retirou a coberta, olhou para as figuras e mandou-as levantar-se e andar, e elas o obedeceram. Elas caminharam com ele até o rio e então ele lhes disse que seu nome era Velho Homem.

E enquanto estavam lá à beira do rio, a mulher perguntou a Velho Homem: "Como é isso? Vamos viver sempre, não haverá fim?". E ele respondeu: "Jamais pensei nisso. Temos de decidir. Pegarei este pedaço seco de estrume de búfalo e o jogarei no rio. Se ele flutuar, as pessoas morrerão, mas em quatro dias voltarão a viver novamente; elas morrerão apenas por quatro dias. Mas se ele afundar, haverá um fim para as pessoas". Ele lançou o pedaço de estrume no rio e o estrume ficou boiando. A mulher pegou uma pedra e disse: "Não, não deve ser assim.

Vou atirar esta pedra na água e, se ela boiar, viveremos para sempre, mas se afundar, as pessoas terão de morrer para que elas possam ter pena umas das outras e umas lamentarem as outras". A mulher atirou a pedra na água e a pedra afundou. "Muito bem!", disse Velho Homem: "Você escolheu! E assim será!".

As primeiras pessoas eram simples, andavam nuas e não sabiam como viver; mas Velho Homem mostrou-lhes raízes e bagas e disse-lhes como comê-las, e ensinou-lhes que em certo mês do ano elas poderiam tirar a casca de certas árvores e comê-las e que seriam gostosas. Disse-lhes que os animais deveriam ser seu alimento. Ele fez todos os pássaros que voam e informou-as de que sua carne podia ser comida. E sobre uma determinada planta ele disse: "A raiz desta planta, se colhida em determinado mês do ano, é boa para certas doenças". E assim, as pessoas aprenderam sobre o poder de todas as ervas.

Velho Homem ensinou as pessoas a fazer armas de caça e a matar e abater búfalos e, como não é saudável comer a carne crua, juntou pedaços de lenha branda, seca e podre e fez gravetos dela; pegando um pedaço duro de madeira, fez um furo nele com a ponta da flecha, e ensinou-as a fazer fogo e a assar a carne dos animais e comê-la.

E então ele lhes disse: "Quando vocês ficarem enfraquecidos, devem dormir para ganhar forças. Algo aparecerá em seus sonhos e isso os ajudará. O que quer que os animais que aparecerem em seus sonhos disserem para fazer, vocês terão de fazer. Eles serão seus guias. Se vocês precisarem de ajuda, estiverem andando sozinhos e gritarem por socorro, seus pedidos serão atendidos – talvez pelas águias, pelo búfalo ou pelos ursos. Qualquer que seja o animal que responder às suas súplicas, vocês terão de obedecê-lo". E foi assim que as primeiras pessoas atravessaram o mundo, pelo poder dos seus sonhos.[48]

Quando Trapaceiro, no fim de sua perambulação, deixou a terra, ele fez um caldeirão e um prato de pedra, preparou uma refeição e disse: "Agora, pela última vez, comerei uma refeição na terra". Sentou-se sobre uma rocha e seu assento nela é visível até hoje. Podem-se ver as marcas de suas nádegas, de seus testículos, do caldeirão e do prato. A rocha não fica longe de onde o Missouri se junta ao Mississipi. Então, ele foi-se, primeiro penetrou no oceano e depois no céu. Agora, encontra-se debaixo da terra, tomando conta do mais inferior dos quatro mundos. A Bolha toma conta do segundo, a Tartaruga, do terceiro e a Lebre, do mundo no qual vivemos.[49]

Essa figura ambígua e curiosamente fascinante do trapaceiro parece ter sido o principal personagem mitológico do mundo lendário paleolítico. Um insensato, um trapaceiro cruel e devasso, um epítome do princípio da desordem que é, entretanto, também o portador da cultura. E ele aparecia sob muitos disfarces, tanto animais quanto humanos. Entre os índios das planícies norte-americanas, sua forma usual era a do coiote. Entre as tribos das florestas do norte e leste, ele era a Grande Lebre, o Coelho Mestre, de quem algumas façanhas foram incorporadas pelos negros da América do Norte a um coelho embusteiro africano, que conhecemos dos contos populares do Br'er Rabbit [Irmão Coelho]. As tribos da Costa Noroeste o conheciam como Corvo. Gaio Azul é outra de suas formas. Na Europa ele é conhecido como Reynard, a Raposa; mas também, em um plano mais sério, ele aparece como o diabo.

Eis aqui uma lenda contada pelos iacutos cristianizados da Sibéria:

> Satã era o irmão mais velho de Cristo, contudo era mau, enquanto Cristo era bom. E quando Deus desejou criar a terra, ele disse a Satã: "Você se gaba de ser capaz de fazer qualquer coisa e diz que é maior do que eu; bem, então traga-me um pouco de areia do fundo do oceano". Satã mergulhou até o fundo, mas quando voltou à superfície viu que a água tinha levado a areia de sua mão. Mergulhou mais duas vezes, sem êxito, mas da quarta vez ele transformou-se em uma andorinha e, assim, conseguiu trazer um pouco de areia no bico. Cristo abençoou o bocado, transformando-o na terra. E a terra era bonita, plana e lisa. Mas Satã, planejando criar um mundo por conta própria, tinha escondido intencionalmente uma parte da areia na garganta. Cristo percebeu o truque e golpeou-o na nuca. Em seguida, a areia esguichou de sua boca e formou as montanhas, enquanto originalmente tudo tinha sido tão liso como uma lâmina.[50]

Nas fantasias carnavalescas da Europa essa figura sobrevive nos numerosos palhaços, bufões, demônios, polichinelos e duendes, que fazem exatamente os papéis dos palhaços nos ritos dos índios da tribo Pueblo e dão à festa o caráter de dia da desordem. Eles representam, do ponto de vista dos mestres do decoro, o princípio do caos, o princípio da desordem, a força que negligencia os tabus e rompe com os padrões. Mas do ponto de vista das regiões mais profundas do ser, das quais provêm em última instância as energias da vida, esse princípio não deve ser menosprezado. De fato, de maneira extremamente curiosa, no período da construção das catedrais da alta Idade Média – como o Dr. Jung nos lembrou em seu artigo "Sobre a Psicologia da Figura do Trapaceiro"[51] – havia certos estranhos costumes eclesiásticos que refletiam o trejeito desse mestre do caos: mais notavelmente, o *festum asinorum*, que Nietzsche parodiou em seu capítulo sobre o "Festival do Asno", em *Assim Falou Zaratustra*. O motivo reverenciado nessa festa excêntrica era a fuga da Sagrada Família para o Egito e, na catedral de Beauvais, a garota que fazia o papel de Maria, juntamente com o asno, dirigia-se para o altar, onde se postava ao lado do Evangelho e, no final de cada parte da missa solene que prosseguia, toda a congregação zurrava. Um códice do século XI afirma que "no final da missa, em vez das palavras *Ite missa est* ('Ide, a missa acabou'), o padre deverá zurrar três vezes e, em vez de pronunciar as palavras *Deo gratias* ('Graças a Deus'), a congregação deverá zurrar três vezes".[52]

A visão do Dr. Jung é a de que "o trapaceiro é uma figura da sombra coletiva, um epítome de todos os traços inferiores de caráter nos indivíduos".[53] Tal visão, entretanto, é apresentada posteriormente, a partir do nosso estilo de pensamento "padronizado". Na esfera paleolítica, de onde essa figura provém, ele era o arquétipo do herói, o doador de todos os grandes benefícios – o portador do fogo e o instrutor da humanidade.

Os buriatos da região do lago Baikal falam do Grande Espírito, Sombol-Burkhan, que, ao mover-se sobre as águas, viu uma ave aquática nadando com seus doze filhotes. "Ave aquática", ele disse, "mergulhe até o fundo e traga-me terra – lama negra em seu bico e argila vermelha em seus pés". O pássaro mergulhou e Sombol-Burkhan espalhou primeiro a argila vermelha na água e depois, sobre ela, a lama negra; depois, ele agradeceu ao pássaro: "Você viverá para sempre", ele disse, "e mergulhará na água".[54]

Essa é uma versão mais primitiva do tema dos mergulhões que a apresentada pela lenda cristianizada dos iacutos. Liberta do dualismo ético do bem e do mal, ela mostra a força criativa em sua inocência primeva. Mas os ostíacos da região do rio Yenisei representam o criador de maneira ainda mais simples, como um xamã. O Grande Xamã Doh – eles dizem – pairava sobre as águas acompanhado de um bando de cisnes, mergulhões e outras aves aquáticas, sem encontrar nenhum lugar para pousar e descansar, quando pediu a um de seus mergulhões que trouxesse um pouco de terra do fundo das águas. O pássaro teve de mergulhar duas vezes para conseguir trazer uma quantidade ínfima; mas o Grande Xamã Doh foi capaz de fazer com ela uma ilha no mar.[55]

As tribos caçadoras da América do Norte atribuem a mesma façanha xamanista da formação da terra ao seu herói trapaceiro paleolítico. Na época de um grande dilúvio, encontramos essa figura ambígua sobre uma jangada repleta de animais, mandando-os mergulhar para trazer um pouco de terra. Três deles mergulham mas voltam exaustos; mas então um nadador extraordinariamente vigoroso desce – um mergulhão, rato-almiscarado ou tartaruga – e depois de um longo tempo (em algumas versões até dias) chega flutuando de costas, praticamente morto, mas com um punhado de terra preso na pata. E então Velho Homem, Coiote, Corvo, ou Grande Lebre – qualquer um dos personagens em que o trapaceiro esteja representado – apanha o punhado de terra e, recitando um encantamento, o coloca na superfície da água. A partícula cresce, alcançando em quatro dias o tamanho atual da terra; os animais desembarcam e tudo recomeça.[56]

Não é muito apropriado chamar tal figura de deus ou mesmo vê-lo como um ser sobrenatural. Ele é um superxamã. E encontramos seus sósias em mitos e lendas de todo o mundo, onde quer que o xamanismo tenha deixado suas marcas: na Oceania e na África, bem como na Sibéria e na Europa. Na Polinésia, Mauí é o trapaceiro. Já testemunhamos uma série de suas façanhas.* Br'er Rabbit [Irmão

* Cf. *supra*, p. 170-174.

Coelho] nos revelou algo de sua forma na África, onde ele é também Anansi, a aranha. Entre os gregos, ele era Hermes (Mercúrio), o que mudava de forma, e guardião do caminho para o reino dos mortos, bem como Prometeu, o portador do fogo. Na mitologia germânica ele aparecia como o promotor de desordens Loki, cuja característica era o fogo e que, na época do Ragnarök, o Crepúsculo dos Deuses, será o comandante das tropas de Hel.

Podemos imaginar esse herói trapaceiro em sua figura de Coiote, quando estava uma noite no topo de uma montanha, olhando para o sul. E ao longe, ele achou que viu uma luz. Sem saber, no início, o que era, através de um processo de adivinhação descobriu que estava vendo fogo; e assim, decidido a conseguir esse milagre para a humanidade, reuniu um grupo de companheiros: Raposa, Lobo, Antílope – todos os bons corredores participaram. E depois de terem percorrido um longo caminho, chegaram todos à casa da Gente do Fogo, a quem disseram: "Viemos visitá-los, para dançar, brincar e apostar". E assim, em honra deles, fizeram-se preparativos para o baile que seria realizado naquela noite.

Coiote preparou uma peruca para si mesmo, feita de fiapos betuminosos de pinheiro americano, com longas franjas de cascas de cedro que iam até o chão. A Gente do Fogo dançou primeiro e a fogueira era muito baixa. Em seguida, Coiote e seus companheiros começaram a dançar em volta da fogueira e reclamaram que não conseguiam ver. A Gente do Fogo fez uma fogueira maior e Coiote reclamou quatro vezes, até que finalmente eles a tornaram enorme. Os companheiros de Coiote fingiram então estar sentindo muito calor e saíram para refrescar-se: eles assumiram posições de fuga e apenas Coiote foi deixado ali. Ele saltou e deu cambalhotas como um louco até sua peruca pegar fogo e então, fingindo estar com medo, pediu à Gente do Fogo que o apagassem. Eles o advertiram para não dançar muito perto das chamas. Mas quando ele se aproximou da porta, balançou as longas franjas de sua peruca através da fogueira e saiu correndo. A Gente do Fogo perseguiu-o e ele deu a peruca a Antílope, que correu e a passou para o próximo corredor, e assim ela foi passada sucessivamente. Um por um, os animais foram capturados e mortos, até que o único que sobrou foi Coiote, e quase o capturaram também, mas ele correu para trás de uma árvore e deu o fogo a ela. Desde essa época, os homens foram capazes de tirar fogo com achas incandescentes da madeira das árvores.[57]

Essa versão do grande acontecimento é a dos índios do rio Thompson da Colúmbia Britânica. Os índios creek da Geórgia e do Alabama, a cerca de 4.800 km de distância, apresentam seu Coelho trapaceiro exatamente na mesma façanha, com dança e tudo, peruca em chamas e o revezamento dos animais,[58] enquanto entre os chilcotin, que vivem bastante ao norte das tribos do rio Thompson, o herói da mesma façanha é o Corvo, também com a peruca incendiada, a dança e o revezamento dos animais.[59]

Ainda mais ao norte, entretanto, entre os kaskas, uma tribo Athapascan primitiva que vive nos declives árticos das montanhas Rochosas nos confins mais remotos da Colúmbia Britânica, o mito tem outra variação.

O fogo, dizem eles, era retido, há muito tempo, por Urso, que tinha uma pedra refratária, da qual ele podia extrair faíscas a qualquer hora que desejasse. Mas o povo não tinha fogo, pois Urso guardava essa pedra com muito ciúme, levando-a sempre presa ao cinto.

Um dia, em sua choupana, quando estava deitado junto do seu fogo, entrou um passarinho e aproximou-se dele. Urso perguntou rudemente: "O que você quer?".

O passarinho respondeu: "Estou quase congelado. Entrei para aquecer-me".

"Muito bem", disse Urso, "entre. Mas enquanto se esquenta, venha aqui catar os meus piolhos".

O hóspede consentiu. Ele começou a saltar por cima de Urso, catando seus piolhos e, enquanto o fazia, ocasionalmente bicava a corda que prendia a pedra refratária ao cinto de Urso. Quando a tira estava toda bicada, o passarinho subitamente arrebatou a pedra e fugiu.

Todos os animais esperavam do lado de fora, pois tinham planejado esse roubo do fogo. E estavam todos enfileirados, aguardando um atrás do outro. Urso perseguiu o passarinho e alcançou-o justamente no momento em que ele acabara de passar a pedra para o primeiro animal da fila. Urso o apanhou na hora em que passava a pedra ao próximo. E assim, ela foi passando sucessivamente de um para outro na fila, até que, por fim, o fogo foi entregue a Raposa, que correu para uma montanha alta. Mas Urso já estava tão cansado que não podia mais correr. E Raposa, no alto da montanha, quebrou a pedra refratária e lançou um fragmento dela para cada tribo. Foi assim que muitas tribos de todo o mundo ganharam o fogo. E é por isso que hoje há fogo em toda parte, nas rochas e nas florestas.[60]

Um olhar de relance sobre os mitos dos andamaneses, pigmoides muito primitivos de raça negra que vivem em uma cadeia de ilhas remotas na baía de Bengala, revela uma série de versões da mesma lenda, e a mais difundida delas atribui a façanha a um martim-pescador. O fogo, ali, estava em poder da figura mais importante e poderosa das divindades locais, Biliku – uma personificação feminina temperamental da força das monções do nordeste, alternadamente maligna e benigna, a quem é atribuída a formação da terra. E tendo os ancestrais decidido roubar-lhe o fogo em uma hora em que se sabia que ela estaria dormindo, um martim-pescador voou silenciosamente para dentro de sua choupana e tomou-o. Mas ela despertou justamente quando ele estava escapando e, lançando uma concha de madrepérola cortou suas asas e cauda. Ele mergulhou no mar e nadou até um lugar chamado Bet-'ra-kudu, onde entregou o fogo a um dos animais, que o passou adiante para a pomba de asas de bronze e a pomba passou-o para todos os demais. O martim-pescador, em consequência do acidente, entretanto, transformou-se em um homem, enquanto Biliku, num ataque de ira, transferiu sua residência da terra e vive, desde esse dia, em algum lugar no céu.[61]

O jovem Nietzsche, em *A Origem da Tragédia*, comparou o mito bíblico da Expulsão do Paraíso de maneira injusta com o que ele supôs ser o mito tipicamente grego, heroico e trágico, de Prometeu. Toda mitologia do Pecado Original, com seu conceito de desobediência a um poder superior, sua falsa representação da serpente, sua sedução, avidez e concupiscência – em resumo, a constelação do que ele cunhou como "características femininas" –, representou para Nietzsche uma interpretação de valores humanos que podiam ser denominados apenas dignos de desdém e desprezíveis; enquanto na irreverência audaciosa do Titã grego (representando a conquista corajosa do homem de sua própria estatura cultural e espiritual em oposição aos deuses invejosos) ele viu um valor essencialmente masculino.

Desde a época de Nietzsche, sabemos que o roubo do fogo não é um motivo mitológico especificamente indo-europeu e que a ideia do Pecado Original também não é especificamente bíblica. Entretanto, continua sendo verdade que os dois representam as polaridades da herança mitológica do mundo ocidental. O Titã grego, uma sublimação da imagem do trapaceiro xamanista autoconfiante, que com frequência se dá mal no fim de uma aventura, não é nem condenado por sua rebeldia incondescendente a Zeus, nem escarnecido como um tolo pela dramaturgia grega, mas antes apresentado como um modelo trágico da relação do homem com os poderes dominantes do universo natural. Enquanto a Bíblia, em seu espírito de devoção clerical, reconhecendo igualmente a tensão entre Deus e homem, se coloca do lado de Deus e invalida, não apenas a vontade do homem, mas também a da serpente.

Prometeu sabe o que fez pela humanidade e proclama isso na cara de Deus. Os homens, antes de ele ensinar-lhes, não conheciam quaisquer artes, mas viviam em covas na terra escura como as formigas nos formigueiros. Eles não conheciam o calendário antes de ele ensinar-lhes o levante e o poente dos astros. Ele ensinou-lhes os números, as artes da escrita, da agricultura e do adestramento do cavalo; meta-lurgia, medicina, adivinhação; sim, e mesmo a arte de fazer sacrifícios a Zeus. Na peça audaciosa de Ésquilo, *Prometeu Acorrentado*, ouvimos a anunciação do desafio provocador do grande Titã:

> Em uma sentença categórica, odeio a todo deus
> Que me ofende sem que eu jamais o tenha ofendido.
>
> Não julguem que eu, para conquistar um sorriso de Júpiter,
> Vá estender a suavidade de uma donzela sobre minha alma
> E importunar o inimigo a quem mais odeio
> Com femininas elevações de mãos.[62]

Em contraste, entretanto, não admiramos menos a orgulhosa e também humilde devoção de Jó, que diante do prodígio do poder que o tinha tratado injustamente, e no entanto feito o mundo, derramou cinzas sobre sua cabeça. "Eu já te ouvi com os meus ouvidos, mas agora meus olhos te veem", Jó confessou diante de seu Deus, "por isso desprezo a mim mesmo e penitencio-me no pó e na cinza".[63]

Essas duas tradições estão amalgamadas na herança, não apenas do Ocidente, mas de todas as civilizações, e representam as polaridades da tensão espiritual do homem: a da representação clerical do poder que criou o universo como uma força além da crítica ou desafio humano – o poder que fez o Sol e a Lua, os mares, o leviatã, o boi Beemote e as montanhas, diante do qual a atitude própria do homem é de reverência – e, por outro lado, a da incondescendência do mago autossuficiente, o poder titânico do xamã, o construtor de Babel, indiferente à ira de Deus, que sabe que é mais velho, maior e mais forte do que os deuses. Pois, de fato, foi o homem quem criou os deuses, enquanto o poder que criou o universo não é outro senão a vontade que opera no próprio homem, e apenas no homem é que ela atingiu a consciência de seu reino, poder e glória.

Zeus, é importante recordar, ofendeu-se quando Prometeu o enganou na hora de oferecer-lhe um sacrifício. O Titã, tendo matado um touro sacrificial, encheu o estômago do animal com carne para si e seu povo, envolvendo os ossos de maneira enganosa e atraente, em suculenta gordura, e quando apresentou ao rei dos deuses os dois embrulhos, dizendo-lhe para escolher aquele que desejasse, Zeus, iludido, escolheu a porção envolvida em gordura. Ao abri-la e encontrar nada mais que ossos, tornou-se um deus irado, e a tal extremo, que tirou do homem a preciosa dádiva do fogo. Por isso Prometeu, o salvador do homem, roubou-o – de acordo com uma versão – da forja do deus coxo do fogo e da metalurgia, Hefesto; mas, de acordo com outra versão, da fornalha do próprio Zeus, no topo do Olimpo. Prometeu levou consigo um talo oco de férula, que acendeu na chama e então, balançando-o para mantê-lo aceso, voltou correndo. Uma terceira versão diz que Prometeu pilhou seu fogo do Sol.[64] Seja como for, Zeus vingou-se dele de modo extremado. Obrigou Hefesto a acorrentar o benfeitor no ponto mais alto do Cáucaso e mandou uma águia comer seu fígado. O que é arrancado do fígado durante o dia cresce de novo durante a noite, de modo que a tortura prossegue indefinidamente. Porém, em breve o suplício chegará ao fim; pois, como Prometeu sabe, há uma profecia de que um dia seus grilhões cairão por si mesmos e a era do mundo de Zeus se dissolverá.

A profecia é a mesma do Crepúsculo dos Deuses, do Edas, quando Loki comandará as tropas bárbaras do mundo subterrâneo.

> Então ocorrerá o que parecem grandes prenúncios: o Lobo engolirá o Sol, e isso parecerá ao homem um grande dano. Então, o outro Lobo capturará a Lua e também causará grandes ruínas; as estrelas desaparecerão do céu. Então, ocorrerão estas calamidades também: a terra toda estremecerá e também os rochedos, de modo que as árvores serão arrancadas da terra e os rochedos desmoronarão, e todos os grilhões e algemas romper-se-ão e despedaçar-se-ão. [...] O Lobo

> Fenris avançará com a boca escancarada, com o maxilar inferior na terra e o superior no céu – ele a abriria ainda mais se houvesse espaço –, de seus olhos e nariz sairá fogo. A Serpente Midgard soprará veneno de maneira a borrifar todo o ar e a água, e a Serpente Midgard é terrível e estará ao lado do Lobo. [...] Então o Freixo de Yggdrasil tremerá e ninguém nem nada deixará de sentir medo no céu ou na terra.[65]

A subjugação dos xamãs por Hactcin, pelos deuses e seus sacerdotes, que começou com a vitória do estilo de vida neolítico sobre o paleolítico, talvez já possa estar acabando – hoje – nesta época de irreversível transição da sociedade de uma base agrícola para uma industrial, quando não mais a devoção do agricultor – curvando-se humildemente diante da vontade do calendário e dos deuses da chuva e do Sol – mas a mágica do laboratório, foguetes espaciais voando onde outrora foi lugar dos deuses, detém a promessa dos benefícios futuros.

"Será possível! Esse velho santo na floresta não ouviu falar que Deus está morto!"[66] As palavras de Nietzsche foram o primeiro pronunciamento do Titã prometeico que agora está chegando, livre dos grilhões dentro de nós – para a próxima idade do mundo. E os sacerdotes dos grilhões de Zeus certamente estremecerão; pois as correntes estão se desintegrando por si mesmas.

CAPÍTULO 7

O MESTRE ANIMAL

I. A LENDA DA DANÇA DO BÚFALO

A vida dos índios *blackfoot* de Montana era inteiramente vinculada às idas e vindas das grandes manadas de búfalos, e um de seus artifícios para matar um grande número era atrair os animais para um rochedo e abatê-los quando despencavam das rochas. Esse mesmo artifício era usado nos prados de búfalos da Europa no período das grandes cavernas, cerca de 30000-10000 a.C., e ninguém que tenha visto em tais cavernas as pinturas de xamãs mascarados, atraindo bisões com uma dança vivaz, deixará de maravilhar-se diante das dimensões de espaço e tempo, contidas nas descrições de George Bird Grinnell, das caçadas e batidas das quais ele participou no "Oeste Selvagem" do início da década de 1870 – enquanto os sábios daquela mesma Europa tentavam reconstruir o há muito perdido passado ária de apenas 1500 a.C., e Wagner formava seu ciclo de *O Anel.*

> Na véspera do dia de uma caçada de búfalos no *pis'kun* (armadilha para pegar búfalos), um pajé, normalmente um que possuísse uma pedra de búfalos, *In-is'-kim*, desembrulhava seu cachimbo e orava ao Sol para ter sucesso. Na manhã seguinte, o homem que devia atrair o búfalo levantava-se muito cedo e dizia às suas esposas que não deveriam deixar a cabana e nem mesmo olhar para fora enquanto ele não retornasse e, ainda, que deveriam continuar queimando capim doce e orando ao Sol pelo seu sucesso e segurança. Sem comer ou beber, ele então subia para o prado seguido de outras pessoas, e todos se escondiam atrás das rochas e arbustos que formavam um V, ou uma queda. O pajé colocava uma máscara, feita de cabeça de búfalo, e um manto, e começava a aproximar-se dos animais. Quando chegava perto da manada, continuava caminhando até atrair a

atenção de alguns búfalos e, quando estes percebiam a sua presença, dirigia-se lentamente para o início da queda. Normalmente, os búfalos o seguiam e, quando isso acontecia, ele acelerava gradualmente o passo. Os búfalos acompanhavam sua velocidade e o homem ia aumentando-a. Finalmente, quando os búfalos estavam praticamente na queda, as pessoas começavam a levantar-se por trás dos rochedos pelos quais o rebanho tinha passado, e a gritar e sacudir seus mantos. Isso assustava o último búfalo, que empurrava os outros para a frente e não demorava para que toda a manada estivesse correndo apressadamente em direção ao precipício, levada pelos rochedos a um lugar cercado abaixo. Quando chegavam ali, a maior parte dos animais era arremessada e, normalmente, mesmo o último do bando despencava cegamente no *pis'kun*. Muitos morriam de imediato com a queda; outros ficavam com pernas ou costas quebradas, enquanto alguns talvez nem se machucassem. Entretanto, uma barricada impedia-os de escapar e, em breve, todos seriam mortos pelas flechas dos índios.

Diz-se que há outra maneira de atrair os búfalos para esse precipício. Um homem muito competente para despertar a curiosidade dos búfalos pode ir, sem disfarce, girando sempre na frente do bando, aparecendo e desaparecendo, e com isso induzindo os animais a irem em sua direção, quando então se torna fácil atraí-los para a queda.[1]

Certa vez – assim começa uma lenda da tribo Blackfoot – os caçadores, por alguma razão, não conseguiram induzir os animais à queda e as pessoas estavam morrendo de fome. Quando atraídos para o rochedo, os animais corriam quase até a borda, mas então, viravam para a direita ou esquerda e desciam as colinas, atravessando o vale em segurança. Assim, as pessoas estavam esfomeadas e a situação estava se tornando calamitosa.

E foi desse modo que, uma manhã cedo, quando uma mulher foi buscar água, viu uma manada de búfalos pastando na campina, bem na borda do rochedo acima do declive e gritou: "Ó, se vocês pularem na estacada, caso-me com um de vocês". Isso foi dito por brincadeira, é claro, não seriamente. Daí sua enorme surpresa quando ela viu os animais começarem a saltar, rolando rochedo abaixo. E então ficou apavorada, porque um grande touro pulou a cerca com um único salto e se aproximou dela. "Venha!", ele disse, pegando-a pelo braço. "Oh não!", ela gritou, afastando-se.

"Mas você disse que, se os búfalos saltassem, você desposaria um. Veja! O curral está cheio deles." E, sem mais delongas, ele a conduziu até o rochedo e dali para a campina.

Quando as pessoas acabaram de matar os búfalos e de cortar suas carnes notaram a falta da jovem. Os familiares ficaram muito tristes e o pai pegou seu arco e aljava. "Vou procurá-la", ele disse, e subiu o rochedo e atravessou a campina.

Quando tinha percorrido uma distância considerável, ele chegou a um lamaçal de búfalos – lugar onde os búfalos vão beber água e espojar-se. E ali, um pouco adiante, ele viu uma manada de búfalos. Cansado e pensando no que deveria fazer, sentou-se junto ao lamaçal, e enquanto pensava, um belo pássaro preto e branco com uma longa e graciosa cauda, uma pega, aproximou-se e pousou no chão.

"Ah!", exclamou o homem. "Você é um belo pássaro! Ajude-me! Enquanto estiver voando por aí, veja se encontra minha filha e, se a vir, diga-lhe que seu pai a espera junto ao lamaçal."

A pega voou diretamente até os búfalos e, vendo uma jovem entre eles, pousou no chão não longe dela e começou a bicar em volta, virando a cabeça de um lado para outro, e quando estava perto dela, disse: "Seu pai está esperando junto ao lamaçal".

"Psiu! Psiu!", sussurrou a moça assustada e olhando à volta, pois seu marido touro estava dormindo ali perto. "Não fale tão alto! Volte lá e diga-lhe que espere."

Em breve, o touro despertou e disse à sua mulher: "Vá buscar água para mim".

A mulher ficou contente e, tirando um chifre da cabeça do marido, foi até o lamaçal. "Pai!", ela exclamou. "Por que você veio? Você será certamente morto." "Vim para buscar minha filha", respondeu o homem. "Venha, apressemo-nos! Vamos!"

"Não, não! Não agora!", ela respondeu. "Eles nos perseguiriam e matariam. Vamos esperar que ele durma de novo; então, tentarei escapar."

Ela retornou ao touro depois de ter enchido seu chifre de água. Ele bebeu um gole. "Ah!", exclamou ele. "Há uma pessoa aqui por perto."

"Não, não! Ninguém!", ela respondeu. Mas seu coração agitou-se.

O touro bebeu um pouco mais da água, levantou-se e rugiu. Que rugido mais temível! Os touros levantaram-se, ergueram suas curtas caudas, balançaram-nas, ergueram as cabeças e rugiram em resposta. Em seguida, remexeram a terra, correram em todas as direções e, chegando ao lamaçal, encontraram o pobre homem que viera procurar a filha. Eles o pisotearam com os cascos, o estoquearam com os chifres e o pisotearam novamente, de maneira que em breve nenhuma parte de seu corpo era mais visível. Então, sua filha lamentou: "Oh meu pai, meu pai!".

"Ah-ah!", exclamou o touro. "Você está chorando por seu pai. Assim, talvez, agora você possa entender como é conosco. Temos visto nossas mães, pais e muitos de nossos familiares rolando rochas abaixo e sendo massacrados pelo seu povo. Mas terei compaixão de você; dar-lhe-ei apenas uma chance. Se você conseguir trazer seu pai de volta à vida, você e ele poderão retornar para junto dos seus."

A mulher virou-se para a pega e disse: "Tenha dó de mim! Ajude-me! Vá até o lamaçal e tente encontrar algum pedacinho do corpo de meu pai! Em seguida, traga-o para mim!"

A pega voou rapidamente até o lamaçal, procurou em todos os buracos, revirou na lama com seu bico pontudo e, finalmente, encontrou algo branco. Tirou com o bico a lama que o cobria e, puxando com força conseguiu trazer para fora uma vértebra. E com ela retornou à jovem.

Ela colocou o pedaço de osso no chão e, cobrindo-o com seu manto, entoou certo cântico. Ao retirar o manto, viu o corpo de seu pai ali deitado, como se estivesse morto. Cobrindo-o novamente, ela recomeçou a cantar e quando, da próxima vez, ela o descobriu, seu pai respirava, e então ergueu-se. Os búfalos ficaram surpresos. A pega regozijava-se e, voando de um lado para outro, fez um estardalhaço. "Vimos coisas estranhas hoje", disse o marido-touro aos outros de seu bando.

"O homem que pisoteamos até esmagá-lo vive novamente. O poder divino dos humanos é grande."

Ele virou-se para a jovem. "Agora", disse, "antes que você e seu pai vão embora, nós vamos ensinar-lhes nossa dança e nosso canto. Vocês não devem esquecê-los".

Pois esses eram os meios mágicos pelos quais os búfalos, mortos pelas pessoas para se tornarem alimento delas, seriam restituídos à vida, exatamente como o homem morto pelos búfalos.

Todos os búfalos dançaram e, como convém a uma dança de animais desse porte, o canto era lento e solene, os passos pesados e deliberados. E quando a dança acabou, o touro disse: "Agora, vão para sua casa e não se esqueçam do que viram. Ensinem essa dança e esse canto a seu povo. Os objetos sagrados desse rito devem ser a cabeça de um touro e a pele de um búfalo. Todos aqueles que dançarem a dança dos touros devem vestir uma cabeça de touro e um manto de búfalo".

O pai e a filha retornaram à sua gente. As pessoas ficaram contentes quando os viram e convocaram um conselho dos caciques. O homem então lhes contou o que tinha acontecido e os caciques selecionaram alguns jovens a quem foram ensinados a dança e o canto dos touros.

E dessa maneira, a comunidade blackfoot das confrarias masculinas, chamada I-kun-uh'-kah-tsi (Todos Camaradas), foi organizada pela primeira vez. Sua função era regulamentar a vida cerimonial e punir as ofensas contra a comunidade.[2] E ela manteve-se em vigor até que o "cavalo de ferro" atravessou a campina, o búfalo desapareceu e os velhos caçadores se voltaram para a agricultura e uma variedade de empregos.

II. A MITOLOGIA PALEOLÍTICA

A pintura na imensa caverna-templo paleolítica conhecida como Trois Frères, no sul da França, de um dançarino-bisão vestindo exatamente a roupagem cerimonial indicada na lenda que acabamos de narrar e atuando, aparentemente, à maneira do valente xamã, cujo poder era atrair os animais para a queda, fornece uma pista – ou, mais do que uma pista, eu diria uma forte sugestão – da antiguidade dessa lenda ou, pelo menos, de seu tema. Além disso, na caverna vizinha, conhecida como Tuc d'Audoubert, há uma câmara na qual dois bisões estão representados em baixo-relevo sobre uma elevada proeminência, em volta da qual foram encontradas as pegadas de um dançarino. O casal de bisões representa um macho cobrindo uma fêmea, e a dança era efetuada, não sobre as solas dos

Figura 10. Imagens no santuário de Trois-Frères

pés, mas sobre os calcanhares, imitando os cascos dos animais. Já dissemos que Perséfone e Deméter em suas representações animais eram para serem vistas como porcos e que Perséfone, como a noiva do monstro-serpente, era uma serpente. Aqui, de maneira comparável, como esposa do touro, a jovem era, certamente, uma búfala – de maneira que essa pode muito bem ser uma representação primitiva do mesmo conúbio divino através do qual a dança do búfalo foi passada para a espécie humana.

Também nos vem a lembrança da famosa figura paleolítica de uma mulher nua conhecida como Vênus de Laussel, esculpida em baixo-relevo na parede de um refúgio rochoso no sul da França, como a figura central do que aparentemente era um santuário de caça. Ela tem os quadris e os seios grandes típicos das figuras femininas das primeiras manifestações artísticas da Idade da Pedra, e tem na mão direita um chifre de bisão, erguido até à altura do ombro. A esquerda está colocada sobre seu ventre saliente. E restavam suficientes traços de ocre quando ela foi encontrada, para mostrar que havia sido pintada de vermelho. Uma série de outras figuras aparecem em pedaços quebrados de rocha dentro do refúgio: duas mulheres tendo em suas mãos direitas objetos que não foram identificados; uma quarta em posição tão curiosa, com a cabeça e os ombros de outra pessoa virados para baixo embaixo dela, que chegou a sugerir ao Dr. G. Lalanne, seu descobridor, uma cena de parto;[3] uma pequena figura masculina, sem cabeça e braços, mas em uma posição que sugere o arremesso de dardo, e, finalmente, os fragmentos de uma hiena e um cavalo, ao lado de uma série de lajes e blocos entalhados com símbolos genitais femininos. O abade Breuil, que é a principal autoridade do mundo na arte rupestre das cavernas francesas, atribui essas manifestações da mitologia da caça a um período extremamente remoto, ou seja, o

Aurignaciano e o Perigordiano, os quais, segundo as datas em geral reconhecidas para essa arte, seriam de **35.000** a.C. Não sabemos qual é o significado do chifre de bisão na mão da mulher; mas com certeza era um chifre de bisão e seguramente, também, o santuário firmava o pacto entre o homem e o animal em relação com os ritos da caça – exatamente uma relação tal como a estabelecida no episódio de nossa narração. De maneira que, embora eu não esteja sugerindo que essas descobertas no sul da França de cerca de **35.000** a.C. sejam a ilustração de uma lenda compilada por volta de 1870 da nossa era nas planícies de búfalos do Oeste Selvagem, vale a pena observar que sem dúvida uma constelação de temas comuns comessa a aparecer.

Figura 11. Venus de Laussel

Nas paredes de muitas das cavernas paleolíticas, além do mais, foi descoberta a impressão dos contornos das mãos dos participantes dos ritos, e muitas delas mostram a ausência de nós de dedos que já vimos entre os índios das planícies.

"Neto da Velha Mulher", são as palavras de uma oração de um índio crow à Estrela da Manhã, "ofereço-lhe este nó (do meu dedo), dê-me algo bom em troca. [...] Sou pobre, dê-me um bom cavalo. Quero atacar um dos inimigos e quero desposar uma mulher de boa índole. Quero uma choupana própria para morar".[4] "Durante o período de minhas visitas à tribo Crow (1907-1916)", escreveu o Prof. Lowie, a quem devemos o registro dessa lamentosa oração, "vi poucos velhos com as mãos esquerdas intactas".[5]

Essas são, portanto, as mãos mutiladas dos "caçadores honestos", não dos xamãs; pois os corpos dos xamãs são indestrutíveis e suas grandes oferendas são do espírito, não da carne. Estamos na trilha dos ritos e mitos populares dos primeiros períodos da sociedade humana de que se tem registro – mitos e ritos de uma era muito mais grandiosa, aparentemente, que a do sacrifício da donzela e não menos grandiosa, certamente, em seu alcance para além das barreiras do espaço. Já notamos a vasta extensão da tradição xamanista de extremo a extremo das Américas, da Terra do Fogo ao rio Yenisei e da Austrália à baía do Hudson. Temos agora de começar a seguir as formas dos ritos de caça gerais e exotéricos, dos santuários paleolíticos até os recônditos mais escuros e sombrios do abismo do passado. As pistas escasseiam e tornam-se mais distantes umas das outras à medida que avançamos; entretanto, por todo o caminho, podemos prontamente reconhecer aquelas que continuam sugerindo pelo menos a possibilidade, ou mesmo a probabilidade, de ritos como os da dança do búfalo remontando aos princípios da espécie.

Antes de iniciarmos a viagem, entretanto, vamos fazer uma pausa para examinar as pistas que a nossa lenda da dança do búfalo da tribo Blackfoot fornece à atmosfera mitológica na qual a caça paleolítica era realizada. Temos sete pistas de especial importância.

1. Como na lenda ojíbua da origem do milho, aqui também a ação não ocorre na era mitológica, mas em um mundo semelhante ao atual. Pois não nos deixemos enganar pela fala e magia dos pássaros e animais: essa fala e essa magia continuam sendo possíveis aos xamãs, e todos os personagens principais nessa lenda são dotados de poder xamânico. Os mitos e ritos dos australianos, aos quais fomos apresentados na Parte I, Capítulo 2, Seção V, referem-se a uma era mitológica fundamentalmente diferente da nossa, quando os ancestrais deram forma ao mundo. Tais mitos ocorrem também na América. É provável, entretanto, que eles representem, no desenvolvimento da mitologia, um estágio posterior ao dessas lendas de façanhas pessoais de homens e mulheres, animais e pássaros, dotados de poder xamânico. Porque, onde quer que o xamanismo esteja presente, a era e o reino mitológicos estarão aqui e agora: o homem ou a mulher, animal, árvore ou rocha dotados de magia xamânica têm acesso imediato àquela experiência de realidade quimérica, que para a maioria dos outros está encoberta.

Mitos e ritos referentes à era mitológica, quando o grande evento mítico ocorreu, trazendo ao mundo tanto a morte quanto a reprodução e fixando o destino da vida-no-tempo através de uma reação em cadeia de transformações significativamente interligadas, pertencem antes à visão de mundo dos agricultores que à esfera dos caçadores dominada pelo xamanismo. Sempre que tais mitos são encontrados em uma sociedade de caçadores, pode-se supor uma aculturação de algum centro agrícola ou hortícola. No caso dos australianos, a influência proveio da vizinha Melanésia. Igualmente, entre as tribos norte-americanas houve influências poderosas, tanto das civilizações desenvolvidas da Mesoamérica quanto da China neolítica e pós-neolítica (depois de *c.* 2500 a.C.), cujas influências podem ser localizadas, não apenas ao sul do rio Amarelo (Huang ho) até a Indonésia, e dali na direção oeste até Madagascar e, na direção leste, até o Brasil,* mas também do norte do rio Amur até as regiões extremas do nordeste da Sibéria, das quais se originaram as posteriores migrações norte-americanas.[6] Portanto, nesses mitos americanos estamos lidando com uma herança extremamente complexa e não com uma herança puramente paleolítica. Porém, muitas pistas, como acabamos de observar, apontam para pelo menos uma importante linhagem que retrocede até mesmo ao período das cavernas aurignacianas.

2. O herói salvador e figura central da lenda era a pega, sem cujo trabalho como intermediário nada poderia ter sido realizado, e prontamente reconhecemos nela a forma de pássaro ou metamorfose (*khubilgan*) do trapaceiro xamã. Porque a função social do xamã era servir de intérprete e intermediário entre o homem e os poderes por trás do véu da natureza, e essa, precisamente, é a função da pega nessa lenda.

3. O retorno à vida do homem morto foi possível pelo achado de uma partícula de osso. Sem ela, nada poderia ter sido feito. Ele teria passado para alguma outra forma, vivendo por um tempo como um espírito importuno, talvez, e retornando como um búfalo, um pássaro ou algo semelhante; mas a partícula de osso tornou possível trazê-lo de volta à condição em que se encontrava antes de ser morto.

Podemos considerar essa partícula como nosso indício do estilo de pensamento do caçador nessas questões, exatamente como consideramos a semente no contexto das plantas. O osso não se desintegra nem se transforma em algo diferente, mas é a base não destruída da qual o mesmo indivíduo que existia antes é magicamente reconstruído para retomar a vida onde a deixou. O mesmo homem retorna; essa é a questão. A imortalidade não é vista como uma função do grupo, da raça, da espécie, mas do indivíduo. A visão do agricultor está baseada em um sentimento de participação grupal, enquanto a do caçador está baseada no sentido de um habitante imortal dentro do indivíduo, o qual é patente em todas as tradições místicas, e racionalizá-lo e defini-lo têm sido uma das principais tarefas da ontologia. As duas visões são complementares e, no entanto, excluem-se mutuamente e, em seus está-gios superiores de desenvolvimento – nas religiões mais desenvolvidas – originaram visões radicalmente opostas sobre o destino e a probidade do homem na Terra.

Por exemplo, no culto hebraico, onde os mitos e ritos das antigas civilizações terrenas do Oriente Próximo foram assimilados a uma unidade tribal de profunda

* Cf. *infra*, p. 377-378.

consciência grupal, a participação do indivíduo no destino do grupo é enfatizada a tal ponto que para considerar legítimo qualquer ato de adoração pública são necessários não menos que dez homens com idade acima de treze anos, e toda a referência do sistema cerimonial é a história sagrada da tribo, enquanto na ioga da Índia, onde uma poderosa influência xamanista das grandes estepes do norte se fez presente, o caso é exatamente o oposto, e o lugar adequado para uma plena experiência do recôndito último do mistério da existência é a extrema solidão de um pico do Himalaia.

4. Os animais de caça da lenda, refugando a queda e mais tarde resignando-se a ela, estavam agindo sob a influência do grande touro, que representa um tipo de ser que exerce um papel destacado nos mitos da caça – o arquétipo animal, o mestre animal. Podemos considerá-lo como comparável ao primeiro pássaro, girando no sentido dos ponteiros do relógio em volta da cabeça do apache Hactcin, ou ao primeiro quadrúpede, dos quais provieram os outros. Ou novamente, para usar um termo filosófico não tão remoto do pensamento primitivo quanto pode parecer, poderíamos dizer que o grande touro representa a Ideia platônica da espécie. Ele é uma figura de uma dimensão a mais que a dos outros de sua manada: ele é eterno e indestrutível, enquanto os outros são meras sombras (como nós próprios), sujeitos às leis do espaço e do tempo. Eles caíram e foram mortos, enquanto o grande touro saiu ileso. Ele é uma manifestação daquele ponto, princípio ou aspecto do domínio da essência do qual se originam as criaturas de sua espécie.

Pois o fato de as espécies animais, em contraste com a humana, serem comparativamente estereotipadas em seus mecanismos liberadores inatos, tornou-as excelentes representantes do mistério da permanência em meio à mudança. Cada espécie tem, por assim dizer, seu próprio espírito grupal. Não importa quantos animais individuais possam ser abatidos, outros continuam surgindo e são sempre o mesmo. Desse modo, a ideia bíblica, a ideia platônico-aristotélica, pela qual os cristãos conservadores se empenharam em uma causa heroica, porém perdida, pode ser considerada de antiguidade paleolítica, pois ela tem um lugar de destaque em todo o pensamento primitivo. Essa causa sustentava a noção de "espécie fixa", com todas suas implicações pseudofilosóficas a respeito da vontade e desígnio eternos de alguma mente mestra, algum titereiro mestre, e a respeito também de leis e domínios fixos da essência inerente ou sustentando essa fantasmagoria da mudança aparente.

5. Como parece que, quando os animais foram para a queda, eles o fizeram de acordo com a vontade de seu mestre animal, sua carne é para ser considerada como uma oferta voluntária do mestre às pessoas, de acordo com a ordem mágica da natureza. E essa era a lição primeira da lenda para os próprios blackfoot. Matar búfalos não é contra a ordem da natureza. Pelo contrário, de acordo com a lei da natureza, a vida come a vida e o animal é uma vítima voluntária, oferecendo sua carne para alimento dos homens.

6. Mas há uma maneira certa e uma errada de matar. A moça fez seu pai reviver por meio da mágica do fragmento resgatado de osso e, quando o grande touro viu que a magia humana era forte o suficiente para trazer de volta à vida os aparentemente mortos, ele lhes ensinou a dança mágica e o canto ritual dos búfalos, pelos quais os animais mortos nas caçadas de búfalos podiam retornar à vida. Porque onde há magia não há morte. E onde os ritos animais são devidamente celebrados pelos homens, há uma concordância mágica, milagrosa, entre as bestas e aqueles que têm de caçá-las. A dança dos búfalos, devidamente realizada, assegura que as criaturas abatidas ofereçam apenas seus corpos, não sua essência, não suas vidas. E assim elas viverão novamente, ou melhor, continuarão vivendo e retornarão na próxima estação.

Portanto a caçada é, ela própria, um rito sacrificial, sagrado, e não um ato puramente secular. E a dança e o canto aprendidos dos próprios búfalos são tão parte da técnica da caça quanto a armadilha para búfalos e os atos de matança. O sacrifício humano, tal como o encontramos no domínio equatorial das plantas, onde uma identificação do destino humano com o modelo do mundo vegetal levou aos ritos de morte, decomposição e metamorfose frutífera, não o encontramos entre os caçadores a não ser que tenha havido alguma influência muito forte de outra região (por exemplo, em certos rituais dos pawnee). O sacrifício adequado para o caçador é o próprio animal, o qual, através de sua morte e retorno, representa a atuação da substância permanente ou essência no mundo-sombra do acidente e acaso. Pode-se ouvir no canto da dança dos búfalos, portanto – lento e solene, pesado e deliberado, como é próprio a animais desse porte –, um prelúdio paleolítico do grande tema da *Bhagavad Gītā* hindu, o canto místico do senhor Viṣṇu, o sonhador cósmico do sonho cósmico: "Conheça aquilo pelo qual tudo está permeado para ser inextinguível. Apenas os corpos dos quais esse eterno imperecível e incompreensível Eu (Self) é o habitante, pode-se dizer que tenham um fim";[7] ou as palavras do sábio grego Pitágoras: "Todas as coisas estão em mutação; nada morre. O espírito erra, está ora aqui, ora ali, e ocupa qualquer forma física que lhe agradar. Dos animais ele passa para os corpos humanos e dos nossos corpos para os dos animais, mas jamais perece".[8]

Comparemos ao esquimó caribu Igjugarjuk. "Pinga", ele disse, referindo-se à guardiã dos animais, para cujo reino os poderosos xamãs vão quando procuram aumentar um suprimento escasso de alimentos, "zela pelos espíritos dos animais e não gosta de ver muitos deles mortos. Nada se perde; o sangue e as entranhas têm de ser ocultados depois de uma rena ter sido morta. Para que vejamos que a vida é eterna. Apenas não sabemos em que forma reapareceremos depois da morte".[9]

7. Deve-se notar, finalmente, que a organização social da própria tribo Blackfoot estava baseada na hierarquia da Comunidade "Todos Camaradas", a qual, supõe-se, foi fundada em consequência dessa façanha. Grinnell forneceu uma lista da ordem dessa hierarquia, conforme era conhecida na época de sua visita:

Passarinhos	rapazes de 15 a 20 anos
Pombos	homens que estiveram várias vezes na guerra
Mosquitos	homens que estão constantemente indo para a guerra
Bravos	guerreiros experientes
Todos Cachorros Loucos	homens por volta de 40 anos de idade
Portadores de Corvo	(não descrito)
Cães; Caudas	homens velhos: duas sociedades, mas vestem-se da mesma maneira e dançam juntos
Chifres; Sangue	sociedades com cerimônias secretas peculiares
Soldados	(não descrito)
Touros	uma sociedade que usa cabeças e mantos de touro.[10]

E assim parece que: do mesmo modo que no grande período criativo da cidade-estado hierática um "jogo" de identificação com a dança cósmica dos planetas no céu levou a uma organização da sociedade na qual a ideia de uma ordem superior macrocósmica, representada em calendário, fornecia a mitologia de acordo com a qual o "mesocosmos" do Estado foi composto; e ainda, como nas regiões tropicais, onde o mundo vegetal fornecia o sustento básico do homem e o modelo principal do mistério da vida, um jogo no qual jovens (homens e mulheres) eram identificados com a primeira vítima da era mitológica fornecia a base e o episódio central de uma estrutura cerimonial modeladora do grupo, também aqui, o jogo de identificação era praticado em relação com os animais, e em particular com aqueles dos quais dependia a vida da sociedade humana. E o jogo era de entendimento mútuo, supostamente existente entre os dois mundos, realizado e representado nos ritos, de cujo desempenho apropriado dependia o bem-estar, tanto dos animais quanto dos seus companheiros de jogo: os homens. Esse jogo proporcionou a base da ideia de totem, à qual foi dada tanta atenção pelos antropólogos nos últimos anos do século XIX, que qualquer presença de animal em mitos ou ritos foi interpretada como um vestígio de totemismo – enquanto, de fato, o totemismo não é mais do que um aspecto ou inflexão de um princípio maior, igualmente bem representado no "mestre animal" e no "guardião animal" ou protetor pessoal. Em uma sociedade totemisticamente concebida, considera-se que os vários clãs ou grupos tenham ancestrais semianimais e semi-humanos, dos quais descendeu a espécie animal do mesmo nome, e os membros do clã são proibidos tanto de matar quanto de comer os animais que são seus primos, e também de se casar dentro do grupo totêmico. Muitas tribos indígenas norte-americanas e a maioria das australianas são totêmicas, e há motivos para se acreditar que a ideia vai muito longe no passado. Entretanto, ela não esgota, de maneira alguma, os hábitos de relacionamento do mundo dos caçadores com o de seus vizinhos e companheiros de vida, os animais. Porque os animais são grandes xamãs e grandes mestres, bem como condescendentes dos ancestrais totêmicos. Eles ocupam o mundo do caçador, por dentro e por fora. E qualquer animal que passe, seja voando como o pássaro, trotando como um quadrúpede, ou serpenteando como uma cobra, pode ser um mensageiro anunciando algum milagre – talvez a transformação de um xamã, ou a chegada do próprio protetor pessoal que vem para outorgar aviso ou amparo.

III. O RITUAL DO SANGUE RETORNADO

Frobenius registra a seguir, em um relato de uma de suas expedições na África, um dos flashes mais esclarecedores no profundo abismo do passado onde ora mergulharemos. Nesse abismo, antes de o princípio do destino do reino vegetal marcar a humanidade, o que governava seu espírito era o mistério do rebanho animal imortal e as leis da caça. Eis o relato:

> No ano de 1905, na região selvagem entre Kasai e Luebo, encontrei alguns representantes dessas tribos caçadoras, impelidas do planalto para o refúgio da selva do Congo, que ficaram conhecidas na literatura da África como "pigmeus". Quatro deles, três homens e uma mulher, acompanharam então a expedição por cerca de uma semana. Um dia – estava aproximando-se o anoitecer e já tínhamos começado a nos entrosar de maneira excelente – houve de novo uma necessidade premente de reabastecimento na cozinha do acampamento e eu perguntei aos três homenzinhos se poderiam nos conseguir um antílope, o que para eles, como caçadores, seria uma tarefa fácil. Entretanto, olharam para mim, perplexos, e um deles finalmente formulou a resposta de que, com certeza, eles ficariam contentes por prestar-nos esse pequeno favor, mas nesse dia seria de todo impossível, já que nenhum preparativo havia sido feito. A conclusão do que acabou se transformando numa longa transação foi que os caçadores se declararam prontos para fazer os preparativos no dia seguinte, ao alvorecer. E com isso, partimos. Os homens começaram a observar em volta e, finalmente, instalaram-se num lugar alto em uma montanha das proximidades.
>
> Como eu estava muito curioso para saber em que consistiam seus preparativos, levantei-me antes de o Sol nascer e escondi-me entre alguns arbustos perto da clareira que os homenzinhos tinham escolhido na noite anterior para esse propósito. Estava ainda escuro quando eles chegaram; mas não sozinhos. Estavam acompanhados da mulher. Os homens agacharam-se no chão e limparam toda a área de vegetação, e depois a alisaram. Um deles então riscou algo na terra com o dedo, enquanto os outros homens e a mulher murmuravam fórmulas rituais e orações; em seguida, fez-se silêncio enquanto eles esperavam por algo. O Sol surgiu no horizonte. Um dos homens, com uma flecha no seu arco estirado, encaminhou-se para o terreno limpo. Em alguns instantes os raios do Sol atingiram o risco no chão e, no mesmo instante, ocorreu o seguinte na velocidade do raio: a mulher ergueu as mãos como se fosse alcançar o Sol e pronunciou

em voz alta algumas sílabas ininteligíveis; então o homem disparou sua flecha, a mulher gritou novamente, os homens correram para a floresta com suas armas. A mulher permaneceu de pé ali por alguns minutos e logo retornou ao acampamento. Quando ela foi embora, saí de meu esconderijo e vi que o que tinha sido desenhado no chão era um antílope de cerca de 1,20 m de comprimento: e a flecha estava enterrada no seu pescoço.

Enquanto os homens estavam ausentes eu queria retornar ao lugar para tentar tirar uma fotografia, mas a mulher, que estava perto de mim, impediu-me suplicando que abandonasse essa ideia. E assim, a expedição prosseguiu seu caminho. Os caçadores nos alcançaram naquela tarde com um belo corço. Ele tinha sido abatido com uma flecha no pescoço. Os homenzinhos entregaram sua caça e foram, então, com alguns tufos de seus pelos e uma cabaça cheia de sangue para seu lugar na montanha. Eles nos alcançaram novamente apenas dois dias mais tarde e naquela noite, diante da espuma do vinho de palma, fui levado a falar sobre a questão com o mais confiante do meu pequeno trio. Ele era o mais velho dos três. E contou-me simplesmente que ele e os outros tinham corrido de volta para fixar os pelos e o sangue no desenho do antílope, retirar a flecha e depois apagar o desenho. Quanto ao sentido desta operação não pudemos saber nada; ele apenas explicou que se não fizessem isso, o "sangue" do antílope seria destruído. E que o desenho tinha de ser apagado também ao alvorecer.

Suplicou-me que eu não contasse à mulher que ele tinha me falado de tais coisas. Parecia, de fato, muito preocupado com as consequências da nossa conversa; pois no dia seguinte nossos pigmeus nos abandonaram sem nos dizer sequer adeus – sem dúvida a pedido dele, que era o líder do pequeno grupo.[11]

Temos apenas de lembrar-nos do esquimó caribu Igjugarjuk para compreender o significado e, consequentemente, também a antiguidade e longevidade dessa ideologia, que é encontrada, fundamentalmente a mesma, seja nas florestas do Congo ou nas tundras da baía do Hudson: "O sangue e as entranhas têm de ser ocultados depois de uma rena ter sido morta. Para que vejamos que a vida é eterna".

"Exige uma poderosa mágica", é o comentário de Frobenius, "derramar sangue e não ser surpreendido pela vingança sangrenta".[12]

Mais uma coisa: o ponto crucial da cerimônia dos pigmeus era que o rito tinha de ser realizado ao amanhecer, devendo a flecha atingir o antílope precisamente quando ele era atingido por um raio de Sol. Porque o Sol é em todas as mitologias da caça um grande caçador. Ele é o leão, cujo rugido espanta os rebanhos, cujo ataque no pescoço do antílope o mata; a grande águia, cujas garras capturam a ovelha; ele é a esfera luminosa cujos raios ao alvorecer dispersam os "rebanhos" do céu noturno, as estrelas. Tem-se a evidência desse mito primitivo da caça no tema, tão comum na arte paleolítica, do leão atacando o pescoço do antílope que acabou de virar a cabeça para vê-lo, bem como naquele outro tema, um dos primeiros a surgir na antiga arte suméria, da águia solar, prendendo um antílope em cada garra.

A lição indica, por analogia: o Sol é o caçador, o raio de Sol é a flecha, o antílope é um da multidão de estrelas; logo, como a noite de amanhã verá a estrela retornar, também amanhã o antílope retornará. Tampouco o caçador matou o animal como um ato voluntário pessoal, mas de acordo com as providências do Grande Espírito. E dessa maneira, "nada se perde".

CAPÍTULO 8

AS CAVERNAS PALEOLÍTICAS

I. OS XAMÃS DA GRANDE CAÇA

É uma experiência humana profundamente tocante visitar os vastos templos naturais subterrâneos dos caçadores paleolíticos, que abundam na bela região do rio Dordonha, no sul da França. Transitamos pelas estradas do período mais recente de autotransformação humana de modo tão confortável que, mesmo quando se tenta imaginar o que deve ter sido a vida humana durante os últimos milênios da Era Glacial – quando vigorosos membros de tribos, não possuindo ainda nem o arco nem a flecha, perseguiam e matavam com paus pontudos e pedras lascadas o boi-almiscarado, a rena, os rinocerontes lanosos e mamutes que alcançavam aquela região atravessando uma tundra ártica congelada –, o contraste entre aquela visão fantástica do passado com a humanidade cortês do presente é tão grande que a probabilidade de ela algum dia ter existido neste planeta parece, de fato, muito remota. Nessa viagem talvez se tenha feito uma parada em direção ao sul, vindo de Paris, na catedral de Chartres, onde os portais esculpidos e vitrais dos séculos XII e XIII trazem até o presente a iconografia da remota Idade Média. Ou talvez se tenha dado uma volta, por acaso, pelas cidades do Ródano – Avinhão, Orange, Nimes e Arles – onde templos, aquedutos e coliseus em um estilo totalmente diferente, de tijolo assentado mais durável, são testemunhas de um período da civilização europeia mais antigo que o das catedrais: o de Roma, há dois mil anos, quando Ovídio compôs sua história mitológica do mundo, *Metamorfoses*, e Cristo, um súdito romano, nasceu em Belém, segundo a tradição, em uma caverna associada pelos pagãos locais com o nascimento mitológico de sua divindade Adônis, anualmente sacrificada e ressuscitada. Entretanto, não se fica preparado, de maneira alguma, por tais experiências turísticas, literárias e arqueológicas do passado relativamente recente, para o grande salto, o verdadeiro salto para trás que o coração e a mente têm de dar, e dão, nas cavernas sagradas do Dordonha.

No amplo e multicompartimentado santuário da idade da caça de Lascaux – que foi denominado "a Capela Sistina do Paleolítico" – uma experiência da divindade tornou-se manifesta, não como em Chartres ou no Vaticano, em configurações humanas (antropomórficas), mas em animais (teriomórficas). Acima, nos tetos abobadados, há touros fantásticos saltando, e nas paredes rústicas abundam cenas de animais que dão à imensa caverna a aparência de um conjunto de campo de caça feliz: um rebanho de machos, aparentemente nadando numa corrente; manadas de cavalos trotadores de uma espécie corpulenta e lanosa, com fêmeas prenhes cheias de vida e movimento; bisões de um tipo que não existe na Europa há milhares de anos. E entre esses rebanhos magníficos há uma figura muito curiosa e cativante: uma forma animal que não pode ter existido no mundo mesmo na Idade Paleolítica. Dois longos chifres retos surgem de sua cabeça, como as antenas de um inseto ou um par de bandarilhas suspensas, e a barriga prenhe pende quase até o chão. É um animal-mago, a manifestação dominante de toda essa visão miraculosa.[1]

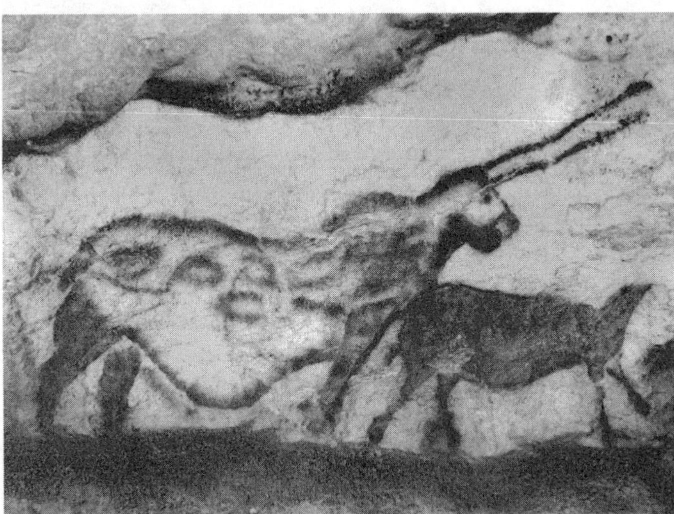

Figura 12. O animal-mago de Lascaux.

Além disso, no fundo do poço ou cripta, abaixo do nível principal do piso da caverna – um lugar muito difícil e complicado de se atingir – há outra pintura estranha da magia da caça, ainda mais sugestiva do mistério dessa catedral da Idade da Pedra. Lá embaixo há um grande bisão macho, eviscerado por uma lança que lhe traspassou o ânus e saiu pelo seu órgão sexual, diante de um homem prostrado. Este (a única figura grosseiramente desenhada e a única figura humana da caverna) está tomado por um transe xamanista. Ele usa uma máscara de pássaro; seu falo, ereto, aponta para o touro traspassado; uma vara de arremesso jaz no chão a seus pés e a seu lado está plantada uma vara ou bastão, tendo na ponta a imagem de um pássaro. E atrás desse xamã prostrado há um grande rinoceronte, parecendo defecar enquanto se afasta.[2]

Figura 13. Imagens na cripta de Lascaux.

Tem havido muitas discussões sobre essa pintura entre os pesquisadores, e a sugestão comum é que ela pode estar representando a cena de um acidente de caça. Uma autoridade do porte do próprio abade Breuil apoiou tal opinião, sugerindo que o rinoceronte pode ter sido a causa do desastre.[3] Parece-me certo, entretanto, que numa caverna onde as pinturas são mágicas e, em consequência, supostamente criadas para representar as situações tais como eram, uma cena de acidente não teria sido colocada na cripta, o suprassumo do sagrado. O homem usa uma máscara de pássaro e tem mãos semelhantes às dos pássaros, em vez de humanas. Ele é certamente um xamã, e a máscara e a transformação em pássaro são características, como já vimos, da prática xamanista existente até hoje em toda a Sibéria e América do Norte. Além do mais, na nossa lenda polinésia de Mauí e o monstro-enguia, descobrimos algo do poder do falo de um mago, e ainda é praticado na Austrália um rito fálico letal de magia conhecida como o "osso apontado", do qual uma variante foi descrita por Géza Róheim, como segue:

> A magia negra ou hostil é predominantemente fálica na Austrália. [...] Se um homem foi "desossado", seu sonho o demonstrará. Primeiro ele vê uma fenda,

uma abertura no chão e, então, dois ou três homens vindo em sua direção de dentro do buraco. Quando estão perto, eles tiram um osso de seus próprios corpos. Ele sai da carne entre o escroto e o reto. O feiticeiro, antes de "desossar" de fato sua vítima, a faz cair no sono, espalhando no ar um pouco de sêmen ou excremento que tirou de seu próprio pênis ou reto. O homem que tira o osso o coloca abaixo de seu pênis, como se um segundo pênis se projetasse dele.

Os pindupi referem-se à magia negra em geral como *erati* e um tipo especial é descrito como *kujur-punganyi* ("fazer mal"). Vários homens seguram uma corda ou osso apontado com ambas as mãos e, inclinando-se, o orientam para trás, passando o osso mágico bem junto do pênis. A vítima está adormecida e o osso vai direto para o seu escroto.

Figura 14. Máscra cerimonial: os chifres são paus pontudos. Segundo Spencer e Gillen

"As mulheres também praticam magia maligna", continua o Dr. Róheim, "por meio de seus pênis imaginários. As mulheres luritja cortam os pelos púbicos e fazem com eles uma longa corda. Elas retiram o osso de um canguru e o sangue de suas vaginas. A corda torna-se uma cobra que penetra no coração de suas vítimas".[4] Outro exemplo provém das mulheres da tribo Pindupi. "Elas cortam os pelos púbicos e fazem uma corda. Então, passam a corda de uma para outra até ela chegar à feiticeira. Primeiro ela dança com a corda (*tultujananyi*) e, em seguida, engole-a. Em seu estômago, ela transforma-se numa cobra. Então ela a vomita e coloca-a na água. Na água, a cobra cresce até tornar-se um *wanapu puntu* ('grande dragão'). O dragão passa por outra transformação, tornando-se uma longa nuvem voando no céu, com muitas mulheres sentadas nela. A nuvem torna-se novamente uma cobra que arrebata a alma da mulher enquanto ela dorme."[5]

Esses exemplos são suficientes para sugerir um contexto simbólico plausível para o pênis ereto do xamã prostrado de Lascaux – bem como para a defecação do rinoceronte que passa, que pode muito bem ser o espírito tutelar do xamã. A posição da lança, além do mais, atravessando o ânus do touro e emergindo do pênis, rompe os intestinos da região intermediária, que é exatamente a região afetada pelo "osso apontado" dos australianos. E, finalmente, deve-se notar que os chifres curiosos do estranho animal-mago no compartimento superior da grande caverna, entre os fantásticos animais daquele feliz campo de caça, são exatamente iguais na forma às varas retas usadas como chifres pelos executores de muitos ritos australianos do terreiro de dança dos homens.[6]

Figura 15. Australianos em paramentos rituais com chifres de varas apontadas. Segundo Spencer e Gillen.

Frobenius observou no norte da África, anos antes da descoberta de Lascaux em 1940, três pinturas rupestres do Paleolítico Tardio, comparáveis com a pintura na cripta de Lascaux. Uma, na fachada de um muro de rocha em Ksar Amar, nas montanhas do Atlas saariano, mostra um homem com os braços levantados diante de um búfalo; a segunda, de Fezzan, no sudoeste da Líbia, mostra um casal dançando diante de um touro (numa versão posterior, foram acrescentados mais dois casais dançando); e uma terceira, do deserto da Núbia, mostra três figuras com os braços erguidos diante de um grande carneiro. "Deve-se notar", escreve Frobenius, "que em quase todas as pinturas desse tipo a representação dos animais foi realizada com muito cuidado, enquanto as figuras humanas são extremamente esquemáticas". Mas essa observação é tão verdadeira para a pintura de Lascaux quanto para as que Frobenius viu. "Acho que o que é mostrado nessas pinturas não é, sob qualquer hipótese, uma cerimônia", afirma Frobenius, "pois temos pinturas com posturas semelhantes de adoração diante de elefantes e girafas. É muito mais provável que, como no rito dos pigmeus Luebo* e nas pinturas rupestres em geral, o que se pretendia fosse a consagração do animal, efetuada, não através de qualquer confronto real entre o homem e a besta, mas através da representação de um conceito mental".[7]

Somando-se a evidência do rito dos pigmeus, as pinturas paleolíticas do norte da África, os conceitos de vítima voluntária, de mestre animal, o ritual do sangue retornado, a mágica do osso apontado e os sinais do poder xamânico na figura humana apenas esboçada, podemos seguramente dizer que sabemos, em geral, a função que a pintura de Lascaux deve ter exercido e por que, de todas na caverna, é esta que está no *sanctum sanctorum*.

A figura prostrada com cabeça de pássaro e o curioso animal farejante da caverna superior, além do mais, não são, de maneira alguma, as únicas evidências da presença e importância dos xamãs no período Paleolítico das grandes cavernas. Na própria Lascaux há uma terceira figura, que o abade Breuil comparou com um praticante africano de magia.[8]

De fato, não menos de cinquenta e cinco figuras desse tipo foram identificadas entre os rebanhos abundantes e animais de pasto das várias cavernas. Elas tornam praticamente certo que naquele remoto período da nossa espécie as artes do feiticeiro, xamã ou mago, já eram bem desenvolvidas. Na verdade, as próprias pinturas eram um complemento dessas artes, talvez até mesmo o seu sacramento principal; pois é certo que elas eram associadas com a magia da caça e, no espírito daquele princípio onírico da participação (ou, para usar o termo de Piaget, indissociação) mística que já discutimos,** seu aparecimento nas paredes equivalia a uma conjuração do princípio eterno, essência, imagem numênica ou ideia do rebanho dentro do santuário, onde ele pudesse ser influenciado pelo rito.

Alguns animais são mostrados com setas nos flancos ou como se atingidos por bumerangues e porretes. Outros, esculpidos em paredes mais macias, estão cobertos de buracos feitos por dardos arremessados com força.[9] Isto lembra as imagens de cera da bruxaria popular, para as quais um nome é invocado, e são então perfuradas por agulhas ou colocadas para derreter junto de um fogo, para que a pessoa morra.

* Cf. *supra*, p. 255-256.

** *Supra*, p. 83-88.

Também é interessante notar que na maioria das cavernas os animais estão gravados um por cima do outro, sem nenhuma consideração pelo efeito estético. Obviamente, o propósito não era a arte como hoje a entendemos, mas a magia. E por razões que não podemos imaginar, acreditava-se que as pinturas necromânticas eram efetivas apenas em certas cavernas e em certas partes delas. Essas pinturas foram revivificadas ali, ano após ano, por centenas de séculos. E sem exceção, esses lugares mágicos estão longe das entradas naturais das grutas, bem no fundo dos corredores e câmaras, de maneira que antes de chegar a eles tem-se de sentir a força total do mistério da própria caverna. Alguns dos labirintos têm mais de 800 m de profundidade; todos abundam em corredores secretos e enganosos e súbitas quedas perigosas. Sua absoluta escuridão cósmica, seu silêncio, suas extensões internas imensuráveis e sua distância infinita de qualquer interesse e exigência da esfera normal e alerta da consciência humana podem ser sentidos mesmo hoje – quando a luz do guia se apaga. Os sentidos, subitamente, ficam amortecidos; os milênios desaparecem, e a mente fica imóvel reconhecendo o mistério além do pensamento, que não exige nenhum comentário e que foi sempre conhecido (e te-mido), embora jamais tão fortemente sentido antes. E então, subitamente, uma surpresa, um choque visual, uma estampagem que jamais será esquecida.

Vamos entrar no grande complexo de passagens e câmaras iniciatórias, descobertas alguns dias antes da eclosão da Primeira Guerra Mundial, 18 m abaixo da superfície do solo de propriedade do conde Henri Bégouën e seus três filhos, em Montesquieu-Avantes (Ariège), nos Pireneus. O conde chamou o labirinto de "Trois Frères" (Três Irmãos), em homenagem a seus filhos que o encontraram. Os corredores, descidas, subidas e amplos salões contêm cerca de quatrocentas ou quinhentas pinturas e gravuras rupestres, de muitas das quais ainda não foram publicadas reproduções. Mas o trabalho paciente, ano após ano, do abade Breuil, decalcando, decifrando e desemaranhando as figuras, interpretando-as e fotografando-as, já revelou uma galeria tal, que podemos considerar aquela caverna como o tesouro mais rico em vestígios da experiência ritual e tradição mitológica do período Paleolítico Tardio descoberto até hoje. Ele está separado por um declive de rocha no subsolo da gruta adjacente de Tuc d'Audoubert, cujo santuário da dança dos búfalos macho e fêmea já descrevemos.* Tuc d'Audoubert foi descoberto pelo conde e seus filhos apenas dois anos antes de terem entrado no País das Maravilhas de Alice de Trois Frères, e esses dois sistemas subterrâneos juntos, compreendendo no mínimo 1.600 m de caminhos labirínticos, devem ter constituído, no longo período de seu uso, um dos centros mais importantes de magia e religião – senão, de fato, o maior – do mundo. O período em que foram usados, a propósito, foi de pelo menos vinte mil anos.

* Cf. *supra*, p. 247-249.

O conde e seus filhos, em 20 de julho de 1914, estavam a caminho através de uma vasta campina, para fazer uma visita à caverna que tinham descoberto dois anos antes, quando procuraram a sombra de uma árvore para refrescar-se, e um camponês ao passar, percebendo o desconforto deles, sugeriu que fossem ao *trou souffleur*, onde um vento fresco vinha do solo mesmo nos dias mais quentes. Tendo em mente as cavernas, eles seguiram a direção indicada e encontraram o "buraco de vento" atrás de uma moita de arbustos. Os rapazes o ampliaram e um deles desceu preso a uma corda que tinham trazido para sua outra aventura. Ele foi descendo cada vez mais fundo e quando parou tinha descido cerca de 18 m. Havia levado consigo um rolo de fio que foi deixando atrás de si como Teseu no labirinto do Minotauro, e também uma lanterna de mineiro para iluminar os corredores, que não tinham sido percorridos por mais de dez mil anos. Seu pai e irmãos, à espera, ficaram nervosos quando fazia mais de uma hora que ele tinha desaparecido; então houve um puxão na corda e eles o guindaram, explodindo de euforia. "Uma caverna totalmente nova! Com centenas de pinturas!", ele contou-lhes. Entretanto, a guerra eclodiu em um mês e foi apenas em 1918 que a exploração da caverna pôde ser concluída e o abade Breuil foi convidado a iniciar seu estudo.[10]

"O chão é úmido e viscoso", escreveu o Dr. Herbert Kühn, ao narrar sua visita à caverna no verão de 1926;

> temos de tomar muito cuidado para não escorregar no caminho rochoso. Ele sobe e desce até chegar a um corredor estreito com cerca de 9 m de comprimento, através do qual tem-se de andar de rastos. E novamente chega-se a grandes salões e passagens estreitas. Em uma dessas galerias há uma grande quantidade de manchas vermelhas e negras e mais nada.
>
> Quão magníficas são as estalactites! Pode-se ouvir a queda suave da água, gotejando do teto. Não há nenhum outro som e nada se move. [...] O silêncio é soturno. [...] A galeria é ampla e longa e depois vem um túnel muito baixo. Colocamos nossa lanterna no chão e a empurramos para dentro do buraco. Louis (o filho mais velho do conde) foi na frente, em seguida, o Prof. van Giffen (de Groningen, Holanda), depois Rita (Sr.a Kühn) e finalmente eu próprio. O túnel não é muito mais largo do que meus ombros, nem mais alto. Posso ouvir os outros à minha frente gemendo e ver quão lentamente suas lanternas avançam. Com os braços comprimidos contra o corpo nos arrastamos para a frente de barriga no chão, como cobras. A passagem em alguns lugares mal tem 30 cm de altura, de maneira que é preciso deitar o rosto no chão. Senti-me como se estivesse me movendo dentro de um caixão. Não se pode levantar a cabeça; não se pode respirar. E então, finalmente, o túnel torna-se um pouco mais alto. Pode-se enfim descansar sobre os antebraços. Mas não por muito tempo; o caminho, novamente, estreita-se. E assim, metro a metro, avança-se com dificuldade: cerca de 40 m no total. Ninguém fala. As lanternas avançam com lentidão e nos arrastamos atrás delas. Ouço os outros gemendo, meu coração batendo e é

difícil respirar. É terrível ter o teto tão próximo da cabeça. E ele é muito duro; eu bato a cabeça uma e outra vez. "Isto jamais vai acabar?" Então, subitamente chegamos ao fim e agora todo mundo respira. É como uma redenção.

O recinto no qual estamos agora é gigantesco. Fazemos a luz das lanternas percorrer o teto e as paredes: um salão majestoso – e ali, finalmente, estão as pinturas. De cima a baixo, toda uma parede é coberta de gravuras. A superfície foi trabalhada com instrumentos de pedra e ali vemos dispostos os animais que viviam naquela época no sul da França: o mamute, o rinoceronte, o bisão, o cavalo selvagem, o urso, o asno selvagem, a rena, o carcaju, o boi-almiscarado; também os animais menores aparecem: corujas de neve, lebres e peixes. E veem-se dardos em toda parte, disparados contra as caças. Várias pinturas de ursos atraem-nos particularmente, porque têm furos onde as imagens foram atingidas e sangue é mostrado jorrando de suas bocas. Uma verdadeira representação da caça: a imagem da magia da caça![11]

O abade Breuil publicou uma bela série de decalques e fotografias desse importante santuário.[12] O estilo é sempre estável e cheio de vida – com um espírito, como observou o Prof. Kühn, comparável ao dos melhores traços impressionistas. Na verdade e surpreendentemente (e, é claro, esse foi um dos fatores que tornou tão significativa a descoberta dessa arte), essas representações parecem muito mais próximas de nós que as obras-primas hieráticas, rigidamente estilizadas, do Egito e Mesopotâmia arcaicos, que estão muito mais próximos de nós no tempo.

Figura 16. O "Mago de Trius-Frères"

Nessa terrível câmara subterrânea de Trois Frères os animais não estão pintados nas paredes, mas gravados – congelando por milênios os movimentos, saltos e aspectos do reino animal, em um tumulto prolífico de vida eterna. E acima de todos eles, predominando – na extremidade do santuário, a cerca de 5 m acima do nível do chão, numa abside íngreme rochosa –, observando, fitando o visitante com olhos penetrantes, está o hoje famoso "Feiticeiro de Trois Frères". Presidindo de modo impressionante os animais ali reunidos em quantidades incríveis, ele está equilibrado de perfil em um movimento de dança que se assemelha, como sugeriu o abade Breuil, a um passo de *cakewalk*;* mas a cabeça dotada de chifres está de frente para o salão. As orelhas pontudas são as de um veado; os olhos redondos sugerem os de uma coruja; a barba abundante descendo até o peito do animal é a de um homem, bem como as pernas que dançam; a imagem tem a cauda espessa de um lobo ou cavalo selvagem e a posição do proeminente órgão sexual, situado abaixo da cauda, é o da espécie felina – talvez de um leão. As mãos são as garras de um urso. A figura tem 75 cm de altura e 33 cm de largura. "Uma imagem misteriosa, emocionante", escreveu o Prof. Kühn.[13] Além do mais, é a única figura pintada (com tinta preta) do santuário, o que lhe dá uma ênfase muito mais forte do que todas as outras.

Mas quem ou o que é esse homem – se é que é homem – cuja imagem nos marcou de maneira a jamais esquecermos?

O conde Bégouën e o abade Breuil supuseram primeiramente que fosse a representação de um "feiticeiro", mas o abade atualmente acredita que se trate de um "deus" ou "espírito" que presidia e controlava as expedições de caça e a multiplicação da caça.[14] O Prof. Kühn sugere que é o próprio artista-mago.[15] Para a visão antropologicamente experiente de Carleton S. Coon, da Universidade da Pensilvânia, por outro lado, "é apenas um homem pronto para caçar veados. Talvez ele esteja treinando. Talvez esteja tentando induzir o espírito da floresta, que controla os veados, a fazer com que um corço gordo atravesse seu caminho". E o Prof. Coon conclui: "Qualquer que seja o motivo manifesto do artista para pintá-lo, ele o fez porque sentiu um impulso criativo e gostava de expressar-se, como todo artista, esteja ele pintando um bisão na parede de uma caverna ou um mural no saguão principal de um banco".[16]

Tem de haver algum meio científico de sustentar a hipótese romântica de um homem arrastando-se sobre a barriga através de um túnel de 40 m de comprimento para liberar um impulso criativo; senão, tenho certeza, o professor não teria feito essa sugestão. Mas, por meu lado, prefiro o modo mais simples, que é supor que essa câmara, e toda a caverna, fosse um centro importante de magia da caça; que essas pinturas tivessem um propósito mágico; que as pessoas que a guardavam devam ter sido magos altamente qualificados e de alta hierarquia (poderosos em termos de reputação, pelo menos, se não de fato), e que o que quer que tenha

* Conjunto de passos e figuras de dança entre os negros. [N. da T.]

sido feito naquela caverna tenha tão pouco a ver com uma necessidade de autoexpressão quanto a atividade do papa em Roma celebrando a Missa Pontificial.

Entre as duas suposições do abade Breuil é extremamente difícil escolher – mas talvez não seja tão importante fazer uma escolha –, pois se o animado e inesquecível senhor dos animais no santuário dos caçadores de Trois Frères for um deus, ele é certamente um deus dos feiticeiros e, se um feiticeiro, ele é um que vestiu o hábito de um deus e, como sabemos e vemos amplamente ilustrado na prática ritual dos selvagens modernos, quando as insígnias sagradas são adotadas, o indivíduo se torna uma epifania do próprio ser divino. Ele é tabu. Ele é um veículo de poder divino. Ele não apenas *representa* o deus, mas é o deus; ele é uma *manifestação* do deus, não uma representação.

Mas uma imagem também é tal manifestação. E assim sendo, talvez a interpretação mais provável seja, afinal, a segunda do abade Breuil, isto é, que o chamado "Feiticeiro de Trois Frères" é, de fato, um deus, a manifestação de um deus – que, na verdade, pode também ter-se corporificado em alguns dos próprios xamãs, durante o curso dos ritos, mas aqui ele está corporificado para nós, para sempre, nessa imagem maravilhosa.

A primeira característica das grandes cavernas, que são de importância suprema para o nosso estudo, é o fato de que essas grutas profundas e labirínticas não eram lugares de moradia, mas santuários, comparáveis em sua função aos terreiros de dança dos homens da tribo Aranda, e há suficientes evidências que nos asseguram que elas eram usadas para propósitos semelhantes: os ritos da puberdade dos meninos e a multiplicação mágica da caça. E esses santuários da antiga Idade da Pedra tiveram a sua lenda de origem, do mesmo modo que a tiveram todos os santuários, ritos e tribos do mundo antigo. As figuras enigmáticas pintadas nas criptas e recônditos mais profundos das cavernas, quase com certeza, guardam em seu silêncio os mitos da fonte última da eficácia mágica desses magníficos santuários.

As moradas das pessoas, por outro lado, eram ou em cavernas rasas e sob as saliências dos rochedos, ou nas planícies abertas, em vários tipos de abrigo. Algumas pinturas sugerem as formas de suas cabanas ou casas, enquanto sob muitas saliências de rochedos foram encontrados abundantes vestígios da vida na antiga Idade da Pedra. Na verdade, nos belos vales do rio Dordonha, as pessoas continuam vivendo sob tais saliências de rochedos até hoje. São grandes saliências, formadas pelo aluvião de poderosas correntes glaciais, e como hoje esses rios são muito menores e rasos do que eram, eles formaram uma bela região gramada entre as atuais margens e os altos rochedos onde constituíram as saliências. É preciso escalar um pouco para chegar aos confortáveis lares franceses que se aninham contra as paredes salientes. E justamente abaixo do solo desses lares modernos encontra-se um estrato de vestígios galo-romanos, do período de Vercingetórix e Júlio César; abaixo dele, remanescentes do anterior mundo cultural gaulês, e ainda mais abaixo, o Neolítico de cerca de 2500-1000 a.C. – e então o Paleolítico, período por período: Aziliano, Magdaleniano, Solutreano, Aurignaciano e mesmo o Musteriano; cerca de cinquenta mil anos de vida humana em uma surpreendente visão transversal. No nível mais alto pode-se encontrar uma corrente quebrada de bicicleta; no mais baixo, um dente de urso de caverna com 5 cm de comprimento. E a própria guia que mostra a escavação vive numa casa com uma sólida rocha do penhasco como parede dos fundos e conta as vantagens de tal residência: é fresca no verão e quente no inverno. A rocha, pura rocha sedimentar, oferece boa proteção. E em frente, do lado de fora, pode-se ver a graciosa ondulação da grama que desce até um atraente rio e não se pode deixar de reconhecer e sentir que por milênios esse tem sido um ótimo lugar para se criar os filhos. Os homens paleolíticos caçavam seus alimentos em vez de cultivá-los e caminhavam ou corriam de um lugar para outro em vez de andar de bicicleta ou de carro. Mas, e o resto? Eles tinham filhos e suas mulheres costuravam as roupas – não de tecido, mas de couro. Os homens tinham oficinas para lascar a pedra e clubes exclusivos nas suas cavernas secretas. Eles viviam, de modo geral, exatamente como as pessoas vivem hoje. E assim foi por cerca de cinquenta mil anos. O tique-taque do tempo nas atuais circunstâncias não ressoa tão forte quanto ressoou um dia.

II. NOSSA SENHORA DOS MAMUTES

Enquanto nas pinturas rupestres das cavernas paleolíticas prevalecem as formas animais, o principal tema de interesse entre os vestígios escultóricos do mesmo período era a forma feminina; e enquanto as relativamente raras figuras masculinas encontradas entre as pinturas de animais são mascaradas ou modificadas de maneira a sugerir seres mitológicos e façanhas mágicas, as estatuetas femininas, esculpidas em osso, pedra ou marfim de mamute, são nuas e simplesmente de pé. Muitas são obesas ao extremo e entre estas, algumas são estilizadas de maneira notavelmente "moderna" para dar uma ênfase dramática – e, sem dúvida, simbolicamente planejada – aos quadris largos, ao triângulo púbico e aos seios fartos. Em contraste com as formas masculinas nas pinturas, elas jamais são mascaradas ou modificadas para sugerir animais, embora entre as cento e trinta e tantas encontradas, apenas duas pareçam estar vestidas com algo que pode indicar trajes xamanistas. As outras simplesmente *são*. De fato, alguns pesquisadores interpretaram as pequenas "Vênus" impudentes como erótica paleolítica.[17] Mas, como muitas foram encontradas expostas em santuários, hoje se tem certeza de que eram objeto de culto. Sem exceção, faltam-lhes pés, pois estavam fincadas eretas no chão; poucas foram, na verdade, encontradas *in situ*. E assim podemos dizer que no período Paleolítico, exatamente como na idade muito posterior das primeiras sociedades agrícolas do Oriente Próximo, o corpo feminino era vivenciado em sua própria natureza como um foco de força divina, e que um sistema de ritos era dedicado a seu mistério.

Tais ritos seriam entretanto de um culto de mulheres, de homens, ou de ambos? Seriam complementares, incompatíveis ou simplesmente dissociados dos ritos das cavernas? Seriam derivados da mesma província ou estrato da vida na antiga Idade da Pedra, como os rituais das cavernas, ou representavam algum sistema totalmente estranho?

Leo Frobenius foi o primeiro, acredito, a sugerir – baseado na distinção fundamental entre as províncias da floresta tropical (onde abundam todos os tipos de madeira e a arte da escultura em madeira floresce com vigor até hoje) e as estepes temperadas e desertos (onde o principal material é a pedra e a arte habitual é a das linhas gravadas ou riscadas sobre superfícies de duas dimensões) – que a arte glíptica aurignaciana das estatuetas deve ter recebido seu impulso original das regiões sulinas de escultura em madeira e marfim.[18] O Prof. Menghin, em sua *World History of the Stone Age*[19] [História Mundial da Idade da Pedra], também vê uma provável relação entre essas estatuetas femininas e o mundo dos agricultores tropicais. Elas representam, sugere o autor, a mesma deusa-mãe que se tornaria tão conspícua nas civilizações agrícolas posteriores do Oriente Próximo e tem sido celebrada em toda parte como a Magna Mater e Mãe-Terra. Se fosse possível demonstrar que tais sugestões têm fundamento, então o princípio daquele sistema mitológico do mundo vegetal, que observamos rapidamente em nosso estudo do sacrifício da donzela, seria muito mais antigo do que permitiria qualquer data do Protoneolítico ou Neolítico Basal, e assim poderíamos, talvez, considerar essas estatuetas aurignacianas como um prelúdio de uma sinfonia de hinos que já ouvimos, e voltaremos a ouvir, à grande deusa.

Mas há outra abordagem à mesma ideia elementar, que não invoca a ideologia étnica dos agricultores. Pois não são as mães igualmente mães tanto nas margens do Yenisei quanto no Congo? Como Franz Hančar observou em seu artigo "Sobre o Problema das Estatuetas de Vênus no Paleolítico Superior Eurasiano",[20] figuras humanas de madeira de lariço e álamo são esculpidas até hoje entre os caçadores de rena da Sibéria – os ostíacos, iacutos, goldonianos etc. – para representar o ponto de origem ancestral de todo o povo, e elas são sempre femininas. A choupana é confiada à pequena figura quando seus ocupantes saem para a caça, e, quando retornam, eles lhe servem aveia e gordura, rezando: "Ajude-nos a preservar a saúde! Ajude-nos a caçar muitos animais!". "O fundo psicológico da ideia", sugere o Dr. Hančar, "provém do sentimento e reconhecimento da mulher, especialmente durante a gravidez, como centro e fonte de uma força mágica efetiva".[21] "E do ponto de vista da história do pensamento", ele então observa, "essas estatuetas de Vênus do Paleolítico Tardio chegam até nós como a mais antiga expressão conhecida daquela ideia ritual imortal, que vê na mulher a corporificação do princípio e continuidade da vida, bem como o símbolo da imortalidade daquela matéria terrena que é em si informe, mas que ainda assim veste todas as formas".[22]

Não pode haver dúvida de que, nas idades mais remotas da história humana, a força mágica e o milagre da mulher não constituíam menos mistério que o próprio universo, e isso deu à mulher um poder prodigioso, o qual tem se constituído numa das principais preocupações da população masculina no que diz respeito a tentar quebrá-lo, controlá-lo e usá-lo para seus próprios fins. É, de fato, notável que tantas raças de caçadores primitivos conservem a lenda de uma idade ainda mais primitiva que as suas próprias, na qual as mulheres eram as únicas dotadas de poderes mágicos. Entre os onas da Terra do Fogo, por exemplo, a ideia é fundamental à lenda de origem da confraria ou Hain das sociedades secretas dos homens. Eis aqui o resumo da lenda, feito por Lucas Bridges:

> Nos dias em que toda a floresta era sempre verde, antes de Kerrhprrh, o periquito, ter pintado as folhas de outono de vermelho com a tinta de seu peito, antes de os gigantes Kwonyipe e Chashkilchesh perambularem pelos bosques com suas cabeças acima dos topos das árvores; nos dias em que Krren (o Sol) e Kreeh (a Lua) andavam sobre a terra como homem e mulher e muitas das grandes montanhas adormecidas eram seres humanos, em tais tempos longínquos a feitiçaria era conhecida apenas pelas mulheres da terra dos onas. Elas tinham sua confraria particular, da qual nenhum homem ousava aproximar-se. As meninas, quando estavam para se tornar mulheres, eram instruídas nas artes mágicas, aprendendo a causar doenças e mesmo a morte a todos aqueles que as ofendiam.
>
> Os homens viviam no mais profundo temor e sujeição. Certamente, eles tinham arcos e flechas com os quais suprir de carne o acampamento, mas mesmo assim, interrogavam-se, de que serviam tais armas contra a bruxaria e a doença? Essa tirania das mulheres foi de mal a pior até que ocorreu aos homens que uma bruxa morta era menos perigosa que uma viva. Eles conspiraram para eliminar todas as mulheres, o que acabou resultando num grande massacre, do qual nenhuma mulher escapou com forma humana.
>
> Mesmo as jovens apenas iniciando seus estudos em bruxaria foram mortas com as demais, de maneira que os homens se viram sem esposas. Para tê-las novamente, eles tinham de esperar até que as meninas se transformassem em mulheres. Enquanto isso, surgiu a grande questão: como poderiam os homens manter o controle agora que o tinham conquistado? Um dia, quando as meninas atingissem a maturidade, elas poderiam juntar-se novamente e reconquistar seu antigo domínio. Para evitar que isso ocorresse, os homens inauguraram sua própria sociedade secreta e baniram para sempre a confraria das mulheres, na qual tantas intrigas tinham sido tramadas contra eles. Nenhuma mulher podia aproximar-se do Hain, sob pena de morte. Para assegurarem-se de que sua vontade seria respeitada pelas mulheres, os homens criaram um novo ramo da demonologia onas: uma coleção de seres estranhos – extraídos em parte de sua própria imaginação e em parte do folclore e antigas lendas – que assumiriam formas visíveis, personificando-se nos membros da confraria e, assim, espantando as

> mulheres dos conselhos secretos do Hain. Fez-se saber que tais criaturas odiavam as mulheres, mas que eram bem-intencionadas para com os homens, chegando mesmo a oferecer-lhes alimentos misteriosos durante as frequentemente prolongadas reuniões da confraria. Às vezes, entretanto, tais seres eram impetuosos e irascíveis. Sua irritabilidade era manifestada às mulheres do acampamento pelos gritos e lamentos lúgubres vindos do Hain e também pelos rostos arranhados e narizes sangrando com que chegavam em casa depois de terminada alguma sessão especialmente animada.
>
> Os mais assustadores dos visitantes sobrenaturais ao Hain eram o homem com chifre e duas irmãs ferozes. [...] O nome do homem era Halahachish ou, mais comumente, Hachai. Ele vinha das rochas cobertas de líquen e era de aparência tão cinzenta quanto seu esconderijo. A irmã branca era Halpen. Ela vinha das nuvens brancas – os cúmulos – e tinha uma terrível fama de crueldade para com sua irmã, Tanu, que vinha do barro vermelho.
>
> Um quarto monstro do Hain era Short. Ele participava com mais frequência das sessões da confraria do que os outros três. Como Hachai, vinha das rochas cinzentas. Sua única vestimenta era um pedaço esbranquiçado de pele semelhante ao pergaminho, sobre o rosto e a cabeça. Nele havia buracos para os olhos e a boca, era apertado em volta da cabeça e amarrado atrás. Havia muitos Shorts e mais do que um podiam ser vistos ao mesmo tempo. Apresentavam uma grande diferença nas cores e no padrão da maquilagem. Um braço e a perna oposta podiam ser pintados de branco ou vermelho, com manchas ou listras (ou ambas) da outra cor sobrepostas. A aplicação, no corpo, de penas cinzentas de filhotes de passarinhos dava-lhes uma certa semelhança com seus espíritos cobertos de líquen. À diferença de Hachai, Halpen e Tanu, ele podia ser encontrado longe do Hain e por vezes, era visto pelas mulheres quando elas saíam para o bosque em busca de lenha ou bagas. Em tais ocasiões, elas corriam para casa com a terrível notícia, pois Short era tido como muito perigoso e propenso a matar as mulheres. Quando aparecia perto do acampamento, elas fugiam para seus abrigos, onde, junto com os filhos, se deitavam com a cara no chão, cobrindo a cabeça com qualquer pedaço de pano que estivesse à mão.
>
> Além desses quatro, havia muitas outras criaturas do Hain, algumas das quais não tinham aparecido, possivelmente, por toda uma geração. Havia, por exemplo, Kmantah, que se vestia de casca de faia e do qual se dizia vir de, e retornar a, sua mãe Kualchink, a efêmera árvore faia. Outro era Kterrnen. Ele era pequeno, muito jovem e conhecido como sendo filho de Short. Andava todo pintado e coberto com adornos de penas e era o único entre todas as criaturas da confraria que tinha uma atitude gentil para com as mulheres, que podiam mesmo olhar para ele quando passava.

"Perguntava-me às vezes", declara Bridges, ele próprio um membro iniciado do Hain, "se aquelas estranhas aparições podiam ser remanescentes de uma religião moribunda, mas cheguei à conclusão de que não podia ser assim. Não havia nenhum vestígio de qualquer lenda sugerindo que qualquer uma daquelas criaturas personificadas pelos índios tivesse jamais pisado na terra sob qualquer forma que não fosse em fantasia".[23]

Entre os yahgans (ou yamanas) também – vizinhos sulistas dos onas, mas um povo muito diferente, de estatura muito mais baixa e dedicado, não a caçar guanaco nas montanhas, mas a pescar e caçar focas ao longo das costas perigosas – existia a lenda de que antigamente suas mulheres tinham dominado pela bruxaria e astúcia. "De acordo com a lenda", afirma o Sr. Bridges, "não foi há muito tempo que os homens assumiram o controle. Isso ocorreu aparentemente por um consen-so mútuo; não há nenhuma indicação de um massacre em grande escala das mulheres como o que ocorreu – baseando-se na mitologia da tribo – entre os onas. Há, não longe de Ushuaia, todos os sinais de que um dia existiu uma ampla aldeia onde, diz-se, ocorreu uma grande concentração de nativos. Tal confluência jamais tinha sido vista até então ou mesmo depois, com canoas chegando das fronteiras mais remotas da terra Yahgan. Foi naquela reunião memorável que os homens yahgans tomaram o poder em suas próprias mãos". E Bridges conclui: "Essa lenda da liderança arrancada das mulheres, pela força ou pela coerção, é demasiado difundida em todo o mundo para ser ignorada de modo leviano".[24]

Entre os australianos, conforme Spencer e Gillen observaram,[25] "em tempos passados a posição das mulheres, considerando-se sua relação com os objetos sagrados e cerimônias, era muito diferente da que ocupam atualmente". Em Emily Gap, um dos lugares sagrados mais importantes da tribo Aranda, por exemplo, há um desenho nas rochas que se supõe originado espontaneamente para marcar o lugar onde as mulheres *altjeringa* da era mitológica se adornavam com pintura cerimonial e ficavam espiando, assistindo enquanto os homens realizavam aquelas cerimônias da multiplicação dos animais (*intichiuma*),* das quais as mulheres hoje são absolutamente excluídas. "Supõe-se que um dos desenhos represente uma mulher apoiada no cotovelo sobre as rochas e olhando para cima."[26] Outros observadores também notaram evidências, na Austrália, de uma época em que o papel das mulheres na tradição mitológica e vida cerimonial era mais preeminente do que o que lhes é atribuído hoje. O padre E.F. Worms, de Broome, por exemplo, descreveu uma coleção de petróglifos arcaicos no deserto noroeste, em um local na região do alto rio Yule conhecida como Mangulagura, "Ilha da Mulher", onde todas as gravuras são representações de mulheres. De suas vulvas proeminentes saem três linhas, que podem representar emanações mágicas de alguma espécie, e acima delas há uma representação curva da Cobra do Arco-íris.[27]

Somos tentados a supor que pode ter ocorrido no passado humano alguma crise – da qual essas lendas seriam a notícia amplamente difundida – ou uma série de crises em várias partes do mundo, e de acordo com a visão da escola

* Cf. *supra*, p. 94 e 102-104.

histórico-cultural representada pela obra monumental, em doze volumes, do padre W. Schmidt, *The Origin of the Idea of God*[28] [A Origem da Ideia de Deus], há de fato provas suficientes para justificar uma hipótese histórica dessa natureza. O padre Schmidt e seus colegas acharam necessário distinguir três tipos ou estágios básicos na sociedade primitiva. O primeiro é o dos povos mais simples conhecidos pela ciência da etnologia: os pequenos yahgans (yamanas) dos estreitos e enseadas do limite sul da agreste Terra do Fogo, um número de tribos extremamente primitivas e dispersas da Patagônia e Califórnia Central, os esquimós caribus do norte do Canadá, os pigmeus do Congo e das ilhas Andaman e os kurnais do sudeste da Austrália. As circunstâncias etnológicas desses povos humildes, vivendo da caça, da pesca e da coleta de alimentos, não dão ênfase a uma origem patriarcal nem matriarcal; antes, prevalece uma igualdade essencial entre os sexos, cada um realizando suas tarefas devidas sem atribuir-se quaisquer privilégios especiais ou direitos particulares de mando. As cerimônias de iniciação da puberdade não são restritas aos meninos e homens, nem estão separadas em ritos masculinos e femininos, mas são quase idênticas para ambos os sexos. Tampouco os ritos implicam em qualquer deformação física ou na transmissão de segredos místicos. Eles são simplesmente cursos intensivos para a educação dos adolescentes, com a finalidade de fazer dos iniciados bons pais e boas mães. Interesses especiais, tribais ou grupais, não estão no primeiro plano dos ensinamentos, pois o sentimento tribal em tais grupos não é muito desenvolvido – a unidade social típica é um mero aglomerado de vinte a quarenta famílias, cujo principal problema social dificilmente vai além do viver juntas em harmonia, conseguir alimento suficiente para comer durante o dia e inventar jogos com os quais divertir-se após o anoitecer.

O segundo estágio ou tipo de sociedade primitiva reconhecido por essa escola de etnologia histórico-cultural é o dos grandes grupos totêmicos de caça, com seus sistemas de clãs primorosamente desenvolvidos, faixas etárias e tradições tribais de rituais e mitos. Exemplos de tais tribos abundam nas planícies da América do Norte e nos pampas da América do Sul, bem como nos desertos da Austrália. Seus ritos de iniciação, como já vimos, são secretos. As mulheres são excluídas; mutilações físicas e provações são levadas, por vezes, a extremos quase inacreditáveis e, geralmente, culminam com a circuncisão. Além do mais, uma considerável ênfase é colocada no papel e autoridade dos homens, tanto na organização religiosa quanto política da comunidade simbolicamente articulada. Com frequência, a circuncisão dos meninos é equiparada a operações semelhantes nas meninas (defloração artificial ou cerimonial, dilatação da vagina, remoção dos lábios menores e, parcial ou totalmente, do clitóris etc.), mas em tais casos os dois sistemas de ritual – o masculino e o feminino – são mantidos separados e as mulheres não obtêm através de seus rituais nenhuma vantagem social sobre os homens. Pelo contrário, há uma evidente unilateralidade em favor do macho nessas sociedades de caçadores altamente organizadas, onde a influência da mulher é confinada – quando existe – à esfera doméstica.

De acordo com a hipótese do padre Schmidt e seus colegas, as iniciações da puberdade nesse segundo estágio ou tipo de sociedade primitiva originaram-se das do primeiro estágio embora com uma tendência a favor dos homens e, com isso, uma ênfase no aspecto sexual dos ritos e, particularmente, na circuncisão. Contudo, um processo de desenvolvimento muito diferente pode ser observado na esfera das culturas hortícolas tropicais, onde se desenvolveu um terceiro tipo ou estágio de organização social quase totalmente oposto ao das tribos caçadoras. Pois naquelas regiões eram as mulheres, não os homens, que desfrutavam das vantagens mágico-religiosas e sociais, sendo elas as responsáveis pela transição da coleta de plantas para o cultivo de plantas.[29] Nas sociedades elementares do primeiro tipo, os homens em geral são caçadores e as mulheres coletoras de raízes, bagas e larvas de várias espécies, rãs, lagartixas, escaravelhos e outras guloseimas. As sociedades do segundo tipo evoluíram em regiões onde uma caça abundante propiciou um desenvolvimento hercúleo da arriscada arte da caça, enquanto as do terceiro tipo se formaram onde as principais fontes de alimentação eram as plantas. Ali, eram as mulheres que se mostravam superiores: elas eram, não apenas as que geravam e criavam os filhos, mas também as principais produtoras de alimentos. Ao perceberem que era possível cultivar plantas, bem como colhê-las, elas valorizaram a terra e tornaram-se, consequentemente, suas proprietárias. Dessa maneira conquistaram poder e prestígio tanto econômico quanto social, e o sistema matriarcal tomou forma.

Os homens, em sociedades desse terceiro tipo, eram quase supérfluos e se, como afirmam algumas autoridades,[30] eles não tinham nenhum conhecimento da relação entre o ato sexual e a gravidez e o parto, podemos muito bem imaginar a dimensão de seu complexo de inferioridade. Não é de surpreender, portanto, que, como reação, sua imaginação vingativa tenha criado asas e desenvolvido confrarias e sociedades secretas, cujos mistérios e terrores foram fundamentalmente voltados contra as mulheres! Segundo a visão do padre Schmidt, os cerimoniais dessas confrarias secretas devem ser radicalmente distinguidos das iniciações nas tribos de caçadores, sendo sua função psicológica diferente, como também sua história. A admissão dá-se através de seleção e é geralmente limitada: elas não são para todos. Além do mais, tendem a ser proselitistas, ultrapassando os limites da tribo local, procurando aliados e membros entre tribos estranhas e, com isso, ocorreu, por exemplo, que tanto na África Ocidental quanto na Melanésia, sedes de certas "confrarias" possam ser encontradas entre tribos grandemente diferenciadas. Como já notamos,* nessas sociedades secretas masculinas dá-se uma ênfase especial ao culto da caveira, que é frequentemente associado com a caça à cabeça. Canibalismo ritual e pederastia são praticados comumente e há um uso muito sofisticado de tambores e máscaras simbólicos. Ironicamente (mas nem por isso ilógico), as divindades mais importantes dessas confrarias são com frequência femininas: até o

* Cf. *supra*, p. 159.

próprio Ser Supremo é imaginado como a Grande Mãe, e na mitologia e na tradição ritual dessa deusa, é desenvolvida uma imagética lunar – como já vimos.

Ao considerar tais ritos de iniciação entre caçadores como os da Austrália Central (que examinamos rapidamente na Parte I), o padre Schmidt chama a atenção para as influências secundárias que, como pode ser facilmente demonstrado, penetraram nas regiões de caça da Austrália provenientes das culturas hortícolas da Melanésia e Nova Guiné, e, comparativamente, ao tratar dos amigos do Sr. Lucas Bridges – os yahgans e onas da Terra do Fogo – ele explica o Hain, com suas práticas antifemininas, como sendo uma instituição alienígena, derivada em última instância, através da Patagônia, das culturas agrícolas da zona tropical da América do Sul.

"Se, por um lado, o objetivo de seus ritos de iniciação da puberdade", escreve ele em sua discussão das tribos caçadoras primitivas da Terra do Fogo,

> era transformar meninos e meninas em seres humanos competentes, pais e membros da tribo – com ensinamentos e exemplos baseados no firme princípio de um Ser Supremo, tanto bom quanto poderoso, que repousa na eternidade –, os festivais masculinos, não apenas eram dirigidos para um propósito ignóbil e imoral, mas empenhavam-se nele através de meios ignóbeis e imorais. O propósito era destruir o estado harmonioso de privilégios iguais e confiança mútua entre os dois sexos – que originalmente havia prevalecido em sua sociedade elementar, sustentada pelas condições econômicas – e estabelecer, pela intimidação e sujeição das mulheres, uma ascendência cruel dos homens. Os meios eram burlescos, como os usados na véspera do Dia de Todos os Santos (Hallowe'en: Dia das Bruxas), em que os próprios atores não acreditavam e cujas representações, consequentemente, eram farsas e imposturas do início ao fim. E os efeitos negativos resultantes disso eram, não apenas distúrbios no equilíbrio social entre os sexos, mas também um embrutecimento e egocentrismo dos homens, que lutavam por tais fins através de tais meios.
>
> A desculpa que os homens se sentiram obrigados a invocar, com o objetivo de levar adiante seus mitos e atividades das confrarias masculinas, era que haviam sido as mulheres as que iniciaram tais práticas; contudo, esse era um argumento indefensável porque jamais tinha havido qualquer uso de agricultura nessa comunidade que desse origem à supremacia matriarcal relatada no mito. A história toda deve ter sido importada de alguma outra região, onde um matriarcado baseado na horticultura havia provocado a reação dos homens e o desenvolvimento de suas sociedades secretas, e que então, juntamente com seu sistema de festivais masculinos, foram levadas para a Terra do Fogo.[31]

A apologia mitológica fornecida pelos homens da tribo Onas para sua confraria ultrajante estava maravilhosamente próxima, como o leitor poderá ter notado, à atribuída a Adão pelos hebreus patriarcais no seu Livro do Gênesis; ou seja, que, se ele tinha pecado, era a mulher quem tinha pecado antes. E considera-se que o Senhor irado de Israel – concebido de forma puramente masculina – tenha outorgado um certo crédito a essa escusa; porque ele então prontamente tornou toda a raça feminina submissa ao homem. "Multiplicarei as dores de tuas gestações", diz-se que o Senhor Deus teria proclamado; "na dor darás à luz filhos. Teu desejo te impelirá ao teu marido, e ele te dominará".[32]

Essa curiosa ideia mitológica e o fato ainda mais curioso de ela ter sido aceita em todo o mundo ocidental por quase dois mil anos, como o relato fidedigno de um evento supostamente ocorrido cerca de duas semanas após a criação do universo, levanta a questão muito interessante da influência das mitologias e suas inflexões – propositalmente tramadas e arranjadas – sobre a estrutura da crença humana e o consequente curso da civilização. Já vimos o papel dos ardis no xamanismo. Pode muito bem ser que uma boa parte do que foi anunciado como representando a vontade do "Velho Homem", na verdade não passe do legado de muitos homens velhos, e que a ideia principal não tenha sido tanto honrar a Deus, mas simplificar a vida mantendo a mulher na cozinha.

Algo de tal batalha floreada na contínua guerra dos sexos, traduzida e sustentada pela mitologia, deve estar por trás do completo desaparecimento das estatuetas femininas do cenário europeu no final do período Aurignaciano. Já observamos que na arte rupestre das cavernas-templo dos homens, arte que se desenvolveu durante o período Aurignaciano e atingiu seu apogeu nas visões dos terreiros de caça bem-sucedida do período Magdaleniano, preponderam animais e as figuras humanas são masculinas, vestidas como xamãs. No culto aurignaciano das estatuetas, entretanto, quaisquer que tenham sido sua referência e função, a forma principal era o nu feminino, dando grande ênfase às partes sexuais. A revolução teria sido consequência de algum tipo de invasão, uma nova raça ou algum daqueles movimentos proselitistas das "sociedades masculinas", sobre os quais o padre Schmidt escreveu? Ou teria sido consequência de uma transformação natural das condições sociais com uma transferência de poder e prestígio para o macho?

O clima da Europa e da grande extensão de planícies até o lago Baikal era úmido e extremamente frio durante o período Aurignaciano, quando as vastas regiões glaciais da quarta glaciação (Würm), embora em recesso, ainda ocupavam uma linha por volta da latitude de Oslo (60 graus ao norte). A paisagem era a da tundra ártica e os animais que ali viviam eram o boi-almiscarado, o rinoceronte lanoso, a rena e o mamute lanoso. A raposa ártica, a lebre, o carcaju e a ptármica também estavam presentes.[33] Entretanto, com o posterior recuo do gelo, o clima, embora ainda frio, tornou-se seco e a estepe começou a preponderar sobre a tundra. Isso trouxe, além dos animais já mencionados, os grandes rebanhos pastoris de bisão, gado selvagem, cavalos das estepes, antílopes, asnos selvagens e asnos selvagens do Tibete. A cabra-montês, o bode montês e o argali (uma espécie de carneiro) também desafiaram os senhores da caça.[34] Como efeito, os modos e condições de vida humana sofreram grandes mudanças. No período anterior do mamute, as estações de caça parecem ter sido muito espalhadas, mas relativamente imutáveis; sob a proteção das habitações, a força e o valor da parte feminina da comunidade tinham uma esfera na qual se fazer presentes. No período posterior dos grandes rebanhos, entretanto, ocorreu uma mudança para um estilo mais constantemente variado de nomadismo e isso reduziu muito o papel doméstico da mulher, limitando-a a fazer, desfazer e carregar a bagagem, enquanto os homens desenvolviam um senso apurado de sua própria superioridade, que sempre resulta em vantagem para eles quando os trabalhos a ser realizados exigem mais dos músculos para correr que de gordura para sentar. Nas partes ocidentais da ampla região de caça de que estivemos falando, esse estilo mais móvel da caça desenvolveu-se com a arte rupestre das cavernas-templo masculinas. Na direção leste, entretanto, nos recônditos mais frios do sul da Rússia e da Sibéria, o mamute permaneceu até muito mais tarde e, com ele, também as pequenas estatuetas da Nossa Senhora do Mamute. E com esse contraste no desenvolvimento histórico das duas regiões durante o Paleolítico Tardio, talvez tenhamos tocado no primeiro nível do profundo contraste psicológico, bem como cultural, entre o Oriente e o Ocidente.

Já observamos a Vênus de Laussel e sugerimos que a lenda dos pés-negros da dança dos búfalos poderia ser uma remota versão da tradição aurignaciana tardia da qual a Vênus é representante. Em sua época, o bisão já havia suplantado o mamute como principal objeto de caça, mas entre as tribos para as quais ela foi esculpida, a mulher nua aparentemente ainda não tinha sido substituída, em seu papel mágico, pelo xamã mascarado. Observamos que no mesmo santuário de Laussel, no sul da França, foram encontradas três outras formas femininas (uma, aparentemente, no ato de dar à luz), bem como uma série de representações dos órgãos femininos. O abrigo na rocha, além disso, era um espaço habitável. O culto envolvido não era o das grandes e profundas cavernas-templo, e o fato de a maior parte das figuras do local estarem despedaçadas, a um ponto de não poderem ser reconstituídas, pode indicar que houve um ataque planejado para quebrar o seu poder. A sugestão não é nada fantasiosa: foram encontrados outros exemplos de tais ataques a objetos mágicos de acampamentos paleolíticos. Mas, seja por algum processo mais brando de transformação cultural ou por uma violência tal como a sugerida pela lenda onas do massacre que acabou com a época da magia das mulheres, permanece o fato de que no extremo oeste do amplo domínio paleolítico da Grande Caça – que se estendeu da serra de Cantábria, no norte da Espanha, até o lago Baikal no sudeste da Sibéria – as primeiras raças da espécie *Homo sapiens* de que temos algum registro promoveram uma mudança da vagina para o falo na sua magia, e, com isso, talvez também tenha ocorrido uma mudança de uma mitologia essencialmente orientada para as plantas, para outra dirigida aos animais.

As estatuetas femininas são os exemplos mais antigos de "imagem de culto" que possuímos e eram, aparentemente, os primeiros objetos de adoração da espécie *Homo sapiens*; pois no nível abaixo delas chegamos à esfera de um estágio anterior na evolução de nossa espécie – a do Homem de Neandertal, de pernas e braços curtos, compleição torácica robusta, pescoço curto, sem queixo, sobrancelhas espessas, nariz largo e achatado e focinho ressaltado, que andava com os joelhos dobrados sobre a parte externa dos pés.[35] Em contraste, as mulheres representadas em nossas estatuetas, apesar de volumosas, são inquestionavelmente da espécie *Homo sapiens*.

A famosa Vênus de Willendorf (sul da Áustria) é uma pequena fêmea extremamente corpulenta, com cerca de 11 cm de altura, sustentando-se sobre pernas lamentavelmente inadequadas, com braços finos como costelas descansando levemente sobre seios abalonados. Outro exemplo igualmente famoso do tema é uma figura esculpida, elegante e muito estilizada, das grutas de Grimaldi, perto de Menton (na costa mediterrânea, cerca de 8 km a oeste de Mônaco), cuja forma sugere a obra moderna de Archipenko ou Brancusi; enquanto uma fabulosa pequena obra-prima em marfim de mamute, com 14 cm de altura, de Lespugue, departamento de Haute-Garonne, ainda mais arrojada em sua estilização, apresenta uma figura com ombros graciosamente inclinados, mas com seios enormes, chegando até as virilhas. Uma segunda imagem das grutas de Grimaldi, também esculpida no estilo "moderno", é tanto esteatopígica quanto proeminentemente grávida. Contudo, como já foi notado, nem todas as estatuetas são de tipo corpulento. Algumas são pouco mais que lascas de presas de mamute com os símbolos do gênero feminino riscados sobres elas.

Figura 17. A Vênus de Willendorf.

Uma importante descoberta foi feita em 1930 na região do Dnieper, em um lugar conhecido como Yeliseevici, na margem direita do rio Desna, entre Bryansk e Mglin. Ela consistiu de um amontoado de crânios de mamute arranjados em forma de círculo e, entre eles, uma série de presas, algumas placas de marfim de mamute riscadas com desenhos geométricos sugerindo as formas de habitações, outras com figuras de peixes e sinais simbólicos e, finalmente, uma estatueta de Vênus que mesmo sem a cabeça que perdeu, tinha cerca de 15 cm de altura:[36] Nossa Senhora dos Mamutes, realmente *in situ*.

Figura 18. A Vênus de Lespugue

Em outro sítio arqueológico da região – Timovka – a aproximadamente 4 km ao sul de Bryansk e num alto declive que dá para o rio, onde se agrupavam seis grandes habitações, quatro armazéns e duas oficinas de confecção de pederneiras, foi encontrado um pedaço de presa de filhote de mamute em forma de falo, e com o desenho de um peixe geometricamente estilizado. Outro pedaço mostrava um desenho romboide.[37] E mais uma vez, ainda mais ao sul e também na margem direita do Desna, aproximadamente a meio caminho entre Bryansk e Kiev, uma escavação excepcionalmente rica, conhecida como Mezin, revelou, além de algumas pulseiras de marfim de mamute gravadas com desenhos sinuosos e ziguezagueantes e um pingente de marfim de mamute em forma de dente, dois pequenos animais sentados, grosseiramente esculpidos, seis pássaros de marfim de mamute extraordinariamente bonitos, tendo de 4 a 10 cm de comprimento, e dez estatuetas curiosamente estilizadas, também de marfim de mamute, que foram identificadas às vezes como nus femininos (abade Breuil), outras, como cabeças de pássaros de longos bicos (V.A. Gorodtsov) e outras, ainda, como falos (F.K. Volkov, o descobridor do local).

É impossível não sentir, ao se rever o material dessas estações de caça de mamute nas planícies loesses ao norte dos mares Negro e Cáspio, que estamos em uma província fundamentalmente diferente em estilo e mitologia da dos caçadores das grandes cavernas pintadas. O centro mais rico desse estilo mais oriental parece ter sido a região entre as formações do Dnieper e do rio Don – pelo menos até onde chegam as indicações das descobertas realizadas até hoje. A arte não era, como a das cavernas, impressionista, mas geometricamente estilizada, e a figura principal não era a do xamã mascarado, a um só tempo animal e homem, mestre dos mistérios das cavernas-templo, mas a da fêmea fértil, completamente nua, postada como guardiã do lar. E considero mais notável o fato de encontrarmos à sua volta uma constelação de motivos que permaneceram estreitamente associados com a deusa na época posterior do Neolítico e prosseguiram até os períodos das altas civilizações: a sinuosidade (como uma referência ao labirinto), o pássaro (nos pombais dos templos de Afrodite), o peixe (nos viveiros de peixes dos mesmos templos), os animais sentados e o falo. Quem, outrossim, decifrando as figuras entre os crânios de mamute, não pensa em Ártemis como a caçadora, a senhora das coisas selvagens; ou na protetora hindu do lar e deusa da boa sorte, Lakṣmī, em sua manifestação como Gājā-Lakṣmī (Lakṣmī dos Elefantes), quando é mostrada sentada sobre a corola circular de um lótus, orlada por dois fortes elefantes que derramam água sobre ela, diretamente das trombas ou de cântaros de água erguidos sobre sua cabeça?

Figura 19. Gaja-Laksmi

Mas temos de observar também que, sob as asas de um dos seis belos pássaros de marfim de mamute descobertos naquele local, aparece gravada a suástica da qual já falei,* a mais antiga suástica encontrada no mundo até hoje. Além do mais, ela não é apenas um rabisco, mas uma forma primorosamente organizada, sugerindo uma referência ao labirinto e com os elementos que a compõem no sentido anti-horário. C. von den Steinen, muito antes da descoberta desse local, sugeriu que a suástica poderia ter sido desenvolvida a partir da estilização de um pássaro voando, principalmente da cegonha, a inimiga da serpente e, em consequência, tornando-se a representante vitoriosa do princípio da luz e do calor.[38] E V.A. Gorodtsov, desenvolvendo esta ideia com relação ao contexto de Mezin, sugere que nos motivos geométricos da suástica, rombo e linha ziguezagueante ou sinuosa podemos reconhecer uma constelação mitológica de "pássaro (especificamente a cegonha), ninho e serpente".[39]

Os mesmos temas apareceram muito mais tarde na arte cerâmica ornamental do estilo Samarra, cerca de 4500-3500 a.C., que resultou em uma das principais regiões do Neolítico Superior – diretamente ao sul da Ucrânia e justamente do outro lado do mar Negro.

E terá sido por mero acaso que, quando, finalmente, em 1932, foi encontrado um santuário doméstico contendo imagens femininas, o número de imagens fosse exatamente três? O local dessa importante descoberta ficava na margem direita do rio Don, em Kostyenki, a aproximadamente 32 km ao sul de Voronesh. E ao todo, foram encontradas no mesmo local sete estatuetas femininas razoavelmente preservadas, feitas de marfim de mamute, pedra calcária e calcário argiloso, além de um grande número em fragmentos; uma placa de pedra com a figura de uma mulher gravada; alguns medalhões com representações dos genitais femininos, e alguns animais pequenos feitos de calcário argiloso. As estatuetas no nicho eram: uma figura de marfim de mamute mal preservada, sem a cabeça, mas com indicações bem gravadas de um grande colar caindo dos ombros para o peito; uma grande estatueta, talvez inacabada (a maior da série russa, somos informados, mas suas dimensões precisas não foram fornecidas pelo relatório russo pouco detalhado;[40] H. Kühn estimou sua altura em cerca de 30 cm),[41] feita de pedra calcária, mas intencionalmente quebrada em quatro pedaços e logo, aparentemente, jogada no nicho, e uma figura malfeita com uma cabeça redonda, de presa de mamute ou de osso. O próprio nicho estava situado no canto nordeste de uma habitação, a aproximadamente 1,80 m da lareira, uma área arredondada de cerca de 80 cm de largura, 50 cm de altura e 1,50 m de profundidade, e dentro dele não havia mais nada além dessas três enigmáticas estatuetas.[42]

O local de descoberta mais fascinante e atordoante de todos (que sugere mais questões do que me é possível enumerar neste capítulo) é Mal'ta, na região do lago Baikal, a aproximadamente 88 km a noroeste de Irkutsk, no rio Byelaya.

* Cf. *supra*, p. 130.

Justamente ali, lembramos, estão hoje os principais centros de xamanismo – de onde já tomamos conhecimento da mãe-animal, por quem o xamã é alimentado durante o período misterioso de sua iniciação. Ali também é o centro do qual provieram uma parte considerável das artes e algumas das raças da América do Norte pré-colombiana – inclusive os algonquinos, dos quais tanto os blackfoot quanto os ojíbuas, são exemplos representativos. Uma escola soviética de antropologia classificou os povos Vogul e Ostíaco das proximidades da bacia do rio Yenisei como americanoides,[43] e o ex-curador de Arte Primitiva e Pré-Histórica do Brooklyn Institute of Arts and Sciences, Dr. Herbert Spinden, localizou precisamente ali o centro da cultura mesolítico-neolítica, do qual ele extraiu o que chamou de "Complexo Cultural Ameríndio" (cerca de 2500-2000 a.C.).[44] Este complexo parece ter seus traços principais melhor representados nos remanescentes dos túmulos do chamado povo Adena (cerca de 800 a.C.-700 da nossa era) do Vale do Ohio,[45] recentemente estudados. Os primeiros vestígios deste complexo – na área do lago Vermelho, Nova York – acabam de ter uma datação provisória, através do carbono 14, de 2450 ± 260 a.C.[46] Estamos certamente, portanto, de um jeito ou de outro, no centro crucial de um *continuum* cultural arcaico que vai, por um lado, de volta ao refúgio aurignaciano nas rochas de Laussel e, por outro, para a frente, para a dança dos búfalos dos blackfoot do século XIX e, novamente, para o xamanismo moderno dos tungues, buriatos, ostíacos, voguls, tártaros e mesmo dos lapões e finlandeses.

Ali foram encontradas nada menos que vinte estatuetas femininas de marfim de mamute, de 3 cm até 12 cm de altura, uma representada como se estivesse vestida com pele de leão de caverna e as outras nuas. Mas na Índia e Oriente Próximo o animal de montaria comum da deusa era o leão; no Egito, Secmet era uma leoa, e nas artes, tanto dos hititas quanto dos modernos iorubas da Nigéria, a deusa equilibra-se sobre o leão, aleitando seu filho.

Uns catorze túmulos de animais foram encontrados em Mal'ta: seis de raposa ártica (devemos pensar em Reynard e Coiote?); seis de veado, em ambos os casos faltando os traseiros e os chifres (sugerindo que os animais devem ter sido esfolados antes de serem enterrados, talvez para fornecer vestimentas xamanistas); um contendo a cabeça e o pescoço de um pássaro grande, e um com uma pata de mamute. Também foram encontrados seis pássaros de marfim de mamute, voando e um nadando, – todos representando gansos ou patos – juntamente com um peixe de marfim com um labirinto espiralado pontilhado no flanco; um bastão de marfim, sugerindo a vara de um xamã. E finalmente – e mais notável – o esqueleto de uma criança raquítica de quatro anos, acompanhada de abundante ornamentação de marfim de mamute.

O pequeno esqueleto foi encontrado deitado de costas, em posição fetal ou curvada, mas com a cabeça voltada para a esquerda e de frente para o leste, ponto de nascimento, ou renascimento, do Sol. Sobre o túmulo, havia uma grande presa de mamute, e dentro dele muitos vestígios de um sepultamento altamente cerimonioso. Dentro do túmulo foi encontrada uma grande quantidade de material vermelho para colorir – uma descoberta comum nos locais paleolíticos, bem como nos cemitérios do complexo adena norte-americano – e circundando a cabeça havia uma delicada coroa ou tiara de marfim de mamute. A criança tinha usado, também, um bracelete do mesmo material e um fino colar de seis contas octogonais e cento e vinte lisas, de marfim, do qual pendia um pingente decorativo em forma de pássaro. Um segundo pingente, também em forma de pássaro voando, estava no túmulo, bem como dois medalhões. Um destes parece ter servido de fivela; o outro, um pouco maior, expunha de um lado três serpentes parecidas a cobras-capelos, riscadas ou gravadas, e do outro, um desenho pontilhado mostrando uma espiral de sete anéis, com três formas em S circundando-a – a mais antiga composição em espiral conhecida na história da arte.

Estamos claramente em uma província paleolítica, onde os temas da serpente, do labirinto e do renascimento já constituem uma constelação simbólica, unida à imagética do pássaro-sol e do voo do xamã, com a deusa em seu papel clássico de protetora do lar, mãe do segundo nascimento do homem e senhora das coisas selvagens e do suprimento de víveres. Aqui ela é a padroeira da caça, da mesma forma que entre os agricultores ela é a padroeira dos campos e das colheitas. Ainda não podemos concluir com base na evidência se devemos concordar com Frobenius e Menghin, de que se trata de um povo orientado para o mundo vegetal que migrara para um terreno de caça, difícil mas compensador, ou vice-versa: se era uma raça de caçadores do norte, da qual alguns símbolos penetrariam mais tarde no sul. Mas o que está certamente claro é que, do lago Baikal aos Pireneus, se estabeleceu um *continuum* de uma mitologia dos caçadores de mamute, na qual a imagem suprema era a deusa nua.

Além do mais, pode-se ter uma ideia de uma possível relação entre a imagética xamanista dos pássaros de marfim de mamute e o caráter dessa deusa a partir de um rápido exame da mitologia esquimó da "velha senhora das focas".

De onde vieram os primeiros esquimós, ou quando eles alcançaram seu habitat circumpolar, não sabemos; mas alguma parte do nordeste da Sibéria, fortemente colorida pela cultura da região do lago Baikal, pareceria agora ter sido sua provável terra natal, e a data mais remota de sua chegada poderia ser cerca de 300 a.C. Nas esculturas de marfim de morsas do período Punuk do estreito de Bering e Esquimó do Alasca (*c.* 500-1500 da nossa era), onde a forma feminina nua e um sentido apurado de ornamentação geométrica são traços marcantes – como o são no xamanismo dos esquimós suas lâmpadas de pedra, arpões de osso, costura de peles e abrigos semissubterrâneos –, reconhecemos o que deve ter sido uma herança mais ou menos direta das artes e mitologias da Grande Caçada paleolítica.

A velha senhora das focas (*arnarkuagssak*) está sentada em sua habitação, diante de uma lâmpada, sob a qual há um recipiente para receber o óleo gotejante. Ela é também conhecida como Pinga, Sedna e "prato de comida" (*nerrivik*). E é da lâmpada ou do interior escuro de sua morada que ela envia os animais que servem de alimento para o povo: os peixes, as focas, as morsas e as baleias; mas quando acontece de um certo tipo imundo de parasita começar a instalar-se aos montes em volta de sua cabeça, ela fica furiosa e deixa de enviar suas dádivas. A palavra para o parasita é *agdlerutt*, que também significa aborto ou natimorto. Pinga fica ofendida, diz-se, pela prática esquimó do aborto; mas também, como Igjugarjuk nos contou, "ela cuida dos espíritos dos animais e não gosta de ver muitos deles mortos. [...] O sangue e as entranhas têm de ser cobertos quando uma rena é morta". Uma foca ou rena não restituída à vida através da devida atenção ao ritual da caça é um "aborto", uma "criança natimorta" da própria velha senhora, tanto quanto um bebê humano parido sem vida prematuramente. E assim, quando esses *agdlerutt* começam a afligi-la, as pessoas em breve percebem que seus víveres começaram a faltar e torna-se tarefa de algum xamã altamente competente realizar em transe uma jornada muito arriscada até a morada da velha senhora, para libertá-la – ela que é o "prato de comida" – de seu sofrimento.

No caminho, o xamã primeiro tem de atravessar a terra dos mortos felizes, *arsissut*, a terra "daqueles que vivem em abundância", depois, ele tem de atravessar um abismo, no qual, segundo os autores mais antigos, há uma roda tão escorregadia quanto o gelo, que está sempre girando. Em seguida, ele tem de atravessar um grande caldeirão fervendo, cheio de focas perigosas; então, chega à morada da velha senhora que, entretanto, é protegida por feras terríveis, cães devoradores ou focas vorazes. E, finalmente, quando ele chega ao interior da habitação, tem de atravessar um abismo através de uma ponte tão estreita quanto o fio de uma navalha.[47]

Não sabemos por que artifício sua façanha de acalmar a velha é realizada, mas no final ela é libertada tanto dos parasitas quanto de sua ira; o xamã retorna e, em breve, também o alimento.

O título da novela de W. Somerset Maugham, *O Fio da Navalha*, o qual foi tirado de um verso do *Kaṭha Upaniṣad* hindu, em que a mente é exortada a entrar no caminho da liberação da morte, porém advertida sobre os perigos e dificuldades do caminho:

> Levante-se! Desperte!
> Aproxime-se das bênçãos supremas e guarde-as consigo:
> O fio afiado de uma navalha, difícil de atravessar,
> Penoso é este caminho: assim dizem os sábios![48]

deveria ser suficiente para sugerir algo do contexto geral da experiência espiritual a que se refere a figura esquimó de um xamã atravessando um abismo sobre a lâmina de uma faca.

Podemos pensar, também, no galante sir Lancelote, no romance palaciano do século XII de Chrétien de Troyes, *Le Chevalier de la charrette*, "O Cavaleiro da

Carreta", atravessando a "ponte-espada" muito penosa, para salvar sua senhora Guinevère, a rainha, do reino da morte. "E se alguém me perguntar a verdade", diz Chrétien, "jamais houve ponte tão penosa, tampouco alguma cujo pavimento fosse tão ruim: uma espada brunida e brilhante sobre uma correnteza gélida, firme e sólida e tão longa quanto duas lanças". A água cascateando abaixo, outrossim, era uma "correnteza perversa, tão rápida e furiosa, negra e túrgida, violenta e terrível como se fosse a torrente do demônio, e ela é tão perigosa e profunda que qualquer coisa que caísse nela ficaria tão completamente perdida como se caísse no mar salgado". Dois leões ou leopardos foram amarrados a uma grande rocha na extremidade da ponte, e a água, a ponte e os leões eram tão horríveis de se ver que qualquer pessoa diante deles tremeria de pavor.[49]

Na Índia, entre os mais antigos vestígios do complexo cultural da cidade-estado hierática, datando de cerca de 2000 a.C.,* foram encontradas representações de figuras em postura de ioga. Há também uma pequena cena daquele período mostrando uma aparição da deusa entre os ramos de uma árvore. E nos monumentos muito posteriores da arte budista indiana, esses mesmos dois temas – "o caminho do ioga" e "a deusa" – estão presentes nos Grandes Portões das estupas de Sanchi (*c.* 200 da nossa era), onde estão representados, respectivamente, pela "roda-sol da Lei do Buda" e pela "Deusa dos Elefantes", Gājā-Lakṣmī.

Mas estamos aqui diante de outro abismo, que nos atrai para além dos limites arqueológicos mais remotos. Pois a deusa que acabou de revelar-se no próprio alvorecer do primeiro dia da nossa espécie já estava acompanhada de sua bem conhecida corte (suas serpentes, suas pombas e cisnes; o leão, os viveiros de peixes e o fio da navalha pelo qual seu amante-xamã deve ir libertá-la de sua ira estéril e torná-la fértil novamente; a criancinha vestida com suas roupas de confirmação, no útero-túmulo, preparada para o renascimento e esperando pelo dia-sol do inextinguível *Sol invictus*, saindo do útero da mãe) e é ainda a que pode verdadeiramente dizer οὐδεὶς ἐμὸν πέπλον ἀνε῀ιλε, "Ninguém ergueu meu véu".

III. O MESTRE URSO

Os ainos das ilhas do norte do Japão – Hokkaido, Sacalina e Curilas –, que um dia também ocuparam a parte norte da principal ilha do arquipélago de Honshu, constituem um problema fascinante para a ciência da antropologia; pois, embora sua forma física se assemelhe à dos japoneses e 8.000 km de população mongol os separem da mais próxima população branca nativa, têm pele branca, olhos caucasoides e cabelos ondulados e abundantes. Eles foram chamados de o povo mais peludo da terra, embora não o sejam mais que muitos mujiques russos. De fato, seus velhos caciques altos e robustos, de barbas copiosas, narizes grandes,

* Cf. *supra*, p. 204.

Figura 20. Sacrifício do urso entre os aino

sobrancelhas espessas e olhos espirituosos, parecem-se muito com o autor de *Guerra e Paz*, ou com uma imagem infantil de Papai Noel; enquanto suas mulheres, muitas das quais são xamãs, tiveram seus encantos adornados por garbosos bigodes azul-acinzentados, tatuados acima dos lábios superiores na idade de treze anos, para torná-las desposáveis. O Prof. A.L. Kroeber classifica essa raça, que hoje conta com cerca de dezesseis mil membros, como "um tipo caucasiano generalizado ou mongol diferente" – se é que tal afirmação pode ser chamada de classificação;[50] mas A.C. Haddon mais confiantemente informa-nos que "eles, sem dúvida, são os restos do movimento oriental de um antigo grupo mesocefálico (de cabeça redonda) de brancos cimótricos (pessoas de cabelos ondulados, em contraste com os liótricos, de cabelos lisos e os ulótricos de cabelos crespos) que não deixaram nenhum outro representante na Ásia".[51] Sua língua, aparentemente única, não é classificada, embora um dos componentes arcaicos do japonês deva ter sido um dialeto da mesma família. Outrossim, várias de suas formas mitológicas e ritualísticas básicas tem uma estreita relação com o xintoísmo.

Os ainos são um povo seminômade, paleossiberiano caçador e pescador, mas ao mesmo tempo um povo neolítico horticultor, com a maravilhosa ideia de que o mundo dos homens é tão mais belo do que o dos deuses que as divindades gostam de vir aqui nos visitar. Em todas essas ocasiões, disfarçam-se. Animais, pássaros, insetos e peixes são tais deuses visitantes: o urso é um deus da montanha, a coruja, um deus da aldeia, o delfim, um deus do mar. As árvores, também, são deuses na terra, e mesmo as ferramentas que os homens fazem tornam-se deuses, se devidamente forjadas. Espadas e outras armas, por exemplo, podem ser deuses, e usar uma delas como proteção dá força. Mas de todos esses, o mais importante visitante divino é o urso.[52]

Quando um filhote recém-nascido de urso-negro é capturado nas montanhas, é levado triunfalmente para a aldeia, onde é amamentado por uma das mulheres, brinca com seus filhos e é tratado com muito carinho. Assim que se torna grande o suficiente para machucar e arranhar quando abraça, é colocado numa forte jaula de madeira e mantido ali por cerca de dois anos, alimentado a peixe e mingau, até um belo dia de setembro, quando julgam que chegou a hora de libertá-lo de seu corpo e restituí-lo feliz a sua montanha nativa. O ritual desse importante sacrifício é chamado de *iyomande*, que significa "despedir", e a despeito de envolver uma certa crueldade e tormento, todo o espírito da festa é o de uma alegre despedida e supõe-se que o urso esteja extremamente feliz – embora talvez surpreso, se acontece ser a primeira vez que ele visitou os ainos – por ser assim entretido.

O homem que vai dar a festa convida o povo de sua aldeia: "Eu, Fulano de Tal (talvez, por exemplo, Kawamura Monokute), vou sacrificar a querida coisinha divina das montanhas. Amigos e mestres, venham à festa! Vamos desfrutar juntos dos prazeres da 'despedida'! Venham! Venham todos!".

Os convidados chegam e confeccionam uma série de varas de oração (*inao*: "portadoras de mensagens") de aproximadamente 60 a 150 cm de comprimento, talhadas de maneira a deixar raspas aglomeradas na ponta como uma espécie de cabeça. Essas varas são fincadas ao lado da lareira, onde a deusa do fogo, Fuji ("avó, ancestral"), está sempre presente, protegendo a casa, e, depois de terem sido veneradas ali, as varas de oração são levadas para o lugar, do lado de fora, onde o urso será morto, e novamente fincadas no chão. Dois longos e grossos postes, conhecidos como *ok-numba-ni*, "os postes de estrangulamento", são então deitados ao lado das varas. Os homens aproximam-se da jaula do urso; as mulheres e crianças acompanham, dançando e cantando, e todos sentam-se em círculo à volta do urso, enquanto um deles, chegando muito próximo da jaula, faz com que o pequeno deus visitante saiba o que está por acontecer.

"Ó Divino Ser, você foi enviado a este mundo para que o caçássemos. Quando chegar de volta a seus pais, por favor, fale bem de nós e diga-lhes o quão bondosos fomos. Por favor, volte a nós e o honraremos novamente com um sacrifício." O urso, amarrado com cordas, é então tirado da jaula e obrigado a andar dentro do círculo de pessoas. Pequenas flechas cegas de bambu, com um pequeno desenho geométrico preto e branco e um maço compacto de raspas nas pontas (chamadas *hepere-ai*, "flechas de filhote de urso"), são disparadas contra ele, importunando-o até deixá-lo furioso. Então, ele é amarrado a uma estaca decorada, dois jovens fortes o agarram, um terceiro enfia um longo pedaço de pau entre suas mandíbulas, dois outros agarram suas pernas traseiras e dois suas dianteiras, um dos "postes de estrangulamento" é firmado sob seu pescoço e o outro em cima de sua nuca, um atirador perito dispara uma flecha no seu coração de maneira a não derramar sangue na terra, os postes são apertados um contra o outro e o pequeno hóspede se vai.

A cabeça do urso é removida junto com toda a pele, levada para dentro de casa e colocada entre varas de oração e dádivas valiosas junto à janela leste, onde ela deve participar da festa de despedida. Um suculento bocado de sua carne é colocado embaixo de seu focinho, juntamente com uma boa porção de peixe seco, alguns bolinhos de painço, um copo de saquê ou cerveja e uma tigela de ensopado feito com sua própria carne. E então ele é honrado com novo discurso.

"Ó Filhotinho de Urso, oferecemos-lhe estas varas de oração, bolinhos e peixe seco; leve-os para seus pais. Vá direto para seus pais, sem errar pelo caminho, pois senão alguns diabos podem roubar as oblações. E quando chegar, diga a seus pais: 'Fui alimentado por um longo tempo por um pai e uma mãe ainos, que também me protegeram de qualquer aborrecimento e mal. Como agora sou adulto, retornei. E trouxe estas varas de oração, bolos e peixe seco. Por favor, desfrutem-nos!' Se você lhes falar assim, Filhotinho de Urso, eles ficarão muito felizes."

Uma festa é celebrada com dança, enquanto a mulher que amamentou o urso ri e chora alternadamente, acompanhada de algumas mulheres mais velhas, que amamentaram muitos filhotes de urso e conhecem a confusão de sentimentos que causa a despedida. Mais varas de oração são feitas e colocadas acima da cabeça do urso; outra tigela de sua própria carne é colocada diante dele e, quando estimam que acabou de comer, o homem que preside a festa anuncia: "O pequeno deus terminou; agora celebremos!". Ele pega a tigela, faz uma reverência e divide seu conteúdo entre os convidados, uma pequena porção para cada um. As outras partes do animal são então comidas também, enquanto alguns homens bebem o sangue para fortalecer-se e esfregam um pouco nas roupas.

A cabeça do urso é então separada do resto da pele e colocada sobre um poste chamado *ke-omande-ni*, "o poste para despedir", entre uma série de outros crânios que restaram de festas anteriores. E o festival continua durante os próximos dias, até não restar nenhum pedaço do pequeno deus.[53]

Quando um urso selvagem é morto nas montanhas, ele é levado para dentro da casa do caçador com honras, não através da porta, mas da chamada "janela de deus", e essa entrada é conhecida como a "chegada de deus". Considera-se que a antiga deusa do fogo, que guarda o fogo no centro da casa, tenha dado as boas-vindas ao hóspede, invisivelmente, de longe, e agora o deus e a deusa conversam junto ao fogo por toda a noite. As pessoas cantam e tocam música para entretê-los enquanto "conversam" e, no dia seguinte, cozinham e comem o urso com prazer. Fazem-se oblações à cabeça do urso, que é colocada em um lugar de honra, e a divindade, depois de oferecidos os presentes, é solenemente despedida, para que volte à sua montanha natal.[54]

Nessa deusa do fogo, Fuji, a "ancestral e protetora" do lar, de certa maneira temos uma réplica das estatuetas da deusa encontradas nas habitações dos caçadores de mamute; pois elas também, aparentemente, eram as guardiãs do lar. No lar aino há um lugar no canto sagrado nordeste da tenda, atrás dos pertences da família, onde é mantida uma vara de oração especial, com um pequeno corte no topo representando a boca. Essa vara é conhecida como *chisei-koro-inan*, "guarda ancestral da casa", e é tratada como o marido do fogo.[55] O nicho Kostyenki, no qual foram encontradas três estatuetas femininas quebradas, estava igualmente, é bom lembrar, no canto nordeste da casa.*

Também não podemos deixar de observar que o belo Monte Fuji, a montanha sagrada do Japão, é um vulcão extinto e que seu nome, embora reinterpretado em japonês para significar, de modo variado, "A Montanha da Prosperidade", "Sem-par" e "Insuperável", é quase certamente de origem aino e uma referência à deusa Fogo.[56] Como deusa do lar, ela e o visitante deus-urso da montanha, portanto, devem ter recordações a compartilhar em sua conversação cerimonial. Lembramos também a lenda indígena kaska, da Colúmbia Britânica, do pássaro que roubou a pedra refratária de Urso.**

Vestígios de um culto circumpolar paleolítico do urso foram identificados em toda a região ártica, da Finlândia e norte da Rússia, através da Sibéria e do Alasca, até o Labrador e a Baía de Hudson: entre os finlandeses e lapões, ostíacos e voguls, os orotchis da região do rio Amur, gilíacos, goldonianos e povos de Kamchatka; os nootka, tlingit, kwakiutl e outros da Costa Noroeste norte-americana, e os algonquinos do nordeste.[57] E, portanto, há aqui um *continuum* da caça circumpolar norte em contraposição ao vasto cinturão equatorial agrícola que seguimos do Sudão ao Amazonas, na Parte II deste livro. E assim como lá foi indicado certo abismo no tempo, remontando talvez até cerca de 7500 a.C. (o alvorecer do Protoneolítico), aqui também há um abismo no tempo – mas quão mais profundo! Pois nos Alpes setentrionais, nas proximidades de St. Gallen, e também na Alemanha, a cerca de 48 km a noroeste de Nuremberg, perto de Velden, foi descoberta uma série de cavernas contendo os crânios ritualisticamente colocados de grande quantidade de ursos de caverna, proveniente do período (é quase inacreditável!) do Homem de Neandertal.

Desde 1856, quando os restos de um esqueleto humano estranhamente tosco foram encontrados em uma mina de terra calcária não distante de Düsseldorf, no vale do Neander, sabe-se que o tipo claro da nossa espécie foi precedido por outro tipo mais rude e grosseiro, que hoje, sabemos, parece ter florescido nas proximidades do sopro glacial das geleiras há bem mais de cem mil anos. O Prof. Hans Weinert estima que o período do Homem de Neandertal (*Homo neanderthalensis*) tenha se iniciado **no mínimo** há cerca de 200 mil anos, durante o último período Interglacial (Riss-Würm), e se encerrado não antes de **23 mil** anos atrás, durante os séculos da glaciação Würm.[58] (exclusão de uma oração) O certo é que a espécie

* Cf. *supra*, p. 282.

** *Supra*, p. 239

desapareceu por volta do final da Era Glacial, quando foi substituída – certa e definitivamente – do Atlântico ao Pacífico, pelas primeiras raças do *Homo sapiens*, cujos cultos da deusa e da caverna já vimos.

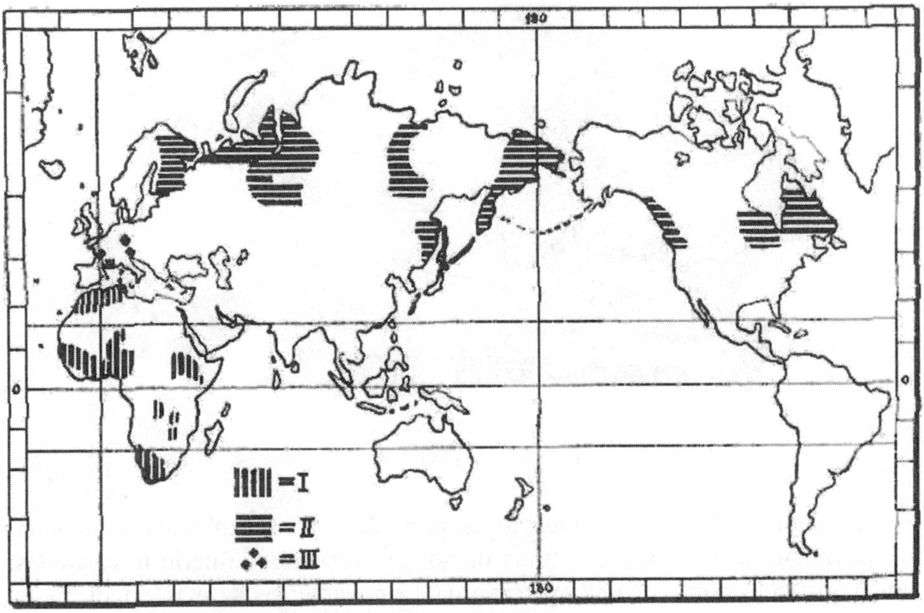

Mapa 2. O culto do urso. I. Cultos paleolíticos e africanos do leão e da pantera. II. Cultos circunpolares do urso. III. Santuários paleolíticos do culto ao urso. Segundo Frobenius

Emil Bächler, entre 1903 e 1927, escavou três cavernas dos Alpes setentrionais: a primeira, Wildkirchi, entre 1903 e 1908; a segunda, Drachenloch, entre 1917 e 1922, e a última, Wildermannlisloch, de 1923 a 1927. A primeira e a terceira estavam a aproximadamente 2.100 m e a segunda a mais de 2.400 m acima do nível do mar, não podendo ter sido penetradas durante o período da glaciação Würm. Por isso, seus restos foram considerados pertencentes ao período Interglacial (Riss-Würm) o mais tardar, o que quer dizer, não posteriores a 75000 a.C.

E o que foi encontrado?

Carvão vegetal, pederneiras de estilo pré-musteriano, pisos de pedra sedimentar, bancos, mesas de trabalho e altares para o ritual do urso – os primeiros altares de qualquer tipo encontrados até hoje, ou de que se tem conhecimento no mundo.

As muretas de pedra, em Drachenloch e Wildermannlisloch, com até 80 cm de altura, formavam uma espécie de receptáculo, dentro do qual uma grande quantidade de crânios de ursos de caverna foi cuidadosamente arranjada. Alguns tinham pequenas pedras dispostas em volta deles. Outros foram colocados sobre lajes; um, muito cuidadosamente localizado, tinha os ossos longos de um urso de caverna (sem dúvida seus próprios) colocados abaixo do focinho; outro tinha os ossos longos varando-lhe as órbitas.[59]

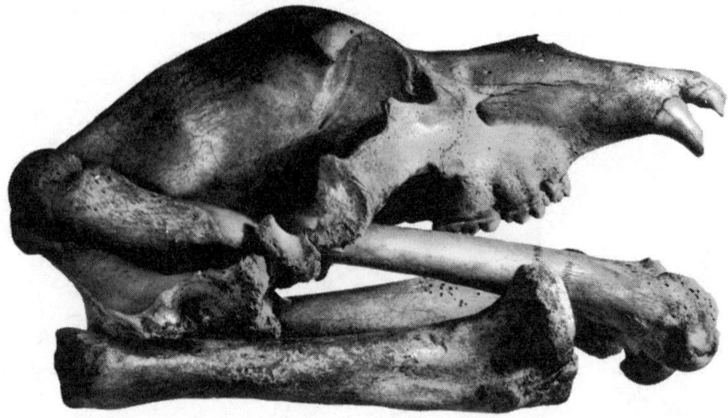

Figura 21. Crânio de urso de Drachenloch

A caverna da Alemanha, Petershöhle, perto de Velden, explorada por Konrad Hörmann de 1916 a 1922, tinha nichos em forma de armário nas paredes, contendo cinco crânios de ursos de caverna – e novamente os ossos longos.[60]

É preciso lembrar que o urso de caverna, apesar de todo o seu tamanho, não era um animal extremamente perigoso. Em primeiro lugar, ele não era carnívoro, mas herbívoro e, em segundo, como todos os ursos, tinha de dormir no inverno. Mas durante a Era Glacial os invernos eram longos. Os ursos entravam nas cavernas para dormir e, uma vez ali, podiam ser facilmente mortos. Na verdade, uma tribo de homens vivendo na parte da frente de uma caverna com alguns ursos dormindo na parte de trás teria lá uma espécie de alimento vivo congelado.*

Portanto, e finalmente, neste prodigioso abismo do passado, vamos visitar uma série de túmulos humanos que são, como os altares, os mais antigos encontrados até hoje.

No sul da França, numa caverna em La Ferrassie, na Dordonha, foram desenterrados os restos de dois adultos neandertalenses e duas crianças, que foram cerimonialmente sepultados. Um dos adultos, provavelmente uma mulher, tinha sido colocada de costas em um buraco cavado no chão, com as pernas pressionadas contra o corpo e os braços dobrados sobre o peito. O outro adulto, também deitado de costas, com as pernas flexionadas, não estava encerrado num buraco, mas sobre o

* Ver a divertida discussão de Herbert Wendt sobre essa situação em sua expressiva resenha sobre a busca pelo homem das origens de sua espécie, *In Search of Adam* (Houghton Mifflin Company, Boston, 1956), p. 501 e ss.

chão, com a cabeça e os ombros, entretanto, protegidos por lajes de pedra. As duas crianças, deitadas de costas, estavam em túmulos rasos. E perto delas havia um buraco cheio de ossos e cinzas de um boi selvagem, restos de algum sacrifício.[61]

Figura 22. Sepultamento neandertal

Também na Dordonha, em Le Moustier, um jovem de dezesseis anos tinha sido enterrado em posição de dormir, com a cabeça apoiada no antebraço direito, sobre uma bem arrumada pilha de fragmentos de pederneira. Dispostos em volta dele havia ossos partidos e carbonizados de animais selvagens, enquanto ao lado de sua mão havia um machado excepcionalmente perfeito de estilo musteriano inicial ou aqueliano tardio.[62]

E mais uma vez na Dordonha, em La Chapelle-aux-Saints, foi descoberto um indivíduo de cerca de cinquenta ou cinquenta e cinco anos, colocado numa pequena cavidade natural, na posição leste-oeste, acompanhado de um certo número de conchas, algumas pederneiras musterianas e os restos de um rinoceronte lanoso, um cavalo, uma rena e um bisonte.[63]

O mistério da morte havia, então, sido encontrado e enfrentado, tanto para os animais mortos na caça quanto para o homem. E a resposta encontrada foi aquela que vem dando amparo aos que procuram amparo desde aquela época, ou seja: "Nada morre; nascimento e morte não passam de um cruzar o limiar, de um lado para o outro, como se fosse através de um véu".

A mesma ideia ocorre espontaneamente às crianças quando chegam por volta dos cinco anos. "As pessoas voltam a ser bebês quando ficam muito velhas?", perguntou um menininho suíço dessa idade.

E outro, quando a morte de seu tio lhe foi comunicada: "Ele vai crescer de novo?".

"Quando você morre", perguntou uma criança de quatro, "você cresce novamente?".

"E então eu vou morrer", disse outro, "e você também, mamãe, e depois voltaremos".[64]

Não sabemos a que estrutura mitológica essa ideia elementar foi incorporada no remoto período Musteriano-Neandertalense da Dordonha; mas a sepultura em La Chapelle-aux-Saints, orientada para o nascer e pôr do sol, certamente mostra que algum tipo de simbolismo solar já tinha sido desenvolvido, enquanto os animais sacrificados sugerem que algo como uma difícil jornada deveria ser enfrentada; ou talvez, como as oblações ao urso aino que partia, eles fossem antes lembranças a serem levadas consigo como presentes honrosos.

Pois entre os ainos, conta-se, quando uma cerimônia funerária é realizada, o chefe da família torna-se o oficiante. "Você é um deus agora", ele diz ao cadáver. "E sem almejar muito este mundo, você deverá agora ir para o mundo dos deuses, onde seus ancestrais moram. Eles lhe agradecerão pelos presentes que lhes levar. E agora vá, rápido! Não pare para olhar para trás." O celebrante coloca um par de perneiras nas pernas do viajante e um par de mitenes em suas mãos. "Tome cuidado", ele adverte-o, "para não se perder. A velha Deusa do Fogo vai guiá-lo. Já pedi a ela que o fizesse. Confie nela e siga seu caminho com cuidado. Adeus!".

Um rico jantar é preparado tanto para o espírito do viajante quanto para as pessoas em vigília e, quando vão levar o caixão, novamente o celebrante fala para quem parte: "Fizemos uma ótima bengala para ajudá-lo no caminho. Segure-a firmemente no topo e ande com segurança, prestando atenção nos seus pés, levantando-os e baixando-os de acordo com a bengala. Você leva bastante comida e bebida como lembranças. Não olhe para a direita nem para a esquerda, mas ande depressa para deliciar seus ancestrais com os presentes. Não fique recordando seus irmãos, irmãs e outros parentes deste mundo. Siga seu caminho sem desejar ver os que ficam aqui. Eles estão saudáveis e seguros, sob os cuidados da velha Deusa do Fogo. Se você ficar sentindo saudades deles, as pessoas de lá vão rir. Você precisa entender isso. Não deve comportar-se de maneira tão tola".

O caixão não é levado para fora através da porta, mas uma parte do lado da casa é removida e recolocada antes do retorno dos pranteadores. O espírito do defunto, então, não saberá como retornar à casa. Ou se a pessoa que morreu é a dona da casa, toda a habitação é queimada. Para a sepultura também vão joias, brincos, facas de cozinha, panelas, frigideiras e conchas, teares e outros instrumentos, se o defunto era uma mulher; espadas, arcos e aljavas, se homem. E quando o sepultamento, ou "descarregamento", como é chamado (*osura*), acaba, os pranteadores deixam o local, caminham para trás, temendo que de costas eles pudessem ser tomados pelo espírito do morto, e levam armas nas mãos – as mulheres, varas e os homens, espadas – que balançam para frente e para trás defendendo-se.[65]

Pode-se questionar a validade de interpretar, através dos costumes dos ainos do Japão contemporâneo, uma série de vestígios pré-históricos da fronteira oposta do continente eurasiano, datando de cerca de 200.000 a 50.000 a.C. Tanto o espaço quanto o tempo pareceriam argumentar contra a probabilidade de uma tradição comum. Além do mais, a raça de Neandertal desapareceu da face da Terra e ninguém até hoje sugeriu que os ainos sejam seus descendentes; tampouco os gilíacos, goldonianos e povos de Kamchatka, ostíacos, voguls, orotchis do rio Amur, lapões ou finlandeses. Todos os que escreveram sobre o assunto expressam assombro; porém os fatos persistem. Como Herbert Kühn expõe o problema em uma monografia altamente sugestiva:

> A escolha desses locais em cavernas remotas, locais de difícil acesso, indica sua alusão a um culto, e, assim, ocorreu imediatamente aos escavadores que estavam descobrindo evidências de uma oblação sacrificial, lugares de armazenamento de crânios de ursos de caverna usados em um culto primitivo em honra da divindade da caça, a quem os sacrifícios eram ofertados.
>
> Menghin levantou a ideia em um ensaio sobre a evidência de uma oblação sacrificial no Paleolítico Inferior,[66] onde comparou essa evidência com a dos povos caçadores do Leste da Ásia, os ainos e os gilíacos, entre os quais a oblação é uma prática tradicional até hoje. O próprio Bächler já tinha apontado fatos semelhantes entre os chevsurs caucasianos e, do lado etnológico, a descoberta tornou-se o ponto de partida de um estudo intensivo de oferendas de crânios entre os povos do período Rangífero na obra de A. Gahs.[67] Gahs apresenta uma grande quantidade de material comparativo para sustentar a questão, estabelecendo relações com os estudos feitos por A.J. Hallowell[68] e Uno Holmberg,[69] a respeito dos rituais do urso.
>
> Todas essas obras fazem uso de uma grande quantidade de material factual dos povos caçadores contemporâneos do hemisfério norte. E torna-se evidente, com isso, que os usos e costumes do período Interglaciário foram mantidos até o presente nessas regiões periféricas da Terra, onde as mesmas condições de vida existem até hoje e onde o homem até hoje permanece apenas caçador e coletor no nível mais elementar. O modelo econômico não foi muito alterado nesses lugares, e nem a maneira de pensar; o homem permaneceu interiormente o mesmo, embora milênios – talvez centenas de milênios – separem os caçadores daqueles tempos primitivos dos de hoje. A mesma oblação continua sendo feita em nossos dias. Os crânios de ursos continuam sendo esfolados e preservados em lugares sagrados, lugares sacrificiais. Até hoje, são cobertos e rodeados por lajes de pedra. Cerimônias especiais continuam sendo celebradas nos lugares sacrificiais. Até hoje, duas vértebras do pescoço são deixadas presas ao crânio, exatamente como então. E mesmo hoje descobrimos frequentemente que o grande molar do urso foi triturado, exatamente como Zotz descobriu ser o caso durante a escavação de uma série de cavernas no alto das montanhas glaciais da Silésia.[70]

> Tais detalhes entre os caçadores asiáticos contemporâneos, como a trituração dos dentes de urso e a permanência de duas vértebras ligadas ao crânio, exatamente como no período Interglaciário europeu, provam que a continuidade foi mantida ininterrupta por dezenas de milhares de anos.[71]

Leo Frobenius, que também reconhece essa continuidade, acrescenta a seguinte observação:

> O conde Bégouën e N. Casteret descobriram uma caverna perto de Montespan, departamento de Haute-Garonne, onde, numa grande câmara no final de um corredor, havia uma forma de animal feita de barro. Tinha sido grosseiramente modelada, sem preocupação com detalhes, mas estava numa posição agachada e com as patas dianteiras estendidas, e se distinguia, outrossim, pelo fato de não ter cabeça. A coisa toda era desajeitada e modelada mais ou menos à maneira dos bonecos de neve que as crianças fazem. Ela não mostrava nada da elegância, por exemplo, dos dois bisões da caverna Tuc d'Audoubert, que também foram feitos de barro. Mas nem a rusticidade da obra poderia explicar a falta da cabeça. Ela não poderia ter caído, pois o pescoço mostrava uma superfície lisa, levemente inclinada e cortada, com a mesma pátina do restante da forma, causada pelo tempo. Além do mais, havia um furo no centro dessa superfície, como um canal entrando no pescoço, curvado de maneira a sugerir que uma vara com algum peso na ponta oposta poderia ter sido enfiada. E a isso somava-se ainda o fato de que toda a forma em seu contorno geral e, em particular, na disposição dos membros e na cernelha alta, forte e arredondada, sugeria a representação de um urso, pois entre as patas dianteiras havia, deitado, um crânio de urso.
>
> Os descobridores desse achado extraordinariamente importante indicaram no seu primeiro relatório (1923)[72] que ali tínhamos a prova de um culto ao urso no Paleolítico Superior (isto é, no período das pinturas magdalenianas); que sob certas condições a verdadeira cabeça de um urso abatido deve ter sido anexada ao torso; que o crânio encontrado entre as patas dianteiras era obviamente a evidência de tal costume, e, finalmente, que a forma tosca e desajeitada da coisa apontava para uma conclusão específica, ou seja, que a peça tinha servido como forma de apoio à recém-esfolada pele de urso com a cabeça ainda presa.[73]

Além do mais, na região do rio Volta, da Costa do Ouro, África Ocidental, o colaborador de Frobenius, Dr. Hugershof, descobriu uma forma facilmente comparável, em uso entre os bamanas de Tula, que, entretanto, servia de suporte, não a uma pele de urso, mas a uma de leopardo.[74] E o próprio Frobenius, no Sudão francês, entre os kulluballi de Bafulabe, descobriu que "quando um leão ou leopardo mata e come um homem, uma oferenda da selva é preparada e a besta é morta. Um lugar chamado 'Kulikorra Nyama' é preparado na floresta, consistindo de um cercado circular de espinhos, no centro do qual é colocada uma forma de barro de um animal de rapina, *sem cabeça*. A pele do leão ou leopardo morto é então removida, juntamente com a cabeça contendo ainda o crânio; a pele é colocada sobre a forma de barro, e então todos os guerreiros circundam o cercado de espinhos e o que matou a besta começa a dançar em volta da figura, enquanto os restos do animal são enterrados".[75]

No Marrocos Ocidental, quando uma dessas panteras é abatida, o caçador tem de rastejar imediatamente sobre a besta morta a partir de trás, de olhos fechados, e tentar vendar a pantera morta, tão rápido quanto possível, para que ela não possa mais enxergar – e assim evitar o perigo do mau-olhado.[76] E aqui, possivelmente, temos a nossa pista para os ossos longos introduzidos nas cavidades oculares dos crânios dos ursos de caverna no receptáculo sagrado da caverna Drachenloch.

IV. AS MITOLOGIAS DOS DOIS MUNDOS

Em resumo, então, um prodigioso *continuum* foi identificado, provindo, no mínimo, do período Interglacial Riss-Würm, por volta de 200.000 a.C. Ele está representado, nas suas mais antigas formas conhecidas, nas cavernas das altas montanhas de Neandertal na Alemanha e Suíça, mas também, milênios mais tarde, nas cavernas do *Homo sapiens* do sul da França. Sua extensão no espaço vai, de um lado, em direção nordeste através da esfera circumpolar dos primitivos caçadores e coletores árticos, onde seu ritual do Mestre Urso continua até hoje e, de outro lado, em direção sul para a África, onde os grandes felinos – leão, leopardo, pantera etc. – exercem o papel do urso no norte. Na busca dos principais contornos da arqueologia de nosso tema, na Parte IV temos de perguntar se, de fato, as formas africanas do culto não poderiam retroceder no tempo ainda além do culto do urso de Neandertal, de maneira que a mudança de papel teria sido antes do leão para o urso do que do urso para o leão – segundo o princípio de *land-náma* descrito anteriormente.* No momento, entretanto, nossa preocupação pode ser apenas: 1) identificar nos termos mais amplos a zona cultural do culto do mestre animal; 2) vê-la em contraste com a zona mitológica mais recente do sacrifício da donzela, e 3) distinguir ambos os contextos primitivos (ou relativamente primitivos), tanto quanto possível, dos aglomerados pré-históricos, documentados com maior precisão, do Neolítico Basal e Superior, de onde surgiram as grandes civilizações da cidade-estado hierática.

1. a) A partir de um foco identificado na Europa Central, datado do terceiro período Interglacial e com uma extensão que vai, de um lado, em direção leste até o Labrador e, de outro, em direção sul até a **Zâmbia e Zimbabue** (ver mapa p. 278), floresceu uma mitologia da caça, abundantemente documentada, com um

* Cf. *supra*, p. 177.

caráter tão consistente que podemos falar – de fato, temos de falar – de uma área de difusão. É impossível indicar com certeza os principais traços dessa mitologia em sua fase inicial. Em suas manifestações contemporâneas, como o sacrifício do urso e o rito de sepultamento ainos, é preciso reconhecer, além da força da tradição inicial paleossiberiana, a probabilidade de influências muito posteriores do Neolítico – sino-mongóis, japonesas e mesmo russas mais recentes. Entretanto, certos padrões de pensamento e ritual aparecem nessas tradições e eles podem ser facilmente reconhecidos em outras partes do grande *continuum*, e – se não exigirmos demais – podem ser tomados como expoentes de uma atitude geral da mente nesse domínio, que marcou de modo fundamental a urdidura de qualquer cultura que tenha se formado dentro de sua esfera de influência.

A ideia central parece ser que não existe essa coisa da morte, mas simplesmente, como dissemos, um ir e vir de um indivíduo imortal através de um véu. A ideia foi muito bem expressa nas palavras do xamã esquimó caribu Igjugarjuk: "A vida é eterna. Apenas não sabemos em que forma reapareceremos depois da morte". Esta ideia aparece também nas preces dos ainos, tanto no sacrifício do urso quanto no rito funerário. Ao urso: "Preciosa pequena divindade [...] por favor, volte a nós e nós o honraremos novamente com um sacrifício", e depois ao homem: "Segure (sua bengala) firmemente no topo e ande com segurança, prestando atenção nos seus pés". Os objetos funerários e animais sacrificados encontrados nos túmulos na Dordonha, em La Ferrassie, Le Moustier e La Chapelle-aux-Saints certamente indicam algo similar no período de Neandertal. E embora não saibamos se túmulos desse tipo eram comuns ou incomuns na época, o fato que persiste, nesses casos pelo menos, é que a vida além da morte era visualizada. Seria o belo machado do túmulo de Le Moustier uma lembrança para ser oferecida aos deuses ou ancestrais no outro mundo? Não sabemos. E os mortos retornariam voluntariamente ou permaneceriam com os ancestrais? Também não o sabemos. Mas que havia outro mundo, não deve haver nenhuma dúvida.

Muitos outros temas emergem também da evidência examinada. A orientação leste-oeste do esqueleto em La Chapelle-aux-Saints aponta para uma referência solar, como ocorre igualmente com a posição do menino raquítico de quatro anos primorosamente enterrado no túmulo muito posterior de Mal'ta. A posição agachada dos dois esqueletos de adultos de La Ferrassie bem como a criança de Mal'ta sugerem a posição fetal para renascer; embora, por outro lado, pudessem representar uma tentativa de prender o espírito para que ele não retornasse e aterrorizasse os que ficaram para trás. Pois os ritos de sepultamento dos ainos, bem como os da tribo Aranda da Austrália Central,* ilustram vividamente o medo primitivo dos mortos, o que, como já dissemos, está em radical oposição à atitude expressa nos ritos dos agricultores primitivos do Sudão.** O ritual de

* Cf. *supra*, p. 118.

** *Supra*, p. 112.

defesa do caçador norte-africano contra o mau-olhado da pantera morta e a curiosa perfuração dos olhos do urso paleolítico sugerem, por analogia, que também naquele remoto período tinha-se medo da magia vingativa da fera morta. E, finalmente, notamos que, à medida que mudavam os animais de caça, também mudava a figura central dos ritos. O mais antigo mestre animal era, aparentemente, o urso de caverna, cuja contraparte na África era o leão, o leopardo ou a pantera; enquanto, no que talvez fosse um contexto posterior, encontramos o mamute, e depois o bisonte.

Foi sugerido que a tarefa diária e a preocupação séria em administrar a morte – derramando sangue para viver – criaram uma situação de ansiedade que tinha de ser resolvida, de um lado, por um sistema de defesas contra a vingança e, de outro, por uma redução da importância da morte. Ao alcance da mão, também, havia aquela noção espontânea primária da criança, de que a morte não é o fim e o nascimento não é um começo.

"Mamãe, onde você me encontrou?" "Mamãe, de onde eu vim?"[77]

Essas podem não ser precisamente "ideias hereditárias", mas são certamente universais e espontâneas e constituem a matéria-prima do mito. Além do mais, como vimos, elas foram organizadas em um sistema diferenciado, que serviu às sociedades de caçadores primitivos por um período de cerca de duzentos mil anos tanto para mitigar o medo da vingança sangrenta quanto para conduzir a mente através do último limiar. E talvez a melhor síntese da importância última desses mitos e ritos para os homens e mulheres valentes, a cujas árduas vidas eles serviam, esteja expressa na opinião, relatada pelo Dr. Rasmussen, do nosso velho amigo Najagneq do norte do Alasca: *Silam* ou *Silam inua*, "o habitante ou espírito (*inua*) do universo" jamais é visto; apenas sua voz é ouvida. "Tudo o que sabemos é que ele tem uma voz macia, como a de uma mulher, uma voz 'tão suave e macia que mesmo as crianças não têm medo'. O que diz é: *sila ersinarsinivdluge*, 'não tenha medo do universo'."[78]

1. b) Dentro da esfera das mitologias da caça, entretanto, aparece uma segunda força na fenomenologia do xamanismo. Essa não pode ser trivialmente reduzida a "mera neurose, auto-hipnose ou esquizofrenia", porque, mesmo se isso fosse verdade, não explicaria a universalidade da imagética da "neurose, esquizofrenia e auto-hipnose". A fenomenologia do xamanismo está condicionada localmente apenas num plano secundário – como acredito que examinamos suficientemente. E como foram exatamente os xamãs que assumiram a liderança na formação de mitologias e ritos em todo o mundo primitivo, o problema primário de nosso tema poderia parecer, não histórico ou etnológico, mas psicológico, mesmo biológico, o que significa anterior à fenomenologia dos estilos culturais. Isso abre novamente a questão da relação entre as ideias étnicas e elementares, que, como vimos, não foi ainda resolvida e permanece como o pomo da discórdia de todo este tema. Retornaremos a ela na Conclusão.

2. Em oposição ao espírito infantil da mitologia da caça paleolítica, uma realização mais profunda é atingida nos mitos e ritos horripilantes das culturas

agrícolas. O *continuum* cultural no qual eles estão à vontade parece estender-se por uma ampla faixa equatorial desde o Sudão para o leste, através da África Oriental e Arábia, Índia, Indochina e Oceania, até o Brasil.

A morte, ali, não é simplesmente uma alegre passagem de um indivíduo imortal, mais uma vez, por uma porta pela qual ele já passou muitas vezes, de um lado para o outro, e à qual ainda retornará. Uma complementariedade básica é intensamente reconhecida entre, não apenas nascimento e morte, mas também entre sexo e assassínio. Supõe-se que uma era mitológica tenha antecedido a precipitação desse par de opostos, quando não havia nem nascimento nem morte, mas um estado semelhante ao dos sonhos, de existência essencialmente atemporal. E o evento mitológico que provocou o fim daquela era é renovado nos festivais e ritos, como vimos e estudamos na Parte II.

O contraste com a mitologia da caça não poderia ser maior. Porém, pode-se perguntar se a mitologia posterior não representa simplesmente um aprofundamento, um enriquecimento e uma sistematização de ideias já inerentes à anterior. Ela é uma mitologia "oposta" ou simplesmente "mais madura"? As ideias subjacentes são tão diferentes que não possamos falar de um substrato psicológico comum?

A resposta, creio, é óbvia: as mesmas ideias receberão uma nova forma e organização que corresponde, de fato, a uma nova e certamente grandiosa, embora um pouco aterrorizante, crise de crescimento espiritual. Deveríamos considerar seriamente, penso, a sugestão do padre Schmidt, já descrita,* de que no mundo da caça prevalece a psique masculina e no das plantas, a feminina. No primeiro, o princípio feminino é relativamente mudo e nas virtudes masculinas prevalece uma certa inocência pueril – com exceção da esfera da magia negra, onde a bruxa e uma espécie de coprofilia (que também é bastante pueril) ganham espaço. No segundo, por outro lado, todo o mistério da extensão da experiência de vida da mulher entra em jogo – e é expresso no mistério da donzela.

"Como pode um homem saber como é a vida de uma mulher?", perguntou uma mulher abissínia, citada por Frobenius.[79]

> A vida de uma mulher é bem diferente da de um homem. Deus fez assim. Um homem é o mesmo, da época da circuncisão até o fim. É o mesmo antes de ter procurado uma mulher pela primeira vez e depois. Mas, no dia em que a mulher goza do seu primeiro amor, ela é partida em duas. Torna-se outra mulher naquele dia. O homem, depois do seu primeiro amor é o mesmo que foi antes. A mulher é, a partir do dia do seu primeiro amor, outra. E continua assim por toda a vida. O homem passa uma noite com a mulher e vai embora. Sua vida e seu corpo são sempre iguais. A mulher engravida. Como mãe ela é diferente da mulher sem filho. Ela carrega a marca daquela noite ao longo de nove meses em sua barriga. Algo cresce. Algo surge em sua vida, que jamais a deixa. Ela é

* Cf. *supra*, p. 274-276.

mãe. Ela é e permanece mãe mesmo que seu filho morra, mesmo que todos os seus filhos morram. Porque, um dia, ela carregou o filho sob seu coração. E ele jamais sai do seu coração. Nem mesmo quando morre. E isso, o homem não sabe o que é; ele não sabe nada. Ele não conhece a diferença entre antes e depois do amor, antes e depois da maternidade. Ele não sabe nada. Só a mulher pode saber e falar disso. É por isso que nossos maridos não nos podem dizer o que devemos fazer. A mulher só pode fazer uma coisa. Respeitar a si mesma. Manter-se decente. Ela tem sempre de estar de acordo com sua natureza. Ela tem sempre de ser donzela e mãe. Antes de cada amor, ela é uma virgem, depois de cada amor, uma mãe. Nisso, pode-se ver se ela é uma boa mulher ou não.

É certamente na interação e fertilização espiritual mútua dos sexos, não menos que nas lições aprendidas dos reinos animal, vegetal e celestial dos deuses, ou nas profundidades da experiência do transe xamanista, que se devem buscar as motivações das metamorfoses do mito. Na Parte IV, delineando resumidamente os principais blocos dos períodos pré-históricos do mito, do primeiro que conhecemos quanto ao surgimento do homem na Terra até o alvorecer da era da escrita, quando se inicia o registro literário da mitologia, devemos procurar ter em mente a força desse diálogo. Pois uma das curiosidades e dificuldades do nosso estudo é que os materiais chegam até nós em sua maior parte pela intermediação masculina. Os mestres dos ritos, os sábios e profetas e, por último, nossos especialistas contemporâneos do assunto, normalmente têm sido homens; embora sempre houvesse um lado feminino na descrição. Os símbolos foram vivenciados e interpretados a partir de dois polos; mas também formados a partir da força dos dois polos em sua cooperação antagônica. De maneira que, mesmo quando tudo indica que a mulher desapareceu da cena – por exemplo, nas imagens patriarcais da tribo Aranda e dos hebreus dos primeiros dias da criação* –, temos de compreender que, mesmo assim, ela está presente e buscar o sinal de sua presença atrás da cortina.

3. O alvorecer da história, como sabemos, foi fixado com certeza no Oriente Próximo, nas primeiras cidades-estados hieráticas. E a poderosa difusão da grandiosa recorrência das civilizações que avançaram daqueles primeiros centros para os limites da terra foi rastreada de maneira suficientemente clara para nos permitir saber que a maior parte do que se costumava considerar evidência, nas palavras de Frazer, do "efeito de causas similares que atuam sobre a constituição similar da mente humana em diferentes terras e sob diferentes céus" é, na verdade, antes a evidência da difusão. Além do mais, muitas das formas culturais que antes eram consideradas primitivas são, de fato – como sabemos agora – regressivas: regressivas neolíticas, regressivas da Idade do Bronze ou mesmo regressivas das configurações da Idade do Ferro.

* Cf. *supra*, p. 102-105.

Por exemplo, os negritos pigmoides das ilhas Andaman, que estão certamente entre os povos mais primitivos vivendo hoje na Terra, não podem ser estudados simplesmente como primitivos; pois há uma grande quantidade de evidências, não apenas em seus sambaquis, que se amontoaram por milhares de anos, mas também em seus mitos e costumes, de uma importante influência cultural proveniente do sudeste do continente asiático, talvez há três ou quatro mil anos, e que lhes levou, não apenas a cerâmica e o porco, mas também um novo método de cozinhar e a arte de fumar cachimbos.[80] Eles possuem, além do mais, um tipo extremamente bonito de arco, que não é de modo algum uma arma primitiva, mas uma que só surge tão tardiamente quanto no Mesolítico – o que significa no período crítico do alvorecer das artes de cultivo de alimentos.

A questão mais delicada e difícil, bem como crucial, dentro dos âmbitos das fases etnológica e arqueológica de nosso estudo é, de fato, a da força relativa das influências paleolítica e neolítica, tanto no vagamente definido período de transição – conhecido variadamente como Mesolítico, Protoneolítico, Epipaleolítico e, na América, Formativo do Novo Mundo – quanto no campo da pesquisa etnológica. É para a abordagem desta questão que voltaremos particularmente nossa atenção na Parte IV.

PARTE IV

A ARQUEOLOGIA DO MITO

CAPÍTULO 9

LIMIARES MITOLÓGICOS DO PALEOLÍTICO

I. O ESTÁGIO DO AUSTRALOPITECUS (3.3 – 2.1 milhões de anos a.C.)*

* A ciência que estuda os primeiros ancestrais humanos se desenvolveu estrondosamente desde que Campbell escreveu este texto. Fizemos atualizações sempre que possível. Os paleontologistas reclassificaram muitas da espécies que Campbell discute aqui, e descobriram muitas mais. – Editores.

"A procura de Adão", como chamou Herbert Wendt à longa busca da ciência da terra natal da raça humana,[1] foi parar na África – e recentemente obteve resultados espetaculares. Três tipos de teoria dominam a esfera quanto à maneira pela qual a árvore genealógica da nossa espécie deveria ser interpretada. A maioria das autoridades acredita que a espécie humana tenha se desenvolvido do estágio dos primatas superiores por uma linha evolucionária. Os que sustentam essa visão são conhecidos como "monofiletistas", defensores de uma (*mono*) linha de descendência (*phyletikos*: "tribo"). Um segundo grupo, os "polifiletistas" – defensores de muitas (*poly*) linhas de descendência (*phyletikoi*) –, acredita que nossa raça seja constituída de uma série de influências desenvolvidas independentemente e que se fundiram durante o curso de milênios. E enfim, um terceiro grupo, de origem recente (de 1925 aproximadamente),[2] que pelo que sei ainda não recebeu sua denominação grega, defende a probabilidade do que chama de "zona de hominização", isto é, uma área limitada, porém bastante ampla da superfície da Terra, de características relativamente uniformes, onde uma vasta população de indivíduos estreitamente relacionados (alguma espécie terciária dos primatas superiores) foi afetada de modo simultâneo por uma série de mutações genéticas que levou ao surgimento de uma considerável variedade de formas humanas.[3] Tanto as evidências da genética moderna quanto as recentes descobertas no sul e leste africanos de uma surpreendente variedade de criaturas hominídeas primitivas, indo da estatura dos anões (Plesiantropo)* até gigantes (Parantropo robusto), tendem a apoiar esta última visão. E assim os primatas, que temos agora de aceitar como nossos primeiros primos, são os macacos desenvolvidos da África, o gorila e o chimpanzé, não o orangotango e o gibão do Sudeste Asiático, mais distantes da descendência humana, ou zona de hominização.[4]

* Este é conhecido hoje pela denominação *Australopitecus*, ou "primata do sul".

Há dois relatos engraçados sobre o comportamento dos chimpanzés que me parecem valer a pena destacar com relação à questão. Eles aparecem no livro *The Mentality of Apes* [A Mentalidade dos Macacos], do Dr. Wolfgang Köhler.

Köhler descobriu que seus chimpanzés estabeleciam inexplicáveis vínculos com objetos sem qualquer utilidade para eles e andavam com tais objetos por dias a fio em uma espécie de bolso natural no baixo ventre. Uma fêmea adulta chamada Tschengo apegou-se a uma pedra redonda polida pelo mar. "De maneira alguma você conseguia tirar-lhe a pedra", diz Köhler, "e, à noite, o animal levava-a para seu aposento e seu ninho".[5]

A segunda observação de Köhler é de natureza social. Tschengo e outro chimpanzé de nome Grande inventaram uma brincadeira de girar e girar feito dervixes, que foi imitada por todos os outros. "Qualquer jogo a dois", escreve o Dr. Köhler,

> era capaz de acabar nessa brincadeira de "pião", que parecia expressar o clímax de uma amistosa *joie de vivre*. A semelhança com a dança humana tornou-se mesmo impressionante quando as voltas eram rápidas ou quando Tschengo, por exemplo, estendia os braços horizontalmente enquanto girava. Tschengo e Chica – cuja atividade preferida durante o ano de 1916 era esse "rodopio" – por vezes combinavam com as rotações um movimento para a frente e assim giravam lentamente em volta de seus próprios eixos e pela área que lhes era destinada.
>
> Todo o *grupo* de chimpanzés, às vezes, unia-se em *padrões de movimento* mais elaborados. Por exemplo, dois lutavam e caíam perto de um poste, logo seus movimentos se tornavam mais regulares e tendiam a descrever um círculo tendo o poste como centro.
>
> Um por um, o resto do grupo aproxima-se, junta-se aos dois e, finalmente, marcham todos de maneira ordenada em volta do poste. O caráter de seus

* Cf. *supra*, p. 36.

movimentos muda; eles não andam mais, trotam, e como regra, dando ênfase especial a um pé, enquanto o outro pisa levemente, desenvolvendo assim algo próximo de um ritmo e tendendo a "manter o compasso" entre si...

"Parece-me extraordinário", conclui Köhler, "que pudesse surgir de modo espontâneo, entre os chimpanzés, algo que sugere tão fortemente a dança de algumas tribos primitivas".[6]

Esses dois comentários bastam para sugerir um plano espiritual para a história de nosso estudo, não sendo necessário irmos mais longe para imaginar as atividades rituais das primeiras sociedades. A crise psicológica que chamamos de "arrebatamento"* já está presente e o júbilo nos padrões de movimento do grupo subjacente tanto no ritual público quanto na arte da dança, também é evidente. Notamos, além do mais, o surpreendente detalhe do poste central, que nas mitologias mais avançadas é interpretado como a Árvore Cósmica que une e sustenta o mundo, a Montanha do Mundo, *axis mundi* ou santuário sagrado, para o qual devem ser orientadas tanto a ordem social quanto as meditações do indivíduo. E, finalmente, temos aquele maravilhoso senso de brincadeira, sem o qual nenhum jogo de faz de conta mitológico e ritual jamais poderia ter chegado a existir. Já se pode ver que no ato de brincar são descobertos novos e fascinantes estímulos, provocadores de energias, unindo os grupos à maneira, não da economia, mas da ação livremente traçada – o que quer dizer, da arte. Vale a pena notar a observação de que nenhum verdadeiro objeto de arte humana foi encontrado antes do período Aurignaciano, quando as estatuetas femininas apareceram repentinamente.

As descobertas africanas que mais recentemente vêm agitando os corredores da ciência são grosseiramente (muito grosseiramente) datadas do início do Pleistoceno ou Era Glacial, por volta de **3,300.000** a.C.,* e no Quinto Congresso Internacional de Ciências Antropológicas e Etnológicas, realizado na Universidade da Pensilvânia em 1956, o Dr. Raymond Dart, da Universidade Witwatersrand, de Johannesburgo, África do Sul, expôs uma convincente série de slides que ilustrava os implementos dessa cultura pré-lítica (pré-Idade da Pedra).

* Novamente, esses achados, sabemos hoje, são bem mais antigos do que se acreditava na época de Campbell, que situou a aurora do homem no Período Pleistoceno, cerca de 600.00 a. C. – Editores

Eles incluíam os maxilares inferiores de grandes antílopes, que tinham sido partidos ao meio para serem usados como serrotes e facas; chifres de gazela com parte do crânio presa, mostrando diferentes sinais de desgaste por uso, possivelmente como ferramentas de escavação, e uma grande quantidade de palatos de homens-macacos com os dentes gastos – palatos humanos são usados até hoje como raspadores por alguns nativos da região. Mas os slides verdadeiramente sensacionais foram os que mostraram uma série de crânios de babuínos e homens-macacos, que tinham sido quebrados pelo golpe de um certo tipo de cacete. Todas as fraturas mostravam que haviam sido causadas por um instrumento com dois nós ou protuberâncias na ponta golpeante, e exigiu apenas uma pequena consideração da parte do Prof. Dart e de seus colaboradores para que eles suspeitassem que a provável causa dessa dupla mossa fosse a saliência na extremidade do osso da perna de uma gazela. Mas macacos não usam armas; *ergo*, o suspeito era um homem – ou pelo menos algum tipo de proto-homem.

Os restos animais encontrados entre os ossos desses pequenos sujeitos de por volta de **3.000.000** a.C. foram principalmente de antílopes, cavalos, gazelas, hienas e outros animais das planícies – rápidos corredores, de maneira que a arte da caça deve ter sido consideravelmente desenvolvida. O Prof. Dart, além do mais, encontrou abundantes provas de uma prática de remoção de cabeças e caudas de certos animais mortos e sugere que as caudas podem ter sido usadas para sinalização na caçada. Talvez fossem! Mas e a remoção das cabeças? Será que os animais eram esfolados, e suas peles inteiras, com cabeças e caudas, usadas então em algum rito mágico para afastar o perigo de vingança sangrenta? Estaremos ouvindo um eco do fundo do poço?

II. O ESTÁGIO DO *HOMO ERECTUS* (**1.890.000 – 70.000** a.C.)*

* Aquilo que Campbell denominou *Pithecanthropus erectus*, os paleontologistas de hoje classificam como um ramo da extraordinariamente diversa e bem-sucedida espécie *Homo erectus*. Corrigimos essa denominação sempre que possível, colocando o período de tempo hoje aceito. Veja Smithsonian Institution, "*Homo erectus*" 22/3/2016. – Editores

A primeira evidência do uso do fogo foi encontrada quase tão longe da África do Sul quanto se poderia desejar, na hoje famosa Caverna Choukoutien, a cerca de 60 km de Pequim. Ali, em uma série de escavações entre 1921 e 1939, foi desenterrada uma impressionante coleção de ferramentas de pedra, crânios rachados, ossos partidos e lareiras, no que havia sido a toca de uma espécie de homem-macaco com um cérebro cuja capacidade era de cerca de novecentos centímetros cúbicos; o que quer dizer, a meio caminho entre o homem de hoje (1.400-1.500 cm^3 em média) e o macaco mais inteligente (600 cm^3). A maneira como alguns crânios foram abertos mostrou que alguém tinha feito furos neles com golpes e devorado seu conteúdo. Naquela caverna estavam, além do mais, os restos de milhares de animais que também tinham sido comidos pelo habitante ou habitantes, e os instrumentos de pedra eram machados grosseiros e grandes lâminas, semelhantes às que devem ter sido usadas como facas.

O canibal desta fria toca aquecida pelo fogo, o *Sinanthropus pekinensis*, Homem de Pequim (ou, como poderíamos apelidá-lo, Prometeu, O Grande), era contemporâneo do famoso *Pithecanthropus erectus* de Java – "o homem-macaco (*Pithecanthropus*) que anda ereto (*erectus*)", conhecido também como Homem de Java ou Homem de Trinil* – que, quando seus vestígios foram encontrados em 1891, foi aclamado por Haeckel e os outros profetas da evolução do século XIX como a própria figura do "elo perdido" de Darwin. Mas o mais notável na descoberta chinesa foi a evidência de fogo na caverna. Pois, embora uma série de restos proto-humanos desse período em geral tenha sido encontrada em outras partes do mundo, Choukoutien foi a única com a evidência do fogo.

---

* Hoje os paleoantropólogos vêm o homem de Java como um ramo do *Homo erectus*, ao invés de uma espécie distinta, como se acreditava no tempo em que Campbell escreveu esta obra. – Editores

---

Temos de pensar no período nos termos amplos do cômputo geológico que datam de alguma época do Plistoceno Médio – por volta de **1.890.000-70.000** a.C., nas grandes extensões do segundo período Glaciário (Mindel) e segundo Interglaciário (Mindel-Riss). Os principais vestígios hoje atribuídos a esse estágio do desenvolvimento da espécie humana são, primeiro, os do **Homem de Java** e seus semelhantes, que agora inclui, além da descoberta original, um crânio grande e animalesco descoberto por Ralph von Koenigswald na década de 1930, bem como um imenso maxilar inferior, também encontrado em Java pelo mesmo pesquisador. Classificados igualmente nesse período estão os restos de um crânio da África Oriental, apelidado *Africanthropus*. Além disso, é claro, temos as relíquias clássicas do Paleolítico Inferior na Europa, com as quais qualquer estudante está hoje familiarizado: mais notavelmente o Homem de Heidelberg (*Homo heidelbergensis**), cuja vigorosa mandíbula foi descoberta em 1907 em uma jazida hoje atribuída ao primeiro período Interglacial (Günz-Mindel) – uma era na qual o urso, o leão, o lince, o lobo e o bisonte dividiam com o homem os campos e as florestas, junto com o javali, o cavalo Mosbach, o alce de cara larga, o rinoceronte etrusco e o antigo elefante de presas retas. Talvez também seja desse período o interessante crânio Swanscombe, do Tâmisa, encontrado em 1935 e que provavelmente provém do segundo Interglacial; o crânio Fontéchevade, encontrado na França em 1947, que parece pertencer à primeira parte do terceiro Interglacial (Riss-Würm), e o crânio de uma mulher jovem encontrado em uma caverna em Steinheim, na Alemanha, em 1933, que parece provir igualmente do terceiro Interglacial. Estes três últimos, entretanto, provocaram uma considerável controvérsia, já que eles se aproximam muito mais da figura do homem moderno do que os vestígios orientais. Um lado da polêmica sustenta que os crânios desse tipo avançado pertencem a períodos posteriores àqueles que a posição em que foram encontrados parecia atribuir-lhes. O outro lado argumenta que duas correntes evolucionárias distintas estão indicadas: uma, que se desenvolveu nos climas menos favoráveis do Plistoceno no sudeste e extremo leste da Ásia, e a outra nas esferas mais amenas do norte da África e Europa. Essa controvérsia continua sem solução.

---

* Semelhante a seu primo, o *Homo erectus*, ao *Homo heidelbergensis* é atribuído uma gama muito maior de tempo do que se considerava em 1959: 700.000 a. C – 200.000 a.C. Ver Smithsonian Institution, "Homo heidelbergensis" 22/9/2016. – Editores

---

O que está perfeitamente claro, entretanto, é que por volta da metade do segundo período Interglacial (Mindel-Riss), a raça humana se expandiu da África, tanto para o norte, para a Europa, quanto para o leste (permanecendo ao sul do limite das montanhas Elburs-Himalaia), para o Sudeste Asiático, voltando-se então para o norte e subindo a costa do extremo leste. O padre Schmidt chegou mesmo a sugerir a possibilidade de uma continuação dessa migração até a América. Pois, como ele salienta, durante as Eras Glaciais o nível do mar era muito mais baixo que hoje, tanto que uma ponte de terra tão vasta quanto a nação francesa se estendia da Sibéria ao Alasca, e por ela passavam animais de pasto – hordas de cavalos, gado, elefantes e camelos. E se passavam os animais, por que não seus caçadores? A ponte de terra, afastando as águas congeladas do Ártico, permitia que as correntes mais quentes do sul circulassem livres pela costa, de maneira que tanto o clima do nordeste da Ásia quanto o do noroeste da América devem ter sido consideravelmente mais quentes do que são hoje. E o padre Schmidt cita em favor desse argumento o geólogo Dr. Krickeberg: "Uma abundante vegetação florestal e estépica desenvolveu-se então, onde hoje terrenos inférteis dão à região o caráter básico de um deserto desolado, e sabemos isto porque o rebanho de animais asiáticos imigrantes da segunda metade da Era Glacial – em cuja trilha, segundo essa hipótese, também vieram homens – consistia apenas numa proporção menor de tipos árticos. O maior número era de animais das florestas e estepes do norte; entre outros, o mamute, cujo contemporâneo, o homem, deve ter penetrado da mesma forma na esfera da América do Norte".[7]*

---

* A ciência contemporânea data a primeira migração de humanos pelo Estreito de Bering da Sibéria para o Alasca (não pela ponte de terra) em c. 13.000 a.C. A maioria dos nativos americanos, acredita-se, descendem dessa migração. Ao menos duas migrações anteriores explicam muitas tribos do Ártico. Ver Ted Goebels, Michael R. Waters e Dennis H. O'Rourke, "The Late Pleistocene Dispersal of Modern Humans in the Americas" *Science* 319 (2008): 1497-502, e Mary Berth Griggs "The First People to Settle Acrossa North America's Arctic Regions Were Isolated for 4000 Years", *Smithsonian Magazine* (2014). Já que esses achados não divergem fundamentalmente das assertivas de Campbell, perdura o texto de Campbell. – Editores

---

Nenhuma evidência do homem paleolítico na América encontrada até hoje pode ser datada, mesmo negligentemente, como anterior ao terceiro período Interglacial (Riss-Würm); mas novas descobertas durante os últimos anos vêm empurrando a data firmemente para trás. Em 1925 o Dr. Aleš Hrdlička sugeria algo por volta de 1000 a.C. como uma provável data para a chegada do homem ao Novo Mundo. Hoje, temos uma data de 6688±450 a.C. para a chegada do homem à Terra do Fogo. Em 1926, um tipo paleolítico de ponta de lança (ponta Folsom) foi descoberto no Novo México junto com uma espécie extinta de bisonte. A data estimada para essa ponta é cerca de 10.000 a.C., mas dois tipos anteriores de ponta (pontas-flauta Sandia e Clóvis) foram encontrados em associação com restos de mamute, sugerindo uma data de pelo menos cerca de 15.000 a.C. As estimativas conservadoras chegam agora até 35.000 a.C.,[8] e alguns até profetizam "que os próximos anos mostrarão a presença do homem neste continente muito antes do 'final do Plistoceno'".[9]

Mas tudo isso, é claro, está muito longe dos 400.000 a.C. do Homem de Pequim, e não estou querendo sugerir que a lacuna seja algum dia preenchida. Mas o que é de interesse para o nosso estudo é a abertura, na sugestão do padre Schmidt, de um possível canal de influência paleolítica do Sudeste Asiático e da zona austrálio-melanésia, subindo a costa até o Novo Mundo. Uma série de cuidadosos pesquisadores do assunto apontou para sinais de uma continuidade extremamente precoce unindo, não apenas cultural mas também racialmente, certos povos da região do Sudeste Asiático e os grupos mais primitivos da América. O antropólogo argentino José Imbelloni, por exemplo, reconhece uma descendência tasmanoide (ou tasmaniana) nos yahgans e alacaloofs da Terra do Fogo; uma influência melanésia entre os índios da floresta Amazônica; e uma semiaustraloide entre os caçadores nômades tanto da América do Norte quanto do Sul.[10] Harold S. Gladwin escreve a respeito de crânios australoides descobertos por todo o trajeto da Baixa Califórnia até a costa do golfo do México, bem como no Equador e no Brasil.[11] E Paul Rivet chega a sugerir a possibilidade de uma migração australoide através do gelo da Antártida para a Terra do Fogo.[12] A questão a ser notada aqui é que, se tal continuidade paleolítica precoce do Sudeste Asiático para a Terra do Fogo puder algum dia ser demonstrada, então a última possibilidade de algo como um caso de puro desenvolvimento paralelo, mesmo no nível cultural mais elementar, seria afastada.

Diante das evidências, certamente pareceria que nosso pesado Prometeu, com suas sobrancelhas espessas, seria o modelo mundial perfeito de um materialista econômico (o que é mais ou menos o que se poderia esperar, considerando-se o tamanho do cérebro); pois não há nenhum sinal ou pista de obra de arte a ser encontrada nos trezentos mil anos de sua existência. Ele era um *Homo faber*, homem "fazedor" de ferramentas, por excelência. E a maneira pela qual sua habilidade se desenvolveu na difícil tarefa de lascar pedras, desde os dias de suas primeiras ferramentas de seixos brutos até os de seus melhores machados sem cabo, revela que, apesar de todos os seus hábitos rudes e mesmo repulsivos, ele não era um completo idiota. O centro principal da cultura humana continuava sendo a África. Ali, foi encontrada uma incrível abundância de ferramentas paleolíticas. De fato, algumas escavações (por exemplo, as de L.S.B. Leakey no desfiladeiro Olduvai no norte de Tanganica) revelaram, em perfeita sequência, cada estágio da evolução do machado manual, das ferramentas de seixo das primeiras origens do homem até os machados finamente acabados e requintados do período de Neandertal.[13] E se a visão do abismo do passado que tivemos no sul da França foi grandiosa, a de Olduvai deixa-nos simplesmente boquiabertos. Mas o que surpreende ainda mais que a profundeza do passado pré-histórico ali ilustrado é a ampla difusão sobre a face da Terra de exatamente as mesmas formas de machado da África Oriental paleolítica. Como o Dr. Carleton S. Coon observou: "Durante a quarta parte de um milhão de anos em que o homem fez essas ferramentas, os estilos mudaram muito pouco, mas as mudanças feitas podem ser vistas em toda parte. [...] Isso significa que os seres humanos que viveram meio milhão de anos atrás eram capazes de ensinar a seus filhos, nos mínimos detalhes, as habilidades que tinham aprendido com seus pais, como fazem os atuais australianos e bosquímanos. Tal ensino requer tanto capacidade de expressão quanto uma disciplina tenaz, e a uniformidade dos estilos de machado manual em amplas regiões significa que membros de grupos vizinhos devem ter-se encontrado a intervalos determinados para realizar juntos tarefas que requeriam o uso desses objetos. Em resumo, a sociedade humana já era uma realidade quando os machados manuais do mundo todo começaram a tornar-se um produto uniforme".[14]

Tudo isso torna evidentes a força e o alcance da difusão no mundo primitivo. Além disso, o que talvez seja ainda mais notável é que alguns dos mais bonitos machados simetricamente lascados desse período têm até 60 cm de lâmina, um tamanho demasiado incômodo para o uso prático; a única conclusão possível é que eles devem ter exercido alguma função cerimonial. O Prof. Coon sugeriu que tais machados não eram ferramentas propriamente ditas, mas objetos sagrados, comparáveis aos instrumentos e armas cerimoniais de tempos posteriores, "usados em determinadas estações, quando os alimentos selvagens eram suficientemente abundantes para sustentar centenas de pessoas na mesma hora e no mesmo local. Então os homens velhos", ele supõe, "cortariam a carne para a multidão reunida, com algumas dessas ferramentas pesadas e magníficas"; depois disso, como os *tjurungas* magicamente poderosos dos australianos, os implementos sagrados seriam guardados em algum lugar sagrado.[15]

III. O ESTÁGIO DO HOMEM DE NEANDERTAL (*c.* **200.000-23.000** a.C.)

Os negritos pigmoides que habitam o arquipélago de Andaman no golfo de Bengala, a cerca de 400 km ao sul dos últimos promontórios de Burma, tinham tal fama de selvageria que eram cuidadosamente evitados pelos comandantes das frotas navais da Arábia, China e Índia. Desaventurados náufragos eram mortos, cortados e incinerados. Há relatos de que eram devorados. E como a riqueza das ilhas não oferecia nada de especial – consistindo de uma espécie de porco, gato-de-algália, alguns tipos de morcegos e ratos, uma espécie de musaranho e um prolífico varano-monitor [réptil sáurio] que podia nadar, andar na terra e subir em árvores, constituindo-se assim num excelente protótipo teriomórfico do mitológico "senhor dos três mundos", mas de pouco uso em qualquer outro sentido – seus habitantes sobreviveram até o século XX no nível cultural de mais ou menos 20000 a.C.

Figura 23. Nativos das ilhas de Andaman

As oito ou dez choupanas de sapé, com frente aberta, de um grupo local de cerca de quarenta ou cinquenta homens, mulheres e crianças, continuam situando-se em volta de uma área elíptica, bem varrida para dançar, com um tronco em uma das extremidades para ser percurtido com o pé, onde à noite, depois de realizadas as tarefas diárias, as mulheres sentam-se no chão e cantam, batendo nas coxas, enquanto seus homenzinhos dão voltas e voltas dançando.

"Na dança das tribos do sul", escreve o Dr. Radcliffe-Brown, cuja bela monografia sobre essa sociedade é um clássico da pesquisa antropológica moderna, "cada participante dança alternadamente sobre um pé. Quando dançam com o pé direito, o primeiro movimento é um pequeno salto com esse pé, então o pé esquerdo é levantado e abaixado com um rapapé para trás junto do chão, seguido de outro salto sobre o pé direito. Esses três movimentos, que ocupam o tempo de duas batidas da música, são repetidos até a perna direita se cansar e então, o dançarino muda o movimento saltando com o pé esquerdo, seguido de um rapapé com o direito e outro salto com o esquerdo".[16] Se o leitor resolver agora testar, primeiro os passos da dança dos macacos de Köhler e depois esses dos andamaneses de Radcliffe-Brown, certamente concordará, acredito, em que não estamos sendo ousados demais ao sugerir que algo desse tipo possa ter servido para expressar a "amistosa *joie de vivre*" da espécie humana durante aqueles primeiros e mais difíceis milhões de anos.

Entre os andamaneses não há governo organizado de qualquer espécie. As questões comunitárias são reguladas pelos homens e mulheres mais velhos. Mas em cada grupo local, normalmente se encontrava também um homem mais jovem que, por seu caráter cordial, habilidade na caça, bondade e generosidade, conquistara o respeito de seus amigos a tal ponto que confiavam nele como líder e conselheiro. E finalmente, havia aqueles homens e mulheres que exerciam influência porque se atribuía a eles poderes sobrenaturais; tais poderes, segundo Radcliffe-Brown, tinham sido adquiridos através de intimidade com os espíritos, ou por meio da morte e retorno, de encontros com os espíritos na selva ou por meio de sonhos. Os mitos, além do mais, estavam sob a responsabilidade particular desses homens e mulheres sobrenaturalmente dotados.

E assim, mais uma vez, encontramos neste museu vivo do arquipélago de Andaman uma situação que deve representar – pelo menos aproximadamente – o nível elementar da ordem da vida humana: a força da sabedoria dos mais velhos; o tato, a benevolência e a competência dos indivíduos socialmente orientados, e as experiências interiores e profundas dos "de mente sensível". Acrescente-se o inevitável "conceito de mundo da criança", representado em tal sociedade por uma considerável parcela de sua população com menos de sete anos de idade, e tem-se um esboço elementar dos quatro centros de força estruturadora, dos quais se constituíram em toda parte as constelações do caleidoscópio mitológico – mostrando mudanças de ênfase de acordo com as circunstâncias; mostrando, também, grandes diferenças quanto a seus alcances e capacidades de ampliação; mas sempre a partir desses quatro centros inevitáveis e permanentes de força criativa. Outrossim, como não há nenhuma ênfase excessiva entre os andamaneses nem sobre o masculino nem sobre o feminino, as contribuições de ambos os polos fluem livremente para o fundo comum e há pouco do âmbito do negativo, compensatório e maligno em sua mitologia e folclore, a não ser quando resultarem de experiências com as virulências da própria natureza, como ciclones, mortes súbitas, doenças e outros "atos de Deus".

A personagem principal da mitologia desse pequeno povo é a monção noroeste, Biliku, por vezes representada como uma aranha, cujo caráter – como a própria monção – é traiçoeiro e temperamental, ao mesmo tempo benéfico e perigoso. Normalmente, tem-se Biliku como uma fêmea e não podemos deixar de reconhecer em sua reveladora designação uma provável projeção da "estampagem materna" na criança, bem como um comentário sobre *das Ewig-Weiblich*: "o eterno feminino". Pois, de acordo com o que sabemos sobre as funções da moderna psique, tal projeção seria perfeitamente natural – de fato, inevitável – e será que alguém duvida de que as mesmas leis psicológicas básicas se apliquem aos andamaneses? A monção sudoeste, Tarai, mais amena que a Biliku, é representada como seu marido, e seus filhos são o Sol, a Lua e os pássaros. O Sol, além do mais, é a esposa da Lua e seus filhos são as estrelas, e a Lua às vezes pode tornar-se um porco.

A mitologia não foi sistematizada, de maneira que se pode aceitar uma série de versões de um mesmo evento. Por exemplo, Biliku, na sua forma masculina ou feminina, criou o mundo e, então, fez um homem chamado Tomo, o primeiro da raça humana, que era preto, como os andamaneses atuais, mas muito mais alto e barbudo. Biliku mostrou a Tomo como se vivia e o que comer. E então Tomo teve uma mulher, a Senhora Caranguejo. Segundo uma versão, Biliku criou a Senhora Caranguejo depois de ter ensinado Tomo a viver. Segundo outra, Tomo a viu nadando perto de sua casa e chamou-a; ela veio à terra e tornou-se sua esposa. Ainda de acordo com outra versão, a Senhora Caranguejo, já grávida, veio à terra e pariu vários filhos, que se tornaram os progenitores da atual raça. Uma série diferente nos aponta a Senhora Pomba como a esposa de Tomo; outra, a Lua – que, devemos lembrar, é também o marido do Sol. O próprio Tomo é por vezes o Sol. Mas o leitor poderá lembrar, também, que no mito andamanês já descrito do roubo do fogo pelo martim-pescador,* Biliku fez com que ele, o portador do fogo, perdesse suas asas, para que se tornasse o primeiro homem.

O Senhor Varano-Monitor também é o primeiro homem, e sua esposa é a Senhora Gata-de-Algália. Nos dias anteriores a seu casamento, quando tinha acabado de completar suas cerimônias de iniciação, ele foi para a selva caçar porcos, subiu numa árvore dipterocarpácea e nela prendeu-se de alguma maneira pelos genitais. A Senhora Gata-de-Algália, vendo-o naquele lamentável apuro, libertou-o e os dois casaram-se e tornaram-se os progenitores dos andamaneses.[17]

* Cf. *supra*, p. 240.

Mas o deus morto e ressuscitado das altas civilizações arcaicas do Oriente Próximo, Tammuz-Adônis, por quem as mulheres choravam no Templo de Jerusalém (Ezequiel 8:14) e cujo correspondente egípcio era Osíris, estava caçando um javali quando foi ferido nos flancos tornando-se impotente; então, morto, ele desceu ao mundo ínfero e foi ressuscitado apenas quando a deusa Ístar-Afrodite, cujo animal não é, na verdade, o gato-de-algália mas o leão, desceu ao mundo subterrâneo e o libertou. Como devemos explicar essa correspondência? A resposta pode ser encontrada nos sambaquis. Lidio Cipriani escavou em 1952 uma série de imensos sambaquis andamaneses, que se devem ter acumulado por um período de cerca de cinco ou seis mil anos. E encontrou: 1) a uma profundidade de aproximadamente 15 cm do topo, mercadorias de importação europeia, fragmentos de garrafas quebradas, balas de rifles, peças de ferro etc.; 2) muito mais abaixo, patas de caranguejo, que tinham sido usadas como cachimbos, ossos de porco, cacos de cerâmica e conchas de moluscos bem preservadas; 3) a cerca de 90 cm do fundo, nenhum cachimbo de pata de caranguejo, nenhum osso de porco, nenhum fragmento de cerâmica e as conchas de moluscos seriamente calcinadas, mostrando que tivessem ficado expostas diretamente ao fogo. Conclusão: "Os andamaneses", escreve Cipriani, "quando de sua chegada, não conheciam a cerâmica. Antes de sua introdução, a comida era assada no fogo ou nas brasas; posteriormente, cozinhada em recipientes. [...] A primeira cerâmica andamanesa era bem feita, com barro bem trabalhado e bem queimado no fogo. Quanto mais nos aproximamos dos estratos superiores, mais ela degenera. [...] Ossos de *sus andamanensis* (porco andamanês) começam a aparecer depois da cerâmica. Eles tornam-se mais frequentes quanto mais nos aproximamos dos níveis da superfície. A conclusão inevitável pareceria ser que os antigos andamaneses não conheciam nem a cerâmica nem a caça de porcos. E provável que tanto a cerâmica quanto o *sus* domesticado tenham sido introduzidos por um mesmo povo".[18] Portanto, aqui temos novamente um exemplo de difusão e, também, regressão: retorno ao Neolítico, juntamente com o grande mito neolítico de Vênus e Adônis, Ístar e Tammuz, agora transformados pelo princípio de *land-náma** em Senhora Gata-de-Algália e Senhor Varano-Monitor.

Os animais mais notáveis nas lendas dos andamaneses não têm qualquer valor social. Eles são os pequenos vizinhos da floresta que, durante a era mitológica, quando Biliku vivia na terra, faziam companhia aos ancestrais. Mas eles foram separados do homem pela descoberta do fogo – o que é assaz verdadeiro, pois o homem é protegido dos animais à noite pelas suas fogueiras. Algumas de suas características, de fato, foram causadas pelo contato doloroso com o primeiro fogo.

Divertidas lendas de animais desse tipo são conhecidas de todos os povos caçadores e coletores de alimentos e são, na verdade, inventadas espontaneamente

* Cf. *supra*, p. 176-177.

mesmo pelas crianças. Portanto, pode-se supor com segurança que o gênero seja de imensa antiguidade. Contudo, os enredos representados pelas "companhias" locais de animais e pássaros familiares variam grandemente, e, assim, se formos levar a sério a advertência no caso que acabamos de citar, da salvação do Senhor Varano-Monitor pela Senhora Gata-de-Algália, temos de lembrar que, embora o gênero da lenda animal seja certamente de idade paleolítica, as influências culturais representadas nos enredos podem ser provenientes de centros de civilização de uma ordem muito mais elevada do que se poderia esperar de qualquer coisa visível no cenário local.

Entre os andamaneses, uma série de animais usados como alimento são representados como tendo sido originalmente homens. Os ocupantes de uma canoa virada tornaram-se tartarugas; a Senhora Gata-de-Algália transformou alguns dos ancestrais em porcos; alguns dos porcos saltaram no mar e tornaram-se dugongos. Os animais mortos e devorados não têm, para os ilhéus, a mesma importância psicológica que os animais vivos nas florestas. Vem-nos à lembrança a observação de Róheim, citada anteriormente, de que "tudo o que é morto torna-se pai". Os ritos andamaneses de iniciação preocupam-se muito com a proteção do iniciado contra os poderes desses animais-alimento. O jovem, seja menino ou menina, tem de abster-se de comer desses animais por um certo tempo e depois fazer sua primeira refeição sob a proteção cerimonial. A iniciação da menina começa com sua primeira menstruação, quando ela tem de passar três dias sentada numa choupana, também sob proteção cerimonial. Outros momentos decisivos que requerem proteção são os do nascimento, casamento e morte. Em todas essas ocasiões, os indivíduos envolvidos são protegidos dos poderes desencadeados naqueles momentos por vários tipos de ornamentação cerimonial – tinta vermelha, argila branca, desenhos incisados (escarificados), fibras vegetais decorativas, conchas etc. – bem como por danças e prantos cerimoniais e recitação de mitos.

Aqui, portanto, temos a concepção primária da força e a função dos mitos e ritos. Em momentos de perigo psicológico, eles invocam magicamente as energias vitais do indivíduo e de seu grupo para enfrentar e vencer os perigos. Estes podem ser os enfrentados por todos no decorrer da vida nos vários limiares inevitáveis, ou os encarados por pouquíssimos ou apenas ocasionalmente. Um homem que matou outro tem de ser ornamentado e protegido cerimonialmente. Um homem que encontrou espíritos na floresta, nos sonhos ou na morte, requer a proteção do mito. As principais fontes de perigo para um andamanês, segundo o Prof. Radcliffe-Brown, são os espíritos: os fantasmas dos mortos e os poderes ocultos que animam a natureza. E as principais fontes de proteção ao indivíduo contra esses perigos são os ritos e costumes, os cerimoniais do grupo.[19] "A função dos mitos e lendas dos andamaneses", ele escreve, "é exatamente paralela à do ritual e cerimonial";[20] eles são "os meios pelos quais o indivíduo é levado a sentir a força moral da sociedade que atua sobre ele."[21] Mas, qual é a origem última de todos esses costumes, cerimoniais, mitos e ritos, pelos quais a força moral da sociedade é expressa? Aqui, as autoridades divergem. Reservei minhas próprias reflexões sobre o problema para a Conclusão.

A descrição dos andamaneses pode ser tomada como um possível modelo da situação social das primitivas sociedades das regiões tropicais e semitropicais de difusão paleolítica primária, que eram seminômades, coletoras de alimentos e caçadoras de pequenos animais. Uma nova situação desenvolveu-se, entretanto, quando as regiões terrivelmente frias ao norte da cadeia montanhosa Elburs-Himalaia foram penetradas por nossos robustos amigos da raça Neandertal, por volta de 200.000 a.C. Aparentemente, a posse do fogo e a ideia de vestir peles animais para afastar o frio tornaram possível para as tribos de homens desafiar os rigores das terras do norte, que ofereciam aos que conseguiam penetrá-las a vantagem de carne em abundância. Além do mais, a capacidade do cérebro da espécie tinha aumentado consideravelmente; pois, enquanto a variação no período do Pitecantropo tinha sido de cerca de 900 a cerca de 1.200 cm^3, a do Homem de Neandertal era de 1.250 a cerca de 1.725 cm^3 – consideravelmente acima do limite superior ao comum dos homens contemporâneos que, como já vimos, é de apenas 1.400 a 1.500 cm^3. O quadro não é mais o de uma grande quantidade de famílias dispersas de homens-macacos mentecaptos, mas de uma raça extraordinariamente vigorosa de seres humanos, talvez de uma ordem mental levemente superior à nossa, decididos a lutar, no alvorecer do que pode ser considerado a nossa história propriamente dita, numa paisagem que exigia toda a perspicácia e coragem de que dispunham.

Não sabemos quais podem ter sido os métodos de caça desses homens de Neandertal. Havia uma grande disparidade entre o tamanho de suas armas e os animais que eram suas vítimas. O arco e a flecha ainda não tinham sido inventados, mas o bumerangue ou arma de arremesso aparentemente já existia. A caça era perseguida com lanças de madeira com pontas de pedra, pedras de arremesso e bumerangues, enquanto os animais perseguidos e mortos eram o mamute, o rinoceronte, o cavalo selvagem, o bisonte, o gato selvagem, a rena, o veado, o urso-pardo e o urso de caverna. Esses animais eram perseguidos a pé e enfrentados de perto. Não é difícil perceber por que a coragem e a resistência do macho nessas circunstâncias deveria resultar em considerável vantagem para ele.

Entretanto, é provável também que o poder da magia feminina fosse reconhecido e respeitado. Vimos como, no rito dos pigmeus da África, relatado por Frobenius, os braços erguidos e gritos das mulheres ao Sol eram essenciais. E sabemos que entre os caçadores circumpolares, até hoje as xamãs femininas são numerosas e altamente respeitadas. Pois, como Ruth Underhill ressaltou, os mistérios do nascimento e da menstruação são manifestações *naturais* de poder. Os ritos de isolamento protetor, amparando tanto a própria mulher quanto o grupo ao qual ela pertence, estão baseados em um senso e ideia de perigo misterioso, enquanto os ritos dos meninos e dos homens são, antes, de natureza *social*. Estes últimos ficam racionali-zados em sistemas teológicos. Mas os mistérios naturais do nascimento e da menstruação são tão diretamente convincentes quanto a própria morte e permanecem até hoje o que devem ter sido no começo: fontes primevas de temor religioso.[22]

Provavelmente as primeiras migrações até a América ocorreram perto do fim do período do Homem de Neandertal, se é que as datas hoje sugeridas estão corretas, ou seja, cerca de 35.000 a. C *

---

* Aqui Campbell passou a especular que talvez o aborígene australiano moderno pode ter descendido do Homem de Ngandong, um ramo do *Homo erectus*. No entanto, evidências de DNA recentes mostram que as tribos nativas australianas na verdade descendem de um ramo do *Homo sapiens* chamado Homem de Denisovan, que teria migrado para o continente australiano c. 25.000 a.C. Veja *Australian Geographic*, "DNA Confirms Aboriginal Cultural One of Earth's Oldest", 2011. Portanto excluímos a expeculação de Campbell, que ele mesmo definiu como "hipotética". – Editores

---

Já tratamos das primeiras evidências arqueológicas indiscutíveis do pensamento religioso do homem quando falamos das sepulturas e santuários do urso do Homem de Neandertal. Agora acrescentamos, para completar o quadro, a observação de que muitos dos crânios de Neandertal encontrados em Krapina e Ehringsdorf também fornecem a evidência de seu canibalismo ritual. Esses crânios tinham sido abertos de uma maneira bem interessante. Além do mais, todos os crânios desenterrados do contemporâneo javanês do Neandertal, o Homem de Solo (Homem Ngandong), também tinham sido abertos. E finalmente, quando os crânios abertos pelos modernos caçadores de cabeças de Bornéu, com o propósito de devorar os cérebros, são comparados com os do Homem de Solo e de Neandertal – tendo os crânios servido, convenientemente, como tigelas para seus próprios conteúdos –, descobre-se que eles foram abertos exatamente da mesma maneira.[23] É de fato notável – podemos observar de passagem – como os padrões culturais conseguem sobreviver para além dos períodos das raças entre as quais surgiram pela primeira vez!

Não sabemos que ritos eram associados com a primitiva caça à cabeça, mas é provável que o intuito fosse comparável ao da adoração da cabeça de urso – considerando-se especialmente o fato de que na gruta de cinco câmaras de Guattari, perto de San Felice Circeo, na costa da Itália, cerca de 128 km a sudeste de Roma, um crânio neandertalense foi descoberto recentemente. E que ele tinha sido tratado de modo muito semelhante ao do crânio de um urso sacrificado. A cabeça havia sido removida e furada para extrair o cérebro; os restos de animais sacrificados foram preservados em receptáculos em volta da gruta e o próprio crânio, localizado no chão da caverna, estava rodeado por um círculo de pedras.

"Ó nobre Divindade!" Quase conseguimos ouvir a prece: "Preciosa Divindade, nós a adoramos. Vamos enviá-la de volta a seu pai e sua mãe. Quando chegar de volta a eles, por favor, fale bem de nós e diga-lhes quão bondosos fomos. Por favor, volte a nós e a honraremos novamente com um sacrifício".

De interesse, além do mais, é o fato de que no cume do próprio monte Circeo estão as minas de um templo romano supostamente devotado a Circe, feiticeira que não apenas transformou os homens de Ulisses em suínos, mas também introduziu o próprio viajante pela entrada cavernosa do Reino dos Mortos. E o nome do próprio promontório é uma referência a essa crença; pois a memória popular diz que o promontório – alto e belo e quase cercado pelo mar – era a ilha de Circe.

IV. O ESTÁGIO DO HOMEM DE CRO-MAGNON (*c*. 38.000-7000 a.C.)*

* O chamado Homem de Cro-Magnon era anatomicamente um membro moderno de nossa espécie (*Homo sapiens sapiens*); Embora os mais antigos vestígios desse primeiro humano moderno tenham sido hoje datados de modo confiável como sendo de 40.000 anos atrás – dez mil anos antes da primeira data considerada por Campbell ao escrever este livro – nossa espécie, agora se acredita, emergiu entre 200.000 e 100.000 a.C. no leste africano. Veja Smithsonian Institution, "Homo sapiens", 28/9/2016. – Editores

A data do período Aurignaciano varia radicalmente, dependendo de as estimativas levantadas pelo método carbono 14 serem aceitas ou rejeitadas. O abade Breuil rejeita-as, declarando que elas levam a "resultados absurdos" e extensões de tempo "notoriamente insuficientes". "Temos ainda de esperar", ele escreve, "até descobrirmos os limites dessa técnica, que parece menos exata quando o material tem mais de quinze ou vinte mil anos".[24] Herbert Kühn sustenta a data de cerca de 60.000 a.C. para o período;[25] o abade Breuil, cerca de 40.000 a.C.; Carleton S. Coon, por outro lado, aceitando as novas evidências, sugere cerca de 20.000 a.C.[26] Esta é uma opção justa, considerando-se o fato de que a glaciação Würm estava no apogeu por volta de 35.000 a.C., enquanto o período Aurignaciano, que quase com certeza seguiu esse apogeu, pareceria ser por volta de 30.000 a.C.

A figura típica da época – a "marca registrada" da época, como Weinert a denomina – é o Homem de Cro-Magnon, alto e ereto, com uma capacidade cerebral que vai de 1.590 cm^3 a algo em torno de 1.880 cm^3 (um pouco maior que a média moderna);[27] mas uma série de outras linhagens raciais aparecem também. Tem-se dito que algumas delas (Homem de Chancelade, Homem de Combe Capelle) se parecem com os modernos esquimós; outras (Grimaldi) sugerem tipos de italiano. No continente africano – onde foram encontrados restos do Cro-Magnon por toda a costa leste até o Cabo – outras formas sugerem os bosquímanos.[28]

Quatro grandes divisões do Paleolítico Superior, época culminante da Grande Caça, foram reconhecidas: a Aurignaciana, a Solutreana, a Magdaleniana e a Capsitana.

A AURIGNACIANA

Este é o grande período das estatuetas femininas paleolíticas e dos primeiros estilos de gravuras e pinturas rupestres. A arte mural é linear e um pouco rígida, mas de maneira alguma tosca ou incompetente: faz pensar na tensão do arcaico. As estatuetas de osso, marfim e pedra, por outro lado, são audaciosamente estilizadas – algumas, de fato, com perfeita elegância e num estilo notavelmente "moderno".

Nas paredes de uma série de cavernas, foram encontradas marcas de garra do urso de caverna e observou-se que gravuras e pinturas aparecem normalmente perto dessas marcas. Portanto, podemos dizer que o Mestre Urso foi o primeiro instrutor dessa arte animal e o lugar onde ele tocava era próprio para a mágica animal. Os contornos das mãos, coloridos ou não, aparecem igualmente nas paredes, muitos com dedos mutilados. São, portanto, indicações de sacrifícios dos nós dos dedos, semelhantes aos das planícies de búfalos da América do Norte. Talvez as marcas de mãos tenham sido impressas nas paredes como imitação das marcas deixadas pelo urso.

As cavernas eram os locais de magia animal e ritos humanos. Elas são o próprio mundo subterrâneo, o reino dos rebanhos do mundo subterrâneo, do qual procedem e para o qual retornam os rebanhos do mundo superior. Elas são da mesma esfera e substância da noite, das trevas e do céu noturno, e seus animais são comparáveis às estrelas, que são mortas pelo Sol, porém voltam a aparecer. As mitologias dos mestres animais e do xamanismo, a jornada para o outro mundo por meio da cerimônia de sepultamento, os ritos de passagem dos homens, o renascimento e a dança mascarada inspiraram as liturgias dessa época brilhante.

As estatuetas femininas indicam, outrossim, que existia também uma mitologia da deusa, a qual pode ter sido complementar ou estranha ao hábito de cortar os dedos nos ritos de dança dos homens. A deusa sugere um contexto mais estreitamente relacionado com as regiões tropicais da difusão primária – onde uma mitologia do agricultor, ou pelo menos o prelúdio de uma mitologia do agricultor deve ter-se formado a esta altura – do que com as regiões das cavernas.

A região clássica da arte rupestre é o sudoeste da França e o norte da Espanha; já o das estatuetas estende-se dos Pireneus até o lago Baikal. Além do mais, as migrações para a América em busca de caça – nas redondezas da região do Baikal – já estavam quase certamente ocorrendo antes do término deste período.

A SOLUTREANA

O período Solutreano foi frio e seco, quando as grutas protetoras e abrigos nas rochas foram abandonados em troca das planícies cobertas de grama, que agora, substituindo a tundra, se tornaram a paisagem de um vasto e extenso mundo de animais de pasto e bandos de caçadores nômades. Do rio Dordonha ao rio Mississipi a caça ao mamute estava em seu apogeu.

Não mais encontramos imagens da deusa nos sítios arqueológicos do oeste da Europa, mas sua presença é acentuada ainda nas estações de caça das vastas terras de loesse do leste da Europa até a região do Baikal. Outrossim, observou-se que as estatuetas femininas de Předmost na Morávia, Mezin na Ucrânia e Mal'ta na remota Sibéria – que algumas autoridades atribuem a este período, outras, entretanto, ao Aurignaciano – têm grandes semelhanças entre si.[29] Nessa época, o terreno comum de caça era enorme em extensão e livremente percorrido.

Entre os restos de esqueletos, uma nova raça de homens, vinda aparentemente do leste, através da Hungria e da bacia do Danúbio, e chegando até o Dordonha, revela-se numa série de vestígios bem representada em Brünn, Brüx e Předmost, e o talento particular desses recém-chegados era a confecção de belas pontas de lança. Seus crânios, entretanto, sugerem uma certa queda no nível mental, baixando para uma capacidade de por volta de 1.350 cm^3. Estatuetas de animais de marfim de mamute, bem como estatuetas da deusa e uma pureza particular de estilo no desenho geométrico decorativo, distinguem muitos dos sítios arqueológicos associados com essa raça. Um dos esqueletos de Brünn estava profusamente adornado com conchas cauri e discos de pedra perfurados, ornamentos de ossos das costelas de rinoceronte ou mamute e dentes de mamute. (Uma estatueta de marfim muito danificada, aparentemente de uma figura masculina, também foi encontrada naquele local e muitos dos objetos estavam coloridos de vermelho.)[30] A raça era certamente de vigorosos caçadores nômades e parece haver continuado o culto da deusa durante o período Solutreano.

Na estação modelo do período, em Solutré, na França Central, perto do rio Saône, foi encontrado um grande local em campo aberto, abrigado ao norte por um espinhaço íngreme, mas expondo-se amplamente ao sol no lado sul, com imensas lareiras e vestígios de festas numerosas. Gado e cavalos selvagens, o mamute lanoso, a rena e o veado eram abundantes, assim como o urso de caverna e o pardo, o texugo, o coelho, o lobo, a hiena e a raposa. O chacal também aparece agora – e tanto na forma quanto no caráter, é exatamente o correspondente do coiote americano.

Todos esses animais devem ter figurado preeminentemente nas lendas animais do período, narradas à noite em volta das fogueiras – algumas talvez já nos papéis que desempenham até hoje, não apenas no folclore das tribos caçadoras, mas também nas fantasias e contos dos nossos filhos pequenos.

A MAGDALENIANA

Chega outro período frio e úmido e, na Europa, as estepes gramadas começam a ceder lugar às florestas de pinheiros. Com isso, os grandes rebanhos de animais de casco mudaram-se em direção ao norte da Ásia e, com eles, muitos dos caçadores; porém, nas cavernas-templo do sul da França e norte da Espanha pode-se reconhecer uma firme continuidade, unindo o Magdaleniano com o Aurignaciano, como se o Solutreano intermediário houvesse sido apenas um episódio passageiro. As formas animais da arte mural são agora magistralmente expressas num forte estilo artístico, com linhas fluentes e cores ricas, através de olhos que tinham observado os animais de uma forma que não se conhece até então, e mãos perfeitamente treinadas. Essa arte era mágica. E seus rebanhos são os rebanhos da eternidade, não do tempo – porém ainda mais reais e vivos que os animais do âmbito do tempo, por serem sua fonte sempre viva. Em Altamira, os grandes touros – que quase parecem respirar – ficam no teto, lembrando-nos de sua natureza, pois são estrelas. E isto, por sua vez, nos faz lembrar a mitologia dos pigmeus do Congo, de Frobenius: como os raios do Sol nascente mataram os rebanhos do céu.* O caçador é identificado com o Sol, a lança, com seus raios, e os rebanhos dos campos, com os rebanhos do céu. A própria caça é uma aventura celeste, expressando no tempo formas eternas. E o ritual da caverna é, por assim dizer, seu sacramento transubstanciador.

E, portanto, eles estão ali, esses rebanhos celestes, no abismo primordial do céu noturno. Pois de acordo com a lógica desse tipo de sonho, desse jogo mítico onde A é B e B é C, essa caverna é o abismo eterno da noite e essas pinturas são os protótipos, as ideias platônicas ou formas mestras dos rebanhos temporais da terra, que – junto com as pessoas – devem fazer o jogo do mestre animal, da morte voluntária e da caça sacramental.

O Magdaleniano é o período do bisonte macho e fêmea do santuário de Tuc d'Audoubert, do xamã dançarino de Trois Frères, do transe xamanista e sacrifício do bisonte de Lascaux e do sacrifício do urso de Montespan. A mitologia da Grande Caça está em perfeito florescimento.

Mas os novos animais de uma floresta invasora já começaram a aparecer entre os remanescentes – o veado-vermelho, o cavalo da floresta, o alce e o gamo –, de maneira que o apogeu das planícies está acabando. Os caçadores estão se voltando para os rios e mares; arpões de osso são feitos para caçar baleias e focas. Curiosamente, também, a estatura dos próprios caçadores Cro-Magnon diminuiu consideravelmente: 1,53 m a 1,58 m são suas medidas típicas; não mais 1,80 m a 1,90 m. E o cérebro é reduzido a uma capacidade igual à nossa, de hoje: 1.500 cm^3.[31]

Uma série de temas interessantes, descoberta nos túmulos, merece observação. Na gruta de Les Hôteaux, Ain, na França: um esqueleto coberto de implementos magdalenianos, deitado de costas, pintado com ocre vermelho e com os ossos das coxas invertidos. Na gruta de Placard, Charente, também na França: sete crânios separados dos seus corpos para sepultamento; um crânio de mulher cercado de conchas de caracol, muitas da quais perfuradas, e duas partes superiores de crânios, transformadas em tigelas. Na gruta de Duruthy, em Sorde, Landes: um esqueleto com um colar e cinto de dentes de leão e de urso. Em Chancelade: o

* Cf. *supra*, p. 255-256.

esqueleto semelhante ao do esquimó já mencionado, com pernas relativamente curtas, altura não superior a 1,35 m, coberto com diversas camadas de artefatos magdalenianos e membros flexionados tão apertadamente que devem ter sido envoltos em ataduras. E então, finalmente, em Oberkassel, perto de Bonn: dois esqueletos a 90 cm um do outro, um de mulher, por volta de vinte anos de idade, e outro de homem, com quarenta ou cinquenta, medindo respectivamente 1,55 m e 1,58 m. Estavam cobertos com grandes placas de basalto e uma tinta vermelha, espalhada sobre os esqueletos e as pedras circundantes. Ossos de animais também estavam presentes, um pequeno osso de cabeça de cavalo finamente talhado e uma ferramenta de osso polido – bela obra de artesanato com entalhe de uma cabeça de algum pequeno animal parecendo uma marta.

Podemos reconhecer nesses vestígios, além da honra e do sacrifício, a esperança de que o espírito permaneça longe, deixando os vivos em paz: os ossos das coxas invertidos, os crânios separados do corpo que, na posição agachada, recebia ataduras, e as pesadas placas de basalto. Os dentes de urso e leão são interessantes, porque esses dois animais, nos ritos nórdicos do urso e nos africanos do leão e da pantera, são, respectivamente, como vimos, equivalentes na forma.* Ambos os animais têm os olhos na frente, olham para a frente, como os homens, enquanto os outros animais têm os olhos dos lados. O xamã de Trois Frères é mostrado de frente, fitando o espectador. E no norte da África, na cordilheira do Atlas saariana, há também um leão olhando de frente para o espectador, numa postura que sugere a do xamã dançarino da caverna francesa, e colocado de maneira a ser atingido pelos primeiros raios do Sol nascente. Como o dançarino, além do mais, ele está numa posição de domínio sobre um grande campo de rebanhos de pasto.[32] Portanto, é sugerida uma associação mitológica do urso e do leão com o Sol, olho solar, olho assassino e mau-olhado, bem como com o mestre animal e o xamã. Essa deve ter sido, por milênios, uma das fórmulas mitológicas dominantes subjacentes à mágica da caça paleolítica.

V. O ESTILO MICROLÍTICO-CAPSITANO (*c.* **30.000** 4000 a.C.)

Uma confusão de movimentos populares, novas tecnologias, orientações mitológicas e formas expressivas de arte irrompem agora no cenário e estamos diante do começo de uma nova era. Surgiram o arco e a flecha, o cão de caça e uma arte de pintura rupestre cheia de pequenas figuras vivazes: arqueiros caçando e lutando, cenas rituais, dançarinos, cenas de sacrifício. Enquanto as pinturas nas cavernas representavam formas de animais de caça, aqui descobrimos uma animada dança de figuras humanas num expressivo estilo “homem-palito”, desenvolvido com senso de composição das cenas e expressão dos movimentos. E enquanto a arte das cavernas proporcionava uma atmosfera mágica, eterna, da esfera do mito, do feliz campo de caça da eternidade e dos feitos dos arquetípicos xamãs, aqui temos uma atmosfera de vida na terra e práticas rituais das comunidades existentes. Notamos também que as mulheres são preeminentes nas cenas, com amplos quadris e pernas elegantemente representados e corpos flexíveis em poses graciosas. As cenas vibram com o ritmo da ação combinada dos grupos. Agora, não o xamã, mas o grupo é o veículo do poder sagrado.

Figura 24. Cena de caça capistana, Castellón

O centro desse novo estilo eram os campos gramados de caça do norte da África, onde hoje há apenas deserto, e a estação modelo é Capsa (Gafsa), na Tunísia. Dali, pode ser imaginada uma difusão para o oeste, voltando-se para o norte até a Espanha: os monumentos europeus do período estão no leste da Espanha. Mas a esfera estende-se através de todo o norte da África até o Nilo, o Jordão, a Mesopotâmia, a Índia e **Sri Lanka**. Seu artefato característico, comumente conhecido como* micrólito, é uma minúscula pederneira geométrica, principalmente nas formas trapezoide, romboide e triangular, que foi encontrada do Marrocos à cadeia de montanhas Vindhya na Índia, e da África do Sul até o norte da Europa. Em contraste com essa ampla difusão das ferramentas e armas, entretanto, os principais locais do desenvolvimento dessa arte, além dos da Espanha Oriental, estão confinados no Saara, que antigamente era um grande parque e uma terra pastoril repleta de animais de caça. Nas pinturas rupestres vemos manadas de elefantes e girafas, rinocerontes e avestruzes, macacos, animais selvagens, ovelhas e gazelas, formas humanas gigantes com cabeças de chacais ou de asnos,

* Cf. *supra*, p. 281-295.

o leão no topo do rochedo atingido pelo sol, e também homens em postura de adoração, com os braços levantados diante de grandes touros ou diante de um carneiro erguido com a insígnia do disco solar entre os chifres.[33]

Figura 25. Três mulheres, Castellón.

Não sabemos praticamente nada da história inicial desta cultura; nem mesmo quão remotamente no passado ela poderia ser investigada. Mas as primeiras formas, conhecidas como capsitanas inferiores, nos levam, pelo menos parece, de volta até o Aurignaciano. A entrada na Espanha e, dali para o norte da Europa, só ocorreu por volta de 10.000 a.C., período denominado de várias maneiras: Capsitano Final, Tardenoisiano, Aziliano, Microlítico, Mesolítico, Protoneolítico ou Epipaleolítico. Não nos confundamos, entretanto, com nomes!

Os capsitanos do norte da África parecem ter sido um povo de estatura mediana, tendo por volta de 1,50 m a 1,68 m de altura, e cabeças alongadas com testas retraídas. Eles caçavam com bumerangues, clavas e arcos, pescavam com arpões

Figura 26. Homem com dardo, Castellón

finos, coletavam bagos e raízes e faziam muitas coisas de caracóis e moluscos. Usavam contas de cascas de ovo de avestruz em forma de disco, penas, braceletes e cintos de conchas perfuradas. Os homens – nesta zona equatorial dominada pela mulher – em vez de ocultar, decoravam seus genitais, enquanto as mulheres usavam longas saias elegantes. Os natufianos das cavernas do monte Carmelo, em cujo surgimento, cerca de **12.500** a.C., baseamos nossas datas do Protoneolítico,* eram um povo desse estilo cultural capsitano. Além do mais, com a progressiva desertificação do Saara e migração dos animais de caça, durante o quarto milênio a.C., os capsitanos e sua arte de pintura mudaram-se para o sul, onde sua influência pode ser vista nos vários estilos do sul do **Zimbabue**: as graciosas cenas de caça dos bosquímanos de Basutolândia; a hoje famosa, mas misteriosa "Senhora Branca" de Damarlândia (que parece, entretanto, ser de fato um homem – "um rei", eles dizem, mas sem dúvida, então, um rei-deus), e, finalmente, os curiosos murais de Rusafe, onde são celebrados o regicídio sagrado e a ressurreição do rei-lua.

E assim estamos de volta, mais uma vez, aos nossos problemas do sacrifício ritual, ao alvorecer do Neolítico, e aos mistérios do monstro-serpente e da donzela.

* Cf. *supra*, p. 125-127.

CAPÍTULO 10

LIMIARES MITOLÓGICOS DO NEOLÍTICO

I. A GRANDE SERPENTE DOS PRIMEIROS AGRICULTORES (*c.* **12.500** a.C.?)

Uma jovem – contam-nos – foi para a floresta. A serpente macho a viu: "Venha!", ele disse. Mas a jovem respondeu: "Quem iria querer você como marido? Você é serpente. Não vou desposá-lo". Ele disse: "Meu corpo é, de fato, o de uma serpente, mas minha fala é de homem. Venha!". E ela foi com ele, desposou-o e, em breve, teve um menino e uma menina; depois disso, o marido-serpente mandou-a embora, dizendo: "Vá! Eu cuidarei deles e os alimentarei".

A serpente macho alimentou as crianças e elas cresceram. Um dia, o pai-serpente disse-lhes: "Vão pescar algum peixe!". Eles o obedeceram e quando retornaram o pai ordenou: "Cozinhem o peixe!". Mas eles responderam: "O Sol ainda não nasceu". Quando o Sol surgiu e aqueceu o peixe com seus raios, eles consumiram o alimento, ainda cru e sangrando.

E a serpente macho disse: "Vocês dois são espíritos, pois comem comida crua. Talvez queiram comer-me. Você, moça, fique aqui! Você, rapaz, rasteje para dentro de minha barriga!". O menino ficou com medo e disse: "O que devo fazer?". Mas o pai-serpente disse: "Venha!", e ele se arrastou para dentro da barriga do pai. A serpente disse-lhe: "Pegue o fogo e traga-o para sua irmã! Vá colher cocos, inhames, taro e bananas!". De maneira que o menino se arrastou para fora, trazendo fogo da barriga da serpente.

Depois de colher raízes e frutas, conforme lhes fora ordenado, eles acenderam um fogo com o tição que o menino tinha trazido e cozinharam a comida, e, quando terminaram de comer, a serpente perguntou: "Qual é melhor, a minha comida ou a de vocês?". Ao que eles responderam: "A sua é melhor! A nossa é ruim".[1]

Eis uma lenda do mundo vegetal tal como poderia ter sido contada praticamente em qualquer lugar do arco tropical da migração primária, da África para o leste (ao sul da cadeia montanhosa Elburs-Himalaia) até o sudeste da Ásia, Indonésia e Melanésia, ao passo que, de fato, seu lugar ao longo do arco era um enclave primitivo no remoto extremo leste dessa grande província tropical: as Ilhas do Almirantado, perto da costa norte da Nova Guiné.

Até agora, a arqueologia dos períodos paleolíticos do Sudeste Asiático, infelizmente, mal foi abordada; mas o pouco que sabemos indica que a região estava muito aquém da África em seu desenvolvimento de ferramentas da Idade da Pedra. Além do mais, como o Prof. Robert Heine-Geldern observou: "O Paleolítico parece ter-se prolongado aqui até um período muito posterior. Aparentemente, as culturas paleolíticas mantiveram-se em grandes partes da região, em particular no oeste da Indonésia, até o segundo milênio a.C. estar bem adiantado e, em alguns lugares, até muito depois".[2]

Das mitologias acessíveis ao estudo, naquela região extremamente interessante, muitas são antiquíssimas. Mas, como vimos na lenda da ilha Andaman, do Senhor Varano-Monitor e da Senhora Gata-de-Algália nos papéis de Tammuz e Ístar, traços das esferas culturais superiores podem ser absorvidos mesmo pelas tradições mais primitivas. E ainda, como vimos no caso dos crânios do Homem de Solo (Ngandong) de cerca de **70.000 – 40.000** a.C., tratados à maneira da moderna caça de cabeças de Bornéu, o mais surpreendente conservadorismo também pode estar representado nessas sociedades*. Então, quando deparamos com um motivo como o da serpente e da donzela entre os primitivos papuas, devemos considerá-lo como uma forma regressiva ou primitiva da Queda no Jardim do Éden? Ou será que alguém sabe, de fato, onde esse tema mitológico apareceu pela primeira vez?

---

* Como observado acima, o Homem de Ngandong hoje é classificado como um ramo do *Homo erectus*. Recente datação por raios gama estabeleceu o período temporal para esses crânios mencionados aqui, que os teria colocado muito próximo a bandos dos humanos de hoje. Veja Peter Brown, "Ngandong", *Paleoanthropology*, K. E. Westamay, et al., "Age and Biostratigraphic Significance of the Punung Rainforest Fauna, East Java, Indonesia, and Implications for *Pongo* and *Homo*", *Journal of Human Evolution 53* (2007): 709-77; e Y. Yokoyama, C. Falguères, F. Sémah, T. Jacob e R. Grün, "Gamma-Ray Spectrometric Dating of Late *Homo erectus* Skulls from Ngandong and Sambungmacan, Central Java, Indonesia", *Journal of Human Evolution 55*, no. 2 (2008): 274-77. Campbell menciona a data dos crânios como c. 200.000 a. c. Contudo, o período posterior de datas não muda materialmente sua argumentação. – Editores

---

É razoavelmente claro que o tema mitológico, muito difundido, da serpente e da donzela, apareceu pela primeira vez em algum lugar ao longo do arco da difusão tropical primária da África, que se estende através da Arábia e do

Oriente Próximo, para a Índia, Sudeste Asiático, Indonésia, até a Melanésia. Como aprendemos pela evidência das ferramentas paleolíticas,* uma difusão ampla e mesmo relativamente rápida ao longo deste arco pode ser facilmente demonstrada; entretanto, devemos distinguir duas importantes esferas: a) a da África para a Índia; e b) a da Índia do Norte e Central, através do Sudeste Asiático, até a Indonésia e a Melanésia. Na primeira, foi encontrada uma série de variedades desenvolvidas do machado sem cabo paleolítico, bem como "ferramentas de seixo", anteriores e mais rudes; mas na segunda, apenas tipos de ferramentas de corte, relativamente grosseiras. Além do mais, na primeira encontramos a vigorosa difusão microlítico-capsitana, que não se estendeu até a segunda. De maneira que a Esfera (a) pareceria não apenas ter sido a primeira das duas, mas também ter mantido a liderança cultural, pelo menos, até o fim do Paleolítico.

Ninguém determinou até hoje onde foram dados os primeiros passos em direção à agricultura. Menghin sugeriu o sul da Ásia, que é tropical;[3] Heine-Geldern achou essa ideia improvável, sem sugerir uma alternativa.[4] A única alternativa possível, entretanto, é alguma parte mais ocidental da Esfera (a) que, de fato, pareceria ter sido tal região – e, consequentemente, a provável região também do nosso mito da serpente e da donzela, que, pelo que vimos, está relacionado com a ideia da planta cultivada.

Já falamos da teoria biológica de uma "zona de hominização": uma área limitada, porém suficientemente ampla da superfície da Terra, de caráter relativamente uniforme, onde uma vasta população de indivíduos estreitamente relacionados foi afetada simultaneamente por uma série de transformações genéticas que levou ao surgimento de uma considerável variedade de formas humanas.** Gostaria agora de propor uma teoria comparável da origem, tanto do nosso mito quanto da arte de cultivar plantas, com o qual ele está relacionado. Pois podemos estar certos de que, de uma extremidade à outra da Esfera (a), havia uma comunicação efetiva de ideias e técnicas; lenta, de fato, de acordo com os padrões modernos – exigindo séculos em vez de segundos – porém, finalmente efetiva. Portanto, podemos pensar nessa área como um *continuum* no qual um estado relativamente uniforme de assuntos humanos prevaleceu e, em consequência, foi caracterizado por um estado relativamente uniforme de disposição psicológica para a recepção de uma estampagem – uma disposição, pode-se dizer, para tais "arrebatamentos", como o descrito no relato da bruxa da filhinha do professor.*** Portanto, toda a esfera poderia ser descrita como uma área limitada, porém suficientemente ampla, da superfície da Terra, de caráter relativamente uniforme, onde uma vasta população de indivíduos estreitamente relacionados (a saber, os membros da recente

* Cf. *supra*, p. 311-312.

** *Supra*, p. 305-306.

*** *Supra*, p. 36.

espécie *Homo sapiens*) foi afetada a um só tempo por estampagens aproximadamente comparáveis, e onde, em decorrência, "arrebatamentos" da mesma espécie eram iminentes em todas as partes e, na verdade, desencadearam-se num comportamento ritualizado e seu consequente mito. Podemos denominar "mitogênica" tal zona e deveria ser tarefa de nossa ciência identificar tais zonas e distingui-las claramente das "zonas de difusão", bem como das zonas de desenvolvimento e de crise posteriores.

No caso do nosso mito em questão, não sabemos onde, no grande arco da Esfera (a), a algumas das mulheres cavoucando em busca de raízes comestíveis, ocorreu a ideia de que seria sensato concentrar suas plantas comestíveis em hortas; tampouco sabemos se a ideia resultou de alguma concepção econômica ou de algum "arrebatamento" e representação ritual relacionada. Tudo o que sabemos é que as funções da agricultura e desse mito estão vinculadas, e que o mito surgiu entre os horticultores; outrossim, que ele pode ter surgido espontaneamente em uma zona ampla e propícia em mais de um lugar ao mesmo tempo, e, finalmente, que em um período, que em termos de cômputo paleolítico não precisa ter sido longo (digamos, mil anos), os mitos e ritos, juntamente com técnicas de horticultura a eles relacionadas, podem ter preenchido o arco. Podemos imaginar que a data, portanto, tenha sido em algum momento próximo de **12.500** a.C.

Como sabemos que uma mitologia da deusa já florescia antes disso – tendo-se apresentado nas estatuetas aurignacianas, praticamente com o primeiro aparecimento do *Homo sapiens* no cenário pré-histórico –, temos de reconhecer que o mito da serpente e da donzela representa apenas um desenvolvimento de uma base anterior. No túmulo da criança raquítica de Mal'ta, onde foram encontradas cerca de vinte estatuetas femininas, havia uma placa de marfim com o desenho de uma espiral em um lado e no outro três cobras do tipo naja (cobra-de-capelo). Outra espiral pontilhada estava gravada na lateral de um peixe de marfim. A criança estava na posição fetal, voltada para o leste. E havia alguns pássaros de marfim no túmulo.

Hoje uma tribo papua muito primitiva, a Baining, da Nova Bretanha, afirma que o Sol um dia reuniu todas as coisas e lhes perguntou qual gostaria de viver para sempre. Infelizmente, o homem não compareceu à reunião e é por isso que hoje as pedras e as cobras vivem eternamente, mas o homem não. Se ele tivesse comparecido à convocação do Sol, hoje seria capaz de mudar de pele, de tempos em tempos, como a cobra.[5]

Este simbolismo da serpente da vida eterna aparece no período Paleolítico, no reverso de uma placa, cujo anverso expunha o labirinto da morte; na mesma coleção havia um peixe com o labirinto no flanco; pássaros sugerindo o voo do espírito na morte, como num transe xamanista; a posição voltada para o Sol nascente, e a postura fetal do pequeno esqueleto – tudo isso, numa única sepultura no mesmo local onde foram descobertas vinte estatuetas da deusa, bem como uma série de animais sepultados cerimonialmente,* fala em favor da presença de uma mitologia desenvolvida no Paleolítico Tardio, na qual a deusa do renascimento espiritual já era relacionada com os símbolos do culto neolítico muito posterior de Ístar-Afrodite: o pássaro, o peixe, a serpente e o labirinto.

E assim estamos de volta, mais uma vez, como sempre levados pelo mito, ao problema da permanência na mudança (ou imutabilidade em meio à mutação), ou, como diz James Joyce, ao que é "sempre o mesmo, porém sempre em mutação". E a presença permanente neste contexto particular é obviamente a mulher, tanto em sua maneira de sentir a vida quanto em seu caráter, como uma estampagem – uma mensagem do mundo – para o homem assimilar. Os túmulos e santuários do urso de Neandertal, nossas primeiras evidências de ritual religioso, apontam para uma tentativa de lidar com a estampagem da morte. Mas o mistério da mulher não é menos mistério que o da morte. Dar à luz não é menos mistério; tampouco o fluxo do leite materno; nem o ciclo menstrual – em sua concordância com a Lua. A magia criativa do corpo feminino é um milagre em si mesma. E assim, enquanto os homens em seus ritos (como iniciados, dignitários tribais, xamãs ou o que quer que fossem) se cobriam com fantasias mágicas, a magia mais poderosa do corpo feminino é inerente à própria mulher. Em todas suas epifanias primárias, portanto, seja nas estatuetas paleolíticas seja no Neolítico, ela é caracteristicamente a deusa nua, com uma ênfase iconográfica sobre o simbolismo de sua própria forma mágica.

A mulher, como a porta mágica do outro mundo, pela qual a vida entra neste, está naturalmente em contraposição à porta da morte, pela qual a vida parte. E nenhuma teologia precisa estar envolvida nisso, mas apenas o mistério e o milagre de uma mente pasma diante de um segmento apreendido do universo – junto com a vontade de unir-se a qualquer poder que possa habitar tal milagre. Permitam-nos lembrar a exortação do condutor blackfoot do búfalo às suas duas esposas, dizendo que elas permanecessem na barraca naquele dia e orassem. "Orar", talvez, seja meramente uma palavra do intérprete moderno; melhor seria a expressão "realizar sua magia", pois, como vimos, o desempenho dos homens na caça tinha de ser apoiado pela magia de suas mulheres. Entretanto, nas regiões da Grande Caça, onde prevalecia uma psicologia masculina fundamentalmente inquebrantável, sustentada por símbolos de prestígio, façanhas hábeis e a firme instituição de um ego corajoso, o princípio feminino devia estar subordinado aos propósitos concebidos e executados pelos homens. A deusa e suas representantes na terra podiam dar apoio mágico às difíceis tarefas dos homens, mas não mexer em seu conceito dominante acerca da vida. Nas mitologias daquele mundo, ou concebidas no espírito daquele mundo, portanto, o tema fundamental é sempre a conquista: conquista de vida eterna, poder mágico, do reino de Deus na terra, iluminação, prosperidade, uma mulher de bom caráter

* Cf. *supra*, p. 282-284

ou algo do estilo. O princípio dominante é *do ut des*: "Eu dou para que você me dê" – "Ofereço a ti, Ó Deus, para que Tu, em troca, me dês algo de bom – seja nesta vida ou na próxima".

Nas regiões mais amenas dos trópicos, onde predomina a agricultura, o lado feminino não era apenas auxiliar, mas podia mesmo instituir – a partir de seu próprio estilo de vida – o padrão dominante da cultura e de seu mito. E esta é a força que se revela no mito da serpente e da donzela, onde os elementos básicos são: 1) a jovem apta para o casamento (a ninfa), relacionada com os mistérios do nascimento e da menstruação, sendo esses mistérios (e o próprio útero, portanto) identificados com a força lunar, 2) o sêmen masculino fertilizante, identificado com as águas do céu e da terra e simbolizado na serpente fálica – como a água e como o relâmpago – pela qual a jovem deverá ser transformada, e 3) a experiência de vida como mudança, transformação, morte e renascimento.

A analogia da morte e ressurreição com o crescer e minguar da Lua; a analogia da desintegração e frutificação da semente pela água com a escuridão cobrindo e descobrindo a Lua, como se a Lua se desvencilhasse de sua pele da morte, e também a semelhança entre ambos esses ciclos, vegetal e lunar, com a partida e chegada das gerações, bem como com certas experiências espirituais de melancolia e êxtase, intrínsecas à psique – essas analogias perceptíveis devem ter constituído então, como ainda constituem, uma fonte tanto de fascínio quanto de inspiração, pelo menos para os membros mais atentos da espécie, que naquela época podem ter atingido uma proporção ainda maior da população do que hoje.

Uma difusão dessa mitologia e sua representação ritual do mistério do monstro-serpente e da virgem, a partir da zona mitogênica da Esfera (a), deve tê-la levado, em seu devido tempo, para a Esfera (b) e, então, para o leste, para a região circumpacífica, bem como em direção norte, da Esfera (a) para a região mediterrânea. Portanto, o curioso mito do início deste capítulo, da jovem cujo marido-serpente deu fogo a seus filhos, quase certamente provém da mesma tradição que, na área do Mediterrâneo, produziu as lendas de Perséfone e de Eva.

O fato surpreendente, entretanto, é que na versão das ilhas do Almirantado – variante comparativamente primitiva que permanece em um nível protoneolítico – a antítese entre os mitos da Queda, feminino, e do roubo do fogo, masculino, que deu a Nietzsche tanto que pensar, é dissolvida numa única imagem, repleta de significação evidente, que contém ambos os temas.

É justamente por meio de tais mudanças de ênfase que os mitos primitivos, e também os mitos de outros tempos, nos permitem interpretar, de maneira nova, as imagens que um dia foram maleáveis em nossa própria tradição, e que os séculos embalsamaram.

II. O NASCIMENTO DA CIVILIZAÇÃO NO ORIENTE PRÓXIMO (*c.* 12.500-2500 a.C.)

O conceito de "zona mitogênica", aplicado aos estágios já examinados de nossa matéria, elucidará os principais contornos desta história natural dos deuses. Denominamos o Primeiro Estágio de Estágio do *Australopitecus*. Não pode haver dúvida alguma a respeito do local onde os mitos e ritos surgiram durante esse período, se é que surgiram. Qualquer parte da Terra que os estudiosos de paleontologia possam, em última instância, reconhecer como a "zona de hominização" – a parte da Terra na qual nossa espécie deu um passo adiante de seus companheiros menos lúdicos, mais maduros, mais sérios e materialmente orientados, e começaram a fazer jogos inventados por eles próprios, em vez de seguir apenas os da natureza – nós reconheceremos como nossa "zona mitogênica" primária.

A capacidade cerebral do *Australopitecus* não promete muito no sentido de estimular ideias; tampouco a evidência é suficientemente rica para nos proporcionar mais do que pistas para suposições românticas. Porém, tanto os pigmoides quanto os hominídeos gigantescos daquela época devem ter reagido – como fazem todos os animais – aos estímulos-sinais não apenas de seus meios, mas também de seus próprios corpos e situações sociais. Também, não menos do que os chimpanzés de Köhler, eles devem ter apreciado a invenção brincalhona de novas situações, jogos e organizações. Tais jogos, ou brincadeiras, é verdade, não são ainda ritos. Mas se o cérebro do *Australopitecus* era capaz de brincar com padrões de pensamento assim como com padrões de movimento, estava dada a base para um "arrebatamento" nesse nível. Um "arrebatamento" individual – comparável, no plano mental, com o "arrebatamento" do chimpanzé pela pedra redonda polida* – já teria sido um indicador em direção à mentalidade do xamanismo, enquanto um "arrebatamento" grupal, também no nível mental, mas comparável ao fascínio dos chimpanzés por sua dança dervixe ou por sua dança em volta do poste,** teria produzido algo como um culto popular. A representação, se comunicada, teria então fundado uma tradição. E a persistência da tradição teria dependido da força de sua atração – o que quer dizer, seu poder de evocar e organizar a energia vital. Em resumo, se, além de criar padrões de movimento, o *Australopithecus* era capaz também de padrões de pensamento (associações mitológicas para acompanhar suas representações rituais), o primeiro capítulo da nossa ciência [mitologia comparada] se teria iniciado.

A única evidência tangível de algo desse tipo, entretanto, é a curiosa separação das cabeças e caudas dos esqueletos animais, observada e descrita pelo Prof. Dart. Teorizando com base nessa evidência, poder-se-ia sugerir, hipoteticamente, que o culto do sacrifício animal, com sua representação da "vida além da morte e

* Cf. *supra*, p. 307.

** *Supra*, p. 307-308.

uma agradável viagem para casa", já tinha iniciado sua prodigiosa carreira. A força psicológica de tal representação está compendiada na fórmula de Róheim: "Tudo o que é morto transforma-se em pai". A veneração do animal-alimento, de acordo com esta fórmula, é simplesmente inevitável numa comunidade de caçadores – desde que seus habitantes sejam de fato hominídeos e não bestas. E que o *Australopithecus* era uma espécie de homem parece ser indicado pelo fato de que ele quebrava a cabeça de sua vítima com uma clava – ou seja, com um instrumento – e não com mãos vazias e dentes.

O Segundo Estágio, o do *Homo erectus* (*c.* **1.890.000-70.000** a.C.), revela uma difusão bifurcada a partir da "zona de hominização" (que era provavelmente o sul e leste da África): 1) para o norte até a Europa (Homem de Heidelberg) e 2) para o leste através do arco tropical até o Java (Pitecantropo) e, então, para o norte subindo a costa do Pacífico até Pequim (Sinantropo). Para a mitologia primitiva do culto da cabeça animal (se tal existiu), as zonas 1 e 2 teriam, consequentemente, sido as "zonas de difusão".

Entretanto, dois novos fenômenos surgem nesse momento, os quais parecem indicar a emergência de duas novas "zonas mitogênicas". O primeiro fenômeno é o desenvolvimento superior do machado sem cabo no setor oeste do arco tropical (da África para o oeste da Índia) e na Europa; o segundo, o surgimento do fogo na horrível toca do Homem de Pequim. O Prof. J.E. Weckler observou que, durante muito tempo do período Glacial Inferior, o extremo oriental do arco tropical esteve separado do oeste por desertos e gelo e que, consequentemente, duas esferas diferentes de evolução humana se delinearam.[6] No oeste, como já notamos,* ferramentas de pedra foram desenvolvidas em formas bonitas, simetricamente equilibradas, algumas delas tão grandes e elegantes que chegam a sugerir implementos de uso ritual. No leste, por outro lado, as ferramentas de pedra permaneceram em estado relativamente primitivo – mas o fogo foi descoberto e posto em uso. A mitologia e a prática ritual do machado sem cabo, que em mito e culto posteriores foram relacionadas com a ideia do trovão (o martelo de Tor, o raio de Zeus, Indra etc.), se teriam iniciado, então, no oeste, enquanto as mitologias e práticas rituais associadas com o fogo teriam surgido – como o Sol – no leste. Não sabemos quais podem ter sido as primeiras mitologias; mas considero interessante o fato de o raio, em mito posterior, estar geralmente associado com um deus, enquanto o fogo no leste é frequentemente uma dádiva, ou mesmo o próprio corpo de uma deusa. Já falamos da deusa do fogo dos ainos e observamos que o seu nome aino, Fuji, aparece no nome do vulcão sagrado Fujiyama. No Havaí, a deusa Pele é a deusa do perigoso porém querido vulcão Kilauea, onde os velhos caciques habitam para sempre, representando seus jogos reais nas chamas. E em Malekula, na Melanésia, a jornada dos mortos leva à deusa guardiã do caminho

* Cf. *supra*, p. 329-330.

que conduz a um vulcão. No Japão, o Sol é uma deusa e a Lua, um deus; também na Alemanha, o Sol é feminino (*die Sonne*) e a Lua masculina (*der Mond*) – enquanto na França, além do Reno, o Sol é *le soleil* e a Lua, *la lune*.

Há, de fato, uma grande área mitológica a leste do Reno, onde se conta o mito do irmão-lua e da irmã-sol. Resumidamente, a lenda fala de uma jovem que à noite era visitada por um amante que ela jamais via. Mas uma noite, decidida a descobrir sua identidade, ela enegreceu as mãos nas cinzas do fogo antes de ele chegar e, abraçando-o, deixou suas marcas nas costas dele. Pela manhã, ela viu as marcas de suas palmas em seu próprio irmão e, gritando de pavor, fugiu. Ela é o Sol, ele, a Lua. E desde essa época ele vem perseguindo a irmã. Podem-se ver as marcas de mãos nas suas costas e, quando ele a alcança, há um eclipse. Este mito era conhecido dos índios norte-americanos, bem como das tribos norte-asiáticas e pode, de fato, ser muito antigo.

Seria certamente ridículo fazer remontar o contraste entre o fogo feminino e o raio masculino até hipotéticas zonas mitogênicas de cerca de 400.000 a.C., mas algum tipo de polaridade está certamente indicado nessa evidência, e quem poderá afirmar que nos níveis mais profundos de nossos dois mundos culturais – do Oriente e do Ocidente (que abrigam diferenças ainda maiores do que qualquer um ouse pensar) – o diálogo entre o Deus do Raio e a Deusa do Fogo não continue ocorrendo?

O Terceiro Estágio, o do Homem de Neandertal (*c.* 200.000-75.000/25.000 a.C.), revela, na Europa Central, a mais antiga evidência fidedigna da instauração do mito e do rito: sepultamentos cerimoniais acompanhados de apetrechos e santuários de crânios de urso em picos de altas montanhas. O Prof. Weckler sugeriu que o *Homo neandertalensis* poderia ter vindo da zona oriental, avançando para oeste, através das tundras, para a Europa, onde teria sido o primeiro a usar o fogo.[7] Como vimos, o Sinantropo, ou Homem de Pequim, que já havia capturado o fogo por volta de 400.000 a.C., era canibal; também o era o Homem de Neandertal: mencionamos a evidência dos crânios abertos em Krapina e Ehringsdorf.* Mas em Java também foi encontrada uma série de tais crânios abertos entre os restos do Homem de Solo (Ngandong), contemporâneo oriental do Homem de Neandertal; e eles tinham sido abertos exatamente da mesma maneira que os crânios dos atuais caçadores de cabeças de Bornéu.** Portanto, o Homem de Neandertal e o de Solo podem ter praticado alguma forma de canibalismo ritual relacionada com uma versão primitiva da caça de cabeças e, se for assim, a fórmula deveria talvez retroceder até o período do *Australopithecus* – que matava e decapitava tanto homens quanto animais –, quando esse culto sinistro poderia ser razoavelmente proposto como o primeiro rito religioso da espécie humana.

* Cf. *supra*, p. 319.

** *Supra*, loc. cit.

Mas agora, com respeito ao mais antigo uso do fogo, surge um problema curioso quando se percebe que, embora a família de sobrancelhas proeminentes do Sinantropo já agachasse ao redor de sua lareira por volta de 400.000 a.C. e o Homem de Neandertal por volta de 200.000 a.C., aqueles robustos selvagens devoravam suas refeições de carne fresca e cérebros – fossem humanos ou animais – absolutamente crus. Pois não foi antes do período das raças muito mais desenvolvidas das cavernas-templo, cerca de **35.000-12.500** a.C., que a arte de assar foi inventada.

Mas então, por que as lareiras?

Foi sugerido que elas eram usadas para aquecer as cavernas,[8] e essa, de fato, parece ter sido a única finalidade prática para a qual foram feitas. Entretanto, mesmo que essa tenha sido a circunstância, ter-se-ia de perguntar por que acaso o **Homem de Pequim** ou Sinantropo poderia ter descoberto que a explosão de um fogo na floresta, campina ou vulcão poderia ter-se transformado em tal uso apropriado.

Uma possível resposta é dada pelo ritual aino do urso da montanha, cerimonialmente entretido durante a conversa por toda uma noite com a deusa da lareira; pois o fogo naquele contexto não era apenas um mero artifício para a provisão de calor, mas a própria presença de uma divindade. As primeiras lareiras, também, podem ter sido santuários, onde o fogo era adorado em si e por si mesmo à maneira de uma imagem sagrada ou fetiche primitivo. O valor prático de tal presença viva teria, então, sido descoberto em seu devido tempo.

A sugestão torna-se mais provável, outrossim, quando se considera que, por todo o mundo, o fogo doméstico permanece até hoje tanto uma instituição sagrada quanto secular. Em muitos países, por ocasião de um casamento, acender o fogo na nova casa é um rito crucial, e o culto doméstico concentra-se na preservação de sua chama. Chamas perenes e velas votivas são conhecidas praticamente em toda parte durante os cultos religiosos. O fogo vestal de Roma, assistido por suas sacerdotisas, não era para cozinhar nem para a provisão de calor. E já tomamos conhecimento do fogo sagrado aceso e apagado nas ocasiões da coroação e assassinato do rei-deus.

A lareira, portanto, a montanha-santuário do urso e o sepultamento cerimonial acompanhado de apetrechos, sacrifício animal e, talvez, ocasional canibalismo ritual – isso no período do Homem de Neandertal – fornecem nossas principais pistas da vida religiosa de uma ampla região paleolítica intermediária, documentada dos Alpes ao oceano Ártico, a leste até o Japão e ao sul até a Indonésia. Mas, onde podem ter acontecido a zona mitogênica e as zonas de difusão dentro dessa vasta região, não sabemos. Porém, seguramente, os mais antigos pontos de referência descobertos até hoje são os santuários de crânios de urso dos picos da Europa Central.

E finalmente, no que diz respeito à questão de outras possíveis zonas mitogenicas e rituais recorrentes desenvolvidos durante o curso deste longo período – seja na África, Europa Ocidental ou Sudeste Asiático –, nada foi encontrado ainda que pudesse ser considerado uma evidência. Entretanto, é muito provável que os cultos das estatuetas femininas e das cavernas-templo, que aparecem abruptamente no período seguinte, estivessem em processo de formação durante essa época mais obscura. Mas não deixaram nenhuma evidência; pois onde abundam folhas e cascas de árvore, penas etc. para máscaras rituais, e madeira como material de escultura, não ficaram quaisquer vestígios. Alguma parte da grande esfera primária dos trópicos, portanto, pode ter sido a zona mitogênica dos estágios anteriores dos cultos que aparecem abruptamente, já desenvolvidos, nas áreas documentadas do Paleolítico Tardio da idade de ouro da Grande Caça.

O Quarto Estágio, então (*c*. **35.000**-10.000 a.C.), revela a mitologia da deusa nua e a mitologia das cavernas-templo.

As descobertas mais ricas do primeiro desses dois complexos ocorreram na Ucrânia, embora a área se estenda para o oeste até os Pireneus e para o leste até o lago Baikal. Provisoriamente, portanto, a Ucrânia pode ser designada como a zona mitogênica, e essa probabilidade torna-se mais evidente quando se considera que muitos dos elementos básicos da mitologia da deusa nua reapareceriam nos cultos neolíticos da deusa do quinto milênio a.C., diretamente ao sul, na margem oposta do mar Negro.

A relação entre esses dois cultos da deusa com o da deusa-fogo dos ainos é, provavelmente, remota ao extremo: eles parecem ter-se originado de diferentes zonas mitogênicas. Entretanto, nas regiões de sua difusão eles, sem dúvida alguma, se encontraram e possivelmente se amalgamaram. Por último, é claro, ambos representam a estampagem da "presença permanente" já discutida, ou seja, da mulher.

A segunda mitologia dessa importante era, a das grandes cavernas-templo, está definitivamente estabelecida no norte da Espanha e no sul da França – a chamada zona franco-cantábrica – e embora o culto possa ter surgido como uma forma provincial de algum ritual mascarado anterior dos terreiros de dança dos homens, desenvolvida em regiões ao sul, ela alcançou aqui um caráter e uma investidura ritual de tal força que a região tem de ser considerada como nossa primeira zona mitogênica apontada com precisão: uma mitologia cuja simbologia dos espaços labirínticos do espírito se expandiu de modo magistral, nutrindo cada uma das grandes religiões e a maioria das primitivas.

Que incrível encontro entre a natureza e a mente essas cavernas revelam! E que força para evocar tais imagens! Pareceria que a caverna evocava, à maneira de um estímulo-sinal, as energias latentes daquela outra caverna, o coração humano insondado, e o que emanava era a primeira criação de um templo na história do mundo. Um santuário é uma coisa, um templo outra. Um santuário é um pequeno lugar para a magia ou para a intimidade com uma divindade. Um templo é a projeção no espaço terreno de um lar do mito, e até onde a história e a arqueologia conseguiram mostrar, essas cavernas-templo paleolíticas foram as primeiras realizações desse tipo, as primeiras manifestações do fato de que existe uma disposição no coração humano para a imagem sobrenatural, e na sua mente e mãos, a capacidade para criá-la. Aqui, portanto, a natureza forneceu o catalisador, uma representação literal, verdadeira, do vazio. E, quando desapareceu o sentido do tempo e do espaço, iniciou-se a jornada visionária do profeta.

A modelagem de uma imagem é uma coisa, a formação de um espaço mitológico outra. E o fato notável, parece-me, é que, com toda sua complexidade, essas cavernas – ou pelo menos algumas delas – são concebidas como unidades, com recintos externos e internos de força cada vez maior. Consideremos, por exemplo, a composição da caverna superior de Lascaux, com suas cenas do campo de caça feliz e seu curioso animal mago com os chifres pontudos, e abaixo, na cripta, o xamã e Mestre-Touro, de cuja harmonia mágica depende toda a caça feliz de cima. Ou consideremos a longa via de difícil acesso – a dura jornada – de Trois Frères, que leva à grande câmara dos animais, onde a única forma enfatizada através da pintura é a do xamã dançarino. Neste último caso, somos dramaticamente confrontados com uma nova coisa no mundo: a mudança de uso da técnica artística para expressar um aumento de poder. E finalmente, na caverna de Tuc d'Audoubert, o visitante passa, primeiro, por câmaras lindamente pintadas para então, atravessando com dificuldade uma entrada muito estreita – que os rapazes que descobriram a caverna chamaram de "o buraco do gato" e, ao atravessá-la, o pai deles, o conde Bégouën, ficou preso e perdeu tanto a camisa quanto a calça –, chegar ao santuário do conúbio dos dois bisões divinos, que foram representados, não em pintura, mas em baixo-relevo, não em duas dimensões, mas em três; de modo que ali, novamente, as possibilidades da arte estavam sendo exploradas, de maneira jamais conhecida antes, para comunicar o sentido de elevação da esfera do poder espiritual. A localização do xamã na cripta de Lascaux, a forma enfatizada do xamã dançarino de Trois Frères e a expressão plástica dos dois bisões de Tuc d'Audoubert dizem muito sobre o grau de sensibilidade estética dos artistas dessas cavernas, que eram homens muito mais grandiosos do que mágicos primitivos invocando animais. Eles eram mistagogos, conjurando as mentes dos homens.

Portanto, acredito, podemos dizer que na zona mitogênica das cavernas franco-cantábricas, a expressão da arte do próprio reino mitológico foi atingida pela primeira vez na história do mundo. A partir de então, todas as catedrais e todos os templos – que não são meras casas de reunião, mas manifestações do espaço mágico de Deus – originaram-se dessas cavernas. E eu diria, também, que temos aqui nosso primeiro sinal seguro da ação do espírito masculino fertilizado, o prenúncio de *La Divina Commedia* e de todos aqueles templos mágicos do Oriente, onde o coração e a mente levantam voo da terra e alcançam, primeiro, o céu das estrelas, mas depois vão mais além. Apesar de estarmos, nessas cavernas, dentro da terra, nós a deixamos nas asas do sonho. E isso também está presente no maravilhoso voo (tão belamente expresso na imagem de Gregório de Nissa) das "asas da pomba", como o símbolo primordial do Espírito Santo, por meio do qual nossa natureza, "transformando-se de exaltação em exaltação", continua movendo-se sem destino ou, em última instância, em direção a nenhum limite. "Porque a alma voltada para Deus, totalmente comprometida com seu desejo de beleza incorruptível, é movida por um anseio de transcendência sempre renovado, e esse anseio jamais é completamente saciado. É por isso que a pomba jamais cessa de mover-se em direção ao que está adiante, indo em frente de onde está agora, para penetrar mais naquilo que ainda não alcançou."[9] Ela voa para as sombras e as sombras recuam continuamente, pois estão sempre adiante; as sombras através das quais a pomba está voando – agora e para sempre – não são nada mais, nada menos, que "o inefável da essência ou ser do divino".

Figura 27. Bisão

O Quinto Estágio é representado pelo Capsitano. A vasta difusão dos micrólitos, do Marrocos a **Sri Lanka** e da África do Sul ao norte da Europa, traça o horizonte dessa nova influência. Mas um centro muito mais limitado de força criativa é indicado pela distribuição das obras de arte do período, cujos principais centros estão no norte da África e no leste da Espanha – porém com ecos de difusão para o sul até o Cabo e para o leste até aquelas regiões que em breve se tornariam as matrizes da próxima grande transformação mitopoética. A arte capsitana, como já dissemos, está em nítido contraste com a magdaleniana. Na sua passagem do norte para o sul, a tradição paleolítica renunciou à tarefa de projetar reinos mágicos.

Em lugar disso, ela agora apresenta as cenas terrenas de uma comunidade mitologicamente inspirada quase no nível, poderíamos dizer, da tagarelice feminina, ou da etnologia. Vemos o exterior, não muito o interior, daquele período há muito esquecido do desenvolvimento espiritual e físico da espécie humana.

Pode-se dizer, então, que temos aqui a evidência de um impacto do norte sobre o sul? Acredito que sim. E diria também que no Quarto Estágio do nosso esboço de história tivemos a evidência de um impacto do sul sobre o norte. Pois é de fato notável que precisamente naquelas regiões de ambos os lados do Mediterrâneo, onde existia uma possibilidade de fecundação cruzada naquele período sem embarcações marítimas – o que quer dizer, de ambos os lados do relativamente exíguo estreito de Gibraltar –, tenham surgido as duas maiores expressões do mundo paleolítico do pensamento e da ação.

O norte da África, em todo caso, pode ser provisoriamente considerado como a zona mitogênica dos ritos capsitanos ilustrados em seus muros rochosos. E se pudermos deduzir da evidência de uma série de cenas, a mitologia subjacente era quase idêntica à que já vimos representada no ritual dos pigmeus do Congo,* cuja imagem de uma gazela atingida pelos raios do Sol e o grito mágico da mulher com os braços levantados eram vestígios, no século XX da nossa era, do pensamento mais avançado do mundo no século X a.C.

Mas, nesta arte estamos à beira de uma prodigiosa transformação, por certo a mais importante na história do mundo. Pois entre os animais representados podemos identificar precisamente os tipos de gado e carneiros que estão prestes a surgir como os animais domesticados do Neolítico. De fato, um nível apenas um pouco posterior de gravuras nas mesmas paredes de rocha do norte da África – nos mesmos locais – mostra os mesmos animais domesticados. E em muitas das gravuras mais antigas do período Capsitano aparecem sobrepostos símbolos planetários; por exemplo, em uma parede de rocha na região do Atlas saariano, em Jebel Bes Seba, o disco solar sobreposto à cabeça de um carneiro[10] – lembrando-nos de que no Egito o deus-sol Amon em breve seria representado como um carneiro.

Em termos mais amplos, o apogeu da fase capsitana do estágio Epipaleolítico, Mesolítico, Protoneolítico de desenvolvimento (seja como for que se prefira chamá-lo), pode ser associado com uma época por volta de 10.000 a.C., "quando", como declara o Dr. Henri Frankfort, "as tempestades com chuvas do Atlântico ainda não tinham sucedido ao recuo da calota glacial para o norte; quando os gramados se estendiam da costa atlântica da África até as montanhas persas e quando, nesse *continuum*, os ancestrais tanto dos povos de língua camítica quanto semítica vagavam com seus rebanhos".[11]

Podemos imaginar que no início os rebanhos eram seguidos pelos caçadores, exatamente como aconteceu com os bisontes das planícies norte-americanas, e o primeiro passo em direção à domesticação pode ter sido dado quando – como às

* Cf. *supra*, p. 255-257.

vezes ocorria nas planícies – um grupo de caçadores permanecia próximo de um único rebanho por algum tempo, como se ele fosse uma espécie de despensa viva, afastando estranhos que desejassem roubá-lo e abatendo apenas alguns animais do rebanho de vez em quando. A partir do momento em que a possibilidade decapturar um rebanho despontou em alguma mente esperta – ou em várias mentes – a ideia se espalhou como o fogo de um extremo ao outro, do mesmo modo como, no arco tropical, deve ter-se difundido a ideia de cultivar plantas.

Portanto, parece-me extremamente significativo que o Neolítico tenha surgido quase exatamente no ponto em que o *continuum* da caça descrito pelo Dr. Frankfort ("da costa atlântica da África até as montanhas persas") e o arco tropical de nossa difusão primária (do sul e leste da África, através da Arábia, Palestina, Mesopotâmia e Irã, até a Índia e Sudeste Asiático)* se cruzam; ou seja, na área que o velho Prof. James Henry Breasted costumava chamar de "Crescente Fértil". É inteiramente possível que a ideia de domesticação tenha passado de uma dessas duas esferas para a outra – dos pastores para os agricultores ou vice-versa. Mas de qualquer maneira, certamente não é por acaso que o Neolítico apareceu – e com ele a civilização – no Oriente Próximo e justo no ponto em que as artes semiprimitivas, protolíticas, de cultivo de plantas e de pecuária teriam se encontrado.

O Sexto Estágio, o nascimento da civilização no Oriente Próximo, foi esboçado neste livro na Parte II, Capítulo 3. A zona mitogênica é o "Crescente Fértil" e suas montanhas laterais, do Nilo, subindo a costa até a Síria e, então, descendo até o golfo Pérsico. E as fases do desenvolvimento, esboçadas em linhas gerais, são quatro:

1. O Protoneolítico (*c.* **12.500-7000** a.C.), fase dos natufianos que agora pode ser descrita como um progresso da capsitana, com a promissora e altamente significativa colheita de grãos ou capim que se somara às provisões da caça. Como observei, não sabemos se uma plantação precedera a colheita e tampouco se os animais mortos já eram domesticados. Mas se os natufianos não estavam domesticando, estavam, contudo, abatendo o porco, a cabra, a ovelha, o boi e um equídeo de alguma espécie, os mesmos animais que mais tarde constituiriam o rebanho doméstico básico de todas as culturas superiores. E se eles não estavam plantando, estavam, entretanto, colhendo uma variedade de grãos silvestres ou primitivos. Como dissemos, as primeiras descobertas de seus vestígios foram nas cavernas do monte Carmelo, na Palestina. Mas descobertas similares foram feitas a partir de então, desde Helwan, no Egito, até Beirute e Yabrud e tão longinquamente no ocidente quanto as montanhas curdas do Iraque.

2. O Neolítico Basal (*c.* **7.000-3.500** a.C.), quando os fundamentos de uma bem assentada economia agropecuária baseada no cultivo de grãos e na criação de gado já constituíam um padrão solidamente estabelecido, e o novo estilo de vida

* Cf. *supra*, p. 310 e 329.

de aldeia já tinha começado a difundir-se desde a zona primária. Os principais cereais eram o trigo e a cevada e os animais domesticados eram o porco, a cabra, a ovelha e o boi – o cão já fazia parte das tribos humanas, como companheiro de caça, desde os tempos do período Capsitano. A cerâmica e a tecelagem tinham sido acrescentadas ao conjunto das habilidades humanas e também as artes da carpintaria e construção de casas. E então, subitamente – muito subitamente – a evidência de um novo grande salto para a frente surge na cerâmica, na cerâmica finamente modelada e belamente pintada da fase seguinte:

3. O Neolítico Superior (*c.* **5000**-3500 a.C.), quando aparecem os desenhos geometricamente organizados dos estilos de cerâmica de Halaf, Samarra e Obeid. Conforme observamos na Parte II, Capítulo 3, esse tipo de organização geométrica do espaço era uma coisa nova no mundo da época e seu aparecimento levanta um problema psicológico. Por que, exatamente quando surgiu um novo estilo de vida de aldeia, surgiu também uma arte de formas abstratas geometricamente organizadas? A resposta, eu acredito, é que no período das sociedades de caça anteriores não havia diferenciação das funções sociais, a não ser de acordo com o sexo e a idade – cada indivíduo era tecnicamente um mestre de toda a herança cultural e as comunidades, portanto, eram constituídas de indivíduos praticamente equivalentes – enquanto isso, nas comunidades maiores e mais diferenciadas do Neolítico Superior, já se havia iniciado a tendência para a especialização, que no período seguinte atingiria seu apogeu. No nível de uma sociedade primitiva, ser adulto consistia em ser um homem total. No tipo posterior de sociedade, a diferenciada, ser adulto consiste em adquirir, primeiramente, uma certa arte ou habilidade especial e só então a capacidade de suportar ou sustentar a tensão resultante – uma tensão tanto psicológica quanto sociológica – entre a própria pessoa (como uma mera fração de um todo maior) e os outros com treinamento, capacidade e ideais totalmente diferentes, que constituem os outros órgãos necessários do corpo social. A súbita aparição, no Neolítico Superior, de uma forma de arte composta geometricamente, em que elementos díspares eram unidos como um todo harmônico, parece-me indicar que algum problema psicológico dessa ordem já tivesse começado a aparecer.

Já notamos, também, que nos estilos de cerâmica desse período aparecem vários símbolos: no estilo Halaf da região noroeste, bem ao sul das montanhas Tauro da Anatólia (hoje Turquia), a forma de uma cabeça de touro associada com as estatuetas da deusa e com formas de barro da pomba, da vaca, do zebu, do carneiro, da cabra e do porco. Foi exatamente ao norte desta região fértil, além do mar Negro, na Ucrânia, que um grande número de estatuetas paleolíticas da deusa surgiu no Aurignaciano. Parece claro que se deva supor uma relação.

Além do mais, notamos que os símbolos enfatizados na cerâmica Halaf não são exatamente os mesmos do estilo Samarra, que, tendo sua principal área de difusão mais ao sul e leste, se estendia para dentro do Irã. A conclusão óbvia a ser tirada é que uma série de sistemas mitológicos se estabeleceu no vórtice da nova zona mitogênica e essa conclusão se apoia na evidência do período posterior, letrado, quando surgem os primeiros documentos escritos, primeiro na Suméria e depois no vizinho Egito. A impressão que se tem de tais sistemas é de uma considerável mixórdia de diferentes mitologias sendo coordenadas, sintetizadas e sincretizadas pelos novos cleros profissionais. E como poderia ser diferente, quando a serpente da selva e o touro das estepes é que estavam sendo reunidos? Eles logo se dissolveriam e fundiriam – recompostos – em estranhas criaturas quiméricas tais como as serpentes com chifres de touro, touros com caudas de peixe e águias com cabeças de leão, que dali em diante constituiriam as imagens típicas de um novo mundo mítico extremamente sofisticado.

4. Na época da cidade-estado hierática (**5400**-2500 a.C.), os traços culturais básicos de todas as civilizações avançadas que floresceram a partir de então (escrita, roda, calendário, matemática, realeza, sacerdócio, um sistema de cobrança de impostos, contabilidade etc.) emergiram subitamente, acabando com a pré-história e fazendo surgir a era letrada. Agora, toda a cidade, e não apenas o recinto do templo, é concebido como uma imitação na terra da ordem cósmica, quando uma sociedade de especialistas, altamente diferenciada e complexamente organizada, abrangendo as classes dos sacerdotes, guerreiros, mercadores e camponeses, é encontrada governando todos os assuntos, tanto seculares quanto especificamente religiosos, de acordo com uma concepção matemática, inspirada na astronomia, de uma espécie de consonância mágica, unindo em perfeita harmonia o universo (macrocosmos), a sociedade (mesocosmos) e o indivíduo (microcosmos).* Imagina-se um pacto natural entre as questões terrenas, celestes e pessoais, e a representação não é mais a da dança do búfalo ou da semente metamorfoseada, mas o cortejo das sete esferas – Mercúrio, Vênus, Marte, Júpiter, Saturno, a Lua e o Sol. São esses, para tal matemática, os mensageiros angelicais da lei universal. Pois há uma lei, um rei, um Estado e um universo. E além dos muros de nossa pequena cidade-estado estão as trevas; mas dentro dela reina a ordem, planejada de toda a eternidade para o homem, suportada pelo pivô do rei, que em sua imitação sagrada da Lua expurgou de seu coração todos os impulsos divergentes e foi transubstanciado. Ele é a lua terrena, de acordo com aquela lei mágica na qual A é B. Sua rainha é o Sol. A sacerdotisa virgem que o acompanhará na morte e será a noiva em sua ressurreição é o planeta Vênus. E seus quatro principais ministros de Estado – os senhores das finanças e da guerra, o primeiro-ministro e o carrasco – encarnam os poderes, respectivamente, dos planetas Mercúrio, Marte, Júpiter e Saturno. Com a corte sentada à sua volta no salão real, o rei e a sua corte são as manifestações dos céus na terra. Quando a Lua está cheia, o rei aparece usando um véu que protege o mundo de sua intensa radiação.

Que representação maravilhosa!

Em um lugar vizinho do mapa, o rei talvez fosse o Sol; sua rainha, a Lua, e a virgem sacerdotisa, o planeta Júpiter, o "jogo" se desenvolveria através de um

* Cf. *supra*, p. 134-137.

conjunto diferente de regras. Mas não importam as regras locais, pois onde quer que esse sonho louco fosse representado ao limite, o mesocosmos do Estado local, concebido como um reflexo do universo, era na verdade o reflexo de algo profundo dentro do próprio homem, extraído de seu coração como as pinturas das grandes cavernas, evocado agora pelo próprio vácuo do universo – o labirinto da noite com seus aventureiros seguindo os fios em suas misteriosas jornadas, os planetas e a Lua.

Além do mais, no simbolismo dessa representação nova e maior do destino, estavam embutidos todos os temas anteriores – tanto o da serpente-monstro quanto o do mestre animal – para resultar numa representação simbólica muito mais sofisticada e multidimensional, qualitativamente diferente e muito mais poderosa (tanto para evocar quanto para ordenar as diversas energias da psique), do que qualquer uma que o mundo primitivo já tivesse produzido.

Talvez a revelação mais surpreendente já chegada até nós do que significava a mitologia naquela era remota guiada pelos céus – quando o terrível mistério dos planetas era representado na terra pelos reis divinos, que ao morrer levavam consigo, de volta para o mar da noite, todo o elenco de personagens de sua representação – tenha sido a das "sepulturas reais" de Ur no cemitério da cidade suméria sagrada do deus-lua Nanna. Os túmulos escavados, como sir Leonard Woolley, seu descobridor, declara, denotam sepultamentos de dois tipos: o das pessoas comuns e o dos reis – ou talvez, como sugerem outros, não de reis, mas de seus substitutos, os sacerdotes que assumiam suas funções quando chegava a hora de os reis morrerem. E observou-se que, enquanto os túmulos comuns mais antigos (embora agrupados em volta dos sepulcros reais) respeitavam sua santidade, os túmulos mais recentes invadiam as sepulturas reais, como se com o desvanecimento de sua lembrança tivesse restado, nas eras posteriores, apenas uma vaga tradição a respeito da sacralidade daquele terreno.[12]

O primeiro dos sepulcros reais descobertos tinha sido pilhado por ladrões de túmulos, restando pouco para o século XX da nossa era; entretanto, algo além do que mesmo a imaginação mais ousada poderia ter concebido veio à luz. Sir Leonard Woolley, ao narrar o curso de sua dramática descoberta, escreveu:

> Encontramos cinco corpos deitados um ao lado do outro em uma vala rasa inclinada; com exceção das adagas de cobre nas cinturas e uma ou duas xícaras de barro, eles não tinham nada dos acessórios normais de uma sepultura, e o mero fato de ali existir mais de um era incomum. Então, abaixo deles, foi encontrada uma camada de esteiras e, seguindo-a, chegamos a outro grupo de corpos, este de dez mulheres, ordenadas cuidadosamente em duas fileiras; elas usavam ornatos de ouro, lápis-lazúli e cornalina na cabeça e sofisticados colares de contas, mas também não possuíam quaisquer acessórios comuns de sepulturas. No extremo da fileira estavam os restos de uma maravilhosa harpa, cuja madeira estava decomposta, mas com a decoração intacta, o que tornava a

reconstrução apenas uma questão de diligência; o cravelhal aprumado de madeira era coberto de ouro e nele estavam os pregos de cabeça de ouro que prendiam as cordas; a caixa de ressonância era contornada por um mosaico de pedra vermelha, lápis-lazúli e concha branca; da sua parte dianteira emergia uma esplêndida cabeça de touro lavrada a ouro, com olhos e barba de lápis-lazúli, e sobre as ruínas da harpa estavam os ossos dos dedos do harpista com uma coroa de ouro.

A esta altura, tínhamos encontrado as laterais de terra da cova onde estavam os corpos das mulheres e pudemos ver os corpos dos cinco homens na rampa que levava até ela. Seguindo a cova, encontramos mais ossos que, no início, nos confundiram por não serem humanos, mas o significado deles logo se tornou claro. Um pouco adiante da entrada da cova havia um trenó de madeira. [...] Na frente do trenó estavam os esqueletos esmagados de dois asnos, com os corpos dos palafreneiros perto de suas cabeças e, por cima dos ossos, a argola dupla, outrora presa à vara, pela qual tinham passado as rédeas; era de prata e sobre ela havia uma "mascote" de ouro em forma de burro, modelada da maneira mais bela e realista.

Próximo do trenó, havia um tabuleiro de jogo marchetado e uma coleção de ferramentas e armas [...] mais corpos humanos e, então, os destroços de uma grande arca de madeira adornada com um mosaico de lápis-lazúli e conchas, que foi encontrada vazia, mas talvez tivesse contido coisas perecíveis, como roupas. Atrás dessa arca havia mais oferendas. [...] Os objetos foram removidos e começamos a retirar os restos da arca de madeira, uma caixa de cerca de 1,80 m de comprimento e 90 cm de largura, quando debaixo dela encontramos tijolos queimados. Estavam caídos, mas em uma extremidade alguns ainda permaneciam no lugar e formavam a abóbada de uma câmara de pedra. A primeira suposição natural foi a de que tínhamos ali a sepultura à qual pertenciam todas as oferendas, mas o avanço na busca provou que a câmara tinha sido saqueada, que o teto não tinha ruído pela ação do tempo, mas fora violado, e que a arca de madeira havia sido colocada sobre o buraco como para ocultá-lo. Então, escavando em volta do lado de fora da câmara, encontramos outra cova igual à anterior. Ao pé da rampa havia seis soldados, ordenados em duas filas, com lanças de cobre a seus lados e capacetes de cobre esmagados sobre os crânios quebrados; justamente dentro, tendo sido evidentemente abandonadas declive abaixo, estavam duas carroças de madeira de quatro rodas, cada uma puxada por três bois – um deles tão bem preservado que pudemos levantar o esqueleto inteiro; as carroças eram lisas, mas as rédeas estavam decoradas com longas contas de lápis-lazúli e prata e passavam por argolas de prata cobertas com mascotes em forma de touros; os palafreneiros estavam diante das cabeças dos bois e os condutores dentro das carroças. [...]

Diante da parede final da câmara de pedra estavam os corpos de nove mulheres usando na cabeça ornamentos de gala de contas de lápis-lazúli e cornalina, das quais pendiam pingentes de ouro em forma de folhas de faia, grandes brincos luniformes de ouro, "pentes" de prata semelhantes à palma de uma mão com três dedos, ornados com flores cujas pétalas estavam engastadas com lápis-lazúli, ouro e conchas, além de colares de lápis-lazúli e ouro; suas cabeças estavam apoiadas na alvenaria, seus corpos estendidos sobre o chão da cova e todo o espaço entre eles e as carroças estava apinhado de outros mortos, homens e mulheres, enquanto o corredor que acompanhava a lateral da câmara até sua porta em arco estava forrado por soldados portando adagas e por mulheres. [...]

Sobre os corpos das "senhoras da corte" apoiados na parede da câmara, tinha sido colocada uma harpa de madeira, da qual restava apenas a cabeça de cobre de um touro e as placas de concha que haviam adornado a caixa de ressonância; junto à parede lateral da cova, também colocada por cima dos corpos, havia uma segunda harpa com uma maravilhosa cabeça de touro de ouro, com os olhos, a barba e as pontas dos chifres de lápis-lazúli, e uma coleção de placas de concha gravadas, não menos belas; quatro delas apresentavam cenas grotescas de animais exercendo funções de homens. [...]

Dentro das tumbas, os saqueadores tinham deixado o suficiente para mostrar que haviam contido corpos de várias pessoas menos importantes, bem como da pessoa principal, cujo nome, se podemos confiar na inscrição em um sinete cilíndrico, era A-bar-gi. Esquecidas contra a parede encontramos duas maquetes de barcos, uma de cobre, irremediavelmente decomposta, e outra de prata, maravilhosamente bem preservada; com cerca de 60 cm de comprimento, popa e proa altas, cinco assentos e a meia-nau com um suporte arqueado para o toldo, que protegeria os passageiros, e os remos em folhas laminadas ainda nos bancos dos remadores. Que um barco de tipo idêntico esteja em uso ainda hoje nos pântanos do baixo Eufrates, a cerca de 80 km de Ur, é um sinal do espírito conservador do Oriente.

A câmara-sepultura do rei estava na ponta extrema dessa cova aberta; continuando nossa busca atrás dela, encontramos uma segunda câmara de pedra construída ao seu lado na mesma época ou, mais provavelmente, em um período posterior. Essa câmara, de teto igual à do rei, com uma abóbada de arcos circulares de tijolos queimados, era o túmulo da rainha a quem pertencia a cova superior com sua carruagem de burros e outras oferendas; seu nome, Shub-ad, foi-nos fornecido por um belo sinete cilíndrico de lápis-lazúli, que foi encontrado um pouco acima do teto da câmara e provavelmente tinha sido lançado na cova no momento em que a terra a estava cobrindo. A abóbada da câmara havia cedido, mas, felizmente, isso se devia ao peso da terra acima, não à violência dos saqueadores; a sepultura em si estava intacta.

Em um extremo, sobre os restos de um ataúde de madeira, estava o corpo da rainha, com uma xícara de ouro perto da mão. A parte superior do corpo estava inteiramente oculta por uma quantidade de contas de ouro, prata, lápis-lazúli, cornalina, ágata e calcedônia; longas tiras pendendo de um colar formavam um manto que atingia a cintura, terminando embaixo em uma grande faixa de contas tubulares de lápis-lazúli, cornalina e ouro; encostados no braço direito havia três longas fivelas de ouro com contas de lápis-lazúli e três amuletos em forma de peixe – dois de ouro e um de lápis-lazúli – e um quarto na forma de duas gazelas sentadas, também de ouro.

Figura 28. Adornos de cabeça da rainha Puabi

Os adornos da cabeça, cujos restos cobriam o crânio esmagado, eram uma versão mais elaborada daqueles usados pelas damas da corte: sua base era uma larga fita dourada engrinaldada com presilhas em volta dos cabelos – e as medidas das curvas mostram que não eram cabelos naturais, mas uma peruca de tamanho quase grotesco. [...] Do lado do corpo havia um segundo ornamento de cabeça, de outro tipo. Sobre um diadema feito aparentemente de uma tira de couro branco macio haviam sido fixados milhares de contas minúsculas de lápis-lazúli, e sobre esse fundo azul denso encontramos uma fila de animais de ouro finamente confeccionados – veados, gazelas, touros e cabras – e entre eles cachos de romãs: três frutas pendendo juntas cobertas pelas suas folhas e galhos

> de alguma outra árvore, com hastes de ouro e frutas ou vagens de ouro e cornalina, enquanto rosetas de ouro estavam fixadas a intervalos e da borda inferior do diadema pendiam fios de ouro trançados em forma de palma.
>
> Os corpos de duas criadas estavam agachados no ataúde, um na cabeceira e outro nos pés, e por toda a câmara havia oferendas espalhadas de todos os tipos: outra tigela de ouro, vasos de prata e cobre, vasilhas de pedra e potes de barro para alimentos, a cabeça de prata de uma vaca, duas mesas de prata para oferendas, lampiões de prata e uma série de conchas de berbigão contendo tinta verde [...] supostamente usada como cosmético.[13]

"Claramente", escreve sir Leonard Woolley na conclusão dessa minuciosa descrição de sua descoberta estarrecedora, "quando alguém da realeza morria, ele ou ela era acompanhado à sepultura por todos os membros da corte: o rei tinha pelo menos três pessoas com ele na sua câmara e sessenta e duas na sepultura; a rainha satisfazia-se com cerca de vinte e cinco ao todo".[14]

Muitas outras tumbas semelhantes foram descobertas, algumas maiores ainda do que a sepultura dupla do rei A-bar-gi e sua rainha Puabi – ele e sua corte enterrados primeiro e ela e a sua corte acima, do mesmo modo que quando a Lua se põe o planeta Vênus a sucede. Na sepultura maior, foram encontrados os corpos de sessenta e oito mulheres, "dispostos em filas regulares pelo chão, um deitado ao lado do outro com as pernas levemente curvadas e as mãos perto do rosto, tão próximos um do outro que as cabeças dos de uma fileira descansavam nas pernas dos da fileira acima".[15] Vinte e oito dessas mulheres usavam fitas de ouro nos cabelos e todas as outras, com exceção de uma, usavam exatamente o mesmo tipo de fita de prata. Todas tinham estado vestidas com mantos vermelhos, usavam pulseiras de contas e cintos de conchas e tinham estado adornadas com grandes brincos luniformes e múltiplos colares em azul e dourado. Quatro eram harpistas e tinham sido colocadas juntas, com um caldeirão de cobre ao lado delas, o que Woolley associa com o estilo de suas mortes, sugerindo que ele continha a bebida que levou essa multidão através do portão alado para o outro mundo.

> "Sem dúvida", ele escreve, essas pessoas não eram míseros escravos mortos à maneira de bois, mas pessoas honradas, usando seus trajes de ofício e indo, espera-se, participar voluntariamente de um rito que seria, em sua crença, apenas a passagem de um mundo ao outro, do serviço de um deus na terra para o serviço do mesmo deus em outra esfera. [...] O sacrifício humano era restrito exclusivamente aos funerais de pessoas da realeza, e nos túmulos das pessoas comuns, mesmo ricas, não há sinal de nada do tipo, nem mesmo de substitutos, como estatuetas de barro etc., tão comuns nas sepulturas egípcias e que lá parecem reminiscências de um rito antigo e mais sangrento. Em épocas muito posteriores, reis sumérios eram deificados durante a vida e venerados como deuses após a morte: em suas exéquias, os reis pré-históricos de Ur eram assim

> distinguidos de seus súditos porque também eram considerados divindades terrenas sobre-humanas e, quando os cronistas escreveram em seus anais da Suméria que "depois do Dilúvio a realeza novamente descendeu dos deuses", eles não diziam nada menos que isso. Se o rei, então, era um deus, ele não morria como os homens, mas era levado aos céus, e, por isso, não devia ser um sofrimento, mas sim um privilégio, para os de sua corte, acompanhar seu senhor e continuar a servi-lo.[16]

"Pode-se supor, seguramente", ele conclui, "que aqueles que iam ser sacrificados desciam vivos para a cova. Que estivessem mortos, ou pelo menos inconscientes, quando a terra era jogada e socada sobre eles é igualmente uma suposição segura. [...] Eles estão tão bem ordenados e alinhados que somos levados a supor que depois de terem ficado inconscientes, alguém desceu à cova e lhes deu os retoques finais. [...] É mais provável que as vítimas caminhassem até seus lugares, tomassem algum tipo de droga – ópio ou haxixe serviria – e se deitassem ordenadamente; depois de a droga ter tomado efeito, seja ele o sono ou a morte, os últimos retoques eram dados em seus corpos e a cova era coberta".[17]

E por que a jovem senhora sem a fita de ouro ou prata? Na verdade, ela a tinha usado. Foi descoberta entre os ossos de seu esqueleto mais ou menos no nível da cintura: "aparentemente carregada no bolso da mulher, como se ela a tivesse pego em seu quarto e enrolado com as pontas viradas para cima para não se emaranhar".[18] Provavelmente, ela havia se atrasado para a cerimônia e não tivera tempo de colocá-la.

Aqui, portanto, temos o protótipo da miserável e grotesca prática do povo Shilluk do rei enterrado com uma virgem viva, cujos ossos seriam então reunidos aos dele numa pele de touro. Pois era o touro-lua, símbolo do destino lunar de todas as coisas e a matemática do universo, que entoava para essas pessoas seu hino de sonhos. Uma equação mágica havia sido concebida: o touro e a vaca (como na caverna de Tuc d'Audoubert); a serpente-monstro e a donzela (como no ritual do Dema); a Lua e o planeta Vênus (como a estrela da manhã e da tarde é a anunciadora tanto da noite-sono-morte quanto do alvorecer-renascimento); as águas fertilizadoras do abismo e a semente que produzirá muitos frutos; o rei e a rainha.

Entre os sinetes cilíndricos da Mesopotâmia, onde muitos dos temas básicos da primeira mitologia dessa era do alvorecer eram ilustrados aforisticamente, há uma imagem, encontrada mais de uma vez, na qual, num divã coberto de velo e com pernas como as de um touro, estão estendidos um homem e uma mulher, enquanto um sacerdote oficia a seus pés. "Parece certo", observa o Dr. Henri Frankfort, "que tenhamos aqui o matrimônio ritual do deus e da deusa".[19] Mas, no período da cidade-estado hierática (porém, não nos períodos posteriores da Mesopotâmia), o deus e a deusa eram encarnados no rei e na rainha. Na câmara da rainha da sepultura real, como vimos, havia "a cabeça de prata de uma vaca". A câmara do rei tinha sido saqueada, mas havia harpas feitas de tal maneira que seus corpos acabavam em belas cabeças de ouro – as cabeças de touros com barbas de lápis-lazúli: touros mitológicos (imagens sobrenaturais), dos quais se originaram a música do mito e esse ritual do destino. Não se sabe por que meios os reis eram mortos (ou os sacerdotes que nessa altura podem ter servido como seus substitutos, por volta de 2500 a.C.), mas a forma de morte de Shub-ad está perfeitamente clara. "Nos restos de um ataúde de madeira estava o corpo da rainha, com uma xícara de ouro perto da mão."[20] A corte dela fora sepultada acima da dele, mas a tumba dela tinha sido abaixada até o nível da de A-bar-gi e colocada ao lado da dele.

O mito que está sendo representado neste rito apaixonado é o do deus que morre e ressuscita, "O Filho Legítimo do Abismo", ou "O Filho do Abismo que se Levanta", Damuzi-absu ou Tammuz (Adônis). A rainha do céu, a filha de Deus, deusa da estrela da manhã e da tarde, a hierodula ou escrava dançarina dos deuses – que, como estrela da manhã, é sempre virgem, mas, como estrela da tarde, é a "prostituta divina", e cujos nomes em uma era posterior seriam Ístar, Afrodite e Vênus –, "das 'grandes alturas' estava ávida pelo 'grande ínfero', abandonava os céus, abandonava a terra e descia para o mundo mais baixo", para libertar seu irmão e esposo do reino sem retorno.

Por acaso, resta um fragmento de sua lenda do tempo dos túmulos de Ur, e temos também um hino semelhante àqueles que as línguas das mulheres de tiaras de ouro e prata cantavam acompanhando as harpas do touro-lua – harpas encontradas ainda presas aos braços dos esqueletos das harpistas:

Podes tu ir, tu o farás rejubilar-se,
Ó valorosa, estrela do Céu, vai saudá-lo.
Para fazer Damu descansar, podes tu ir,
  Tu o farás rejubilar-se.
Para o pastor Ur-Nammu podes tu ir,
  Tu o farás rejubilar-se.

Para o homem Dungi podes tu ir,
  Tu o farás rejubilar-se.

Para o pastor Bur-Sin podes tu ir,
  Tu o farás rejubilar-se.

Para o homem Gimil-Sin podes tu ir,
  Tu o farás rejubilar-se.
Para o pastor Ibi-Sin podes tu ir,
  Tu o farás rejubilar-se.[21]

Os cinco últimos nomes correspondem, pela ordem, aos últimos reis da Terceira Dinastia de Ur (cerca de 2150-2050 a.C.)* e expressam bem o conceito fundamental de todo esse mundo arcaico, o de que a realidade, o verdadeiro ser do rei – como o de qualquer indivíduo –, não está em seu caráter como indivíduo, mas como arquétipo. Ele é o bom pastor, o protetor das vacas, e o povo é seu rebanho. Ou ele é o que anda pelos campos, o cultivador, o que dá vida aos campos, o agricultor dos deuses. Também é o construtor da cidade, o portador de cultura, o mestre das artes. E ele é o senhor das pastagens celestes, a Lua, o Sol. Os cinco reis – Ur-Nammu, Dungi, Bur-Sin, Gimil-Sin e Ibi-Sin – são o mesmo, ou seja, Damu, o que vive para sempre e que está permanentemente morrendo; do mesmo modo que a rainha é Inanna, a deusa nua que conhecemos desde o princípio dos tempos.

---

* A datação da dinastia varia de acordo com a autoridade prevalecente. As datas acima são de S.N. Kramer, *Sumerian Mythology* (*Memoirs of the American Philosophical Society*, vol. XXI, 1944), p. 19. Henri Frankfort limita o período a 2025 a.C. (*The Birth of Civilization in the Near East*, Williams and Norgate, Londres, 1951, p. 77). As datas de Woolley eram 2278-2170 a.C. (*The Sumerians*, 1928, p. 22). – Joseph Campbell

---

Das "grandes alturas" ela voltou sua mente para o "grande ínfero", Deusa das "grandes alturas" voltou sua mente para o "grande ínfero", Inanna das "grandes alturas" voltou sua mente para o "grande ínfero",

Minha senhora abandonou o céu, abandonou a terra,
  Para o mundo mais baixo ela desceu,
Inanna abandonou o céu, abandonou a terra,
  Para o mundo mais baixo ela desceu,
Abandonou o domínio da nobreza,
  Para o mundo mais baixo ela desceu.

Os sete decretos divinos ela prendeu a seu lado,
  A *shugurra*, a coroa da planície, ela colocou em sua cabeça,
Brilho ela pôs em seu semblante,
  O cetro de lápis-lazúli ela pegou em sua mão.

Pequenas pedras de lápis-lazúli ela colocou em volta do pescoço,
  Pedras cintilantes ela prendeu no peito,
Um anel de ouro ela levava em sua mão,
Com um peitoral ela abrigou seu peito.
Todos os pertences senhoris ela arranjou sobre seu corpo,
Unguento ela colocou em seu rosto.
  Inanna desceu para o mundo mais baixo.[22]

Assim se inicia o nosso precioso fragmento. A deusa está descendo para o mundo mais baixo, que é dominado pelo lado escuro de seu próprio "eu", sua deusa-irmã Ereshkigal. E ela chega ao primeiro portão.

Quando Inanna chegou ao palácio de lápis-lazúli do mundo mais baixo, Na porta do mundo mais baixo ela comportou-se malvadamente,
No palácio do mundo mais baixo ela falou malvadamente:
"Abre a casa, porteiro, abre a casa,
Abre a casa, Néti, abre a casa, sozinha eu quero entrar."

Néti, o porteiro principal do mundo mais baixo, responde à pura Inanna:
"Quem, por favor, és tu?"

"Sou a rainha dos céus, o lugar onde o Sol nasce."

"Se tu és a rainha dos céus, o lugar onde o Sol nasce, Por que, por favor, tu vieste ao reino sem retorno?
Como teu coração te levou pelo caminho do qual o viajante não retorna?"

A pura Inanna responde-lhe:
"Ereshkigal, minha irmã mais velha,
O senhor Gugalanna, seu marido, foi morto:
Vim para assistir ao funeral."

O porteiro principal do mundo mais baixo, Néti, responde à pura Inanna: "Espera, Inanna, deixa-me falar com minha rainha."

Ele vai e retorna. Néti, o porteiro principal do mundo mais baixo, diz à pura Inanna:
"Vem, Inanna, entra."

E então ocorre o seguinte diálogo:

Assim que ela passa pelo primeiro portão,
A *shugurra*, a "coroa da planície" de sua cabeça, foi retirada.
"O que, por favor, é isso?"
"Extraordinariamente, ó Inanna, as leis do mundo mais baixo foram cumpridas,
Ó Inanna, não questiones os ritos do mundo mais baixo."

Quando ela passou pelo segundo portão,
O cetro de lápis-lazúli foi retirado.
"O que, por favor, significa isso?"

"Extraordinariamente, ó Inanna, as leis do mundo mais baixo foram cumpridas,
Ó Inanna, não questiones os ritos do mundo mais baixo."

Quando ela entrou pelo terceiro portão,
As pequenas pedras de lápis-lazúli de seu pescoço foram retiradas.
"O que, por favor, significa isso?"
"Extraordinariamente, ó Inanna, as leis do mundo mais baixo foram cumpridas,
Ó Inanna, não questiones os ritos do mundo mais baixo."

Passando pelo quarto portão,
As pedras cintilantes de seu peito foram retiradas.
"O que, por favor, significa isso?"
"Extraordinariamente, ó Inanna, as leis do mundo mais baixo foram cumpridas,
Ó Inanna, não questiones as leis do mundo mais baixo."

Ao passar pelo quinto portão,
O anel de ouro de sua mão foi removido.
"O que, por favor, significa isso?"
"Extraordinariamente, ó Inanna, as leis do mundo mais baixo foram cumpridas,
Ó Inanna, não questiones os ritos do mundo mais baixo."

Ao passar pelo sexto portão,
O peitoral que lhe protegia o torso foi retirado.
"O que, por favor, significa isso?"
"Extraordinariamente, ó Inanna, as leis do mundo mais baixo foram cumpridas,
Ó Inanna, não questiones as leis do mundo mais baixo."

Ao passar pelo sétimo portão,
Todos os adornos de seu corpo foram retirados.
"O que, por favor, significa isso?"
"Extraordinariamente, ó Inanna, as leis do mundo mais baixo foram cumpridas,
Ó Inanna, não questiones os ritos do mundo mais baixo."

Assim nua, a deusa chegou diante de sua irmã e os sete juízes do mundo mais baixo – Ereshkigal e os Anunnaki.

A pura Ereshkigal sentou-se em seu trono,
Os Anunnaki, os sete juízes, pronunciaram julgamento diante dela, Eles fixaram seus olhos sobre ela, os olhos da morte;
E quando pronunciaram a palavra, a palavra que tortura o espírito, A mulher pesarosa foi transformada num cadáver,
E o cadáver foi pendurado em uma estaca.[23]

Mas a morte, como nos ensinam todas as tradições mitológicas do mundo, não é o fim. A lição do deus-lua, três dias de trevas, está ainda por ser contada. O cadáver de Inanna permaneceu na estaca.

> Depois de três dias e três noites terem passado,
> Seu mensageiro Ninshubur,
> Seu mensageiro de ventos favoráveis, Seu portador de palavras encorajadoras,
> Encheu os céus de súplicas por ela,
> Chorou por ela no santuário da congregação, Buscou por ela na casa dos deuses,
> Como um indigente, com um único traje, ele vestiu-se por ela,
> Para Ekur, a casa de Enlil, totalmente sozinho ele dirigiu seus passos.

Ninshubur, conhecido também como Papsukkal, "principal mensageiro dos deuses", e como Ilabrat, "o deus alado", tinha sido informado pela própria deusa, antes de sua partida, de que se ela não retornasse deveria "chorar diante de Enlil (o deus-ar), chorar diante de Nanna (o deus-lua) e, se eles não respondessem, chorar então diante de Enki, o Senhor da Sabedoria (a serpente), que conhece o alimento da vida e a água da vida. Ele certamente me fará voltar à vida" – disse ela.

As estatuetas de barro de Ninshubur, o mensageiro, encontradas nos alicerces das entradas dos templos, o mostram sem asas, mas portando um bastão ou vara na mão direita.[24] Ele é o protótipo de Hermes (Mercúrio), o mensageiro olímpico dos deuses e o guia das almas para o mundo subterrâneo, que também traz as almas para nascerem de novo e, portanto, é considerado o gerador tanto de novas vidas quanto da Nova Vida. O bastão de Hermes, lembremos, é o caduceu, com serpentes entrelaçadas, e o significado dessas serpentes é exatamente o mesmo que o do ritual e do mito que estamos discutindo: ou seja, é uma referência ao conúbio divino, renovador do mundo, da serpente-monstro com a deusa nua em sua forma de serpente.

Desejando ter certeza da referência do símbolo do caduceu, o Dr. Henri Frankfort certa vez enviou uma pergunta ao Museu Britânico de História Natural. "O símbolo no qual você está interessado pode bem representar duas cobras acasalando-se", respondeu o Sr. H.W. Parker, Curador Assistente de Zoologia. "Em geral o macho agarra a fêmea por trás do pescoço e os dois corpos ficam mais ou menos entrelaçados. [...] Diz-se que as víboras têm os corpos completamente entrelaçados." "Isso, então", comenta o Dr. Frankfort, "explica mais satisfatoriamente por que o caduceu deve ter-se tornado o símbolo de nosso deus, que é assim caracterizado como a personificação da força geradora da Natureza".[25]

Hermes, o portador grego do bastão-serpente – que é tão belo quanto terrível e tanto proporciona o sono quanto o despertar –, é o inventor da lira e da arte de fazer fogo com achas incandescentes. Ele é, além do mais, o arquetípico deus trapaceiro do mundo antigo. Pensamos nas liras dos túmulos de Ur, cujos sons se assemelham a mugidos de touro e nas orgias gregas onde "mugidos de touro soavam em algum lugar, provenientes do invisível" (Ésquilo, Fragmento 57). Pensamos no menino e na menina das achas incandescentes da África e no seu rito abominável.* E pensamos também no trapaceiro-coiote, que se transformou numa moça e ficou grávido. Hermes também é andrógino, como se pode saber a partir do símbolo de seu bastão.

Depois que o mensageiro, Ninshubur, o protótipo de Hermes, chorou em vão, primeiro diante de Enlil, e depois diante do deus-lua, Nanna, da cidade de Ur, ele dirigiu-se a Enki, "Senhor das Águas do Abismo", que, quando acabou de ouvi-lo, gritou:

"O que fez minha filha! Estou perturbado,
O que Inanna acabou de fazer! Estou perturbado,
O que a rainha de todas as terras acabou de fazer! Estou perturbado,
O que a hierodula dos céus acabou de fazer! Estou perturbado."

Ele produziu barro e modelou duas criaturas assexuadas, dois anjos. A uma deu o alimento da vida; à outra, a água da vida. E então emitiu suas ordens.

"Para o cadáver suspenso em uma estaca dirijam o medo dos raios de fogo,
Sessenta vezes o alimento da vida, sessenta vezes a água da vida, borrifem sobre ele,
Em verdade, Inanna se levantará."

Sobre o cadáver pendurado em uma estaca eles dirigiram o medo dos raios de fogo,
Sessenta vezes o alimento da vida, sessenta vezes a água da vida, eles borrifaram sobre ele,
Inanna ergueu-se.

Inanna subiu do mundo mais baixo,
Os Anunnaki fugiram,
E quem quer que do mundo mais baixo tivesse descido pacificamente ao mundo mais baixo;
Quando Inanna subiu do mundo mais baixo,
Em verdade, os mortos apressaram-se diante dela.

Inanna sobe do mundo mais baixo,
Os pequenos demônios como juncos,
Os grandes demônios como buris,
Andam a seu lado...[26]

* Cf. *supra*, p. 152.

A conclusão da narrativa se extraviou. Mas o significado da imagem está suficientemente claro. É um tema que sofreu muitas alterações no curso dos séculos desde então. Pensa-se, por exemplo, em Maria Madalena diante da sepultura, chorando do lado de fora; e, enquanto chorava, debruçou-se para olhar dentro dela. Mas viu dois anjos de branco sentados onde o corpo de Jesus tinha estado, um na cabeceira e outro nos pés, e eles lhe disseram: "Mulher, por que choras?". Ela respondeu: "Porque eles levaram embora o meu Senhor e não sei onde o colocaram". Ao dizer isso, ela virou-se e viu Jesus de pé, mas não sabia que era Jesus. Ele disse a ela: "Mulher, por que choras? Quem procuras?". E supondo que ele fosse o jardineiro, ela disse: "Senhor, se vós o levastes embora, dizei-me onde o colocastes e eu o buscarei". Ele disse-lhe: "Maria!". Ela virou-se e disse a ele em hebraico, "Mestre!". Jesus disse a ela: "Não me retenhas; pois ainda não ascendi ao Pai; mas vai até meus irmãos e dize-lhes que estou ascendendo a meu Pai e vosso Pai, a meus Deus e vosso Deus". Então Maria Madalena foi e disse aos discípulos: "Eu vi o Senhor".[27]

III. A GRANDE DIFUSÃO*

* Esta seção expõe os temas que Campbell examinará em maior detalhe nos dois volumes seguintes da série: Mitologia Oriental e Mitologia Ocidental. – Editores

Huizinga, em *Homo Ludens*, seu estudo altamente sugestivo do elemento lúdico na cultura, observa que as palavras holandesa e alemã para designar "dever", *Plicht* e *Pflicht*, estão etimologicamente relacionadas com a palavra inglesa *play*,* tendo as palavras derivado de uma raiz comum.[28] A palavra inglesa *pledge* (penhor, fiança) também é desse contexto, bem como o verbo *plight*, que significa "penhorar, comprometer" (como em "ficar noivos", "noiva comprometida"). Podemos nos lembrar aqui da referência de Huizinga à "linguagem jocosa" ou "linguagem cortês" dos japoneses (*asobase-kotoba*), em que não se diz "você chega a Tóquio", mas "você representa/faz de conta que chega"; não "soube que seu pai morreu", mas "soube que seu pai brincou de morrer".[29] "O conceito de jogo como tal é de uma ordem superior à da seriedade", Huizinga declara. "Porque a seriedade busca excluir o jogo, enquanto o jogo pode muito bem incluir a seriedade."[30]

As sepulturas reais de Ur ilustram a capacidade e espírito de "jogo" da primeira aristocracia do mundo: comprometendo-se no jogo e depois cumprindo até o fim esse compromisso. E foi por sua maravilhosa e extrema ousadia para com

* (Subst.: jogo, diversão, passatempo, representação, brincadeira, peça teatral etc. Verbo: jogar, brincar, tocar instrumentos, representar, desempenhar, fazer de conta, influenciar, atuar, fingir, apostar, imitar etc., etc. [N. da T.]

esse jogo em particular que o mundo se elevou da selvageria à civilização. Em tal representação, a questão da crença é de importância e efeito secundários. O princípio é o da mascarada, da dança, da representação teatral, o padrão de movimento através da forma a partir da qual uma nova força de vida é evocada. Uma imagem é concebida, uma imagem sobrenatural, superando em alcance as necessidades de comida, vestimenta, abrigo, sexo e um passatempo prazeroso para as horas de lazer. É preciso ousadia para entrar em tal jogo e esgotar a fração do próprio papel na representação. Mas então, perceba! uma transformação da vida, um incremento que jamais tinha sido sequer imaginado e, com isso, um novo horizonte, tanto para o homem quanto para seus deuses. Foi pelo talento maravilhoso dos sumérios para com seu exigente "jogo" divino que surgiu a civilização como uma função de uma aristocracia espirituosa. E continuou assim em muitas partes do mundo até muito recentemente.

Ora, como sir Leonard Woolley já mostrou, as efígies de criados cumprindo suas tarefas em certas sepulturas egípcias indicam que em determinada época as cortes do Nilo também acompanharam seus reis para o mundo subterrâneo. Igualmente, nas tumbas reais da antiga China, foram encontradas efígies de cerâmica. Na verdade, na China a prática do sacrifício humano nos sepultamentos reais persistiu até o século XII da nossa era, e no vizinho império insular do Japão, um exemplo impressionante do costume de "acompanhar o morto" voluntariamente (*jinchu*, "lealdade") chegou ao conhecimento do mundo apenas em 1912, quando o general conde Nogi, o herói de Porto Artur, se matou na hora exata do sepultamento de seu micado, Meiji Tenno, e a condessa Nogi também se matou para acompanhar seu esposo.

Está claro, a partir dessa evidência, que o ritual de "acompanhar o morto" era uma prática social e religiosa geralmente honrada, não apenas nas cidades do Oriente Próximo, onde ocorreu a memorável transição da barbárie à civilização, mas também em todas as partes em que os primeiros portadores do novo jogo do destino se estabeleceram em sua surpreendentemente ampla e rápida conquista de novos horizontes. A difusão de sua influência pode ser facilmente seguida nas quatro direções – ou antes, nos pontos intermediários – mais ou menos como segue.

A DIFUSÃO NA DIREÇÃO SUDOESTE

Já tomamos conhecimento de algo a respeito da precoce difusão desse avançado complexo cultural para o Sudão. Bem para o sul, na região marcada pelas minas dos grandes templos de pedra do Zimbábue, na Matabelelândia, o ritual regicida parece ter sido praticado até 1810. As estrelas e um oráculo sagrado eram consultados pelos sacerdotes a cada quatro anos e, sem falha, o veredito era "morte para o rei". O costume ali era que a primeira esposa do rei – que o tinha auxiliado a fazer o primeiro fogo sagrado de seu reinado – o estrangulasse com uma corda feita de tendões da pata de um touro. A noite devia ser de lua nova. O cadáver devia ser levado pelos sacerdotes na mesma noite para uma cabana no pico de uma montanha e ali colocado sobre uma plataforma, sob a qual devia ficar suspenso um grande saco de couro. No primeiro dia, as entranhas do rei eram removidas e jogadas dentro do saco; no segundo, o corpo era enchido de ervas e folhas e costurado novamente. No terceiro dia, o crânio era aberto por trás e esvaziado de seu conteúdo, dentro do saco. No quarto dia, o cadáver era amarrado na posição agachada, enfaixado de maneira que as pontas dos dedos dos pés e das mãos com as unhas ficassem de fora e, então, envolto na pele fresca de um touro azeviche com uma mancha branca na testa. Todas as noites, durante todo um ano, um sacerdote devia abrir a pele de touro e massagear a múmia de maneira que seu líquido e vermes, bem como as unhas dos dedos dos pés e das mãos caíssem dentro do saco. E quando o ano acabava – novamente numa noite de lua nova – a esposa preferida do rei (não a que o tinha estrangulado, mas outra) era obrigada a submeter-se a remoção de suas roupas, peça por peça, para depois ser estrangulada nua. O corpo era levado para uma cova no declive leste da montanha; o corpo do rei, para outra, a oeste. E assim que o rei houvesse sido emparedado, a rainha morta era vestida e igualmente murada. As cerimônias mais elaboradas, entretanto, eram reservadas ao transporte do saco, da cabana sepulcral no topo da montanha para uma cova sagrada em seu declive. Três pessoas eram mortas como oferendas e o saco era lacrado dentro da cova – com um junco oco que ia da câmara ao mundo exterior. Um sacerdote vigiava o junco até que, um dia, o espírito do rei emergisse dele em forma de um verme, besouro, lagartixa, cobra ou alguma outra espécie de pequeno dragão; em seguida, o junco era retirado, o buraco era lacrado e se faziam oferendas que deviam renovar-se anualmente.[31]

“Em todos nossos mapeamentos dos movimentos histórico-culturais da África”, escreve Frobenius, “nenhuma distribuição se repete com mais frequência que a da vasta planície descendo a costa leste, do Nilo ao Zambeze – isto é, seguindo em direção norte-sul e perto da costa da Eritreia – e com dois braços estendendo-se para oeste dessa faixa através do continente, sendo que o do norte atinge o Senegal. (Ver mapa p. 143)

Essas duas áreas transversais revelam divergências que, entretanto, não são nem de longe tão numerosas nem tão importantes quanto os sinais de concordância e unidade internas”.[32]

E em outra parte ele escreve:

> Os fragmentos de mitologia e ritual que vieram à luz no sudeste da África, na zona central da parte sul da esfera da Eritreia, obrigam-nos a reconstruir uma imagem que se assemelha à da sabedoria de vida dos sumérios e dos drávidas da Índia e das suas divindades, de maneira tão próxima quanto um ovo se parece com outro. O deus-lua é representado como um grande touro; sua esposa, o

> planeta Vênus, como a deusa que oferece sua vida a seu esposo, e em toda parte, essa deusa como Estrela da Manhã é a deusa da guerra, como Estrela Vespertina é a deusa do amor ilícito e, também, uma mãe universal; nas três zonas (África, Índia dravídica e Suméria) o drama do céu astral é o modelo e o próprio destino de toda vida e, quando projetado como tal para a terra, deu origem ao que pode ter sido a mais primitiva forma e conceito de Estado – ou seja, a de uma imagem sagrada, cósmica e clerical. Será demasiada ousadia, dadas essas circunstâncias, falar de uma Grande Zona Cultural Eritreia, que em tempos antigos compreendia as costas do oceano Índico?[33]

Podemos considerar essa grande área da Eritreia como a primeira zona de difusão da mitologia do nosso Crescente Fértil mitogenético; pois um estrato cultural do Neolítico Basal foi identificado já por volta de 4500 a.C. no vale do Nilo, e um Neolítico Superior, por volta de 4000. Além do mais, há hoje evidência fidedigna, determinada pelo método carbono 14, de que algo do Neolítico atingira o norte da Rodésia já por volta de **400** a.C.,[34] enquanto as artes das Idades do Bronze e do Ferro certamente se estabeleceram no Napata sudanês por volta de, respectivamente, *c.* 750-744 e *c.* 397-362 a.C.[35]

Os principais locais egípcios do estrato basal estão na margem esquerda do Nilo, em Merimde, na região do delta, e em Fayum, um pouco mais ao sul, bem como na margem direita, cerca de 320 km rio acima, em Tasa. As coleções diferem um pouco entre si, mas em seu nível cultural são mais ou menos equivalentes – os traços característicos são uma cerâmica negra rústica; uma excelente confecção de cestos; polias de roca para fiação de linho; paleta para cosméticos; sepultamento em postura contraída (em Tasa) ou de dormir, voltada para o leste (em Merimde); contas de osso, marfim e (em Fayum) de avestruz; amuletos (em Merimde) de dentes de javali e minúsculos machados sem cabo (espécie de machado pré-histórico); trigo armazenado em silos e um rebanho de animais domesticados composto de suínos, bovinos, carneiros e cabras. As determinações de data pelo carbono 14 variam, para Fayum, entre aproximadamente 4440-4100 a.C.

Merimde e Fayum, devido a uma invasão do deserto, foram abandonados por volta do fim desse período, enquanto em Tasa surgia uma nova descendência racial com um estilo neolítico avançado de cultura, o chamado Badariano. Uma bela cerâmica vermelha amarronzada, modelada e queimada com uma habilidade jamais superada no vale do Nilo, estatuetas femininas de barro e marfim (as primeiras do Egito), modelos de barco de cerâmica e os primeiros sinais de cobre dão a pista do nível dessa cultura. Na caça, os badarianos usavam o bumerangue e seus traços raciais sugerem a Grande Zona Eritreia de Frobenius. Ao gado e carneiros, como se deificados, era por vezes dado sepultamento cerimonial, e restos humanos eram voltados para o oeste, não para o leste, em direção ao poente e não ao nascente. Nenhum osso de porco foi encontrado entre os restos e isso pode indicar o início de uma tradição de abstenção da carne suína. Uma associação do porco com algum menosprezado grupo estranho ou socialmente inferior, ou com uma mitologia do mundo subterrâneo, seria suficiente para justificar tal privação – que, qualquer que seja o caso, seguramente não deve ter sido racionalizada, à maneira moderna comum, como uma profilaxia contra um possível caso de triquinose. O dente do javali, como acabamos de ver, era um fetiche dos merindianos do delta, enquanto, em contraste, os animais sagrados dos badarianos do alto Nilo eram o touro e o carneiro.

Um segundo estrato do Neolítico Superior está sobre o Badariano – o Amratiano, onde surgem cinco novos tipos de cerâmica, decorados com figuras e desenhos geométricos sem a elegância, a beleza formal ou a regularidade matemática dos da Mesopotâmia mas, por outro lado, extremamente interessantes por sua descendência óbvia do estilo de arte capsitano do norte da África e leste da Espanha. As formas humanas, além do mais, mostram que a maneira de vestir não havia mudado. Os homens continuavam usando ornamentos para cobrir o pênis, permanecendo com o resto do corpo nu e usando sandálias de fibras vegetais e penas nos cabelos. As mulheres usavam aventais de linho e, frequentemente, raspavam a cabeça para usar perucas. O tipo físico era mais ou menos o mesmo dos capsitanos: 1,57 m de altura, esbelto, de compleição delicada, crânio pequeno e longo, traços leves e cabelos lisos. Os corpos eram tatuados. Figuras de barro e marfim; o cobre, agora usado às vezes na fabricação de pequenas ferramentas; barcos de papiro; uma série de tipos de pontas de flecha e muitas lâminas polidas de pedra caracterizam a coleção. Outras características são: importações de malaquita do Sinai, ouro da Núbia, madeira conífera da Síria e obsidiana da Armênia e do Egeu, que revelam um desenvolvimento do comércio, e nos túmulos encontramos cachorros enterrados com seus donos (talvez como guias para o reino dos mortos), bem como estatuetas de mulheres e serviçais.[36]

Mas então, abruptamente, algo novo no delta: a escrita hieroglífica, o calendário, a mitologia do deus-sol Hórus e o deus ressuscitado Osíris, frotas mercantis navegando pelos mares até Creta, Síria e Palestina, desfraldando as bandeiras de suas nomarquias com os símbolos do arpão e do peixe! Há uma elegância nas artes e no estilo de vida do Egito pré-dinástico e dinástico completamente diferentes dos da zona mitogênica do Sudoeste Asiático. Outrossim, no Egito as novas artes eram aplicadas à vida de novas maneiras. A mitologia era adaptada a uma geografia na qual a fertilidade da terra provinha do Nilo, não das nuvens, e a um país protegido – um grandioso oásis – unificado e mantido satisfatoriamente, ao contrário do Sudoeste Asiático, onde cidade lutava contra cidade e depois império contra império por milênios. Mas um contraste total no estilo não exclui de maneira alguma nosso reconhecimento do impacto de uma nova ideia, derivada por difusão de uma terra estranha. Tampouco a difusão é fortuita; ela é seletiva. A roda surgiu na Suméria por volta de 3200 a.C., mas não no Egito até 1.400 anos mais tarde. Pois o Nilo provia o melhor transporte possível, e não foi antes de ter sido inventado o carro leve de combate, ágil em batalha e puxado por cavalos, que a roda se tornou atraente como um acréscimo valioso à cultura dos faraós. A data da introdução da escrita, do calendário e de suas artes relacionadas no Egito foi por volta de 2800 a.C., e a da roda, cerca de 1800 a.C.

O mito básico do Egito dinástico era o da morte e ressurreição de Osíris, o bom rei, "de rosto lindo", que era filho do deus-terra Geb e da deusa-céu Nut. Ele nasceu junto com sua esposa-irmã, a deusa Ísis, durante o intervalo sagrado dos cinco dias suplementares que ficavam entre um ano do calendário egípcio de trezentos e sessenta dias e o próximo.* Ele e sua irmã foram os primeiros a cultivar o trigo e a cevada, colher frutos das árvores e cultivar a vinha, e antes deles as raças do mundo tinham sido canibais selvagens. Mas o irmão malvado de Osíris, Set, cuja esposa-irmã era a deusa Néftis, tinha uma inveja mortal tanto de sua virtude quanto de sua fama e, assim, medindo secretamente o corpo de seu bom irmão, ele fez confeccionar um sarcófago lindamente decorado e, em certa ocasião no palácio, quando todos bebiam e se divertiam, fez com que o trouxessem para o salão e, zombeteiramente, prometeu dá-lo àquele que coubesse exatamente nele. Todos o provaram, mas, como o sapatinho de cristal da Cinderela, ele servia apenas a um, e quando Osíris, o último, entrou no sarcófago, imediatamente um grupo de setenta e dois conspiradores, com os quais Set havia tramado seu plano, pregaram a tampa do sarcófago, soldaram-na com chumbo derretido e o lançaram ao Nilo, pelo qual ele desceu para o mar.

Figura 29. Osiris dentro da tamargueira

* Cf. *supra*, p. 135.

Ísis, dominada pela dor, cortou cachos de seus cabelos, vestiu-se de luto e procurou-o em vão subindo e descendo o Nilo; mas o caixão tinha sido levado pela correnteza até a costa da Fenícia, onde, em Biblos, foi lançado na margem. Uma tamargueira cresceu imediatamente à sua volta, envolvendo o precioso objeto em seu tronco, e o perfume dessa árvore era tão maravilhoso que o rei e a rainha locais, Melcart e Astarté – que eram, é claro, rei e rainha divinos também, os representantes locais da mitologia comum de Damuzi e Inanna, Tammuz e Ístar, Adônis e Afrodite, Osíris e Ísis –, ao descobrirem e admirarem sua beleza, fizeram com que a árvore fosse derrubada e a tornaram um pilar de seu palácio.

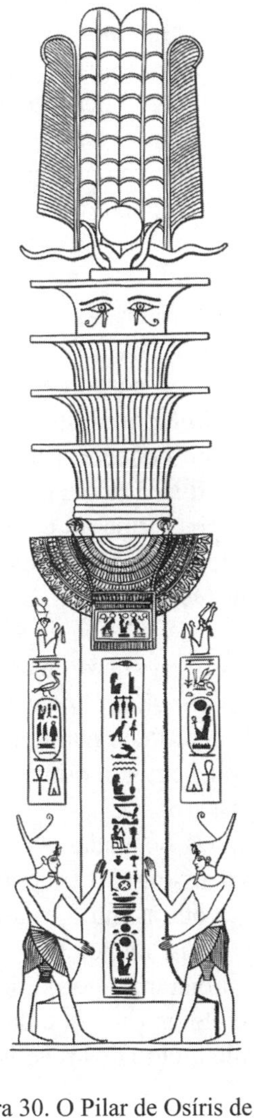

Figura 30. O Pilar de Osíris de Djed

Enquanto isso, a triste e desolada Ísis, errando pelo mundo na sua busca – como Deméter à procura de Perséfone –, chegou a Biblos, onde ficou sabendo da árvore maravilhosa. E, postando-se ao lado de uma fonte da cidade, de luto, com véu e trajada humildemente – também como Deméter* –, não falou com ninguém, até que se aproximaram da fonte as criadas da rainha, que ela saudou com gentileza. Trançando os cabelos delas, Ísis exalou sobre elas um perfume tão maravilhoso que, quando retornaram e Astarté viu e cheirou as tranças, mandou buscar a estranha, admitiu-a na casa e a tornou ama de seu filho.

A grande deusa deu ao bebê seu dedo, em vez do seio, para ele sugar, e à noite, depois de colocá-lo no fogo para queimar tudo o que era mortal, voou em forma de uma andorinha em volta do pilar, chilrando seus lamentos. Mas a mãe da criança, a rainha Astarté, deparou com a cena, gritou quando viu seu filhinho sobre o fogo e, com isso, privou-o da inestimável bênção. Em seguida Ísis, revelando sua verdadeira natureza, suplicou pelo pilar e, removendo o sarcófago, caiu sobre ele com um grito de dor tão forte que o filho da rainha morreu imediatamente. Desoladas, as duas mulheres colocaram o caixão de Osíris num barco e, quando a deusa Ísis estava sozinha com ele no mar, abriu-o e, colocando seu rosto sobre o do irmão, beijou-o e chorou.

O mito continua a narrar a chegada do barco abençoado aos pântanos do delta, e como Set, uma noite, enquanto caçava porcos-do-mato à luz da lua cheia, encontrou o sarcófago e esquartejou o corpo em catorze pedaços, os quais espalhou; assim, novamente, a deusa tinha uma difícil tarefa pela frente. Entretanto, desta vez, ela foi auxiliada pelo seu pequeno filho Hórus, que tinha a cabeça de falcão, pelo filho de sua irmã Néftis, o pequeno Anúbis, que tinha a cabeça de chacal, e pela própria Néftis, a esposa-irmã do malvado Set.

Anúbis, o mais velho dos dois meninos, tinha sido concebido numa noite muito escura, conta-se, quando Osíris tomou Néftis por Ísis; de maneira que alguns argumentam que a maldade de Set não deve ter sido inspirada pela virtude pública e bom nome do nobre e refinado herói, mas por esta inadvertência doméstica. Hórus, o mais novo, mas filho legítimo, por outro lado, tinha sido concebido de maneira mais afortunada – de acordo com alguns, quando Ísis se deitou sobre o corpo do irmão morto no barco ou, segundo outros, quando ela voava em volta do pilar do palácio, em forma de pássaro.

Às quatro desoladas divindades ocupadas na busca, as duas mães e os dois filhos, juntou-se uma quinta, o deus-lua Tot (que aparece, às vezes, na forma de um escriba com cabeça de íbis, e outras, na forma de um babuíno), e juntos eles encontraram todas as partes de Osíris, menos seu membro genital, que tinha sido devorado por um peixe. Eles enfaixaram o corpo despedaçado com bandagens de linho e, quando oficiaram sobre ele os ritos que dali em diante seriam realizados no Egito nas cerimônias de sepultamento dos reis, Ísis abanou o cadáver com suas

* Cf. *supra*, p. 163-165.

asas e Osíris reviveu, para tornar-se o soberano dos mortos. Agora está sentado majestosamente no mundo subterrâneo, no Salão das Duas Verdades, assistido por quarenta e dois assessores, um de cada um dos principais distritos do Egito, e ali ele julga as almas dos mortos. Estas confessam-se a ele e, depois de seus corações terem sido pesados em uma balança em cujo outro prato há uma pluma, recebem, de acordo com suas vidas, recompensa pela virtude ou castigo pelo pecado.[37]

Figura 31. Ísis e Hórus

O mito pertence claramente à família de Damuzi-absu e de Inanna. Entretanto, o animal simbólico envolvido – pelo menos nesta versão da grandiosa façanha – não era o touro-lua, como nos mitos e ritos mesopotâmicos das tumbas reais de Ur, mas o porco, como nos rituais gregos de Perséfone, e melanésios de Hainuwele. Pois Set, como vimos recentemente, estava caçando porcos-do-mato numa noite de lua cheia, quando encontrou e esquartejou o corpo de Osíris. Comparativamente, segundo relata Ovídio, o jovem Adônis, o amado de Vênus--Afrodite (a clássica correspondente tanto de Ísis quanto de Inanna), foi morto por um porco selvagem quando estava caçando.[38] E o deus frígio que morre e ressuscita constantemente, Átis, conforme uma versão de sua lenda, foi igualmente morto por um javali – mas, de acordo com outra, ele próprio era um porco.[39] Aparentemente, portanto, temos aqui a evidência de dois períodos ou de duas províncias do mesmo mito essencial; um associando o touro, mas o outro o porco, com a força do abismo.

A DIFUSÃO NA DIREÇÃO NOROESTE

"Há uma terra chamada Creta no meio do mar retinto", lemos na *Odisseia*, "uma terra rica e formosa, cercada de água, e nela há inumeráveis homens e noventa cidades. E nem todos falam a mesma língua, mas há uma confusão de idiomas; lá vivem os aqueus e lá também os cretenses de Creta, nobres de coração, ainda os sidônios e os dórios de plumas esvoaçantes e os generosos pelasgos. E entre suas cidades está a poderosa Cnossos, onde Minos, com nove anos de idade, começou a governar, ele que conversava com o grande Zeus..."[40]

O Prof. Bedřich Hrozný observou que em Cnossos, capital da antiga Creta, os reis governavam "por períodos de nove anos" e que a referência de Homero aos nove anos de Minos deve ser um reflexo dessa particularidade.[41] Frazer, em *O Ramo Dourado*, em seus capítulos sobre a morte do rei divino afirma que o período do reinado de Minos foi de oito anos e sugere que a lenda ateniense do tributo de sete rapazes e sete donzelas enviados a Cnossos periodicamente para serem devorados pelo Minotauro pode ter tido alguma relação com os cerimoniais cretenses destinados à renovação do poder real. "No final de cada período", diz Frazer em sua discussão sobre o rei Minos, "ele retirava-se por uma temporada para a caverna oracular no monte Ida e lá privava da companhia de seu pai divino Zeus, prestando-lhe contas de seu reinado nos anos que tinham passado e recebendo dele instruções para sua orientação nos anos vindouros. A tradição indicava claramente", ele continua, "que no final de cada período de oito anos os poderes sagrados do rei precisavam ser renovados pela comunhão com a divindade, e sem tal renovação ele perderia o direito ao trono".[42]

Nove anos ou oito; em qualquer caso, a tradição cretense fornece evidência de um regicídio verdadeiro ou simulado realizado periodicamente, e podemos pensar, portanto, na lenda ateniense posterior da vitória de Teseu sobre o Minotauro no início da era da tradição humanista ocidental como um protótipo nórdico europeu da vitória núbia de Far-li-mas e da princesa Sali sobre os sacerdotes, cuja função era obrigar o homem a prestar atenção à revelação da escrita de Deus no céu.

Já mencionamos tanto a difusão dos temas do touro e da deusa nua da cerâmica halafiana, da cruz de malta, do machado de dois gumes e da sepultura em forma de colmeia da área da Síria até Creta, quanto à posterior difusão dos motivos cretenses do labirinto e dos cemitérios de sepulturas megalíticas na direção oeste, passando por Gibraltar até a Irlanda. Um segundo caminho de difusão era por terra, subindo, via de regra, pelos vales do Danúbio e do Dniester, sendo que o primeiro levava ao coração da Europa Central – o sul da Alemanha, a Suíça e o sul da França – e o último, para o rio Vístula e o mar Báltico. Pois já no quarto milênio a.C., irradiações do Tigre-Eufrates estavam atravessando o Cáucaso rumo às costas norte do mar Negro, e irradiações do Egeu tinham começado a penetrar nos Bálcãs.

De fato, uma zona mitogênica secundária de prodigiosa importância para o futuro pode ser vista desenvolvendo-se agora, imediatamente a noroeste da matriz central do Crescente Fértil. Ali, uma vigorosa população de caçadores mesolíticos estava recebendo ideias e novas técnicas dos grandes centros do sul, de maneira muito semelhante à dos índios apaches descritos na Parte III.* E conservando sua selvageria ao mesmo tempo em que viam intensificar-se seus poderes de ataque e pilhagem, eles logo se tornaram uma fonte de perigo terrível para as aldeias agrícolas e cidades mercantis da zona primária. Seu estilo era pastoril, não sedentário, preferindo a criação de gado à agricultura, e mesmo não tendo dominado a montaria do guerreiro, o cavalo, eles eram capazes de se locomover em seus carros de bois e podiam prontamente surpreender e subjugar uma cidade adormecida. Podiam também impelir e dispersar seus primos paleolíticos menos desenvolvidos pelas terras improdutivas do Ártico norte. E podiam também mover-se na direção leste, até a China. Podemos pensar no arco acima do mar Negro, as terras do baixo Danúbio, Dniester, Dnieper e Don, como sua matriz – Bulgária, Romênia e Ucrânia. Mas a extensão de sua influência foi observada do Ártico aos trópicos e da Irlanda ao mar da China Meridional.

Sepulturas reais ricamente providas (conhecidas variadamente como *kurgans* ou túmulos); tumbas menores contendo esqueletos em posição agachada generosamente borrifados com ocre vermelho; touros sepultados cerimonialmente; um tipo de cerâmica frisada a corda e gravada com desenhos ziguezagueantes, triangulares e pontilhados; outro tipo gravado com círculos e espirais; ferramentas de cobre, brincos espiralados e alfinetes de osso e cobre com cabeças marcam a passagem desses povos à medida que vão de sua terra nativa na região do Cáucaso para o oeste, pela costa norte do mar Negro e então, por um lado, para o sul até a Romênia, Bulgária e os Bálcãs e, por outro lado, na direção norte para o Báltico, sul da Escandinávia, norte da França e ilhas Britânicas.[43] A data dessa difusão, por volta de 2500-1500 a.C., é mais ou menos a mesma dos caminhos marítimos de Creta para o oeste e dos "túmulos gigantes" megalíticos da França, Espanha, Portugal, sul da Escandinávia, Dinamarca, norte da Alemanha e ilhas Britânicas.

Enquanto isso, remontando o Danúbio, o avanço dos camponeses em ondas sucessivas conquistou gradualmente a maior parte da Europa. Suas várias cerâmicas mostram novamente nas suas gravuras, mas também em suas pinturas, meandros, espirais e espirais unidas. Na região dos lagos suíços um povo que usava como amuleto presas de porcos-do-mato, bem como fragmentos de crânio humano, vivia em moradias lacustres sobre a água, ao mesmo tempo que, em terra, cultivava trigo, painço e fibra de linho.

No próprio Egeu, esse era o grande período do florescimento das civilizações da Idade do Bronze, com a poderosa cidade de Troia (Hissarlik II) como um dos principais centros de comércio, e as ilhas Cíclades e Creta como os pontos

* Cf. *supra*, p. 208-209.

dominantes de irradiação marítima. Onde quer que o estanho fosse encontrado, havia um posto avançado de mineração em constante – mesmo que remoto – contato comercial com os centros mais importantes, e duas relevantes áreas dessa mineração eram a Transilvânia, onde hoje é a Romênia, e a Cornualha, no sudoeste da Inglaterra. Outrossim, o ouro da Irlanda era abundante e muito apreciado, o que também levou a uma preservação dos vínculos culturais, enquanto o precioso âmbar do Báltico escoava lenta mas continuamente para o sul, através da Europa Central para o Adriático.

Podemos tomar o cemitério real irlandês de New Grange como um monumento típico do período e um sinal ou marco, além do mais, do limite da difusão na direção noroeste. Esse túmulo é o maior de uma série em uma vasta área junto ao rio Boyne, aproximadamente a 8 km acima de Drogheda, conhecido como *Brugh na Boinne* ("Palácio do Boyne") e tradicionalmente associado com um misterioso personagem chamado variadamente de *Oengus an Brogha* ("Oengus do Palácio") ou *Oengus mac in Dagda* ("Oengus, Filho do Bom Deus"). A altura do aterro sepulcral de New Grange, que originalmente deve ter sido maior, tem agora cerca de 13 m, enquanto o diâmetro mede quase 90 m. Originalmente, toda a superfície hemisférica era coberta por uma camada de fragmentos de quartzo, para que, reluzindo ao sol, o monumento fosse visto a muitos quilômetros de distância. Outrossim, uma guia de aproximadamente cem lajes, algumas com 1,20 m de largura e de 1,80 m a 3 m de comprimento, forma um círculo ininterrupto em volta da estrutura e em algumas dessas pedras formidáveis aparecem gravados desenhos em ziguezagues, losangos, pontos de cruz, círculos, espirais e espirais unidas. Uma passagem rústica e estreita, cujo teto e paredes são de grandes lajes, algumas de 4,50 m de comprimento, leva à parte sudeste do aterro, para trás de uma guia de pedra com gravuras extremamente belas, e no final desse túnel há uma câmara funerária em forma de cruz, onde eram colocados os restos mortais dos reis, provavelmente em urnas.

Figura 32. Espirais em New Grange

As relíquias, entretanto, e tudo o mais que fosse portátil, foram removidas no ano 861 da nossa era, quando a sepultura foi saqueada por piratas escandinavos, de maneira que hoje não resta nada além da passagem misteriosa, com 18,60 m de comprimento, e a câmara, com 6,30 m de um lado a outro e 5,40 m de profundidade,[44] com suas curiosas espirais labirínticas nas paredes e tetos, um interessante piso de pedra com duas cavidades desgastadas, onde um homem pode ter sido obrigado a ajoelhar-se, e o fato ainda mais interessante de que exatamente ao raiar do Sol, um dia a cada oito anos (pelo menos, é o que conta a lenda local), pode-se ver a estrela da manhã surgindo e lançando sua luz exatamente no lugar da pedra com as duas cavidades desgastadas. A história pode ser verdadeira ou não, mas a coincidência dos oito anos com o período atribuído por Frazer ao prazo dos reis de Creta causou-me um choque quando a ouvi, e eis aqui, portanto, para o leitor, a oportunidade – que ele pode pegar ou largar, de acordo com o seu interesse – de ir à Irlanda e, quem sabe comprová-la.

Esses aterros sepulcrais da Irlanda estão associados com povos fantásticos, que antigamente eram os poderosos Tuatha De Danann, "tribos ou povos da deusa Danu".[45] Derrotado em uma grande batalha pelos milésios (os legendários ancestrais do povo irlandês, que supostamente vieram por mar do Oriente Próximo, via Espanha, por volta de mil anos antes do nascimento de Cristo), o povo da deusa retirou-se da superfície da terra para as *sid* (pronuncia-se xii), montanhas encantadas, onde seus membros vivem até hoje em graça sublime e sem serem tocados pela idade, como os povos mágicos. No subsolo profundo eles construíram para si moradas eternas, gloriosamente cobertas de ouro e cintilantes pedras preciosas.[46]

Danu, mãe deles, é também nossa deusa de muitos nomes. Ela é Anu, a deusa da fartura, segundo a qual duas montanhas em Kerry são chamadas "as Tetas de Anu", mas de quem se diz também ter sido uma mulher selvagem que devorava seres humanos.[47] Brígida, a deusa do conhecimento, da poesia e das artes, era outra face dessa grande "Mãe dos deuses", que tinha duas irmãs com o mesmo nome, unidas pela arte da cura e pela arte do ferreiro, e ela continua sendo adorada na devoção do povo irlandês a Santa Brígida, em cujo santuário, em Kildare, um fogo sagrado era mantido em turnos por dezenove monjas e no vigésimo dia pela própria santa. "Fogos sagrados similares eram mantidos em outros mosteiros", escreve uma das principais autoridades nesse assunto, o Dr. J.A. MacCulloch, "e eles apontam para o antigo culto à deusa do fogo, sendo as monjas sucessoras de um sacerdócio virgens como as vestais, sacerdotisas de Vesta. Brígida [...] deve ter-se originado num período em que os celtas preferiam adorar deusas a deuses e quando o conhecimento – a arte da cura, a agricultura e a inspiração divina – era antes das mulheres que dos homens. Ela tinha um clero feminino e os homens talvez fossem excluídos de seu culto, como sugere o santuário interdito de Kildare".[48]

Outras figuras famosas do rico saber mágico das *sid* são: Aine, a rainha-fada em cujo palácio, Knockainy em Limerick, alguns dos ritos relacionados com seu antigo culto ainda continuam a ser realizados na Véspera do Dia do Verão (24 de junho) para obter uma boa colheita e que, segundo uma lenda local, foi a noiva-fada raptada pelo conde de Desmond; também Morrigan, Neman, Macha e Badb, deusas da guerra; igualmente, as bruxas, as fadas e as lavadeiras do rio, as *banshee*,* e novamente, as Mulheres Brancas que ajudam na fiação. Entre os celtas da Gália antiga, uma festa e um sacrifício eram oferecidos por cada animal caçado a uma deusa que para os romanos equivalia a Diana, imaginada correndo pela floresta com um séquito de servidores – a líder da "hoste furiosa" – e que quando a grande época pagã acabou, se tornou a líder das orgias das bruxas. Em uma estatueta de bronze, essa mesma deusa dos celtas é mostrada cavalgando um porco selvagem, "seu símbolo", como nos informa MacCulloch, "é, como ela própria, uma criatura da floresta, mas em época anterior, ele mesmo uma divindade, da qual a deusa se tornou a forma antropomórfica".[49]

Na verdade, segundo uma lenda irlandesa contada até hoje nas cabanas dos camponeses de Connaught, o antigo herói Oisin – um dos filhos do fabuloso gigante Finn MacCool – foi por muitos dias molestado em seu castelo em Knock an Ar por uma fêmea sobrenatural com cabeça de porco, que estava sempre se insinuando em suas boas graças e se aproximando dele, do que ele não gostava. E era comum naquela época – conforme continua a lenda – os grandes guerreiros irem caçar nas colinas e montanhas; e sempre que um deles ia caçar, jamais deixava de levar consigo cinco ou seis homens fortes para carregar a caça. Mas ainda assim aconteceu de, um dia, quando Oisin partiu com seus homens e cães para a selva, ir tão longe e matar tantos animais que, quando os reuniu, os homens estavam tão debilitados, cansados e famintos, que não puderam carregar a caça e foram embora, deixando Oisin sozinho com seus três cães. Entretanto, a fêmea com cabeça de porco – que era a filha do soberano do Reino da Juventude e ela própria, de fato, a rainha da Juventude – o havia seguido de perto por todo o dia enquanto ele caçava e, quando os homens partiram, ela se aproximou.

"Sinto muito", disse-lhe Oisin, "ter de deixar o que tive o trabalho de matar". E ela respondeu: "Arranje o fardo e eu o carregarei, aliviando-o do peso".

Assim, Oisin entregou-lhe uma parte da caça para carregar e ele levou o restante; mas a noite estava quente, a caça pesava e, depois de terem percorrido certa distância, Oisin disse: "Descansemos um pouco". Os dois largaram seus fardos e encostaram-se numa grande pedra que havia ao lado do caminho. A mulher estava com calor e sem fôlego e abriu o vestido para refrescar-se. Então Oisin olhou para ela e viu sua bela forma e seus seios brancos.

"Oh, é pena que você tenha cabeça de porco", ele disse, "pois nunca vi tal aparência numa mulher em toda minha vida!".

"Bem", disse ela, "meu pai é o soberano do Reino da Juventude e eu era a mulher mais fina do seu reino e a mais bela de todas, até ele me pôr um feitiço

* Fadas que predizem a morte de algum membro da família. [N. da T.]

druídico e me dar a cabeça de porco, que está agora no lugar da minha verdadeira. E o druida do Reino da Juventude veio a mim depois e disse-me que, se um dos filhos de Finn MacCool se casasse comigo, a cabeça de porco desapareceria e eu teria de volta a minha como ela era antes de meu pai ter-me enfeitiçado com a vara do druida. Depois de ouvir isso, jamais sosseguei até chegar a Erin, onde encontrei seu pai e escolhi você entre os filhos de Finn MacCool e o segui para que você se case comigo e me liberte".

"Se esta é sua situação e se o casamento comigo a libertará do feitiço, não deixarei a cabeça de porco em você por muito tempo."

Assim, eles casaram-se sem demora, sem esperar chegar ao castelo com o produto da caçada e nem sequer erguê-lo do chão. No mesmo momento, a cabeça de porco desapareceu e a filha do soberano tinha o mesmo rosto e beleza que tivera antes de seu pai enfeitiçá-la com a vara druídica.

"Bem", disse a rainha da Juventude a Oisin, "não posso ficar aqui por muito tempo e, se não vier comigo ao Reino da Juventude, teremos de nos separar".

"Oh", respondeu Oisin, "aonde quer que você vá e para onde quer que se volte eu a acompanharei."

Então, ela virou-se e Oisin foi com ela, não voltando para Knock an Ar para ver seu pai ou seu filho. Naquele mesmo dia, eles partiram para o Reino da Juventude e não pararam até chegar ao castelo do pai dela e, quando chegaram, houve boas-vindas, pois o soberano pensara que sua filha estava perdida. Naquele mesmo ano teria de se fazer a escolha de um rei e, quando o dia indicado chegou, ao fim do sétimo ano, todos os grandes homens e os campeões, além do próprio soberano, se reuniram na frente do castelo para correr e ver quem seria o primeiro a ocupar o trono no monte; mas antes de qualquer um deles chegar à metade do caminho da montanha, Oisin já estava sentado no trono diante deles. Depois daquele dia, ninguém foi capaz de ganhar a corrida de Oisin e ele passou muitos anos felizes como rei do Reino da Juventude.[50]

A DIFUSÃO NA DIREÇÃO SUDESTE

A arqueologia da Índia iniciou uma nova fase nos primeiros anos da década de 1920, quando ocorreu uma revelação dramática sobre as cidades arcaicas que precederam a chegada dos árias védicos, em três locais distantes entre si no vale do Indo: Mohenjo-Daro, Chanhu-Daro e Harapa – os dois primeiros situados na região mais baixa do vale e o último no Punjabe, ao norte. Eles datam por volta de 2500-1200/1000 a.C.; mas níveis anteriores, descobertos a partir de então na Índia, sugerem uma base neolítica remontando talvez ao quarto milênio. Os animais domesticados eram o zebu de longos chifres da Índia, um touro de chifres curtos, o porco, o búfalo, o cão, o cavalo, o carneiro e o elefante. A fiação e a tecelagem eram conhecidas e os metais eram o ouro, a prata, o cobre, o estanho e o chumbo. Ao lado das ferramentas de metal, entretanto, havia facas feitas de lâminas de sílex córneo, bem como machados de pedra e maças, revelando que mesmo nos níveis mais adiantados dessa província cultural a influência da idade Neolítica não tinha acabado completamente.

Quatro estágios podem ser facilmente distinguidos na série indiana:

1. As culturas simples das aldeias pré-harapianas, talvez do final do quarto milênio a.C. Uma origem através do Irã, da zona mitogênica mesopotâmica é indicada pelos estilos de pintura na cerâmica, mas o nível de civilização era consideravelmente inferior ao do Neolítico Superior contemporâneo e ao das cidades-estados hieráticas da Mesopotâmia.* A arquitetura é pouco desenvolvida; o metal é ou desconhecido ou pouco usado; a indústria é principalmente de cerâmica, sílex córneo e conchas. Os motivos familiares do triângulo, do ziguezague, do meandro, do xadrez, do losango e do machado de dois gumes aparecem, bem como – novamente – uma série de estatuetas femininas rústicas, frequentemente associadas com as figuras do touro e algumas mesmo com evidências de sacrifício humano.

2. O chamado estágio Harapa das grandes cidades de Mohenjo-Daro, Chanhu-Daro e Harapa (*c.* 2500-1200/1000 a.C.) irrompe abruptamente à vista, sem aviso prévio, já completamente formado e mostrando muitos sinais óbvios de inspiração nos centros superiores e anteriores do Ocidente. Porém, também mostra sinais inegáveis de uma tradição indiana nativa bem desenvolvida. Como sugeriu o Prof. W. Norman Brown,[51] um centro indiano nativo (isto é, uma zona mitogênica), onde se formaram os traços característicos indianos, parece ter-se desenvolvido em algum lugar no sul ou na região do Ganges-Jumna. Esses traços eram desconhecidos na época ao oeste daquela região. Pois no relevo de dois sinetes desse período encontramos figuras sentadas em tronos baixos na postura meditativa de ioga. Uma delas está flanqueada por dois devotos ajoelhados e serpentes empinadas, enquanto a outra, com duas gazelas descansando embaixo do trono, está cercada por quatro animais selvagens – um búfalo da Índia, um rinoceronte, um elefante e um tigre. Sabe-se bem que exatamente tais composições são associadas na arte hindu e budista posterior tanto com o deus Śiva quanto com o Buda. Pode-se supor apenas que a prática de ioga já tivesse sido desenvolvida e associada com o conceito de um estado elevado de consciência, não só merecedor de reverência, mas também capaz de dominar e fascinar o mundo animal – como a música de Orfeu na tradição posterior dos gregos. A presença de serpentes na postura de adoradores ou protetores atentos, outrossim, indica que o bem conhecido motivo do demônio-serpente (*nāga*), que exerce um papel tão conspícuo na religião indiana posterior, já tinha sido desenvolvido – sem dúvida a partir do tema primitivo da serpente-monstro do abismo. Referimo-nos à imagética do deus Viṣṇu reclinado sobre a Serpente Cósmica que, por sua vez, flutua sobre as Águas Cósmicas.** A energia e a substância mantenedoras do universo e,

* Cf. *supra*, p. 130-138.

** *Supra*, p. 205.

consequentemente, do indivíduo, são representadas na Índia na figura da serpente. E o iogue é o mestre dessa força, tanto em si mesmo (no controle de seu próprio estado espiritual e físico) quanto no mundo (em seu domínio mágico dos fenômenos da natureza).

Figura 33. Iogue sentado como mestre das feras.

O iogue sentado entre as feras usa na cabeça um curioso ornamento com uma coroa alta e dois chifres imensos, que, como Heinrich Zimmer observou,[52] se assemelham de maneira surpreendente a um dos símbolos mais destacados da primitiva arte budista, o símbolo das chamadas "Três Joias" (representando o Buda, a doutrina e a ordem dos seguidores do Buda), cuja forma é uma espécie de tridente. O deus hindu Śiva também porta um tridente, e entre os gregos, como sabemos, este mesmo símbolo era o atributo de Posídon (Netuno), deus das profundezas das águas.

Outra miniatura importante da arte do período é um busto de pedra bem modelado, com quase 10 cm de altura, de um dançarino numa postura que sugere a das posteriores estátuas de bronze do sul da Índia que mostram Śiva dançando. A figura é aparentemente itifálica, o que estaria de acordo com o caráter de Śiva enquanto um deus tanto fálico quanto meditativo. E também uma dançarina – um belo nu feminino de cobre, com quase 11 cm de altura – indica, ainda, que já no segundo milênio a.C. tinha sido desenvolvida a dança no templo, que na Índia, até tempos bem recentes, era uma das principais artes litúrgicas.

Figura 34. Dançarina de Mohenjo-daro

Mas, com isso, estamos de volta a um terreno familiar. Pois não vimos que Inanna, a rainha do céu, que abandonou o céu, abandonou a terra e desceu para o mundo inferior, era a hierodula, a dançarina escrava dos deuses? Entre os sinetes da cultura de Harapa há um mostrando a imagem de uma deusa que usa na cabeça um ornamento de três chifres, um pouco parecido com o do deus que acabamos de discutir, e diante dela há um devoto deferente, acompanhado de um estranho tipo de monstro fantástico com cara de homem, enquanto um coro de exatamente sete acompanhantes com caudas de porco está de pé no primeiro plano em uma fila uniforme. Estatuetas femininas de cerâmica descobertas em habitações apontam igualmente para uma extensão do culto da deusa, proveniente do Oriente Próximo. Entretanto, além dessas imagens, foi encontrada uma série de símbolos sexuais simples: pedras coniformes ou em forma de falos eretos indicando o masculino e pedras circulares com buracos no meio representando o feminino. Tais formas primitivas (conhecidas como *liṅgam* e *yoni*) são ainda os objetos mais comuns de veneração na Índia, seja nos templos, ao ar livre, seja no culto doméstico. Sobreviventes da tradição do Neolítico, eles superam estatisticamente todos os outros tipos de imagens sagradas na Índia e ocorrem, mais comumente, em associação com Śiva e sua deusa, Parvati.

Resumindo, a evidência indica que no curso do terceiro milênio a.C. uma forte influência da zona mitogênica mesopotâmica, que estava nos níveis do Neolítico Superior e da cidade-estado hierática, atingiu a Índia através do Irã. Ali ela entrou em contato, entretanto, com outra zona mitogênica de força considerável – da qual, até então, não havia restado nenhuma evidência arqueológica indubitável.

Entre os elementos principais desse complexo mitogenético nativo da Índia, subitamente revelado, podemos enumerar: a serpente, como um desenvolvimento da primitiva serpente-monstro protoneolítica dos agricultores tropicais; o iogue, como uma transformação superior das técnicas xamanistas e experiências de êxtase; a deusa, embora não saibamos de que maneira ou em que grau ela foi concebida e desenvolvida de modo diferente da deusa da esfera do Mediterrâneo, e o símbolo abstrato da união sexual (*liṅgam* e *yoni* em associação) como um símbolo básico do conúbio divino pelo qual o mundo é simultaneamente gerado e dissolvido.

Entre os elementos e ideias importados, por outro lado, estavam certamente a escrita, a arte do sinete em relevo, a cerâmica policromática, os veículos a roda, a arte em metal, o cultivo de grãos, a criação de gado, a ideia de cidade e, possivelmente, a cidade-estado hierática. Quase sem questionamento, também, foram assimiladas da Mesopotâmia as ideias indianas posteriores do dever (*dharma*) e o ciclo do renascimento (*saṁsāra*), a montanha cósmica coroada pela cidade dos deuses, os submundos do sofrimento e os mundos superiores da graça, as dinastias reais solar e lunar e o regicídio sacro e também o touro e a vaca sagrados, como correspondentes teriomórficos do *liṅgam* e *yoni*. Mas uma inflexão característica foi dada a todos eles, na qual é difícil não reconhecer um impulso indiano nativo, e que, mesmo sem ter sido representada anteriormente de forma tangível, pode muito bem ter derivado, pelo menos, do período Capsitano Tardio (Mesolítico). Além do mais, deve-se notar que uma série de sinetes mostra as formas de certas árvores e plantas até hoje consideradas sagradas na Índia. E, finalmente, alguns dos touros parecem unicórnios – embora talvez apenas em consequência de uma perspectiva inepta.

3. Da metade do segundo milênio em diante, um novo desenvolvimento memorável: a chegada à Índia dos árias védicos (primos remotos dos gregos homéricos, que penetravam nos Bálcãs na mesma época, ambos talvez descendentes diretos dos povos construtores de *kurgans* e sepulturas borrifadas com ocre vermelho, discutidas na descrição da difusão para o noroeste). Com a chegada desses árias, a civilização mais avançada das cidades do Indo foi destruída e se iniciou uma nova era, na qual os deuses masculinos de um povo de pastores nômades triunfaram por um tempo – e parece terem triunfado para sempre – sobre a deusa das cidades-estados enraizadas no solo. A heroica época védica deve ser datada entre cerca de 1500-500 a.C. e a

arqueologia desse milênio é praticamente nula; pois os primeiros indo-árias, como os primeiros gregos, nem usavam a pedra nas construções nem submeteram suas tradições à escrita. Seus livros sagrados (os Vedas, Brahmanas e Upanixades), não menos do que suas duas grandes epopeias (o *Mahābhārata* e o *Rāmāyaṇa*), foram transmitidos apenas oralmente até algum tempo depois do terceiro século a.C.; de maneira que tudo o que não era considerado como válido para uma escola específica de estudiosos que conheciam os textos de memória ficou perdido.

4. O período de aproximadamente 500 a.C. a 500, quando a tradição ária-védica e as tradições anteriores chamadas dravídicas e harapianas se uniram gradualmente para formar as grandes estruturas do moderno hinduísmo e o budismo medieval indiano. Em consequência, a Índia tornou-se a zona mitogênica básica de todo o Oriente Posterior, difundindo suas mitologias filosoficamente iluminadas e suas filosofias mitologicamente ilustradas pelo norte e leste até o Tibete, Mongólia, China, Coreia e Japão; pelo sul e leste para o **Sri Lanka**, Burma, Camboja, Tailândia e Indonésia e, mesmo para o oeste, embora com menos força, para a esfera alexandrina. As principais figuras nesse desenvolvimento eram Buda Gautama (563-483 a.C.); o imperador budista Ashoka (*c.* 274-237 a.C.), que enviou, segundo informe dele próprio, missões para **Sri Lanka**, a Macedônia e o Egito alexandrino; o autor anônimo da *Bhagavad Gītā* hindu; o imperador budista Kanishka (*c.* 78-123 A.D.), em cujo tempo a lei budista foi levada para a China; o filósofo budista Nagarjuna (*c.* 200 A.D.), cujo ensinamento paradoxal de "plenitude do vazio" representa o ápice da história da especulação metafísica; as miríades de artesãos anônimos, a quem o mundo deve a resplandecente arte dos períodos Maurya, Andhra e Gupta da Índia, e também aqueles sacerdotes e poetas anônimos pelos quais foram desenvolvidas as tradições medievais da Índia purânica e tântrica. Através de todos eles, a herança combinada das duas grandes zonas mitogenéticas da cidade-estado hierática e do despertar iogue do poder da serpente legou à humanidade a visão mais radiante da harmonia do ser.

A DIFUSÃO NA DIREÇÃO NORDESTE

1. *O Neolítico Basal.* A Idade do Bronze já se encontrava em pleno florescimento em Creta, no Egito e na Mesopotâmia, quando elementos do Neolítico Basal atingiram o Extremo Oriente. Uma cerâmica rústica, não esmaltada, modelada a mão por um processo espiralado e decorada com impressões ou protuberâncias e tiras de argila sobrepostas a ela antes de ser queimada, é a marca característica desse mais antigo estrato de difusão a nordeste. As habitações eram por vezes construídas sobre estacas ao longo dos cursos d'água (fazendo-nos lembrar as habitações lacustres dos lagos suíços) e um tipo de painço constituía o cultivo principal (o que novamente nos lembra os lagos suíços). Mas nos primeiros estágios não aparece sinal algum de gado, carneiros ou cabras, sendo o cão e o porco os únicos animais domesticados e, mesmo mais tarde, quando foi introduzido o gado, os porcos

continuaram a preponderar. Por isso, Oswald Menghin propôs que a China Ocidental poderia ter sido o centro inicial da criação de suínos, que então se teria difundido em duas direções: para o sudeste até a Indochina, Indonésia, Melanésia e da Indochina para o oeste até a Índia, e diretamente para o oeste até a Europa, Oriente Próximo e África.[53]

Entretanto, o surgimento muito prematuro do porco no Oriente Próximo, nos primeiros estratos proto e basal do Neolítico,* torna difícil imaginar como poderia ser interpretada a relação entre tal origem chinesa e os dados disponíveis dos primórdios do Ocidente. Heine-Geldern relaciona a criação de suínos com o Neolítico Basal do Oriente Próximo, enquanto Jensen, como já vimos, associa o porco com as primeiras culturas agrícolas da zona tropical. Aparentemente, tudo de que se tem certeza é que esse animal aparece por toda a extensão do Neolítico Basal, enquanto o carneiro, a cabra e o gado bovino atingem a região nordeste desse vasto domínio apenas séculos mais tarde; que nos ritos de Perséfone e Deméter, bem como nos mitos de Átis, Tammuz-Adônis e Osíris, nas lendas de Ulisses e Circe e do saber mágico irlandês, o porco e o javali aparecem em papéis que sugerem uma associação muito prematura com temas mais tarde adaptados a um complexo pecuário-pastoril; que na China e Sudeste Asiático o porco permaneceu importante mesmo depois de o gado ter sido introduzido, e que por toda a Oceania o papel do porco, tanto no ritual quanto no mito, é de importância suprema.

O Prof. Heine-Geldern sugeriu – com um conjunto magnificamente organizado de evidências – que esse complexo neolítico basal do Extremo Oriente (cujo lugar de origem ainda não foi confirmado, embora pareça sensato situá-lo, pelo menos provisoriamente, no Oriente Próximo afro-asiático, conforme foi sugerido na Seção I deste capítulo) alcançou o Pacífico através da China e do Japão, difundiu-se então para o sul através de Formosa, das Filipinas, das Celebes e das Molucas até a Nova Guiné e Melanésia e chegou mesmo a atingir, finalmente, os primitivos australianos e, como já foi demonstrado anteriormente,** os andamaneses. Sua forma de barco era a do barco-prancha de costado liso e seu machado característico, um tipo ovoide-cilíndrico rústico.[54] Existem muitos sinais, por toda a região, de uma precoce organização social matriarcal, com xamãs femininos e talvez mesmo mulheres governantes, e entre os motivos mitológicos e rituais, que eram quase certamente associados com esse complexo neolítico do Extremo Oriente, estão a virgem imolada e a deusa do fogo. "A sociedade no Extremo Oriente durante a Idade da Pedra", como observou o Prof. Carl W. Bishop, "parece, de fato, ter parido uma casta definitivamente feminina".[55]

Entretanto, todo o exame do Protoneolítico e Neolítico Basal do Extremo Oriente é dificultado, em primeiro lugar, pela escassez de material arqueológico das regiões em questão e, em segundo, pelo caráter expressivo do pouco que

* Cf. *supra*, p. 125-128.

** *Supra*, p. 315-316.

descobrimos recentemente com relação ao período imediatamente subsequente ao Basal, quando um poderoso centro neolítico superior subitamente irrompeu à vista nas províncias ocidentais da China, amplamente influenciado por um impacto cultural da zona sudeste europeia do Danúbio-Dniester.

2. *O Neolítico Superior*. O mais importante local arqueológico em todo o Extremo Oriente é Anyang, na ponta nordeste de Honan, onde o geólogo sueco J.G. Andersson (o mesmo a quem devemos a descoberta de Choukoutien)* descobriu três estratos sobrepostos de cerâmica, representando os primeiros níveis do Neolítico Superior e da cidade-estado hierática chineses conforme segue: a cerâmica pintada do nível cultural Yangshao (*c*. 2200-1900 a.C.), a cerâmica negra do nível cultural Lungshan (*c*. 1900-1523 a.C.) e a cerâmica branca e vasos sacrificiais de bronze do nível cultural Shang (1523-1027 a.C.).[56]

Gado bovino, porcos e cães eram os animais domesticados do complexo Yangshao, com uma ênfase considerável nos porcos, e o principal cereal era o painço, ou trigo primitivo. Entre os outros elementos levados do Sudeste Europeu, da zona do Danúbio-Dniester, havia uma série de motivos de cerâmica pintada distintamente (por exemplo, o machado de dois gumes, a espiral e a suástica, o meandro e o polígono, o círculo concêntrico e o xadrez, as linhas onduladas, os ziguezagues angulares e as listras organizadas),[57] pontas de lança e flecha de ardósia, uma maneira de construir habitações lacustres ao longo das costas de rios e lagos, pontas de flecha e sovelas de osso, bem como uma técnica particular de cortar pedra e uma espécie de machado em forma quadrangular feito por essa técnica, que, no curso posterior de sua migração, apareceriam por toda a península Malaia, Indonésia e uma boa parte da Melanésia e, em uma forma modificada, por toda a Polinésia. A caça de cabeças também era um componente dessa cultura bárbara da Idade do Bronze das estepes e acompanhou o machado de formato quadrangular até a Indochina e a Oceania – porém, aparentemente, não para a esfera norte de Yangshao.[58] Pois uma segunda fase, paralela à corrente de vida que levou o complexo Yangshao para Kansu, Shensi, Shansi e Honan (sem chegar, entretanto, tão longe quanto Shantung), voltou-se ao sul para a península Malaia. "Esse ramo", escreve Heine-Geldern, "antes de atingir a Índia mais remota, deve ter atravessado a China Ocidental".[59] "Deve ter sido um povo com uma cultura de força prodigiosa", e prossegue, "que chegou ao Sudeste Asiático, no Neolítico Tardio, vindo do Ocidente, transformou toda sua estrutura étnica e cultural, lançou os fundamentos da cultura chinesa e do império chinês, bem como das culturas da Índia mais remota e Indonésia e, finalmente, prosseguiu até Madagascar, Nova Zelândia e Polinésia Oriental e, com toda probabilidade, também América. Grupos relativamente pequenos são suficientes para dar um impulso que continuará atuando por milênios através de continentes e mares".[60]

* Cf. *supra*, p. 309.

Portanto, em resumo, grande parte dessa ampla difusão, à qual dediquei a Parte II deste estudo, deve ser atribuída ao impacto dessa corrente cultural Yangshao-austronesiana. A caça de cabeças, o porco, as habitações lacustres, os megálitos e seus ritos associados de sacrifício animal uniram-se a essa corrente vinda do Ocidente. Na região do Sudeste Asiático, foi encontrado e absorvido um complexo neolítico secundário, envolvendo o cultivo do arroz e o búfalo da Índia e nos grandes cursos fluviais do Irrawaddy, Salween, Menam, Mekong, etc., foi desenvolvido um barco característico, a canoa com vara de contrabalanço (*outrigger*), levando então o complexo, não apenas na direção oeste até Madagascar, mas também muito para o leste até a ilha de Páscoa e, sem dúvida, além. Os ritos básicos dos canibais do Ceram e as flautas de Pã tanto do Brasil quanto das ilhas Salomão foram quase com certeza levados por essa corrente cultural; pois na Indonésia ela conseguiu uma impressionante adaptação às rotas do mar. A ilha de Java, em particular, abunda em exemplos do característico machado de formato quadrangular daquela época resplandecente, com variações significativas, incluindo uma série de formas cerimoniais magníficas que Heine-Geldern descreveu como marcantes do ponto alto da arte neolítica indonésia em pedra. Um considerável ápice cultural foi atingido; a população da região era relativamente densa; o comércio era exercido vigorosamente, e a marca desse centro específico pode ser distinguida com facilidade desde Madagascar até a ilha de Páscoa e da Nova Zelândia ao Japão.

Outrossim, se pudermos calcular a data desse importante movimento cultural pré-histórico a partir das evidências minuciosamente confrontadas do estrato chinês Yangshao (*c*. 2200-1900 a.C.), seu período de florescência deve ter sido no início do segundo milênio a.C. – com tempo de sobra para enviar para a costa do Peru aquelas cabaças reveladoras de Huaca Prieta.* E para marcar ainda mais um ponto de coincidência, podemos lembrar que o formidável centro cultural da região do mar Negro, de onde proveio esse complexo extremo-oriental amplamente influente, estava propagando seus círculos de difusão na direção oeste até a Europa, bem como na direção leste até Honan. Já notamos que por volta de 25001500 a.C. seu impulso atingiu tanto o Báltico quanto os Bálcãs. Gordon Childe observou que, quando são encontrados ossos de porco entre os restos das antigas habitações no leste da Suécia, eles pertencem a um horizonte cultural contemporâneo ao Neolítico Médio (isto é, Superior) e ilustram o início de uma cultura neolítica secundária (ou mesmo terciária), "os primeiros passos na criação de suínos pelos pescadores-caçadores autóctones".[61]

Será que podemos considerar a flauta de Pã da Grécia arcadiana como uma referência da mesma grande difusão representada pelas flautas de Pã da Melanésia e do Brasil – na margem oposta do círculo propagador de ondas? Não é o único sinal de tal difusão, de maneira alguma; pois, de fato, já não tivemos as lições de Perséfone e Hainuwele? Ou deveríamos dizer que todas essas correspondências

* Cf. *supra*, p. 181-182.

arqueológicas e mitológicas, já devidamente identificadas nos ramos mais afastados da nossa ciência, que tão bem se ajustam mesmo na determinação de datas e elucidam prontamente um enigma de outra maneira inescrutável, devem ser negligenciadas como simples acidentes do acaso? A interpretação puramente psicológica desses paralelos não será de maneira alguma satisfatória, pois uma sequência histórica nítida, embora escassamente documentada, terá de ser reconhecida, com sua perfeita coincidência em datas: os povos construtores de *kurgans* ou túmulos chegando à Europa por volta de 2500-1500 a.C.; o estrato cultural Yangshao da China, cerca de 2200-1900 a.C.; um desenvolvimento cultural paralelo em Java, com o domínio dos caminhos marítimos, e então, em Huaca Prieta aquelas cabaças "mostrando os dentes", cerca de 1016 ± 300 a.C., para marcar a chegada de um agricultor estrangeiro no Novo Mundo através do Pacífico.

Mas qual, então, era o significado do ritual do sacrifício do porco, do carneiro, da cabra ou do touro, que, surgido como uma característica básica do Neolítico Superior, de uma maneira ou de outra se difundiu por todo o mundo?

Na ilha melanésia de Malekula, nas Novas Hébridas, a meio caminho entre Fiji e as ilhas Salomão, um sistema extremamente complicado de ritos masculinos, envolvendo o sacrifício de muitos porcos sagrados, é celebrado nos santuários megalíticos que se assemelham muito aos da Irlanda pré-histórica. John Layard, em seu ricamente ilustrado *Stone Men of Malekula*[62] [Homens da Idade da Pedra de Malekula], deu provas suficientes para estabelecer tal relação e, como Heine-Geldern demonstrou satisfatoriamente, houve de fato uma difusão tardia, em várias ondas, de um complexo cultural megalítico para essa parte do mundo, onde as grandes pedras são associadas com o compromisso cerimonial de um pacto, a oferenda de um animal sacrificado (originalmente um touro, afirma Heine-Geldern, mas, em regiões periféricas, o porco), monumentos aos mortos venerados e a captura de cabeças na caça de cabeças.[63]

Segundo Layard, os habitantes de Malekula atribuem sua própria tradição megalítica do sacrifício do porco a uma família mítica de cinco emissários culturais, que eram irmãos e homens "brancos" com narizes aquilinos. O chefe deles, o criador e provedor de todas as coisas boas, é constantemente representado, declara Layard, "navegando em uma canoa e, em quase todas as regiões, senão todas, onde é conhecido, ele é representado como tendo, finalmente, desaparecido no horizonte, navegando rumo a um destino desconhecido. No seu aspecto divino, ele é invariavelmente associado com a luz e, de uma maneira ou de outra, com o Sol e a Lua".[64] Mas também se diz que ele foi enterrado sobre um assento de pedra dentro de uma câmara de pedra coberta por um monte de terra e pedras soltas – "em outras palavras", como observa Layard, "o que nós, europeus, chamaríamos de uma câmara sepulcral circular", e diz-se que seu corpo e o de sua mulher são imperecíveis. Os supostos corpos imperecíveis desse emissário cultural e sua mulher são ritualmente banhados por ocasião de certos festivais com o propósito de garantir a continuidade da raça humana.[65]

Esse complexo megalítico de Malekula, extremamente interessante e teoricamente desafiador, é focalizado num contexto de cerimoniais conhecido como Maki, que se prolonga de quinze a trinta anos e, quando acaba, imediatamente recomeça. Ele serve, por um lado, aos propósitos da comunidade, visto que promove magicamente a fertilidade da raça, mas, por outro lado, à fama pessoal e ambição do indivíduo, visto tratar-se de um tipo de rito extremamente competitivo, no qual os homens da aldeia criam e sacrificam numerosos porcos para disputar status, tanto neste mundo quanto no próximo.

Já fomos apresentados a um dos elementos principais da mitologia do Maki.* Quando um habitante de Malekula morre e inicia sua jornada ao reino dos mortos, a guardiã feminina da entrada cavernosa do outro mundo desenha um labirinto no chão por onde ele deverá passar e, quando ele se aproxima, ela apaga a metade. Para passar, ele terá de saber reconstruir o labirinto. E terá também de oferecer um porco para que ela o coma no lugar dele. Mas não pode ser um porco ordinário. Tem de ser um javali criado por ele próprio e ritualmente consagrado, repetidas vezes, nos cerimoniais do Maki, a cada estágio de desenvolvimento de suas presas muito estimadas. E centenas de outros porcos-do-mato devem ter sido sacrificados durante esses cerimoniais, para que a besta sacrificada represente todo o esforço de vida, bem como o status ritual do "viajante".

No início de sua vida, os dentes caninos superiores do porco macho são removidos cerimonialmente, para que os inferiores possam continuar a crescer sem encontrar resistência. Esses dentes inferiores curvam-se então para fora, para baixo e em volta, de maneira a virarem-se para trás, penetrar no maxilar inferior e formar um anel. Tal desenvolvimento requer pelo menos sete anos e cada estágio representa um incremento no valor espiritual e, consequentemente, econômico. Mas apenas um anel não significa o estágio mais alto de desenvolvimento. Dois não são incomuns e, com muita sorte, podem se conseguir até três. Com isso, a dor do animal é tão forte que ele engorda pouco e, do ponto de vista de um gourmet, constituiria um prato miserável; mas no domínio do espírito não se espera que pensemos como gourmets. Esses porcos "radiantes" não são alimento para o corpo; são alimento para o espírito. Os anéis formados pelas presas representam a Lua, aquela esfera luminosa com a qual o ancestral "homem branco" navegante, o fundador do culto, é, ele próprio, identificado. Pois, conforme Layard explica: "O conceito realmente básico das presas não é que elas deveriam formar uma espiral, mas simplesmente que deveriam ter uma forma curva e de quarto crescente, manifestando assim, em um nível simbólico, a lua crescente e minguante, ambas representadas juntas em ambos os lados da boca do mesmo animal sacrificado. [...] O corpo negro do javali entre essas presas corresponde à lua 'nova' ou 'negra', invisível na época de sua morte aparente".[66]

* Cf. *supra*, p. 74.

Os javalis são, então, a Lua no momento de sua morte, consumidos pela deusa guardiã do mundo subterrâneo. Suas presas apontam para a continuidade da vida, embora crescendo e minguando por sobre o terreno da morte. Portanto, à sua maneira, eles simbolizam o mistério que já discutimos com relação à mitologia do mundo vegetal da serpente e da donzela. Simbolicamente, o sacrifício do porco equivale ao sacrifício da donzela. Mas o porco é um macho; além do mais, é uma figura derivada do âmbito de interesse masculino, o mundo animal, o mundo da caça, o mundo dos rebanhos domesticados. As porcas não são sacrificadas nem comidas. Sua carne é tabu, menosprezada mesmo. E o alimento principal dessa sociedade é o inhame, cultivado pelas mulheres, ao qual podem ser acrescentados a fruta-pão, o marisco, o peixe, ovos de tartaruga, camarões, enguias, raposa-voadora e outros animais de caça. De maneira que, do ponto de vista físico, tudo é suficientemente bem cuidado pelas mulheres – a situação é precisamente a descrita pelo padre Schmidt em sua caracterização da supremacia natural da mulher entre os agricultores primitivos. Entretanto, com o porco, o Maki e os ritos das confrarias dos homens, uma força "espiritual" mitológica masculina é contraposta ao poder feminino. A principal divindade em questão é, de fato, feminina – a guardiã que devora. Mas ela é enganada, superada pelos ritos. Ela consome o porco, mas o homem escapa. Ela consome o porco negro, mas as presas brilhantes sobrevivem e são penduradas, como símbolos da imortalidade do homem, nas vigas do teto das casas de culto. As mulheres, outrossim, não possuindo almas, não se envolvem profundamente nesse jogo espiritual. Elas adquirem posição junto com seus maridos enquanto os homens, através de sacrifícios, sobem a escada mística de suas confrarias masculinas; mas o culto propriamente é assunto de homens e, através dele, o papel e a importância da mulher foram sistematicamente reduzidos, de maneira que ela não pode nem figurar como sacrifício. É o porco, não a porca, que é morto, e quando um sacrifício humano deve ser feito, não é mais uma virgem a sacrificada, mas um homem ou um menino.

Na primeira fase de uma cerimônia Maki o ponto focalizado é um dólmen, uma espécie de mesa formada por uma grande laje suportada por outras pedras em forma de pilares, simbolizando três coisas: um túmulo de pedra, a caverna pela qual os mortos têm de passar na sua jornada para o outro mundo e o útero pelo qual os vivos poderão alcançar o renascimento. Uma figura de madeira é erigida diante dessa estrutura simbólica para representar todos os ancestrais masculinos que passaram outrora por esse rito e também para servir de cavalete de um telhado colmado sobre o dólmen. A viga principal desse telhado acaba numa imagem talhada do falcão mitológico, cujo espírito flutua sobre as cerimônias. E como nenhuma parte do recinto do culto jamais é removida, todo o chão permanece coberto com os restos putrefatos das cerimônias anteriores.

O rito crucial diante do dólmen ocorre quando um homem, tentando elevar-se na escala do poder, avança cerimonialmente, imitando a alma que se aproxima da entrada da caverna para o outro mundo. Os irmãos de sua mãe bloqueiam o caminho, exatamente como o espírito guardião feminino bloqueará seu caminho quando morto. E ele então lhes dedica copiosas oferendas de porcos – e isso soma-se aos seus créditos na conta espiritual que será encerrada apenas quando ele morrer e for enterrado junto com seu porco supremo.

O valor das ofertas é medido pelas presas e, de acordo com esse valor, é estabelecida a hierarquia dos homens. Sem os "dentuços", o homem não pode entrar no mundo dos mortos nem renascer, e nem mesmo casar. Além do mais, como durante um cerimonial quinhentos porcos podem ser sacrificados em um dia, é óbvio que qualquer homem que leve a sério a salvação de sua alma eterna tem de ocupar-se consideravelmente com a prática espiritual de criar, negociar e contar seus porcos, o que, de fato, serve como dinheiro em Malekula – exatamente como, nas culturas avançadas, o ouro (que não tem mais valor prático do que um porco melanésio) fornece o padrão básico de todo o valor monetário por sua referência mitológica ao Sol. O ouro é de caráter imperecível, imaculado pelo toque do tempo. A coroa real de ouro, simbolizando o poder secular, bem como a autoridade espiritual do caráter de quem a usa, corresponde aos adornos de presas de porco do "apanha-nuvens" melanésio. E exatamente como um homem com uma coroa de ouro – ou mesmo uma cigarreira de ouro – pode-se considerar bem nascido, assim também se considera o homem-Maki melanésio com um belo arranjo de crânios de dentuços cujas presas formam um, dois ou três anéis, na viga do telhado da casa de sua família.

Os nativos declaram que suas oferendas de porco substituíram os sacrifícios humanos; porém, até hoje, um personagem com grande determinação, em busca da coroa suprema, pode sacrificar um jovem ser humano junto com um belo dentuço de três anéis e, assim, realizar um feito tão valioso quanto se pode esperar de um aspirante, seja no céu ou na terra. A vítima humana de tal sacrifício é geralmente um bastardo, criado e educado apenas para o sacrifício, mantido saudável e recebendo muito afeto, porém ignorando a sorte que o aguarda. O menino e o precioso dentuço de três anéis, pintados exatamente da mesma maneira, são conduzidos juntos para o dólmen, onde "subitamente os que dançam por trás do menino o agarram e, colocando em seu pescoço pintado de azul uma corda que pende da imagem do falcão, a puxam para que ele fique pendurado, e depois o oficiante, erguendo sua clava, mata-o com um golpe na cabeça. A vítima é então arriada e o dentuço de três anéis que o acompanhava também é golpeado e deixado sobre o corpo do menino até morrer". O corpo do menino é entregue aos que confeccionaram a imagem ancestral para que eles o comam, e o homem que efetuou o sacrifício assume o título de *Mal-tanas*, "Senhor do Mundo Subterrâneo". "Ele comunica-se com o sobrenatural", contam-nos. "Ele pode fazer o que desejar, pode mesmo fazer o que não deve ser feito. Nenhum homem ousa ser odiado por ele."[67] E depois de matar, o novo Senhor do Mundo Subterrâneo permanece por trinta dias sobre a plataforma de pedra, comendo apenas inhame. Seus braços são cobertos dos cotovelos aos pulsos com braceletes das mais valiosas contas de conchas e também de presas de porco. Ele é a própria imagem daquele ser imortal que a morte não atinge.

E com isso, creio, temos nossa pista final para o sacrifício ritual das tumbas reais de Ur, bem como para a "fúria do sacrifício" que envolve, vez ou outra, todas as partes do mundo arcaico nos vários períodos avançados de suas numerosas culturas. Um poder mágico é obtido de acordo com a medida do sacrifício de quem o pratica. O sacrifício máximo é o de si mesmo; porém o valor desse si mesmo deve ser medido de acordo com, por um lado, os tipos de sacrifício cumpridos durante a vida e, por outro, com os sacrifícios realizados na cerimônia mortuária por aqueles que sobrevivem. A oferenda mais poderosa é a de outro ser humano – do filho, do escravo ou do prisioneiro de guerra. Mas o próximo na ordem é algum animal que a própria pessoa criou e cuidou como seu. Além do mais, onde quer que tais oferendas animais sejam feitas, o animal é de uma espécie mitologicamente associada com a esfera divina. Já mencionamos os petróglifos capsitanos do norte da África, mostrando um carneiro com o sol entre os chifres e a figura do touro-lua nas harpas sagradas de Ur, bem como as cabeças de touro na cerâmica do estilo halafiano do Neolítico Superior. Vamos agora acrescentar os ritos do Minotauro nas touradas de Creta, de onde a imagem foi levada com o complexo cultural megalítico para a Espanha, onde, até hoje, podemos assistir ao valente touro-lua com seus chifres em forma de quarto crescente ser morto pela espada solar do brilhante matador, exatamente como os touros paleolíticos nas profundas cavernas-templo da vizinha cordilheira Cantábrica e Pireneus eram mortos pelo poder solar dos xamãs. E em Malekula, na outra extremidade da linha, o mesmo simbolismo é expresso nos ritos megalíticos do sacrifício do porco lunar.

A fera sacrificada é uma fração capturada do poder divino que, através de seu sacrifício, é integrada àquele que a ofereceu. Aquele que oferece sobe, por assim dizer, os degraus de seu sacrifício. E o Maki é uma grande escada composta de tais degraus.

Quando o aspirante cumpriu com seu sacrifício máximo, ele é identificado como o falcão flutuante, a ave mitológica talhada na viga do teto sobre o dólmen, e o velho homem que está presidindo o rito e investiu o aspirante com o nome-poder do porco que acabou de ser morto – e agora passa a ser o nome da própria nova vida do aspirante – "salta para o ar, os braços estendidos e as mãos balançantes, imitando o falcão". Outras vezes, "é o próprio aspirante que, montado em sua plataforma de pedra no momento supremo do sacrifício, estende os braços imitando o falcão flutuante e entoa um hino sobre as estrelas". A palavra *na-mbal*, "falcão", pode ser usada como nome pessoal pelo homem que alcançou tal posição. Outros nomes grandiosos são "a face do sol", "apanha-nuvens", "apogeu celestial", "terreno sagrado acima" e "senhor do céu".[68] Além do mais, essa aspiração ascendente que, como já vimos, era também característica do xamanismo do norte, é expressa aqui no simbolismo dos próprios grandes dólmens e monólitos – algumas das plataformas que exercem uma função na segunda fase do Maki são de tal altura que chegam a elevar-se acima das árvores.[69]

Nesta segunda fase, a estrutura sobre a qual a oferenda é realizada é uma alta plataforma de pedra, erigida atrás do dólmen, no topo da qual ocorre o culminante sacrifício do porco, o acender do novo fogo e a adoção do novo nome. A referência mitológica dessa torre e seu fogo sacrificial é um grande vulcão na ilha vizinha de Ambrim, que se supõe ser a terra feliz dos mortos-vivos. Permanecer nesse fogo é uma bem-aventurança; não há nenhum temor de ser consumido por ele.

Há várias versões sobre a viagem do morto à sua terra feliz. De acordo com uma delas, ao entrar na caverna a alma é imediatamente interceptada pelo espírito guardião, Le-hev-hev, presenteado com a oferenda do porco para que a consuma em lugar da própria alma, e o viajante, então, obtém permissão para passar, atravessa a caverna e ressurge na costa, ao longo da qual caminha até um certo lugar rochoso, bem conhecido, onde ele acende um fogo para chamar o barqueiro. Este chega em uma canoa-fantasma, que é chamada de "casca de banana" e pode ser qualquer pedacinho de casca de bananeira flutuando sobre a água. A alma à espera é então transportada para o grande vulcão – chamado de "A Fonte do Fogo" – e ali os fantasmas dançam todas as noites e dormem durante o dia. Mas, segundo outra versão, o fogo do vulcão está espalhado por todo o caminho e o porco é colocado no túmulo para apaziguar o fogo. "O guardião", eles dizem, "está parado no meio do caminho em chamas e então se precipita para a frente para nos devorar, mas ele fica satisfeito comendo o javali".[70]

Nesses mitos e ritos, estamos, de fato, distantes daquela profunda experiência feminina de imolação e transformação que a nobre mulher abissínia, anteriormente citada (por Frobenius), expressou a respeito da extrema trivialidade da maneira de sentir e compreender do homem. "Sua vida e seu corpo são sempre os mesmos. [...] Ele não sabe nada." Esses mitos e ritos representam, na verdade, uma transformação masculina do mito da virgem imolada dos agricultores, por uma influência vinda da esfera xamanista do norte.

A zona mitogênica dessa mitologia de sacrifício compensatório do Neolítico Superior era a região do mar Negro: primeiramente a costa sul da Anatólia e as montanhas Tauro, onde a figura do touro associada com a deusa nua surge pela primeira vez por volta de 4500 a.C. na cerâmica pintada do estilo halafiano, e depois, com uma ênfase ainda mais forte nos valores e ansiedades do ego masculino, nas estepes selvagens dos vales do baixo Danúbio, do Dnieper, Dniester e Don, de onde, como acabamos de ver, os portadores do machado quadrangular se expandiram no terceiro milênio a.C. para remodelar o mundo.

3. *A Cidade-Estado Hierática.* Ssu-ma Ch'ien, em seu *Registros Históricos* (*c.* 145-86/74 a.C.), informa-nos sobre o interesse pela ciência da astronomia do lendário "Imperador Amarelo" chinês, Huang Ti. A data suposta de seu fabuloso reinado o situaria meio milênio antes do período da cultura da cerâmica pintada de Yangshao. Ele é, entretanto, uma pura invenção dos estudiosos chineses posteriores. Porém, seu hipotético interesse pela astronomia representa uma herança básica do Império Celestial e, de fato, provém de uma data muito remota. "Huang

Ti", contam-nos, "ordenou a Hsi Ho que se ocupasse da observação do Sol, a I Chang da observação da Lua e a Yu Chu da observação das estrelas".[71]

O Sol como fonte de luz, calor e secura representa na China a força masculina positiva do universo, o yang, enquanto a Lua representa o domínio da umidade, da sombra e do frio, a força feminina negativa, o yin. Essas duas forças em interação produzem a ordem, o senso, a direção ou caminho, o Tao de todas as coisas, representado geometricamente como um círculo em constante rotação, preto e branco, yin e yang:

Figora 35. Símbolo do Yin e yang

Abaixo do Sol e da Lua estão os cinco planetas, cada um associado com um elemento. Mercúrio é o planeta do elemento água, o elemento do norte; Vênus, do metal, o elemento do oeste; Marte, do fogo e do sul; Júpiter, da madeira, que é leste, e finalmente Saturno, o planeta do elemento terra, que é do centro. Na Índia também há uma doutrina dos cinco elementos, suficientemente antiga para ter sido estudada pelo Buda (563-483 a.C.) e tradicionalmente atribuída a um sábio ainda mais antigo chamado Kapila, que pode ter vivido já no oitavo século a.C. Os cinco elementos da tradição indiana estão associados com os cinco sentidos: éter, o primeiro, é o elemento da audição; ar, o segundo, o elemento do tato; fogo, o da visão; água, o do paladar, e terra, o do olfato. No Ocidente, entretanto, desde o período de Empédocles, (*c*. 500-430 a.C.), contemporâneo do Buda, ouvimos falar apenas de quatro elementos: fogo (que é quente e seco), ar (que é quente e úmido), água (que é fria e úmida) e terra (que é fria e seca). Os sistemas diferem, embora tenham derivado de uma mesma raiz.

E a que data remonta essa raiz?

Uma pista é fornecida pelas harpas das tumbas reais de Ur, ao som das quais o rei e sua corte celestial morriam, construídas de maneira a sugerir que sua harmonia era a do touro-lua, cujo corpo era sua caixa de ressonância e cuja cabeça de ouro exibia a barba de lápis-lazúli do princípio celeste. As cinco notas da escala pentatônica chinesa são associadas com a harmonia dos cinco elementos e dos cinco planetas.

Em um tratado musical chinês do segundo século a.C. lemos:

Se a nota *kung* (dó, a tônica) estiver em dissonância, então há desorganização, o Príncipe é arrogante.

Se a segunda nota, *shang* (ré), estiver em dissonância, então há desvio: os oficiais são corruptos.

Se a *chiao* (mi) estiver em dissonância, então há ansiedade: o povo está infeliz.

Se a *chi* (sol) estiver em dissonância, então há reclamações: os serviços públicos são demasiado onerosos.

Se a *yü* (lá) estiver em dissonância, então há perigo: estão faltando recursos. Se todas as notas estiverem em dissonância, então há caos: as classes desrespeitam os limites umas das outras – isso é o que se chama impudência – e se tal for a situação, a destruição do reino poderá ocorrer em menos de um dia. [...]

Em períodos de desordem, os ritos são alterados e a música é licenciosa. Então, aos sons melancólicos falta dignidade e aos alegres falta calma. [...] Quando o espírito de oposição se manifesta, surge a música indecente [...] quando o espírito de conformidade se manifesta, surge a música harmoniosa. [...] De maneira que, sob o efeito da música, os cinco deveres sociais não são confundidos, os olhos e os ouvidos estão limpos, o sangue e as energias vitais estão em equilíbrio, os hábitos se consolidam, os costumes se aperfeiçoam, o Império está em absoluta paz.[72]

Os cinco deveres sociais associados aqui com a escala pentatônica são "as cinco atividades de alta importância sob o céu", anunciadas na doutrina confuciana do Meio. Eles são: "os deveres entre príncipe e ministro; entre pai e filho; entre marido e mulher; entre irmãos mais velhos e mais novos e entre amigos. Esses", lemos, "são os cinco deveres que têm grandes consequências sob o céu".[73]

"Harmonizados com o tom do Céu e da Terra", lemos em outro texto do segundo século a.C., "as energias vitais dos homens expressam todas as tremulações do Céu e da Terra, exatamente como muitas cítaras, todas afinadas na nota *kung* (nota dó), vibram quando a *kung* ressoa. A harmonia entre o Céu, a Terra e o Homem não provém de uma união física, de uma ação direta; ela provém de uma sintonização na mesma nota produzindo vibrações em uníssono [...] No universo não há acaso, não há espontaneidade; tudo é influência e harmonia, acorde respondendo a acorde".[74]

Mas essa era exatamente a visão do grego Pitágoras (582-*c.* 507 a.C.), de cujo saber já ouvimos um eco através das palavras de Platão com relação à concordância prístina da natureza humana com "as harmonias e circunvoluções do mundo". E o conceito de harmonia musical na Índia é o mesmo, onde se diz que "todo este universo não é mais que o produto do som".[75]

Os termos chineses para céu são *t'ien* e *shang ti*. O primeiro é impessoal, denotando "o que está acima"; o segundo, pessoal, traduz "senhor". "Ele é chamado Céu (*t'ien*) quando entendido sob o ponto de vista de sua cobertura do mundo inteiro", afirma um comentarista do *Wu Ching*; "ele é chamado Senhor (*ti*) quando entendido sob o ponto de vista de seu governo".[76]

O senhor e governante da terra, o imperador da China – que é considerada o "reino do meio" do mundo –, ocupa seu trono com a aprovação, ou mandato do céu. Ele é a nota tônica ou pivô da harmonia terrestre e, quando afinado com o céu, seu império prospera. No fabuloso período pré-histórico de Huang Ti, as pessoas eram capazes de controlar perfeitamente suas paixões e havia tal harmonia entre o céu e a terra que o reino do meio se tornou um paraíso terrestre. Seus habitantes não precisavam comer; beber do orvalho era suficiente. Os quatro animais benevolentes, o unicórnio, o dragão, a tartaruga e a fênix – os quatro senhores, respectivamente, dos quadrúpedes de sangue quente, dos animais escamosos, dos moluscos e dos pássaros –, surgiram e tomaram seu lugar nos jardins do palácio. As bênçãos, além do mais, provinham do discernimento do imperador, que ensinava as artes da adivinhação e da matemática, compunha o calendário, inventava instrumentos musicais de bambu e ensinava o uso do dinheiro, dos barcos e carroças e as artes de trabalhar o barro, o metal e a madeira. Ele criou os rituais para dirigir-se a *shang ti*, construiu o primeiro templo e o primeiro palácio, estudou e ensinou as propriedades das ervas que curam. E quando morreu, com 111 anos de idade, deixou uma nação harmonicamente estabelecida que sobreviveu, na sua maior parte, por mais ou menos quatro mil anos.

Mas, por outro lado, quando um imperador se torna indigno do mandato do céu, surgem em breve maus agouros e o Filho do Céu pode ser destronado. Reconhecemos, portanto, uma profunda e verdadeira ansiedade nas palavras do imperador Ming (227-239 A.D.), em consequência do eclipse solar do ano 233.

"Ouvimos dizer", declara Ming Ti,

> que, se um soberano é negligente em seu governo, Deus o atemoriza com calamidades e presságios. São repreensões divinas enviadas para recordá-lo de um senso do dever. Portanto, eclipses do Sol e da Lua são advertências manifestas de que o poder do Império não está sendo exercido corretamente. Nossa incapacidade para continuar as gloriosas tradições de Nossos idos ancestrais e levar adiante a grande obra da civilização desde que Nós ascendemos ao trono culminou agora com uma mensagem de advertência das alturas. Cabe-Nos, portanto, emitir ordens de reforma pessoal, a fim de impedir a calamidade que está por ocorrer. A relação entre Deus e o homem, entretanto, é a de um pai e um filho, e um pai prestes a castigar seu filho não se deteria se o filho o presenteasse com um prato de carne. Não consideramos, portanto, como parte do Nosso dever, agir de acordo com certos memoriais aconselhando que o Grande Astrólogo ofereça sacrifícios nessa ocasião. Vós, governantes provinciais e altos funcionários de Estado, procurai antes purificar vossos próprios corações e, se alguém conseguir ter meios para consertar Nossas falhas, que ele submeta suas propostas ao trono.[77]

A chegada desse conceito de cidade-estado hierática à China deve ser datada do período da cerâmica negra da cultura Lungshan (*c.* 1900-1523 a.C.), que agora parece ter-se originado dos mesmos centros do norte do Irã e sul do Turquestão (Tepe Hissar, Turang Tepe, Shah Tepe, Namazgah Tepe, Anau etc.),[78] os quais estenderam o conceito até a Índia para a formação do estilo Harapa.* A cidade fortificada característica desse estrato chinês é perfeitamente quadrangular, de tamanho considerável e cercada por uma forte muralha de terra batida. Carneiros e cavalos foram acrescentados aos já domesticados bovinos, suínos e cães e dois dos fragmentos de cerâmica descobertos mostram que a escrita já era conhecida – em duas caligrafias que ainda não foram decifradas.

As evidências no estrato seguinte, porém, são muito mais abundantes. Aqui estamos no nível da cerâmica branca da dinastia Shang (*c.* 1523-1027 a.C.), onde pode-se ver que a estrutura sociopolítica básica do império chinês posterior já tinha sido estabelecida. Fundição do bronze, ferramentas e armas de bronze, carros de combate puxados por cavalos cangados, um sistema de escrita altamente desenvolvido, câmaras sepulcrais e sacrifícios humanos, uma arquitetura impressionante de empenas e colunatas, arrojadas gravuras talhadas em pedra, ossos oraculares e uma grande paixão pela caça como um esporte real marcam o florescimento de uma elegante civilização altamente desenvolvida, seguindo sobretudo as linhas traçadas cerca de 1.500 anos antes em Ur, Kish, Lagash, Erech e Nipur, na Mesopotâmia.

Uma característica importante e de interesse considerável é o novo estilo de arte que aparece nessa época; pois embora muitos de seus temas sejam diretamente derivados do Ocidente (serpentes entrelaçadas, bestas antitéticas com uma figura humana entre elas e o herói subjugando bestas, por exemplo), o próprio estilo e a maneira de composição pela qual seus temas são expressos, não apenas são distintos, mas também representam o primeiro aparecimento, em qualquer parte, de certos traços básicos característicos das artes circumpacíficas. O primeiro deles é o princípio do poste totêmico, uma sucessão de formas similares em séries verticais. Um segundo invento consiste em dividir o corpo a ser representado, pela frente ou por trás, e abri-lo como um livro. Um terceiro expressa de maneira particular composições decorativas de espirais angulares e meandros. Outrossim, muitas das feições do rosto e posturas corporais da dinastia Shang são inconfundíveis, em qualquer contexto cultural que possam aparecer.

O Prof. Heine-Geldern, seguindo os cursos transpacíficos das várias influências culturais do Extremo Oriente, ressaltou, entre outros sinais significativos de um longo e contínuo impacto sobre a América: 1º) motivos da arte chinesa do oitavo século a.C., dos estados costeiros de Wu e Yüeh, na cultura Chavin do mesmo período nos Andes centrais (ourivesaria e tecelagem fina surgindo agora na América pela primeira vez); 2º) motivos da arte chinesa dos séculos VII e VI

* Cf. *supra*, p. 372-375.

a.C. na cultura Salinar do centro-norte dos Andes, datando dos primeiros séculos da nossa era; 3º) motivos da arte chinesa do século VII ao IV a.C. na cultura Tajín da Mesoamérica, datando de *c.* 200-1000 A.D.; 4º) a arte em bronze e jade da dinastia Chou tardia (quinto e terceiro séculos a.C.) refletida no estilo Ulua da Mesoamérica (*c.* 200-1000 A.D.); 5º) uma breve interrupção no contato entre os chineses e a América depois de 333 a.C., quando o estado de atividade marítima de Yüeh, no sudeste, perdeu sua independência e o povo Dong-son do Vietnam, no nordeste da Indochina, assumiu o comércio com tal efeito que sua influência pode ser reconhecida do Panamá ao Chile e Argentina, particularmente nas técnicas de metalurgia e desenhos ornamentais em metal; 6º) durante o período da dinastia Han (202 a.C.-220 A.D.), uma retomada das viagens chinesas e depois do ano 50 da nossa era, com a conquista de Tonkin e Annam do Norte pela China, um provável fim das viagens transpacíficas dos dong-son e, 7º) finalmente, com a queda da dinastia Han, uma passagem da liderança da China para os povos hinduizados do Sudeste Asiático, onde o Camboja era a principal potência do século VII ao X – os contatos desses viajantes com a América talvez tenham então continuado até a morte de Jayavarman VII de Angkor, por volta de 1219.[79]

Portanto, não ficamos surpresos com o fato de o grande sacerdote supremo e monarca da Idade de Ouro na cidade tolteca de Tula, a Cidade do Sol, no México antigo, cujo nome, Quetzalcoatl, foi interpretado tanto significando "a Serpente Emplumada" quanto "o Gêmeo Admirável",[80] e que tinha pele clara e barba branca, fosse o mestre das artes do povo da América pré-colombiana, o criador do calendário e o doador do milho. Sua mãe virgem, Chimalman – conta a lenda – fora uma das três irmãs a quem Deus, o Pai-de-Todos, tinha aparecido um dia na sua forma de Citlallatonac, "a manhã". As outras duas haviam sido tomadas de medo, mas sobre Chimalman Deus soprou e ela concebeu. Ela morreu, entretanto, ao dar à luz e está agora no céu, onde é venerada sob o nome ilustre de "a Pedra Preciosa do Sacrifício", Chalchihuitzli.

Quetzalcoatl, seu filho, conhecido tanto como o Filho do Senhor dos Altos Céus quanto como o Filho do Senhor das Sete Cavernas, foi, ao nascer, dotado da fala, de todo o conhecimento e de toda a sabedoria e depois, como rei-sacerdote, era de tal pureza de caráter que seu reino floresceu gloriosamente por todo o período de seu reinado. Seu palácio-templo era composto de quatro esplendorosas alas: uma na direção leste, amarelo com ouro; uma na direção oeste, azul com turquesa e jade; uma na direção sul, com pérolas e conchas; uma na direção norte, vermelho com heliotrópios – simbolizando os pontos cardeais do mundo sobre os quais a luz do Sol oscila. E o castelo estava maravilhosamente localizado sobre um rio caudaloso que passava pelo meio da cidade de Tula; de maneira que todas as noites, exatamente à meia-noite, o rei descia até o rio para banhar-se; e o lugar de seu banho era chamado "No Vaso Pintado", ou "Nas Águas Preciosas". Mas a época de sua predestinada derrota pelo irmão escuro, Tezcatlipoca, estava cada vez mais próxima e, conhecendo perfeitamente o ritmo de seu próprio destino, Quetzalcoatl não faria nenhum movimento para impedi-la.

Tezcatlipoca, por isso, disse a seu séquito: "Vamos dar-lhe uma bebida para adormecer-lhe a razão e mostrar-lhe sua própria face num espelho; então, certamente, ele estará perdido". E disse aos servos do bom rei: "Vão e digam a seu senhor que vim para mostrar-lhe sua própria carne!".

Mas quando a mensagem foi comunicada a Quetzalcoatl, o monarca envelhecido disse: "O que ele chama de minha própria carne? Vão e perguntem!". E quando o outro foi admitido na sua presença: "O que é isso, minha carne, que você quer me mostrar?".

Tezcatlipoca respondeu: "Meu Senhor e Sacerdote, olhe para a sua carne; conheça a si mesmo; veja-se como é visto pelos outros!". E apresentou-lhe o espelho.

Ao ver seu próprio rosto naquele espelho, Quetzalcoatl imediatamente exclamou: "Como é possível que meus súditos pudessem me olhar sem medo? Eles deveriam fugir diante de mim. Como pode um homem permanecer entre eles quando está cheio, como estou, de feridas imundas, o velho rosto enrugado e com um aspecto tão repugnante? Não devo mais ser visto, nunca mais aterrorizarei meu povo".

Ao ser-lhe oferecida a bebida para tomar, ele recusou-a, dizendo que passava mal; mas instado a prová-la na ponta do dedo, ele o fez e foi imediatamente dominado por sua magia. Ergueu o jarro e já estava embriagado. Mandou chamar Quetzalpetlatl, sua irmã, que vivia na montanha Nonoalco. Ela chegou e seu irmão deu-lhe o jarro, de maneira que ela também ficou embriagada. E com toda a razão esquecida, os dois naquela noite nem rezaram nem foram tomar banho, mas caíram adormecidos juntos no chão. E pela manhã Quetzalcoatl disse envergonhado: "Eu pequei; a mácula no meu nome não pode ser apagada. Não sou digno de governar este povo. Que se construa uma habitação para mim bem debaixo da terra; que se enterrem meus tesouros esplendorosos na terra; que se lance o ouro reluzente e as pedras brilhantes nas Águas Preciosas, onde tomo meus banhos noturnos".

E tudo isso foi feito. O rei permaneceu quatro dias na sua tumba subterrânea e quando retornou, ele chorou e disse a seu povo que tinha chegado a hora de sua partida para a Terra Vermelha, a Terra Escura, a Terra de Fogo.

Depois de ter queimado suas habitações, enterrado seus tesouros nas montanhas, transformado suas árvores de chocolate em algarobeiras e ordenado a seus pássaros multicoloridos que voassem na frente dele, Quetzalcoatl, com grande pesar, partiu. Parando em certo lugar no caminho e olhando para trás na direção de Tula, sua Cidade do Sol, ele chorou e suas lágrimas penetraram numa rocha; deixou naquele lugar a marca de seu assento e a impressão das palmas de suas mãos. Mais adiante, foi encontrado e desafiado por um grupo de necromantes, que o impediram de prosseguir antes de deixar com eles as artes de trabalhar a prata, a madeira e as penas e também a arte da pintura. Enquanto atravessava as montanhas, muitos de seus criados, que eram anões e corcundas, morreram de frio. Em outro lugar ele encontrou seu antagonista escuro, Tezcatlipoca, que o derrotou numa partida de bola. Em outro ainda, atirou uma flecha numa grande árvore *pochotl*, e a flecha também era uma árvore *pochotl*, de maneira que, quando uma atravessou a outra, elas formaram uma cruz. E assim ele foi seguindo, deixando muitos sinais e nomes de lugares atrás de si, até que, chegando finalmente onde o céu, a terra e a água se juntam, ele partiu.

Ele foi-se, velejando sobre uma balsa feita de serpentes, segundo uma versão, enquanto outra conta que o resto do seu séquito construiu uma pira funerária, na qual ele se jogou e, enquanto o corpo queimava, seu coração partiu e depois de quatro dias apareceu como o nascente planeta Vênus. Todos concordam, entretanto, em que ele em breve retornará. Ele chegará com uma comitiva loira do leste e retomará o poder sobre seu povo; pois embora Tezcatlipoca tivesse vencido, as mesmas leis imutáveis que tinham determinado a destruição de Tula determinavam igualmente a sua restauração.

Quetzalcoatl não estava morto. Em uma de suas estátuas ele era mostrado reclinado, coberto com envoltórios, significando que estava ausente ou "como se alguém o tivesse deitado para dormir e, quando despertasse do sonho da ausência, ele se levantaria para governar novamente o país".[81] Ele tinha construído mansões subterrâneas para o senhor de Mictlan, o senhor dos mortos, mas ele próprio não as ocupava, preferindo viver na terra do ouro onde o Sol reside durante a noite – essa terra, entretanto, também é subterrânea. Certas cavernas levam a ela, uma das quais se chama Cincalco, o que quer dizer "para a Residência da Abundância", e fica ao sul de Chapultepec, e através de seus corredores escuros os homens podem alcançar aquela morada feliz, a habitação do Sol, que continua a ser governada por Quetzalcoatl. Outrossim, aquele é o lugar de onde ele veio no princípio...

Sem que nos cause grande espanto, podemos entender tudo isso, que de tantas maneiras se assemelha à imagética dos mitos heroico-culturais do Velho Mundo, onde há relatos daquele que se foi, vive no subsolo num eterno reino feliz como senhor dos mortos felizes (por exemplo Osíris), mas ressurgirá. Mas o que é, de fato, surpreendente, é a maneira do próprio retorno de Quetzalcoatl. Os sacerdotes e astrólogos não sabiam em que ciclo ele deveria reaparecer, entretanto, o nome do ano dentro do ciclo tinha sido prognosticado, há muito tempo, pelo próprio Quetzalcoatl. Seu símbolo era "Um Junco" (*Ce Acatl*), que no calendário mexicano é um ano que ocorre apenas uma vez em cada ciclo de cinquenta e dois anos. E o ano em que Cortés chegou, com seu batalhão de homens loiros e seu emblema, a cruz, era precisamente o ano "Um Junco".[82] O mito do deus morto e ressuscitado tinha dado a volta ao mundo.

CONCLUSÃO

A FUNÇÃO DO MITO

I. AS IMAGENS LOCAIS E O CAMINHO UNIVERSAL

"O que importa", dizia um romeiro hindu de barba branca enquanto o trem chegava a Benares, "não é o objeto de adoração, mas a profundidade e sinceridade da adoração". Mas, mesmo assim, ele desceria em Benares, depois de uma longa e árdua viagem, para adorar Śiva na sua capital espiritual.

Dois aspectos de toda tradição ritual são reconhecidos no pensamento indiano e eles correspondem às "ideias elementares" (*Elementargedanke*) e às "ideias étnicas" (*Völkergedanke*) de Adolph Bastian, que discutimos nas primeiras páginas deste livro. É bom lembrar que, segundo Bastian, as ideias elementares jamais são vivenciadas diretamente, em estado puro, abstraídas das ideias étnicas localmente condicionadas, pelas quais elas são substancializadas, mas, como a imagem do próprio homem, são conhecidas apenas por meio de uma rica variedade de suas inflexões no panorama da vida humana. Podemos, portanto, considerar qualquer mito ou rito como uma pista para o que pode ser permanente ou universal na natureza humana (nesse caso, nossa ênfase será psicológica, ou talvez mesmo metafísica) ou, por outro lado, como uma função do cenário local – a paisagem, a história e a sociologia do povo em questão – nesse caso, nossa abordagem será etnológica ou histórica. Os termos indianos correspondentes para designar esses dois aspectos da mitologia e do rito são, respectivamente, *mārga*, que significa "caminho" ou "maneira", o caminho ou maneira para a descoberta do universal, e *deśī* (pronuncia-se "deixi"), "do regional, local ou étnico", aspecto peculiar, doutrinário ou histórico de qualquer culto, através do qual um povo, uma nação ou uma civilização se organizam.

Gostaria de juntar esses dois termos aos de Bastian; porque eles não apenas corroboram sua descoberta, mas também sugerem, melhor que os termos ocidentais, a força psicológica, ou *modus operandi*, dos dois aspectos de uma imagem mitológica. Funcionando como um "caminho", a mitologia e o ritual levam a uma transformação do indivíduo, desprendendo-o de suas condições históricas locais e conduzindo-o para algum tipo de experiência inefável. Funcionando como uma "ideia étnica", por outro lado, a imagem prende o indivíduo ao seu sistema familiar de valores, atividades e crenças historicamente condicionados, como um membro ativo de um organismo sociológico. Essa antinomia é fundamental ao nosso tema e cada fracasso em reconhecê-la leva, não apenas a uma polêmica desnecessária, mas também a um mal-entendido – de uma maneira ou de outra – quanto à força do próprio símbolo mitológico, que é, precisamente, transmitir uma vivência do inefável através do local e concreto e, assim, paradoxalmente, ampliar a força e atração das formas locais ao mesmo tempo que conduz a mente para além delas. O desafio característico da mitologia está em seu poder de desempenhar essa dupla finalidade, e não reconhecer esse fato é perder todo o sentido e mistério da nossa ciência.

Temos de reconhecer, portanto, que, mesmo quando uma única divindade é adorada, as variedades da experiência religiosa representadas pelos devotos podem diferir a tal ponto que apenas sob o prisma sociológico mais superficial é que eles podem ser considerados correligionários. Eles são mantidos juntos sociologicamente por seu deus ou deuses, porém psicologicamente estão em planos diferentes. "Entre os índios da tribo Dacota", ouvimos, por exemplo, de Paul Radin, "o que o homem comum considera como oito diferentes divindades, o sacerdote e o sábio tomam como aspectos de uma única e mesma divindade".[1]

De maneira comparável, no mundo contemporâneo de comunicação intercultural, onde as mentes dos homens, transpondo as barreiras locais, podem reconhecer campos comuns de experiência e realização sob formas alheias, o que muitos clérigos e sociólogos consideram como oito diferentes divindades, o mitólogo e o psicólogo que trabalham com métodos comparativos podem tomar como aspectos de uma única. O santo e sábio do século XIX, Ramakrishna, enfatizou essa orientação psicológica – em oposição à etnológica – quando falou da unidade última de todas as religiões.

"Uma mãe prepara refeições para satisfazer os estômagos de seus filhos", ele disse. "Suponhamos que ela tenha cinco filhos e que um peixe tenha sido trazido à família. Ela não prepara *pilau* ou *kalia** para todos eles. Nem todos têm a mesma capacidade de digestão. Para alguns, ela prepara um simples cozido; mas ela ama a todos os seus filhos igualmente. [...] Vocês sabem qual é a verdade?", ele perguntou. E respondeu a sua própria pergunta:

* Comidas tipicamente indianas [N. da T.]

> Deus criou diferentes religiões para servir a diferentes aspirantes, épocas e países. Todas as doutrinas são apenas outros tantos caminhos; mas um caminho não éde maneira alguma o próprio Deus. De fato, pode-se alcançar Deus quando se segue qualquer um dos caminhos com devoção sincera. Sem dúvida, vocês já ouviram a história do camaleão. Um homem entrou no bosque e viu um camaleão numa árvore. Ele contou a seus amigos: "Vi um lagarto vermelho". Ele estava totalmente convencido de que era apenas vermelho. Outra pessoa, depois de ter visto a árvore disse: "Eu vi um lagarto verde". Ela estava totalmente convencida de que era apenas verde. Mas o homem que vivia embaixo da árvore disse: "O que vocês dois disseram é verdade. Mas o fato é que essa criatura é por vezes vermelha e por vezes verde, às vezes amarela e às vezes não tem nenhuma cor".[2]

Todo estudioso de mitologia comparada sabe que, quando a mente ortodoxa fala e escreve sobre Deus, as nações se separam; o *deśī*, o aspecto histórico, local e ético do símbolo cultuado é tomado com absoluta rigidez e o camaleão é verde, não vermelho. Ao passo que quando os místicos falam – não importa qual o seu *deśī* – suas palavras convergem num sentido profundo, e as nações também. Os nomes de Śiva, Alá, Buda e Cristo perdem a força histórica e se unem como indicadores adequados de um caminho (*mārga*) que todos precisam percorrer se quiserem transcender suas faculdades e limitações determinadas pelo tempo e pela geografia.

Da Parte II à IV, sumarizamos a história e a difusão das formas mitológicas, de acordo com o plano de interesse da história e da etnologia. Resta agora indicar muito sucintamente os níveis psicológicos em cujos termos os símbolos são vivenciados e utilizados. E aqui será útil voltarmo-nos para a Índia em busca de um sistema de classificação. Pois na Índia, onde uma orientação essencialmente psicológica para as formas do mito prevaleceu por milênios nas disciplinas da ioga, e um vasto número de cultos nativos e alienígenas existiram lado a lado, uma análise sincrética, intercultural e não sectária do mito e do ritual em termos psicológicos produziu uma série de regras claras e bem definidas de interpretação comparativa – das quais podemos escolher as mais simples para este nosso esboço introdutório de uma ciência mitológica unitária.

II. OS VÍNCULOS DE AMOR, PODER E VIRTUDE

Na filosofia clássica indiana, faz-se uma distinção entre os fins para os quais os homens se esforçam no mundo e o objetivo de absoluta libertação desses fins. Os fins que os homens procuram alcançar no mundo são três – nem mais nem menos: amor e prazer (*kāma*), poder e sucesso (*artha*: pronuncia-se "art-ha") e ordem legal e virtude moral (*dharma*).

O primeiro, *kāma*, corresponde ao propósito ou interesse concebido por Freud como fundamental a toda vida e pensamento, e – como uma vasta literatura de pesquisa psicanalítica nos permite hoje conhecer – toda pessoa motivada por esse im-pulso, seja ela paciente ou médico, vê o sexo em tudo e tudo no sexo. O simbolismo da mitologia, como o próprio mundo, significa sexo e nada mais do que sexo para tal psique: comida, abrigo, sexo e paternidade/maternidade. E toda mitologia e culto, consequentemente (incluindo o próprio culto da psicanálise), é simplesmente um meio para a realização harmoniosa desse sistema vegetativo de interesses.

A segunda categoria de propósitos mundanos, *artha*, "poder e sucesso", corresponde ao concebido pela filosofia de Friedrich Nietzsche e a posterior psicologia de Alfred Adler[3] como o impulso e o interesse fundamentais de toda vida e pensamento, e, novamente, temos uma considerável literatura clínica que nos permite saber que qualquer psique completamente dominada por esse impulso, desejando conquistar, comer, consumir e apropriar-se de todas as coisas, descobre nos mitos, deuses e rituais religiosos, nada mais que meios sobrenaturais para o enaltecimento pessoal e tribal.

Esses dois sistemas de interesse, então – o erótico e o ambicioso –, podem ser tomados para representar, juntos, a soma das necessidades biológicas primárias do homem. Elas não precisam ser infundidas; estão implícitas no nascimento e constituem os fundamentos animais de toda experiência e reação.

Já observamos que em muitas espécies animais os mecanismos de liberação inatos reagem imediata e apropriadamente a estímulos específicos, dos quais o próprio animal em questão não teve nenhuma experiência prévia, sendo que o sujeito que reage, "que sabe" nesses casos, não é ele, mas a espécie, enquanto em outras espécies uma experiência individual ("uma estampagem") fornece o estímulo-sinal ao qual o mecanismo liberador inato provocado reage em seguida. E observamos, também, que na espécie humana a maioria das reações são a estímulos-sinais estabelecidos pela estampagem. Mas então descobrimos que tais estampagens são em grande medida constantes na espécie, de maneira que uma série considerável pode ser denominada de "estampagens fundamentais", ou engramas, aos quais toda a raça reage. Em outras palavras, descobrimos que há certas necessidades biológicas fundamentais arraigadas no sistema nervoso central humano e que estas são desencadeadas pelos estímulos-sinais que, na maior parte, são também constantes na espécie, embora não inatos. Portanto, podemos dizer que foi descoberto um sistema transcultural substancial de constantes, ao nível do qual nenhuma grande diferenciação significativa, histórica ou sociológica pode ser distinguida.

Além do mais, temos agora de notar também que esses dois sistemas elementares de interesse, *kāma* e *artha*, prazer e poder, não se suportam necessariamente, mas estão frequentemente em conflito. Por exemplo, mesmo entre os peixes, o camaradinha conhecido como esgana-gata tem um padrão de cor oculto altamente eficaz fora do período de procriação, mas quando está apto a acasalar-se tudo muda. Conforme o Prof. Tinbergen descreve o caso: "a parte dorsal é muito mais escura que a do ventre, alterando ('contrassombreando') dessa maneira o efeito da iluminação dorsal, e as laterais mostram um padrão de listras verticais, que interrompem o contorno visual do corpo ('padrão diruptivo')"[4]. Durante o curto período de "namoro", entretanto, a coloração do peixinho muda, "deixando a parte dorsal branco-azulada luminosa, enquanto a parte do ventre se torna vermelho forte. O resultado é uma reversão total do contrassombreado quando a coloração diruptiva desaparece. O peixe fica agora, de fato, muito visível, o que é uma mutação para atrair as fêmeas. Ao mesmo tempo, tal macho é instável ao extremo e praticamente perde suas reações de fuga. Há indícios de que essas adaptações à cooperação entre os sexos o deixam muito vulnerável a predadores como os pelicanos e as garças.

"Tal conflito entre vários 'interesses', dos quais esse é apenas um exemplo fortuito, é, na verdade, um fenômeno básico de adaptabilidade", declara Tinbergen, e conclui: "O conflito é resolvido por todos os animais de maneira a haver um compromisso entre as diferentes demandas".[5]

E no homem, também, tem de haver um compromisso. De maneira que na própria psique, mesmo antes de ser introduzido o fator das normas e da moral sociais – o propósito do *dharma* –, existe um problema elementar de equilíbrio e harmonização, que tem de ser resolvido. E resolvido e resolvido, repetidamente, já que o homem, à diferença do esgana-gata, não tem temporada para acasalar-se, mas está sempre alerta aos valores e ofertas de ambos os mundos.

Dharma, o senso do dever, o conhecimento do dever próprio e o propósito de aceitá-lo e cumpri-lo, não é inato, mas um desígnio instilado à criança pela educação. Desde o período do Renascimento, nós, do Ocidente, acreditamos que o propósito correto da educação seja repisar informações sobre o mundo no qual vivemos. Esse, entretanto, não era o propósito no passado, e tampouco o é no Oriente (no qual incluo a Rússia) até hoje. O propósito da educação nas esferas primitivas arcaicas e nas orientais foi sempre e, sem dúvida, continuará a ser, por muitos séculos, não fundamentalmente iluminar a mente com respeito à natureza do universo, mas criar comunidades de experiência comum, para engajar os valores do indivíduo em crescimento nas questões de interesse fundamental do grupo local. O pensamento e o sentimento insociáveis da criança pequena são egocêntricos, mas não socialmente perigosos. Quando os impulsos primários do adolescente permanecem insociáveis, entretanto, eles se tornam inevitavelmente uma ameaça à harmonia do grupo. A função máxima de todo mito e ritual, por isso, sempre foi, e certamente terá de continuar a ser, inserir o indivíduo, tanto emocional quanto intelectualmente, na organização local. E esse objetivo é melhor cumprido – como vimos – através de uma evocação solene de experiências intensamente compartilhadas graças à qual todo o sistema de fantasia infantil e crença espontânea é engajado e fundido com o sistema atuante na comunidade.

O ego infantil – descomprometido, sem consciência de ser separado do universo e estendendo-se sem limites, sem consideração pelas convenções do cenário local (como aqueles cachorrinhos esquimós da Groenlândia que não conseguiam aprender antes da adolescência a geografia política das matilhas)* – é dissolvido para uma recombinação em uma experiência ritual e factual da morte e ressurreição: morte do ego infantil e ressureição no adulto socialmente desejável. De maneira que, depois disso, o homem não é nem física nem espiritualmente um modelo genérico da espécie *Homo sapiens*, mas especificamente um exemplar de um certo tipo local, desenvolvido para funcionar de uma determinada maneira em uma certa esfera.

Kāma, *artha* e *dharma*, portanto – prazer, poder e as leis da retidão, sendo que os dois sistemas primários de interesse do indivíduo bruto são controlados pelo *mores* do grupo local –, são as esferas de força organizadas em cada sistema atuante de mitologia no nível endereçado ao homem comum, ao de mente estreita, ao "caçador honesto", sua mulher e sua família. E para que o sistema do dever (*dharma*), pedagogicamente sustentado, tenha o peso e autoridade para atuar sobre os outros dois (*kāma* e *artha*), ele é apresentado como a vontade e a natureza de algum incontestável poder superior – o qual, de acordo com o nível de desenvolvimento do grupo em questão, pode ser representado como a vontade e a magia dos "ancestrais", a vontade de um onipotente pai de todos, a matemática do universo, a ordem natural de uma humanidade ideal, ou um imperativo abstrato, imutável, assentado na natureza moral de todo homem que é propriamente um homem. O ponto central de tudo isso é, entretanto, que esse terceiro princípio socialmente introduzido deveria exercer soberania sobre os outros dois, da natureza, e que os membros do grupo que o representam deveriam ter pulso forte. Amor, medo, servidão, orgulho pelos feitos e identificação com a própria lei são variadamente promovidos pelos ritos através dos quais o *dharma* local é estampado, e o indivíduo, atacado de todos os lados – não menos de dentro que de fora –, ou entra na linha ou enlouquece.

Não devemos, porém, julgar o passado pelo presente. Entre os nômades paleolíticos, os grupos eram relativamente pequenos e as exigências do *dharma*, relativamente simples. Além do mais, os papéis a serem desempenhados estavam de acordo com as capacidades naturais dos organismos masculino e feminino, que tinham evoluído e sido gradualmente conformados sob as condições da caça durante o curso de um período de mais ou menos seiscentos mil anos. Entretanto, com a mudança para a agricultura por volta de 6000 a.C., e o rápido desenvolvimento, então, de unidades sociais sedentárias, altamente diferenciadas e muito maiores (chegando até, digamos, quatrocentas ou quinhentas pessoas), tornou-se crucial o problema, não apenas de impor, mas também de racionalizar um *dharma*, no qual a desigualdade e, a despeito dela, a harmonia, eram essenciais. Foi então

* Cf. *supra*, p. 46-47.

– graças à percepção de um gênio intuitivo – que a ordem do universo, na qual a desigualdade e a harmonia são fundamentais, foi tomada como modelo, e a espécie humana obrigada a frequentar a escola dos astros. Em todos os sistemas arcaicos, a mitologia de uma harmonia natural coordenando a espécie humana e o universo incutiu sua força nas várias ordens sociais, de maneira que a total brutalidade da interação dos três sistemas de interesse mutuamente antagônicos do *kāma*, *artha* e *dharma* foi suavizada, embelezada e significativamente enriqueci-da pela atuação de um quarto princípio, o do espanto da mente diante do reconhecimento do mistério do mundo.

E agora, é a esse quarto princípio que temos de voltar nossa atenção; pois embora seja verdade que a dedicação extrema a esse princípio tenha sido realizada apenas no Oriente, também é igualmente verdade que sua força – no que pode ser denominado de primeiros estágios, menores, de seus mistérios – habita, e sempre habitou a mitologia, onde quer que ela tenha existido. E hoje, quando seu espírito é recapturado, se tornará evidente que a própria ciência é agora o único campo pelo qual a dimensão da mitologia pode ser novamente revelada.

III. A LIBERTAÇÃO DO VÍNCULO

No período das cidades-estado hieráticas, o espanto do homem diante da descoberta da ordem do universo incitou-o a copiar tal ordem baseado no que ele concebia como leis celestes, que deveriam pôr em jogo a força de um princípio superior na própria esfera humana de *kāma*, *artha* e *dharma*. Comparativamente, nos períodos anteriores dos coletores, caçadores e agricultores primitivos do Paleolítico e Mesolítico, um senso de estupefação diante dos mistérios observados de perto nos reinos animal e vegetal tinha resultado na representação da dança do búfalo e da semente sacrificada. Por meio dessas peças e encenações apaixonadas, as sociedades humanas ordenadas se uniram e nelas os interesses mutuamente contraditórios das necessidades elementares e sociais se resolveram. E o princípio superior, pelo qual tais interesses foram resolvidos, não era uma função ou derivado de qualquer um deles nem de sua combinação, mas um princípio verdadeiramente superior, um princípio "superordenado" *sui generis*, que já vimos ilustrado na dança de roda dos chimpanzés de Köhler: o princípio do prazer desinteressado e a perda de si próprio em um ritmo de beleza, hoje chamado de estético e que costumava ser chamado, mais livremente, de espiritual, místico ou religioso. Os impulsos biológicos para o prazer e o domínio (com seus opostos, aversão e medo) bem como a necessidade social de avaliar (como bom ou mau, verdadeiro ou falso) simplesmente desaparecem e sobrevêm o arrebatamento da pura experiência, no qual a perda de si mesmo e a beatitude são idênticos. Tal impacto está "além da capacidade de expressão"; pois ele não pode ser explicado através de uma referência a qualquer outra coisa. A mente fica livre – por um momento, por um dia ou talvez para sempre – daquela ansiedade pelo prazer, pelo sucesso ou pela retidão, que se origina na rede de nervos na qual o homem está emaranhado. Com o ego dissolvido, não há nada na rede senão a vida – que está em toda parte e para sempre. Os mestres zen da China e do Japão denominaram esse estado de "estado sem mente". Os termos clássicos indianos são *mokṣa*, "liberação", *bodhi*, "iluminação", e *nirvāṇa*, "transcendência dos ventos da paixão". Joyce fala do "luminoso êxtase silente do prazer estético", quando o brilho claro da imagem estética é apreendido pela mente, que foi arrebatada pela sua plenitude e fascinada por sua harmonia. E ele ainda diz: "A mente, naquele misterioso instante, foi comparada por Shelley de maneira maravilhosa com uma brasa em extinção".

O impulso para a arte – o impulso que, através da harmonia, ecoa uma ordem apreendida de beleza – subjaz à grandiosa formação das ordens arcaicas de sociedade, e, como já vimos, populações inteiras podiam ser absorvidas e modeladas sob novas formas às quais tudo ficava subordinado e, mesmo assim, um grau mais elevado de vida era alcançado. Não podemos supor, entretanto, que todos os que participavam da representação vivenciassem seu milagre em termos estéticos. Para a maioria, seu valor deve ter sido apenas mágico: um poder capaz de produzir os frutos de suas três ordens elementares de desejo. Contudo, não podemos afirmar que não houvesse ninguém capaz de se maravilhar desinteressadamente; pois de onde, então, surgiria o arrebatamento do qual as próprias formas sociais derivaram? As palavras de nossos xamãs esquimós, Igjugarjuk e Najagneq, nos permitiram saber que o homem primitivo podia repousar sua mente no mistério do universo e com isso alcançar um conhecimento que pode, justificadamente, ser chamado de sabedoria. Seu conhecimento técnico e científico era limitado pelo horizonte de sua pobre comunidade temporal, mas sua sabedoria, sua iluminação, seu senso e experiência do mistério e poder do universo eram de valor eterno.

Já salientamos a profunda brecha psicológica que separa os "caçadores honestos" – de mente estreita – de seus temidos, embora indispensáveis, xamãs – de mente sensível, aberta. Temos agora de observar que para esses dois tipos, a mitologia e o culto tiveram significados, valores e resultados precisamente opostos. Os benefícios da religião para a maioria foram da ordem de *kāma*, *artha* e *dharma*. O culto serviu como um artifício mágico para assegurar abundância de alimentos e filhos, poder sobre os inimigos e o vínculo do indivíduo com a organização de sua sociedade. Ele serviu, quer dizer, como um meio de engajá-lo no *deśī*, o contexto étnico local, e deu, em compensação, garantia de uma continuidade dos benefícios de *kāma*, *artha* e *dharma* para além do túmulo. As oferendas de nós de dedos, porcos, filhos e filhas, ou até de si mesmo, parecem ter significado dentro de um sistema místico de troca, e os pecadilhos de uma pessoa, deixados escapar pela polícia, podem certamente roer por dentro, feito ratos exercendo a função da lei. Mas então, talvez na devida ocasião, nos recintos do templo, do terreiro de dança ou de algum local sagrado, pode-se vivenciar um instante fugaz de um misterioso além, diante do qual tudo isso é trivial e absurdo, e assim – mesmo que apenas por um segundo – o interesse pelo quarto propósito, para o qual os homens podem viver, terá sido alcançado.

O Caminho do Sofrimento do xamã é o exemplo mais antigo que conhecemos de uma vida devotada ao quarto propósito: o uso sério do mito no seu sentido hermético, como *mārga*, como caminho para a metamorfose psicológica. E o fato notável é que a evidência aponta irrefutavelmente para a conquista – pelo menos em muitos casos – de uma expansão perceptível do horizonte de experiência e profundidade de realização do indivíduo através de sua morte e ressurreição espi-rituais, mesmo no nível dessas longínquas buscas primitivas. O xamã é, em certa medida, liberto do sistema local de ilusões e posto em contato com os mistérios da própria psique, o que o leva à sabedoria com respeito tanto à alma quanto a seu mundo, e ele, por meio disso, desempenha a função, necessária à sociedade, de tirá-la da estabilidade e esterilidade de velhos limites em direção a novos limites e novas profundezas de realização.

Os dois tipos de mente são, portanto, complementares: os de mente estreita, insensíveis, representando o inerte e reacionário, e os de mente aberta, sensíveis, representando o impulso progressivo de vida – respectivamente, o vínculo com o local e temporal e o impulso para o eterno e universal. Na história humana, os dois travaram um diálogo desde o princípio e o resultado foi o progresso de menores para mais amplos horizontes, de organizações simples para complexas, de padrões artísticos pobres para ricos, o que é a civilização em seu florescimento ao longo do tempo.

Uma vez esclarecida esta questão, creio que ela fala por si mesma. A dupla função do mito como contribuinte aos fins de *kāma*, *artha* e *dharma* e, por outro lado, como um meio de libertação dessas obsessões vinculadas ao ego agora fica absolutamente clara. E que nesta última finalidade está sua função como arte, dificilmente se pode negar. A mitologia poderia ter brotado de alguma outra mente que não a dos artistas? As cavernas-templo do Paleolítico nos dão a resposta.

A mitologia – e portanto a civilização – é uma imagem poética supranormal, concebida, como toda poesia, em profundidade, mas suscetível de interpretação em vários níveis. As mentes mais superficiais veem nela o cenário local; as mais profundas, o primeiro plano da vacuidade, e entre esses extremos estão todos os estágios do Caminho da ideia étnica para a elementar, do ser local para o universal, que é Todo-Homem, e tanto sabe quanto teme saber. Pois a mente humana, em sua polaridade entre o modo masculino e o feminino de vivenciar, em suas passagens da infância para a vida adulta e velhice, em sua rigidez e sensibilidade e em seu contínuo diálogo com o mundo, é a zona mitogênica primordial – a criadora e a destruidora, a escrava e, no entanto, a senhora de todos os deuses.

NOTAS DE REFERÊNCIA

PREFÁCIO DA EDIÇÃO DE 1969

1. G.H. Curtis, "Clock for the Ages: Potassium Argon", *National Geographic Magazine*, vol. 120, nº 4 (1961), p. 590-592.
2. L.S.B. Leakey, "The Astonishing Discovery of 'Nutcracker Man'", *Illustrated London News*, vol. 235, nº 6267 (1959), p. 217-219; "The Newly Discovered Skull from Olduvai: First Photographs of the Skull", ibid., vol. 235, nº 6268 (1959), p. 288-289; "Recent Discoveries at Olduvai Gorge", *Nature*, vol. 188, nº 4755 (1960), p. 1050-1052; "Finding the World's Earliest Men", *National Geographic Magazine*, vol. 118, nº 3 (1960), p. 420-435; "New Links in the Chain of Human Evolution: Three Major New Discoveries from the Olduvai Gorge, Tanganyika", *Illustrated London News*, vol. 238, nº 6344 (1961), p. 346-348; L.S.B. Leakey, P.V. Tobias e J.R. Napier, "A New Species of the Genus *Homo* from Olduvai Gorge", *Nature*, vol. 202, nº 4927 (1964), p. 7-9.
3. James Mellaart, "Hacilar: A Neolithic Village Site," The Scientific American, Vol. 205, No. 2 (August 1961); and by the same author, Çatal Hüyük: A Neolithic Town in Anatolia (New York: McGraw-Hill Book Company, 1967); see also Kathleen M. Kenyon, Archaeology in the Holy Land (New York: Frederick A. Praeger, 1960).
4. James Mellaart, Çatal Hüyük, p. 22.
5. Betty J. Meggers, Clifford Evans e Emilio Estrada, *Early Formative Period of Coastal Ecuador: The Valdivia and Machalilla Phases* (Smithsonian Institution, Washington, D.C., 1965).
6. Ver Richard S. MacNeish, "The Food-gathering and Incipient Agriculture Stage of Prehistoric Middle America", in Richard Wauchope (editor), *Handbook of Middle American Indians* (University of Texas Press, Austin, 1964-1967), vol. I, p. 413426; Paul C. Mangelsdorf, Richard S. MacNeish e Gordon R. Willey, "Origins of Agriculture in Middle America", ibid., vol. I, p. 427-445; Philip Phillips, "The Role of Transpacific Contacts in the Development of New World Pre-Columbian Civilizations", ibid., vol. IV, p. 296-315; e Daniel Del Solar, "Interrelations of Mesoamerica and the Peru-Ecuador Area", in *Kroeber Anthropological Society Papers*, nº 34, Primavera de 1966.

PRÓLOGO: POR UMA HISTÓRIA NATURAL DOS DEUSES E HERÓIS

1. Thomas Mann, *Joseph and His Brothers*, vol. I, *The Tales of Jacob* (Alfred A. Knopf, Nova York, 1936), p. 3.
2. Thomas Mann, "Freud and the Future", *Life and Letters Today*, vol. 15, nº 5 (Outono de 1936), p. 89.
3. *Udāna* 6.4.66-69; cf. Eugene Watson Burlingame, *Buddhist Parables* (Yale University Press, New Haven, 1922), p. 75-76.
4. Cf. A. Meillet e Marcel Cohen, *Les Langues du monde* (H. Champion, Paris, 1952), p. xxiii.
5. Sir William Jones, "Third Anniversary Discourse" (2 de fevereiro de 1786), *Works*, ed. Lord Teignmouth (Londres, 1807), vol. III, p. 34.
6. Franz Bopp, Über das Conjugationssystem der Sanskritsprache in Vergleichung mit jenem der griechischen, lateinischen, persischen und germanischen Sprache (Frankfurt am Main, 1816).
7. Arthur Schopenhauer, Parerga II, par. 185, *Werke*, vol.VI, p. 427.
8. Leo Frobenius, "Die Masken und Geheimbunde Afrikas", *Abhandlungen der Königlichen Leop. -Carol. Deutschen Akademie der Naturforscher*, tomo LXXIV, nº 1 (Halle, 1898).
9. Santo Tomás de Aquino, *Summa contra Gentiles*, Cap. V.
10. Wilhelm Wundt, *Völkerpsychologie* (W. Engelmann, Leipzig, 1900-1909, 5 vols.; 1911-1920, 10 vols.); *Probleme der Völkerpsychologie* (Alfred Kroner Verlag, Stuttgart, 1921, 2ª ed.), p. 1-37.
11. Jean Martin Charcot, *Nouvelle iconographie de la Salpêtrière* (1888-1895); *Leçons du mardi à la Salpêtrière* (1889-1890).
12. Carl G. Jung, *Wandlungen und Symbole der Libido*, publicado pela primeira vez em duas partes *in Jahrbuch für psychoanalytische und psychopathologische Forschungen* (III-IV Leipzig, 1912), e republicado no mesmo ano como livro pela Deuticke Verlag, Leipzig e Viena. Traduções para o inglês: *Psychology of the Unconscious*, traduzido pela Dra. Beatrice M. Hinkle (Moffatt Yard and Company, Nova York, 1916), e *Symbols of Transformation*, traduzido por R.F.C. Hull, da 4ª ed., revista, 1952 (Pantheon Books, The Bollingen Series XX, Nova York, 1956).
13. Sigmund Freud, *Totem und Tabu*, publicado pela primeira vez em duas partes em *Imago* (tomo 1-2, 1912-1913); republicado como livro por H. Heller und Compagnie, Leipzig, 1913; *Gesammelte Schriften*, vol. X (Viena, Psychoanalytischer Verlag); traduções para o inglês pelo Dr. A.A. Brill, *Totem and Tabu* (New Republic, Nova York, 1931), por James Strachey (W. W. Norton and Company, Nova York, 1952).
14. Thomas Mann, "Freud and the Future", p. 87.
15. Ibid., p. 89.

PARTE I: A PSICOLOGIA DO MITO
INTRODUÇÃO: A LIÇÃO DA MÁSCARA

1. Thomas Mann, "Freud and the Future".
2. Leo Frobenius, *Paideuma, Umrisse einer Kulturund Seelenlehre*, 3 Aufl. (Frankfurt, 1928), p. 143-145.
3. J. Huizinga, *Homo Ludens*, traduzido por R.F.C. Hull (Routledge and Kegan Paul, Londres, 1949), p. 5.
4. Ibid., p. 22.
5. Ibid., p. 23.
6. Ibid., p. 25.
7. Heinrich Zimmer, *Philosophies of India*, ed. por Joseph Campbell (Pantheon Books, The Bollingen Series XXVI, Nova York, 1951).

8. Swami Nikhilananda, tradutor, *The Gospel of Sri Ramakrishna* (Ramakrishna-Vivekananda Center, Nova York, 1942), p. 396.
9. Ibid.
10. Ibid., p. 778-779.
11. J. Huizinga, op. cit., p. 34-35.
12. Citado por Clemente de Alexandria, *Exhortation to the Greeks*, p. 61 P.
13. *Kena Upaniṣad* 1.3.
14. Immanuel Kant, *Prolegomena zu einer jeden künftigen Metaphysik, die als Wissenschaft wird auftreten können*, parágrafo 58.

CAPÍTULO 1: O ENIGMA DA IMAGEM HEREDITÁRIA

1. Carl G. Jung, *Psychologische Typen* (Rascher Verlag, Zurique, 1921), p. 598.
2. Adolf Bastian, *Das Beständige in den Menschenrassen und die Spielweite ihrer Veränderlichkeit* (Dietrich Reimer, Berlim, 1868), p. 88.
3. A.R. Radcliffe-Brown, *The Andaman Islanders* (Cambridge University Press, Londres, 1933, 2ª impressão), p. 233-234.
4. N. Tinbergen, *The Study of Instinct* (Oxford University Press, Londres, 1951), p. 7-8.
5. Ibid., p. 150.
6. Ludwig Bolk, *Das Problem der Menschwerdung* (Gustav Fischer, Jena, 1926), p. 32-33.
7. Konrad Lorenz, "Psychologie und Stammesgeschichte", in *Die Evolution der Organismen,* Gerhard Heberer, ed. (Gustav Fischer Verlag, Stuttgart, 1954, 2ª ed.), p. 161; cf. citado por Herbert Wendt, *In Search of Adam* (Houghton Mifflin Company, Boston, 1955), p. 144.
8. A.E. Housman, *The Name and Nature of Poetry* (Cambridge University Press, Londres e The Macmillan Company, Nova York, 1933), p. 45-46.
9. Ibid., p. 34.
10. Ibid., p. 35 e 37.
11. N. Tinbergen, op. cit., p. 44.
12. Adolf Portmann, "Die Bedeutung der Bilder in der lebendigen Energiewandlung", *Eranos-Jahrbuch* 1952 (Rhein-Verlag, Zurique, 1953), p. 333-334.
13. N. Tinbergen, op. cit., p. 197.
14. Géza Róheim, *Psychoanalysis and Anthropology* (International Universities Press, Nova York, 1950), p. 403-404.
15. E. Kaila, "Die Reaktionen des Säuglings auf das menschliche Gesicht", *Annales Universitatis Aboensis*, Turku, vol.17 (1932).
16. R.A. Spitz e K.M. Wolf, "The Smiling Response", *Genetic Psychology Monographs*, vol. 34 (1946).
17. Adolf Portmann, "Das Problem der Urbilder in biologischer Sicht", *Eranos-Jahrbuch* 1949 (Rhein-Verlag, Zurique, 1950), p. 426.
18. Konrad Lorenz, "Die angeborenen Formen möglicher Erfahrung", *Zeitschrift der Tierpsychologie,* tomo 5 (1943), p. 235-409.
19. Ralph Linton, *The Study of Man* (D. Appleton-Century Company, Nova York e Londres, 1936), p. 108.

CAPÍTULO 2: A ESTAMPAGEM OU MARCAS DA EXPERIÊNCIA

1. James Joyce, A *Portrait of the Artist as a Young Man* (Jonathan Cape, Londres, 1916), p. 252.
2. Platão, *Timaeus* 90D.
3. Nicolau de Cusa, *De Visione Dei*, traduzido por Emma Gurney Salter (J. M. Dent and Sons, Londres e Toronto; E.P. Dutton and Company, Nova York, 1928), p. 2527.
4. *Kena Upaniṣad* 1.3.
5. H. Ostermann, *The Alaskan Eskimos, as Described in the Posthumous Notes of Dr. Knud Rasmussen. Report of the Fifth Thule*

Expedition 1921-24, vol. X, nº 3 (Nordisk Forlag, Copenhagen, 1952), p. 97-99.
6. Citado por Carl G. Jung, *Seelenprobleme der Gegenwart* (Rascher Verlag, Zurique, 1931), p. 67.
7. Apuleius, *The Golden Ass*, traduzido por W. Adlington, Livro XI.
8. Adolf Portmann, "Die Eide als Heimat des Lebens", *Eranos-Jahrbuch* 1953 (Rhein--Verlag, Zurique, 1954), p. 473-494.
9. Géza Róheim, "Dream Analysis and Field Work in Anthropology", *Psychoanalysis and the Social Sciences* (International Universities Press, Nova York, 1947), vol. I, p. 90.
10. Ovídio, *Metamorphoses* III, 173 e ss.
11. Heinrich Zimmer, *The King and the Corpse,* ed. por Joseph Campbell (Pantheon Books, The Bollingen Series XI, Nova York, 1948), p. 311-312.
12. Ovídio, *Metamorphoses* III, traduzido por Frank Justus Miller (Harvard University Press, Loeb Classical Library, Cambridge, Massachussets), p. 188-193.
13. Hans Weinert, "Der fossile Mensch", *Anthropology Today* (University of Chicago Press, Chicago, 1953), p. 108.
14. Henry Fairfield Osborn, *Men of the Old Stone Age* (Charles Scribner's Sons, Nova York, 1918, 3ª ed.), p. 214-222, 513-514; também Carleton S. Coon, *The Story of Man* (Alfred A. Knopf, Nova York, 1954), p. 67-69.
15. Jean Piaget, *The Child's Conception of the World* (Harcourt, Brace and Company, Nova York, 1929), p. 231.
16. Ibid., p. 245-246.
17. Ibid., p. 233.
18. Melanie Klein, "Early Stages of the Oedipus Complex", *International Journal of Psycho-analysis*, vol. IX (1928); também *The Psycho-analysis of Children* (Hogarth Press, Londres, 1932), p. 179-209.
19. W.F. Jackson Knight, "Maze Symbolism and the Trojan Game", *Antiquity* VI (dezembro, 1932), p. 445-458, 450, nota 3.
20. Ibid., p. 446.
21. Ibid., p. 450, nota 3.
22. Virgílio, *Eneida* VI. 255-263.
23. John Layard, "Der Mythos der Totenfahrt auf Malekula", *Eranos-Jahrbuch* 1937 (Rhein-Verlag, Zurique, 1938), p. 274-275.
24. Morris Edward Opler, *Myths and Tales of the Jicarilla Apache Indians. Memoirs of the American Folklore Society,* vol. XXXI (1938), p. 18.
25. Ibid., p. 153, 184.
26. Sigmund Freud, *Neue Folge der Vorlesungen zur Einführung in die Psychoanalyse* (Internationaler Psychoanalytischer Verlag, Viena, 1933), p. 33 e ss.
27. A.R. Radcliffe-Brown, *The Andaman Islanders* (Cambridge University Press, Londres, 1933, 2ª impressão), p. 194.
28. Morris Edward Opler, op. cit., p. 67.
29. Ibid., p. 67-68.
30. Bronislaw Malinowski, *Sex and Repression in Savage Society* (Routledge and Kegan Paul, Londres, 1927), p. 142-143.
31. Géza Róheim, "The Oedipus Complex, Magic and Culture", *Psychoanalysis and the Social Sciences* (International Universities Press, Nova York, 1950), vol. II, p. 173-228.
32. Ibid., "War, Crime, and the Covenant". *Journal of Clinical Psychopathology*, Monograph Series nº 1 (Medical Journal Press, Monticello, Nova York, 1945), p. 61.
33. Ibid., p. 57.
34. Shakespeare, *Hamlet* I. v. 96-106.
35. Jean Piaget, op.cit., p. 92-96.
36. Ibid., p. 97-98.
37. *A Catechism of Christian Doctrine,* elaborado pela Order of the Third Plenary Council of Baltimore. Kinkead's Baltimore Series of Catechisms, nº 3 (Benziger Brothers, Nova York, 1885), Question 888.
38. *The Gospel of Sri Ramakrishna,* p. 206.
39. Jean Piaget, op. cit., p. 241.
40. *Der Hl. Gertrude der Grossen Gesandter der göttlichen Liebe, nach der Ausgabe der Benediktiner von Solesmes übersetzt von Johannes Weissbrodt* (Verlag Herder, Freiburg, 1954, 12ª ed.), Livro I, Cap. 21, p. 116.

41. *Bṛhadāraṇyaka Upaniṣad* 4.3.21.
42. Citado por D.T. Suzuki, *Mysticism: Christian and Buddhist* (Harper and Brothers, Nova York, 1957), p. 180.
43. E.H. Whinfield, tradutor, *The Rubáiyát of Omar Khayyám,* verso 400.
44. Jean Piaget, op. cit., p. 256.
45. Ibid., p. 366-367.
46. Ibid., p. 361-362.
47. *Kiddushin* 71a.
48. *Soferim* iv.
49. João, 1:1-4.
50. Gênesis 1:3.
51. Jean Piaget, op. cit., p. 72.
52. Ibid., p. 64.
53. Ibid., p. 72.
54. Ibid., p. 368.
55. Baldwin Spencer e F. J. Gillen, *The Native Tribes of Central Australia* (Macmillan and Company, Londres, 1899), p. 215216; também Géza Róheim, *Psychoanalysis and Anthropology*, p. 76.
56. Baldwin Spencer e F. J. Gillen, op. cit., p. 218-230.
57. Cf. E.F. Worms, "Northwest Australian Prehistoric Rock Carvings and Cave Paintings", *Vth Session of the International Congress of Anthropological Sciences* (Filadélfia, 1956); também *Anthropos*, vol. L (1955), p. 546-566.
58. Baldwin Spencer e F. J. Gillen, op. cit., p. 244-246.
59. Ibid., p. 246, nota 1.
60. Ibid., p. 246-249.
61. Géza Róheim, *The Eternal Ones of the Dream* (International Universities Press, Nova York, 1945), p. 74.
62. Ibid., p. 75.
63. Ibid., p.74-75.
64. Ibid., p. 73.
65. *Nonni Dionysiaca* 6.121; *Orphei Hymni* 39.7; 39.253; O. Kern, *Orphicorum fragmenta* 34, 35, 54; Clemente de Alexandria, *Exhortation to the Greeks*, ii, p. 15 P.
66. Por exemplo, Jane Ellen Harrison, *Themis: A Study of the Social Origins of Greek Religion* (Cambridge University Press, Londres, 1927).
67. Baldwin Spencer e F. J. Gillen, op. cit., p. 257.
68. Géza Róheim, op. cit., p. 164.
69. Ibid., p. 165.
70. Cf. Robert H. Lowie, *Primitive Religion* (Boni and Liveright, Nova York, 1924), p. 211.
71. Géza Róheim, op. cit., p. 174.
72. Ibid., p. 177.
73. Gênesis 2:21-24.
74. Platão, *Symposium* 189D e ss., *The Dialogues of Plato*, traduzido por Benjamin Jowett (Random House, Nova York, 1937).
75. John C. Ferguson, *Chinese Mythology. The Mythology of All Races*, vol. VIII (Marshall Jones Company, Boston, 1928), p. 111.
76. *Bṛhadāraṇyaka Upaniṣad* 1.4.1-5.
77. T.G.H. Strehlow, *Aranda Traditions* (Melbourne University Press, Melbourne, 1947), p. 7-8, resumido.
78. Snorri Sturluson, *The Prose Edda*, "Gylfaginning", traduzido por Arthur Gilchrist Brodeur (American-Scandinavian Foundation, Nova York, 1929), p. 17-18.
79. Ibid., VIII, p. 21.
80. *Rig Veda* X. 90.
81. Stephen Herbert Langdon, *Semitic Mythology, The Mythology of All Races*, vol. V (Marshall Jones Company, Boston, 1931), p. 277-325.
82. Cf. Ernst Benz, "Theogonie und Wandlung des Menschen bei Friedrich Wilhelm Joseph Schelling", *Eranos-Jahrbuch* 1954 (Rhein-Verlag, Zurique, 1955), p. 316, 338.
83. Baldwin Spencer e F. J. Gillen, op. cit., p. 360, 373.
84. Géza Róheim, *Psychoanalysis and Anthropology*, p. 77-78.
85. Baldwin Spencer e F. J. Gillen, op. cit., p. 364.
86. Ibid., p. 365.
87. Ibid., p. 363-367, um pouco alterada, com inserto da p. 350.
88. Henrik Ibsen, *Peer Gynt*, últimos dois versos, traduzidos por William Archer.
89. A. Capus, "Contes, Chants et Proverbes des Basumbua dans l'Afrique Orientale",

Zeitschrift für afrikanische und oceanische Sprachen (Berlim, 1897), vol. III, p. 363-364.
90. Abraham Fornander e Thomas G. Thrum, *Fornander Collection of Hawaiian Antiquities and Folk-lore. Memoirs of the Bernice Pauahi Bishop Museum,* vol. V, Parte III (Honolulu, 1919), p. 574.
91. Martha W. Beckwith, editora, *Kepelino's Traditions of Hawaii* (Bernice Pauahi Bishop Museum, Boletim 95, Honolulu, 1932), p. 52.
92. Martha W. Beckwith, *Hawaiian Mythology* (Yale University Press, New Haven, 1940), p. 157.
93. Abraham Fornander e Tomas G. Thrum, op. cit., p. 572-576.
94. Snorri Sturluson, op. cit., "Gylfaginning", XLI.
95. Ibid., "Gylfaginning", XXXVI.
96. Ibid., "Skaldskaparmal", XXXIII.
97. Ibid., "Gylfaginning", XVI.
98. Snorri Sturluson, *Poetic Edda,* "Hovamol" 139, traduzido por Henry Adams Bellows (American-Scandinavian Foundation, Nova York, 1923), p. 60.
99. Carl G. Jung, *Modern Man in Search of a Soul* (Harcourt, Brace and Company, Nova York, 1936), p. 125-126.
100. Ibid., p. 129.
101. Ibid., p. 129-130.
102. Ibid., p. 123.
103. Leo Frobenius, *Monumenta Africana. Erlebte Erdteile,* tomo VI (Frankfurter Sociatäts-Druckerei, Frankfurt am Main, 1929), p. 435-466.
104. Ibid., p. 439.
105. Baldwin Spencer e F. J. Gillen, op. cit., p. 497-511.
106. Leo Frobenius, op. cit., p. 457-460.
107. John Layard, *Stone Men of Malekula* (Chatto and Windus, Londres, 1942), p. 530-531.

PARTE II: A MITOLOGIA DOS AGRICULTORES PRIMITIVOS
CAPÍTULO 3: A ESFERA CULTURAL DAS CIVILIZAÇÕES AVANÇADAS

1. D.A.E. Garrod e D.M.A. Bate, *The Stone Age of Mount Carmel* (Oxford University Press, Londres, 1937).
2. Cf. Leo Frobenius, *Ausfahrt. Erlebte Erdteile,* tomo I (Frankfurt am Main, 1925), p. 155-428; e Adolf Jensen, *Das religiöse Weltbild einer frühen Kultur* (August Schröder Verlag, Stuttgart, 1949).
3. A. Meillet e Marcel Cohen, *Les Langues du monde* (H. Champion, Paris, 1952), p. 649-673.
4. Cf. V. Gordon Childe, *New Light on the Most Ancient East* (D. Appleton Century Company, Nova York, 1934); Henri Frankfort, *The Birth of Civilization in the Near East* (Williams and Norgate, Ltd., Londres, 1951); Robert J. Braidwood, *The Near East and the Foundations of Civilization* (University of Oregon Press, Eugene, Oregon, 1952); Robert J. e Linda Braidwood, "The Earliest Village Communities of Southwestern Asia", *Cahiers d'histoire mondiale*, vol.1, nº 2 (Paris, outubro, 1953), p. 278-310; E.A. Speiser, "The Beginnings of Civilization in Mesopotamia", *Journal of the American Oriental Society*, Suplemento nº 4, 1939; Robert W. Ehrich, editor, *Relative Chronologies in Old World Archaeology* (University of Chicago Press, Chicago, 1954).
5. M.E.L. Mallowan e J. Cruickshank Rose, "Excavations at Tall Arpachiyah", *Iraq*, II.1, 1935.
6. Robert Heine-Geldern, "The Origin of Ancient Civilizations and Toynbee's Thesis", *Diogenes*, nº 13 (University of Chicago Press, Primavera de 1956), p. 90-99.
7. *Timaeus* 90.C-D, traduzido por Francis Macdonald Cornford *in Plato's Cosmology* (Humanities Press, Nova York e Londres, 1952), p. 354.

CAPÍTULO 4: A PROVÍNCIA DOS REIS IMOLADOS

1. Leo Frobenius, *Märchen aus Kordofan. Atlantis,* vol. IV (Eugen Diederichs, Jena, 1923), p. 9-17.
2. Diodorus Siculus, *Bibliotheca historica* III.5-6.
3. Leo Frobenius, op. cit., p. 19.
4. Cf. Joseph Campbell, "Editor's Introduction", *The Portable Arabian Nights* (The Viking Press, Nova York, 1952), p. 22, citando John Payne, *The Book of the Thousand Nights and One Night* (Londres, 1882-1884), vol. IX, p. 261-392.
5. Jeremiah Curtin, *Myths and Folk-lore of Ireland* (Little, Brown and Company, Boston, 1890).
6. Standish H. O'Grady, *Silva Gadelica* (Williams and Norgate, Londres, 1892).
7. Joseph Campbell, "Folkloristic Commentary", *Grimm's Fairy Tales* (Pantheon Books, Nova York, 1944), p. 833, citando Johannes Bolte e Georg Polivka, *Anmerkungen zu den Kinder-und Haus-märchen der Brüder Grimm* (Leipzig, 1912-1932), vol. IV, p. 443-444.
8. 'Ali Abū-l Hasan ul-Mas'ūdī, *Marūjudh--Dhahab (Les Prairies d'or),* C. Barbier de Maynard e Pavet de Courteille, editores, 9 vols. (Imprimerie Impériale, Paris, 1861-1877), vol. 4, p. 89-90.
9. Leo Frobenius, op. cit., p. 22.
10. Ibid., p. 20-21.
11. Sir James George Frazer, *The Golden Bough* (The Macmillan Company, Nova York, 1922, edição em um volume), p. 267.
12. Leo Frobenius, *Monumenta Africana,* p. 318-322.
13. Duarte Barbosa, *Description of the Coasts of East Africa and Malabar in the Beginning of the Sixteenth Century* (The Hakluyt Society, Londres, 1866), p. 172; citado por sir James George Frazer, op. cit., p. 274-275.
14. Leo Frobenius, *Schicksalskunde im Sinne des Kulturwerdens* (R. Voigtlanders Verlag, Leipzig, 1932), p. 127.
15. Leo Frobenius, *Monumenta Terrarum: Der Geist über den Erdteilen. Erlebte Erdteile,* tomo VII (Forschungsinstitut für Kulturmorphologie, Frankfurt am Main, 1929), 392-394, citando, entre outros, E. Pechuël-Lösche, *Volkskunde von Loango* (Strecker und Schröder, Stuttgart, 1907), p. 155-192, que, por sua vez, cita O. Dapper, *Beschreibung von Afrika* (1668) e o abade Proyart (1776).

CAPÍTULO 5: O RITUAL AMOR-MORTE

1. Paul Wirz, *Die Marind-anin von Hollandisch-Süd-Neu-Guinea* (L. Friedrichsen and Company, Hamburgo, vol. I, 1922, vol. II, 1925).
2. Ibid., vol.II, p. 40-44.
3. Adolf E. Jensen, *Das religiöse Weltbild einer frühen Kultur* (August Schröder Verlag, Stuttgart, 1949), p. 34-38.
4. Segundo ibid., p. 39.
5. Ibid., p. 168-170.
6. Cf. Adolf E. Jensen, "Die mythische Weltbetrachtung der alten Pflanzer-Volker", *Eranos-Jahrbuch* 1949 (Rhein-Verlag, Zurique, 1950), p. 440-447.
7. Sir James George Frazer, op. cit., p. 386.
8. *Homeri Hymnus in Cererem* 2; também Ovídio, *Metamorphoses* V, 385 e ss.
9. Sir James George Frazer, op. cit., p. 470.
10. Jane Ellen Harrison, *Prolegomena to the Study of Greek Religion* (Cambridge University Press, Londres, 1922, 3ª ed.).
11. Scholiast to Lucian, *Dial. Meretr.* II.1, traduzido por Jane Ellen Harrison in ibid., (1903, 1ª ed.), p. 122.
12. Hipólito, *Philosoph.* 5, 8.
13. Walter Otto, "Der Sinn der eleusinischen Mysterien", *Eranos-Jahrbuch* 1939 (Rhein--Verlag, Zurique, 1940), p. 99-106.

14. *Ephemeris archaiologikē*, 1883, *Archaiologikē hetaireis en Athēnais* (Carl Beck, Atenas, 1884), p. 81.
15. Sir James George Frazer, *The Golden Bough* (The Macmillan Company, Nova York, 1922, edição em um volume), p. 479 e ss.
16. Ovídio, *Metamorphoses*, IV.665 e ss.
17. Carl Kerényi, "Kore", in Carl G. Jung e Carl Kerényi, *Essays on a Science of Mythology* (Pantheon Books, The Bollingen Series XXII, Nova York, 1949), p. 179-187.
18. Adolf E. Jensen, *Das religiöse Weltbild einer frühen Kultur*, p. 66-77.
19. Edward Winslow Gifford, *Tongan Myths and Tales* (Bernice Pauahi Bishop Museum Bulletin 8, Honolulu, 1924), p. 181.
20. J.F. Stimson, *The Legends of Maui and Tahaki* (Bernice Pauahi Bishop Museum Bulletin 127, Honolulu, 1934), p. 28-35. O relato é a partir de um canto dos tuamotuanos, resumido aqui do texto de Stimson e transformado em prosa.
21. Ibid., p. 3.
22. Ex. dado, Captains James Cook e James King, *A Voyage to the Pacific Ocean* (G. Nicol and T. Cadell, Londres, 1784), vol. II, Cap. X.
23. Edward Winslow Gifford, op. cit., p. 183.
24. William Wyatt Gill, *Myths and Songs from the South Pacific* (Henry S. King and Company, Londres, 1876), p. 77-79.
25. Ananda K. Coomaraswamy, *The Rg-Veda as Land-náma-bók* (Luzac and Company, Londres, 1935).
26. Thomas G. Thrum, *More Hawaiian Folk Tales* (A.C. McClurg and Company, Chicago, 1923), p. 235-241.
27. W.J. Thomson, *Te pito te Henua, or Easter Island* (Smithsonian Report, Washington, D.C., 1889), p. 518-519, cf. citado por Werner Wolff, *Island of Death* (J. J. Augustin, Nova York, 1948), p. 179.
28. A. Meillet e Marcel Cohen, *Les Langues du monde* (H. Champion, Paris, 1952), p. 649.
29. Ibid., p. 663-664, 671.
30. A.V. Kidder, "Looking Backward", *Proceedings of the American Philosophical Society*, LXXXIII, nº 4 (1940), p. 527-537, citado por Clyde Kluckhohn in *Anthropology Today*, p. 512n.
31. Leo Frobenius, *Geographische Kulturkunde* (Friedrich Brandstetter, Leipzig, 1904), p. 450.
32. Cf. A.L. Kroeber, *Anthropology* (Harcourt, Brace and Company, Nova York, 1923, 1ª ed.), p. 491.
33. Cf. ibid., fig. 36 (representação diagramática de Spinden do desenvolvimento da cultura dos nativos americanos) e p. 352 (suposição do próprio A. L. Kroeber).
34. Frederick Johnson, "Radiocarbon Dating", *Memoirs of the Society for American Archaeology*, nº 8 (Salt Lake City, 1951), p. 10-18.
35. Cf. Carleton S. Coon, *The Story of Man* (Alfred A. Knopf, Nova York, 1954), p. 149, e Harry L. Shapiro, "Les Iles Marquises: Prehistory of Polynesia", *Natural History*, maio, 1958, p. 265.
36. Gordon R. Willey, "Archaeological Theories and Interpretation: New World", *Anthropology Today*, p. 375.
37. Wendell C. Bennett, "New World Culture History: South America", *Anthropology Today*, p. 220-221.
38. Julian H. Steward, "South American Cultures: An Interpretative Summary", *Handbook of South American Indians* (Bureau of American Ethnology, Bulletin 143, Washington, D.C., vol. V, 1949), p. 749.
39. Ibid., p. 769.
40. Carl O. Sauer, "Cultivated Plants in South and Central America", *Handbook of South American Indians*, vol. VI (1950), p. 506.
41. Ibid., p. 533-538.
42. Ibid., p. 524-525.
43. Ibid., p. 497.
44. Ibid., p. 527.
45. Ibid., p. 494. Ver também, Paul C. Mangelsdorf, "New Evidence on the Origin and Ancestry of Maize", *American Antiquity*, XIX, nº 4 (1954).
46. Carl O. Sauer, op. cit. p. 499-500, 502-503, 510, 513.
47. Paul Rivet, "Early Contacts between Polynesia and America", *Diogenes*, nº 16 (Inverno de 1956), p. 82.

48. Ibid., p. 78-87.
49. A. L. Kroeber, op. cit., p. 226-227.
50. Robert Heine-Geldern e Gordon F. Eckholm, "Significant Parallels in the Symbolic Arts of Southern Asia and Middle America", *Selected Papers of the XXIX*[th] *International Congress of Americanists*, vol. I, *The Civilization of Ancient America* (University of Chicago Press, Chicago, 1951); Robert Heine-Geldern, "The Origin of Ancient Civilizations and Toynbee's Thesis", loc. cit.; Charles Wolcott Brooks, "Reports of Japanese Vessels Wrecked in the North Pacific from the Earliest Records to the Present Time", *Proceedings of the California Academy of Sciences*, vol. 6 (1875).
51. Ver Gordon F. Eckholm, "A Possible Focus of Asiatic Influence in the Late Classical Cultures of Mesoamerica", *Memoirs of the Society of American Archaeology*, vol. XVIII, nº 3, Parte 2 (janeiro, 1953), p. 72-89.
52. Compare, por exemplo, em *Anthropology Today*, os artigos de Wendell C. Bennett ("New World Culture History: Middle America"), Alex D. Krieger ("New World Culture History: Anglo-America") e Gordon R. Willey ("Archaeological Theories and Interpretation: New World"). Serão encontrados um mapa e discussão auxiliares em Miguel Covarrubias, *The Eagle, the Jaguar, and the Serpent* (Alfred A. Knopf, Nova York, 1954), p. 73-89. Maior orientação será encontrada em Philip Ainsworth Means, *Ancient Civilizations of the Andes* (Charles Scribner's Sons, Nova York e Londres, 1931); P. Alden Mason, *The Ancient Civilizations of Peru* (Penguin Books, Londres, 1957); Sylvanus Griswold Morley, *The Ancient Maya* (Stanford University Press, Stanford, 1946); G.C. Vaillant, *The Aztecs of Mexico* (Penguin Books, 1950); Miguel Covarrubias, *Indian Art of Mexico and Central America* (Alfred A. Knopf, Nova York, 1957); e Gordon R. Willey e Philip Phillips, *Method and Theory in American Archaeology* (University of Chicago Press, Chicago, 1958). Para os estudos mais recentes e datas fixadas pelo método carbono 14 do complexo olmeca, ver Philip Drucker, Robert F. Heizer e Robert J. Squier, *Excavations at La Venta Tabasco,* 1955 (Bureau of American Ethnology, Bulletin 170, Washington, 1959).
53. Gordon F. Eckholm, loc. cit.
54. Gordon R. Willey, op. cit., p. 37.
55. Mentor L. Williams, editor, *Schoolcraft's Indian Legends* (Michigan State University Press, East Lansing, Michigan, 1956), p. 58-60.
56. Theodor Koch-Grünberg, *Zwei Jahren unter den Indianern: Reisen in Nordwest-Brasilien 1903-1905* (Ernst Wasmuth, A. G., Berlim, 1910), p. 292-293.
57. Sir James George Frazer, op. cit., p. 589-591.
58. E. de Jonghe, "Histoyre du Méchique, Manuscrit français inédit du XVIe. siècle", *Journal de la Société des Américanistes de Paris,* Nouvelle Série, tomo II, nº 1 (1905), p. 28-29; citado por Adolf E. Jensen, *Das religiöse Weltbild einer frühen Kultur*, p. 119.

CAPÍTULO 6: XAMANISMO

1. De Robert H. Lowie, *Primitive Religion* (Black and Gold Library; Boni and Liveright, Nova York, 1924), p. 7. Copyright: (R) de Robert H. Lowie, 1951.
2. Ruth Benedict, *Patterns of Culture* (Houghton Mifflin Company, Boston, 1934), p. 59-60.
3. Alex D. Krieger, op. cit., *Anthropology Today*, p. 251.
4. Morris Edward Opler, *Myths and Tales of the Jicarilla Apache Indians. Memoirs of the American Folklore Society*, vol. XXXI (1938), p. 1.

5. *Vajracchedika* 32.
6. Shakespeare, *The Tempest* IV. 156-158.
7. Morris Edward Opler, op. cit., p. 1-18, grandemente condensada.
8. Ibid., p. 17.
9. *Rāmāyana* 1.45, 7.1.
10. Morris Edward Opler, op. cit., p. 26.
11. João 12:24.
12. Natalie Curtis, *The Indians' Book* (Harper and Brothers, Nova York, 1907), p. 38-39.
13. Knud Rasmussen, *Across Arctic America* (G.P. Putnam's Sons, Nova York e Londres, 1927), p. 82-84. Copyright G.P. Putnam's Sons, Inc. Reimpresso sob permissão do editor.
14. Ibid., p. 84-85.
15. Ibid., p. 85-86.
16. E. Lucas Bridges, *The Uttermost Part of the Earth* (E.P. Dutton and Co., Nova York; Hodder and Stoughton, Londres, 1948), p. 262.
17. Ibid., p. 284-286.
18. Ibid., p. 264.
19. Ibid., p. 232, 302-304.
20. Ibid., p. 290.
21. Ibid., p. 261.
22. G.V. Ksenofontov, *Legendy i rasskazy o shamanach u. yakutov, buryat i tungusov.* Izdanie vtoroe. S. predisloviem S.A. Tokareva (Izdatel'stvo Bezbozhnik, Moscou, 1930); traduzido (para o alemão) por Adolf Friedrich e Georg Buddruss, *Schamanengeschichten aus Siberien* (Otto Wilhelm Barth-Verlag, Munique, 1955), p. 211-212.
23. Mircea Eliade, *Le Chamanisme et les techniques archaïques de l'extase* (Payot, Paris, 1951).
24. William James, *Pragmatism* (Longmans, Green and Company, Nova York, 1907), p. 12.
25. Paul Radin, *Primitive Man as Philosopher* (D. Appleton and Company, Nova York e Londres, 1927).
26. Mircea Eliade, op. cit., p. 40.
27. Baldwin Spencer e F. J. Gillen, *The Native Tribes of Central Australia* (Macmillan and Company, Londres, 1899), p. 523-525.
28. Géza Róheim, *Social Anthropology* (Boni and Liveright, Nova York, 1926), p. 350351.
29. Géza Róheim, *The Eternal Ones of the Dream*, p. 191.
30. G. V. Ksenofontov, op. cit., p. 213-214.
31. Uno Holmberg (Harva), *Finno-Ugric, Siberian Mythology. The Mythology of All Races*, vol. IV (Marshall Jones Company, Boston, 1927), p. 499.
32. B. Munkácsi, *Vogul Népköltési Gyüjtemény,* vol. III (Budapeste, 1893), p. 7, citado por Géza Róheim, *Hungarian and Vogul Mythology* (Monographs of the American Ethnological Society, J. J. Augustin, Locust Valley, Nova York, 1954), p. 22.
33. B. Munkácsi, op. cit., vol. II, Parte 1, 19101921, p. 066, citado por Géza Róheim, op. cit., p. 30.
34. G. V. Ksenofontov, op. cit., p. 179-181.
35. Ibid., p. 181-183.
36. Adolf E. Jensen, *Das religiöse Weltbild einer frühen Kultur*, p. 131.
37. G. V. Ksenofontov, op. cit., p. 160-161.
38. Ibid., p. 163.
39. Ibid., p. 163.
40. Ibid., p. 161.
41. Ibid., p. 133.
42. Ibid., p. 146-147.
43. Adaptado de George Bird Grinnell, *Blackfoot Lodge Tales* (Charles Scribner's Sons, Nova York, 1892), p. 153-154.
44. Ibid., p. 155-156.
45. Segundo Paul Radin, *The Trickster* (Philosophical Library, Nova York, 1956), p. 8.
46. Ibid., p. 22-23.
47. Ibid., p. 25-27.
48. Segundo George Bird Grinnell, op. cit., p. 137-142.
49. Segundo Paul Radin, *The Trickster*, p. 53.
50. V.L. Serosevskii, *Yakuty* (Petrogrado, 1896), p. 653.
51. Carl G. Jung, "On the Psychology of the *Trickster Figure*", in Paul Radin, *The Trickster*, p. 197-199.
52. Charles du Fresne, sieur du Cange, *Glossarium Mediae et Infimae Latinitatis* (1733), s.v. *festum asinorum.*

53. Carl G. Jung, op. cit., p. 209.
54. "Skazaniya buryat, zapisanniyia raznymi sobiratelyami", *Zapiški Vostocno-Sibirskago Otdela Russkago Geografičeskago Obsčestva*, I.2 (Irkutsk, 1890), p. 65-66.
55. V.I. Anucin, "Ocerk samanstva y yeniseyskich ostyakov", *Sbornik Muzeya po Antropologii i Ethnografi pri Akademii Nauk*, II.2 (Petrogrado, 1914), p. 14.
56. Ver, por exemplo, George Bird Grinnell, *Blackfeet Indian Stories* (Charles Scribner's Sons, Nova York, 1917), p. 145-146; e, para uma bibliografia extensiva, Stith Thompson, *Tales of the North American Indians* (Harvard University Press, Cambridge, Massachussets, 1929), p. 279, nota 30, "Earth Diver".
57. Segundo James A. Teit, "Thompson Tales", in *Folk-tales of Salishan and Sahaptin Tribes*, Franz Boas, editor, p. 2; *Memoirs of the American Folk-lore Society*, vol. XI (1917); citado por sir James G. Frazer, *Myths of the Origin of Fire* (Macmillan and Company, Londres, 1930), p. 173-174.
58. John R. Swanton, *Myths and Tales of the Southeastern Indians* (Bureau of American Ethnology, Bulletin 88, Washington, D.C., 1929), p. 46; citado por sir James G. Frazer, *Myths of the Origin of Fire*, p. 147.
59. Livingston Farrand, "Traditions of the Chilcotin Indians", *The Jessup North Pacific Expedition*, (Memoir of the American Museum of Natural History, Nova York, 1900), vol. II, Parte I, p. 3; citado por sir James G. Frazer, *Myths of the Origin of Fire*, p. 182-183.
60. Adaptado de James A. Teit, "Kaska Tales", *Journal of American Folk-lore*, vol. XXX, 1917, p. 443.
61. A. R. Radcliffe-Brown, *The Andaman Islanders* (Cambridge University Press, Londres, 1933, 2ª impressão), p. 202-203.
62. Ésquilo, *Prometheus Bound*, traduzido por John Stuart Blackie, p. 937 e ss.
63. Jó 42:5-6.
64. Ver Carl Kerényi, *The Gods of the Greeks* (Thames and Hudson, Londres e Nova York, 1951), p. 215-216, citando *Hesiodi Opera et Dies* 50, *Hygini Astronomica* 2.15, e *Scholium Vergilius Eclogae* 6.42.
65. Snorri Sturluson, *The Prose Edda*, "Gylfaginning", traduzido por Arthur Gilchrist Brodeur (American-Scandinavian Foundation, Nova York, 1929), LI, p. 78-79.
66. Friedrich Nietzsche, *Thus Spoke Zarathustra*, Prologue 2.

CAPÍTULO 7: O MESTRE ANIMAL

1. George Bird Grinnell, *Blackfoot Lodge Tales*, p. 229-230.
2. Segundo ibid., p. 104-107, 220-224.
3. Dr. G. Lalanne, "Bas-reliefs à représentations humaines", *L'Anthropologie* (1911), p. 257-260; "Bas-reliefs à figurations humaines de l'abri sous roche de Laussel (Dordogne)", ibid. (1912), p. 129-148; Dr. G. Lalanne e cônego J. Bouyssonie, "Le Gisement paléolithique de Laussel", ibid., tomo L (1950).
4. Robert H. Lowie, *Primitive religion* (Black and Gold Library; Boni and Liveright, Nova York, 1924), p. 6.
5. Ibid., p. 4.
6. Cf. Herbert J. Spinden, "First Peopling of America as a Chronological Problem", *Early Man*, George Grant MacCurdy, editor (F.B. Lippincott Company, Filadélfia, Nova York e Londres, 1937), p. 105-114.
7. *Bhagavad Gītā* 2:17-18.
8. Ovídio, *Metamorphoses*, XV, 165-168.
9. Knud Rasmussen, *Across Arctic America* (G. P. Putnam's Sons, Nova York e Londres, 1927), p. 80.
10. George Bird Grinnell, op. cit., p. 221-222.
11. Leo Frobenius, *Das unbekannte Afrika* (Oskar Beck, Munique, 1923), p. 34-35.
12. Leo Frobenius, *Atlantis,* vol. I, *Volksmärchen der Kabylen* (Eugen Diederich, Jena, 1921), p. 14-15.

CAPÍTULO 8: AS CAVERNAS PALEOLÍTICAS

1. Abbé H. Breuil, *Four Hundred Centuries of Cave Art* (Centre d'études et de documentation préhistorique, Montignac, Dordogne, sem data), figs. 86 e 89 e p. 118.
2. Ibid., figs. 114 e 115 e p. 134-137.
3. Ibid., p. 135-137.
4. Géza Róheim, *Magic and Schizophrenia*, editado postumamente por Warner Muensterberger (International Universities Press, Nova York, 1955), p. 36-37. Para mais exemplos e discussão, ver Géza Róheim, "The Pointing Bone", *Journal of the Royal Anthropological Institute*, vol. LIV(1925), p. 90.
5. Géza Róheim, *Psychoanalysis and Anthropology*, p. 131.
6. Baldwin Spencer e F. J. Gillen, *The Native Tribes of Central Australia* (MacMillan and Company, Londres, 1899), p. 287, fig. 47; p. 295, fig. 52; p. 332-333, figs. 66 e 67; p. 518, fig. 102.
7. Leo Frobenius, *Kulturgeschichte Afrikas* (Phaidon-Verlag, Zurique, 1933), p. 131-132.
8. Abbé H. Breuil, op. cit., p. 146-147.
9. Ibid., p. 236.
10. Este relato da descoberta está baseado no fornecido pelo conde Bégouën ao Dr. Herbert Kühn por ocasião da visita do último à caverna, em 1926. Extraído de Herbert Kühn, *Auf den Spuren des Eiszeitmenschen*, publicado por F.A. Brockhaus, Wiesbaden, Alemanha, 1953, p. 88-90.
11. Ibid., p. 91-94, resumido.
12. Abbé H. Breuil, op. cit., p. 152-175.
13. Herbert Kühn, op. cit., p. 96.
14. Abbé H. Breuil, op. cit., p. 176.
15. Herbert Kühn, op. cit., p. 94-95.
16. Carleton S. Coon, *The Story of Man* (Alfred A. Knopf, Nova York, 1954), p. 103.
17. Moritz Hoernes e Oswald Menghin, *Urgeschichte der bildenden Kunst in Europa* (Anton Schroll and Company, Viena, 1925), p. 116-117; Georges H. Luquet, *L'art et la réligion des hommes fossiles* (Masson et Compagnie, Paris, 1926), p. 126.
18. Leo Frobenius, *Das unbekannte Afrika*, p. 27-28.
19. Oswald Menghin, *Weltgeschichte der Steinzeit* (A. Schroll and Company, Viena, 1931), p. 148:
20. Franz Hančar, "Zum Problem der Venusstatuetten im eurasiatischen Jungpaläolithikum", *Prae-historische Zeitschrift*, vol. XXX-XXXI (1939-40), Fascículo 1/2, p. 85-156.
21. Ibid., p. 151.
22. Ibid., p. 152.
23. E. Lucas Bridges, *The Uttermost Part of the Earth* (E. P. Dutton and Co., Nova York; Hodder and Stoughton, Londres, 1948), p. 412-414.
24. Ibid., p. 166.
25. Baldwin Spencer e F. J. Gillen, op. cit., p. 426.
26. Ibid.
27. E.F. Worms, "Prehistoric Rock Carvings and Cave Paintings in Northwestern Australia", ensaio lido no Quinto Congresso International de Ciências Antropológicas e Etnológicas, Filadélfia, 1956.
28. P. W. Schmidt, *Der Ursprung der Gottesidee*, 12 vols. (Munster in Westfalia; Aschendorff, 1912-1955).
29. Ibid., "The Position of Women with Regard to Property in Primitive Society", *American Anthropologist*, 1935, vol. 37, p. 244-256.
30. Por exemplo, Bronislaw Malinowski, *The Sexual Life of Savages* (Eugenics Publ. Company, Nova York, 1929, ed. em um volume), p. 179-186.
31. P. W. Schmidt, op. cit., vol. II, "Die Religionen der Urvölker Amerikas", p. 995-996.
32. Gênesis 3:16.
33. Henry Fairfield Osborn, *Men of the Old Stone Age* (Charles Scribner's Sons, Nova York, 1918, 3ª ed.), p. 284-287.
34. Ibid., p. 364-370.
35. Cf. Carleton S. Coon, op. cit., p. 34-35.
36. Franz Hančar, op. cit, p. 106.
37. Ibid., p. 135-137.

38. C. von den Steinen, "Prähistorische Zeichen und Ornamente", ed. dedicada a *Bastian-Festschrift* (Berlim, 1896), citado por Hančar, op. cit, p. 130.
39. V.A. Gorodcov, *Archeologija*, 1923, Kamennyie period, p. 281; citado por Franz Hančar, op. cit., p. 130.
40. P.P. Jefimenko, *Soobščeniya Gosudarstvennoi Akademii Istorii Material'noi Kul'turi* (Leningrado-Moscou, 1931), 11-12, p. 60.
41. *Ipek* (*Jahrbuch für prähistorische und ethnographische Kunst*), Leipzig, 1931, p. 65.
42. Franz Hančar, op. cit, p. 94; também Herbert Kühn, "Das Problem der Urmonotheismus", *Akademie der Wissenschaften und der Literatur in Mainz, Abhandlungen der Geistesund Sozialwissenschaftlichen Klasse*, 1950, nº 22, p. 1665-1666.
43. N.N. Cheboksarov e T.A. Trofimova, "Antropologicheskoe inzushemie Mansi", *Kratie soobščenia* II, M.K. 9, cf. relatado por F. Field e E. Prostov, "Results of Soviet Investigations in Siberia", *American Anthropologist*, vol. 44 (1942), p. 403 n.
44. Herbert J. Spinden, *Early Man*, George Grant MacCurdy, editor (F. B. Lippincott Company, Filadélfia, Nova York e Londres, 1937), mapa, p. 108.
45. William S. Webb e Charles E. Snow, *The Adena People* (Departament of Anthropology and Archaeology, University of Kentucky, Reports in Anthropology and Archaeology, vol. VI, Lexington, Ky., 1945); e William S. Webb e Raymond S. Baby, *The Adena People*, nº 2 (Ohio State University Press, Columbus, O., 1957).
46. W.A. Ritchie, *Recent Discoveries Suggesting an Early Woodland Burial Cult in the Northeast* (New York State Museum and Science Service, Circular 40, Albany, Nova York, 1955).
47. Henry (Hinrich Johannes) Rink, *Tales and Traditions of the Eskimo* (William Blackwood and Sons, Edinburgh e Londres, 1875), p. 39-40.
48. *Kaṭha Upaniṣad* 3:14.
49. Chrétien de Troyes, *Le Chevalier de la charrette* (Wendelin Foerster's, editor; Max Niemeyer, Halle, 1899), p. 107 e ss., 11.302 e ss.
50. A. L. Kroeber, *Anthropology* (Harcourt, Brace and Company, Nova York, 1923, 1ª ed.), p. 41.
51. A.C. Haddon, *The Races of Man* (Cambridge University Press, Londres, 1924), p. 95.
52. Kyosuki Kindaiti, *Ainu Life and Legends* (Tourist Library 36, Tóquio, 1941), p. 50.
53. J. Bachelor, artigo "Ainus", *Encyclopaedia of Religion and Ethics,* ed. James Hastings (Charles Scribner's Sons, Nova York, 1928), vol. I, p. 249-250; e Kyosuki Kindaiti, op. cit., p. 52-54.
54. Kyosuki Kindaiti, op. cit., p. 51-52.
55. J. Bachelor, op. cit., p. 245.
56. Ibid., p. 239.
57. Leo Frobenius, *Kulturgeschichte Afrikas*, mapa, p. 88.
58. Hans Weinert, "Der fossile Mensch", *Anthropology Today* (University of Chicago Press, Chicago, 1953), p. 108.
59. Emil Bächler, *Das alpine Palaolithikum der Schweiz* (Basiléia, 1940)
60. Konrad Hörmann, *Die Petershöhle bei Velden in Mittelfranken* (Abhandlungen der Naturhistorischen Gesellschaft zu Nürnberg, 1923).
61. Henry Fairfield Osborn, op. cit., p. 221, 513-14.
62. Ibid. p. 222
63. Ibid. p. 223
64. Jean Piaget, *The Child's Conception of the World* (Harcourt, Brace and Company, Nova York, 1929), p. 367.
65. Kyosuki Kindaiti, op. cit., p. 41-47.
66. Oswald Menghin, "Der Nachweis des Opfers im Altpaläolithikum", *Wiener Prähistorischer Zeitschrift,* 1926, p. 14 e ss.
67. A. Gahs, "Kopf-, Schädelund Langknochenopfer bei Rentiervölkern", *Festschrift: Publication d'hommage offerte au P. W. Schmidt* (Mechitharisten-Congregations-Buchdruckerei, Viena, 1928), p. 231 e ss.
68. A.J. Hallowell, "Bear Ceremonialism in the Northern Hemisphere", *American Anthropologist,* 1926, p. 87 e ss.

69. Uno Holmberg, "Über die Jagdriten der nördlichen Völker Asiens und Europas", *Journal de la Société Finno-Ougrienne*, vol. 41 (Helsinque, 1925-1926), p. 1-53.
70. Lothar Friedrich Zotz, *Die schlesischen Höhlen und ihre eiszeitlichen Bewohner* (Breslau, 1937); *Die Altsteinzeit in Niederschlesien* (Leipzig, 1939). Também, Wilhelm Koppers, "Künstlicher Zahnschliff am Bären im Altpaläolithikum und bei den Ainu auf Sachalin", *Quartär*, 1938, p. 97 e ss.
71. Herbert Kuhn, "Das Problem des Urmonotheismus", p. 1646-1647.
72. Conde Bégouën, "Les modelages d'argile de la caverne de Montespan", *Comptes rendus des séances de l'Académie des Inscriptions et Belles Lettres*, 31 de agosto a 26 de outubro de 1923, 14 p., p. 349-350, 401. Uma fotografia do objeto será encontrada em Abbé H. Breuil, op. cit., p. 237.
73. Leo Frobenius, *Kulturgeschichte Afrikas*, p. 83-85.
74. Ibid., p. 83.
75. Ibid., p. 81.
76. Ibid., p. 81.
77. Jean Piaget, op. cit., p. 361-362.
78. H. Ostermann, *The Alaskan Eskimos, as Described in the Posthumous Notes of Dr. Knud Rasmussen. Report of the Fifth Thule Expedition 1921-24* (Nordisch Forlag, Copenhagen, 1952), p. 128.
79. Leo Frobenius, *Der Kopf als Schicksal* (Munique, 1924), p. 88; cf. citado por Carl Kerényi, "Kore", in Carl G. Jung e Carl Kerényi, *Essays on a Science of Mythology* (Pantheon Books, The Bollingen Series XXII, Nova York, 1949), p. 141-142.
80. Cf. Lidio Cipriani, "Excavations in Andamanese Kitchen Middens", *Acts of IVth International Congress of Anthropological and Ethnological Sciences* (Viena, 1952), vol. II, p. 250-253.

CAPÍTULO 9: LIMIARES MITOLÓGICOS DO PALEOLÍTICO

1. Herbert Wendt, *In Search of Adam* (Houghton Mifflin Company, Boston, 1956).
2. E. von Eickstedt, "Gedanken uber Entwicklung und Gliederung der Menschheit", *Mitteilungen der Anthropologischen Gesellschaft in Wien*, IV, p. 231-254.
3. Pierre Teilhard de Chardin, "The Idea of Fossil Man", *Anthropology Today*, p. 9798.
4. Hans Weinert, "Der fossile Mensch", *Anthropology Today*, p. 102.
5. Wolfgang Köhler, *The Mentality of Apes* (Humanities Press, Nova York, 1927, 2ª ed.), p. 95.
6. Ibid., p. 314-315.
7. W. Krickeberg, in *Buschan's Illustrierter Völkerkunde* (Strecker und Schröder, Stuttgart, 1922, 2ª ed.), p. 57; citado por P. W. Schmidt, *Der Ursprung der Gottesidee*, vol. VI (1935), p. 28-31.
8. Julian H. Steward, *Handbook*, vol. V, p. 748; também, W. F. Libby, *Radiocarbon Dating* (University of Chicago Press, Chicago, 1952), exemplar nº C-485.
9. Alex D. Krieger, *Anthropology Today*, p. 240.
10. José Imbelloni, "The Peopling of America", *Acta Americana*, I, 3 (1943), p. 321-322.
11. Harold S. Gladwin, *Men out of Asia* (McGraw-Hill Book Company, Nova York, 1947), p. 65-74.
12. Paul Rivet, *Les Origines de l'homme américain* (Éditions de l'Arbre, Montreal, 1943), p. 74-88.
13. L.S.B. Leakey, *Olduvai Gorge: A Report on the Evolution of the Hand-axe Culture in Beds I-IV* (Cambridge University Press, Londres, 1951).
14. Carleton S. Coon, *The Story of Man* (Alfred A. Knopf, Nova York, 1954), p. 55-56.

15. Ibid., p. 57.
16. A.R. Radcliffe-Brown, *The Andaman Islanders* (Cambridge University Press, Londres, 1933, 2ª impressão), p. 129.
17. Ibid., p. 193.
18. Lidio Cipriani, op. cit., p. 251-252.
19. A.R. Radcliffe-Brown, op. cit., p. 307.
20. Ibid., p. 405.
21. Ibid., p. 327.
22. Ruth Underhill, "Withdrawal as a Means of Dealing with the Supernatural", ensaio lido no Quinto Congresso Internacional de Ciências Antropológicas e Etnológicas, Filadélfia, 1956.
23. G.H.R. von Koenigswald, "A Review of the Stratigraphy of Java and Its Relations to Early Man", *Early Man*, p. 31.
24. Abbé H. Breuil, *Four Hundred Centuries of Cave Art* (Centre d'études et de documentation préhistorique, Montignac, Dordogne, sem data), p. 32-33.
25. Herbert Kühn, *Die Felsbilder Europas* (Stuttgart, 1952), p. 12.
26. Carleton S. Coon, revisando Glyn Daniel, *Lascaux and Carnac,* in *Natural History: The Magazine of the American Museum of Natural History*, vol. LXVI, nº 7 (setembro, 1957), p. 341.
27. Henry Fairfield Osborn, *Men of the Old Stone Age* (Charles Scribner's Sons, Nova York, 1918, 3ª ed.), p. 490.
28. Hans Weinert, op. cit., p. 117-119.
29. Franz Hančar, "Zum Problem der Venusstatuetten im eurasiatischen Jungpaläolithikum", *Prae-historische Zeitschrift*, vol. XXX-XXXI (1939-40), Fascículo 1/2, p. 132.
30. Henry Fairfield Osborn, op. cit., p. 333-338.
31. Ibid., p. 382.
32. Leo Frobenius, *Kulturgeschichte Afrikas*, p. 66-70.
33. Ibid., Gravuras 1-26.

CAPÍTULO 10: LIMIARES MITOLÓGICOS DO NEOLÍTICO

1. J. Meier, "Mythen und Sagen der Admiralitäts-insulaner", *Anthropos*, vol. II (1907), p. 654.
2. Robert Heine-Geldern, "Urheimat und früheste Wanderungen der Austronesier", *Anthropos*, vol. XXVII (1932), p. 556.
3. Oswald Menghin, *Weltgeschichte der Steinzeit*, p. 604.
4. Robert Heine-Geldern, "Urheimat und früheste Wanderungen der Austronesier", p. 607.
5. P. Bley, "Sagen der Baininger auf Neupommern", *Anthropos*, vol. IX (1914), p. 198.
6. J.E. Weckler, "The Relationships between Neanderthal Man and Homo Sapiens", *American Anthropologist*, vol. 56, nº 6 (dezembro, 1954), p. 1003-1025.
7. Ibid.
8. Carleton S. Coon, *The Story of Man* (Alfred A. Knopf, Nova York, 1954), p. 6063.
9. *Two Rediscovered Works of Ancient Christian Literature: Gregory of Nyssa and Macarius* (Brill, Leiden, 1954), XLIV, 1033 D-1036 A; citado por Jean Daniélou, "La Colombe et la ténèbre dans la mystique byzantine ancienne", *Eranos-Jahrbuch* 1954, p. 417.
10. Leo Frobenius, *Kulturgeschichte Afrikas*, Ilustração 19.
11. Henri Frankfort, "A Note on the Lady of Birth", *Journal of Near Eastern Studies*, vol. III, nº 3 (julho, 1944), p. 200.
12. Sir Charles Leonard Woolley, *Ur of the Chaldees* (Ernest Benn Ltd., Londres, 1929), p. 33-34.
13. Ibid., p. 46-56, com omissões.
14. Ibid., p. 57.
15. Ibid., p. 58.
16. Ibid., p. 64-65.
17. Ibid., p. 59-60.
18. Ibid., p. 63.

19. Henri Frankfort, "Gods and Myths on Sargonid Seals", *Iraq*, vol. I, nº 1 (1934), p. 8.
20. Sir Charles Leonard Woolley, op. cit., p. 52.
21. H. de Genouillac, *Textes réligieux sumériens du Louvre* (Paul Geuther, Paris, 1930), texto nº 5374, linhas 191 e ss., cf. citado e traduzido por Stephen Herbert Langdon, *Semitic Mythology, The Mythology of All Races*, vol. V (Marshall Jones Company, Boston, 1931), p. 345, resumido.
22. S.N. Kramer, *Sumerian Mythology (Memoirs of the American Phisolophical Society*, vol. XXI, 1944), p. 88-89, resumido.
23. Ibid., p. 91-93, resumido.
24. Stephen Herbert Langdon, op. cit., p. 176177.
25. Henri Frankfort, *Iraq I*, 1, op. cit., p. 12.
26. S.N. Kramer, op. cit., p. 90-95, resumido.
27. João 20:11-18.
28. J. Huizinga, *Homo Ludens* (Routledge and Kegan Paul, Londres, 1949), p. 39.
29. Ibid., p. 34-35.
30. Ibid., p. 45.
31. Leo Frobenius, *Erythräa: Lande und Zeiten des heiligen Königsmordes* (Atlantis-Verlag, Berlim-Zurique, 1931), p. 133-136.
32. Leo Frobenius, *Das unbekannte Afrika*, p. 132.
33. Leo Frobenius, *Erythräa*, p. 329-330.
34. J.D. Clark, editor, *Proceedings of the Third Pan-African Congress on Prehistory* (1955) (Chatto and Windus, Londres, 1957), p. 428.
35. G.A. Wainwright, cf. citado por Basil Davidson, "Aspects of African Growth before A.D. 1500", *Diogenes 23* (Outono de 1958), p. 88.
36. Ver V. Gordon Childe, *New Light on the Most Ancient East* (D. Appleton Century Company, Nova York, 1934), p. 52-84.
37. Existia uma série de versões do mito. Segui, na maior parte, a de Plutarco, cf. sumarizada por sir James George Frazer, *The Golden Bough*, p. 362-367.
38. Ovídio, *Metamorphoses,* X, 708 e ss.
39. Sir James George Frazer, *The Golden Bough*, p. 471.
40. *Odyssey* XIX, 172-178, traduzida por S. H. Butcher e Andrew Lang (Macmillan and Company, Londres, 1879).
41. Bedřich Hrozný, *Ancient History of Western Asia, India and Crete* (Philosophical Library, Nova York, 1953), p. 198, nota 1.
42. Sir James George Frazer, *The Golden Bough*, p. 280.
43. Marija Gimbutas, "Culture Change in Europe at the Start of the Second Millennium B.C.", *Fifth International Congress of Anthropological and Ethonological Sciences*, Filadélfia, 1956.
44. R.A.S. Macalister, *Newgrange, County Meath* (Publicações governamentais, manual oficial, Dublin, sem data).
45. J.A. MacCulloch, *The Religion of the Ancient Celts* (T. and T. Clark, Edinburgh, 1911), p. 63.
46. P.W. Joyce, *A Social History of Ireland* (Longmans, Green and Co., Londres; M.H. Gill and Son, Ltd., Dublin, 1913). vol. I, p. 251-252.
47. J. A. MacCulloch, op. cit., p. 67.
48. Ibid., p. 69.
49. Ibid., p. 42.
50. Segundo Jeremiah Curtin, *Myths and Folk-lore of Ireland* (Little, Brown and Company, Boston, 1890), p. 327-332.
51. W. Norman Brown, "The Beginnings of Civilization in India", *Supplement to the Journal of the American Oriental Society*, nº 4 (dezembro, 1939), p. 44.
52. Heinrich Zimmer, *The Art of Indian Asia*, editado e completado por Joseph Campbell (Pantheon Books, The Bollingen Series XXXIX, Nova York, 1955), vol. I, p. 27.
53. Oswald Menghin, op. cit., p. 319, 322- 324.
54. Robert Heine-Geldern, "Urheimat und früheste Wanderungen der Austronesier", loc. cit., p. 608.
55. Carl W. Bishop, "The Beginnings of Civilization in Eastern Asia", *Supplement to the Journal of the American Oriental Society*, nº 4 (dezembro, 1939), p. 49.
56. Li Chi, *The Beginnings of Chinese Civilization* (University of Washington Press, Seattle, 1957), p. 14; e Robert Heine-Geldern,

"The Origin of Ancient Civilizations", loc. cit., p. 89-90. Ver também Walter A. Fairservis, Jr., *The Origins of Oriental Civilization* (The New American Library, Mentor Books, Nova York, 1959), p. 82-141; especialmente p. 140, nota, discutindo a fixação das datas das dinastias chinesas.

57. G.D. Wu, *Prehistoric Pottery in China* (Kegan Paul, Trench, Trubner and Company, Londres, 1938), figs. V-LII; e comparar Hrozný, op. cit., figs. 5 e 8.
58. Robert Heine-Geldern, "Urheimat und früheste Wanderungen der Austronesier", loc. cit., p. 598-602.
59. Ibid., p. 598.
60. Ibid., p. 599.
61. V. Gordon Childe, in *Anthropology Today,* p. 209.
62. John Layard, *Stone Men of Malekula.*
63. Robert Heine-Geldern, "Die Megalithen Südostasiens und ihre Bedeutung für die Klärung der Megalithenfrage in Europa und Polynesien", *Anthropos,* vol. XXIII (1928), p. 303.
64. John Layard, op. cit., p. 209-210.
65. Ibid., p. 210.
66. John Layard, "The Making of Man in Malekula", *in Eranos-Jahrbuch* 1948 (Rhein-Verlag, Zurique, 1949), p. 235.
67. John Layard, *Stone Men of Malekula,* p. 620-621, nota 6.
68. Ibid., p. 733-734.
69. Ibid., p. 734.
70. J. Layard, "Der Mythos der Totenfahrt auf Malekula", loc. cit., p. 253-261.
71. Ssu-ma Ch'ien, *Historical Records* (Shih Chi), cap. vii.
72. *Notes on Music* (Yo Chi) – um capítulo inserido no *Record of Rites* (Li Chi), cf. citado por Maurice Courant, "Essai sur la musique classique des Chinois", *Encyclopédie de la musique et dictionnaire du Conservatoire* (Paris, 1924), vol. I, p. 206, e por Alain Daniélou, *Introduction to the Musical Scales* (The India Society, Londres, 1943), p. 16-17.
73. *Doctrine of the Mean* (Chung Yung, XX, 8), traduzido por Ezra Pound em Confucius, *The Unwobbling Pivot* (New Directions, Nova York, 1951).
74. *Record of Rites* (Li Chi), cf. citado por A. Préau, "Lie Tseu", *Le Voile d'Isis,* nº 15253 (1932), p. 554-555, e por Alain Daniélou, op. cit., p. 6-7.
75. *Vākya Pādukā* 1.124.
76. Lü Shih, comentário sobre o *Wu Ching,* cf. citado por Daisetz Teitaro Suzuki, *A Brief History of Early Chinese Philosophy* (Probsthain and Company, Londres, 1914, 2ª ed.), p. 175.
77. H. A. Giles, *Confucianism and Its Rivals* (Williams and Norgate, Londres, 1915), p. 180.
78. Robert Heine-Geldern. "The Origin of Ancient Civilizations", loc. cit., p. 82-83, 89.
79. Ibid., p. 93-94.
80. Daniel G. Brinton, *American Hero-Myths* (H. C. Watts and Company, Filadélfia, 1882), p. 65-67.
81. Torquemada, *Monarquia Indiana,* Lib. VI, cap. XXIV, citado por ibid., p. 134.
82. Segundo Daniel G. Brinton, op. cit., p. 9-136, condensado, e Bernardino de Sahagun, *Historia General de las Cosas de Nueva España* (México, 1829), Lib. III, cap. xii-xiv, condensado.

CONCLUSÃO: A FUNÇÃO DO MITO

1. Paul Radin, *Primitive Man as Philosopher,* p. 241.
2. *The Gospel of Sri Ramakrishna,* p. 559.
3. Alfred Adler, *Understanding Human Nature* (Garden City Publ. Company, Garden City, Nova York, 1932); *Menschenkenntnis* (S. Hirzel, Leipzig, 1927).
4. N. Tinbergen, *The Study of Instinct* (Oxford University Press, Londres, 1951), p. 153-154.
5. Ibid., p. 154.

FONTES DAS ILUSTRAÇÕES

Registramos aqui o nosso agradecimento aos seguintes detentores de direitos:

American Museum of Natural History: Figuras 33 e 34
Leo Frobenius, Schicksalskunde im Sinne des Kulturwerdens: Mapas 1 e 2
Emma Lila Fundaburk e Mary Doublass Fundaburk Foreman, *Sun Circles and Human Hands*: Figura 7
Jean Pierre Hallet, Los Angeles: Figura 17
Joseph Campbell Foundation: Figura 11
Sasha Kudler: Figura 32
Konrad Lorenz: Figura 1
John L. Mackey: Figuras 16, 24, 25, 26, 35
M. E. L. Mallowan e J. Cruikshank Rose, "Excavations at Tall Arpachiyah", *Iraq 2*: Figura 5
Naturmuseum, St. Gallen, Switzerland: Figura 21
Jean Piaget: The Child's Conception of the World: Figura 4
University of Pennsylvania Museum of Archeology and Anthropology, Philadelphia/Bridgeman Art Library: Figura 28
Jean Vertut: Figuras 13, 27
Victoria & Albert Museum: Figura 3
Achille Weider, Zurich: Figura 12

As seguintes foram utilizadas sob licença Creative Commons:
Mark Alexander / markalexander100@cinnibs,wikimedia.org: Figura 8
Ankushsarmant@commons.wikimedia.org: Figura 19

LIVROS ESCRITOS POR JOSEPH CAMPBELL

A seguir listamos os principais livros escritos por Joseph Campbell. Cada entrada oferece informações bibliográficas atinentes à primeira edição ou, se pertinente, à data da publicação original junto com a informação bibliográfica para a edição publicada pela New World Library como parte da Collected Works of Jospeh Campbell. Para informações sobre todas as outras edições, por gentileza consulte a Complete Works of Joseph Campbell no website da Joseph Campbell Foundation www.jcf.org

Autor

Where the Two Came to Their Father: A Navaho War Ceremonial Given by Jeff King. Bollingen Series 1. Com Maud Oakes e Jeff King. Richmond, VA: Old Dominion Foundation, 1943.

A Skeleton Key to Finnegans Wake. Unlocking James Joyce's Masterwork Com Henry Morton Robinson. 1944. Segunda edição, Novato, CA: New World Library, 2005.*

The Hero with a Thousand Faces. Bollingen Series xvii. 1949. Segunda edição, Novato, CA: New World Library, 2008.*

The Masks of God, 4 vols. New York: Viking Press, 1959–1968. Vol. 1, *Primitive Mythology*, 1959. Vol. 2, *Oriental Mythology*, 1962. Vol. 3, *Occidental Mythology*, 1964. Vol. 4, *Creative Mythology*, 1968.

The Flight of the Wild Gander: *Explorations in the Mythological Dimension.*

Ensaios escolhidos 1944 1968. Terceira edição, Novato, CA: New World Library, 2002.*

Myths to Live By. 1972. Ebook, San Anselmo, CA: Joseph Campbell Foundation, 2011.

The Mythic Image. Bollingen Series c. Princeton: Princeton University Press, 1974.

The Inner Reaches of Outer Space: Metaphor as Myth and as Religion. 1986. Segunda edição, Novato, CA: New World Library, 2002.*

The Historical Atlas of World Mythology: Vol. 1, *The Way of the Animal Powers.* New York: Alfred van der Marck Editions, 1983. Segunda edição em 2 volumes. Part 1, *Mythologies of the Primitive Hunters and Gatherers.* New York: Alfred van der Marck Editions, 1988. Part 2, *Mythologies of the Great Hunt.* New York: Alfred van der Marck Editions, 1988.

Vol. 2, *The Way of the Seeded Earth*, 3 volumes. Part 1, *The Sacrifice.* New York: Alfred van der Marck Editions, 1988. Part 2, *Mythologies of the Primitive Planters*: *The Northern Americas.* New York: Harper & Row Perennial Library, 1989. Part 3, *Mythologies of the Primitive Planters: The Middle and Southern Americas.* New York: Harper & Row Perennial Library, 1989.

The Power of Myth com Bill Moyers. Editado por Betty Sue Flowers. New York: Doubleday, 1988.

Transformations of Myth Through Time. New York: Harper & Row, 1990.

The Hero's Journey: Joseph Campbell on His Life and Work. Editado por Phil Cousineau. 1990. Segunda edição, Novato, CA: New World Library, 2003.*

Reflections on the Art of Living: A Joseph Campbell Companion. 1991. Ebook, San Anselmo, CA: Joseph Campbell Foundation, 2012.

Mythic Worlds, Modern Worlds: On the Art of James Joyce. Editado por Edmund L. Epstein. 1993. Segunda edição, Novato, CA: New World Library, 2003.*

Baksheesh & Brahman: Asian Journals—India 1954–1955. Editado por Robin Larsen, Stephen Larsen e Antony Van Couvering. 1995. Segunda edição, Novato, CA: New World Library, 2002.*

The Mythic Dimension: Selected Essays 1959–1987. Editado por Antony Van Couvering. 1997. Segunda edição, Novato, CA: New World Library, 2007.*

Thou Art That. Editado por Eugene Kennedy. Novato, CA: New World Library, 2001.*

Sake & Satori: Asian Journals—Japan. Editado por David Kudler. Novato, CA: New World Library, 2002.*

Myths of Light. Editado por David Kudler. Novato, CA: New World Library, 2003.*

Pathways to Bliss: Mythology and Personal Transformation. Editado por David Kudler. Novato, CA: New World Library, 2004.*

Mythic Imagination: Collected Short Fiction. Editado por David Kudler. Novato, CA: New World Library, 2012.*

Goddesses: Mysteries of the Feminine Divine. Editado por Safron Rossi. Novato, CA: New World Library, 2013.*

Romance of the Grail: The Magic and Mystery of Arthurian Myth. Editado por Evans Lansing Smith. Novato, CA: New World Library, 2015*

Asian Journals: India and Japan. Edição dupla que reune *Baksheesh & Brahman: Asian Journals—India* 1954–1955. Editado por Robin Larsen, Stephen Larsen e Antony Van Couvering e *Sake & Satori: Asian Journals—Japan*. Editado por David Kudler. Novato, CA: New World Library, 2017.*

The Ecstasy of Being: Mythology and Dance. Editado por Nancy Allison, CMA. Novato. CA: New World Library, 2017.*

Editor

Livros editados e completados após a morte de Heinrich Zimmer:

Myths and Symbols in Indian Art and Civilization. Bollingen Series vi. New York: Pantheon, 1946.

The King and the Corpse. Bollingen Series xi. New York: Pantheon, 1948.

Philosophies of India. Bollingen Series xxvi. New York: Pantheon, 1951.

The Art of Indian Asia. Bollingen Series xxxix, 2 vols. New York: Pantheon, 1955.

* Publicado pela New World Library com parte da Collected Works of Joseph Campbell.

Outros livros editados por Joseph Campbell:

The Portable Arabian Nights. New York: Viking Press, 1951.

Papers from the Eranos Yearbooks. Bollingen Series xxx, 6 vols. Co-editado com R. F. C. Hull e Olga Froebe-Kapteyn, traduzido por Ralph Manheim. Princeton: Princeton University Press, 1954–1969.

Myth, Dreams and Religion: Eleven Visions of Connection. New York: E. P. Dutton, 1970.

The Portable Jung. C. G. Jung. Traduzido por R. F. C. Hull. New York: Viking Press, 1971.

My Life and Lives. Rato Khyongla Nawang Losang. New York: E. P. Dutton, 1977.

ÍNDICE REMISSIVO

SOBRE O AUTOR

Joseph Campbell foi um autor e professor norte-americano mais conhecido por sua obra no campo da mitologia comparada. Nasceu em Nova York em 1904 e já durante a primeira infância interessou-se por mitologia. Adorava ler sobre a cultura dos índios americanos e frequentemente visitava o American Museum of Natural History, em Nova York, onde ficava fascinado pela coleção de totens. Campbell estudou na Universidade de Colúmbia, onde especializou-se em literatura medieval e, tendo obtido o grau de mestre, prosseguiu seus estudos nas universidades de Paris e Munique. Na Europa foi influenciado pela arte de Pablo Picasso e Henri Matisse, os livros de James Joyce e Thomas Mann, os estudos psicológicos de Sigmund Freud e Carl Jung. Tais encontros levaram Campbell à teoria de que mitos e épicos estão ligados na psique humana e são manifestações culturais da necessidade universal de explicar realidades sociais, cosmológicas e espirituais.

Depois de passar algum tempo na Califórnia, onde teve contato com o autor John Steinbeck e o biólogo Ed Ricketts, Campbell deu aulas na Canterbury School e, mais tarde, em 1934, passou a integrar o departamento de literatura do Sarah Lawrence College, cargo que manteria por longos anos. Durante as décadas de 1940 e 1950 ajudou o Swami Nikhilananda a traduzir as Upanishads e o Evangelho de Sri Ramakrishna. Também editou obras do erudito alemão Heinrich Zimmer sobre arte, mitos e filosofia indianas.

Em 1944, junto com Henry Morton Robinson, Cambell publicou *A Skeleton Key to Finnegans Wake*. Seu primeiro livro, *The Hero with a Thousand Faces* [*O herói de mil faces*], saiu em 1949 e teve uma ótima recepção logo de início; com o tempo seria aclamado como um clássico. Neste estudo sobre o "mito do herói" Campbell afirma que há um único padrão de jornada heroica e que todas as culturas partilham desse padrão essencial em seus variados mitos heroicos. Neste livro ele também esboça as condições, estágios e resultados básicos da jornada arquetípica do herói.

Joseph Campbell morreu em 1987. Em 1988 foi lançada uma série com entrevistas televisivas concedidas a Bill Moyers, *O Poder do Mito*, que levou a visão de Campbell a milhões de telespectadores.

SOBRE A FUNDAÇÃO JOSEPH CAMPBELL

A Fundação Joseph Campbell (JCF na sigla em inglês) é uma organização sem fins lucrativos que dá continuidade à obra de Joseph Campbell, explorando os campos da mitologia e religião comparada.

A Fundação está voltada para três objetivos principais:

Primeiramente, proteger, perpetuar e publicar a obra pioneira de Joseph Campbell. Isto inclui a catalogação e arquivamento de sua obra, o desenvolvimento de novas publicações baseadas nessa obra, a coordenação da venda e distribuição das obras publicadas, a proteção dos direitos autorais de suas obras, e o crescimento da difusão de sua obra disponibilizando-a em formato digital no website da JCF.

Em segundo lugar, promover o estudo da mitologia e religião comparada. Isto envolve a implementação e/ou apoio a diversos programas educativos sobre mitologia, o apoio/patrocínio de eventos concebidos para conscientização do público em geral, a doação de obras de Campbell arquivadas principalmente no Joseph Cambell and Marija Gimbutas Archive and Library e a utilização do website da JCF como fórum para relevantes diálogos interculturais.

Em terceiro lugar, a Fundação auxilia indivíduos a enriquecerem suas vidas pela participação em uma série de programas, inclusive nosso programa de associados via internet, nossa rede internacional local de Mesas Redondas Mitológicas, e nossos eventos e atividades periódicas, relacionados a Joseph Campbell.

Para mais informações sobre a obra de Joseph Campbell e a JCF visite: www.jcf.org

Texto composto na fonte Times New Roman
Impresso em papel Offset 75gr pela Face - Grafica e Editora LTDA.